한국아동 · 청소년상담학회 연구총서 7

DSM-5에 기반한

상담 및 심리치료 플래너

Arthur E. Jongsma · L. Mark Peterson
Timothy J. Bruce 공저
김동일 역

학지사

The Complete Adult Psychotherapy Treatment Planner:
Includes DSM-5 Updates (5th ed.)
by Arthur E. Jongsma, Jr., L. Mark Peterson and Timothy J. Bruce

This work was supported by the Ministry of Education of the Republic of Korea and the National
Research Foundation of Korea (NRF–2017S1A3A2066303)

🏮 역자 서문

상담에 대한 사회적인 요구가 점증하고, 상담기관, 보험회사, 병원 클리닉 등의 현장에서 증거기반 처리로서 상담목표, 상담계획, 상담개입의 기대 효과를 문서로 제시할 필요가 높아지면서, '상담 및 심리치료 플래너'의 의의가 재조명되고 있습니다. 우리에게는 아직 낯설지만 일정 액수의 상담료를 지불하는 개인이나 외부 기관에게 상담의 정당성을 입증해야 하는 요구는 더욱 구체화되고 있습니다.

이 책은 전문 상담자에게 다음과 같은 체계적인 도움을 제공하고자 기획되었습니다. 첫째, 문서 작업에 드는 시간을 절약하여 상담실제에 더욱 초점을 맞출 수 있도록 합니다. 둘째, 각각의 상담사례에서 내담자 맞춤 상담계획을 수립할 수 있는 이론적, 실제적 기반을 제공하게 됩니다. 셋째, 사례개념화를 발전시켜 장기 목표, 단기 목표, 중재 개입을 구체적으로 제안하는 데 도움이 됩니다. 넷째, 진단 및 행동 문제별 상담전략을 찾아서 적용하기 쉬운 구성을 지니고 있습니다. 다섯째, 문제별 중재에 대한 자료 축적을 용이하게 합니다.

아직 우리나라의 상담기관과 현장에서는 내담자의 구체적인 요구에 대응할 수 있는 치료 매뉴얼이 완벽하게 준비되어 있지 않은 경우가 종종 있으므로, 이 책을 통하여 필요한 정보를 얻고 체계적인 지식을 가지는 것도 의미가 있다고 생각됩니다. 특히 이 책에서 제시한 바와 같이, 각각 치료적 문제와 진단별 주제에 대한 행동적 정의, 장기 목표, 단기 목표, 개입, 진단 제안을 중심으로 다시 한번 사례관리 과정을 살펴보는 기회가 되길 기대합니다.

이 책을 내놓기까지 매우 많은 분의 도움이 있었습니다. 2018년, 2019년 한국상담학회 아동청소년상담학회 연차대회 발표 및 워크숍, 집단프로그램을 직접 참여하고 운영해 준 서울대학교 WITH Lab. 연구원들, 그리고 정성 어린 손길로 책을 만들어 준 학지사 임

직원 여러분께 진심으로 고마운 마음을 전합니다. 특히 2년 동안 워크숍에 참여하여 우리에게 귀한 배움의 기회를 제공해 준 여러 현장 상담자를 기억하고자 합니다. 마지막으로, 지속적으로 동참해 준 독자 여러분께 깊은 감사를 드립니다.

2020년 관악산 연구실에서
오름 김동일

powered by WITH Lab. (Widen InTellectual Horizon):
Education and Counseling for Children-Adolescents with Diverse Needs

🎈 개관

상담자(clinicians)들이 효과적이고 질 높은 치료 계획을 제공하는 것에 대한 보험회사, 인허가 기관, 여타 단체로부터의 압력이 증가하고 있다. 이 책에는 대부분의 보험회사, 지역(state) 및 정부(federal)의 심사평가원(review agencies)이 요구하는 치료 계획을 빠르고 쉽게 개발할 수 있는 모든 요소가 담겨 있다.

각각의 심리치료 플래너 시리즈는 다음과 같은 특징을 갖는다.

• 오랜 시간이 소요되는 서류작업에 걸리는 시간을 절약한다.
• 개별화된 치료 계획을 개발할 수 있는 여유를 제공한다.
• 서로 관련 있는 문제들의 행동적 징후를 묘사하는 1,000개 이상의 명확한 설명과 장기 목표, 단기 목표 그리고 임상적으로 입증된 치료 옵션을 담고 있다.
• 행동 문제로 치료 계획 구성 요소를 찾는 데 도움이 되는 사용하기 쉬운 참조 형식을 가지고 있다.

이 시리즈의 나머지 책과 같이, 우리의 목표는 치료 계획 과정을 명확하게, 간단하게, 빠르게 함으로써 서류작업에 드는 시간을 줄이고 내담자와 더 많은 시간을 보내게 하는 것이다.

『상담 및 심리치료 플래너』 5판에 대하여

『상담 및 심리치료 플래너』 5판은 다음과 같은 부분에서 향상되었다.

- 새롭거나 수정된 증거기반 목표와 중재의 업데이트
- 부록 B(Professional References)를 수정, 확장, 업데이트
- 중재와 통합하여 제공될 수 있는 과제 종류 추가
- 부록 A(Bibliotherapy Suggestions) 자기계발서 목록의 확장 및 업데이트
- 부록 C(New Recovery Model listing Goals, Objectives, and Interventions)에서 회복 모델을 치료 계획에 통합
- '양극성 장애-우울(증)'에 대한 장을 추가('우울'에 관한 기존 장은 '단극성 우울(증)'로 명칭이 바뀌었고 '조증/경조증'은 '양극성 장애-조증'으로 명칭이 바뀜)
- '인지적 결손' 장을 완전히 수정
- 각 장의 진단 제안 세션에 DSM-5 진단명과 ICD-10-CM 코드를 통합
- 중재에서 인용된 평가도구나 임상 면접 양식에 대한 정보를 알파벳 순서대로 제공한 부록 D를 추가

　　증거기반중재(Evidence-based practice: EBP)가 의료건강 서비스에서처럼 정신건강 서비스에서도 꾸준히 치료의 기준이 되고 있다. 미국심리학회(American Psychological Association), 미국사회사업가협회(National Association of Social Workers), 미국정신의학회(American Psychiatric Association)와 같은 전문가 협회와 미국정신질환자협회(National Alliance for the Mentally Ill: NAMI)와 같은 소비자 단체는 증거기반중재의 사용을 지지한다. 일부 임상 장면에서는 증거기반중재가 이미 필수적이다. 증거와 책임에 대한 요구가 점차 커지고 있는 것은 분명하다. 그렇다면 증거기반중재란 무엇이며 이 플래너에서 어떻게 활용되고 있을까?

　　미국의학협회(Institute of Medicine, 2001)의 정의를 참고하여 미국심리학회(American Psychological Association: APA)는 증거기반중재를 '환자의 특성, 문화, 선호의 맥락 내에서 최상의 연구와 임상적인 전문성의 통합'(APA Presidential Task Force on Evidence-Based Practice, 2006)이라고 정의 내린다. 이러한 정의와 일관되게 우리는 이 책에서 심리치료법에 대해 관련 자료 중에서 가장 유용한 근거 자료를 확인하고 추가적인 목표 및 개입을 확인하여 이 기호(▽)로 식별했다. 많은 임상가가 알고 있듯이, 연구들은 이러한 치료 방법들이 효율적임이 증명되었음에도(예, Nathan & Gorman, 2007) 심리치료사 개인(예, Wampold, 2001), 치료 관계(예, Norcross, 2002), 환자(예, Bohart & Tallman, 1999) 역시 심리치료의 성공에 중요한 역할을 한다는 것을 보여 준다. 미국심리학회가 강조한 것처럼 '종

합적인 증거기반중재는 이러한 모든 요소와 그들의 최상의 조합을 고려한다'(APA, 2006, p. 275). 증거기반 심리치료 계획의 설계에 대한 추가적인 정보와 방법은 우리들의 증거기반 심리치료 계획이라는 제목의 DVD 훈련 시리즈를 보기 바란다(Jongsma & Bruce, 2010-2012).

이 책에는 부록 B(Professional References)에 제시된 정보와 증거기반중재를 확인하기 위한 정보가 매우 많다. 여기에는 심리치료 성과에 대한 문헌, 현재 활동하는 전문가 개인, 집단, 기관의 검토뿐만 아니라, 증거기반중재 가이드라인의 권장사항에 대한 지원 연구가 포함된다. 사용된 구체적인 정보의 예로는 Cochrane Collaboration 리뷰, 증거기반 심리치료법을 식별하는 임상심리학회(Society of Clinical Psychology)의 연구(American Psychological Association의 Division 12), Nathan과 Gorman의『효과적인 치료를 위한 가이드(A Guide to Treatments That Work)』같은 증거기반치료 리뷰 등이 있다. 치료법, 약물 남용 및 정신건강 서비스 관리국(Substance Abuse and Mental Health Services Administration: SAMHSA)의 증거기반 프로그램 및 실제 기록관(National Registry of Evidence-Based Programs and Practices: NREPP)뿐만 아니라 미국정신의학회(American Psychiatric Association), 영국의 건강 및 임상 우수 기관(National Institute for Health and Clinical Excellence in Great Britain), 국립 보건원(National Institute for Health: NIDA), 보건의료 연구 및 품질 관리국(Agency for Healthcare Research and Quality: AHRQ)과 같은 여러 기관에서 임상 시험을 실시하고 있다.

이러한 각 정보는 주어진 치료에 대한 경험적 지원(empirical support) 수준을 판단하기 위한 자체 기준을 사용하지만 무작위 대조군 연구 또는 임상적 반복 연구, 우수한 실험 설계 및 독립적 반복 연구를 통해 일반적으로 효능 입증에 필요한 것보다 엄격한 기준을 선호한다. 우리의 접근 방식은 이러한 다양한 출처를 평가하고 최고 수준의 증거에 의해 뒷받침되며 결과와 주의사항에 합의가 된 치료를 포함하는 것이다. 증거기반중재가 확인된 어떤 장에서든 사용된 정보에 대한 출처는 부록 B(Professional References)의 목록에 포함되어 있고 준거 및 결론에 대해 자세한 정보를 원하는 사람들은 확인할 수 있다. 부록에는 이러한 참고문헌뿐만 아니라 임상적 정보에 대한 참고자료도 포함하고 있다. 임상적 정보란 책, 매뉴얼, 적용의 세부 내용이나 이 장에 나온 치료 접근법의 '어떻게'에 대해 설명하는 기타 자료들이다.

최고의 치료에 관해 항상 동의하지 않거나 좋은 결과에 기여하는 요인들의 비중을 평가하는 방법에 관해 정신건강 전문가들 사이에서 논의가 있다. 어떤 임상가들은 자신의 중재방법을 연구적인 증거에 기반하여 바꾸는 것에 대해 회의적이며 그들의 망설임은 심리치료 연구에 내재되어 있는 방법적인 어려움과 문제에 의해 더욱 심화된다. 이 책에서 우리의 의도는 다양한 치료 계획 옵션을 제공함으로써 이러한 차이점을 보완하는 것이며, 일부는 '가장 유용한 연구'라는 증거기반 가치에 의해 뒷받침되고(APA, 2006), 다른 일부는 숙련된 임상가의 일반적인 임상 사례를 반영하며, 또 다른 일부는 사용자가 여전히 특정 내담자를 위해 최상의 계획이라고 생각되는 것을 구상할 수 있게 새로운 접근법을 보여 준다.

이 책의 각 장은 또한 과제를 개입에 통합시키기 위한 목표로 검토되었다. 내담자를 위한 과제로 제안된 많은(하지만 모두는 아닌) 것은 『성인 심리치료 과제 플래너(Adult Psychotherapy Homework Planner)』(Jongsma, 2014)에서 찾을 수 있다. 이 다섯 번째 수정본에서는 이전보다 더 많은 과제를 접할 수 있을 것이다.

이 책의 독서치료 제안 부록 A의 경우 이전보다 훨씬 확장된 최신의 내용이 담겨 있다. 가장 최근에 발표된 제안뿐 아니라 이전 편보다 더 많은 최근의 책을 인용하고 있다. 개입 챕터에 인용되어 있는 self-help book과 내담자 워크북의 경우 모두 부록에 나와 있다. 각 챕터에는 치료적 접근을 지지하는 많은 책이 추가적으로 제시되어 있다. 또한 각 챕터에는 주제와 일치하는 self-help book 목록이 있고 부록에도 목록이 있다.

「Achieving the Promise: Transforming Mental Health Care in America」로 명명된 최종 보고서에서 대통령 직속의 정신보건위원회(The President's New Freedom Commission on Mental Health)는 회복(recovery) 중심으로 '일반적이고(common), 인식될 수 있는(recognized) 정신건강 서비스'로 발전되기를 촉구하였다(New Freedom Commission on Mental Health, 2003). 회복(recovery)에 대해 정의 내리기 위해 미국 보건복지부(U.S. Department of Health and Human Services) 산하의 약물 남용 및 정신보건서비스관리국(Substance Abuse and Mental Health Services Administrations: SAMHSA)과 휴먼서비스(Human Service) 그리고 장애 연구 관계 부처 협동 위원회(Interagency Committee on Disability Research)가 다른 여섯 개의 연방 기관들과 함께 정신건강 회복(National Consensus Conference on Mental Health Recovery)과 정신건강 시스템 개혁(Mental Health Systems Transformation)에 관한 국민적 합의를 위한 전국적인 회의를 개최하였다(SAMHSA, 2004). 정신건강 소비자, 가족, 공급자, 변호인, 연구자, 교육자, 관리의료(managed care) 대표자, 인증기관, 주정부 공무원 등을 포함한 110명이 넘는 전문 패널이 참여하였다. 이 심의를 통하여 다음과 같은 합의문이 발표되었다.

    정신건강 회복은 정신건강 문제를 가진 개인의 치유와 변화의 여정이고 그들의 선택으로 지역사회 내에서 의미 있는 삶을 살면서 인간으로서의 잠재력을 최대한 성취하기 위하여 노력하는 것이다. 회복은 다음과 같은 10가지의 기본 요소와 생활지침을 기반으로 하는 다면적인 개념이다.

- 자기 방향성(Self-direction)
- 개인 및 인간 중심(Individualized and person-centered)
- 역량강화(Empowerment)
- 전인적(Holistic)
- 단선적이지 않은(Nonlinear)
- 강점 기반(Strengths-based)
- 상호 지원(Peer support)
- 존중(Respect)
- 책임(Responsibility)
- 희망(Hope)

    이 원칙들은 부록 C에 정의되어 있다. 우리는 이 10가지 원칙을 반영하고 있는 목표, 목적, 개입에 관한 내용도 제작하였다. 회복 모델(Recovery Model) 지향적인 내담자 치료계획과 관련된 구체적인 내용을 원하는 임상가들은 이 목록에서 선택할 수 있다.

    이 목록 이외에도 챕터에 있는 많은 목적, 목표와 개입설명은 회복 지향적이다. 예를 들어, 평가 개입은 특정 개인의 문제를 어떻게 반영하고 있는지 그리고 치료에 어떤 강점을 반영할 것인지를 포함하고 있다. 또한 내용 중 '내담자와 함께 그 또는 그녀가 이룬 성공과 그 또는 그녀의 삶 안에 존재하는 사랑과 근심에 대한 근원에 대하여 검토하라.'는 것은 자살 사고(Suicidal Ideation) 챕터에 나와 있으며 회복 모델이 전반적인 내용에 녹아 있음을 증명하는 부분이다. 그러나 임상가가 회복 모델의 지침을 더욱 초점화하여 직접적으로 반영하기를 원한다면 부록 C를 참고하면 된다.

    우리는 이번 편에서 챕터 내용을 약간 재구성하였다. 우울증 챕터를 '단극성 우울'로 고쳤는데, 이것은 '양극성 장애-우울'을 위해 새롭게 쓰인 챕터와 구분하기 위해서이다. 또한 조증/경조증 챕터를 '양극성 장애-조증'으로 수정하여 '양극성 장애-우울'과 짝을 이루도록 하였다. 양극성 장애-우울 챕터의 일부 내용은 양극성 장애-조증 챕터에서 반복되지만 EBT 기호는 동일한 내용을 나타내거나 그렇지 않을 수도 있다. 이는 특정 EBP가 특정 챕터의 문제(예, 조증 증상)에 대한 효과를 지지하지만 반드시 장애의 다른 측면(예, 양극성 우울 증상)을 나타내는 것은 아니기 때문이다. 증거기반 치료의 구체적인 효과에 대한 더 많은 정보가 필요하다면 전문 참고자료 부록의 해당 장에 대한 경험적 지원(empirical support) 부분을 참조하면 된다. 마지막으로, 약물 의존-재발 챕터를 삭제하였는데 재발 문제는 물질 사용 챕터에서 충분히 다루어졌고 내용 대부분이 중복되었기 때문이다.

인지 결핍(Cognitive Deficits) 챕터에서는 뇌의 외상이나 건강 상태로 인한 인지 결핍을 앓고 있는 환자를 광범위하게 치료해 온 재활심리학 분야의 Michele Rusin 박사를 초빙하여 철저히 검토·수정하였다. 그녀는 Practice Planner 시리즈의 책 중 하나인『Rehabilitation Psychology Treatment Planner』의 주 저자이다. 그녀는 일반 치료자(general practitioner)들을 위하여 경도의 인지 결핍에 대한 1단계 치료법에 대한 평가를 제공하였다. 당연히, 더욱 심각한 증상이 나타난다면 보다 심층적인 치료를 위해 심리학 및 의학 전문가에게 의뢰되어야 한다.

DSM-5 발행에 맞추어 우리는 진단 제안(Diagnostic Suggestion)을 각 챕터의 마지막 부분에서 수정하였다. DSM-IV-TR(APA, 2000)은 플래너의 이전 판에서 사용되었다. 여전히 많은 진단 방식과 코드가 비슷하지만 DSM-5 발행과 함께 부분적으로 변경되었고 이 플래너에도 반영되었다.

일부 상담자(clinicians)들은 이 플래너의 목표 관련 진술은 내담자들의 성과가 측정될 수 있도록 작성되어야 한다고 주장한다. 우리는 목표를 행동주의 용어로 작성하였으며 많은 부분이 쓰인 것과 같이 측정이 가능하다. 예를 들어, 불안 챕터에 나오는 목표 중 하나를 살펴보면 측정이 가능하다. 왜냐하면 할 수 있기도 하고 할 수 없기도 하기 때문이다. '인지적 편견이 과도한 비합리적 걱정과 지속적인 불안 증상에 미치는 역할에 대해 이해하고 말로 표현하기'. 그러나 때때로 이 문장은 너무 광범위하여 측정이 불가능한 것으로 간주될 수 있다. 예를 들어, 불안 챕터에서 이 목표를 살펴보자. '편향되고 두려움을 유발하는 자기대화(self-talk)를 확인하고 이에 도전하여, 긍정적이고 현실적이며 힘을 북돋아 주는 자기대화로 바꾸기'. 치료자는 이것을 수치화할 수 있도록 수정하여 읽어 줄 수 있다. '편향되고 두려움을 유발하는 자기대화를 확인하고 이에 도전하여 긍정적이고 현실적이며 힘을 북돋아 주는 자기대화로 바꾼 예를 두 가지 말해 보세요.' 분명히, 두 가지 예를 사용하는 것은 임의적이지만 목표를 달성했는지 수치화하여 측정할 수 있는 방법임에는 틀림없다. 또는 불안 챕터의 다음 예를 고려해 보자. '매일 즐거운 활동을 확인하고 참여하기'. 더욱 정확한 측정이 가능하기 위해 치료자는 즐거운 활동에 원하는 숫자를 단순히 추가할 수 있다. 그래서 '매일 두 번의 즐거운 활동을 발견하여 참여하고 보고하기'로 바꿀 수 있다. 내담자가 달성할 수 있는 정확한 목표 수치는 주관적이기 때문에 내담자와 상의하여 개별적으로 선택하여야 한다. 정확한 목표 수치가 결정되면 우리의 내용을 특정 치료 상황에 맞게 쉽게 수정할 수 있다. 심리치료 계획 기술에 관한 더욱 자세한 정보는 Jongsma(2005)를 참고하라.

마지막으로, 우리는 평가도구의 출처와 개입에서 인용되는 임상 면담 형태의 알파벳순의 색인을 부록 D에 추가하였다. 우리는 이 부록을 통해 독자가 치료 계획에 추가하기를 원하는 경우 이 자료를 쉽게 찾을 수 있기를 바란다.

이 다섯 번째 플래너의 개선된 내용이 당신이 치료 계획을 세우는 데 유용하기를 바란다.

치료 플래너를 사용하는 방법

다음 6단계에 따라 이 치료 플래너를 사용하십시오.

1. 문제 선택(Problem Selection): 내담자는 검사 중에 다양한 문제에 대하여 논의를 할 수 있지만 상담자(clinicians)는 치료 과정 중에 중점적으로 다루어야 하는 가장 중요한 사항을 결정해야 합니다. 일반적으로 주요 문제와 2차적인 문제는 분명합니다. 일부 문제는 긴급한 해결을 필요로 하지 않기 때문에 현재는 치료를 할 필요가 없을 수 있습니다. 효과적인 치료 계획은 몇 개의 선택된 문제를 다룰 때 가능합니다. 아니면 치료가 방향을 잃을 수 있습니다. 효과적인 치료 계획은 몇 가지 선택된 문제만을 다룰 수 있으며 그렇지 않을 때 치료 방향을 잃을 수 있습니다. 이 플래너 안에서 당신의 내담자가 보고하는 문제를 가장 정확하게 대변하는 문제를 선택하세요.

2. 문제 정의(Problem Definition): 내담자들은 각자 독특한 뉘앙스로 그들의 삶에서 문제가 어떻게 행동적으로 드러나는지에 대해 이야기합니다. 그러므로 치료 초점을 위해 선택된 각각의 문제가 특정 내담자에게 어떻게 드러나는지에 대해 구체적인 정의가 필요합니다. 증상 패턴은 DSM-5 또는 국제질병분류(ICD)에 근거한 진단 기준 및 코드와 관련되어야 합니다. 이 플래너는 각자 개인적으로 제작된 진술문을 위한 모델을 선택하거나 제공하기 위해 그러한 행동 특성 정의에 대한 진술을 제공합니다.

3. **목표 개발(Goal Development):** 치료 계획을 발전시키는 다음 단계는 타깃 문제의 해결을 위한 큰 목표를 세우는 것입니다. 이러한 진술문은 측정 가능한 진술문으로 만들 필요는 없고, 치료 과정에 대한 바람직하고 긍정적인 결과를 나타내는 크고 장기적인 목표이면 됩니다. 이 플래너는 각 문제에 대한 몇 가지 가능한 목표 진술문을 제공하고 있으나, 한 진술문이면 치료 계획에 충분합니다.

4. **구체적 목표 구성(Objective Construction):** 장기 목표와는 반대로, 내담자가 계획 목표를 달성했을 때, 기관, 건강 관리 기관 및 관리 의료 기관이 검토하기에 분명하도록 구체적인 목표는 행동적으로 측정 가능한 언어로 진술되어야 합니다. 이 플래너에 제시된 구체적인 목표는 책임에 대한 이러한 요구를 충족시키기 위해 제작되었습니다. 같은 증상을 보이는 문제라도 다양한 치료 계획 가능성을 구축할 수 있도록 수많은 대안이 제시됩니다.

5. **개입 구축(Intervention Creation):** 개입은 내담자가 목표를 완전히 달성하는 데 도움을 주기 위해 만들어진 임상가의 처치를 말합니다. 하나의 구체적인 목표에 대해서 적어도 하나의 개입이 필요합니다. 만약 초기 개입 이후에 내담자가 목표를 달성하지 못한다면, 새로운 개입을 계획에 추가해야 합니다. 개입은 내담자의 요구와 강점 그리고 치료 제공자의 전체적인 치료 맥락을 바탕으로 선택되어야 합니다. 이 플래너는 넓은 범위의 치료적 접근을 포함하고 있는 것은 물론이고, 치료 제공자들 각자의 훈련과 경험을 반영하여 다른 개입을 사용할 수 있도록 장려하고 있습니다.

   플래너에 나열된 몇 가지 제안된 개입들은 부수적인 독서요법으로 내담자에게 배정할 수 있도록 특정 서적을 참조합니다. 부록 B는 이 책의 서지 참고 목록 전체를 포함하며 다음의 두 가지 대중적인 서적을 포함합니다. 『Read Two Books and Let's Talk Next Week: Using Bibliotherapy in Clinical Practice』(Maidman, Joshua, & DiMenna 저), 그리고 『Rent Two Films and Let's Talk in the morning: Using Popular Movies in Psychotherapy, Second Edition』(Hesley & Hesley 저)(모두 Wiley에서 출판됨). 자기계발(자조기술) 서적에 대한 보다 자세한 정보를 위해 정신건강 전문가들은 『Authoritative Guide to Self-Help Resources in Mental Health, 개정판』(Norcross et al., 2003)을 참고할 수 있습니다.

6. **진단 결정(Diagnosis Determination):** 적절한 진단의 결정은 내담자의 완전한 임상적 증상의 평가에 기반을 두고 있습니다. 임상가는 DSM-5에서 설명하고 있는 정신건강 상태에 대한 진단 조건과 내담자의 행동, 인지, 정서, 및 대인관계적 증상

을 비교해야 합니다. 이러한 방식으로 내담자를 진단하는 것에 반대하는 의견도 있지만, 진단은 정신건강 관리 영역에서는 실재하는 현실이며, 보험(third-party reimbursement)을 위해 필요합니다. 그것은 DSM-5의 기준에 대한 임상가의 철저한 지식과 가장 신뢰할 수 있고, 유효한 진단에 기여하는 내담자 평가 자료에 대한 완전한 이해입니다.

축하합니다! 이러한 6단계를 완료한 후에, 당신은 내담자의 증상과 즉시적인 실행을 위한 전반적이고도 개별화된 치료 계획을 할 준비가 되었습니다. 불안에 대한 샘플 치료 계획이 도입부의 마지막에 제공됩니다.

내담자 맞춤형 치료 계획을 위한 마지막 주의점

효과적인 치료 계획의 중요한 한 가지 측면은 각각의 계획이 개별 내담자의 문제와 요구에 맞아야 한다는 점입니다. 치료 계획은 내담자가 유사한 문제를 가지고 있다고 하더라도, 대량 생산되어서는 안 됩니다. 각 개인의 강점, 약점, 독특한 스트레스 요인, 사회적 관계망, 가족 환경, 그리고 증상 패턴은 치료 전략을 개발시키는 데 있어 고려되어야 합니다. 수년간의 임상 경험과 최고의 연구 결과를 바탕으로 다양한 치료법을 선택해 왔습니다. 이 진술문들은 상세한 치료 계획을 수립할 수 있도록 수천 개의 순열로 조합할 수 있습니다. 각자의 현명한 판단에 의지하여 임상가들은 그들이 치료하고 있는 내담자에게 맞는 적합한 진술문을 쉽게 선택할 수 있습니다. 게다가 우리는 독자들이 각자의 정의, 장기 목표, 단기 목표와 개입을 제공하는 샘플에 추가하기를 장려합니다. 이러한 치료 플래너 시리즈의 모든 책을 가지고, 이 책들이 효과적이고 창의적인 치료 계획(궁극적으로 내담자, 임상가, 정신건강 커뮤니티에게 유익이 되는 과정)을 촉진시키는 데 도움이 되길 바랍니다.

참고문헌

American Psychiatric Association. (2000). *Diagnostic and statistical manual of mental disorders* (4th ed., text rev.). Washington, DC: Author.

American Psychiatric Association. (2013). *Diagnostic and statistical manual of mental disorders* (5th ed.). Washington, DC: Author.

American Psychological Association Presidential Task Force on Evidence-Based Practice. (2006). Evidence-based practice in psychology. *American Psychologist, 61*(4), 271–285.

Bohart, A., & Tallman, K. (1999). *How clients make therapy work: The process of active self-healing.* Washington, DC: American Psychological Association.

Institute of Medicine. (2001). *Crossing the quality chasm: A new health system for the 21st century.* Washington DC: National Academy Press. Available from http://www.iom.edu/ Reports.aspx?sort=alpha&page=15

Jongsma, A. (2005). Psychotherapy treatment plan writing. In G. P. Koocher, J. C. Norcross, & S. S. Hill (Eds.), *Psychologists' desk reference* (2nd ed., pp. 232–236). New York, NY: Oxford University Press.

Jongsma, A. E. (2013). *Adult psychotherapy homework planner* (5th ed.). Hoboken, NJ: Wiley.

Jongsma, A. E., & Bruce, T. J. (2010–2012). *Evidence-based psychotherapy treatment planning* [DVD-based series]. Hoboken, NJ: Wiley [Online]. Available from www.Wiley.com/go/ ebtdvds

Nathan, P. E., & Gorman, J. M. (Eds.). (2007). *A guide to treatments that work* (3rd ed.). New York: Oxford University Press.

New Freedom Commission on Mental Health. (2003). *Achieving the promise: Transforming mental health care in America* (Final report. DHHS Publication No. SMA-03-3832). Rockville, MD: Author. Available from http://www.mental healthcommission.gov

Norcross, J. C., Santrock, J. W., Campbell, L. F., Smith, T. P., Sommer, R., & Zuckerman, E. L. (2003). *Authoritative guide to self-help resources in mental health, revised edition.* New York: Guilford Press.

Norcross, J. C. (Ed.). (2002). *Psychotherapy relationships that work: Therapist contributions and responsiveness to patient needs.* New York, NY: Oxford University Press.

Substance Abuse and Mental Health Services Administration's (SAMHSA) National Mental Health Information Center: Center for Mental Health Services. (2004). *National consensus statement on mental health recovery.* Washington, DC: Author. Available from http://mentalhealth.samhsa.gov/publications/allpubs/sma05-4129/

Wampold, B. E. (2001). *The great psychotherapy debate: Models, methods, and findings.* Mahwah, NJ: Erlbaum.

치료 계획 예시

불안(Anxiety)

정의: 1. 다양한 사건이나 활동에 대해 과도하거나 비현실적인 걱정(worry)이 적어도 6개월 이상 지속되고 통제하기 어려움

2. 운동성 긴장(motor tension)(예, 안절부절못함, 피로, 떨림, 근육의 긴장)

3. 자율 신경계 기능 항진(예, 심계항진, 숨가쁨, 구강 건조, 연하운동 장애, 메스꺼움, 설사)

4. 과각성(Hypervigilance)(예, 지속적으로 흥분상태이거나, 집중력 장애를 경험하거나, 잠에 빠지거나 잠을 자는 것에 어려움을 겪거나, 과민 반응의 일반적인 상태를 보임)

목적: 불안의 전반적인 빈도, 강도, 기간 등을 줄여 일상생활에서 기능이 손상되지 않게 함 불안과 걱정을 낮추는 대처기술을 학습하고 수행하여, 일상생활에서 기능 수준을 높임

🕐 목표	🗣 중재
1. 불안, 걱정과 관련된 상황, 사고, 감정, 행동 그리고 불안과 걱정이 기능수준에 미치는 영향 더불어 불안과 걱정을 해결하기 위한 시도를 기술하기	1. 내담자와의 신뢰의 수준을 높이는 데 집중하기; 내담자가 그들의 불안 증상을 표현할 때 안전하다는 느낌을 받을 수 있도록 지지와 공감을 제공하기 2. 내담자가 과거에 경험한 불안과 그것이 일상에 미친 영향에 대해 설명하도록 요청하기; 불안의 핵심, 과도함, 통제 불가능함, 그리고 불안 증상의 유형, 빈도, 강도, 지속 기간을 평가하기[불안장애 면접 스케줄-성인용(Anxiety

Disorder Interview Schedule-Adult Version)과 같은 구조화된 면접지를 사용하는 것도 좋다.]

2. 불안의 인지적, 생리적 및 행동적 구성 요소와 그 치료에 대한 이해를 언어로 표현하기

1. 비현실적인 위협에 대한 지나친 걱정, 긴장, 과한 각성(overarousal), 극도의 경계와 같은 다양한 몸의 반응 문제를 지속시키는 위협의 회피 등이 어떻게 범불안에 포함되는지 논의하기(Zinbarg, Craske, Barlow의 『Mastery of Your Anxiety and Worry-Therapist Guide』; Rygh와 Sanderson의 『Treating GAD』)

2. 내담자가 걱정을 효과적으로 다루며, 과한 각성을 감소시키고, 불필요한 회피를 제거하도록 돕기 위해 치료에서 걱정, 불안 증상, 회피 증상을 어떤 방식으로 목표로 삼아 다루는지 논의하기

3. 교재의 심리교육 부분이나 걱정과 범불안에 관한 치료 매뉴얼 읽기(예, Craske와 Barlow의 『Mastery of Your Anxiety and Worry』; White의 『Overcoming Generalized Anxiety Disorder』)

3. 전반적인 불안 수준을 낮추기 위한 진정(calming) 기술과 불안 관리 기술을 학습하고 실행하기

1. 내담자에게 진정하고 이완하는 기술(예, 응용 이완법, 점진적 근육 이완법, 단서 통제 이완법, 마음챙김 호흡법, 바이오 피드백), 그리고 어떻게 이완과 긴장을 더 잘 구분할 수 있을지를 가르치기; 그리고 내담자의 일상에 어떻게 적용할지 가르치기(예, Bernstein, Borkovec, Hazlett-Stevens의 『New Directions in Progressive Muscle Relaxation』; Rygh와 Sanderson의 『Treating GAD』)

2. 매 회기마다 내담자가 매일 이완 연습을 할 수 있도록 숙제를 내주고, 불안을 자극하지 않는 것으로부터 불안을 자극하는 상황까지 점차적으로 이완을 적용해 볼 수 있도록 하기; 개

선을 위한 적절한 피드백을 제공하면서 검토와 강화를 제공하기

4. 다양한 환경과 걱정 사이의 연합을 억제하기 위한 전략을 배우고 실행하기. 이를 통해, 지정된 '걱정 시간(worry time, 걱정하는 시간을 정해 놓고 그 시간에만 걱정을 하도록 함)'이 되기 전까지 걱정을 지연시키기

1. 걱정 시간 기법을 사용해야 하는 합당한 이유와 해당 기법의 활용 방법에 대해 설명하기; 걱정 시간을 실행하는 것에 대해 내담자와 동의하기

2. 사고 중지, 이완법, 주의초점 바꾸기 등의 기술을 활용함으로써, 걱정을 인식하고 멈추는 법, 그리고 앞서 동의한 걱정 시간이 되기 전까지 걱정을 미루는 방법을 내담자에게 가르치기[또는 Jongsma의 저서 『성인 심리치료 과제 플래너(Adult Psychotherapy Homework Planner)』의 '사고 중지 기법을 사용하기(Making Use of the Thought-Stopping Technique)' 또는 '걱정 시간(Worry Time)'을 과제로 내주기]; 일상생활에서의 사용을 장려하기; 개선을 위한 올바른 피드백을 제공하면서 성공을 검토하고 강화하기

5. 인지적 편견이 과도한 비합리적 걱정과 지속적인 불안 증상에 미치는 역할에 대해 이해하고 말로 표현하기

1. 부정적인 기대가 발생할 확률, 실제 결과, 결과를 다루는 능력, 가능한 최악의 결과 그리고 그것을 받아들이는 능력에 대한 잠재적인 편견을 조사함으로써 내담자가 자신의 걱정을 분석하는 것을 돕기[Jongsma의 『성인 심리치료 과제 플래너(Adult Psychotherapy Homework Planner)』에 있는 '두려운 사건의 확률을 분석한다(Analyze the Probability of Feared Event)'; Clark와 Beck의 『Cognitive Therapy of Anxiety Disorders』를 참고하기]

6. 편향되고 두려움을 유발하는 자기대화(self-talk)를 확인하고 이에 도전하여, 긍정적이고 현실적이며 힘을 북돋

1. 두려움에 대한 반응을 유발하는 내담자의 스키마와 자기대화를 탐색하기; 편견에 도전하는 것을 돕기; 왜곡된 메시지를 현실에 기반한

아 주는 자기대화로 바꾸기

대안으로 대체하고 긍정적이고 현실적인 자기대화를 통해 비합리적인 두려움에 대처하는 자신감을 높이기(Clark와 Beck의 『불안장애의 인지치료』를 보라)

2. 두려움을 유발하는 자기대화를 확인하고, 자기대화의 편견을 확인하며, 대안을 생성하고, 행동 실험을 통해 점검하는 숙제를 내담자에게 내주기[또는 Jongsma의 『성인 심리치료 과제 플래너(Adult Psychotherapy Homework Planner)』에 있는 '부정적인 생각이 부정적인 감정을 낳는다(Negative Thoughts Trigger Negative Feelings)'를 과제로 내기]. 개선을 위한 올바른 피드백을 제공하면서 성공을 검토하고 강화하기

진단

300.02(F41.1)*   범불안장애

* ICD-9-CM Code(ICD-10-CM Code)

🎙 차례

분노 조절 문제(Anger Control Problems)

📄 행동적 정의

1. 특정 상황이나 주제에 따라 일시적으로 과도하게 분노하는 패턴을 보인다.

2. 많은 상황에서 과도하게 분노하는 패턴을 보인다.

3. 분노와 관련된 인지적 편견(예, 타인에 대한 지나친 기대, 분노의 대상에 대한 지나치게 일반화된 낙인, '가볍게' 여길 수 있는 것에 대한 분노)을 보인다.

4. 분노와 관련된 생리적인 각성의 직접적인 혹은 간접적인 증거를 보인다.

5. 스트레스 요인에 비해 격렬하고, 공격적인 감정의 폭발을 보이고, 그것이 언어폭력, 폭력 행위, 또는 재산 파괴로 이어진 경험에 대해 보고한다.

6. 무의미한 자극에 대해 과민한 언어 적대감을 보인다.

7. 중요한 타자에 대해서 물리적으로 혹은 정서적인 학대를 가한다.

8. 타인에게 혹은 타인에 대해 빠르고 가혹하게 판단적인 진술을 한다.

9. 긴장된 근육(예, 주먹이나 턱을 움켜 쥠), 눈에 띄는 표정, 혹은 눈맞춤 거절하기 등 분노를 나타내는 신체 언어를 보인다.

10. 분노로 인해 수동-공격적인 패턴을 보여 준다(사회적 철수, 지시나 규칙을 완전히 혹은 적시에 준수하지 못하거나, 권위적인 인물 뒤에서 그들에 대해 불평하거나, 기대되는 행동 규준을 충족시키는 것에 비협조적이거나).

11. 수동적으로 감정을 철수하고 난 뒤 분노로 폭발한다.

12. 거부, 거절, 비판을 인지하면 과도한 분노를 보인다.

13. 타인을 협박하려는 의미로 욕설을 사용한다.

14. 공격 및 학대 행동에 대해 타인을 탓하며 합리화한다.

15. 권력과 통제권을 얻는 수단으로 공격성을 사용한다.

— . _____
  _____

— . _____
  _____

— . _____
  _____

🎯 장기 목표

1. 분노와 과민반응의 수준을 낮추기 위해 분노 조절 기술을 배우고 실행한다.

2. 주장 및 갈등해결 기술을 사용하여 예의 바른 의사소통을 증가시킨다.

3. 분노 사고, 감정, 행동의 원인을 명확하게 알고, 이에 대한 인식을 향상시키며, 공격적인 분노의 대안 반응을 배운다.

4. 분노 사고, 감정, 행동의 빈도, 강도, 지속 시간을 줄이고, 좌절감을 인지하고 바르게 표현하고 갈등을 해결할 수 있는 능력을 향상시킨다.

5. 더 건설적인 방식으로 문제를 해결하는 데 필요한 인지 행동적인 기술을 실행한다.

6. 더 잘 조절할 수 있고, 더 평온한 가운데 분노 감정을 알고 수용할 수 있게 된다.

7. 일상적인 기능을 향상시킬 수 있는 건설적인 방식으로 분노 감정을 다룰 수 있게 된다.

8. 타인과 타인의 감정에 대한 존중을 표현할 수 있다.

— . _____
  _____

— . _____
  _____

— . _____
  _____

📇 단기 목표

1. 분노와 말이나 행동으로 분노를 표현하는 것, 그러한 분노 행동의 대상과 관련된 상황, 생각, 감정을 알아차리고, 치료자와 협력하여 작업하기(1, 2)

2. 분노 표현을 평가하기 위한 심리검사 또는 객관적 질문지를 완성하기(3)

3. 분노 조절 문제에 기여할 가능성이 있는 의학적 상태를 평가하기 위해 의학적 평가와 협력하기(4)

4. DSM 진단, 처치의 효과, 치료 관계의 특성과 관련된 특성 평가에 행동적, 정서적, 태도적 정보를 제공하기(5, 6, 7, 8)

👥 치료적 중재

1. 내담자에 대한 신뢰 수준을 높이기; 내담자의 삶에서 분노의 영향력에 초점을 맞춘 대화를 하면서, 내담자가 자신의 인생에서 겪었던 분노의 영향뿐 아니라 자신의 화난 감정을 표현할 때, 내담자가 안전감을 느낄 수 있도록 지지와 공감을 제공하기

2. 내담자가 자신의 언어로 분노 이슈의 내력과 특성에 대해 이야기할 때, 내담자의 분노, 사고, 감정, 그리고 그의 분노 반응의 특징적인 행동을 유발한 다양한 자극(예를 들면, 상황, 사람, 사고)을 철저하게 평가하기

3. 분노 표현을 객관적으로 평가하기 위해 설계된 심리검사 도구(예를 들어, 분노, 짜증, 그리고 공격성 질문지, 그리고 공격성 질문지, Buss-Durkee 공격성 검사, 상태−특성 분노 표현 검사)를 내담자에게 실행하기; 내담자에게 평가 결과에 대해 피드백을 제공하라; 치료 효과성을 평가하기 위해 위에 지시된 대로 이 과정을 다시 반복해 보기

4. 내담자가 분노 조절 문제의 원인이 되거나 분노 조절 문제에 기여할 법한 의학적 상태나 물질의 가능성을 배제하기 위해서 내담자가 완전한 의학적 평가를 받을 수 있도록 의사에게 의뢰하기(예를 들어, 뇌 손상, 종양, 테스토스테론 수준의 증가, 각성제 사용)

5. '현재 나타나는 문제'에 대한 내담자의 통찰 수준(자아이질적 vs. 자아동질적)을 평가하기 (예를 들어, '기술된 행동'의 문제적 특성에 대한 좋은 통찰을 보여 준다, 다른 사람들의 걱정에 동의

한다, 그리고 변화에 대한 작업에 동기화되어 있다, '기술된 문제'에 관해 양가감정을 보이며 걱정거리와 관련된 이슈를 언급하기 꺼린다; 또는 '기술된 문제'에 대한 인정을 거부하는 모습을 보인다, 걱정스러워하지 않는다, 그리고 변화에 대한 동기가 없다.)

6. 적절하다면, 자살취약성(예, 우울 동반이 분명한 경우 자살 위험 증가)을 포함한 연구 기반 관련 장애 증거를 평가하기(예, ADHD를 동반한 적대적 반항장애, 불안장애를 동반한 우울증)

7. 내담자의 현재 문제행동을 설명하는 데 도움이 되는 나이, 성, 문화와 관련된 사안과 내담자의 행동에 대한 더 나은 이해를 제공하는 요소들을 평가하기

8. 적절한 수준의 치료를 결정하기 위해 내담자의 기능 손상의 심각 수준을 평가하기(예, 기록된 행동이 사회적, 관계적, 직업적인 노력에 경미한/중간의/심각한/매우 심각한 손상을 만드는지); 치료의 효과와 함께 손상의 심각성을 지속적으로 평가하기[예, 내담자가 더 이상 심각한 손상은 보이지 않지만 지금 표출되는 문제가 경미한 혹은 중간의(moderate) 손상을 일으키고 있는지]

▽ 5. 분노 조절을 돕는 향정신성 약물과 함께 가능한 치료를 위한 의학적 평가에 협력하기. 만약 처방되었다면, 약물을 지속적으로 복용하게 하기(9, 10)

9. 내담자에게 분노 조절을 돕는 향정신성 약물이 필요한지 그리고 그 약물을 복용할 의사가 있는지 평가하기; 내담자에게 약물 처방을 평가해 줄 정신과 의사를 연결해 주기 ▽

10. 약을 제대로 먹고 있는지, 약의 효과성, 부작용을 모니터하기; 약을 처방해 준 정신과 의사에게 피드백하기 ▽

▽ 6. 사람, 상황, 다른 분노 촉발요인에 대해 일지를 쓰기; 사고, 감정, 취한 행동을 기록하기(11, 12)

▽ 7. 분노 표출 패턴, 이유 그리고 결과에 대한 증가된 자각을 언어로 설명하기(13, 14, 15, 16)

11. 내담자에게 자기관찰(self-monitor)을 요청하여 분노, 짜증 또는 실망하는 장면과 관련된 사람, 상황, 사고, 감정, 행동을 기록하는 일지를 쓰게 하라[또는 Jongsma의 『성인 심리치료 과제 플래너(Adult Psychotherapy Homework Planner)』에 있는 '분노 일지(Anger Journal)'를 과제로 내주기]; 내담자가 화가 발생하는 데 대한 자신의 기여를 이해하도록 돕는 방향으로 일상적으로(routinely) 일지를 작업하기 ▽

12. 내담자가 분노 유발 요인 목록을 작성하는 것을 돕기; 내담자가 자신의 분노의 원인과 표현을 이해하도록 돕는 방향으로 그 목록에 대해 작업하기 ▽

13. 내담자가 분노를 예측 가능하게 상호작용하며(예를 들어, 기대에 어긋날 때 문제행동을 일으킬 수 있는 변화나 분노가 올라옴) 이해되고 도전받으며 변화할 수 있는 다양한 차원(인지, 생리, 정서, 행동)으로 구성되어 있는 것으로 재개념화하도록 돕기 ▽

14. 분노가 만들어질 때, 인지적, 생리적, 정서적 요소가 어떻게 상호작용하는지 내담자가 이해하는 것을 돕는 방향으로 내담자의 분노 촉발요인 및 관련된 일지의 정보를 작업하기 ▽

15. 내담자에게 분노가 자신의 삶에 부정적인 영향을 미치는 방식을 열거하도록 요청하고 이에 대해 논의하기(예, 타인과 자신을 해침, 법적인 갈등, 자신과 타인으로부터 존경을 잃음, 재산 파괴); 이 목록에 대해서 다루기 ▽

16. 내담자가 분노를 관리했을 때 생기는 긍정적인 결과를 식별할 수 있도록 돕기(예, 타인과

자신으로부터 존경, 타인으로부터 협조, 향상된 신체건강 등)[또는 Jongsma가 쓴 『성인 심리치료 과제 플래너(Adult Psychotherapy Homework Planner)』에 있는 'Alternatives to Destructive Anger'를 과제로 내주기] ▽^{EBT}

▽^{EBT} 8. 치료에 참가하는 동기와 참가 의향에 대해 탐색하기. 그리고 분노에 대해 생각하고 관리하기 위한 새로운 방법을 배우기 위해 치료에 참가하기로 하기(17)

17. 내담자가 자신의 동기의 단계를 분명히 하도록 동기 강화 상담(motivational interviewing techniques)을 사용하여, 내담자가 분노를 개념화하고 다루는 새로운 방법을 배우는 것을 동의하는 행동단계로 이동할 수 있도록 돕기 ▽^{EBT}

▽^{EBT} 9. 치료가 분노를 감소시키고 삶의 질을 향상시키기 위해 어떻게 설계되었는지에 대해 이해한 내용을 언어로 설명하기(18)

18. 치료를 위한 근거(rationale)를 논의하기. 다양한 차원의 분노에서의 변화를 통해 어떻게 기능이 향상될 수 있는지 강조하기; 내담자가 자신의 이해를 공고화할 수 있도록 치료 전반에 걸쳐서 관련된 주제를 다시 다루기 ▽^{EBT}

▽^{EBT} 10. 분노와 분노조절문제에 대한 이해를 향상시키기 위해 치료를 보완하는 책이나 치료 매뉴얼을 읽기(19)

19. 내담자에게 분노와 분노관리에 대해 교육받을 수 있는 읽기자료를 과제로 내주기 (예, Deffenbacher와 McKay의 『Overcoming Situational and General Anger: Client Manual』, Rosselini와 Worden의 『Of Course You're Angry』, Kassinove와 Tafrate의 『Anger Managment for Everyone』); 내담자가 치료에 대한 이해를 공고화할 수 있도록 치료 전반에 걸쳐서 관련된 주제를 다시 다루기 ▽^{EBT}

▽^{EBT} 11. 분노조절에 대한 전반적인 접근의 일환으로 진정시키는 전략과 대처전략을 배우고 실행하기(20)

20. 분노 감정 고양과 동반되는 만성적이고 급성적인 신체적인 긴장을 줄여 주기 위한 적절한 전략의 한 부분으로서 내담자에게 진정시키는(calming) 기술을 가르치기(예, 전진적인 근육 이완, 호흡유도 이완, 진정시키는 이미

지, 단서가 제공되는 이완기법(cue-controlled relaxation), 응용된 이완, 마음챙김 명상 호흡(mindful breathing) ▽

▽ 12. 분노를 유도하는 자기대화를 식별하고, 도전하고, 이를 분노를 낮추는 대화로 대체하기(21, 22, 23)

21. 자신의 분노 감정과 행동을 매개하는 내담자의 자기대화(self-talk)를 탐색하기(예, 부담이 큰 기대는 '반드시 ~해야 한다'는 진술문에 반영됨); 편견을 식별하고 도전하기. 그리고 내담자가 편견을 수정하고 좌절에 좀 더 유연하고 차분한 반응을 하도록 촉진하는 평가와 자기대화를 할 수 있도록 돕기. 분노를 다스리는 대처기술의 한 부분으로서 새로운 자기대화와 진정시키는(calming) 기술을 결합시키기 ▽

22. 내담자에게 분노 자기대화를 식별하고, 분노 반응을 완화시키는 대안을 만들도록 하는 과제를 내주기; 검토하기; 개선을 위한 교정 피드백을 제공하면서 성공을 강화하기 ▽

23. 분노를 자극하는 장면을 시각화하여 이완법과 인지적 대처를 사용하여 역할놀이하기. 이때, 낮은 분노장면에서 높은 분노장면으로 이동하기. 내담자의 일상생활과 분노를 촉발하는 상황에 직면했을 때 진정시키는(calming) 기술을 적용하도록 과제를 내주기; 결과를 다루기, 성공을 강화하고 장애물을 해결하기 ▽

13. 분노를 촉발하는 침습적이며 원치 않는 생각을 관리하기 위해 생각 멈추기(thought-stopping)를 배우고 실행하기(24)

24. 내담자에게 자신의 생각에 STOP이라고 큰 소리로 말하는 'though-stopping(생각 멈추기)' 기술을 실행하고 진정시키는 대안적인 방법으로 그 생각을 대체하도록 과제를 내주기[또는 Jongsma의 『성인 심리치료 과제 플래

너(Adult Psychotherapy Homework Planner)』에 있는 'Making Use of the Thought-Stopping Technique'를 과제로 내주기]; 성공을 강화하고 실패에 교정적인 피드백을 제공하면서 실행을 평가하기

▽EBT 14. 단호한 의사소통에 대한 이해와 이를 어떻게 공손하고 통제된 방식으로 분노에 대한 생각과 감정을 표현하는 데에 사용할 수 있는지 언어로 설명하기(25)

25. 내담자에게 단호한, 단호하지 않는(수동적인), 그리고 공격적인 의사소통의 장단점뿐만 아니라, 구별적인 요소를 가르치기 위해 지시, 모델링 혹은 역할놀이를 사용하기 ▽EBT

▽EBT 15. 대인관계 문제를 관리하기 위해 문제해결 혹은 갈등해결 기술을 배우고 실행하기(26, 27, 28)

26. 내담자에게 문제해결 기술을 가르치기(예, 문제를 명확하게 정의하기, 다수의 해결책을 브레인스토밍하기, 각 해결책의 장단점을 기술하기, 타인에게 조언을 구하기, 행동계획을 선택하고 실행하기, 결과를 평가하기, 그리고 필요하다면 계획을 조정하기) ▽EBT

27. 내담자에게 갈등해결 기술[예, 공감, 적극적 경청, '나 전달법(I-messages)', 존중의 대화, 공격 없이 자기주장하기, 타협]을 가르치기. 현재 겪는 몇 가지 갈등을 소재로 모델링, 역할극, 행동 예행연습 등을 활용하기 ▽EBT

28. 중요한 타자와 같이 있는 상황에서 내담자가 자기주장, 문제해결, 갈등해결 기술을 실천에 옮길 수 있도록 합동회기를 진행하기 ▽EBT

▽EBT 16. 상담자와 함께하는 치료 회기 시간과 과제 시간에 새로운 분노 조절 기술을 훈련하기(29, 30, 31)

29. 내담자가 자신의 필요에 맞게 신체적 전략, 인지적 전략, 의사소통, 문제해결, 갈등해결 기술 등을 조합하여 내담자 맞춤형 전략을 구성하도록 내담자를 조력하기 ▽EBT

30. 내담자가 새로운 분노 조절 전략을 적용하기
    어려워질 상황을 선택하기 ▽

31. 내담자가 새로운 분노 조절 기술을 능숙하게
    활용할 수 있도록 이완, 심상, 행동 예행연습,
    모델링, 역할극, 실제 상황에의 노출/행동 실
    험 등을 포함한 여러 전략을 사용하기 ▽

▽ 17. 분노 조절을 위한 새로운 기술
    활용을 늘리면서 분노 폭발의
    횟수, 강도, 지속시간을 줄이기
    (32)

32. 내담자의 새로운 분노 조절 전략[또는 Jongsma
    의 저서인 『성인 심리치료 과제 플래너(Adult
    Psychotherapy Homework Planner)』에 있는 '파
    괴적 분노에 대한 대안']을 활용하여 분노 폭발
    의 빈도, 강도, 그리고 지속시간을 줄이는 목
    표에 관한 내담자의 보고를 점검하기 ▽

▽ 18. 분노 폭발 재발을 방지하는 것,
    분노 폭발의 발현과 재발의 차
    이에 대한 이해를 언어로 설명
    하기(33, 34)

33. 분노 폭발 재발의 위험성과 분노 폭발 방지
    전략을 포함하여 분노 폭발 재발을 방지해야
    하는 이유를 알려 주기 ▽

34. 분노 폭발 발현은 처음이고 되돌릴 수 있지
    만, 분노 폭발 재발은 툭하면 예전의 분노 패
    턴으로 돌아가기로 선택하는 것과 같다고 함
    으로써 분노 폭발의 발현과 재발의 차이에
    대해 내담자와 논의하기 ▽

▽ 19. 분노 폭발이 일어날 가능성이
    있는 상황을 식별하고, 그러한
    상황을 관리할 수 있는 전략을
    실행하기(35, 36, 37, 38)

35. 내담자가 다시 분노하게 될 수 있는 미래의
    상황이나 환경을 관리하는 방법을 알아보고,
    예행연습을 해 보기 ▽

36. 좌절에 대한 반응으로 치료에서 배운 새로
    운 분노 조절 전략(예, 진정시키기, 적응적인 자
    기-대화, 갈등 해소)을 일상적으로(routinely)
    활용하라고 지시하기 ▽

37. '대처 카드' 또는 내담자에게 새로운 분노 조
    절전략과 중요한 정보(예, 침착하기, 다른 사람
    에 대한 기대를 유연하게 가지기, 침착하게 자신

의 의견을 말하기, 다른 사람의 의견을 존중하기)
가 기록되어 있어 나중에 사용할 수 있는 다
른 종류의 리마인더(reminder)를 만들기 ▽

38. 내담자의 치료 효과를 관리할 수 있도록 돕는
주기적인 '유지(maintenance)' 회기를 일정을
계획하기 ▽

20. 분노를 지속할 때의 장단점, 용서의
장단점을 각각 확인하고, 상담자와
같이 논의하기(39, 40)

39. 내담자의 분노를 버리는 과정으로서 고통을
일으킨 가해자를 용서하는 것에 대해 내담자
와 논의하기

40. Smedes의 저서인 『Forgive and Forget』을 읽
고 내담자 자신의 삶에 어떻게 적용할 것인
지 살펴보라는 과제를 내기

21. 과거 또는 현재의 고통을 유발한 가
해자에게 용서의 편지를 쓰고, 이 편
지를 상담자와 같이 작업하기(41)

22. 분노와 분노 조절에 관한 새로운 접
근을 배울 수 있는 수용전념치료
(ACT)에 참여하기(42, 43, 44, 45)

41. 내담자가 분노를 버리는 절차로서 분노의 대
상에게 용서 편지를 쓰게 하고, 상담 시간에
이 편지를 작업하기

42. 내담자가 걱정스러운 생각과 심상에 과하게
영향받지 않으면서 그 생각과 심상의 존재
를 경험하고 받아들이고, 자신에게 개인적으
로 의미 있는 가치와 부합하는 활동에 자신
의 시간과 노력을 전념하도록 도울 수 있도
록 ACT 접근법을 활용하기(Hayes, Strosahl,
Wilson의 저서인 『Acceptance and Commitment
Therapy』를 참고하기)

43. 내담자가 현실에 기반한 생각, 심상, 충동은
관찰하고 받아들이되, 비현실적인 정신 현
상에는 반응하지 않도록 함으로써 심리적 외
상(PTSD)과 관련된 자신의 부정적인 사고 과
정을 인식하고 이러한 생각과의 관계를 바꿀
수 있도록 마음챙김 명상을 가르치기(Zabat-

Zinn의 오디오 CD인 『Guided Mindfulness Meditation』을 참고하라.)

44. 마음챙김 명상과 ACT의 접근을 일상생활에 적용하여 익힐 수 있도록 마음챙김 명상과 ACT로부터 얻은 교훈을 연습하는 과제를 내기

45. 회기에 대한 보충을 위해 내담자에게 마음챙김과 ACT와 관련 있는 독서과제 내주기

23. 중요한 타자(가족, 친지 등)와의 과거 관계에 대해 이야기하면서 분노 조절의 근원에 대한 통찰 얻기(46)

46. 내담자들로 하여금 현재의 분노 조절 문제에 영향을 주었을지도 모르는 과거의 갈등 관계(예, 아버지, 어머니, 타인)를 명확히 하도록 돕기; 이러한 경험들이 어떻게 긍정적 혹은 부정적으로 내담자가 화를 다루는 방법에 영향을 주었는지 이야기하기

24. 분노 조절 기술의 성취를 가능하도록 도와주는 사회적 지지를 확인하기(47)

47. 내담자의 변화를 지지할 만한 신뢰하는 타인과 자신의 분노 조절 목표를 이야기하도록 내담자를 격려하기

___ . _____
_____

___ . _____
_____

___ . _____
_____

___ . _____
_____

___ . _____
_____

___ . _____
_____

📝 진단 제안

DSM-IV/ICD-9-CM 사용

축 I :	312.34	간헐적 폭발 장애(Intermittent Explosive Disorder)
	296.xx	제I형 양극성 장애(Bipolar I Disorder)
	396.89	제II형 양극성 장애(Bipolar II Disorder)
	312.8	행동장애(Conduct Disorder)
	310.1	축 III 장애로 인한 성격 변화
		(Personality Change Due to Axis III Disorder)
	309.81	외상후 스트레스 장애(Posttraumatic Stress Disorder)
	V61.12	성인(동반자)의 신체적 학대
		[Physical Abuse of Adult(by Partner)]
	V61.83	성인(비동반자)의 신체적 학대
		[Physical Abuse of Adult(by non-partner)]
	_____	_____
	_____	_____
축 II :	301.83	경계성 성격장애(Borderline Personality Disorder)
	301.7	반사회성 성격장애(Antisocial Personality Disorder)
	301.0	편집성 성격장애(Paranoid Personality Disorder)
	301.81	자기애성 성격장애(Narcissistic Personality Disorder)
	301.9	명시되지 않은 성격장애(Personality Disorder NOS)
	_____	_____
	_____	_____

DSM-5/ICD-9-CM/ICD-10-CM 사용

ICD-9-CM	ICD-10-CM	DSM-5 장애, 상태, 문제
312.34	F63.81	간헐적 폭발 장애(Intermittent Explosive Disorder)
296.xx	F31.xx	제I형 양극성 장애(Bipolar I Disorder)
296.89	F31.81	제II형 양극성 장애(Bipolar II Disorder)
312.8	F91.x	행동장애(Conduct Disorder)
310.1	F07.0	다른 의학적 상태로 인한 성격 변화(Personality Change Due to Another Medical condition)
309.81	F43.10	외상후 스트레스 장애(Posttraumatic Stress Disorder)
V61.12	Z69.12	배우자나 동반자 폭력, 신체적 학대 가해자에 대한 정신건강 서비스를 위한 대면(Encounter for Mental Health Services for Perpetrator of Spouse or Partner Violence, Physical Abuse)
V62.83	Z69.82	배우자가 아닌 사람의 성인 학대 가해자에 대한 정신건강 서비스를 위한 대면(Encounter for Mental Health Services for Perpetrator of Nonspousal Adult Abuse)
301.83	F60.3	경계성 성격장애(Borderline Personality Disorder)
301.7	F60.2	반사회성 성격장애(Antisocial Personality Disorder)
301.0	F60.0	편집성 성격장애(Paranoid Personality Disorder)
301.81	F60.81	자기애성 성격장애(Narcissistic Personality Disorder)
301.9	F60.9	명시되지 않은 성격장애(Unspecified Personality Disorder)

참고: ICD-9-CM 코드(규정, 규칙, 부호)는 미국에서 2014년 9월 30일까지 코딩(or 부호화) 목적으로 사용됩니다. ICD-10-CM 코드는 2014년 10월 1일부터 사용됩니다. 일부 ICD-9-CM 코드는 하나 이상의 ICD-10-CM 및 DSM-5 장애, 상태 또는 문제와 관련이 있습니다. 또한 일부 ICD-9-CM 장애분류가 중단되어 여러 개의 ICD-9-CM 코드가 하나의 ICD-10-CM 코드로 대체되었습니다. 일부 중단된 ICD-9-CM 코드는 이 표에 나열되지 않습니다. 자세한 내용은 『정신질환의 진단 및 통계 편람』(2013)을 참조하십시오.

▽는 증거기반 처치(evidence-based treatments)를 의미한다.

반사회성 행동(Antisocial Behavior)

📄 행동적 정의

1. 규칙 위반, 거짓말, 절도, 신체적 공격, 타인과 타인의 재산에 대한 침해, 그리고/혹은 물질 남용으로 인해 권위와의 빈번한 대립을 경험했던 청소년기

2. 체포될 가능성이 있는 반복적인 반사회성 행동(예, 재산 파괴, 절도, 불법 직업 수행)으로 보이는 법과 관련된 사회적 규칙에 대한 순응 실패

3. 화, 대립, 그리고/혹은 논쟁적인 방식으로 권위자와 상호작용하는 패턴

4. 기분이 고양되거나, 취하거나, 혹은 의식을 잃을 때까지 알코올 혹은 다른 기분에 영향을 주는 약물의 지속적 사용

5. 타인의 아픔을 야기한 것에 대한 후회가 거의 없거나 없음

6. 내담자에게 일어난 일에 대해서 타인을 비난하는 지속적인 패턴

7. 지속적으로 거짓말하거나 타인을 속이는 패턴에서 보이듯이 진실에 대한 관심 부족

8. 언어 혹은 신체적 싸움의 빈번한 시작

9. 자신이나 타인에 대한 관심의 부족을 반영하고, 흥분, 재미, 위험한 일을 하는 것에 대한 강한 욕구를 보여 주는 부주의한 행동의 역사

10. 성적 문란의 패턴; 어떤 관계에서도 일 년 동안 한 사람과만 만난 적이 없고 관계로 출산한 자녀에 대한 책임을 지지 않음

11. 이사를 자주하거나, 목적 없이 여행하거나, 다른 직장에 대한 보장 없이 직업을 그만

두는 것과 같은 충동적인 행동 패턴
12. 고용을 유지할 수 있는 지속적인 행동의 무능
13. 지속적인 관심과 반응적인 부모로서의 기능 실패

— . _____
_____
— . _____
_____
— . _____
_____

🎯 장기 목표

1. 자신의 행동에 대한 책임을 수용하고, 사회적 기준에서 수용 가능한 범위 안에서 행동을 유지한다.
2. 사회적 규준, 타인의 권리, 정직함에 대한 요구 등을 존중하는 건강한 의식을 발전시키고 실천한다.
3. 세상, 특히 권위자와 더 현실적이며, 덜 반항적이고, 사회적으로 더 세심하게 관계를 맺을 수 있는 방법을 향상시킨다.
4. 행동을 하는 데 있어서 사회적으로 수용될 만한 규범과 경계를 따를 필요가 있다는 것을 이해하고 수용한다.
5. 안정적인 고용상태를 유지하고, 아동에 대한 재정적, 감정적 책임감을 보인다.
6. 삶, 직업, 커뮤니티 안에서의 소속감을 영위할 수 있다는 기대뿐만 아니라 치료 결정을 통해 책임감을 수용할 수 있다는 회복 모델의 강조 역시 포함한다.

— . _____
_____
— . _____
_____
— . _____
_____

📅 단기 목표

1. 법이나 타인의 권리와 감정을 짓밟는 불법적이고, 비윤리적인 행동을 인정하기(1, 2)

2. 물질 사용에 대한 솔직하고 완벽한 정보를 제공하기(3)

3. DSM 진단 기준, 치료 효과, 치료관계 특성과 관련된 전문가의 평가를 통해 행동, 감정, 태도 정보를 제공하기(4, 5, 6, 7)

🧑‍⚕️ 치료적 중재

1. 내담자의 불법적이고 비윤리적인 행동 패턴의 역사를 탐색하고, 어떻게 내담자의 사고 패턴이 불법적인 행동을 이끌어 내는지 살펴보면서 자신의 축소, 부정, 비난의 투사 등의 시도에 직면하기[또는 Jongsma의 『성인 심리치료 과제 플래너(Adult Psychotherapy Homework Planner)』에서 '부정적인 사고는 부정직한 행동을 이끌어 낸다(Crooked Thinking Leads to Crooked Behavior)' '불법적인 행동에 대한 책임을 받아들이기(Accept Responsibility for Illegal Behavior)' 등을 참고]

2. 내담자와 그의 반사회적인 행동의 결과에 대해 검토하기

3. 내담자의 약물 의존의 유무를 평가하고, 필요하다면 물질 남용 치료에 초점을 맞추기(이 책의 '물질 사용' 챕터 참조)

4. '호소문제'를 통해 내담자의 통찰력 수준(자아 동질적 vs. 자아이질적)을 평가하기(예, '묘사된 행동'의 문제적인 특성에 대해 좋은 통찰력을 보여 주면, 문제가 되는 특성에 대한 다른 사람의 우려에 동의하고, 그것이 변화를 만드는 동기가 됨; '묘사된 문제'에 대해 양면적인 태도를 보여 주고, '묘사된 문제'를 중요한 일로 다루는 것을 주저함; '묘사된 문제'를 알게 되는 것에 저항하고 걱정할 만한 것이 안 된다고 보고 변화의 동기가 없음)

5. 필요하다면 자살에 대한 취약성을 포함하여(예, 우울증 공존장애가 분명해 자살 위험이 증가할 때) 연구 기반의 관련 장애(예, 불안장애, ADHD, 우울증을 가진 반항성 행동)의 증거를 통

해 내담자를 평가하기

6. 내담자의 현재 정의된 '문제행동'과 내담자의 행동을 더 잘 이해할 수 있는 요소를 설명하는 데 도움을 주기 위해 나이, 성, 문화와 관련된 이슈를 평가하기

7. 케어의 적절한 수준을 결정하기 위해 내담자 기능의 손상 수준의 심각도를 평가하기(예, 행동의 사회적, 관계적, 직업과 관련된, 직업적 노력과 관련된 경도, 중도, 중증도, 매우 중증도의 손상); 치료의 효과뿐만 아니라 손상의 심각도를 지속적으로 평가하기(예, 내담자가 더 이상 중증도의 손상을 나타내지는 않지만 나타나는 문제가 현재 경도 혹은 중도의 손상을 일으킴)

4. 만약에 나타날 경우, 물질 남용을 포함한 반사회적인 패턴과 관련된 행동을 변화시키려는 노력과 관련된 양면적인 모습을 탐색하고 해결하기(8, 9, 10)

8. 동기 강화 치료[예, Miler와 Rollnick의 『동기화 인터뷰(Motivational Interviewing)』와 DiClemente의 『중독과 변화(Addiction and Change)』에서 얻을 수 있는 직접적이고, 내담자 중심의 공감을 사용할 때, 내담자와 라포를 형성하고, 반영적으로 듣고, 정보나 조언을 주기 전에 허락을 먼저 구하기

9. 그들의 변화와 관련된 진술이나 노력을 확인할 때, 변화를 위한 내담자 자신의 동기를 탐색하기 위해 자유롭게 답할 수 있는 질문을 요청하기[Connors, Donovan과 DiClemente의 『물질 남용 치료와 변화의 단계(Substance Abuse Treatment and the Stages of Change)』참고]

10. 직접적인 대립이나 논쟁 없이 저항을 반영하여 현재의 행동과 바라는 삶의 목표 사이의 불일치에 대한 인식을 이끌어 내기

5. 사회의 규칙과 법을 지키며 사는 것
   이 자신과 타인에게 주는 이로움을 이
   해하고 언어로 설명하기(11, 12)

6. 사회의 법과 규칙 안에서 살기 위해
   노력하기(13, 14)

7. 무례, 불성실, 공격, 부정직 때문에 깨
   진 관계들을 리스트로 적어 보기(15)

8. 사실상 모든 관계에서의 자기중심적
   인 패턴을 인식하기(16, 17)

9. 정직해지고 신뢰받을 수 있게 되도록
   노력하기(18, 19, 20)

10. 공감적이게 되고 다른 사람의 필요
    에 민감해지는 것이 스스로와 다른
    사람들에게 이로움을 이해하고 언어

11. 내담자에게 모든 관계의 기본은 서로 존중하
    고 친절하게 대할 것이라는 믿음이라는 것을
    가르치기

12. 내담자에게 사회 전체가 무정부상태에 빠지
    는 것을 방지하기 위한 신뢰의 기초로 합법
    성이 필요하다는 것을 가르치기

13. 내담자에게 친사회적이고 법을 준수하는 삶
    의 방식을 따르겠다는 약속을 받아 내기

14. 내담자가 계속 법을 지키지 않고 살아갈 때
    생길 수 있는 부정적인 결과를 강조하기

15. 내담자의 반사회적인 태도와 행동(예, 불성실,
    부정직, 공격)으로 인해 잃게 된 관계들을 돌
    아보기

16. 내담자가 타인의 욕구와 감정에 민감하지 못
    하다는 것을 직면시키기

17. 내담자의 반사회적인 행동에 반영된, 자기에
    게만 초점이 맞춰져 있고, 자기가 최우선이
    며, 자기만 생각하는 태도를 지적하기

18. 신뢰와 존경이 높아질 뿐만 아니라 사회적으
    로 인정을 받아 내담자에게 이롭기 때문에,
    정직과 신뢰도가 내담자에게 가치롭다는 것
    을 가르치기

19. 다른 사람들이 거짓말이나 지켜지지 않은 약속
    에 실망하지 않게 되기 때문에, 정직과 신뢰도
    가 타인에게 긍정적인 영향이 있음을 가르치기

20. 내담자에게 정직하고 신뢰받을 수 있게 노력
    하도록 요청하기

11. 내담자에게 모든 관계의 기본은 서로 존중하
    고 친절하게 대할 것이라는 믿음이라는 것을
    가르치기

로 설명하기(11, 21, 22)

21. 역할 시연 기법을 활용하여, 내담자가 타인에게 한 행동의 결과를 다시 돌아보게 하기. 이를 통해 내담자가 자신이 타인에 대한 공감이 부족하다는 것에 민감해질 수 있게 해 보기

22. 내담자가 무례하거나 타인과 타인의 경계에 대해 존중하지 않을 때 직면시키기

11. 다른 사람에 대한 친절과 사려 깊음을 표현하는 행동 세 가지를 적기(23)

23. 타인에게 친절하게 대하거나 도와주기 위해 내담자가 할 수 있는 세 가지 행동의 리스트를 만드는 것을 돕기

12. 다른 사람에게 준 상처를 회복하고 보상해 주기 위한 단계들을 보여 주기(24, 25, 26)

24. 내담자의 반사회적인 행동으로 상처받았을 사람을 알아보는 것을 돕기[또는 Jongsma의 『성인 심리치료 과제 플래너(Adult Psychotherapy Homework Planner)』에 있는 'How I Have Hurt Others'를 과제로 내주기]

25. 행동에 대한 책임을 인정하고 타인의 감정에 민감해지는 방법으로서, 상처를 준 것에 대해 사과하는 것이 가치롭다는 것을 내담자에게 가르치기

26. 내담자가 사과하기 위해 밟아야 하는 구체적인 단계를 열심히 따르고 자신의 상처 주는 행동으로 아파한 사람들에게 보상하는 것에 최선을 다하도록 장려하기[또는 Jongsma의 『성인 심리치료 과제 플래너(Adult Psychotherapy Homework Planner)』에 실린 'Letter of Apology'를 과제로 내주기]

13. 직장생활과 관련된 규칙, 의무에 대한 이해를 언어적으로 표현하기(27)

27. 직장에서 내담자의 행동에 영향을 미칠 규칙과 기대들을 확인하기

14. 확실히 직장에 출근하고 상사와 동료를 존중하며 대하기(28, 29)

28. 내담자가 직장에 잘 출근하는지 확인하고 권위에 대한 존중과 신뢰도를 강화하기

29. 내담자가 상사와 갈등을 줄이기 위해 바꿔야 하는 행동이나 태도의 리스트를 만들도록 요청하기; 이 목록에 대해서 다루기

15. 제대로 지켜지지 않았던 부모됨의 의무를 언어로 설명하기(30, 31)

30. 내담자가 자녀들에 대한 책임을 피하고 있다는 것을 직면시키기

31. 내담자가 책임감 있고, 보살피며, 지속적으로 믿을 수 있는 부모가 되기 위해 필요한 행동 목록을 적도록 돕기

16. 부모의 책임을 지기 위한 계획을 말하기(32)

32. 내담자가 책임감 있는 부모가 되기 위한 행동들을 시작할 계획을 세우기

17. 스스로의 행동에 대한 책임을 인정하는 말을 더 하게 하기(33, 34, 35)

33. 내담자가 탓하는 말을 하거나 스스로의 행동, 생각, 감정에 책임을 지지 못할 때 직면하기[또는 Jongsma의 『성인 심리치료 과제 플래너(Adult Psychotherapy Homework Planner)』에 나온 'Accept Responsibility for Illegal Behavior'를 과제로 내주기]

34. 내담자가 자신의 행동에 대해 남을 탓하는 이유를 탐색하기(예, 체벌을 받았던 과거력, 부모의 모델링, 거절받을 것에 대한 두려움, 수치, 낮은 자존감, 결과를 직면하는 것을 회피하는 것)

35. 내담자가 스스로의 행동에 책임을 질 때 긍정적인 언어적 피드백을 주기

18. 어린 시절의 고통스러웠던 경험이 어떻게 타인을 향한 자기-초점적인 방어 및 공격 패턴을 모방하도록 하는지에 대한 이해를 언어로 설명하기(36, 37)

36. 내담자가 어린 시절 겪었던 학대, 방임, 유기의 과거력을 탐색하기[또는 Jongsma가 저술한 『성인 심리치료 과제 플래너(Adult Psychotherapy Homework Planner)』의 'Describe the Trauma'를 과제로 내주기]; 내담자의 행동 안에서 어떻게 학대와 방임의 순환 고리가 반복되는지 설명하기

19. 분노나 분노의 말, 또는 공격적인 행동을 촉발하는 상황, 생각, 느낌을 확인하기(38)

20. 분노 표현에 대한 평가를 위해 심리검사나 설문지를 실시하기(39)

21. 분노 조절을 위한 전체 접근법의 일환으로서 진정시키는 전략과 대처 전략을 배우고 실행하기(40, 41)

37. 내담자가 갖고 있는 대인관계와 자기-초점적인 행동에서 감정적인 분리의 패턴은 고통으로부터 자신을 보호하기 위한 역기능적인 시도와 연관이 있음을 알려 주기

38. 내담자가 자신의 언어로 분노 문제에 관한 과거력이나 특징을 묘사할 때, 내담자의 분노를 촉발한 다양한 자극들(예, 상황, 사람, 생각)과 내담자의 분노 반응을 특징짓는 생각과 감정, 공격적인 행동을 철저하게 평가하기[Jongsma의 『성인 심리치료 과제 플래너(Adult Psychotherapy Homework Planner)』에 있는 'Anger journal'을 과제로 내주는 것을 고려하기]

39. 분노 표현을 객관적으로 평가할 수 있는 심리 도구를 실시하기(예, Anger Irritability, and Assault Questionnaire; Buss-Durkee Hostility Inventory; State-Trait Anger Expression Inventory); 내담자에게 평가 결과에 대한 피드백을 주기, 치료 결과를 평가하기 위해 다시 도구를 실시하기

40. 내담자에게 진정시키는 기술을 가르쳐 주기(예, 점진적 근육 이완법, 호흡법, 진정시키는 심상 요법, 신호 조절 이완법, 응용 이완법). 이는 분노 감정과 함께 나타나는, 만성적이고 극심한 생리적 긴장을 감소시키기 위한 맞춤형 전략의 일환이다.

41. 분노를 일으키는 상황을 낮은 분노부터 높은 분노까지 가시화하여, 이완법이나 인지적 대처를 사용하는 역할놀이를 하기. 일상생활 중에서 분노를 촉발하는 상황과 마주쳤을 때 진정하기 기법을 실행하는 것을 과제로 내주

22. 분노를 유발하는 자기대화를 확인하고, 직면하고, 이를 분노 반응을 줄여 주는 자기대화로 대체하기(42, 43)

기; 결과를 다루기, 성공을 강화하고 장애물을 해결하기

42. 분노의 감정과 행동을 매개하는 내담자의 자기대화를 탐색하기(예, '~해야만 한다'는 표현이 들어간 진술에 반영된, 충족되기 어려운 기대들); 편견을 확인하고 직면하기. 이때, 내담자가 편견을 바로 잡을 수 있도록, 그리고 좌절에 대해 더 유연하고 차분한 반응을 촉진하는 평가와 자기대화를 할 수 있도록 도와주기. 분노 조절을 위한 대처전략 기술을 개발하는 것의 일환으로서 새로운 자기대화를 진정시키는 기술과 결합시키기

43. 분노를 유발하는 자기대화를 확인하고 분노 반응을 완화시키는 데 도움이 되는 대안적인 자기대화를 만드는 것을 숙제로 내주기; 성공을 강화하며, 검토하기. 동시에, 개선을 위한 교정 피드백을 제공하기

23. 트리거 상황(trigger situation)에서 공격적인 분노에 대한 건설적인 대안 반응 목록을 언어로 설명하기(44)

44. 내담자와 함께 트리거 상황(trigger situation)에서 파괴적인 분노의 대안적 반응을 검토하기(예, 자기주장, 이완법, 주의를 전환하기, 진정시키는 자기대화); 역할놀이를 통해 이러한 대안 반응 중 몇 가지를 실제 일상 상황에 적용해 보기[또는 Jongsma가 저술한 『성인 심리치료 과제 플래너(Adult Psychotherapy Homework Planner)』에 있는 'Alternatives to Destructive Anger'를 과제로 내주기]

24. 어린 시절 겪은 학대의 가해자를 용서하려는 바람을 언어로 설명하기(45)

45. 상처와 분노를 계속 안고 살아가며 이러한 상처를 구실로 반사회적인 행동을 지속하는 것의 가치와 비교하여, 상처를 준 가해자를 용서하는 것의 가치를 가르쳐 주기

25. 개인적인 감정을 개방하는 것을 통해 중요한 타자(가족, 친지)를 신뢰하는 것을 연습하기(46, 47, 48)

46. 타인을 신뢰하는 것과 관련된 내담자의 두려움을 탐색하기
47. 타인에 대한 신뢰를 보이는 첫걸음 수단으로서, 내담자가 타자(가족, 친지)와 공유할 수 있는 개인적인 생각과 감정을 확인하기
48. 내담자가 타인에게 자기개방을 해서 스스로를 취약하게 만들었던 경험을 다루기

— . _____
_____

— . _____
_____

— . _____
_____

— . _____
_____

— . _____
_____

— . _____
_____

📝 진단 제안

DSM-IV/ICD-9-CM 사용

축 I :	303.90	알코올 의존(사용장애)(Alcohol Dependence)
	304.20	코카인 의존(사용장애)(Cocaine Dependence)
	304.80	복합물질 의존(사용장애)(Polysubstance Dependence)
	312.8	행동장애(Conduct Disorder)
	312.34	간헐적 폭발성 장애(Intermittent Explosive Disorder)
	_____	_____
	_____	_____
축 II :	301.7	반사회성 성격장애(Antisocial Personality Disorder)
	301.81	자기애성 성격장애(Narcissistic Personality Disorder)
	799.9	진단 유예(Diagnosis Deferred)
	V71.09	축 I에 해당되는 진단이나 상태가 없음(No Diagnosis)
	_____	_____
	_____	_____

DSM-5/ICD-9-CM/ICD-10-CM 사용

ICD-9-CM	ICD-10-CM	DSM-5 Disorder, Condition, or Problem
303.90	F10.20	알코올 사용장애, 중등도 혹은 중증(Alcohol Use Disorder, Moderate or Severe)
304.20	F14.20	코카인 사용장애, 중등도 혹은 중증(Cocaine Use Disorder, Moderate or Severe)
309.3	F43.24	품행 장애를 동반하는 적응 장애(Adjustment Disorder, With Disturbance of Conduct)
312.8	F91.x	행동 장애(Conduct Disorder)
312.34	F63.81	간헐적 폭발성 장애(Intermittent Explosive Disorder)
301.7	F60.2	반사회성 성격장애(Antisocial Personality Disorder)
301.81	F60.81	자기애성 성격장애(Narcissistic Personality Disorder)

참고: ICD-9-CM 코드(규정, 규칙, 부호)는 미국에서 2014년 9월 30일까지 코딩(or 부호화) 목적으로 사용됩니다. ICD-10-CM 코드는 2014년 10월 1일부터 사용됩니다. 일부 ICD-9-CM 코드는 하나 이상의 ICD-10-CM 및 DSM-5 장애, 상태 또는 문제와 관련이 있습니다. 또한 일부 ICD-9-CM 장애분류가 중단되어 여러 개의 ICD-9-CM 코드가 하나의 ICD-10-CM 코드로 대체되었습니다. 일부 중단된 ICD-9-CM 코드는 이 표에 나열되지 않습니다. 자세한 내용은 『정신질환의 진단 및 통계 편람』(2013)을 참조하십시오.

The Complete Adult Psychotherapy Treatment Planner

불안(Anxiety)

📄 행동적 정의

1. 다양한 사건이나 활동에 대해 과도하거나 비현실적인 걱정(worry)이 적어도 6개월 이상 지속되고 통제하기 어려움
2. 운동성 긴장(motor tension)(예, 안절부절못함, 피로, 떨림, 근육의 긴장)
3. 자율 신경계 기능 항진(예, 심계항진, 숨가쁨, 구강 건조, 연하운동 장애, 메스꺼움, 설사)
4. 과각성(Hypervigilance)(예, 지속적으로 흥분상태이거나, 집중력 장애를 경험하거나, 잠에 빠지거나 잠을 자는 것에 어려움을 겪거나, 과민 반응의 일반적인 상태를 보임)

___ . _____

_____

___ . _____

_____

___ . _____

_____

🎯 장기 목표

1. 일상적인 기능이 손상되지 않도록 전체적인 빈도, 강도 및 불안의 지속 시간을 줄인다.
2. 일상적인 생활 기능을 증가시키면서 불안 수준을 안정시킨다.
3. 불안의 근원인 핵심 갈등을 해결한다.
4. 다양한 삶의 걱정과 불안에 효과적으로 대처할 수 있는 능력을 향상시킨다.
5. 불안과 걱정을 감소시키고 일상적인 기능을 향상시킬 수 있는 대처기술을 배우고 실행한다.

———．＿＿＿＿＿＿＿＿＿＿＿＿＿＿＿＿＿＿＿＿＿＿＿＿＿＿＿

＿＿＿＿＿＿＿＿＿＿＿＿＿＿＿＿＿＿＿＿＿＿＿＿＿＿＿＿＿＿＿＿

———．＿＿＿＿＿＿＿＿＿＿＿＿＿＿＿＿＿＿＿＿＿＿＿＿＿＿＿

＿＿＿＿＿＿＿＿＿＿＿＿＿＿＿＿＿＿＿＿＿＿＿＿＿＿＿＿＿＿＿＿

———．＿＿＿＿＿＿＿＿＿＿＿＿＿＿＿＿＿＿＿＿＿＿＿＿＿＿＿

＿＿＿＿＿＿＿＿＿＿＿＿＿＿＿＿＿＿＿＿＿＿＿＿＿＿＿＿＿＿＿＿

🕐 단기 목표

1. 불안, 걱정과 관련된 상황, 사고, 감정, 행동 그리고 불안과 걱정이 기능수준에 미치는 영향 더불어 불안과 걱정을 해결하기 위한 시도를 기술하기(1, 2)

2. 걱정과 불안 증상을 측정하기 위해 고안된 심리검사를 받기(3)

💬 치료적 중재

1. 내담자와의 신뢰의 수준을 높이는 데 집중하기; 내담자가 그들의 불안 증상을 표현할 때 안전하다는 느낌을 받을 수 있도록 지지와 공감을 제공하기

2. 내담자가 과거에 경험한 불안과 그것이 일상에 미친 영향에 대해 설명하도록 요청하기; 불안의 핵심, 과도함, 통제 불가능함, 그리고 불안 증상의 유형, 빈도, 강도, 지속 기간을 평가하기[불안장애 면접 스케줄-성인용(Anxiety Disorder Interview Schedule-Adult Version)과 같은 구조화된 면접지를 사용하는 것도 좋다.]

3. 내담자의 걱정과 불안, 걱정과 불안이 기능에 미치는 영향의 성격과 정도를 평가하는 데 도

움이 되는 심리검사 또는 객관적 측정(objective measure)을 시행한다[예, 펜실베이니아 걱정 증상 설문지(Penn State Worry Questionnaire), OQ-45.2, 증상 체크리스트-90-R].

3. 불안에 대한 질병 또는 물질 관련 문제의 기여가능성을 평가하기 위한 의학적 감정을 받기(4)

4. GAD의 일반적인 의학적 원인 또는 물질 관련 원인을 배제하기 위한 의학적 평가를 받을 수 있도록 고객을 의사에게 의뢰한다.

4. DSM 진단, 치료의 효과(efficacy) 및 심리치료 관계의 특성(nature)과 관련된 특징(specifiers)을 평가하기 위하여 행동, 정서 및 태도 정보를 제공하기(5, 6, 7, 8)

5. '호소문제(presenting problem)'에 대한 고객의 통찰력 수준(자아동질적 대 자아이질적)을 평가하기[예, '기술된 문제(described problem)'에서 문제가 되는 특성에 대해 다른 사람이 걱정하는 것에 수긍하고, 변화를 수행하는 데 동기를 부여하는 좋은 통찰력을 보여 준다; 또는 '기술된 문제'와 관련하여 그 문제를 다루기를 주저하거나, '기술된 문제'를 인정하는 데 저항을 나타내며, 관심이 없고, 변화할 동기가 없다.]

6. 적절한 경우 자살에 대한 취약성을 포함하여 연구에 기반한 관련(correlated) 장애(예, ADHD를 동반한 적대적 반항장애, 불안장애 이후 나타나는 우울증)에 대한 내담자의 증거를 사정하기(예, 동반이환의 우울증이 명백할 때 자살 위험성 증가)

7. 내담자가 현재 정의한 '문제행동'을 설명하는 데 도움이 되는 연령, 성별 또는 문화에 관한 이슈와 내담자의 행동을 더 잘 이해할 수 있게 하는 요소를 사정하기

8. 적정 수준의 보살핌(예, 사회적, 관계적, 직업적 또는 직업적 노력에서 경도, 중등도, 중증 또는 매우 심각한 손상을 유발한 행동)을 결정하기 위하여 내담자의 기능에 대한 장애 수준의 심각성을 사정하기; 치료의 효과뿐만 아니라 장애의

중증도를 지속적으로 사정하기(예를 들어, 환자
는 더 이상 중증 장애를 보이지 않지만 현재 나타나
는 문제는 경도 또는 중등도 장애를 일으킨다.)

▽ 5. 의사와 협력하여 약물을 평가하기(9, 10)

9. 내담자를 의사에게 의뢰하여 향정신성 약물에 대한 자문을 받기 ▽

10. 내담자의 향정신성 약물의 정기복용, 부작용, 효과성을 모니터하기; 의사와 정기적으로 상의하기 ▽

▽ 6. 불안의 인지적, 생리적 및 행동적 구성 요소와 그 치료에 대한 이해를 언어로 표현하기(11, 12, 13)

11. 비현실적인 위협에 대한 지나친 걱정, 긴장, 과한 각성(overarousal), 극도의 경계와 같은 다양한 몸의 반응 문제를 지속시키는 위협의 회피 등이 어떻게 범불안에 포함되는지 논의하기(Zinbarg, Craske, Barlow의 『Mastery of Your Anxiety and Worry-Therapist Guide』; Rygh와 Sanderson의 『Treating GAD』) ▽

12. 내담자가 걱정을 효과적으로 다루며, 과한 각성을 감소시키고, 불필요한 회피를 제거하도록 돕기 위해 치료에서 걱정, 불안 증상, 회피 증상을 어떤 방식으로 목표로 삼아 다루는지 논의하기 ▽

13. 교재의 심리교육 부분이나 걱정과 범불안에 관한 치료 매뉴얼 읽기(예, Craske와 Barlow의 『Mastery of Your Anxiety and Worry』; White의 『Overcoming Generalized Anxiety Disorder』) ▽

▽ 7. 전반적인 불안 수준을 낮추기 위한 진정(calming) 기술과 불안 관리 기술을 학습하고 실행하기(14, 15, 16)

14. 내담자에게 진정하고 이완하는 기술(예, 응용 이완법, 점진적 근육 이완법, 단서 통제 이완법, 마음챙김 호흡법, 바이오 피드백), 그리고 어떻게 이완과 긴장을 더 잘 구분할 수 있을지를 가르치기; 그리고 내담자의 일상

에 어떻게 적용할지 가르치기(예, Bernstein, Borkovec, Hazlett-Stevens의 『New Directions in Progressive Muscle Relaxation』; Rygh와 Sanderson의 『Treating GAD』) ▽

15. 매 회기마다 내담자가 매일 이완 연습을 할 수 있도록 숙제를 내주고, 불안을 자극하지 않는 것으로부터 불안을 자극하는 상황까지 점차적으로 이완을 적용해 볼 수 있도록 하기; 개선을 위한 적절한 피드백을 제공하면서 검토와 강화를 제공하기 ▽

16. 내담자에게 점진적 근육 이완법을 비롯한 진정기술들에 관해 책이나 치료 매뉴얼을 읽는 과제를 내주기[예, Bernstein과 Borkovec의 저서 『점진적 이완법 연습(Progressive Relaxation Training)』; Craske와 Barlow의 『불안과 걱정 마스터하기: 워크북(Mastery of Your Anxiety and Worry: Workbook)』] ▽

▽ 8. 다양한 환경과 걱정 사이의 연합을 억제하기 위한 전략을 배우고 실행하기. 이를 통해, 지정된 '걱정 시간(worry time, 걱정하는 시간을 정해 놓고 그 시간에만 걱정을 하도록 함)'이 되기 전까지 걱정을 지연시키기(17, 18)

17. 걱정 시간 기법을 사용해야 하는 합당한 이유와 해당 기법의 활용 방법에 대해 설명하기; 걱정 시간을 실행하는 것에 대해 내담자와 동의하기 ▽

18. 사고 중지, 이완법, 주의초점 바꾸기 등의 기술을 활용함으로써, 걱정을 인식하고 멈추는 법, 그리고 앞서 동의한 걱정 시간이 되기 전까지 걱정을 미루는 방법을 내담자에게 가르치기[또는 Jongsma의 저서 『성인 심리치료 과제 플래너(Adult Psychotherapy Homework Planner)』의 '사고 중지 기법을 사용하기(Making Use of the Thought-Stopping Technique)' 또는 '걱정 시간(Worry Time)'을 과제로 내주기]; 일상

생활에서의 사용을 장려하기; 개선을 위한 올
바른 피드백을 제공하면서 성공을 검토하고
강화하기 ▽

9. 인지적 편견이 과도한 비합리적
걱정과 지속적인 불안 증상에 미
치는 역할에 대해 이해하고 말로
표현하기(19, 20, 21)

19. 비현실적인 걱정이 일반적으로 위협의 확
률을 과대평가하고 현실적인 요구를 관리
할 수 있는 내담자의 능력을 과소평가한다
는 것을 보여 주는 사례를 토론하기[또는
Jongsma의 『성인 심리치료 과제 플래너(Adult
Psychotherapy Homework Planner)』에 있는
'과거의 성공적인 불안 대처(Past Successful
Anxiety Coping)' 과제를 내주기] ▽

20. 부정적인 기대가 발생할 확률, 실제 결과, 결
과를 다루는 능력, 가능한 최악의 결과 그리
고 그것을 받아들이는 능력에 대한 잠재적
인 편견을 조사함으로써 내담자가 자신의
걱정을 분석하는 것을 돕기[Jongsma의 『성
인 심리치료 과제 플래너(Adult Psychotherapy
Homework Planner)』에 있는 '두려운 사건의 확
률을 분석한다(Analyze the Probability of Feared
Event)'; Clark와 Beck의 『Cognitive Therapy of
Anxiety Disorders』를 참고하기] ▽

21. 걱정이 두려운 문제를 회피하는 한 형태로 작
용하고 급성 및 만성 긴장을 조성한다는 개념
에 대한 통찰력을 내담자가 갖도록 돕기 ▽

10. 편향되고 두려움을 유발하는 자
기대화(self-talk)를 확인하고 이
에 도전하여, 긍정적이고 현실
적이며 힘을 북돋아 주는 자기
대화로 바꾸기(22, 23)

22. 두려움에 대한 반응을 유발하는 내담자의 스
키마와 자기대화를 탐색하기; 편견에 도전하
는 것을 돕기; 왜곡된 메시지를 현실에 기반
한 대안으로 대체하고 긍정적이고 현실적인
자기대화를 통해 비합리적인 두려움에 대처
하는 자신감을 높이기(Clark와 Beck의 『불안장

애의 인지치료』를 보라.) ▽

23. 두려움을 유발하는 자기대화를 확인하고, 자기대화의 편견을 확인하며, 대안을 생성하고, 행동 실험을 통해 점검하는 숙제를 내담자에게 내주기[또는 Jongsma의 『성인 심리치료 과제 플래너(Adult Psychotherapy Homework Planner)』에 있는 '부정적인 생각이 부정적인 감정을 낳는다(Negative Thoughts Trigger Negative Feelings)'를 과제로 내기]. 개선을 위한 올바른 피드백을 제공하면서 성공을 검토하고 강화하기 ▽

▽ 11. 걱정에 의해 예측된 두려운 부정적인 결과에 대한 점진적이고 반복적인 상상의 노출을 경험하고 대안으로 현실 기반의 예측을 개발하기(24, 25, 26, 27)

24. 노출에 사용하기 위한 걱정의 2~3가지 단계를 구성하는 데 내담자를 돕기(예, 타인에 대한 피해, 경제적 어려움, 관계 어려움과 같은 걱정) ▽

25. 내담자로 하여금 성공경험이 높은 초기 노출을 선택하도록 하기; 노출로 인한 부작용을 관리하기 위한 계획 수립하기; 상상으로 단계를 연습하기 ▽

26. 내담자로 하여금 걱정의 최악의 결과를 생생하게 상상하게 하고, 그것과 관련된 걱정이 약해질 때까지 계속하기(최대 30분까지); 그 최악의 경우에 대한 현실 기반 대안을 생성하고 처리하기(Zinbarg, Craske, Barlow의 『Mastery of Your Anxiety and Worry』를 참고하기) ▽

27. 내담자가 노출을 염려하고 응답을 기록하는 숙제를 내담자에게 내주기(Craske와 Barlow의 『Mastery of Your Anxiety and Worry』 또는 Brown, OLeary와 Baslow의 『Generalized

Anxiety Disorder』를 참고하기); 개선을 위한 올바른 피드백을 제공하면서 성공을 검토하고 강화하기 ▽

▽ 12. 현실적으로 걱정을 해결하기 위한 문제해결 전략을 배우고 구현하기(28, 29)

28. 특히 문제를 정의하고, 해결하기 위한 선택지를 만들어 내고, 각 선택지에 장단점을 평가하고, 선택하고 행동하고, 그 행동에 대한 재평가를 포함한 문제해결 전략을 내담자에게 가르치기[또는 Jongsma의 『성인 심리치료 과제 플래너(Adult Psychotherapy Homework Planner)』에 있는 '대인관계 갈등에 적용한 문제해결전략(Applying Problem-Solving to Interpersonal Conflict)'을 참고하기] ▽

29. 현재 문제를 해결하는 숙제를 내담자에게 내주기(Craske와 Barlow의 『Mastery of Your Anxiety and Worry』 또는 Brown, OLeary와 Baslow의 『Generalized Anxiety Disorder』를 참고하기); 개선을 위한 올바른 피드백을 제공하면서 성공을 검토하고 강화하기 ▽

▽ 13. 매일 즐거운 활동을 확인하고 참여하기(30)

30. 내담자를 행동 활성화에 가담시켜, 내담자의 보상에 대한 연결을 강화시키며 활성화를 억제시키는 과정을 인지시키고, 삶의 문제를 해결하기 위한 기술을 교육하기[또는 Jongsma의 『성인 심리치료 과제 플래너(Adult Psychotherapy Homework Planner)』에 있는 '즐거운 활동을 식별하고 계획하라(Identify and Schedule Pleasant Activities)'를 과제로 내기] ▽

▽ 14. 불안감을 줄이고 대인관계를 개선하는 개인 및 대인관계 기술을 배우고 실행하기(31, 32)

31. 내담자의 일반적인 사회, 커뮤니케이션 및 갈등해결 기술을 구축하기 위해 지시, 모델링 및 역할놀이를 사용하기 ▽

32. 내담자가 매일 커뮤니케이션 기술 훈련을 할 수 있도록 숙제를 부여하기[Jongsma의 『성인 심리치료 과제 플래너(Adult Psychotherapy Homework Planner)』의 'Restoring Socialization Comfort'를 숙제로 내주기]; 검토하고, 성공을 강화하고, 개선을 위한 올바른 피드백을 제공하기 ▽

15. 가능한 미래의 불안 증상을 관리하기 위한 재발 예방 전략을 배우고 실행하기(33, 34, 35, 36, 37)

33. 내담자와 문제의 시작 및 재발, 불안 증상 또는 두려움과 회피적 패턴을 지속시키는 결정의 연관성에 대하여 협의하기 ▽

34. 재발이 가능할 수 있는 환경 또는 미래의 상황을 내담자와 미리 연습하고 확인하기 ▽

35. 내담자가 일상생활에서 새로운 걱정, 불안, 회피적 성향을 다룰 수 있도록 새로운 치료적 기술을 사용하도록 지시하기(예, 이완, 인지적 교습, 노출, 문제해결) ▽

36. 내담자가 차후에 사용할 수 있도록 대처 전략 및 기타 중요한 정보(예, 숨을 깊게 들이쉬고 이완하기, 비현실적 염려에 도전하기, 문제해결을 사용하기 등)를 작성하는 대처 카드(coping card)를 개발하기 ▽

37. 내담자가 치료적 성과를 유지할 수 있도록 정기적인 '유지(mainternance)' 회기 일정을 잡기 ▽

16. 삶의 한계를 수용하는 법을 배우고, 의미 있는 목표를 달성하는 동안 불쾌한 감정을 회피하기보다는 견딜 수 있도록 전념하기(38)

38. 내담자가 완전한 통제력의 결핍, 결함, 불확실성과 같은 불편한 현실을 수용하는 데 도움을 주는 수용 전념 치료의 기법을 사용하고 불쾌한 정서를 참고 가치적 목표를 달성할 수 있도록 사고하기

17. 불안 반응을 감소시키는 역설적 기법을 활용하기(39)

18. 불안감을 유지하는 비용 편익 분석(Cost Benefit Analysis)을 완료하기(40)

19. 과거와 현재의 불안의 기반을 형성하는 과거와 현재의 주요한 삶의 갈등을 확인하기(41, 42, 43)

20. 일과 가족, 사회적 활동에 대한 참여를 유지하기(44)

21. 일정한 수면주기를 재수립하기(45)

39. 내담자가 불안을 더 느끼도록 격려하는 역설적 기법을 개발하고 그 불안이 매일 특정한 방식으로 특정한 기간 동안 발생하도록 일정을 잡기

40. 내담자가 부정적 사고, 두려움, 불안으로 인한 비용과 편익의 목록을 작성하도록 하여 염려에 대한 손익을 평가하도록 요구하기(예, Burns의 『Ten Days to Self-Esteem』에서 비용 편익 분석을 완료하기); 완료된 과제를 처리하기

41. 미해결된 주요 삶의 갈등을 인식할 수 있도록 내담자를 조력하고 문제해결을 위한 작업을 시작하기

42. 과거의 정서적 고통과 현재의 불안감의 역할에 대한 내담자의 통찰력을 강화하기

43. 내담자가 과거의 핵심 목록을 작성하여 처리하도록 하고 계속해서 문제를 일으키는 삶의 갈등을 제시하기

44. 내담자가 불안에 집중하여 일, 가족, 사회적 활동을 회피하기보다는 이를 유지할 수 있도록 지지하기

45. 내담자가 일관된 수면 주기를 재수립하도록 조력하는 수면 연습을 가르치고 실행하기; 검토하고, 성공을 강화하고 개선을 위한 올바른 피드백 주기

___. _____   ___. _____
_____   _____
___. _____   ___. _____
_____   _____
___. _____   ___. _____
_____   _____

📝 진단 제안

DSM–IV/ICD–9–CM 사용

축 I :	300.02	범불안장애(Generalized Anxiety Disorder)
	300.00	달리 분류되지 않는 불안장애(Anxiety Disorder NOS)
	309.24	불안을 동반한 적응장애(Adjustment Disorder With Anxiety)
	_____	_____
	_____	_____

DSM–5/ICD–9–CM/ICD–10–CM 사용

ICD–9–CM	ICD–10–CM	DSM–5 장애, 상태, 문제
300.02	F41.1	범불안장애(Generalized Anxiety Disorder)
300.09	F41.8	기타 명시된 불안장애(Other Specified Anxiety Disorder)
300.00	F41.9	상세불명의 불안장애(Unspecified Anxiety Disorder)
309.24	F43.22	불안을 동반한 적응장애(Adjustment Disorder, With Anxiety)

참고: ICD–9–CM 코드(규정, 규칙, 부호)는 미국에서 2014년 9월 30일까지 코딩(or 부호화) 목적으로 사용됩니다. ICD–10–CM 코드는 2014년 10월 1일부터 사용됩니다. 일부 ICD–9–CM 코드는 하나 이상의 ICD–10–CM 및 DSM–5 장애, 상태 또는 문제와 관련이 있습니다. 또한 일부 ICD–9–CM 장애분류가 중단되어 여러 개의 ICD–9–CM 코드가 하나의 ICD–10–CM 코드로 대체되었습니다. 일부 중단된 ICD–9–CM 코드는 이 표에 나열되지 않습니다. 자세한 내용은 『정신질환의 진단 및 통계 편람』(2013)을 참조하십시오.

The Complete Adult Psychotherapy Treatment Planner

주의력 결핍 장애
(Attention Deficit Disorder: ADD)-성인

📄 행동적 정의

1. 학교에서 충동성, 분노 폭발, 집중력 결핍과 같은 행동 문제의 증상으로 인해 진단되거나 추후에 확인된 어린 시절의 주의력 결핍 장애(ADD)의 발달력

2. 자신의 인생에서 중요한 것임에도 흥미가 낮으며 집중하거나 주의를 기울이지 못함

3. 과제 수행 중에 쉽게 산만해지고 다른 데로 빠짐

4. 불안해하거나 안절부절못함; 짧은 시간밖에 앉아 있지 못함

5. 충동성; 행동을 먼저하고 생각을 나중에 하는 패턴이 쉽게 관찰됨

6. 짧은 기간 내에 잦은 기분 변화와 기분의 불안정성

7. 삶의 대부분의 영역에서 정리정돈이 안 됨

8. 많은 일을 시작하지만 대부분 끝마치지 못함

9. 쉽게 흥분하거나(low boiling point) 욱하는(short fuse) 성향이 있음

10. 낮은 스트레스 수용성을 보임; 쉽게 실망하고 귀찮아하고 화를 냄

11. 만성적인 낮은 자존감

12. 중독 행동의 경향성

— ·

---·_____
_____
---·_____
_____

🎯 장기 목표

1. 흥미가 낮은 활동에 대한 집중력을 향상시키고 충동적인 행동을 줄인다.
2. 매일의 생활에서 ADD 행동적 특성을 최소화한다.
3. ADD가 만성적인 문제이며 지속적인 약물치료가 필요함을 수용한다.
4. 지속적으로 오랜 기간 동안 주의와 집중을 유지한다.
5. 개인적인 삶에서 균형, 구조, 친밀감의 만족스러운 수준을 달성한다.

---·_____
_____
---·_____
_____
---·_____

⏱ 단기 목표

1. ADD가 일상기능에 미친 영향을 포함하여 ADD로 인한 과거와 현재의 경험을 서술하기(1, 2)

2. 심리검사를 의뢰하여 실시하기(3)

👥 치료적 중재

1. 치료적 관계를 구축하기 위해 내담자와 라포를 형성하기

2. ADD의 과거와 현재의 증상과 이것이 교육적, 직업적, 사회적 기능에 미친 영향을 포함시켜 종합적인 심리검사를 실시하기

3. ADD, 기타 가능한 정신병리(예, 불안, 우울), 관련된 배제할 수 없는 장애(예, ADHD, 품행/반사회성 특징)의 추가 평가를 위해 심리검사를

시행, 혹은 일정을 잡기; 검사결과에 대한 피
드백을 제공하기

3. 정신진단 평가를 의뢰하여 실시하기
(4)

4. 의학 및 약물 관련 변인을 배제하기 위한 임상
적 평가를 실시하고 향정신성 약물치료에 대
한 필요성을 평가하기

4. 정신과적 또는 심리검사에 근거한 모
든 권장 사항을 준수하기(5, 6)

5. 정신과적 또는 심리검사의 결과를 내담자와
공유하고 발생할 수 있는 모든 질문에 답하기

6. 내담자 주변의 중요한 다른 사람들과 공동 세
션을 진행하여 정신과적 평가 및 심리검사 결
과를 공유하기; 그들이 가질 수 있는 모든 질
문에 답변을 제공하고 내담자의 상태를 다루
는 데 있어 그들의 지원을 요청하기

5. ADD 치료에 기여할 수 있는 약물 사
용 내역을 공개하기(7)

7. 약물 남용에 대한 검사를 준비하고 결과가 권
장한다면 치료를 의뢰하기(이 책의 '물질 사용'
챕터 참조)

6. DSM 진단과 관련된 구체적 특징, 치
료의 효과, 치료적 관계의 특성에 대
한 행동, 정서, 사고방식의 정보를 제
공하기(8, 9, 10, 11)

8. '호소문제'에 대한 내담자의 통찰(자아동질적
대 자아이질적) 수준을 평가하기(예, '기술된 행
동'의 문제성에 대한 좋은 통찰력을 보여 주고, 타
인의 관점에 동의하며, 변화에 대한 동기부여가 되
었는지, '기술된 문제'에 대해 양가성을 보이며, 문
제를 문제로 제기하기를 꺼려하는지, '기술된 문
제'를 인정하는 것에 저항하고, 관심이 없고, 변화
에 대한 동기를 보이지 않는지)

9. 적절하다면, 자살취약성(예, 우울 동반이 분명한
경우 자살 위험 증가)을 포함한 연구 기반 관련
장애 증거를 평가하기(예, ADHD를 동반한 적대
적 반항장애, 불안장애를 동반한 우울증)

10. 내담자의 현재 정의되는 '문제행동'을 설명해
주는 데 도움이 되는 나이, 성, 문화와 관련된
문제와 내담자의 행동을 보다 잘 이해할 수

있는 요인들을 평가하기

11. 적절한 돌봄 수준을 결정하는 내담자의 기능 손상의 심각성을 평가하기(예, 사회적, 관계적, 직업적, 노력에서 경도, 중등도, 고도 또는 최고도 손상을 일으킨다고 알려진 행동); 치료의 효과성뿐만 아니라 손상의 심각성을 지속적으로 평가하기(예, 내담자는 더 이상 심각한 손상을 보이지는 않지만, 현재 문제는 경도 또는 중등도 손상을 초래하고 있다.)

7. 정기적으로 향정신성 치료제를 처방에 따라 복용하기(12, 13)

12. 내담자의 약물 처방에 대한 적응, 효과 및 부작용에 대한 모니터링과 평가하기

13. 약물 요법의 효과 및 부작용에 관해 정기적으로 내담자의 전문의와 상의하기

8. 장기간에 걸쳐 처방된 향정신성 약물 복용의 구체적인 이점을 확인하기(14, 15)

14. 내담자에게 향정신성 약물치료의 '장점 및 단점'에 관한 리스트를 작성하도록 하기; 결과를 다루기

15. 약물치료를 계속해서 받고 있는 내담자를 따뜻하게 격려하되 중단하고자 하는 생각이 표면적으로 드러난 때에는 단호하게 직면하기 [Jongsma의 『성인 심리치료 과제 플래너(Adult Psychotherapy Homework Planner)』의 '내가 약을 복용하는 것을 싫어하는 이유(Why I Dislike Taking My Medication)'를 과제로 내주기]

9. 현재 생활에 가장 큰 어려움을 초래하는 특정 ADD 행동을 확인하기(16, 17, 18)

16. 치료 목표를 확인하는 과정에서 가장 어려움을 겪는 현재의 특정 행동을 확인하도록 내담자를 지원하기(예, 행동분석)

17. 정신과적 평가 및 심리검사의 결과를 다시 검토하여 내담자가 해결해야 할 가장 문제가 되는 행동을 선택하거나 확인하도록 돕기

18. 확장된 가족 구성원 및 가까운 주변 사람들에게 자신이 일상적으로 하는 행동(예, 극단적 기분 변화, 심한 분노의 폭발, 쉽게 스트레스 받음, 짧은 집중력, 과제를 완수해 내지 못하는 행동) 가운데 가장 많이 방해가 되는 행동순위를 작성하도록 내담자에게 요청하기

10. ADD 문제행동의 부정적인 결과를 열거하기(19)

19. 내담자가 문제행동의 연속으로 인해 경험했거나 발생할 수 있는 부정적인 결과의 목록을 작성하도록 하기; 결과를 다루기 [Jongsma의 『성인 심리치료 과제 플래너(Adult Psychotherapy Homework Planner)』의 '충동적 행동 일지(Impulsive Behavior Journal)'를 과제로 내주기]

▽ 11. 내담자에게 중요한 타자가 치료 장면에서 그들을 도울 수 있도록 초대하기(20, 21)

20. 내담자에게 중요한 타자를 치료에 초대하여 참여하도록 하기; 치료 동안 ADHD에 대해 소개해 줌으로써 그 타자가 내담자의 변화를 돕도록 하고 관계에서의 마찰을 줄일 수 있도록 훈련하기 ▽

21. 중요한 타자에게 내담자의 긍정적 변화를 도울 수 있는 HOPE 기법(돕기-Help, 책임지기-Obligations, 계획하기-Plans, 격려하기-Encouragement)을 가르치기(Hallowell과 Ratey의 『Driven to Distraction』 참고) ▽

▽ 12. ADHD 자체와 그것의 치료에 대한 이해를 증가하기(22, 23, 24)

22. ADHD의 징후와 증상에 대하여 내담자를 교육하고, 주의산만성, 무계획성, 부적응적 생각, 좌절, 충동성, 미루기 등을 통하여 그들의 기능적인 삶을 어떻게 방해하는지 가르치기 ▽

23. 조직하고 계획하는 기술 향상, 주의산만함 관리, 인지 재구성, 미루기 극복하기 중 치료에서 어디에 초점을 둘지에 대해 상의하기 ▽

24. 내담자의 ADHD와 그 치료에 대한 이해를 높이기 위해 관련 서적을 읽도록 하기 (예, Safren 등의 『Mastering Your Adult ADHD: Client Workbook』; Weis의 『The Attention Deficit Disorder in Adults Workbook』) ▽

13. 내담자가 자신의 상태와 ADHD의 이해를 높이기 위해 관련 자기 치유서 읽기(25)

25. 내담자가 자신의 ADHD에 대한 이해를 잘할 수 있도록 도울 수 있는 자기 치유서를 읽도록 하기(Hallowell과 Ratey의 『Driven to Distraction』; Wender의 『ADHD: Attention-Deficit Hyperactivity Disorder in Children, Adolescents, and Adults』; Quinn과 Stern의 『Putting on the Brakes』; Kelly와 Ramundo의 『You Mean I'm Not Lazy, Stupid or Crazy?』); 이 자료들을 읽는 시간을 가지기

▽ 14. 일상을 조직하고 계획하는 기술을 배우고 적용하기(26, 27, 28, 29)

26. 내담자에게 달력과 다이어리 할 일 작성을 정기적으로 하는 것과 같은 일상을 조직하고 관리하는 기술을 가르치기 ▽

27. 내담자가 우편이나 다른 서류들을 분류하고 관리하는 절차를 증진하기 ▽

28. 내담자에게 계획적으로 접근하는 방법의 일환으로서 문제해결 기술을 가르치기(예, 문제 확인하기, 모든 가능한 옵션에 대해 브레인스토밍하기, 각 옵션에 대한 장/단점 파악하기, 최선의 옵션 선택하기, 선택 수행하기, 결과 평가하기); 각 계획은 내담자가 관리할 수 있도록 시간 간격을 짧게 한계를 두고 정해서 산만함의 영향을 줄이기 ▽

29. 내담자에게 문제해결 기술을 적용하여 일상에서의 문제(즉, 충동 통제, 분노 폭발, 감정 기복, 업무에 머무르기, 주의 집중)를 해결하는 숙

제를 내주기[예, Jongsma가 지은 『성인 심리치료 과제 플래너(Adult Psychotherapy Homework Planner)』의 'Problem-Solving: An Alternative to Impulsive Action'을 참고]; 기술의 향상을 위해 피드백을 제공하기 ▽

🔻 15. 주의산만의 영향력을 감소시킬 수 있는 학습 및 적용 기술을 익히기(30, 31, 32, 33)

30. 내담자가 '지루한' 과업(예, 지폐 분류, 재미없는 글 읽기)을 집중하지 못하고 있다고 보고할 때까지 하도록 함으로써 내담자의 주의 지속 시간을 평가하기; 이러한 방법으로 내담자의 평소 주의 지속 시간을 대략적으로 측정하기 ▽

31. 과제집중행동을 향상시키기 위한 외부적 지원을 활용하는 자극 통제 기술(예, 리스트, 리마인더, 파일, 일상적 의식−일상적으로 매일 행하는 규칙)을 내담자에게 가르치기; 주변 환경 중 집중을 방해하는 자극을 제거하기; 성공적인 집중 및 마무리를 한 내담자 스스로에 보상을 하도록 격려하기 ▽

32. 내담자가 자신의 주의 지속 시간에 근거하여 집중력이 흐트러지지 않고 완성할 수 있도록, 의미 있는 작은 단위로 과제를 나누는 것을 내담자에게 가르치기 ▽

33. 내담자가 산만해져서 과업 외의 행동에 들이는 시간을 감소시키기 위한 노력의 일환으로 타이머나 다른 신호를 사용하여 집중력이 흐트러지기 전에 과업을 그만할 수 있도록 스스로에 상기시키는 것을 가르치기(Safren 등의 『Mastering Your Adult ADHD: Therapist Guide』참고) ▽

▽ 16. 부적 정서와 행동에 기여하는 자기대화(self-talk)를 식별하고, 이에 도전하고, 변화를 시도하기(34, 35)

34. 인지치료 기법을 활용하여 내담자의 부적응적인 혼잣말(예, "이걸 완벽하게 해야 해." "이건 나중에 해도 돼." "이걸 다 정리할 수는 없어.")을 식별하는 것을 돕기; 편견에 도전하고 대안을 마련하기 ▽

35. 내담자가 업무를 수행하는 중에 이전에 발생했던 부적응적 생각이 다시 든다면, 인지 재구조화 기술을 적용하는 과제를 부여하기; 적응 기술 증진을 위한 피드백을 제공하기 ▽

▽ 17. 미루기 행동과 이를 감소시키는 것이 필요하다고 인정하기(36)

36. 내담자가 초점을 맞추어 참여하도록 미루기 행동의 긍정적인 면과 부정적인 면을 찾도록 도와주기 ▽

▽ 18. 미루기 행동을 줄이는 기술을 배우고 실행하기(37, 38, 39)

37. 미루기 행동을 극복하기 위한 첫 번째 단계로서 내담자가 새로운 문제해결 기술을 적용하도록 가르치기; 산만함을 줄이기 위해 각 계획을 시간 간격을 짧게 한계를 정해 주기 ▽

38. 내담자가 미루기 행동을 하도록 부추기는 사고(예, '나중에 이 일을 하면 돼.'라거나 'TV를 보고 나서 끝낼 거야.')에 도전하고 행동을 촉진하는 사고를 받아들이는 인지 재구조화 기술을 적용할 수 있도록 가르치기 ▽

39. 미루기 행동 없이 치료 시간에 배운 기술을 사용하여 일을 수행하였는지를 확인하는 과제 내주기; 검토하여 기술이 향상되었거나 미루기 행동이 감소된 것에 대해 교정적인 피드백을 제공하기 ▽

▽ 19. 치료 시간에 학습한 기술을 ADHD를 다루는 새로운 일상적인 접근법과 결합하기(40, 41, 42)

40. 즉각적인 만족감 충족을 지연하고 충동을 억제하도록 더 의미 있고 장기적인 목표를 달성하기 위해 내담자에게 명상 및 자기조절 전략(예, '멈추기, 바라보기, 귀 기울여 듣기, 그

리고 생각하기')을 가르치기 ▽EBT

41. 내담자가 ADHD를 다루는 새로운 전략을 적용하도록 성공할 가능성이 높은 상황부터 시작하여 점차 도전적인 상황을 선택하기 ▽EBT

42. 내담자가 새로운 ADHD 관리 기술 사용을 통합하는 데 도움이 되도록, 심상화, 행동 리허설, 모델링, 역할극 또는 실제 상황 노출/행동 실험을 포함한 다양한 기법을 사용하기 ▽EBT

▽EBT 20. 긴장과 신체 불안을 줄이기 위해 이완 절차를 시행하기(43)

43. 내담자에게 다양한 이완 기술(예, 깊은 호흡, 명상, 심상유도)을 가르치고 일상에서나 스트레스가 증가하는 상황에서 사용하도록 격려하기(Davis, Robbins-Eshelman과 McKay의 『The Relaxation and Stress Reduction Workbook』을 추천) ▽EBT

21. 충동 조절을 개선하고 산만함을 줄이기 위해 뇌파 바이오피드백(신경학적인 접근)과 결합하기(44, 45)

44. 주의 집중 시간을 늘리고, 충동 조절과 기분 조절을 향상시키기 위해 뇌파 바이오피드백(EEG 바이오피드백, 신경학적인 접근)을 수행하거나, 의뢰하거나, 적용하기

45. 이완과 인지 중심의 바이오피드백 훈련 기술을 내담자의 일상적인 상황(예, 가정, 직장, 사회)으로 옮겨 갈 수 있도록 격려하기

22. ADD 증상을 관리하는 데 사용되는 대처기술을 나열하기(46)

46. 이전의 문제 증상과 증상을 관리하는 데 사용할 새로 습득한 대처기술을 내담자와 검토하기[또는 Jongsma의 『성인 심리치료 과제 플래너(Adult Psychotherapy Homework Planner)』의 'Symptoms and Fixes for ADD'를 참고하기]

23. 중요한 타인과 함께 혹은 혼자서 ADD 지지 집단에 참석하기(47)

47. 내담자가 ADD를 더 잘 이해하고, 자아 존중감을 높이고, 타인으로부터 피드백을 얻기 위해 ADD 성인을 위한 특정 집단 상담을 알려 주기

24. 방어하지 않고 경청할 수 있는 향상
된 기술 알려 주기(48)

48. 자신의 행동에 대한 타인의 피드백을 경청하
고 받아들이는 방법을 가르치기 위해 역할극
과 모델링을 사용하기

___ · _____   ___ · _____

_____   _____

___ · _____   ___ · _____

_____   _____

___ · _____   ___ · _____

_____   _____

📝 진단 제안

DSM-IV/ICD-9-CM 사용

축 I :		
	314.00	주의력 결핍/과잉행동 장애, 주의력 결핍 우세형
		(Attention-Deficit/Hyperactivity Disorder, Predominantly Inattention Type)
	314.01	주의력 결핍/과잉행동 장애, 과잉행동−충동우세형
		(Attention-Deficit/Hyperactivity Disorder, Hyperactive-Impulsive Type)
	314.9	주의력 결핍/과잉행동 장애, 달리 분류되지 않는
		(Attention-Deficit/Hyperactivity Disorder, NOS)
	296.xx	제1형 양극성 장애(Bipolar I Disorder)
	301.13	순환성 장애(Cyclothymic Disorder)
	296.90	달리 분류되지 않는 기분 장애(Mood Disorder NOS)
	312.30	달리 분류되지 않는 충동조절 장애(Impulse-Control Disorder NOS)
	303.90	알코올 의존(사용장애)(Alcohol Dependence)
	305.00	알코올 남용(Alcohol Abuse)
	304.30	대마 의존(사용장애)(Cannabis Dependence)
	305.2	대마 남용(Cannabis Abuse)
	_____	_____
	_____	_____

DSM-5/ICD-9-CM/ICD-10-CM 사용

ICD-9-CM	ICD-10-CM	DSM-5 비교
314.00	(F90.2)	주의력 결핍/과잉행동 장애, 주의력 결핍 우세형(Attention-Deficit/Hyperactivity Disorder, Predominately Inattentive Presentation)
314.01	(F90.1)	주의력 결핍/과잉행동 장애, 과잉행동-충동우세형(Attention-Deficit/Hyperactivity Disorder, Predominately Hyperactive/Impulsive Presentation)
314.01	(F90.9)	명시되지 않는 주의력 결핍/과잉행동 장애(Unspecified Attention-Deficit/Hyperactivity Disorder)
314.01	(F90.8)	달리 명시된 주의력 결핍/과잉행동 장애(Other Specified Attention-Deficit/Hyperactivity Disorder)
296.xx	(F31.xx)	제1형 양극성 장애(Bipolar I Disorder)
301.13	(F34.0)	순환성 장애(Cyclothymic Disorder)
296.90	(F31.9)	달리 분류되지 않는 기분 장애(Unspecified Disruptive, Impulse Control, and Conduct Disorder)
312.30	(F91.xx)	달리 분류되지 않는 충동조절 장애(Other Specified Disruptive, Impulse Control, and Conduct Disorder)
303.90	(F10.20) (F10.20)	알코올 사용장애, 중등도 또는 고도(Alcohol Use Disorder, Moderate or Severe)
305.00	(F10.10)	알코올 사용장애, 경도(Alcohol Use Disorder, Mild)
304.30	(F12.20) (F10.20)	대마 사용장애, 중등도 또는 고도(Cannabis Use Disorder, Moderate or Severe)
305.20	(F10.10)	대마 사용장애, 경도(Cannabis Use Disorder, Mild)

참고: ICD-9-CM 코드(규정, 규칙, 부호)는 미국에서 2014년 9월 30일까지 코딩(or 부호화) 목적으로 사용됩니다. ICD-10-CM 코드는 2014년 10월 1일부터 사용됩니다. 일부 ICD-9-CM 코드는 하나 이상의 ICD-10-CM 및 DSM-5 장애, 상태 또는 문제와 관련이 있습니다. 또한 일부 ICD-9-CM 장애분류가 중단되어 여러 개의 ICD-9-CM 코드가 하나의 ICD-10-CM 코드로 대체되었습니다. 일부 중단된 ICD-9-CM 코드는 이 표에 나열되지 않습니다. 자세한 내용은 『정신질환의 진단 및 통계 편람』(2013)을 참조하십시오.

The Complete Adult Psychotherapy Treatment Planner

양극성 장애-우울(Bipolar Disorder-Depression)

📄 행동적 정의

1. 우울 기분이거나 과민한 기분

2. 식욕의 감소 또는 식욕 없음

3. 활동의 흥미 또는 즐거움에 대한 감소

4. 정신 운동 초조나 지연

5. 불면 또는 과수면증

6. 피로나 활력의 상실

7. 집중력 감소와 우유부단함

8. 사회적 철회

9. 자살 사고 그리고/또는 행동

10. 무망감, 무가치감 또는 부적절한 죄책감

11. 낮은 자존감

12. 슬픔, 공허감 또는 절망감

13. 기분과 관련된 환각 또는 망상

14. 환자가 항우울제를 복용하거나 입원하거나 외래 치료를 받았거나 전기 충격 치료를 받은 만성적인 또는 반복적인 우울증의 병력

15. 적어도 하나 이상의 경조증, 조증 또는 혼재된 기분 삽화 병력

— • _____
_____
— • _____
_____
— • _____
_____

🎯 장기 목표

1. 우울한 증상을 완화시키고 이전 수준의 효과적인 기능으로 되돌아가기
2. 경감을 돕고 우울증의 재발을 예방하는 데 도움이 되는 자신, 타인 및 세상에 대한 건강한 사고 패턴과 신념을 개발하기
3. 경감을 이끌어 주며 우울증의 재발을 예방하는 건강한 대인 관계를 만들기
4. 기분을 정상화하고, 이전의 적응적인 기능 수준으로 돌아가기 위해 적절하게 상실을 애도하기
5. 에너지 수준을 정상화하고 일상적인 활동, 훌륭한 판단, 안정된 기분, 보다 현실적인 기대 및 목표 지향적 행동으로 돌아가기
6. 통제된 행동, 조절된 기분, 보다 신중한 발언과 사고 과정, 그리고 안정된 일상 활동 패턴을 이루기
7. 증상을 완화시키는 건강한 인지 패턴과 신념을 개발하고 기분 삽화의 재발을 예방하기
8. 낮은 자존감 또는 죄책감, 거절, 의존, 버려짐에 대한 두려움에 대해 이야기하기

— • _____
_____
— • _____
_____
— • _____
_____

⏰ 단기 목표

1. 기분 상태, 에너지 수준, 사고에 대한 통제 및 수면 패턴을 기술하기(1, 2)

2. 정서문제의 특징과 충격을 진단하기 위해 심리검사를 실시하기(3)

3. 양극성 우울증에 기여하거나, 치료를 복잡하게 할 수 있는 물질남용 내력을 밝히기(4)

4. DSM 진단과 관련된 특징, 치료 효과성, 치료관계의 특징에 대한 행동적, 정서적, 태도적 정보를 제공하기(5, 6, 7, 8)

🧠 치료적 중재

1. 내담자가 자신의 생각과 감정을 나누도록 격려하라. 주요한 인지적, 행동적, 대인 관계적, 또는 기분 장애의 다른 증상을 평가하면서 공감을 표현하고 라포를 형성하기

2. 사회적, 직업적 및 대인 관계적 기능에 대한 과거 및 현재 기분 삽화의 존재, 심각도 및 영향을 평가하라. 필요한 경우 반구조화된 검사를 실시하기[예를 들어, Montgomery-Asberg 우울 평가 척도(Monigomerry-Asberg Depression Rating Scale), 우울증 진단을 위한 검사(Inventory to Diagnose Depression)]

3. 증상, 가족/중요한 타인과의 의사소통 패턴, 표현된 감정과 같은 양극성 장애 관련된 특징들을 평가하기 위해 객관적인 도구를 실시하기 (예를 들어, Beck Depression Inventory-II 혹은 Beck Hopelessness Scale; Perceived Criticism Measure); 결과를 평가하고 내담자 또는 가족들에게 피드백을 제공하기; 치료반응을 진단하기 위해 지시한 대로 다시 실시하기

4. 물질 남용 평가를 준비하고, 만약에 평가가 권고한다면 내담자에게 치료를 연결시켜 주기 (이 책의 '물질 사용' 챕터 참조)

5. '제시된 문제'에 대한 내담자의 통찰력(자아 이질적 vs. 자아동질적)을 평가하기(예, '기술된 행동'의 문제적인 특징에 좋은 통찰력을 나타내기, 타인의 걱정에 동의하기, 변화를 위해 애쓰는데 동기가 있음; '기술된 문제'에 대해 모호함을 나타내기, 걱정되는 문제를 진술하는 데 주저하기, 또는 '기술된 문제'를 인정하는 것에 저항을 나타내기,

관심이 없고, 변화에 동기가 전혀 없음)

6. 적절하다면, 자살취약성(예, 우울 동반이 분명한 경우 자살 위험 증가)을 포함한 연구 기반 관련 장애 증거를 평가하기(예, ADHD를 동반한 적대적 반항장애, 불안장애를 동반한 우울증)

7. 내담자의 현재 정의되는 '문제행동'을 설명해 주는 데 도움이 되는 나이, 성, 문화와 관련된 문제와 내담자의 행동에 대해 더 좋은 설명을 해 주는 요인들을 평가하기

8. 적절한 돌봄수준을 결정하는 내담자의 기능 손상의 심각성을 평가하기(예, 주목된 행동은 사회적, 관계적, 직업적, 노력에서 경도, 중등도, 고도 또는 최고도 손상을 일으킨다.); 치료의 효과성뿐만 아니라 손상의 심각성을 지속적으로 평가하기(예, 내담자는 더 이상 심각한 손상을 보이지는 않지만, 현재 문제는 경도 또는 중등도 손상을 초래하고 있다.)

5. 현재와 과거의 자살 사고와 행동의 내력을 언어로 표현하기(9)

9. 내담자의 자살경향성 내력과 자살 위험의 현재 상태를 평가하기(자살 위험이 있다면, 이 책의 '자살 사고' 챕터 참조)

6. 더 이상 자해사고를 갖고 있지 않은 것을 명시하기(10, 11)

10. 지속적으로 내담자의 자살 위험을 평가하고 모니터하기

11. 내담자가 자신과 타인에게 해를 끼칠 가능성이 있다고 판단되는 경우, 자신의 기본적인 필요를 돌볼 수 없다고 판단되는 경우, 또는 증상 심각도가 이를 보증하는 경우, 병원입원을 준비하거나 병원입원을 지속시키기

▽EBT 7. 증상 안정화에 필요한 약물을 처방받기 위해 의학적/정신과적 평가와 협력하기(12)

12. 적절한 약물치료를 결정하기 위해 정신과의사의 평가를 준비하기[예, 탄산 리튬(lithium carbonate), 데파코트(Depakote), 라믹탈

(Lamictal)] ▽EBT

▽EBT 8. 지시사항에 따라 처방된 약물을 복용하기(13, 14)

13. 정신과 약물 처방 순응 여부, 부작용, 효과성을 관찰하기 ▽EBT

14. 심리치료 참여를 허용할 만큼 충분한 안정화를 이루도록 내담자의 증상 개선을 관찰하기 ▽EBT

▽EBT 9. 심리치료에 의미 있는 참여를 허락하도록 증상 안정화수준을 달성하기(15)

15. 신호, 증상, 내담자의 기분 삽화의 국면 재발 특성을 검토하는 것을 포함하여 필요한 모든 방법을 사용해서, 내담자와 가족에게 심리교육을 제공하기; 낙인을 줄이고 자신의 특성을 수용해서 정상화시키기 ▽EBT

▽EBT 10. 혼합 혹은 우울 양극성 삽화의 원인, 증상, 치료에 대한 이해를 언어로 표현하기(16, 17)

16. 내담자에게 양극성 장애의 스트레스 취약 모델(stress diathesis model)을 가르치기. 스트레스 취약 모델은 스트레스에 취약한 기분 삽화에서 생물학적 소인의 강한 역할을 강조한다. 스트레스는 관리 가능하며, 치료를 위해서는 약물복용절차를 확실하게 이행하는 것이 필요 ▽EBT

17. 갑작스럽게 증상이 재발될 수 있는 생리적이며 심리적인 취약성을 이해하고 이를 관리하며 감소시키기 위하여, 내담자에게 현재 진행 중인 약물치료와 심리사회적 처치의 원리를 알려 주기

▽EBT 11. 향정신성 약물 복용에 대한 필요성을 수용한다는 점을 언어로 표현하고, 혈액 수준을 모니터하면서 의사의 처방을 충실히 따르기(18, 19)

18. 내담자에게 약 처방을 충실히 따르는 것이 얼마나 중요한지 가르치기; 내담자에게 약물 복용을 중단하였을 때의 재발의 위험성을 알려 주고, 의사의 처방을 충실히 따르는 방향으로 상담을 진행하기

19. 내담자가 처치에 응하지 않는 것을 촉발하는 요인(예, 생각, 감정, 스트레스 요인)을 평

가하기; 이러한 상황을 인지하고 다루기 위한 계획을 개발하기[Jongsma의 저서 『성인 심리치료 과제 플래너(Adult Psychotherapy Homework Planner)』의 'Why Dislike Taking My Medication?'을 보라.] ▽[EBT]

▽[EBT] 12. 참여자의 성격, 촉발 요인, 양극성 장애 치료에 대한 정보를 알 수 있도록 고안된 심리 교육 회기에 참여하기(20, 21)

20. 양극성 장애로 발전하는 데 영향을 줄 수 있는 심리적, 생리적, 사회적 요인과 생리학적, 심리학적 치료법을 배울 수 있는 집단 심리교육 프로그램을 내담자에게 수행하거나 추천하기[Colom과 Vieta의 저서 『양극성 장애를 위한 심리교육 매뉴얼(Psychoeducation Manual for Bipolar Disorder)』을 보라.] ▽[EBT]

21. 집단 참가자에게 장애 관리 기술(예, 초기 경고 신호, 공통적인 촉발 요인, 적응 전략), 삶의 목표에 초점을 둔 문제해결, 규칙적인 수면 루틴을 강조하는 개인적인 돌봄계획, 약물치료에 순응, 스트레스 조절을 통한 재발 최소화를 가르치기 ▽[EBT]

▽[EBT] 13. 내담자와 가족 구성원이 양극성 장애와 그것에 영향을 주는 요인, 약물과 치료의 역할에 대한 이해를 언어로 표현하기(22)

22. 심리교육을 시작한 내담자 및 내담자의 중요한 타자와 가족중심치료(Family-Focused Treatment)를 수행하기. 심리 교육은 양극성 장애의 생물학적인 특성, 약물의 필요성, 약물 사용 유지 여부, 재발을 일으키는 개인 내적 및 외적 촉발요인과 같은 위험요인, 효과적인 의사소통의 중요성, 문제해결, 초기 에피소드 중재 등을 강조하기(Miklowitz와 Goldstein의 저서 『Bipolar Disorder』를 보라.) ▽[EBT]

▽[EBT] 14. 가족 구성원은 내담자ㅋ의 양극성 장애를 관리하고 가족 및 구성원의 삶의 질을 향상할 수 있

23. 가족 구성원에게 고통을 주고 내담자의 재발 위험을 일으키는 혐오적인 의사소통 방식(예, 과도한 정서 표현)의 역할에 대해 내담자와 가

도록 돕는 기술을 수행하기(23, 24, 25, 26, 27)

족을 평가하고 교육하기 ▽

24. 가족 구성원의 의사소통 기술을 가르치기 위해 인지행동 테크닉(교육, 모델링, 롤플레잉, 교정적인 피드백, 긍정적 강화)을 이용하기. 이에 포함되는 것은 긍정적 피드백 제공, 적극적 경청, 행동 변화를 위한 긍정적인 요청하기, 부정적인 감정표현을 감소시키기 위한 신뢰롭고, 존경받을 만한 태도로 건설적인 피드백 주기 ▽

25. 문제해결 테크닉으로 다룰 수 있는 갈등을 확인하면서 내담자와 가족을 돕기 ▽

26. 내담자와 가족에게 문제해결기술(problem-solving skills)을 가르치기 위해 인지-행동 테크닉(교육, 모델링, 롤플레잉, 교정적인 피드백, 긍정적 강화)을 이용하기. 이는 건설적이고 특수한 문제에 대한 정의, 브레인스토밍 해결 옵션, 옵션에 대한 평가, 옵션의 선택과 계획 시행, 결과 평가, 계획 적용 등을 포함 ▽

27. 내담자와 가족에게 새롭게 배운 의사소통방식과 문제해결기술, 효과적으로 활용된 회기의 결과 처리, 문제해결의 장애물 등을 이용하는 과제를 주기[Jongsma의 저서 『성인 심리치료 과제 플래너(Adult Psychotherapy Homework Planner)』의 'Plan Before Acting' 또는 'Problem-Solving: An Alternative to Impulsive Action'을 보라.] ▽

▽ 15. 재발 신호가 나타나는 상황에서 역할, 책임, 방책에 대해 합의하는 '재발 방지 훈련'을 개발하기 (28)

28. 내담자와 가족이 '재발 방지 훈련'에서 역할과 책임의 상세한 내용을 작성할 수 있도록 돕는다(예, 잠재적인 재발 문제를 해결하기 위한 가족 모임을 누가 부르나?; 내담자의 혈중농도를

조절하고 응급상황에 연락할 수 있는 의사를 누가 부를 것인가?); 문제해결의 장애물과 계획을 유지할 것인지에 대한 작업하기 ▽

▽ 16. 조증 또는 우울 증상을 촉발하는 사고와 행동을 확인하고 변환시키기(29, 30, 31)

29. 내담자의 기분을 고조시키거나 우울하게 만드는 인지 왜곡에 대해 탐색하고 교육하기 위해 인지치료 테크닉을 이용하기(Lam 등의 저서 『Cognitive Therapy for Bipolar Disorder』를 보라.) ▽

30. 내담자에게 조증을 반영하는 자기대화, 자기대화의 왜곡, 대안 등을 확인할 수 있는 과제를 주기[Jongsma가 저술한 『성인 심리치료 과제 플래너(Adult Psychotherapy Homework Planner)』의 '자기패배적 생각을 대체하는 일지 작성하기(Journal and Replace Self-Defeating Thoughts)'를 보라.] ▽

31. 내담자에게 인지 행동 대응 기술 및 재발 방지 기술을 가르치기. 이는 충동적인 행동의 지연, 매일의 활동에 대한 구조화된 스케줄, 규칙적인 수면 시간 유지, 비현실적인 목표를 달성하기 위한 분투 피하기, 긴장완화 절차 이용하기, 약물 사용, 알코올 섭취, 수면 리듬 깨기, 극도의 스트레스 노출을 유발하는 상황에 대해 확인하고 피하기 등을 포함(Lam 등의 저서 『Cognitive Therapy for Bipolar Disorder』를 보라.) ▽

▽ 17. 일상의 활동에 규칙적인 리듬 패턴을 유지하기(32, 33, 34, 35)

32. 내담자와의 면담, 사회적 리듬 측정도구 (Social Rhythm Metric)를 활용하여 내담자의 일상 활동을 파악한 후 대인관계 및 사회적 리듬 치료를 적용하기(Frank의 저서 『Treating Bipolar Disorder』를 보라.) ▽

33. 수면, 섭식, 혼자서 하는 활동 및 사회적 활
동, 운동 등의 일상 활동의 일정표를 점검하
고, 평가하고 수정하여 매일의 활동이 규칙
적인 리듬에 따라 배열되도록 함으로써 내
담자의 일상 활동에 규칙적인 패턴을 적용할
수 있도록 돕기 ▽

34. 수면 위생 수칙을 지키는 것이 중요하다는
것을 가르치고[Jongsma의 저서 『성인 심리치
료 과제 플래너(Adult Psychotherapy Homework
Planner)』에 있는 'Sleep Pattern Record'를 보라.],
내담자의 수면 위생을 평가하고 필요한 경우
에는 개입하기(이 책의 '수면장애' 챕터 참조) ▽

35. 내담자를 과도하게 자극하지 않는 선에서 보
상 행동을 일정표에 포함시킴으로써 내담
자가 균형 잡힌 '행동 활성화' 일정표를 작
성하게 하기[Jongsma의 저서 『성인 심리치료
과제 플래너(Adult Psychotherapy Homework
Planner)』에 있는 'Identify and Schedule Pleasant
Activities'를 보라.]; 이때, 최적의 균형점을 찾
을 수 있도록 활동과 기분 점검을 포함시키
고, 성공을 강화하기 ▽

▽ 18. 문제가 되는 개인적인 이슈 및
대인관계 관련 이슈를 내담자
와 논의하고 해결하기(36, 37,
38)

36. 현재 및 과거의 중요한 대인관계를 파악하는
것부터 시작하여 대인관계 및 사회적 리듬
치료의 대인관계 치료를 적용하기. 내담자
의 중요한 대인관계를 파악할 때에는 애도와
관련된 주제들, 대인관계 불화, 대인관계 역
할 전환, 대인관계 기술 부족 등을 파악하는
것이 필요하다(Frank의 저서 『Treating Bipolar
Disorder』를 보라). ▽

37. 확인된 대인관계 이슈를 해결할 전략을 제시

하고 해결을 도울 수 있도록 애도, 역할 다툼, 역할 전환, 대인관계 기술 부족과 관련된 대인관계 이슈의 탐색 및 활용에 대인관계 치료 기법을 적용하기 ▽

38. 내담자 및 중요 타자와 함께 내담자의 임상적 증상 악화를 확인하고 관리할 수 있도록 약물치료, 규칙적인 수면 습관, 일상의 규칙 유지, 우호적인(conflict-free) 사회적 지지를 포함한 문제해결 절차를 확립하기 ▽

▽ 19. 주기적인 '유지' 회기에 참여하기(39)

39. 치료 후 초반의 몇 달 동안은 내담자의 긍정적인 변화를 돕고, 문제해결의 장애물을 극복하도록 주기적으로 '유지' 회기를 가지기 ▽

20. 장애에 관한 책을 읽음으로써 양극성 장애에 대한 이해를 증진시키기(40)

40. 회기 중에 이루어진 심리치료 교육을 강화할 수 있도록 내담자에게 양극성 장애에 대한 책을 읽으면서 배운 개념을 복습하라고 요구하기(예, Miklowitz의 『The Bipolar Disorder Survival Guide』; White와 Preston의 『Bipolar 101: A Practical Guide to Identifying Triggers, Managing Medications, Coping with Symptoms, and More』)

21. 상실, 거절, 버려지는 것이 실제로 겪은 일인지 상상 속에서 벌어진 일인지 구별하기(41, 42, 43)

41. 내담자를 돕고, 내담자의 이야기를 들어 주고, 내담자를 지지해 줄 것을 변치 않고 계속할 것이라고 약속하기

42. 자신에게 사랑과 돌봄을 제공해 줄 사람으로부터 버려질 수 있다는 내담자의 두려움을 탐색하기

43. 내담자가 실제의 상실과 상상 속의 상실을 구별하고, 상실이 현실적인지 과장되었는지를 구별하도록 돕기

22. 삶에서 실제로 겪거나 상상 속에서 겪은 애도, 두려움, 화의 감정을 언어

44. 내담자의 삶 속에서 실제로 일어난 상실과 내담자가 인지한 상실을 살펴보기

로 표현하기(44, 45, 46)

45. 내담자가 상실을 대체할 수 있는 방안을 재검토하고 상실의 의미를 성찰하기

46. 원가족 탐색을 통해 내담자가 자존감이 낮은 이유와 버려질 것이라는 두려움을 갖게 된 이유를 살펴보기

23. 경험적 회피 및 인지적 회피를 줄이고 가치-기반 행동을 늘릴 수 있도록 마음챙김과 수용 기법을 활용하기(47)

47. 내담자의 경험적 회피를 줄이고 행동과 사고를 분리하고, 증상을 통제하려고 하는 대신 자신의 경험을 수용하고 자기 삶의 가치에 따라 행동할 수 있도록 돕고, 내담자의 목표와 가치를 분명하게 하고 그 목표와 가치에 전념하는 행동을 하도록 돕는 마음챙김 기법을 포함한 수용전념치료(Zettle의 저서 『ACT for Depression』 참고)를 적용하기

24. 자신, 타인 그리고 미래에 대한 희망적이고 긍정적인 문장을 말로 표현하기(48, 49)

48. 내담자에게 매일 최소한 자기 자신과 미래와 관련된 긍정적인 확언을 담은 문장(positive affirmation statement)을 쓰도록 하기[Jongsma의 『성인 심리치료 과제 플래너(Adult Psychotherapy Homework Planner)』에 제시된 '긍정적 자기대화(Positive Self-Talk)' 참고]

49. 내담자에게 우울에 대해 더 가르치고, 슬픔을 알아차리는 방법과 기분에서 어느 정도의 슬픔은 정상적인 범주에 속하는 것임을 받아들이도록 가르치기

—. _____
_____
—. _____
_____
—. _____
_____

—. _____
_____
—. _____
_____
—. _____
_____

📖 진단 제안

DSM-IV/ICD-9-CM 사용

축 I :		
	296.xx	제I형 양극성 장애(Bipolar I Disorder)
	296.89	제II형 양극성 장애(Bipolar II Disorder)
	301.13	순환성 장애(Cyclothymic Disorder)
	295.70	조현정동장애(Schizoaffective Disorder)
	296.80	달리 분류되지 않은 양극성 장애(Bipolar Disorder NOC)
	310.1	축 III 장애로 인한 성격 변화(Personality Change Due to Axis III Disorder)

DSM-5/ICD-9-CM/ICD-10-CM 사용

ICD-9-CM	ICD-10-CM	DSM-5 장애, 상태, 문제
296.xx	F31.1x	제I형 양극성 장애, 조증(Bipolar I Disorder, Manic)
296.89	F31.81	제II형 양극성 장애(Bipolar II Disorder)
301.13	F34.0	순환성 장애(Cyclothymic Disorder)
295.70	F25.1	조현정동장애, 우울형(Schizoaffective Disorder, Depressive Type)
296.80	F31.9	명시되지 않는 양극성 및 관련 장애 (Unspecified Bipolar and Related Disorder)
310.1	F07.0	다른 의학적 상태로 인한 성격 변화 (Personality Change Due to Another Medical Condition)

참고: ICD-9-CM 코드(규정, 규칙, 부호)는 미국에서 2014년 9월 30일까지 코딩(or 부호화) 목적으로 사용됩니다. ICD-10-CM 코드는 2014년 10월 1일부터 사용됩니다. 일부 ICD-9-CM 코드는 하나 이상의 ICD-10-CM 및 DSM-5 장애, 상태 또는 문제와 관련이 있습니다. 또한 일부 ICD-9-CM 장애분류가 중단되어 여러 개의 ICD-9-CM 코드가 하나의 ICD-10-CM 코드로 대체되었습니다. 일부 중단된 ICD-9-CM 코드는 이 표에 나열되지 않습니다. 자세한 내용은 『정신질환의 진단 및 통계 편람』(2013)을 참조하십시오.

양극성 장애–조증(Bipolar Disorder-Mania)

📄 행동적 정의

1. 비정상적이고 지속적으로 고양되고, 과도하고, 또는 과민한 기분을 최소한 세 가지의 조증 증상(예, 과도한 자존감 또는 과장, 수면에 대한 욕구 감소, 다변증, 비약적 사고, 주의산만, 과도한 목표 지향적 행동 또는 정신운동 초조, 즐거움에 대한 지나친 몰두, 위험천만한 행동)과 함께 보인다.

2. 고양된 기분이나 과민함(조증)은 직업적 기능, 사회적 행동, 또는 대인관계에서 뚜렷한 장애를 야기한다.

3. 말이 많아지거나 다변증(pressured speech)을 보인다.

4. 사고비약증(flight of ideas)이나 질주 사고(thoughts racing)를 보고한다.

5. 과대망상 그리고/또는 피해망상을 표현한다.

6. 수면에 대한 욕구가 감소했다는 증거를 보인다.

7. 식욕이 거의 없거나 없다.

8. 증가된 운동 활동이나 초조함을 보인다.

9. 주의력이 떨어지고 쉽게 산만해진다.

10. 정상적인 억제의 손상은 고통스러운 결과에 대한 고려 없이 충동적이고 과도한 쾌락을 추구하는 행동을 야기한다.

11. 기괴한 옷차림에 열중한다.

12. 목표 지향 행동이 차단당했을 때 쉽게 참을성 없어지고 화를 내는 과도한 상태를 보인다.

13. 에너지가 매우 높지만 행동에 관한 규율과 목표 지향성이 부족하기 때문에, 어떤 일을 끝까지 해내는 것이 부족하다.

— . _____

_____

— . _____

_____

_____

— . _____

_____

🎯 장기 목표

1. 조증/경조증 상태의 기분을 완화하고 이전의 효과적으로 기능하던 수준으로 돌아가기

2. 에너지 수준을 정상화하고 평소의 활동, 판단력, 안정적인 기분, 더 현실적인 기대와 목표 지향 행동으로 돌아가기

3. 행동의 결과에 민감하게 만들면서 동요, 충동성, 병적 수다(pressured speech)를 줄이기

4. 제어된 행동, 적정한 기분, 신중한 말과 사고 과정, 안정적인 일상 활동 패턴을 획득하기

5. 건강한 인지 패턴을 발전시키고 이완되게 하고 다시 조증/경조증 삽화가 발생하는 것을 예방하는 자기와 세상에 대한 신념을 만들기

6. 내재되어 있는 낮은 자존감이나 자책, 거절, 의존 그리고 버려지는 것에 대한 두려움에 대해 이야기하기

— . _____

_____

— . _____

_____

_____

— . _____

_____

⏰ 단기 목표

1. 기분 상태, 에너지 수준, 사고에 대한 통제 정도, 수면 패턴을 묘사하기(1, 2)

2. 기분 문제의 본질과 영향을 평가하기 위해 심리검사를 실시하기(3)

3. 양극성 조증 치료에 도움을 주었거나 복잡하게 만든 모든 약물 사용력(歷)에 대해 이야기하기(4)

4. DSM 진단, 처치의 효과성 그리고 치료적 관계의 본질과 관련된 구체적 특징을 평가하기 위해 행동적, 정서적 그리고 태도적인 정보를 제공하기(5, 6, 7, 8)

😟 치료적 중재

1. 내담자가 그의 사고와 감정을 나눌 수 있도록 장려하기. 공감을 표현하고 주요 인지, 행동, 대인관계 그리고 다른 기분 장애의 증상을 평가하는 동시에 라포를 형성하기

2. 사회적, 직업적 그리고 대인관계적 기능에서 조증 삽화(예를 들어, 병적 수다, 충동 행동, 쾌락적 기분, 비약적 사고, 수면욕구의 감소, 과잉된 자존감 그리고 높은 에너지)를 포함하여 과거와 현재의 기분 삽화의 존재 여부, 심각성, 영향을 평가하기. 필요하다면, 반구조화된 검사(예를 들어, Young Mania Rating Scale; the Clinical Monitoring Form)를 추가적으로 시행하기. 처치 반응을 평가하기 위해 지시대로 다시 시행하기

3. 가족이나 중요한 타인과 의사소통 패턴, 특정하게 표현된 정서와 같은 양극성 장애의 특징을 평가하기 위해 객관적 검사(예, Perceived Criticism Measure) 시행 계획을 세우기. 결과를 평가하고 검사 결과를 내담자 및 내담자 가족에게 알려 주기

4. 물질 남용 평가 계획을 세우기. 만일 평가 결과, 필요하다고 판단되면 내담자를 치료에 의뢰하기(이 책의 '물질 사용' 챕터 참조)

5. '문제를 보여 주는 것'에 대한 내담자의 통찰 수준(자아동질적/ 자아이질적)(예를 들어, '문제 행동'의 본질에 대해 좋은 통찰을 보여 주는 것, 다른 사람의 걱정에 동의하는 것, 변화하는 데 동기 부여된 것, 또는 '묘사된 문제'와 관련된 양가감정을 드러내는 것, 이슈를 문제로서 말하기 꺼리는

것, '호소문제'를 인식하는 것에 대해 저항을 보이는 것, 변화에 대한 동기가 없는 것)을 평가하기

6. 적절하다면(예를 들어, 공존 우울이 명백하고 자살 위험이 있을 때) 자살에의 취약성을 포함하여 연구에 기반한 관계된 장애(예를 들어, ADHD와 선택적인 반항행동, 우울장애의 다음인 우울)의 증거를 평가하기

7. 내담자의 현재 정의된 '문제행동'을 설명하는 데에 도움이 되는 나이, 성, 문화 등 모든 이슈와 내담자의 행동을 더 잘 이해하게 해 줄 요소들을 평가하기

8. 처치의 적절한 수준을 결정하기 위해 내담자의 기능 수준이 얼마나 심각하게 손상되었는지 평가하기(예를 들어, 경중의, 중등도의, 중증의, 아주 심각한 수준의 사회, 관계, 직업적 행위의 손상) 치료의 효율성과 함께 손상의 심각도를 계속 평가하기(예를 들어, 내담자가 더 이상 심각한 손상을 보이지는 않지만 현재의 호소문제가 경중의 또는 중등도의 손상을 보여 주는지)

▽ 5. 투약의 필요와 증상을 완화시키기 위한 입원을 하기 위해 의료적/정신과적 평가를 의뢰하기(9, 10)

9. 내담자가 스스로에게 또는 타인에게 해로울 수 있거나 스스로의 기본적인 욕구를 돌볼 수 없다고 평가되거나 증상의 심각성이 이를 보장할 때, 입원을 의뢰하거나 입원 상태를 유지하도록 권고하기 ▽

10. 적절한 약물치료를 결정하기 위해 정신과 의사와 투약 평가를 의뢰하기(예, 탄산 리튬, 데파코트, 라믹탈) ▽

▽ 6. 의사의 지시대로 처방된 약물을 복용하기(11, 12)

11. 내담자의 정신과 약물의 사용과 효과를 점검하기(예, 복용 규칙 준수, 부작용, 효과) ▽

▽ 7. 심리치료에 효과를 볼 수 있도록 하는 수준의 증상 안정성에 도달하기(13)

▽ 8. 조증, 경조증 그리고/혹은 혼합 삽화의 원인, 증상, 치료에 대한 이해를 언어화하기(14, 15, 16)

▽ 9. 혈액수준의 관찰과 정신과 약물을 복용하고 처방을 따르는 것의 필요성을 받아들이겠다는 것을 말로 표현하기(17, 18)

12. 처방받은 정신과 약물 등의 내담자의 준수사항을 지속적으로 평가하기 ▽

13. 내담자의 증상 호전이 개인상담이나 집단상담을 충분히 받을 수 있을 정도까지 되었는지 관찰하기 ▽

14. 필요한 형식을 사용하여 내담자와 내담자의 가족에게 징후, 증상, 그리고 자연적으로 조증 삽화가 재발될 수 있다는 내용을 포함하여 심리교육 제공하기; 정당화(destigmatize)와 정상화(normalize)[Colom과 Vieta의 『양극성 장애를 위한 심리교육 매뉴얼(Psychoeducation Manual for Bipolar Disorder)』을 참고하기] ▽

15. 양극성 장애의 스트레스 취약성 모델에서 스트레스에 취약한 생물학적 소인이 기분삽화에 가지는 역할을 강조하고, 스트레스가 관리 가능하다는 것과 약물 복용 준수의 필요성을 내담자에게 가르치기 ▽

16. 내담자에게 재발과 관련하여 신체적, 심리적 취약성을 알고, 관리하고, 감소시킬 수 있도록 약물과 심리치료를 지속할 수 있도록 이유를 알려 주기 ▽

17. 내담자에게 처방을 따르는 것의 중요성을 교육하기; 내담자에게 지속적으로 처방을 따르지 않을 경우 재발할 수 있음을 알리고 처방을 계속 준수해야만 효과가 있음을 교육하기 ▽

18. 내담자가 처방을 따르지 않도록 촉발시키는 요인을 평가하기(예, 사고, 감정, 스트레스 요인); 내담자가 인지하고 다룰 수 있는 계획을 만들기[혹은 Jongsma가 저술한 『성인 심리치료 과제 플래너(Adult Psychotherapy Homework

Planner)』의 '왜 나는 약을 복용하기가 싫은가 (Why I Dislike Taking My Medication)' 부분을 작성하게 하라.] ▽

▽ 10. 양극성 장애의 기원, 원인, 치료에 대한 정보가 포함된 집단 심리교육 세션에 참여하기(19, 20)

19. 내담자에게 양극성 장애의 생물학적, 심리적 치료의 과정 중에 있는 심리적, 생물학적, 사회적 영향에 대해 가르쳐 주는 집단 심리교육 프로그램을 시행해 주거나 추천해 주기[Bauer와 McBride의 『양극성 장애를 위한 구조화 집단 상담(Structured Group PsychoTherapy for Biplar Disorder)』 혹은 Colom과 Vieta의 『양극성 장애를 위한 심리교육 매뉴얼(Psychoeducation Manual for Bipolar Disorder)』을 참고하라.] ▽

20. 집단원에게 치료에 필요하고 스트레스를 감소시켜 재발을 최소화하는 방법으로 증상 관리 기법, 삶의 목표에서 문제해결 중심 기법, 그리고 규칙적인 수면 루틴을 강조하는 개인 생활 계획을 가르치기 ▽

▽ 11. 조증이나 우울증 증상을 촉발하는 사고나 행동을 확인하고 대체하기(21, 22, 23)

21. 내담자의 고양되거나 우울한 감정을 유발하는 인지적 왜곡을 탐색하고 교육하기 위해 인지치료 기법을 사용하기[Lam 등의 『양극성 장애를 위한 인지치료(Cognitive Therapy for Bipolar Disorder)』를 참고하라.] ▽

22. 내담자에게 자신이 조증일 때를 반영하는 자기대화, 왜곡된 자기대화, 대안 반응을 작성해 보는 과제를 부여하기[혹은 Jongsma의 『자기패배적 생각을 대체하는 일지 작성하기(Journal and Replace Self-Defeating Thoughts)』에 있는 '성인용 심리치료 과제 플래너' 부분을 부여하라.]; 과제를 확인하고, 개선될 수 있는 방향으로 올바른 피드백을 제공하는 것을 통해

성공을 강화하기 ▽ᴇʙᵀ

23. 내담자에게 충동행동을 지연하는 것, 매일 해야 하는 정형화된 활동, 규칙적인 수면 루틴을 유지하기, 현실적이지 않은 목표에 매진하는 것을 피하기, 이완훈련, 흥분제 약물을 사용하는 등의 촉발행동을 알고 피하기, 알코올 섭취, 수면 루틴 깨트리기, 혹은 높은 스트레스에 스스로를 노출시키기 등을 포함하는 재발을 방지하고 대처할 수 있는 인지 행동 가르치기[Lam 등의 『양극성 장애를 위한 인지치료(Cognitive Therapy for Bipolar Disorder)』를 참고하라.] ▽ᴇʙᵀ

12. 내담자와 내담자의 가족들이 양극성 장애에 영향을 주는 요인과 처방과 치료의 역할에 대한 이해를 언어화하기(24, 25)

24. 내담자와 내담자의 중요한 타자와 함께 가족 중심 치료를 양극성 장애의 생물학적 기원을 강조하는 심리교육으로 시작하여, 약물치료와 약물치료를 지속하는 것의 필요성, 재발을 유발하는 개인적/대인관계적 위험요인, 그리고 효과적인 커뮤니케이션의 중요성, 문제해결, 그리고 초기 삽화 개입(early episode intervention) 시행하기[Miklowitz와 Goldstein의 『양극성 장애(Bipolar Disorder)』를 참고하라.]

25. 내담자의 재발에 영향을 줄 만한 위험이나 고통이 될 수 있는 내담자와 내담자 가족의 부적응적(aversive) 의사소통의 역할(예, 과잉 감정)에 대해 평가하고 교육하기

13. 가족 구성원은 내담자의 양극성 장애를 관리하고 가족 및 구성원의 삶의 질을 향상시키는 데 도움이 되는 기술을 실행하기(26, 27, 28, 29)

26. 인지 행동적 기법[교육, 모델링, 역할연기, 교정적인 피드백(corrective feedback), 긍정적 강화]을 사용하여 긍정적인 피드백, 적극적인 청취, 다른 사람들에게 행동 변화에 대해 긍정적인 요구를 하는 것, 정직하고 정중한 태도

로 건설적인 피드백을 주는 것을 포함한 가
족 구성원 간의 의사소통 기술을 가르치기

27. 문제해결 기술로 다룰 수 있는 갈등을 발견
할 수 있도록 내담자와 가족을 돕기

28. 인지 행동적 기법(교육, 모델링, 역할연기, 교정
적인 피드백, 긍정적 강화)을 사용하여 내담자
및 가족에게 문제를 건설적이고 구체적으로
정의하고, 문제해결 방안에 대해 브레인스토
밍을 하고, 각 방안에 대한 장단점을 평가하
여 선택하고, 계획을 실행하고, 결과를 평가
하며, 계획을 조정하는 것을 포함한 문제해
결 기술을 가르치기

29. 새로 습득한 의사소통 및 문제해결 기술
을 사용하고 기록하도록 내담자 및 가족에
게 연습 과제를 부여하기[또는 Jongsma의 『성
인 심리치료 과제 플래너(Adult Psychotherapy
Homework Planner)』에서 '행동하기 전 계획
(Plan Before Acting)' 또는 '문제해결: 충동적 행
동에 대한 대안(Problem-Solving: An Alternative
to Impulsive Action)'을 지정하기]; 효과적인 기
술 사용을 위해 회기 내에서 과제 결과를 확
인하기; 장해요인을 해결하기

14. 재발 징후가 나타나면 역할, 책임 및
행동 방침이 합의된 재발 방지 훈련
을 개발하기(30)

30. 내담자와 가족이 역할과 책임을 규정한 재발
방지 훈련(relapse drill)을 마련할 수 있도록
돕기[예, 해결하기 어려운 잠재적 재발 문제의 해
결을 위해 가족회의에 부를 사람, 내담자의 의사
에게 전화할 사람, 맞을 혈청 수준을 계획할 사람,
필요하다면 응급 서비스에 연락할 사람]; 문제해
결방식을 통해 장해요인을 제거하고 계획을
지키기 위해 노력하기

15. 매일의 활동에 규칙적인 리듬 패턴을 유지하기(31, 32, 33, 34)

31. 인터뷰와 사회적 리듬 치료[Frank의 『양극성 장애 치료(Treating Bipolar Disorder)』 참조]를 통해 내담자의 일상 활동을 평가하는 것부터 시작하여 대인 및 사회적 리듬 치료를 실시하기

32. 수면, 식사, 혼자 하는 활동 및 사회 활동, 운동과 같은 보다 일상적인 양식을 확립할 수 있도록 클라이언트를 돕기; 이러한 활동을 계획, 평가 및 수정하여 매일 예측 가능한 리듬으로 나타나도록 양식을 사용하고 검토하기

33. 수면 위생의 중요성에 대해 내담자에게 가르치기[또는 Jongsma의 『성인 심리치료 과제 플래너(Adult Psychotherapy Homework Planner)』의 '수면 패턴 기록(Sleep Pattern Record)'을 지정하기]; 그에 따라 평가하고 개입하기(이 책의 '수면장애' 챕터 참조)

34. 과도한 자극을 주지 않는 보상 활동을 계획함으로써 행동을 활성화하기 위한 균형 있는 스케줄에 내담자를 참여시키기[Jongsma의 『성인 심리치료 과제 플래너(Adult Psychotherapy Homework Planner)』의 '즐거운 활동을 확인하고 계획하기(Identify and Schedule Pleasant Activities)' 참조]; 행동과 기분을 모니터링하여 최적의 균형 있는 활동을 가능하게 하고 성공을 강화하기

16. 문제가 되는 개인 및 대인관계 문제를 토의하고 해결하기(35, 36, 37)

35. 내담자의 최근과 과거의 중요한 관계를 평가하는 것부터 시작하는 대인 및 사회적 리듬 치료의 대인관계적 요소를 수행하기; 슬픔, 대인관계 간 역할 분쟁, 대인관계에서의 역할 전환 및 대인관계 기술의 부족과 관련된

주제를 평가하기

36. 대인관계 치료 기술을 사용하여 슬픔, 역할 분쟁, 역할 전환 및 사회적 기술 결함을 둘러싼 문제를 탐구하고 해결하기; 확인된 대인관계 문제를 해결하기 위한 지원과 전략을 제공하기

37. 임상적 악화를 확인하고 관리하기 위해 내담자와 중요한 다른 사람들과 구조절차를 수립하기; 절차는 약물 사용, 수면 패턴 복원, 일상생활의 유지 및 갈등 없는 사회적 지원(conflict-free social support)을 포함

17. 정기적인 유지 관리 회기에 참여하기(38)

38. 내담자의 긍정적인 변화를 촉진하기 위해 치료 후 처음 몇 개월 내에 정기적인 유지 관리 회기(periodic maintenance sessions)를 개최하기; 이를 통해 장애요인을 제거하고 더 나아지기

18. 장애에 대한 책을 읽고 양극성 질환에 대한 이해를 높이기(39)

39. 내담자에게 양극성 장애에 관한 책을 읽도록 요청하여 심리교육이 강화될 수 있도록 하기[예, Miklowitz의 『양극성 장애 생존 안내서(The Bipolar Disorder Survival Guide)』; White와 Presto의 『양극성 장애 101: 촉발 요인, 약물 관리, 증상 극복 등에 관한 실용적인 안내(Bipolar 101: A Practical Guide to Identifying Triggers, Managing Medications, Coping with Symptoms, and More)』]; 읽기를 통해 배운 개념을 검토하고 처리하기

19. 실제와 상상의 상실, 거절, 버림받음을 구분하기(40, 41, 42)

40. 내담자를 돕고 경청하고 지지하기 위해 지속적으로 옆에 있을 것을 약속하기

41. 애정을 가지고 돌보는 태도로 내담자의 버림받는 것에 대한 두려움을 탐색하기

20. 삶에서의 실제 혹은 상상의 상실에 대한 슬픔, 두려움, 화를 언어로 표현하기(43, 44)

21. 허풍(braggadocio)의 기저를 이루는 낮은 자존감과 거절에 대한 두려움을 인정하기(45, 46)

42. 내담자가 현실과 상상을, 실제와 과장된 상실을 구별할 수 있도록 돕기

43. 내담자의 삶에서의 실제 혹은 인지된 상실을 살피기

44. 내담자의 상실을 대체하고 그것을 전체적인 시야로 바라보는 방법을 검토하기

45. 내담자의 낮은 자존감과 버림받는 것에 대한 두려움에 대한 원인을 가족사에서 살피기

46. 점진적이지만 단호하게 내담자의 웅대함(grandiosity)과 요구에 직면하기; 내담자의 좋은 자질을 강조하기[또는 Jongsma의 『성인 심리치료 과제 플래너(Adult Psychotherapy Homework Planner)』에 있는 '나의 좋은 자질은 무엇인가(What Are My Good Qualities?)' 혹은 '나의 강점을 인정하기(Acknowledging My Strengths)'를 과제로 내기]

진단 제안

DSM-IV/ICD-9-CM 사용

축 I:		
	296.xx	제I형 양극성 장애(Bipolar I Disorder)
	296.89	제II형 양극성 장애(Bipolar II Disorder)
	301.13	순환성 장애(Cyclothymic Disorder)
	295.70	조현정동장애(Schizoaffective Disorder)
	296.80	달리 분류되지 않은 양극성 장애(Bipolar Disorder NOC)
	310.1	축 III 장애로 인한 성격 변화(Personality Change Due to Axis III Disorder)
	_____	_____
	_____	_____

DSM-5/ICD-9-CM/ICD-10-CM 사용

ICD-9-CM	ICD-10-CM	DSM-5 장애, 상태, 문제
296.xx	F31.1x	제I형 양극성 장애, 조증(Bipolar I Disorder, Manic)
296.89	F31.81	제II형 양극성 장애(Bipolar II Disorder)
301.13	F34.0	순환성 장애(Cyclothymic Disorder)
295.70	F25.1	조현정동장애, 우울형(Schizoaffective Disorder, Depressive Type)
296.80	F31.9	명시되지 않는 양극성 및 관련 장애 (Unspecified Bipolar and Related Disorder)
310.1	F07.0	다른 의학적 상태로 인한 성격 변화 (Personality Change Due to Another Medical Condition)

참고: ICD-9-CM 코드(규정, 규칙, 부호)는 미국에서 2014년 9월 30일까지 코딩(or 부호화) 목적으로 사용됩니다. ICD-10-CM 코드는 2014년 10월 1일부터 사용됩니다. 일부 ICD-9-CM 코드는 하나 이상의 ICD-10-CM 및 DSM-5 장애, 상태 또는 문제와 관련이 있습니다. 또한 일부 ICD-9-CM 장애분류가 중단되어 여러 개의 ICD-9-CM 코드가 하나의 ICD-10-CM 코드로 대체되었습니다. 일부 중단된 ICD-9-CM 코드는 이 표에 나열되지 않습니다. 자세한 내용은 『정신질환의 진단 및 통계 편람』(2013)을 참조하십시오.

The Complete Adult Psychotherapy Treatment Planner

경계성 성격장애(Borderline Personality Disorder)

📋 행동적 정의

1. 심각하지 않은 스트레스가 대개 몇 시간에서 며칠간 지속되는 극심한 감정 반응(화, 불안, 혹은 우울)을 이끈다.
2. 긴장되고 혼란스러운 대인관계 양상
3. 뚜렷한 정체성 혼란
4. 잠재적으로 자신에게 해로운(self-damaging) 충동적 행동
5. 반복적인 자살 시늉(suicidal gesture), 위협 혹은 자해(self-mutilating)행동
6. 공허함과 지루함의 혼란스러운 감정을 보인다.
7. 극심하고 부적절한 화로 인해 자주 폭발한다.
8. 쉽게 불공정한 대우를 받는다고 느끼고 다른 사람을 신뢰할 수 없다고 믿는다.
9. 대부분의 주제를 정상참작이 가능한 상황이나 복잡한 상황에 대한 고려 없이 단순하고 이분법적인 용어(예, 옳음/틀림, 혹/백, 믿을 만한/속이는)로 분석한다.
10. 관계에서 버려질 것 같은 낌새가 보이면 그것에 대해서 매우 불안해한다.
11. 스트레스와 관련된 일시적인 망상적 사고 혹은 해리 증상

— · _____

_____

— · _____

_____

🎯 장기 목표
----

1. 감정 기복을 다루는 대처기술을 개발하고 발휘하기
2. 충동적인 행동을 통제할 수 있는 능력을 개발하기
3. 사람과 사건에서의 애매함과 복잡성을 견디는 능력으로 이분법적 사고를 대체하기
4. 분노 조절 기술을 만들고 실시하기
5. 대인관계 기술을 배우고 연습하기
6. 자신에게 해가 되는 행동(약물 남용, 무모한 운전, 부적절한 성적 행동, 폭식, 자살 행동)을 멈추기

— · _____

_____

— · _____

_____

— · _____

_____

⏱ 단기 목표

1. 치료를 찾게 한 내담자의 인지적, 정서적, 행동적 어려움의 역사에 대해 공개적으로 논의하기(1, 2, 3)

2. 경계성 성격의 치료에 영향을 미치거나 악화시킬 수 있는 모든 물질 사용 경험에 대해 밝히기(4)

3. DSM 진단, 치료효과, 치료관계의 특징과 관련한 단서(specifier)의 평가를 위해 행동, 정서, 태도적 정보를 제공하기(5, 6, 7, 8)

👁 치료적 중재

1. 내담자의 고통과 장애 경험을 평가해 치료의 목표가 될 행동(예, 자살극, 분노의 폭발, 과잉애착), 정서(예, 기분의 두드러진 변화, 감정적인 과잉반응, 고통스러운 공허함), 인지(예, 이분법적인 사고와 같은 편견, 과일반화, 파국화)를 확인하기

2. 내담자가(특히 어린 시절에) 학대나 버림을 받았던 과거를 탐색하기

3. 내담자의 상황, 생각, 느낌을 고려했을 때 내담자의 고통과 어려움을 이해할만한 것으로 타당화하기

4. 물질 남용 평가를 준비하고 평가결과에 따라 필요하다면 내담자를 전문가에게 의뢰하기 (이 책의 '물질 사용' 챕터 참조)

5. 호소문제에 대한 환자의 통찰 수준(자아동질적 vs 자아이질적)을 평가하기(예를 들어, '기술된 행동'이 가지고 있는 문제의 속성에 대해 좋은 통찰을 보여 주고, 다른 사람들의 걱정에 동의하고 변화를 위한 작업에 대해 동기부여되어 있기; '기술된 문제'에 대해 상반되는 태도를 갖고 중요한 일로서 사안을 다루는 것을 꺼리고 또는 '기술된 문제'를 인정하는 것에 저항을 보이고 변화에 대한 동기를 보이지 않기)

6. 내담자에게 연구 기반의 관련 장애(예, ADHD를 동반한 적대적 반항장애, 불안장애에 부차적으로 뒤따라오는 우울증)의 증거가 있는지 검토하기

7. 내담자가 현재 정의된 '문제행동'을 설명하는 데 도움이 되는 나이, 성별, 문화에 대한 이슈들과 내담자의 행동에 대한 더 나은 이해를 도울 수 있는 요인들에 대해 검토하기

8. 적절한 수준의 치료를 결정하기 위해 내담자의 기능 손상의 심각 수준(예를 들어, 언급된 행동은 사회적, 관계적, 직업적 시도에 대해 경미한, 중간의, 심각한, 매우 심각한 손상을 만듦)을 평가하기. 또한 지속적으로 치료의 효과성뿐 아니라 손상의 심각도를 평가하기(예를 들어, 내담자가 더 이상 심각한 손상은 보이지 않지만 지금의 표출된 문제는 경미하거나 중간 수준의 손상을 야기함)

▽ 4. 치료 과정에 대한 정확하고 합리적인 이해와 치료적 목표를 언어로 표현하기(9, 10)

9. 내담자가 치료의 다양한 측면(예, 지지, 협력, 대처/개인적/대인간 기술 배우기)들을 강조하는 변증법적 행동치료(DBT)에 적응할 수 있도록 돕기; DBT는 구성적, 사회적 영향을 포함하여 경계성 성격에 대한 변증법적/생물사회적 관점뿐 아니라 교환과 협상, 이성과 정서적인 면의 균형, 수용과 변화를 강조함(Linehan의 『Cognitive-Behavioral Treatment of Borderline Personality Disorder』 참조하기) ▽

10. 치료 기간 동안, 내담자에게 치료적 개입의 효과를 높이는 책이나 매뉴얼의 일부분을 읽을 것을 요청하기(예, Linehan의 『Skills Training Manual for Treating Borderline Personality Disorder』) ▽

▽ 5. 치료 목표를 위해 치료자와 협력적으로 작업하겠다는 결정을 언어로 표현하기(11)

11. 내담자에게 DBT 접근법 안에서 협력적으로 작업하겠다는 동의를 얻기. DBT 방식은 정한 기간 동안 치료를 지속하기, 예정된 치료 회기에 참석하기, 자살 행동을 줄이기 위해 노력하기, 내담자의 삶에서 문제를 야기하는 것으로 밝혀진 행동, 감정, 인지를 표현하기 위한 기술 훈련에 참여하기를 포함함 ▽

▽ EBT 6. 자해나 자살시도를 했던 이력이 있다면 이를 말로 표현하게 하기 (12, 13, 14, 15)

12. 내담자의 자해행위의 이력과 특성을 탐색하기 ▽ EBT

13. 내담자 자살행위를 일으키는 요인, 빈도, 심각도, 이차적 이득, 시작점을 평가하기 ▽ EBT

14. 내담자에게 해롭다고 판단되면 필요에 따라 입원을 준비하기 ▽ EBT

15. 내담자에게 24시간 가능한 긴급전화 상담서비스 번호를 제공하기 ▽ EBT

▽ EBT 7. 강한 자해행위 충동이 들 때 치료자나 긴급전화 상담서비스에 우선 연락할 것을 서약하기(16, 17)

16. 내담자의 자해행위를 정서적 방임(emotional abandonment)이나 학대의 피해자로서 표현할 수 없었던 분노와 무력감의 표현으로 해석하기; 내담자가 자해충동에 대한 반응을 잘 통제할 것이라 기대하고 있다고 표현하기 ▽ EBT

17. 내담자로부터(자해와 자살 예방서약의 하나로서) 자살 충동이 강해지면 자신을 해치는 행위를 하기 전에 치료자나 긴급전화 상담서비스에 연락할 것을 약속하도록 이끌어 내기; 치료 과정 내내 지속적으로 내담자의 자살 가능성의 강도를 평가하기 ▽ EBT

▽ EBT 8. 치료를 방해하는 행동을 줄이기 (18)

18. 치료를 계속하게 하는 데 방해가 되는 내담자의 행동—치료 약속을 잊거나 비협조적이거나 갑자기 치료를 중단하는 등—을 지속적으로 모니터하고 직면하여 문제를 해결하기 ▽ EBT

▽ EBT 9. 향정신성 약물에 대한 의사의 처방에 협력하고 처방된 경우 약을 복용하도록 하기(19, 20)

19. 약물에 대한 내담자의 필요를 평가하고(예, 선택적 세로토닌 재흡수 억제제), 괜찮다면 약을 처방하기 ▽ EBT

20. 내담자의 향정신성 약물 처방 준수 및 그/그녀의 기능 수준에 대한 약물의 효과를 모니터하고 평가하기 ▽ EBT

▽ 10. 합리적인 삶의 질을 달성하는
데 방해가 되는 부적응적 행동,
사고, 느낌의 빈도를 줄이기
(21)

21. 내담자의 부적응적 행동(격분, 폭음, 학대관계,
위험한 성관계, 무분별한 소비) 사고(양극단적
사고, 파국화, 개인화), 감정(분노, 무력감, 유기
감)을 줄이고 조절하도록 돕는 타당화, 변증
법적 전략[예, 은유, devil's advocate(악마의 주
장법: 일부러 반대입장을 취하기)], 인지적 행동
전략(예, 비용 대 편익 분석, 인지 재구조화, 사회
적 기술 훈련)을 사용하기; Linehan의 『경계성
성격장애를 위한 인지행동적 치료(Cognitive-
Behavioral Treatment of Borderline Personality
Disorder)』를 참고하기 ▽

▽ 11. 집단(가급적) 또는 개인적인 대
인관계 기술 발달 모임에 참여
하도록 하기(22, 23)

22. 정서조절, 고통 감내력, 대인 관계의 효율성
및 마음챙김에 중점을 둔(중점을 두고) 내담자
의 확인된 문제행동 패턴에 적합한 집단 또
는 개별 기술 교육을 실시하기 ▽

23. 규명된 기술(예, 지시, 모델링, 조언)을 가르치
기 위해 행동 전략을 사용하기; 그들을 강화
하기(예, 역할놀이, 노출 연습) ▽

▽ 12. 과거 또는 현재의 외상후 스트
레스에 대하여 논의하기(24)

24. 적응적 행동 패턴과 정서 조절 기술이 나타
난 이후에 내담자와 과거 외상 회상 작업을
통하여 회피와 부인을 줄이고 외상의 영향에
대한 통찰을 증진시켜 부적응적인 정서 및
외상과 관련된 자극 반응, 자기 비난을 줄이
고 수용감을 증진시키기 ▽

▽ 13. 확인하기, 도전하기, 편견적이
며 두려움이 있는 자기대화
(self-talk)를 현실에 기초한 긍
정적 자기대화로 대체하기(25,
26, 27)

25. 그/그녀의 외상 및 기타 두려움과 관련된 내
담자의 인지구조(schema)와 자기대화를 탐색
하기; 편견을 확인하고 도전한다. 그/그녀가
부정적 편견을 바로잡고 불확실성을 수용하
며 자신감을 가질 수 있는 생각을 할 수 있도
록 돕기 ▽

26. 내담자에게 두려움이 있는 자기대화를 확인하는 숙제를 부여하여 현실에 기초한 다른 대안을 생성할 수 있도록 하기; 성공경험을 돌아보고 강화하거나 실패에 대한 교정적 피드백을 제공하기 ▽

27. 내담자의 긍정적, 현실에 기초한 인지적 정보(cognitive message)를 강화하여 개인적인 고통을 줄이고 자신감을 향상시키고 적응적 행동을 증진하기 ▽

▽ 14. 외상에 관한 이야기 또는 사고가 현저한 스트레스를 유발하지 않을 때까지 외상 관련 기억에 대한 상상 또는 생생한 노출에 참여하기(28, 29, 30, 31)

28. 두려워하거나 피하게 되는 외상 관련 자극의 위계를 구성하는 것에 있어 내담자에게 방향을 안내하고 지원하기 ▽

29. 내담자의 외상 경험을 내담자가 선택한 수준의 세부 묘사로 설명하게 함으로써 회기에서 외상에 대한 상상적 노출을 안내하기; 관련된 불안이 줄어들고 안정화될 때까지 인지적 재구성과 반복을 통합하기, 회기 내용을 녹음하여서 내담자가 회기 사이에 듣도록 하기 [Jongsma의 『성인 심리치료 과제 플래너(Adult Psychotherapy Homework Planner)』와 Linehan, Dimeff와 Koerner의 『Dialectical Behavior Therapy in Clinical』에서 '고통스러운 기억 나누기(Share the Painful Memory)'를 참고]; 과정과 문제해결의 장애물을 재검토하고 강화하기 ▽

30. 내담자에게 노출하는 연습(exposure exercise)을 하도록 하고 반응을 녹음하거나 회기 중 이루어진 노출의 녹음(recording of an in-session)을 듣는 숙제를 배정하기(Linehan, Dimeff와 Koerner의 『Dialectical Behavior Therapy in

Clinical』참고); 과정과 문제해결의 장애물을 재검토하고 강화하기 ▽

31. PTSD를 동시에 가지고 있는 내담자를 위해서는 장기적인 노출 치료, 인지과정치료, 안구운동 민감 소실 재처리기법(eye movement desensitization and reprocessing)을 시행하기 (이 책의 '외상후 스트레스 장애' 챕터 참조) ▽

▽ 15. 타인에게 휘둘리지 않는 자존감을 직접 얘기해 보기(32)

32. 내담자가 자신, 타인, 상황에 대한 자신의 평가를 명확하게 하고, 가치 있게 여기고, 믿고, 신뢰하는 것을 도우며, 그것을 타인의 견해와 무관하게 독립적으로 확인하도록 하여 자립을 형성하게 하지만 다른 사람들과 내담자를 격리시키지 않기 ▽

▽ 16. 기쁜 감정을 지속하는 것을 돕는 활동에 참여하기(33)

33. 자기 인식, 개인적 가치 및 삶에 대한 인식을 강화시켜 주는 경험을 통해 내담자의 개인적 성장과 대인 관계 성장 및 기쁨을 지속적으로 느낄 수 있는 능력(capacity for sustained joy)을 촉진하기 ▽

▽ 17. 문제해결 기술을 배우고 일상생활에서의 갈등에 적용하기(34)

34. 내담자에게 문제해결 기술을 가르치기(예, 문제를 명확하게 정의하기, 다양한 해결책을 생각해 보기, 각각의 해결책에 대한 장점과 단점을 나열하기, 행동 계획을 선택하고 실행하기, 결과를 평가하기, 필요하면 계획을 재조정하기); 매일의 일상적인 상황에 이러한 기술을 적용하기 위해 역할극이나 모델링을 활용하기[또는 Jongsma의『성인 심리치료 과제 플래너(Adult Psychotherapy Homework Planner)』에서 '행동하기 전 계획하기(Plan Before Acting)'를 숙제로 내주기] ▽

— · ————————————   — · ————————————
————————————   ————————————
— · ————————————   — · ————————————
————————————   ————————————
— · ————————————   — · ————————————
————————————   ————————————

📋 진단 제안

DSM–IV/ICD–9–CM 사용

축 I:	300.4	기분부전장애(Dysthymic Disorder)
	296.3x	주요우울장애, 재발성(Major Depressive Disorder, Recurrent)
	————	————————————————
	————	————————————————
축 II:	301.83	경계성 성격장애(Borderline Personality Disorder)
	301.9	명시되지 않은 성격장애(Personality Disorder NOS)
	799.9	진단연기(Diagnosis Deferred)
	V71.09	무진단(No Diagnosis)
	————	————————————————
	————	————————————————

DSM-5/ICD-9-CM/ICD-10-CM 사용

ICD-9-CM	ICD-10-CM	DSM-5 장애, 상태, 문제
300.4	F34.1	지속성 우울장애(기분저하증)(Persistent Depressive Disorder)
296.3x	F33.x	주요우울장애, 재발삽화(Major Depressive Disorder, Recurrent Episode)
301.83	F60.3	경계성 성격장애(Borderline Personality Disorder)
301.9	F60.9	명시되지 않은 성격장애(Unspecified Personality Disorder)

참고: ICD-9-CM 코드(규정, 규칙, 부호)는 미국에서 2014년 9월 30일까지 코딩(or 부호화) 목적으로 사용됩니다. ICD-10-CM 코드는 2014년 10월 1일부터 사용됩니다. 일부 ICD-9-CM 코드는 하나 이상의 ICD-10-CM 및 DSM-5 장애, 상태 또는 문제와 관련이 있습니다. 또한 일부 ICD-9-CM 장애분류가 중단되어 여러 개의 ICD-9-CM 코드가 하나의 ICD-10-CM 코드로 대체되었습니다. 일부 중단된 ICD-9-CM 코드는 이 표에 나열되지 않습니다. 자세한 내용은 『정신질환의 진단 및 통계 편람』(2013)을 참조하십시오.

아동기의 외상(Childhood Trauma)

행동적 정의

1. 아동기의 신체적, 성적 및/또는 정서적 학대에 대한 보고

2. 약물에 대한 의존으로 인한 것처럼 지나치게 분주하거나 멍한 상태이거나(too busy, absent) 그 밖에 육체적으로나 정서적으로 무관심하다는 부모에 대한 묘사

3. 부모가 약물 남용자(또는 정신질환자, 반사회적 등)이거나 빈번한 이동, 여러 명의 학대적 관계의 배우자 또는 파트너, 대리 양육자(substitute caretaker)가 자주 바뀜, 재정적 압박 및/또는 여러 명의 의붓 형제와 같은 내용을 포함하는 혼란스러운 아동기에 대한 묘사

4. 엄격하고 완벽주의적, 위협적, 모욕적, 비판적 및/또는 지나치게 종교적이고 정서적으로 억압적인 부모에 대한 보고

5. 비합리적 두려움, 억압된 분노, 낮은 자존감, 정체성 충돌, 우울증 또는 고통스러운 어릴 적 삶과 관련된 불안감

6. 아동기의 정서적 고통으로 인한 부적절한 방어기제의 결과로서의 해리 현상(다중 인격, 심인성 둔주, 기억 상실, 몽환상태 빙의증 및/또는 이인증)

_____

— . _____
  _____
  _____
— . _____
  _____

🎯 장기 목표

1. 아동기 문제가 자녀의 가족생활에 어떻게 영향을 미쳐 왔고 지속적으로 영향을 미치는
   지에 대한 인식을 발전시키기
2. 과거 아동기/가족 문제를 해결하여 분노와 우울증상을 줄이고 자존감, 안정감 및 자신
   감을 키우기
3. 과거 아동기/가족 문제와 관련된 감정을 해소함으로써 분노를 줄이고 평온함을 키우기
4. 아동기에 겪은 고통으로 인하여 비난했던 타인들을 용서하기

— . _____
  _____
— . _____
  _____
— . _____
  _____

🕐 단기 목표

1. 가정환경에서 성장하는 것이 어떠했는지 설명하기(1, 2)

2. 아동기의 외상으로 인한 해리 현상을 인정하기(3, 4)

3. 약물 남용이 아동기의 정서적 고통을 다루는 데 어떤 역할을 했는지 설명하기(5)

4. DSM 진단과 관련 있는 행동, 정서 및 태도에 대한 정보, 치료의 효능 및 치료적 관계의 본질에 대한 정보 제공하기(6, 7, 8, 9)

👥 치료적 중재

1. 개인 상담 중 일관된 눈맞춤, 적극적인 경청, 무조건적인 긍정적 존중 및 따뜻한 수용을 통해 적극적으로 신뢰 관계를 구축하여 내담자의 감정을 식별하고 표현할 수 있는 능력을 향상시키기

2. 내담자의 가계도 및/또는 가족력에 대한 내용을 탐색하여 가족 내 역기능 패턴을 확인하기

3. 내담자가 자신의 해리 증상이 아동기의 학대 당했다는 것을 떠올림으로 인한 고통으로부터 자신을 보호하기 위함이었다는 것을 이해하도록 돕기(이 책의 '해리장애' 챕터 참조)

4. 내담자의 해리 현상의 심각성을 평가하고 필요한 경우 보호차원에서 입원시키기

5. 아동기의 외상에 대한 감정을 대처하는 수단으로서의 내담자의 약물 남용 행위를 평가하기. 만약 알코올 또는 약물 남용이 문제가 되는 것으로 밝혀지면 이 문제에 초점을 맞춘 치료를 권장하기(이 책의 '물질 사용' 챕터 참조)

6. '현재 나타나는 문제'에 대한 내담자의 통찰 수준(자아이질적 vs. 자아동질적)을 평가하기 (예를 들어, '기술된 행동'의 문제적 특성에 대한 좋은 통찰을 보여 준다, 다른 사람들의 걱정에 동의한다, 그리고 변화에 대한 작업에 동기화되어 있다, '기술된 문제'에 관해 양가감정을 보이며 걱정거리와 관련된 이슈를 언급하기 꺼린다; 또는 '기술된 문제'에 대한 인정을 거부하는 모습을 보인다, 걱정스러워하지 않는다, 그리고 변화에 대한 동기가 없다.)

7. 적절하다면, 자살취약성(예, 우울 동반이 분명한 경우 자살 위험 증가)을 포함한 연구 기반 관련 장애 증거를 평가하기(예, ADHD를 동반한 적대적 반항장애, 불안장애를 동반한 우울증)

8. 내담자의 현재 정의되는 '문제행동'을 설명해 주는 데 도움이 되는 나이, 성, 문화와 관련된 문제와 내담자의 행동에 대해 더 좋은 설명을 해 주는 요인들을 평가하기

9. 내담자에게 적정 수준의 돌봄을 제공하기 위해 내담자 기능 손상 수준의 심각도를 평가하기(예, 사회적, 관계적, 직업적 행동의 손상이 가벼움, 중간, 심각, 매우 심각); 손상의 심각도와 치료의 효과에 대해 지속적으로 평가하기(예, 내담자가 더 이상 심각한 기능적 손상은 보이지 않았으나, 현재 보고하는 문제는 가볍거나 중간 정도의 손상을 일으키는 것으로 보임)

5. 각 가족 구성원들에 대해 설명하고 가족 안에서 각자의 역할을 정의하기 (10)

10. 가족 안에서 내담자의 역할과 그 역할과 관련된 내담자의 감정을 명확히 하는 것을 돕기

6. 원가족의 현재와 과거, 핵가족과 확대가족에 이르기까지 가족 내에서의 학대, 방치, 또는 버림받음의 패턴이 있는지 확인하기(11, 12)

11. 내담자에게 그들의 가족 배경에 대해 부모님께 물어보라는 과제를 내고, 부모의 역기능에 대한 행동 패턴과 원인에 대한 통찰을 발전시키기

12. 내담자의 고통스러운 어린 시절 경험을 탐색하기[또는 Jongsma의 『성인 심리치료 과제 플래너(Adult Psychotherapy Homework Planner)』에 나오는 '고통스러운 기억 나누기(Share the Painful Memory)'를 과제로 내기]

7. 어린 시절의 주요 트라우마 사건과 양육 패턴에 관련된 감정을 확인하기 (13, 14, 15)

13. 내담자가 가족의 학대와 방치와 관련된 분노, 슬픔, 공포, 거부감의 감정을 표현하기 시작할 때 지지해 주고 격려해 주기

14. 내담자에게 트라우마적 어린 시절의 경험과 관련이 있는 기억, 행동, 정서에 대한 감정을 일기에 기록하는 과제 내기[또는 Jongsma의 『성인 심리치료 과제 플래너(Adult Psychotherapy Homework Planner)』에 나오는 '트라우마가 내게 어떻게 영향을 미쳤는가(How the Trauma Affects Me)'를 과제로 내기]

15. 어린 시절의 학대와 방임의 감정적 영향에 대한 도서를 내담자에게 읽도록 요청하기(예, Black의 It 『Will Never Happen to Me』; Gil의 『Outgrowing the Pain』; Whitfield의 『Healing the Child Within』); 얻은 통찰을 다루기

8. 어린 시절의 경험이 지금 자신의 양육방식에 어떻게 영향을 미쳐 왔는지 확인하기(16)

16. 내담자에게 현재 자신의 양육 행동이 부모님이 하신 것과 어떻게 다른지 비교해 보도록 요청하기; 내담자에게 우리가 자라면서 배운 것을 얼마나 쉽게 반복할 수 있을지 자각시켜 주면서 격려하기

9. 변증법적 행동 치료 받기(17)

17. 현재의 어려움 그리고/혹은 장애가 경계성 성격장애로 인해 나타나는 경우, 변증법적 행동 치료자에게 의뢰하기(이 책의 '경계성 성격장애' 챕터 참조)

10. 외상후 스트레스 장애 치료 받기(18)

18. 외상후 스트레스 장애를 보이는 내담자에게 지속적 노출 치료(prolonged exposure therapy), 인지 과정 치료(cognitive process therapy), EMDR(안구운동 민감 소실 재처리기법)을 제공하거나 전문가에게 의뢰하기(이 책의 '외상후 스트레스 장애' 챕터 참조)

11. 학대에 대한 책임이 없다고 말로 확신할 수 있게 됨으로써 수치심을 줄이기(19, 20, 21, 22)

12. 학대와 관련된 모든 사람을 용서하면 얻을 수 있는 긍정적인 면을 확인하기(23, 24, 25)

19. 내담자가 학대에 관해서 느꼈던 감정을 엄마, 아빠, 혹은 다른 학대한 사람에게 편지로 표현하는 과제 내기

20. 내담자가 학대 가해자를 만나 학대에 관해 직접 얘기하는 회기를 마련하기

21. 내담자가 학대와 관련된 핵심 인물에 대한 빈의자 기법을 할 수 있게 지도하기(가해자, 형제/자매, 부모 등); 보호자에게 학대 또는 방치에 대한 책임을 묻도록 내담자를 강화하기

22. 학대에 대한 책임은(학대를 받을 만한) 생존 아동이 아니라 학대한 어른에게 돌아가며, 비보호적이고 양육하지 않는 성인에게 책임을 묻는 것을 정확하게 말할 수 있도록 강화하기

23. 학대 가해자를 용서하는 편지 쓰기 과제로 내기[또는 Jongsma의 『성인 심리치료 과제 플래너(Adult Psychotherapy Homework Planner)』에 나오는 '감정과 용서 편지(Feelings and Forgiveness Letter)'를 과제로 내기]; 편지 쓰기 작업하기

24. 학대한 어른(이들을 잊거나 친하게 지내야 할 필요는 없음)을 용서하는 과정의 시작이 내담자에게 이익이 된다는 것을 교육하기(상처와 화를 풀어내기, 과거는 과거로 남겨 두기, 타인에 대한 신뢰의 마음 문 열기)

25. 용서와 관련된 주제의 도서를 읽도록 내담자에게 추천하기(예, Smedes의 『Forgive and Forget』; Kushner의 『When Bad Things Happen to Good People』)

13. 내담자의 임파워먼트를 반영하는 진술은 증가하는 반면, 피해자임을 말하는 언어는 감소시키기(26, 27)

26. 내담자에게 피해자일 때의 장·단점, 생존자일 때의 장·단점을 확인하는 활동을 완료하도록 요청하기; 리스트를 작성해 보고 비교해 보기

27. 자신을 피해자로 보는 것으로부터 생존자로서의 개인적인 임파워먼트(empowerment)를 향하여 나아가는 움직임을 반영하는 내담자의 말을 장려하고 강화하기[Jongsma의 『성인 심리치료 과제 플래너(Adult Psychotherapy Homework Planner)』에 나오는 '피해자에서 생존자로 변화(Changing from Victim to Survivor)' 과제로 내기]

14. 사회화가 향상되고 친밀감을 받아들이는 능력(intimacy tolerance)이 커짐에 따라 타인에 대한 신뢰 수준을 높이기(28, 29)

28. 내담자에게 신뢰 관계를 구축하는 공유-확인(share-check) 방법을 가르치기(약간의 정보를 공유하고 그 정보에 반응하는 상대방의 민감도를 체크하기)

29. 내담자에게 타인의 성격을 평가할 수 있을 만한 합리적인 시간이 주어졌을 때, 타인을 신뢰할 수 있는 대상으로 대하는 것의 장점을 가르치기

— . _____
_____

— . _____
_____

— . _____
_____

— . _____
_____

— . _____
_____

— . _____
_____

📝 진단 제안

DSM-IV/ICD-9-CM 사용

축 I :	300.4	기분부전장애(Dysthymic Disorder)
	296.xx	주요우울장애(Major Depressive Disorder)
	300.3	강박장애(Obsessive-Compulsive Disorder)
	300.02	범불안장애(Generalized Anxiety Disorder)
	309.81	외상후 스트레스 장애(Posttraumatic Stress Disorder)
	300.14	해리성 정체성 장애(Dissociative Identity Disorder)
	995.53	아동의 성적 학대(Sexual Abuse of Child, Victim)
	995.54	아동의 신체적 학대(Physical Abuse of Child, Victim)
	995.52	아동 방임(Neglect of Child, Victim)
	_____	_____
	_____	_____
축 II :	301.83	경계성 성격장애(Borderline Personality Disorder)
	301.7	반사회성 성격장애(Antisocial Personality Disorder)
	301.6	의존성 성격장애(Dependent Personality Disorder)
	301.4	강박성 성격장애(Obsessive-Compulsive Personality Disorder)
	_____	_____
	_____	_____

DSM-5/ICD-9-CM/ICD-10-CM 사용

ICD-9-CM	ICD-10-CM	DSM-5 장애, 상태, 문제
300.4	F34.1	지속성 우울장애(기분저하증)(Persistent Depressive Disorder)
296.xx	F32.x	주요우울장애, 단일삽화(Major Depressive Disorder, Single Episode)
296.xx	F33.x	주요우울장애, 재발성 삽화(Major Depressive Disorder, Recurrent Episode)
300.3	F42	강박장애(Obsessive-Compulsive Disorder)
300.02	F41.1	범불안장애(Generalized Anxiety Disorder)
309.81	F43.10	외상후 스트레스 장애(Posttraumatic Stress Disorder)
300.14	F44.81	해리성 정체성 장애(Dissociative Identity Disorder)
995.53	T74.22XA	아동 성적 학대, 확인됨, 초기 대면(Child Sexual Abuse, Confirmed, Initial Encounter)
995.53	T74.22XD	아동 성적 학대, 확인됨, 후속 대면(Child Sexual Abuse, Confirmed, Subsequent Encounter)
995.54	T74.12XA	아동 신체적 학대, 확인됨, 초기 대면(Child Physical Abuse, Confirmed, Initial Encounter)
995.54	T74.12XD	아동 신체적 학대, 확인됨, 후속 대면(Child Physical Abuse, Confirmed, Subsequent Encounter)
995.52	T74.02XA	아동 방임, 확인됨, 초기 대면(Child Neglect, Confirmed, Initial Encounter)
995.52	T74.02XD	아동 방임, 확인됨, 후속 대면(Child Neglect, Confirmed, Subsequent Encounter)
301.7	F60.2	반사회성 성격장애(Antisocial Personality Disorder)
301.6	F60.7	의존성 성격장애(Dependent Personality Disorder)
301.4	F60.5	강박성 성격장애(Obsessive-Compulsive Personality Disorder)

참고: ICD-9-CM 코드(규정, 규칙, 부호)는 미국에서 2014년 9월 30일까지 코딩(or 부호화) 목적으로 사용됩니다. ICD-10-CM 코드는 2014년 10월 1일부터 사용됩니다. 일부 ICD-9-CM 코드는 하나 이상의 ICD-10-CM 및 DSM-5 장애, 상태 또는 문제와 관련이 있습니다. 또한 일부 ICD-9-CM 장애분류가 중단되어 여러 개의 ICD-9-CM 코드가 하나의 ICD-10-CM 코드로 대체되었습니다. 일부 중단된 ICD-9-CM 코드는 이 표에 나열되지 않습니다. 자세한 내용은 『정신질환의 진단 및 통계 편람』(2013)을 참조하십시오.

The Complete Adult Psychotherapy Treatment Planner

만성 통증(Chronic Pain)

📄 행동적 정의

1. 정상적인 치료 과정(6달 혹은 그 이상)이 지나도 신체적 활동을 제한하는 통증을 경험한다.
2. 많은 관절, 근육, 뼈 등에서 정상적인 기능을 약화시키는 일반적인 통증을 호소한다.
3. 통증완화가 거의 없는데도 많은 약물을 사용한다.
4. 긴장성 두통, 편두통, 군발 두통, 만성적 두통 등 원인을 알 수 없는 두통을 경험한다.
5. 허리 혹은 목 통증, 간질성 방광염, 또는 당뇨병성 발초신경병증을 경험한다.
6. 류마티스 관절염, 또는 과민성 대장 증후군과 관련된 간헐적인 고통을 경험한다.
7. 업무, 집안일, 사교, 운동, 성, 또는 다른 쾌락 추구 행동들이 고통으로 인해 감소하거나 사라진다.
8. 일반적인 신체적 불편감(예, 피로, 식은땀, 불면증, 근육 긴장, 몸살)이 증가한다.
9. 우울증의 증상이나 신호를 보인다.
10. 다음과 같이 많은 불만과 우울한 말을 한다. "예전에 곧잘 하던 일을 할 수가 없다(I can't do what I used to)." "아무도 나를 이해하지 못한다." "왜 나인가?" "이것은 언제 사라질까?" "더 이상 이 고통을 참을 수 없다." "계속할 수 없다."

— . _____
_____
— . _____
_____
— . _____
_____

🎯 장기 목표

1. 필요한 통증 관리 기술을 습득하고 활용하기
2. 일상의 기능을 최대화하고 생산적인 고용상태(productive employment)로 돌아가기 위해 통증을 조절하기
3. 통증으로부터 벗어나 일상생활의 활동 수행에 새롭게 만족과 기쁨을 불어넣기
4. 통증으로부터 벗어날 수 있는 방법을 찾기
5. 만성 통증(chronic pain)을 받아들이고 가능한 한 인생과 함께 나아가기
6. 통증으로 인한 매일의 고통을 줄이기

— . _____
_____
— . _____
_____
— . _____
_____

⏱ 단기 목표

1. 만성 통증의 특성과 병력, 영향력을 기술하고 원인을 이해하기(1, 2)

2. 통증의 다른 원인(통증의 대체 원인: alternative causes for the pain)을 배제하고 새로운 치료 가능성을 밝히기 위해 철저한 의학적 평가를 완료하기(3)

3. 만성 통증의 치료에 기여하거나 치료를 복잡하게 할 수 있는 물질 사용의 과거력을 공개하기(4)

4. DSM 진단, 치료의 효능 및 치료 관계의 성격과 관련하여 구체적 특징의 사정에 대한 행동적, 정서적, 태도적 정보를 제공하기(5, 6, 7, 8)

🗿 치료적 중재

1. 만성 통증의 증상, 병력, 현재 상태, 유발 요인 및 대처 방법을 평가하기(Turk와 Melzack의 『The handbook of Pain Assessment』를 보라.)

2. 내담자의 기분, 태도, 사회적 직업 및 가족/결혼 역할의 변화를 포함하여 일상생활에서 고통이 내담자의 기능에 미치는 영향을 평가하기

3. 진단되지 않은 상태를 배제하고 이후의 치료 옵션에 대한 권고를 받기 위해 의사나 진료소에 의뢰하여 완전한 의학적 평가를 받도록 하기

4. 평가에서 권하는 경우 약물 남용 평가를 준비하고 치료를 의뢰하기(이 책의 '물질 사용' 챕터 참조)

5. '제시하는 문제'에 대한 내담자의 통찰력 수준(찬성 vs. 반대)을 평가하기(예를 들어, '기술된 문제'의 문제가 되는 특성에 대한 좋은 통찰력을 보여 주며, 다른 사람들이 걱정하는 것에 동의하며, 변화에 대해 연구할 동기가 있음; '설명된 문제'에 대한 양면성을 보여 주며, 문제 제기하기를 꺼림; 또는 '설명된 문제'에 대한 인정을 저항하고, 변화에 대한 동기가 없음)

6. 적절한 경우(예, 공존 장애로 우울증이 분명해지면 자살 위험이 증가함) 자살에 대한 취약성을 포함하여 연구에 기반한 유관 장애(예, ADHD에 대한 적대적 반항 장애, 불안장애의 이차 증상인 우울증)에 대한 내담자의 증거를 사정하기

7. 내담자가 현재 정의한 '문제행동'과 내담자의 행동을 더 잘 이해하게 하는 요소를 설명하는

데 도움이 되는 연령, 성별 또는 문화에 관한 문제를 사정하기

8. 적절한 치료 수준을 결정하기 위해 내담자 기능의 손상 수준의 심각성을 사정하라(예를 들어, 언급된 행동은 사회적, 관계적, 직업적 노력에서 경도, 중등도, 중증 또는 매우 심각한 장애를 유발함); 치료의 효과뿐만 아니라 손상의 심각성을 지속적으로 사정하기(예를 들어, 내담자는 더 이상 심한 장애를 보이지는 않지만 제시되는 문제는 현재 경도의 또는 중등도의 장애를 유발함)

5. 통증 관리 또는 재활 프로그램에 의뢰하기(9, 10, 11)

9. 통증 관리 전문가 또는 재활 프로그램의 옵션에 대한 정보를 내담자에게 제공하고 그가 자신에게 가장 적합한 것이 무엇인지 결정하는 데 도움을 주기

10. 내담자가 선택한 통증 관리 전문의나 진료소로 의뢰하고 치료사가 치료 진행상황을 업데이트하고 서비스를 조정할 수 있도록 개인정보제공동의서에 서명하도록 하기

11. 통증 관리 전문가 또는 재활 프로그램에 협조하겠다는 구두 서약을 내담자로부터 이끌어 내기

6. 만성 통증이나 두통 상태를 다루는 전문가인 의사의 철저한 약물 검토를 완료하기(12)

12. 내담자에게 만성 통증과 관련한 약물을 전문의와 같이 검토하도록 요청하기; 내담자에 대한 의사의 권고사항을 의사와 상의한 후에 이를 내담자와 함께 처리하기

▽ 7. 통증 관리를 위한 인지 행동 집단 상담에 참여시키기(13)

13. 작은, 폐쇄형의 통증 관리 인지행동 집단 상담(4~8명의 내담자) 신청서를 작성하기(Keefe 등의 『Group Therapy for Patients with Chronic Pain』을 보라.); Otis의 『만성통증 관리-인

지행동치료 접근 워크북(Managing Chronic Pain: A Cognitive-Behavioral Therapy Approach Workbook by Otis)』을 보충하기 ▽

8. 통증에 대해 이해한 부분을 언어로 표현하기(14)

14. 내담자에게 재활 대 의학적 치료(biological healing), 전통적인 의료개입 대 공격적인 의료 개입, 급성 통증 대 만성 통증, 치료할 수 있는 통증 대 치료할 수 없는 통증(benign versus nonbenign), 치료 대 관리의 주요한 개념을 가르치고, 적절한 약물 사용과 자기 조절의 역할, 기타 관리 기술들을 가르치기 ▽

9. 치료의 근거에 대해 이해한 부분을 언어로 표현하기(15, 16)

15. 내담자가 생각, 감정, 행동이 통증에 미치는 영향을 이해할 수 있도록 내담자에게 치료를 위한 근거를 가르치기; 통증과 그로 인한 문제에 적응하고 반응하는 것을 돕는 대처 기술을 가르치기; 통증을 관리하는 데 있어서 내담자의 역할을 강조하기 ▽

16. 내담자에게 통증 조건과 인지행동 치료를 기술한 책이나 치료 매뉴얼을 읽도록 숙제를 내주기(예, Catalano와 Hardin이 쓴 『The Chronic Pain Control Workbook』) ▽

10. 특정 통증 촉발요인을 식별하고 모니터하기(17)

17. 내담자에게 자신의 증상을 자가 모니터하는 방법을 가르치기; 시간 및 어디에서 무엇을 했는지, 당시 스트레스의 심각도, 통증의 심각도, 통증을 완화하기 위해 무엇을 했는지 통증 일기를 쓰도록 내담자에게 요청하기 [또는 Jongsma가 쓴 『성인 심리치료 과제 플래너(Adult Psychotherapy Homework Planner)』에 있는 '통증과 스트레스 일기'를 숙제로 내주기]; 통증의 특성 및 인지, 정서, 행동 측면의 촉발요인, 자신이 현재 사용하고 있는 대처전

략의 긍정적인 결과와 부정적인 결과에 대한 내담자의 이해를 높이기 위해 일지를 함께 다루기 ▽

▽ 11. 통증을 줄이기 위한 이완, 바이오피드백, 마음챙김 명상과 같은 진정시키는 기술을 배우고 실시하기(18, 19, 20, 21, 22)

18. 내담자에게 이완 기술(예, 점진적인 근육이완, 지시적 심상요법, 복식 호흡), 마음챙김명상을 가르치기, 근거를 설명하고, 이 기술들을 자신의 일상생활에 적용하는 방법을 가르치기(Bernstein, Borkovec, Hazlett-Stevens가 쓴 『New Directions in Progressive Muscle Relaxation』을 보라.) ▽

19. 내담자에게 바이오피드백 훈련을 실시하거나 의뢰하기[예, 근육긴장 관련 통증을 위한 근전도검사(EMG)]; 집에서 기술을 실행하도록 과제를 내주기 ▽

20. 내담자의 삶 속에서 이완법과 바이오피드백을 통해 배운 기술을 실행할 수 있는 영역을 확인하기 ▽

21. 내담자가 신체통증관리기술을 실시하고 결과를 기록하도록 과제를 내주기; 치료회기 동안 이것을 검토하고 다루기 ▽

22. 내담자에게 관련 책과 치료 매뉴얼에 있는 점진적인 근육이완과 진정시키는 전략들 (예, Davis, Robbins-Eshelman과 Mckay가 쓴 『The Relaxation and Stress Reduction Workbook』, Dahl과 Lundgren이 쓴 『Living Beyond Your Pain』)을 읽도록 과제를 내주기 ▽

▽ 12. 일상생활에서 물리치료를 병행하기(23)

23. 통증이 다양한 경우에는 내담자를 물리치료에 의뢰하기 ▽

▽ 13. 정신적인 대처기술을 배우고, 급성 통증을 다루기 위해 신체

24. 내담자에게 기분전환기술(예, 긍정 심상법, 숫자세기 기술, 초점의 전환)을 가르치고, 급성 통

적 기술을 실시하기(24)

14. 만성적인 통증을 위한 수용전념 치료에 참여하기(25)

15. 가치에 부합하는 즐거운 활동을 식별하고, 참여하여 활동의 수준과 범위를 증가시키기(26)

16. 일생생활에서 신체운동을 병행하기(27, 28)

증 삽화를 다루기 위해 기분전환기술과 이완 기술을 함께 사용하는 방법을 가르치기 [또는 Jongsma가 쓴 『성인 심리치료 과제 플래너(Adult Psychotherapy Homework Planner)』의 'Controlling the Focus on Physical Problems'를 과제로 내주기] ▽

25. 내담자를 돕기 위한 마음챙김 전략을 포함하여 수용전념치료를 시행하기: 회피를 감소시키기, 생각을 행동으로부터 분리시키기, 증상을 바꾸거나 통제하기보다는 자신의 경험을 수용하기, 보다 폭넓은 생활가치들에 따라 행동하기, 자신의 목표와 가치들을 명확히 하고, 그에 따라 행동하기(Dahl, Wilson, Luciano와 Hayes가 쓴 『Acceptance and Commitment Therapy for Chronic Pain』을 보라.) ▽

26. 내담자에게 자신에게 즐거움을 주면서, 확인된 목표와 가치에 부합하는 활동 목록을 만들도록 요청하기; 목록을 다루어, 선택된 활동에 참여하는 빈도를 증가시키는 계획을 발전시키기 ▽

27. 내담자가 정기적인 운동의 이점을 인식하도록 돕고, 일상생활에서 운동을 하도록 격려하며, 결과를 모니터하기(Leith가 쓴 『Exercising Your Way to Better Mental Health』를 보라.); 치료요법을 유지하도록 지속적인 격려를 제공하기 ▽

28. 내담자를 운동 소모임에 의뢰하여 개별 맞춤 운동을 개발하도록 하거나 내담자 주치의가 허락한 물리치료 프로그램을 받도록 의뢰하기 ▽

▽ 17. 통증 및 통증 관리에 대한 부적
응적인 생각과 신념을 확인하
고, 그 생각과 신념에 도전하고,
보다 적응적인 생각과 신념으로
대체하기(29, 30, 31, 32, 33)

29. 통증에 대한 반응에 영향을 주는 내담자의 스
키마와 자기대화를 탐색하고 편견에 도전하
고 내담자가 편견을 바로잡는 생각을 해낼
수 있도록 돕고, 대처를 돕고, 통증을 관리할
수 있다는 자신감을 기르도록 돕기 ▽

30. 내담자에게 통증과 관련된 부정적인 자기대
화를 긍정적인 대안 메시지로 바꿀 수 있도
록 하는 숙제를 내기[또는 Jongsma의 저서 『성
인 심리치료 과제 플래너(Adult Psychotherapy
Homework Planner)』에 있는 '자기패배적 생각
을 대체하는 일지 작성하기(Journal and Replace
Self-Defeating Thoughts)'를 읽어 오게 하기]. 성
공을 같이 돌아보고 강화하고 향상된 부분에
대해 교정적인 피드백을 제공하기 ▽

31. 인지치료 기법을 활용하여 내담자가 자신의
통증을 바라보는 시각을 바꾸고 통증에 압도
되는 것이 아니라 통증을 관리할 수 있는 것
으로 볼 수 있게 돕기 ▽

32. 인지치료 기법을 적용하여 내담자가 통증 관
리에 대해 가지고 있는 자기 개념과 자신의
역할을 기존의 수동적, 반응적, 무력한 자기
개념과 역할에서 적극적이고 지략 있고, 결
정권이 있는 사람이라는 자기 개념과 역할로
바꿀 수 있게 돕기 ▽

33. 내담자에게 통증 관리에 대한 인지 행동적인
접근 관련 도서 및 치료 안내서를 읽도록 과
제를 내기(예, Otis의 저서 『Managing Chronic
Pain: A Cognitive-behavioral Therapy Approach
Workbook』, Turk와 Winter의 저서 『The Pain
Survival Guide』, Catalano와 Hardin의 저서 『The

🔻 18. 통증과 통증으로 인한 결과를 관리하기 위해 언제, 어떻게 구체적인 대처기술을 사용할지에 대해 배우고 시행하기(34)

🔻 19. 자기와 세계에 대한 우울하고 부정적인 사고에 대한 대안으로 긍정적인 자기대화에 참여시키기(35)

🔻 20. 새로 학습한 통증 관리에 대한 정신적, 신체적, 행동적 방법을 모두 시행하고 통합하기(36)

🔻 21. 추후에 발생 가능한 상황에 대비할 수 있는 재발 방지 전략을 시행하기(37, 38, 39)

Chronic Pain and Control Workbook』) 🔻

34. 내담자에게 필요한 구체적인 대처기술을 가르치기(예, 문제해결, 사회성 및 의사소통 기술, 갈등해결, 목표 설정) 🔻

35. 내담자가 자신의 삶을 통증 외에도 긍정적인 구성 요소가 많이 포함된 것으로 생각할 수 있도록 재구조화하는 것을 돕기 내담자에게 자신에 대한 긍정적인 측면과 자신을 둘러싼 환경에 대한 긍정적인 측면을 목록으로 적어 볼 수 있도록 요구하기[또는 Jongsma의 저서 『성인 심리치료 과제 플래너(Adult Psychotherapy Homework Planner)』에 있는 'Positive Self-Talk'와 'What's Good about Me and My Life?'를 과제로 부여하기] 🔻

36. 내담자가 그동안 상담에서 배운 통증 관리 기술(예, 진정시키기, 인지적 대응, 기분전환활동, 신체 활동, 문제해결 기술)을 통합하도록 돕기 🔻

37. 내담자와 처음에 한 번 통증이 발생하는 것과 반복적인 통증 재발의 명확한 차이에 대해 논의하면서, 한 번의 통증은 처음에 일어난 것이고 통증이나 오래된 습관(예, '안 풀리는 날')이지만 원상태로 되돌릴 수 있는 것이며, 반복되는 통증은 통증 및 통증을 악화시키는 인지적, 행동적 습관으로 끊임없이 되돌아가는 것이라고 생각할 수 있게 하기 🔻

38. 추후에 통증이 재발할 수 있는 상황에서 그동안 상담에서 배운 전략을 활용하여 통증을 관리하는 방법을 확인하고, 예행연습하기 ▽

39. 내담자의 어려움을 해결하고 성공을 강화할 수 있는 정기적인 추수 회기를 가지기 ▽

22. 신체건강과 신체단련을 촉진시키도록 식단에 변화를 주기(40)

40. 영양사에게 의뢰하여 식습관 및 영양섭취 패턴에 관해 상담을 받도록 하기; 영양사와의 상담 결과를 다루고, 내담자가 이룰 수 있는 변화가 무엇인지 확인하고, 이러한 변화를 어떻게 실천에 옮길 수 있을지를 확인하기

23. 통증 관리에 대한 대체 요법의 활용 여부에 대해 살펴보기(41)

41. 통증 관리에 관한 대체 요법(예, 침술, 최면, 마사지 요법)에 대해서도 내담자가 열린 태도를 가지고 있는지를 탐색하고, 권고되는 경우 해당 치료법에 의뢰하기

24. 내담자의 치료적인 변화를 지지할 수 있는 사회적인 자원과 연결해 주기(42)

42. 내담자의 사회적 지지망을 살펴보고 내담자에게 긍정적인 변화를 도와주고 지지할 수 있는 사람들과 연결될 수 있도록 내담자를 격려하기

___. _____

___. _____

___. _____

___. _____

___. _____

___. _____

📖 진단 제안

DSM-IV/ICD-9-CM 사용

축 I:		
	307.89	동동통장애, 심리적 요인과 일반적인 의학적 상태가 동시에 연관되는 동통장애(Pain Disorder Associated With Both Psychological Factors and a General Medical Condition)
	307.80	동통장애, 심리적 요인과 연관되는 동통장애(Pain Disorder Associated With Psychological Factors)
	300.81	신체화 장애(Somatization Disorder)
	300.11	전환 장애(Conversion Disorder)
	296.3x	주요우울장애, 재발성(Major Depressive Disorder, Recurrent)
	300.3	강박장애(Obsessive-Compulsive Disorder)
	302.70	달리 분류되지 않는 성기능 부전(Sexual Dysfunction NOS)
	304.10	진정제, 수면제, 항불안제 의존(사용장애)(Sedative, Hypnotic, or Anxiolytic Dependence)
	304.80	복합물질 의존(사용장애)(Polysubstance Dependence)
	_____	_____
	_____	_____

DSM-5/ICD-9-CM/ICD-10-CM 사용

ICD-9-CM	ICD-10-CM	DSM-5 장애, 상태, 문제
307.89	F54	기타 의학적 상태에 영향을 주는 심리적 요인(Psychological Factors Affecting Other Medical Conditions)
307.80	F45.1	뚜렷한 통증을 가진 신체 증상 장애(Somatic Symptom Disorder, With Predominant Pain)
300.81	F45.1	신체 증상 장애(Somatic Symptom Disorder)
300.11	F44.x	전환 장애(Conversion Disorder)
296.3x	F33.x	주요우울장애, 재발성 삽화(Major Depressive Disorder, Recurrent Episode)
300.3	F42	강박장애(Obsessive-Compulsive Disorder)
302.70	F52.9	명시되지 않은 성기능 부전(Unspecified Sexual Dysfunction)
304.10	F13.20	진정제, 수면제 또는 항불안제 사용장애, 중등도 또는 고도(Sedative, Hypnotic, or Anxiolytic Use Disorder, Moderate or Severe)

참고: ICD-9-CM 코드(규정, 규칙, 부호)는 미국에서 2014년 9월 30일까지 코딩(or 부호화) 목적으로 사용됩니다. ICD-10-CM 코드는 2014년 10월 1일부터 사용됩니다. 일부 ICD-9-CM 코드는 하나 이상의 ICD-10-CM 및 DSM-5 장애, 상태 또는 문제와 관련이 있습니다. 또한 일부 ICD-9-CM 장애분류가 중단되어 여러 개의 ICD-9-CM 코드가 하나의 ICD-10-CM 코드로 대체되었습니다. 일부 중단된 ICD-9-CM 코드는 이 표에 나열되지 않습니다. 자세한 내용은 『정신질환의 진단 및 통계 편람』(2013)을 참조하십시오.

The Complete Adult Psychotherapy Treatment Planner

인지 결핍(Cognitive Deficits)

📄 행동적 정의

1. 내담자와 내담자 가족이 기억, 집중, 사고, 판단, 사회적 행동, 또는 임무 완수 능력에 우려를 표명
2. 성과가 일반적으로 만족스러울 때에도 학교나 직장에서의 업무 수행에 대해 부정적인 피드백을 받음
3. 이전에는 완수했던 일상적인 활동에서 잦은 실수
4. 약속을 지키거나, 제때 영수증을 처리하거나, 최근 대화를 기억해 내거나, 편지를 쓰는 등 일상적인 활동에서 눈에 띄는 저하
5. 최근 일에 대해 기억하기 어려움
6. 효과적으로 사회적 기능을 했던 히스토리를 가졌으나 부적절하거나 당황스러운 사회적 행동을 보임
7. 시각문제로 설명되지 않는 운전 시 안정성의 변화
8. 여가시간을 사용하는 데 있어서의 현저한 변화: 집중을 필요로 하는 활동에 사용하는 시간 감소(예, 읽기, 목공, 뜨개질, 글쓰기, 퍼즐, 인터넷 검색)
9. 인지적으로 어려운 일을 수행할 때 평상시보다 높은 수준의 스트레스를 보고(예, 소득세 정보 정리, 재정적 결정, 직업적 업무 완수)

— . _____
_____
— . _____
_____
— . _____
_____

🎯 장기 목표

1. 인지적 도움이나 전략을 이용해 효과적으로 기능하는 것을 유지하기
2. 다른 사람의 도움이나 관리 감독을 통해 인지적 수용 수준에 맞는 활동이나 책무에 적응하기
3. 뇌 건강을 극대화시키고 인지적 수행을 최대한 활용할 수 있도록 신체적, 감정적 건강을 유지하기
4. 인지적 증상과 그에 따른 라이프 스타일의 변화를 관리함으로써 삶에 만족을 경험하기

— . _____
_____
— . _____
_____
— . _____
_____

단기 목표

1. 과거력, 특성, 경험한 인지 문제의 심각성을 표현하기(1, 2, 3)

2. 인지적, 정서적 기능을 평가하고, 알코올 남용을 검사하기 위해 간단한 심리측정평가(psychometric assessment)를 실시하기(4, 5, 6)

치료적 중재

1. 내담자와 내담자의 가족 및 지원 시스템 관련자에게 내담자의 인지 문제의 형태와 기간, 전개과정(갑작스러운지, 점진적인지, 간헐적인지), 증상이 시작된 가까운 시기에 발생한 중요한 스트레스 요인 등에 대해 묻기

2. 내담자와 내담자의 가족 및 지원 시스템 관련자에게 내담자가 처방, 혹은 비처방된 약물 및 물질(알코올, 길거리 약물, 약초)을 사용했는지 묻기

3. 인지기능에 영향을 줄 수 있는 조건(예, 갑상선기능저하증, 당뇨, 고혈압, 뇌졸중 등)에 주의를 기울이면서 내담자와(허락하에) 내담자의 가족 및 지원시스템 관련자 혹은 의사에게 내담자의 과거력에 대해 묻기

4. 인지 수행의 패턴을 측정하기 위한 검사(예, Repeatable Battery for the Assessment of Neuropsychological Status) 또는 치매/인지장애를 평가하기 위한 검사[예, 간이정신상태검사(Mini Mental State Examination); 치매평가척도(Dementia Rating Scale−2); 기억장애선별검사(Memory Impairment Screen)]와 같이 검사 점수를 해석할 때 나이, 교육 수준, 그리고 문화적 배경의 영향을 고려하는 검사 실시하기

5. 내담자에게 우울 검사[예, 벡우울척도(Beck Depression Inventory−II; 노인우울진단(Geriatric Depression Scale)], 불안검사[예, 벡불안척도(Beck Anxiety Inventory); 상태불안척도(State-Trait Anxiety Inventory)], 외상후 스트레스 장애 검사(예, Detailed Assessment of Postraumaitc Stress),

또는 전반적인 정서 상태 검사(예, Symptom Checklist 90-R, Brief Symptom Inventory-18)를 실시하기

6. 알코올 남용 검사(예, CAGE 또는 AUDIT) 실시하기

3. 치료 계획을 세우는 동안 인지 문제의 종류와 지속 기간에 대해 치료자가 다른 사람과 이야기 나눌 수 있도록 하기(7)

7. 내담자의 허락하에서, 첫 번째 인상(initial impressions)에 대해서 내담자와 가족들과 이야기하고, 증상, 병력, 평가결과, 그리고 인지 문제를 다루기 위한 계획에 대한 동의를 내담자의 의사와 상담하기

4. 인지와 인지 문제에 영향을 미치는 요소들을 평가하기 위해 종합적인 평가 절차에 협력하기(8)

8. 인지 장애에 대해 상세한 평가를 제공할 수 있는 건강관리 전문가(health care professionals)에게 의뢰하기(예, 신경학자, 재활의학의사, 재활 심리학자)

5. DSM 진단과 관련된 구체적 특징, 치료의 효과, 치료적 관계의 특성에 대한 행동, 정서, 사고방식의 정보를 제공하기(9, 10, 11, 12)

9. '호소문제'에 대한 내담자의 통찰(자아동조적 대 자아이질적) 수준을 평가하기(예, 기술된 행동의 문제성에 대한 좋은 통찰력을 보여 주고, 타인의 관점에 동의하며, 변화에 대한 동기부여가 되어 있는지; 기술된 문제와 관련하여 양가성을 보이며, 문제를 문제로 제기하기를 꺼려하는지, '기술된 문제'를 인정하는 것에 저항하고, 관심이 없고, 변화에 대한 동기를 보이지 않는지)

10. 내담자를 관련된 장애(예, 적대적 반항장애와 ADHD, 불안장애 이후의 우울)에 기반한 연구의 증거로 평가하기 만약 적절하다면 자살에 대한 취약성을 포함할 수 있음(예, 동반이환 우울증이 명확할 때 자살 위험이 증가함)

11. 내담자의 현재 정의되는 '문제행동'을 설명해 주는 데 도움이 되는 나이, 성, 문화와 관련된 문제와 내담자의 행동을 보다 잘 이해할 수

있는 요인들을 평가하기

12. 적절한 돌봄 수준을 결정하는 내담자의 기능 손상의 심각성을 평가하기(예, 사회적, 관계적, 직업적, 노력에서 경도, 중등도, 고도 또는 최고도 손상을 일으킨다고 알려진 행동); 치료의 효과성뿐만 아니라 손상의 심각성을 지속적으로 평가하기(예, 내담자는 더 이상 심각한 손상을 보이지는 않지만, 현재 문제는 경도 또는 중등도 손상을 초래하고 있다.)

▽ 6. 평가 결과와 권고 사항에 대해 내담자 그리고/또는 가족이 이해한 바를 설명하도록 하기(13, 14)

13. 평가 결과에 대해서 내담자와 가족 구성원들과 논의하기; 인지 결함의 본질에 대한 교육과 치료 옵션 제공하기 ▽

14. 문제 영역, 문제 원인, 임상 경과에 대해 물어봄으로써 내담자의 기능에 대한 내담자와 가족들의 현실적인 평가 정도를 평가하기; 내담자와 가족들과 그들의 믿음과 전문가가 말한 것 사이의 차이점에 대해서 이야기하기 ▽

7. 인지적 기능에 영향을 미치는 정동장애 그리고/또는 물질 의존/남용의 치료에 대해 합의하기(15)

15. 내담자의 인지를 저하시키는 우울, 불안, 그리고/혹은 물질 남용에 대한 치료 계획을 개발하고 시행하기(이 책의 '단극성 우울' '불안' 혹은 '물질 사용' 챕터 참조)

▽ 8. 지속적으로 스스로에게 약속과 계획된 활동을 상기시킬 수 있는 문서기록 그리고/또는 알람 사용하기(16, 17)

16. 모든 수준의 기억 문제를 다루기 위해서, 문서로 된, 가시적인 외부의 도움장치(예, 플래너, 메모리북, 달력, 화이트보드) 그리고/또는 약속과 계획된 활동을 알려 주기 위한 알람 사용을 추천하기; 이러한 도움장치를 사용하는 방법을 가르치기 ▽

17. 문서로 된 외부의 기억 도움장치의 사용에 대해 내담자에게 묻고, 꾸준한 사용을 강조하기 ▽

▽ EBT 9. 인지적으로 약한 영역을 보완하기 위해 지속적으로 컴퓨터화된 장비 쓰기(18, 19)

▽ EBT 10. 효율적으로 과제를 수행하기 위해 내적인, 혹은 드러나지 않는 인지적 전략 쓰기(20, 21, 22, 23, 24)

18. 내담자가 자신의 선호, 예산 그리고 학습능력에 맞는 컴퓨터화된 장비(예를 들어, GPS 내비게이션, PDA, 스마트폰 등)를 고르는 것을 돕기; 내담자가 이 장비를 쓸 수 있게 돕기 ▽ EBT

19. 내담자가 컴퓨터화된 장비를 쓰고 있는지 물어보고 사용하도록 강화하기 ▽ EBT

20. 경도의 손상을 가진 내담자에게, 반복과 형상화를 보여 주기(예를 들어, 사람의 이름을 기억하기 위해 그 사람과 말할 때 이름을 반복해서 말하기, 그리고 그 이름을 신체적인 특징과 연합시키기[예를 들어, 'Amy'는 진한 눈썹이 그녀의 코를 'aiming(가리킨다)'한다.]) ▽ EBT

21. 경도의 손상을 가진 내담자에게, 묶기(예를 들어, 장 볼 목록을 그룹으로 조직화하기, 과일 넷: 바나나, 블루베리, 레몬, 딸기; 유제품 셋: 버터, 우유, 요거트; 빵 둘: 베이글, 식빵. 각각의 아홉 개를 기억하는 것보다 이 세 그룹을 기억하고 그 안에 있는 것들을 기억하기)를 보여 주기. 그래서 주의를 집중하고, 이미지를 풍부하게 하고, 인지 부하를 줄이고, 다시 정보를 불러오기 쉽게 하기 ▽ EBT

22. 경도의 손상을 가진 내담자에게, 걸이 단어 체계[1(one)은 빵(bun), 2(two)는 신발(shoe) 등. Sambrook의 『How to Strenghthen Memory by a New Process』를 참고]를 가르치기. 그리고 과장된 이미지와 함께 걸이 단어 체계(peg word system)를 사용하여 정보를 회상하기 쉽게 하는 것을 가르치기(예를 들어, 운율을 맞춘 가상의 이미지를 만들어서 휴대전화 번호 외우기. 예를 들어, 573-8821은 큰 벌떼(hive-five)가 천국

(heaven-seven)을 향해 가는데, 나무(tree-three)
가 천국에서 내려오는 미끄럼틀처럼 놓여 있다.
다음은 두 문(gate-eight)이고 그 뒤에는 장식
된 신발(shoe-two)과 끈적한 빵(bun-one)이 있
다.) ▽

23. 내담자가 집중을 유지하고 지속하게 하기 위
해 스스로에게 조용히 신호를 주라고(예를 들
어, '집중해.' '과제에 집중해.') 추천하기 ▽

24. 내담자가 드러나지 않은 전략들을 쓰고 있는
지 질문하고 사용하도록 강화하기 ▽

▽ 11. 문제해결을 위한 체계적인 접근
사용하기(25)

25. 내담자에게 체계화된 문제해결 전략[예를 들
어, SOLVE(S: Situation specified, 상황에 맞추기;
O: Options listed with pros and cons, 장단점과 함
께 선택지 목록 적기; L: Listen to others, 타인의 의
견 듣기; V: Voice a choice, implement an option,
선택을 말해 보고 실행에 옮기기; E: Evaluate the
outcome, 결과를 평가하기)]을 쓰도록 가르치
기(Niemeier와 Karol의 『Overcoming Grief and
Loss After Brain Injury』를 보라.) ▽

12. 새롭게 되풀이되는 활동을 이미 있
던 되풀이되던 활동과 연합시키기
(26)

26. 새롭게 되풀이되는 활동을 이미 있던 되풀이
되던 활동에 더하기 위해 내담자에게 행동적
인 연쇄 전략(예를 들어, 내담자가 식사를 끝낼
때마다 하루 계획표를 다시 확인하도록 지시하
기)을 쓰도록 하기

13. 일상의 일들을 잘 수행하게 하기 위
해 환경적인 변화를 받아들이고 변
화를 일으키기(27)

27. 내담자의 환경을 바꿀 수 있는 방법(예를 들
어, 잡동사니를 치우기, 정신을 산만하게 하는 것
들을 줄이기, 정기적으로 사용하는 물건들을 계
속 같은 자리에 두기, 자주 쓰는 것들의 장소에 이
름표 붙이기, 계속 쓸 하나의 지갑을 정하기)을
토론하기

▽ 14. 인지 재활 회기에 참여하고 과제하기(28)

▽ 15. 의료 전문가에게 '안전'하다고 확인받은 인지적으로 어려운 과제를 성취하도록 스스로에게 도전적 과제 주기(29)

▽ 16. 신체적 건강에 도움이 되는 활동 시행하기(30)

17. 치료 계획을 잘 지키는 데 영향을 주는 문제들을 상담자와 함께 해결하기(31)

▽ 18. 가족들이 내담자의 인지 결함에 대처하기 위해 조정하기(32)

19. 내담자와 가족들이 가진 내담자의 기능 변화로 인해 촉발된 질문들, 불안, 슬픔 그리고 다른 감정을 말로 표현하게 하기(33)

28. 내담자를 인지 재활 서비스에 의뢰해서 결점을 이야기하고 대처기술을 배우게 하기 ▽

29. 인지적으로 도전적이지만 이성적인 활동들(예를 들어, 독서, 퍼즐, 마작, 스포츠 배우기)을 확인할 수 있도록 내담자와 함께 작업하기 ▽

30. 내담자와 건강한 라이프스타일이 인지를 유지하고 어쩌면 발전시킬 수 있는 좋은 영향들에 대해 이야기하기(예를 들어, 에어로빅, 건강한 식단, 충분한 잠); 내담자가 이러한 행동들을 실행하는지 알아보기 ▽

31. 내담자가 추천받은 것들을 할 수 있게 지원하고 정기적으로 강화하기(예를 들어, 약을 잘 먹기, 행동적인 추천사항, 인지 재활에 참여하기, 전략과 도움들을 사용하기, 환경 변화); 치료 계획을 지속적으로 지키는 데에 방해가 되는 것들을 해결하기

32. 가족들에게 내담자의 인지적 변화는 가족 문제임을 교육하기; 가장 자주 맞닥뜨리는 문제들을 이야기하고 어떻게 다룰지 이야기하고, 대처 자원들을 확인하기 위해 가족들과 작업하기; 양육자에게 쉬도록 추천하고, 오락적이고 사회적이고 영적인 활동에 참여하도록 장려하기 ▽

33. 내담자와 가족들이 내담자의 기능 변화로 인한 슬픔, 분노, 그리고 다른 감정들을 해결하고 미래에 대한 기대를 하도록 돕기

20. 인지 결함을 다루는 과정에서 만족, 사랑 그리고 기쁨을 경험하는 능력에 대한 희망을 표현하기(34)

21. 결과와 권고사항들을 받아들이며 운전 기술 평가에 참여하기(35, 36, 37, 38)

22. 대중교통이나 친구 혹은 가족의 자가용을 이용하기(39)

34. 내담자와 가족들이 이 문제를 다룸으로써 모두 만족스러운 삶을 살 수 있다는 북돋아진 자신감과 내담자의 역량에 대해 합리적인 기대를 할 수 있도록 작업하기

35. 내담자와 가족들과 인지 결함이 내담자가 운전하는 중에 안전에 줄 수 있는 잠재적 영향에 대해 말하기

36. 내담자와 가족들과 내담자의 운전 기술에 대해 약식으로 평가할 수 있도록 계획서를 만들기(예를 들어, 내담자가 빈 주차공간을 찾는지 시켜 보기, 적절한 속도를 유지하는지 관찰하기, 도로 밖에서 차량을 보관하기, 차고에서 차를 꺼내 보기, 표지판을 관찰하기)

37. 전문적인 훈련을 받은 공인된 사람에게 내담자의 운전 기술을 평가하여 운전 역량이 인지장애에 받은 영향을 알아보도록 의뢰하기

38. 내담자와 함께 혹은 내담자나 가족들과 단독으로, 운전 기술에 영향을 주는 의학적 상태에 대한 주(州)의 법(法)적 책임에 대해 대화하기; 행동을 취할 땐 주(州)의 법(法)과 HIPAA(미국 의료정보호법)를 따르기(예를 들어, 주치의와 운전에 관하여 의논하여 국가기관에 보낼 보고서를 작성하기); 내담자에게 자율적으로 자신의 운전면허증을 포기하고 운전하지 않을 것에 대해 약속하기를 제안하기

39. 내담자가 대체할 수 있는 교통수단을 확인할 수 있도록 돕기(예를 들어, 대중교통, 장애인 공공 이동수단, 자원 봉사 운전자, 친구, 가족); 만약 이용이 가능하다면 내담자가 서비스를 이용할 수 있도록 가르쳐 주기

23. 내담자의 시간을 투자할 만한 '안전한' 활동을 선택함에 있어, 전문가와 다른 사람들의 조언을 고려하기(40)

24. 가족과 내담자가 내담자의 선택을 유지하는 동시에 갈등을 줄이는 방식으로 제한(restriction)을 이행하기(41)

▽EBT 25. 가족들이 내담자의 경험에 공감하고 내담자가 자신의 역량 내에 있는 책임과 문제를 다룰 수 있도록 하기(42)

26. 잠재된 질병/부상과 관련하여 주변의 평판이 좋은 정보나 조언, 지지 자원을 찾아 놓기(43)

27. 변호사와 협의하여 대리 결정과 다른 법적 이슈와 관련된 법적 서류를 작성하기(44)

40. 건강관리 팀(health care team)과 가족들에게 안전을 위해서 필요한 활동과 제한해야 하는 활동을 알고 작업하게 하기; 내담자가 지도가 요구되거나 부분적으로 제한되거나 해서는 안 될 활동을 제외하고는 자유롭게 활동을 결정할 수 있다는 상담을 제공하기

41. 가능하다면, 일상적인 행동에 대한 안전한 옵션을 제공하기[예를 들어, 내담자가 지갑을 들고 나갈 때는 적은 양의 돈만 가져갈 수 있도록 하기, 낮은 한도의 신용카드를 제공하기, 내담자가 자기 앞 수표를 쓰기 전에 검토하기; 필요하다면, 내담자가 하는 위험한 행동에 제약을 만들기(예를 들어, 내담자의 자동차 열쇠를 갖고 있기, 자동차 배터리를 끊어 놓기)]

42. 가족들에게 공감적인 반응이나 정서적 지지가 주는 긍정적인 효과를 교육하기; 과도한 도구적 지지나 '넘치는 도움'을 받은 상태가 기능에 미치는 부정적인 효과를 설명하기 ▽EBT

43. 교육, 기술 함양 그리고 정서적 지원을 통해 내담자와 가족들이 대처 능력을 향상시킬 수 있도록 하기; 문서, 웹 기반 자원(부록 A를 보기), 그리고 지지 공동체를 제안하기

44. 내담자와 가족들과 인지 결함이 개인의 법적인 결정을 방해하는 영향에 대해 말하기(예를 들어, 계약, 사전 지시, 변호사 자격의 능력, 유언); 전문적인 영역은 내담자/가족의 변호사에게 의뢰하기[예를 들어, 노인 법(elder law)]

28. 미국 장애인보호법(Americans with Disabilities Act)과 학업, 일, 지역 환경의 요구 시설(request accommodations)에 대한 이해를 말로 표현하기(45)

29. 장애로 인해 생긴 혜택을 알아보고 적용해 보기(46)

45. 내담자와 가족들과 미국 장애인보호법과 내담자가 소속된 학교, 직장, 혹은 다른 환경에 있는 시설을 어떻게 사용하는지에 대한 정보에 대해 대화하기

46. 내담자와 가족에게 잠재적인 재정적 지원(예를 들어, 장애 보험 혜택, 사회 보장 제도, 장기 돌봄 정책 혜택의 발효)과 그것을 그들에게 적용하는 방법에 대해 교육하기

___ . _____
_____

___ . _____
_____

___ . _____
_____

___ . _____
_____

___ . _____
_____

___ . _____
_____

📝 진단 제안

DSM-IV/ICD-9-CM 사용

축 I:	294.9	달리 분류되지 않는 인지장애(Cognitive Disorder, NOS)
	294.10	행동 장해가 없는 알츠하이머형 치매 (Dementia of the Alzheime's Type, Without Behavioral Disturbance)
	294.11	행동 장해가 있는 알츠하이머형 치매 (Dementia of the Alzheimer's Type, With Behavioral Disturbance)
	290.40	합병증이 없는 혈관성 치매(Vascular Dementia Uncomplicated)
	290.41	섬망이 있는 혈관성 치매(Vascular Dementia With Delirium)
	290.42	망상이 있는 혈관성 치매(Vascular Dementia With Delusions)
	290.43	우울 기분이 있는 혈관성 치매(Vascular Dementia With Depressed Mood)
	294.1x	축 III의 장애로 인한 치매(Dementia Due to: AxisIII Disorder)
	_____	_____
		_____
축 II:	799.9	진단이 보류됨(Diagnosis Deferred)
	V71.09	진단이 없음(No Diagnosis)
	_____	_____
		_____

DSM-5/ICD-9-CM/ICD-10-CM 사용

ICD-9-CM	ICD-10-CM	DSM-5 장애, 상태, 문제
799.59	R41.9	명시되지 않는 신경인지장애(Unspecified Neurocognitive Disorder)
294.11	F02.81	거의 확실한 주요신경인지장애, 행동 장애를 동반하는 경우 [Probable Major Neurocognitive Disorder Due to(specify disorder), With Behavioral Disturbance]
294.10	F02.80	거의 확실한 주요신경인지장애, 행동 장애를 동반하지 않는 경우 [Probable Major Neurocognitive Disorder Due to(specify disorder), Without Behavioral Disturbance]
331.9	G31.9	가능성 있는 주요신경인지장애 [Possible Major Neurocognitive Disorder Due to(specify disorder)]

331.83	G31.84	경도신경인지장애[Mild Neurocognitive Disorder Due to(specify disorder)]
290.40	F01.51	거의 확실한 혈관성 주요신경인지장애, 행동 장애를 동반하는 경우 (Probable Major Vascular Neurocognitive Disorder With Behavioral Disturbance)
290.40	F01.50	거의 확실한 혈관성 주요신경인지장애, 행동장애를 동반하지 않는 경우 (Probable Major Vascular Neurocognitive Disorder Without Behavioral Disturbance)
331.9	G31.9	가능성 있는 혈관성 주요신경인지장애 (Possible Major Vascular Neurocognitive Disorder)
331.83	G31.84	혈관성 경도신경인지장애(Mild Vascular Neurocognitive Disorder)
310.1	F07.0	다른 의학적 상태로 인한 성격변화 (Personality Change Due to Another Medical Condition)
294.8	F06.8	다른 의학적 상태로 인한 달리 명시된 정신질환 (Other Specified Mental Disorder Due to Another Medical Condition)
294.10	F02.80	다른 의학적 상태로 인한 주요신경인지장애, 행동장애를 동반하지 않는 경우 (Major Neurocognitive Disorder Due to Another Medical Condition, Without Behavioral Disturbance)
294.11	F02.81	다른 의학적 상태로 인한 주요신경인지장애, 행동장애를 동반하는 경우 (Major Neurocognitive Disorder Due to Another Medical Condition, With Behavioral Disturbance)
291.2	F10.27	알코올로 유발된 주요신경인지장애, 비기억상실 작화증형, 중증도 또는 고도의 사용장애를 동반하는 경우 (Alcohol-Induced Major Neurocognitive Disorder, Nonamnestic-Confabulatory Type, With Moderate or Severe Alcohol Use Disorder)
291.1	F10.26	알코올로 유발된 주요신경인지장애, 기억상실 작화증형, 중증도 또는 고도의 사용장애를 동반하는 경우 (Alcohol-Induced Major Neurocognitive Disorder, Amnestic-Confabulatory Type, With Moderate or Severe Alcohol Use Disorder)
291.89	F10.288	알코올로 유발된 경도신경인지장애, 중증도 또는 고도의 사용장애를 동반하는 경우(Alcohol-Induced Mild Neurocognitive Disorder, With Moderate or Severe Use Disorder)

참고: ICD-9-CM 코드(규정, 규칙, 부호)는 미국에서 2014년 9월 30일까지 코딩(or 부호화) 목적으로 사용됩니다. ICD-10-CM 코드는 2014년 10월 1일부터 사용됩니다. 일부 ICD-9-CM 코드는 하나 이상의 ICD-10-CM 및 DSM-5 장애, 상태 또는 문제와 관련이 있습니다. 또한 일부 ICD-9-CM 장애분류가 중단되어 여러 개의 ICD-9-CM 코드가 하나의 ICD-10-CM 코드로 대체되었습니다. 일부 중단된 ICD-9-CM 코드는 이 표에 나열되지 않습니다. 자세한 내용은 『정신질환의 진단 및 통계 편람』(2013)을 참조하십시오.

The Complete Adult Psychotherapy Treatment Planner

의존(Dependency)

📄 행동적 정의

1. 자립하는 것을 거부하고 경제적인 지원, 주거, 보살핌을 주는 부모님에게 의존한다.
2. 친밀한 관계의 끝과 시작 사이의 공백을 적게 가지는 경향이 있다.
3. 가까운 관계가 끝나고 혼자가 되었을 때 공포, 두려움, 무력감을 강하게 느낀다.
4. 비판에 쉽게 상처받고 다른 사람을 기쁘게 하는 것에 집착한다.
5. 다른 사람들로부터 과도한 안심을 얻지 못하면, 결정을 내리지 못하고 친밀한 행동을 하지 못한다.
6. 버려지는 것에 대한 두려움에 자주 사로잡힌다.
7. 자기-가치, 행복, 충만함과 관련된 느낌을 모두 관계로부터 찾는다.
8. 신체적으로 학대당하지만 떠날 수 없는 적어도 두 개 이상의 관계에 연루된다.
9. 거절당하는 것에 대한 두려움 때문에 다른 사람에게 동의하지 않는 것을 피한다.

— . _____
_____

— . _____
_____

— . _____
_____

🎯 장기 목표

1. 자신의 욕구를 충족시킬 수 있는 능력과 혼자임을 견디는 능력에 대한 자신감을 개발하기
2. 독립과 의존 간의 건강한 균형을 이루기
3. 자신의 욕구를 충족시키고, 자신감을 키우고, 자기주장을 연습함으로써, 관계에서 의존을 줄이기
4. 모든 학대적인 관계로부터 영구적으로 빠져나오기
5. 부모에 대한 정서적·경제적 의존을 끊기
6. 지역사회 안에서 충실히 살아가고 일하고 참여할 수 있다는 기대를 갖는 것에 더하여, 치료에서의 의사 결정에 대해 스스로의 책임감을 받아들여야 한다고 강조하는 회복 모델의 주장을 받아들이기

— . _____
 _____
— . _____
 _____
— . _____
 _____

⏱ 단기 목표

1. 관계에서 정서적인 의존의 유형과 패턴을 기술하기(1)
2. 의존성에 대한 향상된 자각(increased awareness)을 언어로 표현하기(2, 3)

😊 치료적 중재

1. 충족되지 않은 어린 시절의 욕구부터 현재의 대인관계까지, 정서적 의존의 이력을 탐색하기
2. 가계도(genogram)를 그림으로써 관계에서의 의존과 관련된 가족 관계 패턴을 더 잘 자각할 수 있게 하기, 내담자가 이러한 가족 관계 패턴을 현재 관계에서 어떻게 반복하고 있는지 평가하기

3. DSM 진단과 관련 있는 행동, 정서 및 태도에 대한 정보, 치료의 효능 및 치료적 관계의 본질에 대한 정보를 제공하기(4, 5, 6, 7)

3. 내담자에게 Beattie의 『상호의존을 그만하기(Co-dependent No More)』나 Norwood의 『너무 많이 사랑하는 여자(Women Who Love Too Much)』를 읽는 것을 과제로 내주기; 핵심 주제에 대해 다루기

4. '현재 나타나는 문제'에 대한 내담자의 통찰 수준(자아이질적 vs. 자아동질적)을 평가하기(예, '기술된 행동'의 문제적 특성에 대한 좋은 통찰을 보여 준다, 다른 사람들의 걱정에 동의한다, 그리고 변화에 대한 작업에 동기화되어 있다, '기술된 문제'에 관해 양가감정을 보이며 걱정거리와 관련된 이슈를 언급하기 꺼린다; 또는 '기술된 문제'에 대한 인정을 거부하는 모습을 보인다, 걱정스러워하지 않는다, 그리고 변화에 대한 동기가 없다.)

5. 필요하다면, 자살취약성(예, 우울 동반이 분명한 경우 자살 위험 증가)을 포함한 연구 기반 관련 장애 증거를 평가하기(예, ADHD를 동반한 적대적 반항장애, 불안장애를 동반한 우울증)

6. 내담자의 현재 정의되는 '문제행동'을 설명해 주는 데 도움이 되는 나이, 성, 문화와 관련된 문제와 내담자의 행동에 대해 더 좋은 설명을 해 주는 요인들을 평가하기

7. 내담자에게 적정 수준의 돌봄을 제공하기 위해 내담자 기능 손상 수준의 심각도를 평가하기(예, 사회적, 관계적, 직업적 행동의 손상이 가벼움, 중간, 심각, 매우 심각); 손상의 심각도와 치료의 효과에 대해 지속적으로 평가하기(예, 내담자가 더 이상 심각한 기능적 손상은 보이지 않았으나, 현재 보고하는 문제는 가볍거나 중간 정도의 손상을 일으키는 것으로 보임)

4. 다른 사람의 기대에 부응하기 위해 부단히 노력하는 자동적인 습관에 대해 통찰한 바를 언어로 표현하기(8, 9, 10).

5. 스스로에 관해 긍정적인 것들을 적어 보기(11, 12)

6. 자기주장을 하는 것이나 혼자 있는 것, 독립적으로 행동하는 것과 관련된 비합리적인 자동적 사고를 확인하고 대체하기(13, 14, 15, 16)

8. 정서적 유기 경험을 알아보기 위해 내담자의 원가족을 탐색하기

9. 내담자가 다른 사람을 실망시킬까 봐 두려워하는 이유를 명확히 하도록 도와주기[또는 Jongsma의 『성인 심리치료 과제 플래너(Adult Psychotherapy Homework Planner)』에 있는 '독립으로 한 발짝 내딛기(Taking Steps Toward Independence)'를 과제로 내주기]

10. 내담자와 함께 Friedman의 『Friedman's Fables』에 있는 '그 다리(The Bridge)' 우화를 읽기; 우화의 의미를 다루기

11. 내담자가 자신의 긍정적인 특성과 성취를 적는 것을 돕기[또는 Jongsma의 『성인 심리치료 과제 플래너(Adult Psychotherapy Homework Planner)』에 있는 '내 강점을 인정하기(Acknowledging My Strengths)'를 과제로 내주기]

12. 매일 하루를 시작할 때마다 5~10분 정도 혼자만의 시간을 내어 자기 칭찬(personal affirmation)에 집중하는 것을 과제로 내주기

13. 더 독립적이게 되는 것과 관련된 내담자의 두려움이나 다른 부정적인 감정들을 탐색하고 명확히 하기

14. 인지 재구조화를 통해, 내담자가 자기주장을 하는 것이나 혼자 있는 것, 다른 사람의 요구를 충족시켜 주지 못하는 것과 관련된 부정적인 자동적 사고를 다른 것으로 대체할 수 있도록 도와주기(예, 사고와 감정, 행위의 관련성을 가르쳐 주기; 관련된 자동적 사고와 그 기저에 있는 신념과 편견을 확인하기; 대안이 되는 긍정적인 관점을 개발하기; 행동실험을 통하여 편

견과 대안이 되는 신념을 시험하기)

15. 내담자가 독립적인 행동과 관련된 왜곡되고 부정적인 자기대화를 바꿀 수 있도록, 긍정적이고 현실에 기반한 메시지를 개발 및 시행하는 것에 대해 강화하기[또는 Jongsma의 『성인 심리치료 과제 플래너(Adult Psychotherapy Homework Planner)』에 있는 '두려움을 긍정적인 메시지로 바꾸기(Replacing Fears With Positive Messages)'를 과제로 내기]

16. 내담자에게 과제를 내어[예, Jongsma의 『성인 심리치료 과제 플래너(Adult Psychotherapy Homework Planner)』의 '자기패배적 생각을 대체하는 일지 작성하기(Journal and Replace Self-Defeating Thoughts)'] 그/그녀의 두려운 자기대화를 확인하고, 자기대화 속 편견을 확인하고, 대안을 만들어 내고, 행동 실험을 통해 실험해 보기; 성공을 확인하고 강화하며, 개선점에 대한 교정적인 피드백을 제공하기

7. 비판에 대한 감소된 민감성을 말로 표현하기(17, 18, 19)

17. 비판에 대한 내담자의 민감성을 탐색하고 내담자로 하여금 비판을 받아들이고 처리하고 대응하는 새로운 방법들을 개발하도록 돕기

18. 내담자에게 주장성에 대한 책을 과제로 부여하기(예, Alberti와 Emmons의 『Your Perfect Right: Assertiveness and Equality in Your Life and Relationships』)

19. 내담자가 보여 주는 주장성, 독립성의 모든 신호들을 언어적으로 강화하기

8. 다른 사람의 요청에 아니요라고 말하는 것을 늘리기(20)

20. 내담자에게 한 주 동안 과도한 설명없이 거절하는 과제를 내고 그것을 그/그녀와 함께 다루기

9. 자신의 의견을 말로 표현하는 사건을 보고하기(21, 22)

10. 자신의 정서적 · 사회적 욕구와 그것들을 달성할 수 있는 방법들을 확인하기(23, 24)

11. 보답해야 된다는 필요를 느끼지 않고 다른 사람들로부터 호의를 받는 사례를 보고하기(25)

12. 다른 사람들에 대한 책임감을 줄이면서 증가된 자신에 대한 책임감을 말로 표현하기(26, 27, 28)

21. 내담자의 자기주장성을 훈련시키거나 그/그녀를 자기주장 기술을 개발시키는 집단에 의뢰하기

22. 내담자가 하루 동안 그/그녀의 마음을 말해 보는 과제를 내고 그/그녀와 결과를 다루기

23. 내담자에게 그/그녀의 정서적, 사회적 욕구 목록과 그것들을 충족시킬 수 있는 방법들을 작성하도록 요청하기; 리스트에 대해 다루기[또는 Jongsma의 『성인 심리치료 과제 플래너(Adult Psychotherapy Homework Planner)』에 있는 '충족되지 못한 정서적 욕구를 만족시키기(Satisfying Unmet Emotional Needs)'를 과제로 내기]

24. 내담자가 그/그녀가 스스로를 돌볼 수 있는 방법들을 작성하도록 요청하기; 그리고 바로 시작할 수 있는 2~3개의 방안을 확인하고 실천해 보겠다는 내담자의 동의를 얻기. 이후의 일과 자신에 대한 변화된 감정들에 대해 확인하기

25. 내담자가 그/그녀에게 호의를 베푸는 것을 허용하도록 하고 주는 것 없이 받도록 과제를 내기. 발전된 정도와 이 과제와 관련한 감정들을 다루기

26. 내담자가 그/그녀의 독립 수준을 늘릴 방법들을 확인하고 실천하며 매일 스스로 결정내릴 수 있도록 돕기[또는 Jongsma의 『성인 심리치료 과제 플래너(Adult Psychotherapy Homework Planner)』에 있는 '자신이 직접 결정을 내리기(Making Your Own Decisions)' 과제를 내기]

27. 내담자가 다른 사람들의 행동이나 감정들에 대한 책임을 수용하지 않도록 돕기; 내담자에

게 Branden의 『책임지기(Taking Responsibility: Self-Reliance and the Accountable Life)』라는 책을 읽어 보도록 추천하기

28. 내담자의 중요한 타인과 관계 속에서 독립성을 증가시킬 방법들을 찾는 데 집중하는 합동 회기를 갖기

13. 경계에 대한 증가된 자각과 언제 그것이 침해되는지에 대해 말로 표현하기(29, 30, 31)

29. 내담자에게 자신이 책임을 질 일과 타인의 것을 나누는 경계에 대해서, 그리고 언제 자신이나 타인에 의해 그 경계가 침해되는 것을 자각하는지에 대해 일기를 쓰도록 하기

30. 내담자에게 Katherine의 『경계(Boundaries: Where You End and I Begin)』라는 책을 읽고 핵심 아이디어를 다루도록 과제를 내기

31. 내담자에게 Whitfield의 『내 스스로에게 주는 선물(A Gift to Myself)』에 있는 경계와 한계를 세우는 것에 대한 챕터를 읽고 뒤따르는 개인적 경계에 대한 설문을 완성하도록 요청하기; 책의 핵심 아이디어와 설문조사의 결과를 다루기

14. 말로 타인에 대해 명료화된 경계의 빈도를 증가시키기(32)

32. 내담자가 자신의 경계와 한계를 실행하도록 강화하기

15. 합리적인 시간 내에 자기 확신을 가진 상태에서 결정을 내리는 빈도를 증가시키기(33, 34, 35, 36)

33. 결정을 회피하는 내담자의 경향성을 직면시키고 적극적인 결정을 하려는 그/그녀의 노력을 격려하기

34. 내담자에게 문제해결기술(예, 문제를 명료하게 정의하기, 다양한 해결책을 브레인스토밍하기, 각 해결책의 찬반을 작성하기, 다른 사람들로부터의 피드백을 구하기, 행동 계획을 선정하고 실행하기, 결과를 평가하기, 필요하다면 계획을 조정하기)을 가르치기

35. 내담자의 결정 회피에 대한 문제해결접근을 적용하기 위하여 모델링과 역할놀이를 활용하기[또는 Jongsma의 『성인 심리치료 과제 플래너(Adult Psychotherapy Homework Planner)』의 '대인관계 갈등에 문제해결을 적용하기(Applying Problem-Solving to Interpersonal Conflict)'를 과제로 내기]

36. 내담자가 적시에 생각한 결정에 대해 긍정적인 언어적 보상을 하기

16. 부부 또는 가족치료에 참여하기(37)

37. 내담자의 의존성을 부추기는 견고한 역기능적인 부부 또는 가족 체계의 패턴을 변화시키기 위한 부부 또는 가족 치료를 진행하거나 언급하기

17. 알아논(Al-Anon)1) 그룹에 참석하기 (38)

38. 약물에 의존적인 파트너와 의존성 사이클을 없애기 위한 노력을 강화하기 위해 내담자를 알아논(Al-Anon) 또는 다른 적절한 자조 그룹으로 안내하기

18. 학대하는 파트너와의 관계를 끝내기 위한 계획을 세우고, 상담자의 지도와 함께 계획을 실행하기(39, 40, 41)

39. 내담자에게 Evans의 『언어적으로 학대받는 관계(Verbally Abusive Relationship)』를 읽도록 숙제를 내주기; 주요 아이디어와 통찰(생각)을 나누기

40. 내담자에게 학대받는 여성에서 상담 서비스를 제공하는 쉼터(safe house)에 대해 알려 주기

41. 내담자에게 지역의 폭력 관련 프로그램 및 모니터링에 대해 알려 주고 그 프로그램에 지속적으로 참여하도록 격려하기

---

1) 역주: 상호원조를 제공하고 공통적인 문제해결에 도움을 주는 방법을 토론하기 위해 정기적으로 만나는 알코올중독자 가족들로 구성된 자조조직(self help organization). 알아논은 미국 전역에 지회를 갖춘 전국조직이다.
출처: 이철수(2009). 사회복지학사전. Blue Fish.

— · ————————————————   — · ————————————————
   ————————————————   ————————————————
— · ————————————————   — · ————————————————
   ————————————————   ————————————————
— · ————————————————   — · ————————————————
   ————————————————   ————————————————

📝 진단 제안

DSM-IV/ICD-9-CM 사용

축 I :	300.4	기분부전장애(Dysthymic Disorder)
	995.81	성인의 신체적 학대, 피해자(Physical Abuse of Adult, Victim)
	_____	_____
	_____	_____
축 II :	301.82	회피성 성격장애(Avoidant Personality Disorder)
	301.83	경계성 성격장애(Borderline Personality Disorder)
	301.6	의존성 성격장애(Dependent Personality Disorder)
	_____	_____
	_____	_____

DSM-5/ICD-9-CM/ICD-10-CM 사용

ICD-9-CM	ICD-10-CM	DSM-5 장애, 상태, 문제
300.4	F34.1	지속성 우울장애(기분저하증)(Persistent Depressive Disorder)
995.81	Z69.11	배우자에 의한 피해자 또는 파트너 폭력(육체적)에 대한 정신건강 서비스의 제공(Encounter for Mental Health Service for Victim of Spouse or Partner Violence, Physical)
301.82	F60.6	회피성 성격장애(Avoidant Personality Disorder)
301.83	F60.3	경계성 성격장애(Borderline Personality Disorder)
301.6	F60.7	의존성 성격장애(Dependent Personality Disorder)

참고: ICD-9-CM 코드(규정, 규칙, 부호)는 미국에서 2014년 9월 30일까지 코딩(or 부호화) 목적으로 사용됩니다. ICD-10-CM 코드는 2014년 10월 1일부터 사용됩니다. 일부 ICD-9-CM 코드는 하나 이상의 ICD-10-CM 및 DSM-5 장애, 상태 또는 문제와 관련이 있습니다. 또한 일부 ICD-9-CM 장애분류가 중단되어 여러 개의 ICD-9-CM 코드가 하나의 ICD-10-CM 코드로 대체되었습니다. 일부 중단된 ICD-9-CM 코드는 이 표에 나열되지 않습니다. 자세한 내용은 『정신질환의 진단 및 통계 편람』(2013)을 참조하십시오.

The Complete Adult Psychotherapy Treatment Planner

해리장애(Dissociation)

📄 행동적 정의

1. 현재 자신의 행동을 완전히 제어하는 두 개 이상의 뚜렷한 성격 상태가 존재

2. 갑작스러운 건망증 이상의 중요한 개인 식별 정보를 갑자기 기억할 수 없는 사건

3. 이인화(depersonalization)에 대한 지속적이거나 반복적인 경험; 현실 검증력이 손상되지 않은 상태에서 정신적 과정 또는 신체에서 분리되거나 분리된 것처럼 느낌

4. 이인화(depersonalization)에 대한 지속적이거나 반복적인 경험; 자동적으로 떠오르거나 꿈속에 있는 것처럼 느낌

5. 이인화(depersonalization)가 일상생활에서 현저한 고통을 야기하는 정도로 심각하고 지속적임

—. _____

_____

—. _____

_____

—. _____

_____

🎯 장기 목표

1. 다양한 인격을 통합한다.
2. 이인화되는 빈도나 주기를 감소시킨다.
3. 이인화 장애 이면의 정서적 트라우마를 해소한다.
4. 이인화 장애로 인한 일상생활의 스트레스 정도를 감소시킨다.
5. 전체 기억을 회복한다.

— . _____
_____
— . _____
_____
— . _____
_____

⏱ 단기 목표

1. 개인의 성격을 확인하고 각자 자신만의 이야기를 하도록 하기(1, 2, 3)

2. 해리경험과 성격의 본질과 범위를 더 깊이 이해하도록 고안된 심리검사 수행하기(4)

💬 치료적 중재

1. 일관된 눈맞춤, 능동적인 경청을 통해 개인 세션에서 내담자와의 신뢰 수준을 적극적으로 구축하기. 무조건적이고 긍정적인 반응 그리고 따뜻한 수용을 통해 감정을 확인하고 표현하는 능력을 향상시키기

2. 상담자가 과도한 격려나 주도적이기를 삼가며, 내담자를 통제하는 다양한 인격의 존재를 조사하고 평가하기

3. 생각, 감정, 행동, 대인 관계 변수, 결과 및 부차적 이득을 포함하여 해리 상태 및 그 해결과 관련된 변수에 대한 기능적 분석을 수행하기

4. 해리(예, 해리 경험 척도) 및/또는 비정상적인 또는 정상적인 성격 특징 및 특성에 대한 심리검사(예, MMPI-2)를 수행하거나 참조하기

3. 신경정신과 전문의와의 협력을 통해 기억상실 삽화의 유기적 요인을 배제하기(5)

4. DSM 진단과 관련된 구체적 특징, 치료의 효과, 치료적 관계의 특성에 대한 행동, 정서, 사고방식의 정보를 제공하기(6, 7, 8, 9)

5. 기억 상실 경험에 대한 유기적 원인을 평가하기 위해 내담자를 신경정신과 전문의에게 의뢰하기

6. '현재호소문제'에 대한 내담자의 통찰 수준(자아동질적 vs. 자아이질적)을 평가하기(예, '기술된 행동'의 문제적인 특징에 대해 좋은 통찰력을 나타내기, 타인의 걱정에 동의하기, 변화를 위해 애쓰는 데 동기가 있음; '기술된 문제'에 대해 모호함을 나타내기, 걱정되는 문제를 진술하는 데 주저하기, 또는 '기술된 문제'를 인정하는 것에 저항을 나타내기, 관심이 없고, 변화에 동기가 전혀 없음)

7. 내담자를 관련된 장애(예, 적대적 반항장애와 ADHD, 불안장애 이후의 우울)에 기반한 연구의 증거로 평가하기 만약 적절하다면 자살에 대한 취약성을 포함할 수 있음(예, 공존장애인 우울증이 명확할 때 자살 위험이 증가함)

8. 내담자의 현재 '문제행동'에 대해서 설명하는 데 도움을 줄 수 있는 나이, 성별 혹은 문화적 이슈에 대해서 평가하기. 그리고 내담자의 행동에 대한 더 나은 이해를 제공할 수 있는 요소들에 대해서 평가하기

9. 적절한 치료의 수준을 결정하기 위해 내담자의 기능 장애 수준의 심각성을 평가하기(예, 사회적, 관계적, 직업적 시도에서 경도, 중등도, 중증, 최중증의 장애를 야기하는 행동); 치료의 효과와 함께 지속적으로 장애의 심각성 평가하기(예, 내담자가 더 이상 고도의 장애를 보이지는 않지만 현존하는 문제가 경도 혹은 중도의 손상을 야기)

5. 의사와 함께 향정신성 약물 평가를 수행하기(10)

10. 향정신성 약물 처방에 대한 내담자의 평가를 준비하기

6. 의사가 지시한 시간에 정해진 향정신
   성 약물을 책임감을 가지고 복용하기
   (11)

7. 해리와 관련된 개인 및 대인관계에서
   의 취약성을 해결하기 위한 치료에
   참여하기(12)

8. 해리 상태를 유발하는 주요 이슈를
   확인하기(13, 14, 15)

9. 성격변화의 횟수와 지속기간을 줄이
   기(16, 17)

11. 내담자의 약물 처방에 대한 적응, 효과 및 부
    작용에 대한 모니터링과 평가하기

12. 내담자의 해리 증상이 임상적인 증후군(예,
    PTSD) 또는 성격장애(예, 경계성 성격장애)와
    관련이 있는 경우, 증상에 대하여 증거기반
    치료를 시행하거나 의뢰하기(예, 각각 인지적
    과정 요법 또는 변증법적 행동 치료)

13. 내담자의 해리 상태를 유발하는 감정과 외상
    과 관련된 상황을 탐색하기(이 책의 '아동기의
    외상' 및 '성폭력 피해자' 챕터 참조)

14. 내담자의 심리적 고통이나 외상, 두려움, 불
    충분함(inadequacy), 거부 또는 학대의 감정
    을 탐색하기[또는 Jongsma의 『성인 심리치료
    과제 플래너(Adult Psychotherapy Homework
    Planner)』의 'Describe the Trauma'를 과제로 내
    주기]

15. 내담자의 해리증상과 심리적 갈등 또는 고통
    스러운 감정과 관련된 이슈를 회피하는 것의
    연관성에 대하여 수용하도록 돕기(예, 경험적
    회피)

16. 해리현상을 통해 벗어나려고 하는 것보다 현
    실에 집중할 수 있도록 내담자를 지원하고
    격려함으로써 내담자가 성격의 통합이 일
    어날 수 있도록 촉진하기[또는 Jongsma의 『성
    인 심리치료 과제 플래너(Adult Psychotherapy
    Homework Planner)』의 'Staying Focused on the
    Present Reality'를 숙제로 부여하기]

17. 고정된 해리적 현상이나 과거의 트라우마에
    사로잡혀 있기보다는 지금 여기 현실에 집

10. 해리를 유발하는 불안을 감소시키는
방법으로 이완과 호흡법을 연습하기
(18, 19, 20)

중하는 것의 중요성을 강조하기. 지금 여기
(here and now) 행동의 사례를 강화하기

18. 해리를 일으키는 만성적이고 심각한 심리적
긴장을 줄이기 위한 맞춤형 전략의 일환으로
내담자에게 안정화 기법을 가르치기(예, 근육
이완법, 호흡법, 심상화, 이완훈련)

19. 이완을 사용한 역할연습과 스트레스를 유발
하는 상황(스트레스가 낮은 상황부터 높은 상황
까지)을 심상화하는 인지적인 전략을 사용하
기. 일상생활에서 이러한 유발 자극 상황에
직면했을 때 적용할 수 있는 안정화 기법을
부여하기; 결과적으로 성공한 것과 문제를
해결한 것을 강화하기

20. 내담자가 책 또는 치료 매뉴얼(예, Davis,
Robbins-Eshelman과 MaKay의 『The Relaxation
and Stress Reduction Workbook』; Crash와
Barlow의 『Mastery of your Anxiety and Worry:
Workbook』)에 있는 근육이완법이나 기타 안
정화 전략에 대하여 읽도록 부여하기

11. 감정을 더 잘 조절할 수 있도록 부정
적인 정서적 반응의 자기대화를 확
인하고 대체하도록 직면하기(21, 22,
23)

21. 내담자의 부정적/고통스러운 감정이나 행동
(예, '나는 이것을 직면할 수 없다.')에 영향을 주
는 '자기대화'를 확인하고 편견에 도전하여,
보다 현실적이고 조절된 반응을 촉진할 수
있는 자기대화로 수정하고 판단할 수 있도록
격려하기; 부정적 감정을 다루는 대처기술을
개발하는 과정으로서 자신을 진정하는 대처
기술과 새로운 자기대화를 결합해 보기

22. 이완을 사용한 역할연습과 스트레스를 유발
하는 상황(스트레스가 낮은 상황부터 높은 상황
까지)을 심상화하는 인지적인 전략을 사용하

기. 일상생활에서 이러한 유발 자극 상황에 직면했을 때 적용할 수 있는 안정화 기법을 부여하기, 결과적으로 성공한 것과 문제를 해결한 것을 강화하기

23. 내담자로 하여금 편향된 자기대화를 확인하고 보다 완화된 정서 반응을 하도록 돕는 대안을 연습하도록 숙제를 부여하기; 성공을 강화하도록 검토하고 개선을 위한 시정 피드백을 제공하기

12. 공황, 공포(panic)에 대한 근거로서가 아닌 단지 지나가는 현상으로서 해리에 대한 에피소드를 수용하고 말로 표현하기(24, 25, 26, 27, 28)

24. 내담자를 안정화시키고 불안 증상을 가중시키는 것이 아니라 현실에 초점을 맞추고 머무를 수 있도록 함으로써 해리적 현상을 사실 그대로 직면할 수 있도록 하기

25. 내담자가 과도하게 영향받지 않은 채 고통스러운 현실을 있는 그대로 수용하고 경험할 수 있도록 돕는 ACT 기법을 사용하기. 그리고 개인적으로 의미 있는 가치를 확인하는 활동과 관련된 활동을 할 수 있도록 시간과 노력을 들이기(Hayes, Strosahl과 Wilson의 『Acceptance and Commitment Therapy』를 참고하기)

26. 내담자가 고통스러운 생각이나 감정과의 관계를 변화시키고 과도한 반응 없이 그것을 수용할 수 있도록 마음챙김 기법을 가르치기(Zabat-zinn이 쓴 『Guided Mindfulness Mediation』을 참고하기)

27. 마음챙김이나 ACT 기법을 일상생활에 적용할 수 있도록 연습하는 숙제를 부여하기

28. 회기 내에서 마음챙김이나 ACT 기법과 관련된 자료를 읽을 수 있도록 하기(예, Follette와

Pistorello의 『Finding Life Beyond Trauma: Using Acceptance and Commitment Therapy to Heal from Post-Traumatic Stress and Trauma-Related Problems』)

13. 기억 손실이 진행된 기간과 기억이 돌아온 이후에 대해서 의논하기(14, 29)

14. 내담자의 심리적 고통이나 외상, 두려움, 불충분함(inadequacy), 거부 또는 학대의 감정을 탐색하기[또는 Jongsma의 『성인 심리치료 과제 플래너(Adult Psychotherapy Homework Planner)』의 'Describe the Trauma'를 과제로 내주기]

29. 내담자가 잃어버린 정보를 찾을 수 있도록 내담자와 중요한 타자와 함께 할 수 있는 회기를 마련하기

14. 사진 등 생애사의 회상을 자극할 수 있는 물건들 활용하기(30, 31)

30. 내담자가 잃어버린 기억을 참을성을 가지고 되찾을 수 있도록 편안하게 안심시키기

31. 내담자의 기억 회상을 자연스럽게 촉발할 수 있는 사진이나 물건에 대해 검토하기

— . _____

_____

— . _____

_____

— . _____

_____

— . _____

_____

— . _____

_____

— . _____

_____

진단 제안

DSM-IV/ICD-9-CM 사용

축 I:	303.90	알코올 의존(사용장애)(Alcohol Dependence)
	300.14	해리성 정체성 장애(Dissociative Identity Disorder)
	300.12	해리성 기억상실(Dissociative Amnesia)
	300.6	이인성 장애(Depersonalization Disorder)
	300.15	달리 분류되지 않는 해리성 장애(Dissociative Disorder NOS)
	_____	_____
		_____
축 II:	799.9	축 II의 진단이 보류됨(Diagnosis Deferred)
	V71.09	축 I에 해당되는 진단이나 상태가 없음(No Diagnosis)
	_____	_____
		_____

DSM-5/ICD-9-CM/ICD-10-CM 사용

ICD-9-CM	ICD-10-CM	DSM-5 장애, 상태, 문제
303.90	F10.20	알코올사용장애, 중증도 또는 고도(Alcohol Use Disorder, Moderate or Severe)
300.14	F44.81	해리성 정체성 장애(Dissociative Identity Disorder)
300.6	F48.1	이인성/비현실감 장애(Depersonalization/Derealization Disorder)
300.15	F44.9	명시되지 않는 해리장애(Unspecified Dissociative Disorder)
300.15	F44.89	달리 명시된 해리장애(Other Specified Dissociative Disorder)

참고: ICD-9-CM 코드(규정, 규칙, 부호)는 미국에서 2014년 9월 30일까지 코딩(or 부호화) 목적으로 사용됩니다. ICD-10-CM 코드는 2014년 10월 1일부터 사용됩니다. 일부 ICD-9-CM 코드는 하나 이상의 ICD-10-CM 및 DSM-5 장애, 상태 또는 문제와 관련이 있습니다. 또한 일부 ICD-9-CM 장애분류가 중단되어 여러 개의 ICD-9-CM 코드가 하나의 ICD-10-CM 코드로 대체되었습니다. 일부 중단된 ICD-9-CM 코드는 이 표에 나열되지 않습니다. 자세한 내용은 『정신질환의 진단 및 통계 편람』(2013)을 참조하십시오.

The Complete Adult Psychotherapy Treatment Planner

섭식장애와 비만(Eating Disorders and Obesity)

📄 행동적 정의

1. 나이나 키에 적합한 체중이나 조금이라도 넘는 체중을 지속하기를 거부함(즉, 예상되는 평균 체중의 85% 이하인 경우)
2. 저체중임에도 불구하고 체중이 늘거나 뚱뚱해지는 것에 대해 가지는 강한 공포
3. 자기 자신을 과체중이라고 심각하고 부정확하게 평가하는 것과 관련된 신체 이미지에 대한 지속적인 선입견
4. 체중 또는 몸의 모양에 대한 자기 평가의 지나친 영향
5. 현재의 저체중의 심각성에 대한 강한 부정
6. 비월경의 여성, 무월경(즉, 적어도 3번 이상의 월경 주기가 부재)
7. 섭식장애로 인한 체액과 전해질 불균형의 상승
8. 체중 증가를 막기 위해 부적절한 보상행동의 재발. 예를 들면, 스스로 구토, 설사약, 이뇨제, 관장제 등 약물의 부적절한 사용, 굶기, 과도한 운동
9. 폭식증 삽화의 재발(상대적으로 단시간 내에 많은 음식을 먹고, 과하게 먹는 행동에 대한 통제감 상실)
10. 평소보다 매우 빠르게 먹음
11. 배가 너무 불러서 속이 거북할 때까지 먹음
12. 신체적으로 허기짐을 느끼지 않을 때 많은 음식을 먹음

13. 자신이 얼마나 많이 먹는지에 대한 수치스러운 마음 때문에 혼자 먹음

14. 많이 먹은 후 자기 자신에 대한 혐오, 우울, 또는 심한 죄책감

15. 체지방의 비정상적으로 높은 비율에 기인하는 키에 비해 과도한 몸무게(체질량 지수의 30 또는 그 이상)

— . _____

_____

— . _____

_____

— . _____

_____

🎯 장기 목표

1. 정상적인 식습관 패턴, 건강한 체중 유지, 체형에 대한 객관적인 평가를 회복하기

2. 균형 잡힌 음료 및 전해질을 섭취해 건강 상태를 안정화시키고, 삶을 유지하고 체중을 정상 수준으로 늘릴 수 있는 음식 섭취 패턴을 재개하기

3. 정상적인 양의 영양가 있는 음식을 먹는 상태로 회복하여 폭식증의 패턴을 종결시키고 행동을 제거하기

4. 과식을 끝내고 체중 감량과 건강 향상으로 이어지는 라이프 스타일 변화를 구현하기

5. 긍정적인 정체감을 유도하고 섭식장애의 재발을 예방할 수 있도록 건강한 인지 패턴과 자기에 대한 믿음을 개발하기

6. 섭식장애의 재발을 경감시키거나 방지하기 위해 건강한 대인관계를 형성하기

7. 섭식장애의 재발을 유발할 수 있는 정서적인 문제를 다루기 위해 대처 전략(예, 감정 분별하기, 문제해결하기, 주장하기)을 개발하기

— . _____

_____

— . _____

_____

📖 단기 목표

1. 섭취하거나 쌓아 두는 음식의 종류, 양, 횟수를 포함하여 식습관 패턴을 솔직하게 기술하기(1, 2, 3, 4)

2. 건강에 해로운 몸무게 조절 행동을 규칙적으로 사용하는 방식을 기술하기(5)

3. 식이 패턴과 건강에 좋지 않은 체중 감량 실제를 평가하고 추적하기 위해 고안된 심리검사를 완성하기(6)

4. DSM 진단, 치료 효과 및 치료 관계의 특징과 관련된 특징의 평가에 대한 행동적, 정서적, 태도적 정보를 제공하기(7, 8, 9, 10)

👥 치료적 중재

1. 치료 동맹을 형성하기 위해 내담자와 라포 형성하기

2. 종류와 양을 포함하여 내담자의 식습관 패턴을 평가하기(예, 소식, 과식, 폭식, 음식비축); 개인적이고 대인관계적인 트리거와 개인 목표를 확인하기

3. 과다-과소를 결정하기 위해 매일 내담자가 소비하는 칼로리와 성인의 평균 섭취량인 1,900(여성), 2,600(남성)칼로리를 비교하기

4. 내담자의 체중을 측정하고 섭식장애 행동과 관련된 왜곡된 사고 및 신체 이미지의 자기 지각을 최소화하는지, 부인하는지 평가하기

5. 자기 유도 구토와 같은 반복적인 부적절한 제거형 및 폭식형 행동이 있음을 평가하기; 완하제, 이뇨제, 관장제나 다른 약물의 오용; 금식; 또는 과도한 운동; 지속적인 모니터링

6. 내담자의 섭식장애를 객관적으로 평가하기 위해 고안된 심리 측정 도구를 적용하기(예, the Eating Inventory; Stirling Eating Disorder Scales; or Eating Disorder Inventory-3); 평가 결과에 대해 내담자에게 피드백 주기; 치료 반응을 평가하기 위해 지시된 대로 재적용하기

7. 표출된 문제(presenting problem)에 대한 내담자의 통찰 수준을 평가하기(자아동질적 대 자아이질적, syntonic versus dystonic)(예, '기술된 행동'의 문제성에 대한 좋은 통찰력을 보여 주고, 타인의 관점에 동의하며, 변화에 대한 동기부여가 되었는지, '기술된 문제'에 대해 양면성을 보이며, 문제를 문제로 제기하기를 꺼려하는지, '기술된 문

제'를 인정하는 것에 저항하고, 관심이 없고, 변화
에 대한 동기를 보이지 않는지)

8. 적절한 경우, 자살에 대한 취약성(예, 우울 중
동반이 확실하면 자살 위험이 증가)을 포함하여
연구 기반의 상호 관련 장애(예, ADHD를 동반
한 반항 행동, 불안장애에 따르는 우울증)의 증거
에 대해 내담자를 평가하기

9. 내담자의 현재 정의된 '문제행동'과 내담자의
행동을 더 잘 이해할 수 있는 요인을 설명하는
데 도움이 될 수 있는 연령, 성별 또는 문화를
평가하기

10. 적절한 치료 수준을 결정하기 위해 내담자의
기능에 대한 장애 수준의 심각성을 평가하기
(예, 사회적, 관계적, 직업적, 직업적 노력에 경도,
중도, 중등도, 최중도 손상을 유발하는 것으로 주
목되는 행동); 치료의 효과뿐만 아니라 손상
을 심각도를 지속적으로 평가하기(예, 내담자
는 더 이상 심각한 손상을 보여 주지 않지만, 현재
제시되는 문제는 경도나 중도의 손상을 일으키고
있다.)

5. 완전한 의학적 평가와 협력하기(11)

11. 적절한 체중을 유지하지 못하고 과식하거나
운동을 하지 않는 행동을 남용하여 실패하는
부정적인 결과에 대한 의학적 평가를 하기
위해 내담자를 의사에게 의뢰하기. 내담자의
건강 상태에 대해 의사와 긴밀한 협의를 유
지하기

6. 영양학적 평가를 포함하기(12)

12. 영양 재활 평가를 위해 섭식장애 경험이 있는
영양사에게 의뢰하기. 권장 사항을 돌봄 계
획에 통합하기

7. 치과 진료를 포함하기(13)

13. 치과 검사를 치과 의사에게 의뢰하여 치아의

파기 혹은 영양 부족으로 인한 치아의 손상 가능성을 평가하기

▽ 8. 의사의 향정신성 약물 평가와 협조하고 지시가 있는 경우 처방대로 약을 복용하게 하기(14, 15)

14. 고객의 향정신성 약물(예, SSRI)의 필요성을 평가하기; 지시가 있는 경우 의사가 정신병 약물을 평가하고 처방하도록 처리하기 ▽

15. 향정신성 약물 처방을 준수하는 것과 효과 및 부작용에 대하여 내담자를 모니터링하기 ▽

▽ 9. 내담자의 입원치료에 대한 지시가 있는 경우에 협력하기(16)

16. 체중 감량이 심해지고 신체적 건강이 위험해지거나 심각한 정신 질환(예, 심각한 우울과 자살)으로 인해 본인이나 타인에게 위험이 될 경우 입원을 의뢰하기 ▽

▽ 10. 섭식장애가 어떻게 발생하는지에 대한 정확한 이해를 언어로 표현하기(17)

17. 날씬해지라는 사회문화적 압력, 자기 이미지를 결정할 때 신체 모양과 크기에 대한 과대평가, 부적응적인 식습관(단식, 폭식, 과식), 부적절한 보상적인 체중 관리 행동[예, 제거(purging),[1] 운동], 그리고 결과적으로 낮은 자존감을 경험하는 것과 같은 개념을 포함하는 섭식장애 발달에 대한 모델을 내담자에게 가르치기(Fairburn이 저술한 『Overcoming Binge Eating』; Costin이 저술한 『The Eating Disorders Sourcebook: A Comprehensive Guide to the Causes, Treatment, and Prevention of Eating Disorders』를 보라.) ▽

▽ 11. 치료의 근거와 목표에 대한 정확한 이해를 언어로 표현하기 (18, 19)

18. 어떻게 인지적, 행동적, 대인관계적, 생활양식, 그리고/또는 영양학적 요소가 나쁜 자아상, 통제되지 않는 식습관, 그리고 건강하지 않은 보상적 행동을 촉진시키는지, 그리고 어떻게 그것을 바꾸는 것이 그들로 하여금

---

1) 역주: 강제로 설사약을 먹거나 억지로 토하는 행동

신체적 및 정신적 건강을 승진시키는 식습관 인지를 포함하는 모델과 일치하는 치료의 근거를 논의하기 ▽

19. 내담자가 치료 모델과 일치하는 섭식장애 또는 비만의 발생 및 치료에 대한 책 또는 치료 매뉴얼의 정신 의학적 장을 읽도록 하기 (예, Fairburn의 저서 『Overcoming Binge Eating』; Apple과 Agras가 저술한 『Overcoming your Eating Disorders: A Cognitive Behavioral Therapy Approach for Bulimia Nervosa and Binge Eating Disorder-Workbook』; 체중감량을 위해서는 Brownell의 저서 『The LEARN Program for Weight Management』) ▽

▽ 12. 음식 섭취에 대한 저널을 쓰기 (20)

20. 내담자에게 음식물 섭취를 자가 모니터링 하고 기록하게 하기[또는 Jongsma의 저서 『성인 심리치료 과제 플래너(Adult Psychotherapy Homework Planner)』의 'A Reality Journal: Food, Weight, Thoughts, and Feeling'을 과제로 내주기]; 저널 자료를 다루며 동기 부여를 강화하고 촉진하기 ▽

▽ 13. 일정한 간격으로 먹고 최적의 일일 칼로리를 섭취하여 규칙적인 식습관을 조성하기(21, 22, 23)

21. 내담자를 위한 적절한 일일 칼로리 섭취를 설정하고 식사 계획을 돕기 ▽

22. BMI(체질량지수), 키 몸무게 표준 표 또는 기타 인정된 표준에 따라 내담자의 건강한 체중 목표를 수립하기 ▽

23. 내담자의의 체중을 모니터링(예, 매주)하고 체중에 대한 현실적인 피드백 제공하기 ▽

▽ 14. 소화를 통해 에너지를 얻는 것뿐만 아니라 균형 잡힌 체액과 전해질(수분)을 얻고 유지하기(24, 25)

24. 내담자가 섭취하는 음료 및 전해질(수분)의 균형을 모니터링하기. 균형의 목표를 향한 진전에 관하여 현실적인 피드백을 제공하기 ▽

25. 음료 및 전해질(수분)이 좋지 않은 식사 패턴으로 모니터링을 필요로 하는 경우 정기적으로 의사에게 의뢰하기 ▽ᴱᴮᵀ

▽ᴱᴮᵀ 15. 체중 감량 수행을 위해 건강에 좋지 않은 위험이 높은 상황 목록을 확인하고 개발하기(26, 27)

26. 내담자의 통제되지 않는 식사 혹은 보상 체중 관리 행동을 촉진시키는 외부 단서(예, 사람, 물건 및 상황) 및 내부 단서(사고, 이미지 및 충동)의 특성을 사정하기 ▽ᴱᴮᵀ

27. 통제되지 않은 식사 혹은 보상적 체중 관리를 위한 고위험 내부 및 외부 유발자의 계층 구조를 구축하는 데 내담자를 감독하고 지지하기 ▽ᴱᴮᵀ

▽ᴱᴮᵀ 16. 건강하지 못한 섭식 혹은 체중 감량을 하려는 충동을 관리하기 위한 기술을 배우고 실시하기(28)

28. 내담자에게 기분전환, 긍정적 자기대화, 문제해결, 갈등해결(예, 공감, 적극적 청취, '나 전달법', 존중대화법, 공격적이지 않은 단호함, 협상), 다른 사회적/의사고통 기술을 포함한 고위험 상황을 관리하기 위해 적절한 기술을 가르치기: 현재 상황을 다루기 위한 모델링, 역할놀이, 행동리허설을 사용하기 ▽ᴱᴮᵀ

▽ᴱᴮᵀ 17. 부적응적 체중 통제 습관을 갖게 하는 충동을 관리하는 기술을 계발하기 위한 연습에 참여하기(29)

29. 치료에서 배운 기술을 실시하고 강화하도록 내담자에게 과제를 내주기: 먼저 내담자가 성공적인 대처 경험을 갖게 할 가능성이 높은 고위험 상황을 선택하기; 위험 상황을 관리하기 위한 계획을 준비하고 리허설하기; 내담자가 실시한 실행을 점검하고 다루기, 향상을 위한 수정 피드백을 제공하면서 성공을 강화하기 ▽ᴱᴮᵀ

▽ᴱᴮᵀ 18. 식욕부진증 혹은 폭식증을 개선하는 자기대화와 신념을 식별하고, 도전하고, 대체하기(30, 31, 32)

30. 내담자의 폭식과 제거의 부작용을 이해하도록 돕기 위해 인지행동치료의 1단계를 실행하기(Fairburn이 저술한 『Cognitive Behavior Therapy and Eating Disorders』를 보라.); 체중과

섭식패턴을 자기 모니터하도록 과제를 내주기, 섭식의 규칙적인 패턴을 세우기[Jongsma가 저술한 『성인 심리치료 과제 플래너(Adult Psyhotherapy Homework Planner)』의 'A Reality Journal: Food, Weight, Thoughts, and Feelings'를 사용하라.]; 저널 자료를 다루기 ▽

31. 인지행동치료(CBT)의 2단계를 실시하여, 부적응적인 섭식과 체중통제 습관을 초래하는 감정과 행동을 매개하는 부정적인 인지적 메시지를 식별하고, 도전하고, 대체하기. 이를 위해 체중과 신체 이미지 걱정을 줄이고, 문제해결을 가르치고, 인지 재구조화를 하면서 초점을 식이조절을 제거하는 대로 이동하기[Jongsma가 저술한 『성인 심리치료 과제 플래너(Adult Psychotherapy Homework Planner)』의 'How Fears Control My Eating'을 과제로 내주기] ▽

32. CBT의 3단계를 실시하여 내담자가 유지와 재발 방지계획을 개발하도록 돕기; 섭식과 폭식 촉발요인을 자가 모니터하고, 문제해결과 인지 재구조화를 지속적으로 사용하며, 상태를 유지하기 위해 단기 목표를 세우도록 돕기 ▽

▽ 19. 폭식행동을 해결하기 위해 과거와 현재의 중요한 사람들을 식별하고, 이들 관계의 질을 묘사하기(33)

33. 내담자의 과거와 현재의 주요관계에 대해 '대인 관계목록'을 이용하여 진단하고, 대인관계치료를 실시하기(Fairburn이 저술한 『Interpersonal Psychotherapy for Bulimia Nervosa』를 참조); 섭식장애를 초래하는 주제들을 강조하기(예, 대인관계에서 발생한 논쟁, 역할 이행 갈등, 해결되지 않은 애도, 혹은 대인관계 결핍) ▽

▽EBT 20. 현재 대인관계문제의 해결과 그로 인해 초래되는 폭식증의 종결을 언어로 표현하기(34, 35, 36, 37)

▽EBT 21. 식욕부진증을 가진 청소년과 부모들은 가족 기반 식욕부진증 치료의 3단계에 모두 참여하기로 동의하기(38, 39, 40)

34. 애도에 대해서는 애도를 촉진하고, 상실을 보상하도록 내담자가 점진적으로 새로운 활동과 관계를 발견하도록 돕기 ▽EBT

35. 논쟁에 대해서는, 관계와 논쟁의 특징이 교착상태에 도달했는지, 갈등해결기술을 학습하여 실행하는지 등 이용 가능한 대안이 있는지 내담자가 탐색하도록 돕기; 만약에 관계가 교착상태에 빠졌다면, 교착상태를 바꾸거나 관계를 끝내는 방법을 고려하기 ▽EBT

36. 역할이행(예, 관계나 직업을 시작하거나 끝내기, 이사, 승진, 은퇴, 졸업)에 대해서는 내담자가 오래된 역할을 상실한 것을 애도하도록 돕기. 새로운 역할의 긍정적인 측면과 부정적인 측면을 인지하도록 돕고, 새로운 역할에 능통하도록 걸음을 내딛게 하기 ▽EBT

37. 대인관계 결핍에 대해서는 내담자가 새로운 대인관계 기술과 관계를 개발하도록 돕기 ▽EBT

38. 가족기반치료의 1단계(1~10회기)를 실시하기(Lock 등이 저술한 『Treatment Manual for Anorexia Nervosa: A Family-Based Approach』를 보라). 가족들이 치료 계획에 참여하고, 충실히 고수할 것을 동의하게 하기. 섭식장애의 이력을 기록하고, 부모가 내담자의 체중회복과 건강한 체중목표를 세우는 데 책임이 있다는 것을 분명히 하면서, 가족에게 회기 중에 가족식사에 참여하도록 요청하기; 부모와 의사가 협력하여 내담자가 최소한의 하루 칼로리를 섭취하게 하기; 열약한 영양습관으로 인해 유동체와 전해질의 모니터가 필요하다면, 의사 혹은 영양사와 자문을 하기 ▽EBT

39. 가족 기반 심리치료(Family-Based Treatment: FBT)의 2단계(11~16회기)를 수행하기; 체중 증가 모니터링 및 건강 상태 관련 물리치료사/영양사의 기록을 면밀히 검토하는 것을 계속하기; 극심한 굶기 행동이 해결되고 섭취하는 음식 양이 정상적으로 기대되는 수준과 비슷해질 때까지 점진적으로 청소년 내담자에게 섭식 관련 결정의 선택권을 넘겨주기 ▽

40. 가족 기반 심리치료(Family-Based Treatment (FBT)의 3단계(17~20회기)를 수행하기; 진전과 체중 증가를 검토하고 강화하기; 특히 청소년 발달 이슈에 주목하고 문제해결 기술 및 재발 방지 기술을 가르치고 시연하기 ▽

▽ 22. 체중이나 외모에 근거한 것이 아닌 내담자의 성격, 특징, 관계, 내재적 가치에 근거하여 긍정적인 자아정체성의 근거를 말로 표현하게 하기(41)

▽ 23. 체중 감량을 위한 LEARN 프로그램의 다섯 가지 측면 모두를 완수하기(42, 43)

41. 내담자가 자신이 가진 재능, 성공경험, 긍정적인 성격특징, 다른 사람에게 미치는 자신의 중요성, 영적 가치 등을 돌아봄으로써 자신의 몸에 대한 이미지 외의 다른 것에서 자존감이 근거를 확인할 수 있도록 돕기 ▽

42. 내담자가 LEARN 매뉴얼을 읽고 프로그램의 5가지 측면(즉, 삶의 방식, 운동, 태도, 관계, 영양)을 복습하는 것을 과제로 부여하기(Brownell의 『The LEARN Program for Weight Management』에 나오는 LEARN 프로그램 참고) ▽

43. 매주 진행되는 회기에서 LEARN 프로그램 매뉴얼('L'ifestyle, 'E'xercise, 'A'ttitudes, 'R'elationships, and 'N'utrition)의 각 요소를 내담자의 삶에 적용하여 체중 감량을 목적으로 하는 새로운 행동 패턴을 세우는 과정을 통해 5가지 측면을 체계적으로 작업하기 ▽

▽ᴱᴮᵀ 24. 재발 방지에 대해 이해한 것, 한 번의 실수와 실수의 반복의 차이에 대해 언어로 표현하게 하기(44, 45)

44. 내담자와 처음에 한 번 섭식장애를 일으키는 것과 섭식장애를 반복하는 것의 명확한 차이를 논의하기. 처음 생기고 되돌릴 만한 섭식 문제 상황에서 나타나는 괴로움, 충동, 회피 다루기. 더불어, 재발 상황에서 되돌리려고 결심했으나 부적응적인 사고와 행동(불안, 폭식, 토하기)의 악순환이 나타나는 것을 다루기 ▽ᴱᴮᵀ

45. 추후에 내담자의 폭식 문제행동이 재발할 수 있는 상황이나 환경이 어떤 것일지 찾아보기 ▽ᴱᴮᵀ

▽ᴱᴮᵀ 25. 추후에 발생 가능한 불안 증상을 관리할 수 있는 재발 방지 전략을 시행하기(46, 47, 48)

46. 내담자가 상담에서 학습한 전략[예, 이전에 상황적 혹은 심리 내적으로 단서(cue) 신호에 반복적으로 노출시키기]을 재발 방지를 위해 일상에서 사용하도록 지시하기 ▽ᴱᴮᵀ

47. 내담자가 어려운 상황을 어떻게 확인하고, 배운 지식과 기술을 어떻게 사용할지, 상담에서 얻은 긍정적인 변화를 어떻게 유지할지에 대해 자신이 어떻게 할 계획인지를 설명하는 '유지 계획'을 세우기 ▽ᴱᴮᵀ

48. 내담자가 치료적인 성과를 유지하고 섭식장애 없이 자신의 삶에 적응할 수 있도록 도울 수 있는 '유지' 회기를 정기적인 일정으로 정하기 ▽ᴱᴮᵀ

26. 섭식장애 모임에 참여하기(49)

49. 섭식장애를 가진 자조 집단에 내담자를 의뢰하기

_____ · _____   _____ · _____
_____   _____
_____ · _____   _____ · _____
_____   _____
_____ · _____   _____ · _____
_____   _____

진단 제안

DSM-IV/ICD-9-CM 사용

축 I :	307.1	신경성 식욕부진증(Anorexia Nervosa)
	307.51	신경성 폭식증(Bulimia Nervosa)
	307.50	달리 분류되지 않는 섭식장애(Eating Disorder NOS)
	xxx.xx	폭식장애(Binge Eating Disorder)
	316	축 III의 장애(예, 비만)에 영향을 주는 심리적 증상[Psychological Symptoms Affecting Axis III Disorder (e.g., obesity)]
	_____	_____
	_____	_____
축 II :	30.16	의존성 성격장애(Dependent Personality Disorder)
	799.9	축 II의 진단이 보류됨(Diagnosis Deferred)
	V71.09	축 II에 해당되는 진단이 없음(No Diagnosis)
	_____	_____
	_____	_____

DSM-5/ICD-9-CM/ICD-10-CM 사용

ICD-9-CM	ICD-10-CM	DSM-5 장애, 상태, 문제
307.1	F50.02	신경성 식욕부진증, 폭식/제거형(Anorexia Nervosa, Binge-Eating/Purging Type)
307.1	F50.01	신경성 식욕부진증, 제한형(Anorexia Nervosa, Restricting Type)
307.51	F50.2	신경성 폭식증(Bulimia Nervosa)
178.00	E66.9	과체중 또는 비만(Overweight or Obesity)
307.50	F50.9	명시되지 않은 급식 및 섭식장애(Unspecified Feeding or Eating Disorder)
307.59	F50.8	달리 명시된 급식 및 섭식장애(Other Specified Feeding or Eating Disorder)
301.6	F60.7	의존성 성격장애(Dependent Personality Disorder)

참고: ICD-9-CM 코드(규정, 규칙, 부호)는 미국에서 2014년 9월 30일까지 코딩(or 부호화) 목적으로 사용됩니다. ICD-10-CM 코드는 2014년 10월 1일부터 사용됩니다. 일부 ICD-9-CM 코드는 하나 이상의 ICD-10-CM 및 DSM-5 장애, 상태 또는 문제와 관련이 있습니다. 또한 일부 ICD-9-CM 장애분류가 중단되어 여러 개의 ICD-9-CM 코드가 하나의 ICD-10-CM 코드로 대체되었습니다. 일부 중단된 ICD-9-CM 코드는 이 표에 나열되지 않습니다. 자세한 내용은 『정신질환의 진단 및 통계 편람』(2013)을 참조하십시오.

The Complete Adult Psychotherapy Treatment Planner

교육적 결손(Educational Deficits)

📄 행동적 정의

1. 고등학교 졸업이나 고등학교 졸업 자격(GED) 조건에 미치지 못한다.
2. 고용될 수 있는 취업 기술이 부족하여 직업 훈련이 필요하다.
3. 기능적 문맹
4. 학교 또는 다른 학습 상황에서 행동문제가 없었지만 학습의 어려움을 보인다.
5. 학습할 수 있는 능력에 대한 자신감이 없다.
6. 새로운 기술이나 정보를 배울 필요가 있는 상황을 두려워한다.

— . _____
_____

— . _____
_____

— . _____
_____

🎯 장기 목표

1. 고등학교 졸업이나 고등학교 졸업 자격(GED)의 필요성은 인지하고, 그것을 취득할 수 있는 필수 과정에 등록하기
2. 고용 가능성 있는 취업 기술을 얻기 위한 직업 훈련 과정을 찾기
3. 문해 기술을 향상시키기
4. 학습과 관련된 두려움을 극복하기
5. 학습장애가 있다는 것을 인정하고 그것을 극복하기 위한 기술 발달을 시작하기

— . _____
_____
— . _____
_____
— . _____
_____

🕐 단기 목표

1. 학업 중단에 영향을 미친 요소를 파악하기(1, 2)

2. 고등학교 졸업이나 고등학교 졸업 자격(GED)의 필요성에 대해 말로 확인하기(3, 4, 5, 6, 7)

🗨 치료적 중재

1. 교육을 중단하게 만든 교육과 가족, 동료, 학교 경험에 대한 내담자의 태도를 탐색하기
2. 내담자로부터 가족의 학습사와 내담자가 특정 과목(예, 읽기, 수학)에 가지고 있는 어려움을 포함한 학습사(educational history) 모으기
3. 상급학교 교육의 필요성에 대해 내담자에게 조언하기
4. 내담자가 교육 목표에 도달하기 위한 장애물과 장려책을 탐색할 수 있는 동기화된 인터뷰 접근을 이용하기
5. 내담자의 인생에서 고등학교 졸업 자격(GED)이나 고등학교 졸업장을 얻지 못하게 하는 부정적인 효과 목록을 만들도록 내담자를 돕기

3. 학습 양식을 확인하고, 특정 학습장애를 진단하거나 배제하기 위해서 검사 실시하기(8)

4. 건강 상태에 대한 의학적 평가 실시하기(9)

5. 교육적 성취에 영향을 주거나 줄지도 모르는 다른 정신장애 증상을 위해 심리적 평가와 협력하기(10)

6. 양극성 우울증 치료에 기여하고 있거나 악화시키는 약물 사용의 내력 밝히기(11)

7. DSM 진단과 관련된 구체적 특징, 치료의 효과, 치료적 관계의 특성에 대한 행동적, 정서적, 인지적 정보를 제공하기(12, 13, 14, 15)

6. 앞으로의 학업 훈련을 위한 방향으로 지원하고 지시하기

7. 사회적, 금전적, 자존감 측면에서 이점이 있음을 강조함으로써 교육적, 직업적 훈련을 추구할 수 있도록 내담자를 강화하고 격려하기[또는 Jongsma의 저서 『성인 심리치료 과제 플래너(Adult Psychotherapy Homework Planner)』의 '교육의 이점(The Advantages of Education)'을 참고하기]

8. 학습 양식, 인지적 강점을 확인하고, 학습장애를 진단하거나 배제하기 위해 검사를 실시하거나 또는 내담자를 교육치료사(educational specialist)에게 의뢰하기

9. 교육적 성취 그리고/또는 동기에 영향을 줄 수 있는 의학적 상태 검사를 위해 의사에게 의학적 평가 의뢰하기[예, 갑상선 기능 저하증(hypothyroidism)으로 인한 낮은 수준의 에너지/동기]

10. 주의력 결핍 장애(ADD) 또는 교육적 성취나 동기에 영향을 줄 수 있는 다른 정신 장애(예, 우울, 불안)를 위한 심리적 평가를 수행하거나 의뢰하기

11. 약물 남용 평가를 준비하고 만약 필요하다면 내담자를 치료에 의뢰하기(이 책의 '물질 사용' 챕터 참조)

12. '현재호소문제'에 대한 내담자의 통찰 수준(인정하는 vs. 인정하지 않는) 평가하기(예, 묘사된 행동의 문제적인 특성에 대한 좋은 통찰을 보고하고, 다른 사람들의 걱정에 동의하고, 변화에 대한 동기가 있음; 묘사된 문제와 관련하여 양가성을 보고하고, 걱정으로서 이슈에 대해 마지못

해 다루는 것; 묘사된 문제를 인정하는 것에 저항을 보고하고, 변화하려는 동기 없음)

13. 내담자를 관련된 장애(예, 적대적 반항장애와 ADHD, 불안장애로 인한 우울)에 기반한 연구의 증거로 평가하기. 만약 적절하다면 자살에 대한 취약성을 포함할 수 있음(예, 동반이환 우울증이 명백한 경우 자살 위험이 증가함)

14. 내담자의 현재 '문제행동'에 대해서 설명하는 데 도움을 줄 수 있는 나이, 성별, 혹은 문화적 이슈에 대해서 평가하기. 그리고 내담자의 행동에 대한 더 나은 이해를 제공할 수 있는 요소들에 대해서 평가하기

15. 적절한 치료의 수준을 결정하기 위해 내담자의 기능 장애 수준의 심각성 평가하기(예, 사회적, 관계적, 직업적 시도에서 경도, 중등도, 중증, 최중증의 장애를 야기하는 행동); 치료의 효과뿐만 아니라 지속적으로 장애의 심각성 평가하기(예, 내담자가 더 이상 고도의 장애를 보이지는 않지만 현존하는 문제가 경도 혹은 중도의 손상을 야기)

8. 정신과 약물 평가하기(16, 17, 18)

16. 내담자의 ADD, 혹은 교육적 성취나 동기에 영향을 줄 수 있는 확인된 다른 정신 장애를 치료하기 위해 내담자를 약물 평가에 의뢰하기(예, 우울, 불안)

17. 내담자로 하여금 처방된 정신과 약물을 복용하도록 격려하고, 약물의 효과와 부작용에 대해 보고하도록 하기

18. 내담자가 정신과 약물 처방을 준수하는지, 약물의 효과, 그리고 약물의 부작용에 대해서 관찰하기

9. 평가의 권고사항 실행하기(19)

10. 부모, 교사, 또래로부터 지속되어 온 교육과 관련된 부정적이고, 비판적인 사실과 감정 확인하기(20, 21)

11. 학습 상황과 관련된 감소된 불안과 부정성을 언어화하기(22, 23, 24, 25)

19. 내담자로 하여금 교육적, 심리적, 의학적 평가의 권고사항을 실행하도록 격려하기

20. 내담자로 하여금 그/그녀가 학습 상황에서 교사, 부모, 또래로 부터 경험한 부정적인 메시지를 나열하도록 요구하기. 나열된 메시지들을 치료자와 함께 다루기

21. 읽기 능력, 교육적 성취, 혹은 직업적 능력 부족과 관련된 부끄러움 혹은 수치심에 대한 내담자의 개방을 촉진하기

22. 내담자가 자신의 교육적 수준의 향상을 위해 열심히 노력하고 있는 것을 격려하고 말로 긍정해 주기

23. 내담자에게 이완 기술(예, 점진적 근육이완요법, 심상법, 복식호흡, 깊은 이완을 위한 언어적 신호), 이완과 긴장을 구별하는 방법, 학습 상황에서 다양한 기술을 내담자의 공포와 불안을 다루기 위해 적용하는 방법을 가르치기 [Davis, Robbins-Eshelman과 McKay의 『이완 및 스트레스 감소 워크북(The Relaxation and Stress Reduction Workbook)』참고]

24. 각 회기마다 이완 운동을 매일 최소 15분 진행하고, 기술을 학습 환경에 적용하는 과제 내기; 개선을 위한 올바른 피드백을 제공함으로써 이완 운동 복습하기

25. 내담자에게 관련된 책이나 치료 매뉴얼[예를 들어, Davis, Robbins-Eshelman과 McKay의 『이완 및 스트레스 감소 워크북(The Relaxation and Stress Reduction Workbook)』, Craske와 Barlow의 『불안과 걱정 통달하기 워크북(Mastery of Your Anxiety and Worry: Workbook)』]에서 점진적

근육 이완이나 다른 이완 전략에 대해 읽게
하기

12. 스스로의 학업적, 직업적 강점을 확
    인하기(26)

26. 내담자가 자신의 현실적인 학업적, 직업적
    강점을 찾는 것을 돕기[혹은 Jongsma의 『성
    인 심리치료 과제 플래너(Adult Psychotherapy
    Homework Planner)』의 '내 학업 및 직업적 강점
    (My Academic and Vocational Strengths)'을 하
    게 하기]

13. 교육적인 기회와 능력 수준에 관한
    부정적인 사고를 확인하고 대체하기
    (27, 28, 29)

27. 내담자가 교육이나 자신의 학습 능력과 연합
    된 부정적 자동적 사고를 대체하는 것을 돕기
    위해 인지 재구조화 절차(예를 들어, 생각, 느낌
    그리고 행동의 연결 가르치기, 관련된 자동적 사
    고와 거기에 내재된 신념과 편견을 확인하기, 대
    안적인 긍정적 관점 발전시키기, 행동실험을 통해
    대안적인 관점 발전시키기)를 사용하기

28. 내담자가 가지고 있던 자신의 학습 능력 및
    교육과 연합된 왜곡되고 부정적인 자기대화
    를 대체할 수 있는 긍정적이고 현실에 기반
    한 메시지를 발전시키고 쓸 수 있도록 강화
    하기[혹은 Jongsma의 『성인 심리치료 과제 플래
    너(Adult Psychotherapy Homework Planner)』의
    '공포를 긍정적 메시지로 바꾸기(Replacing Fears
    with Positive Messages)'를 하게 하기]

29. 내담자가 자신의 두려워하는 자기대화를 확
    인하고, 자기대화 속 편견들을 찾고, 대안을
    만들고 행동 실험을 통해 이를 검증하고, 성
    공을 다시 살펴보고 강화하며, 발전할 수 있
    도록 교정적인 피드백을 제공할 수 있는 과
    제[예를 들어, Jongsma의 『성인 심리치료 과제 플
    래너(Adult Psychotherapy Homework Planner)』

의 '자기패배적 생각을 대체하는 일지 작성하기 (Journal and Replace Self-Defeating Thoughts)'] 를 하게 하기

14. 읽기 기술을 습득하기 위한 교육적 지원을 추구하도록 약속하기(30, 31)

30. 내담자의 읽기 결함을 평가하기

31. 내담자를 읽기를 배울 수 있는 곳으로 의뢰하기. 내담자가 따라갈 수 있게 관리하고 촉진하기

15. 다음 단계의 학업적, 직업적 훈련을 받겠다는 약속을 하게 하기(32)

32. 내담자가 다음 단계의 학업적, 직업적 훈련을 받을 수 있도록 이끌어 내기

16. 고등학교, 고졸 학력 인증서(GED), 또는 직업훈련 수업에 등록하기 위한 정보를 얻기 위해 필요한 연락 취하기(33, 34)

33. 내담자에게 성인 교육, 고졸 학력 인증서(GED), 고등학교 졸업, 그리고 직업 기술 훈련을 위해 활용할 수 있는 지역사회의 자원에 대한 정보를 제공하기

34. 내담자가 직업적인 또는 교육적인 훈련을 하는 곳에 사전 연락을 취하고 그 경험에 대해 이야기하게 하기

17. 학위나 직업적인 훈련 코스를 완수하기 위해 수업에 지속적으로 참여하기(35)

35. 내담자가 직업적인 또는 교육적인 수업에 출석하는지 관리하고 지지하기

—. _____
_____

—. _____
_____

—. _____
_____

—. _____
_____

—. _____
_____

—. _____
_____

📝 진단 제안

DSM-IV/ICD-9-CM 사용

축 I :	V62.3	학업적인 문제(Academic Problem)
	V62.2	직업적인 문제(Occupational Problem)
	315.2	쓰기 장애(Disorder of Written Expression)
	315.00	읽기 장애(Reading Disorder)
	_____	_____
	_____	_____
축 II :	V62.89	경계성 지능(Borderline Intellectual Functioning)
	317	경도 정신지체(Mild Mental Retardation)
	_____	_____
	_____	_____

DSM-5/ICD-9-CM/ICD-10-CM 사용

ICD-9-CM	ICD-10-CM	DSM-5 장애, 상태, 문제
V62.3	Z55.9	학업적 또는 교육적 문제(Academic or Educational Problem)
V62.2	Z56.9	고용과 관련된 다른 문제(Other Problem Related to Employment)
315.2	F81.2	쓰기 손상과 관련된 특정 학습장애(Specific Learning Disorder With Impairment in Written Expression)
315.00	F81.0	읽기 손상과 관련된 특정 학습장애(Specific Learning Disorder With Impairment in Reading)
V62.89	R41.83	경계성 지능(Borderline Intellectual Functioning)
317	F70	지적 장애, 경도(Intellectual Disability, Mild)
317	F71	지적 장애, 중도(Intellectual Disability, Moderate)

참고: ICD-9-CM 코드(규정, 규칙, 부호)는 미국에서 2014년 9월 30일까지 코딩(or 부호화) 목적으로 사용됩니다. ICD-10-CM 코드는 2014년 10월 1일부터 사용됩니다. 일부 ICD-9-CM 코드는 하나 이상의 ICD-10-CM 및 DSM-5 장애, 상태 또는 문제와 관련이 있습니다. 또한 일부 ICD-9-CM 장애분류가 중단되어 여러 개의 ICD-9-CM 코드가 하나의 ICD-10-CM 코드로 대체되었습니다. 일부 중단된 ICD-9-CM 코드는 이 표에 나열되지 않습니다. 자세한 내용은 『정신질환의 진단 및 통계 편람』(2013)을 참조하십시오.

The Complete Adult Psychotherapy Treatment Planner

가족 갈등(Family Conflict)

📄 행동적 정의

1. 지속적이거나 빈번한 부모 그리고(혹은) 형제자매와의 갈등
2. 가족 구성원 간의 만남이 거의 혹은 전혀 없어, 가족이 긍정적인 영향이나 지지의 자원이 되지 않음
3. 지나치게 간섭한다는 감정으로 이끄는 방어를 촉진하는 부모의 특징으로, 지속되는 부모와의 갈등
4. 부모와 함께 살고 있고, 독립적으로는 단기간 이상 살 수 없음
5. 부모와 오랜 기간 동안 소통이 부재하고, 자기 자신을 '골칫거리'라고 표현함
6. 양쪽 모두 재혼이며, 재혼 이전 가정의 아이들을 양측에서 모두 데려온 재혼가정임
7. 부모들이 그들의 미성년 자녀들에 대한 양육방식과 스타일에 대해 서로 갈등이 있음

— .
—.
—.

🎯 장기 목표

1. 부모들이 자녀들을 다루는 데 협력과 상호 지지를 향상시키기
2. 독립적인 생활을 준비함으로써 건강한 방식으로 부모로부터 벗어나는 과정을 시작하기
3. 부모와 과거의 갈등을 해결하거나 놓아버리면서 현재의 갈등 수준을 감소시키기
4. 구성원이 서로 지지하고, 돕고, 걱정하는 가족 간의 유대와 화합의 적정한 수준에 도달하기
5. 가족 구성원이 서로 유대가 있는 기능적인 화합된 가족이 되기
6. 가족 그리고(혹은) 권위자와의 소통을 개선하고, 만족을 높이고, 긴장을 감소시키기

— . _____
_____

— . _____
_____

— . _____
_____

⏰ 단기 목표

1. 자신과 부모와의 갈등과 갈등의 원인을 말로 표현하기(1, 2)

2. 갈등을 줄이는 데 중점을 둔 가족치료(family therapy) 회기에 참석하고 참여하기(3, 4)

💬 치료적 중재

1. 가족으로부터의 자율성을 키우기 위하여 내담자 자신의 감정, 생각, 관점을 표현하는 것을 말로 허락하기

2. 내담자의 가족 갈등의 본질과 그들이 인지하는 갈등의 원인에 대해 탐색하기

3. 내담자와 그의 부모가 건강한 의사소통(자제력이 있고 상호적이고 존중하는 생각과 감정의 소통에 초점을 둔), 갈등해결, 독립 과정(emancipation process)의 정상화를 하도록 하는 가족치료 회기를 하기

4. 가족 구성원들에게 서로가 가진 양식의 변화

에 대한 저항이 대개 높으며 그 변화를 위해서는 모든 구성원이 합심하여 노력하는 게 필요하다고 교육하기

3. DSM 진단과 관련된 특징의 평가, 처치의 효과, 치료 관계의 속성에 대한 행동적, 정서적, 태도적 정보를 제공하기(5, 6, 7, 8)

5. '호소문제'에 대한 내담자의 통찰(자아동질적 대 자아이질적) 수준을 평가하기(예, '기술된 행동'의 문제성에 대한 좋은 통찰력을 보여 주고, 타인의 관점에 동의하며, 변화에 대한 동기부여가 되었는지, '기술된 문제'에 대해 양가성을 보이며, 문제를 문제로 제기하기를 꺼려하는지, '기술된 문제'를 인정하는 것에 저항하고, 관심이 없고, 변화에 대한 동기를 보이지 않는지)

6. 필요하다면, 자살취약성(예, 우울 동반이 분명한 경우 자살 위험 증가)을 포함한 연구 기반 공존 장애의 증거를 평가하기(예, ADHD를 동반한 적대적 반항장애, 불안장애를 동반한 우울증)

7. 내담자의 현재 정의되는 '문제행동'을 설명해 주는 데 도움이 되는 나이, 성, 문화와 관련된 문제와 내담자의 행동을 보다 잘 이해할 수 있는 요인들을 평가하기

8. 적절한 돌봄 수준을 결정하는 내담자의 기능 손상의 심각성을 평가하기(예, 사회적, 관계적, 직업적, 노력에서 경도, 중등도, 고도 또는 최고도 손상을 일으킨다고 알려진 행동); 치료의 효과성뿐만 아니라 손상의 심각성을 지속적으로 평가하기(예, 내담자는 더 이상 심각한 손상을 보이지는 않지만, 현재 문제는 경도 또는 중등도 손상을 초래하고 있다.)

4. 가족 갈등에서 자신과 다른 사람들의 역할을 확인하기(9, 10)

9. 내담자가 가족 갈등에서 자신의 역할에 대한 책임을 지지 않을 때 이를 직면하고, 내담자에게 갈등에 기여한 것에 대한 책임을 부여하기

5. 가족 구성원이 가족 역동, 역할 및 기대에 대한 생각과 느낌을 공유함으로써 증진된 개방성을 설명하기(11, 12)

6. 화학적 의존 행동이 가족 갈등 유발에 어떤 역할을 하는지 확인하기(13)

7. 약물 남용 또는 재발을 유발될 때 가족 관계 스트레스에 의해 수행되는 역할에 대해 구두로 설명하고 이해하기(14, 15)

8. 계획적인 활동을 통해 긍정적인 가족 상호작용의 빈도를 증가시키기(16, 17, 18)

10. 고객에게 가족 갈등 해소를 위한 자료를 읽도록 요청하기[예, Bloomfield와 Felder가 쓴 『부모와 화해하기(Making Peace with Your Parents)』]; 갈등해결에서 사용하기 시작하는 '의미를 선택하는 것(selection of concepts)'을 장려하고 관찰하기

11. 구성원, 상호 작용 패턴, 규칙, 가족비밀을 포함한 심리학적 가계도 과정이 형성되는 가족 회기를 실시하기

12. 각 가족 구성원이 보다 기능적인 가족 단위가 되는 것에 대한 우려와 기대를 표명하도록 돕기

13. 내담자 또는 가족 구성원의 화학적 의존성에 대해 평가하고 화학 요법 치료의 필요성을 강조하고 필요하다면 그러한 초점과 관련한 준비하기(이 책의 '물질 사용' 챕터 참조)

14. 내담자가 가족 갈등에서 화학적 의존의 재발을 일으키는 원인을 발견하도록 돕기

15. 내담자에게 화학 물질 의존에 대한 가족 측면의 자료를 읽으라고 요청하기[예, Black이 쓴 『그 일은 나에게 절대로 일어나지 않을 거야(It Will Never Happen to Me)』; Bradshaw가 쓴 『가족(Bradshaw on the Family)』]. 내담자를 촉발시키는 읽기자료에서 나온 주요 가족 문제를 다루기

16. 함께 일하는 기술과 자신감을 키워 주는 가족 교육을 하는 센터에서 체험적 주말(experiential weekend)을 보내도록 가족에게 소개하기(낮거나 높은 로프 코스와 같은 신체적인 자신감과 관련된 수업 참여를 고려하기)

17. 부모에게 긍정적인 육아 방법에 대한 자료 [예, Glenn과 Nelsen이 쓴 『자립적인 아이 키우기(Raising Self-Reliant Children)』; Ginott가 쓴 『부모와 자녀 사이(Between Parent and Child)』; Ginott가 쓴 『부모와 십대 자녀 사이(Between Parent and Teenager)』]를 읽으라고 요청하기; 그들이 읽으면서 얻게 된 주요 개념을 다루기

18. 내담자가 가족과의 화합을 이끄는 긍정적인 가족 활동 목록(예, 볼링, 낚시, 테이블 게임, 작업 프로젝트 수행)을 개발하도록 돕기. 가족 스케줄에 그러한 활동을 계획하기

9. 부모가 가정과 육아에 각각에 어떻게 참여하는지 말하기(19, 20)

19. 부모팀에서 각자 하는 역할과 육아에 대한 자신의 견해를 부모로부터 이끌어 내기

20. 가족 치료 세션에서 우화 〈카인 기르기(Raising Cain)〉 또는 〈신데렐라(Cinderella)〉를 읽고 다루기[Friedman이 쓴 『Friedman의 우화(Friedman's Fables)』 참조]

10. 부모팀이 강화될 수 있는 방법을 찾기(21)

21. 부모가 그들의 '부모팀'에서 강화가 필요한 영역을 확인하도록 돕고, 이 영역을 강화하기 위해 그들과 작업하기[또는 Jongsma가 쓴 『성인 심리치료 과제 플래너(Adult Psychotherapy Homework Planner)』의 '팀으로 부모가 되는 것을 배우기(Learning to Parent as a Team)'를 숙제로 내기]

▽ 11. 부모가 양육에 대한 자녀와의 갈등을 줄이기 위해 효과적인 양육 방법을 배우고 실행하기 (22, 23, 24, 25, 26)

22. 부모들에게 파괴적인 아동 행동을 관리하기 위한 부모 훈련 접근법과 일치하는 자료를 읽으라고 요청하기[예, Kazdin이 쓴 『반항적인 아이를 키우는 카즈딘 교육법(The Kazdin Method for Parenting the Defiant Child)』; Forgatch와 Patterson이 쓴 『함께 사는 부모와 사춘기 자녀

(Parents and Adolescents Living Together: The Basics)』: Forgatch와 Patterson이 쓴 『함께 사는 부모와 사춘기 자녀: 가족 문제 해결하기(Parents and Adolescents Living Together: Family Problem Solving)』 ▽

23. 부모에게 어떻게 아동과의 행동적 상호작용이 아동의 긍정적 또는 부정적 행동을 장려하거나 저지할 수 있는지를 가르치기 위해 부모 관리 훈련 접근법을 설명하고 그러한 상호작용(예, 긍정적 행동을 촉구하고 강화하는 것)의 핵심 요소를 변화시키기[Forgatch와 Patterson이 쓴 『부모 관리 훈련 Oregon 모델(Parent Management Training Oregon Model)』 참조] ▽

24. 부모에게 문제행동을 확인하고 정의하는 것, 행동에 대한 반응을 확인하는 것, 그 반응이 그 행동을 장려하는지 저지하는지 결정하는 것, 문제행동에 대한 대안을 만드는 방법을 가르치기[또는 Jongsma가 쓴 『성인 심리치료 과제 플래너(Adult Psychotherapy Homework Planner)』의 '양육에서 강화 원칙 사용하기(Using Reinforcement Principles in Parenting)'를 숙제로 내기] ▽

25. 부모에게 주요 양육방식들을 지속적으로 실행하는 과제를 내주기. 주요 양육방식들에는 용인될 수 있는 행동과 그렇지 못한 행동에 관해 자녀의 연령에 적합한 현실적인 규칙을 세우는 것, 좋은 행동을 권장하기 위해 정적 강화물을 활용하는 것(예, 칭찬하기, 확실히 효과적인 보상을 제공하기), 차분하고 분명하면서 직접적인 교육을 실시하는 것, 지속되는

문제 행동을 다루기 위하여 타임아웃과 같이 기존의 혜택을 빼앗는 기법을 사용하는 것 등이 포함됨[또는 Jongsma의 저서 『성인 심리치료 과제 플래너(Adult Psychotherapy Homework Planner)』의 '체계적인 양육 계획(A Structured Parenting Plan)'을 과제로 내주기] ▽ᴱᴮᵀ

26. 부모님에게 집에서 할 수 있고 그 결과를 기록할 수 있는 숙제를 내주기[또는 Jongsma, Peterson, McInnis의 『청소년 정신치료 계획(Adolescent Psychotherapy Homework Planner)』에 있는 '명백한 규칙, 긍정적 강화, 적절한 결과(Clear Rules, Positive Reinforcement, Appropriate Consequences)'를 과제로 내기]; 향상되고 적절하며 일관적인 전략을 위한 교정적인 피드백을 제공하면서 과제한 것을 상담 회기 내에서 검토하기 ▽ᴱᴮᵀ

▽ᴱᴮᵀ 12. 고학년(older children)과 청소년들은 화를 다스리고 분쟁없이 문제를 해결하는 것을 통해서 전략 배우기(27, 28)

27. 내담자의 멈추기, 생각하기, 행동하기뿐만 아니라 인지적인 문제해결 능력까지 포함한 분노조절능력을 가르치기 위해서 모델링, 역할극 그리고 행동시연 사용하기; 내담자의 복잡한 삶에 적용할 수 있도록 역할극 하기 ▽ᴱᴮᵀ

28. 내담자의 일상에서 분노조절능력과 문제해결능력을 적용하도록 과제 내주기[또는 Jongsma의 『성인 심리치료 과제 플래너(Adult Psychotherapy Homework Planner)』에 있는 '대인관계 문제에 문제해결 방법 적용하기(Applying Problem-Solving to Inter-personal Conflict)'를 과제로 내기]; 실행한 과제들을 검토하기; 그것을 지속적이고 효율적으로 사용할 수 있도록 교정적 피드백 제공하기 ▽ᴱᴮᵀ

▽ᴱᴮᵀ 13. 공격적이거나 방어적으로 말하는 대신 차분하고 적극적으로 말함으로써 부모님과의 갈등이 해결되는지 확인하기(29, 30)

14. 부모님이 가족 내 구조를 강화하기 (31, 32)

15. 각 가족 구성원은 그림으로 묘사하고 그리고 나서 가족에서 그/그녀의 역할을 묘사하기(33, 34)

16. 가족 구성원들이 새로운 유대감에 대한 욕구와 비전을 보고하기(35, 36, 37)

29. 내담자가 부모님과의 갈등을 해결할 수 있는 적극적인 방법을 개발할 수 있도록 도와주기 위한 역할극, 역할시연, 모델링 그리고 행동시연 사용하기(Alberti와 Emmons의 『Your Perfect Right: Assertiveness and Equality in Your Life and Relationships』를 추천하기) ▽ᴱᴮᵀ

30. 부모님에게 형제간 다툼을 줄일 수 있는 내용을 담고 있는 책을 읽도록 과제를 내주기(예, Kazdin의 『The Kazdin Method for Parenting the Defiant Child』); 책의 주요 내용을 실시하고 자녀들 사이에서 중재하도록 격려하기 ▽ᴱᴮᵀ

31. 부모님이 구조를 만들고 유대감을 증진시키는 가족규칙을 만들 수 있도록 도와주기(예, 저녁식사시간, 자기 전 책 읽기, 주별 가족 활동시간)

32. 같이 밥 먹는 시간 정해 두기, 방문객 제한, 소등시간 정하기, 통화 종료 시간설정, 통금시간, '가족모임' 시간 등을 통한 부모님이 가족 내 구조를 증가시킬 수 있도록 도와주기

33. 모든 구성원이 각자가 그린 가족과의 관계도를 가지고 가족상담하기; 각자에게 그들이 그린 가족관계도를 묘사하고 앨범에 그림을 놓도록 요청하기

34. 가족에게 잡지에서 자른 사진으로 그들의 눈으로 본 '가족'을 표현하는 콜라주를 만들게 하거나 가족의 화합을 나타내는 문장을 만들도록 요청하기

35. 가족상담회기에서 가족에게 소풍이나 활동을 계획하고 실행하는 과제 내주기; 가족과 함께 그 경험을 되돌아보면서 적절한 활동에 긍정적인 강화해 주기

36. 새로운 가족 구성원과 양쪽 가족들의 역사를 들으며 그것이 시각적으로 새로운 가족이 어떻게 연결될지 보여 주는 가계도를 완성하는 상담 실시하기

37. 부모님에게 Fassler, Lash와 Ives의 『Changing Families』를 집에서 가족들과 함께 읽고 그들의 감상을 가족상담회기에서 보고하는 과제를 내주기

17. 가족 안에서 의존을 일으키는 요소를 알아내고 그것을 극복하기 위한 단계를 직접 말하게 하기(38, 39)

38. 내담자에게 자신이 부모님에게 의지하는 방법에 대한 리스트로 만들도록 요청하기

39. 내담자의 부모님에 대한 의존을 높이는 각 요소들에 대해서 그 의존을 낮추기 위한 체계적인 계획 세우기[또는 Jongsma의 『성인 심리치료 과제 플래너(Adult Psychotherapy Homework Planner)』에 있는 '독립으로 한 발짝 내딛기(Taking Steps Toward Independence)'를 과제로 내기]

18. 독립적 기능을 높이기(40, 41)

40. 부모님과 같이 사는 패턴을 지속하는 내담자의 정서적인 의존과 경제적인 책임 회피를 직면하기; 부모님으로부터 건강하고 책임감 있는 독립을 위한 계획 수립하기, 가능하다면 뜻밖의 좋은 이점들을 실행하도록 하기 (예, 직업을 찾고 유지하기, 저금하기, 친구와 어울리기, 자신만의 집 구하기)

41. 가족으로부터 벗어나는 것에 대한 내담자의 공포를 조사하기; 내담자가 스스로 독립할 수 있는 힘을 격려하기[또는 Jongsma의 『성인 심리치료 과제 플래너(Adult Psychotherapy Homework Planner)』에 있는 '나의 힘들을 인정하기(Acknowledging My Strengths)'를 과제로

내기]; 내담자가 두려운 생각을 긍정적인 메시지로 대체하도록 돕기[또는 『성인 심리치료 과제 플래너(Adult Psychotherapy Homework Planner)』에 있는 '공포를 긍정적 메시지로 대체하기(Replacing Fears With Positive Messages)'를 과제로 내기]

— . ＿＿＿＿＿＿＿＿＿＿
＿＿＿＿＿＿＿＿＿＿

— . ＿＿＿＿＿＿＿＿＿＿
＿＿＿＿＿＿＿＿＿＿

— . ＿＿＿＿＿＿＿＿＿＿
＿＿＿＿＿＿＿＿＿＿

— . ＿＿＿＿＿＿＿＿＿＿
＿＿＿＿＿＿＿＿＿＿

— . ＿＿＿＿＿＿＿＿＿＿
＿＿＿＿＿＿＿＿＿＿

— . ＿＿＿＿＿＿＿＿＿＿
＿＿＿＿＿＿＿＿＿＿

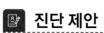 **진단 제안**

DSM-IV/ICD-9-CM 사용

축 I :	313.81	적대적 반항 장애(Oppositional Defiant Disorder)
	312.8	품행 장애(Conduct Disorder)
	312.9	파괴적 행동 장애 NOS(Disruptive Behavior Disorder NOS)
	300.4	기분부전장애(Dysthymic Disorder)
	300.00	불안장애 NOS(Anxiety Disorder NOS)
	312.34	간헐적 폭발성 장애(Intermittent Explosive Disorder)
	303.90	알코올 의존(사용장애)(Alcohol Dependence)
	304.20	코카인 의존(사용장애)(Cocaine Dependence)
	304.80	복합물질 의존(사용장애)(Polysubstance Dependence)
	V71.02	아동청소년 반사회성 행동(Child or Adolescent Antisocial Behavior)
	V61.20	부모자녀 관계 문제(Parent-Child Relational Problem)
	V61.10	파트너 관계 문제(Partner Relational Problem)
	V61.8	형제자매 관계 문제(Sibling Relational Problem)
	———	————————————————
	———	————————————————
축 II :	301.7	반사회성 성격장애(Antisocial Personality Disorder)
	301.6	의존성 성격장애(Dependent Personality Disorder)
	301.83	경계성 성격장애(Borderline Personality Disorder)
	301.9	명시되지 않은 성격장애(Personality Disorder NOS)
	———	————————————————
	———	————————————————

DSM-5/ICD-9-CM/ICD-10-CM 사용

ICD-9-CM	ICD-10-CM	DSM-5 장애, 상태, 문제
300.4	F34.1	지속성 우울장애(기분저하증)(Persistent Depressive Disorder)
300.09	F41.8	명시된 다른 불안장애(Other Specified Anxiety Disorder)
300.00	F41.9	명시되지 않은 불안장애(Unspecified Anxiety Disorder)
312.34	F63.81	간헐적 폭발성 장애(Intermittent Explosive Disorder)
303.90	F10.20	알코올 사용장애, 보통이든 심각하든(Alcohol Use Disorder, Moderate or Severe)
304.20	F14.20	코카인 사용장애, 보통이든 심하든(Cocaine Use Disorder, Moderate or Severe)
301.7	F60.2	반사회성 성격장애(Antisocial Personality Disorder)
301.6	F60.7	의존성 성격장애(Dependent Personality Disorder)
301.83	F60.3	경계성 성격장애(Borderline Personality Disorder)
301.9	F60.9	명시되지 않은 성격장애(Unspecified Personality Disorder)
V61.8	Z63.8	가족 내에서 강하게 표현된 감정 수준(High Expressed Emotion Level Within Family)

참고: ICD-9-CM 코드(규정, 규칙, 부호)는 미국에서 2014년 9월 30일까지 코딩(or 부호화) 목적으로 사용됩니다.
ICD-10-CM 코드는 2014년 10월 1일부터 사용됩니다. 일부 ICD-9-CM 코드는 하나 이상의 ICD-10-CM 및 DSM-5 장애, 상태 또는 문제와 관련이 있습니다. 또한 일부 ICD-9-CM 장애분류가 중단되어 여러 개의 ICD-9-CM 코드가 하나의 ICD-10-CM 코드로 대체되었습니다. 일부 중단된 ICD-9-CM 코드는 이 표에 나열되지 않습니다. 자세한 내용은 『정신질환의 진단 및 통계 편람』(2013)을 참조하십시오.

The Complete Adult Psychotherapy Treatment Planner

여성 성기능 부전(Female Sexual Dysfunction)

행동적 정의

1. 지속적으로 성행위에 대한 기대나 욕망이 매우 낮거나 없다고 보고한다.

2. 상호 간의 보살피고 존중하는 관계 속에서도 모든 성적인 접촉을 강력히 피하거나 거절한다.

3. 성적 쾌락과 흥분(성기의 윤활작용과 발기)과 같은 자연스러운 생리적 반응이 나타나지 않는다.

4. 성행위를 하는 동안 성적 즐거움이나 느낌이 부족하다고 지속적으로 보고한다.

5. 세심한 파트너에 의해 흥분이 일어나고 민감한 성적 즐거움을 느낀 후에도 오르가슴에 다다르지 않거나 지속적인 지연을 경험한다.

6. 성행위를 하기 전, 하는 중, 한 뒤에 성기에 통증이 있다고 진술한다.

7. 성행위를 할 때 질에서 지속적이고 재발하는 무의식적인 경련이 생겨 삽입이 되지 않는다고 보고한다.

— . _____

_____

— . _____

_____

—・ _____
_____

🎯 장기 목표

1. 성행위의 즐거움과 성행위에 대한 욕구를 증가시킨다.

2. 성행위를 하는 동안에 생리적인 흥분을 얻고 이를 유지시킨다.

3. 적절한 시간, 강도 및 성적인 자극에 중점을 둔 오르가슴에 도달하기

4. 통증을 제거하고 성관계 이전, 도중, 또는 이후에 주관적인 쾌감을 얻기

5. 성관계 중 음경의 삽입을 불가능하게 하는 질경련증을 제거하고 성적 즐거움을 편안
   하게 누리기

—・ _____
_____

—・ _____
_____

—・ _____
_____

⏱ 단기 목표

1. 성적 태도, 감정 및 행동에 영향을 미
   친 현재의 문제와 과거의 경험에 대
   한 상세한 성 관련 병력을 제공하기(1,
   2, 3)

🧠 치료적 중재

1. 현재의 성 관련 기능뿐 아니라 유년기 및 청소
   년기의 성 관련 경험, 지식의 수준 및 출처, 성
   행위와 빈도, 병력, 약물 및 알코올 사용, 생활
   습관 요인 등을 고려하여 철저한 생물심리사
   회학적(biopsychosocial) 성 관련 병력 조사를
   실시하기

2. 성에 대한 내담자의 태도와 지식의 정도, 정서
   적 반응, 그리고 기능이상에 요인이 될 수 있
   는 자기대화(self-talk) 평가하기

3. 성에 대한 부정적인 태도, 억압된 감정, 낮은 자존감, 죄책감, 두려움 또는 혐오감과 같은 기능이상에 영향을 미칠 수 있는 가족 관련 요인에 대해 탐색하기[또는 Jongsma의 『성인 심리치료 과제 플래너(Adult Psychotherapy Homework Planner)』의 '부정적인 성 관련 태도에 영향을 미치는 요인들(Factors Influencing Negative Sexual Attitudes)'을 참고하기]

2. 우울증에 대한 어떤 느낌이나 원인에 대해 이야기하기(4)

4. 내담자에게 성기능 이상을 일으킬 수 있는 우울증의 역할을 평가하고 인과관계가 성립하는 경우 치료하기(이 책의 '단극성 우울' 챕터 참조)

3. 성 관련 어려움을 일으킬 수 있는 우울한 감정을 치료하기(5)

5. 우울증 완화를 위해 내담자를 우울증 치료제 처방에 의뢰하기

4. 약물 남용에 대해 솔직하게 보고하고 해결을 위한 치료사의 권고사항에 협조하기(6)

6. 내담자의 기분 변화와 성적 기능에 영향을 미치는 물질 사용/남용을 탐색하기; 약물중심치료 의뢰하기

5. DSM 진단 기준, 치료 효과, 치료관계 특성과 관련된 전문가의 평가를 통해 행동, 감정, 태도 정보를 제공하기(7, 8, 9, 10)

7. '호소문제'를 통해 내담자의 통찰력 수준(자아동질적 vs. 자아이질적)을 평가하기(예, '묘사된 행동'의 문제적인 특성에 대해 좋은 통찰력을 보여 주면, 문제가 되는 특성에 대한 다른 사람의 우려에 동의하고, 그것이 변화를 만드는 동기가 됨; '묘사된 문제'에 대해 양면적인 태도를 보여 주고, '묘사된 문제'를 중요한 일로 다루는 것을 주저함; '묘사된 문제'를 알게 되는 것에 저항하고 걱정할 만한 것이 안 된다고 보고 변화의 동기가 없음)

8. 필요하다면, 자살취약성(예, 우울 동반이 분명한 경우 자살 위험 증가)을 포함한 조사기반 관련 장애 증거를 평가하기(예, ADHD를 동반한 적대적 반항장애, 불안장애를 동반한 우울증)

9. 내담자의 현재 정의되는 '문제행동'을 설명해 주는 데 도움이 되는 나이, 성, 문화와 관련된 문제와 내담자의 행동을 보다 잘 이해할 수 있는 요인들을 평가하기

10. 적절한 돌봄 수준을 결정하는 내담자의 기능 손상의 심각성을 평가하기(예, 사회적, 관계적, 직업적, 노력에서 경도, 중등도, 고도 또는 최고도 손상을 일으킨다고 알려진 행동); 치료의 효과성뿐만 아니라 손상의 심각성을 지속적으로 평가하기(예, 내담자는 더 이상 심각한 손상을 보이지는 않지만, 현재 문제는 경도 또는 중등도 손상을 초래하고 있다.)

6. 커플 내의 갈등, 충족되지 않은 욕구 및 분노를 포함한 관계의 속성에 대해 솔직하게 드러내어 이야기하기(11)

11. 성 관련 문제에 중점을 둘 것인지 혹은 전반적인 관계 문제로 확장시킬 것인지 결정하기 이전에 커플로서의 만족도, 스트레스, 성적 끌림, 소통 및 성 관련 모든 요인을 포함한 관계의 속성을 평가하기[또는 Jongsma의 『성인 심리치료 과제 플래너(Adult Psychotherapy Homework Planner)』의 '당신과 나의 관계에 긍정적, 부정적으로 기여하는 것들(Positive and Negative Contributions to the Relationship)'을 참고하기]

7. 의사의 의학적 평가(complete medical evaluation)에 협조하기; 상담자와 결과에 대해 상의하기(12)

12. 다른 질병 또는 약물로 인한 성기능 이상인지(혈관, 내분비, 약물) 확인하기 위해 의사에게 부인과 검사 및 골반저 근육 조직 평가(예, 성교통의 경우)와 같은 의학적 평가 의뢰하기

8. 성적 문제를 야기하는 약물 또는 질병에 대한 의사의 조언에 협조하기(13)

13. 성적 문제를 야기할 수 있는 약물 사용 및 진단된 질병의 치료에 관해서는 내담자가 의사의 지시를 따를 수 있도록 격려하기

9. 성기능 장애에 영향을 미치는 약물 또는 신체적 질병의 역할에 대한 이해를 언어로 설명하기(14)

▽ 10. 파트너와 함께 섹스 테라피(sex therapy)에 참여하기 또는 파트너가 없다면, 개인적으로라도 참여하기(15)

▽ 11. 성적 문제를 다루는 부분으로서 커플/부부 치료에 참여하기(16)

▽ 12. 성적 기능과 관련된 정확한 정보를 자유롭게 배우고 토론하는 것을 통해 섹슈얼리티(sexuality)에 대한 정확한 지식과 건강한 수용에 대해 설명하기(17, 18)

▽ 13. 성적 관계를 맺는 새로운 방법을 탐색하려는 의지를 언급하기(19, 20)

14. 내담자의 성기능 장애에 영향을 미칠 수 있는 진단된 질병 또는 약물 사용이 기여하는 역할에 대해서 논의하기

15. 커플의 섹스 테라피를 격려하기 혹은 파트너가 없다면 개인적으로 다룰 수 있도록 하기(Wincze의 『Enhancing Sexuality-Therapist Guide』를 보기) ▽

16. 성욕 감소 또는 성적 장애를 뛰어넘는 문제의 경우 섹스 테라피를 커플 테라피의 맥락에서 수행하기(Zimmer의 『Does Marital Therapy Enhance the Effectiveness of Treatment for Sexual Dysfunction?』과 이 책의 '부부/파트너 관계에서의 갈등' 챕터 참조) ▽

17. 서로 자유롭고 존중하면서 여성의 성적 신체 부위와 성적인 생각, 감정, 태도, 행동에 대해 얘기하도록 격려함으로써 커플을 교육하고 탈억제하기 ▽

18. 내담자가 그녀의 성적인 사고, 감정, 행동에 대하여 긍정적이고 자유롭고 아는 것이 많을 수 있게 말할 수 있도록 강화하기 ▽

19. 내담자와 그녀의 파트너가 갈등해결, 정서 표현, 성 교육에 집중하는 공동 회기를 지시하기 ▽

20. 내담자에게 정확한 성적인 정보를 제공하고/또는 탈억제하고 성감각 집중을 강화하는 성적 연습을 서술한 책을 과제로 내주기(예, MaCarthy와 McCarthy의 『Sexual Awareness: Your Guide to Healthy Couple Sexuality』; Penner와 Penner의 『The Gift of Sex』; Barbach의 『For Each Other: Sharing Sexual Intimacy』) ▽

▽ 14. 분위기, 하루 중의 시간, 주변 환경과 같은 성적 흥분(sexual arousal)에 유의하게 영향을 미치는 조건과 요인을 나열하기(21)

▽ 15. 성행위(sexual activity) 중에 부정적 정서 반응을 유발하는 부정적 인지 메시지를 확인하고 대체하기(22, 23, 24)

▽ 16. 상담자에 의해 지시된 자위(directed masturbation)와 감각집중훈련(sensate focus exercise)을 혼자 또는 파트너와 함께 연습하기. 그리고 이 활동과 관련된 느낌들을 공유하기(25, 26, 27)

21. 성적 각성에 유의하게 영향을 미치는 조건이나 요인을 나열하도록 커플에게 과제로 내주기; 앞서 나열한 성적 각성을 유도하는 환경을 만드는 항목을 실행하기 ▽

22. 성행위 이전이나 도중, 이후에 내담자의 수치심, 두려움, 분노, 슬픔과 같은 부정적 정서를 유발하는 자동적 사고를 규명하기 ▽

23. 역기능적인 자동적 사고를 대체할 수 있고 기쁨, 이완, 탈억제를 중재할 건강한 대안적 사고를 찾을 수 있도록 내담자를 지지하기 ▽

24. 역기능적 신념과 정서에 직면하는 행동적 변화를 취하도록 내담자를 지원하기; 만약 필요하다면, 현재의 역기능적 성적 신념으로 이어져 온 발달적 영향에 대한 이해를 향상시키고 혹은 변화의 장단점에 대하여 논의하기 ▽

25. 성불감증과 관련해서는 성적인 각성을 최고조로 높일 수 있도록 설계된 자위 행동을 내담자에게 지시하기; 내담자의 수행 불안을 줄여 주고 신체 흥분 감각 경험에 집중하는 파트너와 함께하는 성적 즐거움 훈련(sexual pleasuring exercises)의 단계를 점진적으로 내담자에게 부여하기 ▽

26. 성욕 감소와 관련해서 자위 훈련(masturbatory training)을 포함하고 있는 오르가슴 지속 훈련(Orgasm Consistency Training), 감각 집중(sensate focus), 남성 자기 통제 기술(male self-control technique), 성교 체위 정렬 기술(coital alignment technique)을 수행하기(Hurlbert, White와 Powell의 『Orgasm Consistency Training』을 참고하기) ▽

27. 회기에서 이루어진 기술 훈련과 교육을 보충하기 위해 읽을거리를 과제로 내주기(예, Wincze의 『Enhacing sexuality-Client Workbook』; McCarthy와 McCarthy의 『Rekindling Desire』; Heiman과 LoPiccolo의 『Becoming Orgasmic: A Sexual and Personal Growth Program for Women』; Herbenick의 『Because It Feels Good: A Woman's Guide to Sexual Pleasure and Satisfaction』) ▽

▽ 17. 점진적이고 자기 통제적인 질삽입 단계를 파트너와 함께 보고 하기(28, 29, 30)

28. 탈억제를 줄이고 성행위와 관련된 부정적인 정서적 반응을 둔감화하는 신체 탐색과 자각 훈련을 과제로 내주기 ▽

29. 질삽입과 관련된 이완과 성공을 강화하는 질 확장 기구나 자위를 사용하도록 내담자에게 지시하기 ▽

30. 생식기 자극(genital stimulation) 수준을 조절하고, 질삽입(vaginal penetration)을 천천히 늘려 갈 수 있도록 내담자의 성 파트너에게 지시하기[Jongsma의 『성인 심리치료 과제 플래너(Adult Psychotherapy Homework Planner)』 중에서 'Journaling the Response to Nondemand, Sexual Pleasuring(Sensate Focus)' 참고하기] ▽

18. 종교 교육(religious training)을 포함해 가정의 양육이 성적 사고, 감정, 행동들에 어떤 방식으로 부정적인 영향을 주었는지 말하기(31, 32)

31. 성에 대한 부정적인 태도를 학습하는 데 있어 내담자의 원가족이 어떤 방식으로 역할을 했는지 탐색하기[Jongsma의 『성인 심리치료 과제 플래너(Adult Psychotherapy Homework Planner)』에서 'Factors Influencing Negative Sexual Attitudes'를 참고하기]; 통찰과 변화를 목표로 진행하기

32. 내담자의 성적 행동 및 사고에 대한 죄책감과 수치심을 강화한 종교적인 교육의 역할을 탐색하기; 통찰과 변화 목표에 따라 문제를 다루기

19. 성적인 트라우마나 학대 경험과 관련한 감정의 해소(resolution)를 말로 표현하기(33, 34)

33. 성적 트라우마 또는 학대의 경험과 관련한 내담자의 발달사 살피기

34. 성적인 장면(arena)에서 나타나는 정서적인 트라우마를 둘러싼 내담자의 감정을 다루기(이 책의 '성폭력 피해자' 챕터 참조)

20. 유년기의 성역할 모델이 준 영향에 대한 이해를 말로 표현하기(35)

35. 내담자가 유년기와 청소년기에 경험한 성역할 모델들을 탐색하고, 그것이 내담자의 태도와 행동에 어떻게 영향을 미쳤는지에 대해 알아보기

21. 이전 친밀한 관계에서의 실패 경험과 현재의 두려움 사이의 관련성을 말로 표현하기(36)

36. 친밀한 관계를 둘러싼 내담자의 두려움과 반복되는 관계에서의 실패에 어떤 단서가 있는지 탐색하기

22. 불륜 관계(secret affair)를 둘러싼 감정에 대해 논의하고 그 관계를 끊겠다는 결심을 하기(37, 38)

37. 내담자의 파트너와 함께 그녀의 성적인 기능 장애를 가져오는 성적인 불륜 관계가 있는지 탐색하기

38. 파트너에게 (불륜처럼) 부정직하고 신의를 위반함으로써 내적 갈등을 낳는 관계들 중 하나를 끊는 결정을 다루기

23. 만약에 동성애가 존재한다면, 동성애에 대한 매력을 인정하고 의논하기(39)

39. 내담자가 이성에 무관심하고, 동성에 관심을 가지는 것에 대해 탐색하기[Jongsma의 『성인 심리치료 과제 플래너(Adult Psychotherapy Homework Planner)』에서 'Journal of Sexual Thought, Fantasies, Conflicts'를 참고하기]

24. 성기능을 방해하는 낮은 자존감 이슈를 논의하고, 긍정적인 자아상을 말로 표현하기(40)

40. 성관계를 피하도록 만드는 성적 파트너로서의 무능감에 대한 내담자의 두려움을 탐색하기

25. 파트너가 성적으로 너무 적극적이거나 비판적이라고 인식되어 파트너에 대해 두려운 감정을 갖게 되는 것에 대해 서로 이야기하기(41)

26. 긍정적인 신체 이미지를 말로 표현하기(42, 43)

27. 즐거움과 만족감을 높일 수 있는 새로운 성행위 체위나 환경을 만들기(44, 45)

28. 성적인 욕구, 감정, 기대, 행동을 공유하고, 더 관능적으로 행동하고 쾌락을 표현하도록 하는 자신감 있는 행동을 하기(46, 47)

41. 자신의 파트너가 너무 성적으로 공격적이라고 인식하게 만드는 내담자의 두려움에 대한 감정을 탐색하기

42. 그녀의 신체에 대한 장점 목록을 과제로 내기; 비현실적인 왜곡이나 비난하는 말에 맞서기[Jongsma의 『성인 심리치료 과제 플래너(Adult Psychotherapy Homework Planner)』에서 'Study Your Body–Clothed and Unclothed'를 참고하기]

43. 그녀의 신체 이미지와 관련되고, 부정적인 인식을 일으키게 한 원인에 대해 초점을 맞춘 내담자의 감정을 탐색하기

44. 내담자에게 정확한 성에 대한 정보를 제공하기. 그리고/또는 성적인 관능에 대한 집중을 강화하고 억제하지 않도록 하는 성행위를 알려 주는 책을 참고하기(예를 들어, McCarthy와 McCarthy의 『Sexual Awareness』; Penner와 Penner의 『The Gift of Sex』; Barbach의 『For Each Other: Sharing Sexual Intimacy』 등)

45. 내담자가 안전하다고 느끼면서도, 흥분하고, 만족스러움을 높이는 성행위 체위나 플레이를 실험해 볼 것을 제안하기

46. 내담자가 파트너와 함께 신체의 즐거움을 주는 행위를 할 것을 과제로 내면서 성적인 행위에 대해 덜 금지하고, 덜 위축될 수 있도록 하기

29. 성적인 관심이나 행동과 관련된 스트레스를 줄일 수 있도록 갈등을 해결하고, 대처전략 개발하기(48)

30. 성행위의 즐거움이나 증가된 성행위에 대한 욕구를 말로 표현하기(49, 50)

47. 내담자에게 파트너와의 성관계 중에 자기주장을 잘하고, 관능적으로 도발하며, 억제되지 않고 자유분방하게 행동하는 역할을 점진적으로 시도해 볼 것을 권유하기

48. 내담자가 성적인 기대나 행위에 집중하지 못하게 하는 일, 가족 관계, 사회적 관계와 같은 스트레스 지점(area)을 살펴보기(이 책의 '불안' '가족 갈등' '직업적 스트레스' 챕터 참조)

49. 내담자가 성행위의 즐거움과 욕구를 표현하도록 하기

50. 내담자가 예전에는 요구하거나 의논하는 것에 대해 주저했었지만 이제는 기꺼이 건강한 성행위에 참여하게 된 지점을 탐색하기; 회기 안에서나 그녀의 파트너가 이런 행동을 가져오는 개방성, 정직성을 격려하기

____. _____
_____

____. _____
_____

____. _____
_____

📝 진단 제안

DSM-IV/ICD-9-CM 사용

축 I:		
	302.71	성욕감퇴장애(Hypoactive Sexual Desire Disorder)
	302.79	성혐오장애(Sexual Aversion Disorder)
	302.72	여성 성도착 장애(Female Sexual Arousal Disorder)
	302.73	여성 극치감 장애(Female Orgasmic Disorder)
	302.76	성교통(Dyspareunia)
	306.51	질경련(Vaginismus)
	995.53	아동의 성적 학대(Sexual Abuse of Child, Victim)
	625.8	축 III에 따른 여성성욕감퇴장애(Female Hypoactive Sexual Desire Disorder Due to Axis III disorder)
	625.0	축 III에 따른 여성성교통(Female Dyspareunia Due to Axis III disorder)
	302.70	달리 명시되지 않는 성기능 부전(Sexual Dysfuntion NOS)
	――――	――――――――――――――――――――――――――
	――――	――――――――――――――――――――――――――

DSM-5/ICD-9-CM/ICD-10-CM 사용

ICD-9-CM	ICD-10-CM	DSM-5 장애, 상태, 문제
302.71	F52.22	여성 성적 관심/흥분 장애(Female Sexual Interest/Arousal Disorder)
302.73	F52.31	여성 극치감 장애(Female Orgasmic Disorder)
302.76	F52.6	성기-골반통증/삽입 장애(Genito-Pelvic Pain/Penetration Disorder)
995.53	T74.22XA	아동 성적 학대, 확인됨, 초기대면(Child Sexual Abuse, Confirmed, Initial Encounter)
995.53	T74.22XD	아동 성적 학대, 확인됨, 후속대면(Child Sexual Abuse, Confirmed, Subsequent Encounter)
302.70	F52.9	명시되지 않는 성기능 부전(Unspecified Sexual Dysfunction)

참고: ICD-9-CM 코드(규정, 규칙, 부호)는 미국에서 2014년 9월 30일까지 코딩(or 부호화) 목적으로 사용됩니다. ICD-10-CM 코드는 2014년 10월 1일부터 사용됩니다. 일부 ICD-9-CM 코드는 하나 이상의 ICD-10-CM 및 DSM-5 장애, 상태 또는 문제와 관련이 있습니다. 또한 일부 ICD-9-CM 장애분류가 중단되어 여러 개의 ICD-9-CM 코드가 하나의 ICD-10-CM 코드로 대체되었습니다. 일부 중단된 ICD-9-CM 코드는 이 표에 나열되지 않습니다. 자세한 내용은 『정신질환의 진단 및 통계 편람』(2013)을 참조하십시오.

재정적 스트레스(Financial Stress)

행동적 정의

1. 지불 능력을 초과하는 부채 및 연체 청구서(신용카드, 이자)
2. 실업으로 인한 소득 상실
3. 고용 상태의 변화로 인한 소득 감소
4. 돈 관리와 필요한 지출 및 저축 목표의 정의에 대한 배우자와의 충돌
5. 생활비를 충당할 만큼 소득이 충분하지 않다는 것에 대한 낮은 자존감과 절망감
6. 과도한 부채로 이어진 장기적인 자금 운용 규제 부족
7. 갚아야 할 빚이 지불할 수 있는 능력을 초과하는 통제할 수 없는 위기(예, 의료비용, 해고)의 발생
8. 매달 지불하는 대출금을 갚지 못해 집을 압류당할 것에 대한 두려움
9. 최종적인 재정 결과를 고려하지 않은 충동적인 지출 패턴

— . _____
_____

— . _____
_____

— . _____
_____

🎯 장기 목표

1. 수입을 초과하지 않도록 소비 패턴을 바꾸기
2. 빚을 없애는 방법으로 재정적인 위기를 해결하기
3. 돈이 드는 물건을 소유하거나 어떤 일을 할 수 있는 능력과 연관되지 않는 새로운 자 기가치감을 얻기
4. 과도한 지출로 이어질 수 있는 개인적인 욕구, 불안전감, 불안을 이해하기
5. 직접적으로 또는 간접적으로 부채를 무책임하게 증가시키는 개인적 충동, 갈망 및 욕 망을 통제하기 위한 내적인 힘을 얻기

— . _____
_____
— . _____
_____
— . _____
_____

⏰ 단기 목표

1. 현재 재정 상황의 세부 사항을 기술하 기(1, 2, 3)

2. 과도한 부채의 원인을 분리하기(4)

👥 치료적 중재

1. 그 주제가 죄책감, 수치심 및 당혹감을 유발할 수 있다는 사실에 대해 공감적이고 따뜻하며 민감하게 반응하며 지지적이고 비판단적인 환경을 내담자에게 제공하기
2. 내담자의 현재 재정 상황을 알아보기
3. 내담자가 재정적 의무사항에 대하여 완전한 목록을 작성하도록 돕기
4. 내담자의 지출 내역을 검토함으로써 비난을 투사하거나 변명을 하지 않고, 금융 위기의 원 인을 확인하도록 돕기

3. 재정 상태와 관련된 우울감, 절망감, 수치심을 언어로 표현하기(5, 6)

4. 재정적 스트레스에 동반될 수 있는 자살 충동을 기술하기(7)

5. 충동적인 지출을 야기하는 개인적 특성을 확인하기(8, 9)

6. 재정적인 무책임에 기여하는 자신이나 가족 구성원의 약물 남용 문제를 솔직하게 기술하기(10, 11)

7. DSM 진단과 관련된 구체적 특징, 치료의 효과, 치료적 관계의 특성에 대한 행동, 정서, 사고방식의 정보를 제공하기(12, 13, 14, 15)

5. 재정 위기와 관련된 절망감이나 무력감에 대한 내담자의 감정을 탐색하기

6. 재정 위기에 대한 내담자의 낙담의 깊이 또는 심각성 평가하기

7. 자살 행동에 대한 내담자의 잠재적 위험을 평가하기. 필요한 경우 내담자의 안전을 보장하기 위한 조치를 취하기(이 책의 '자살 사고' 챕터 참조)

8. 낮은 자존감, 다른 사람에게 깊은 인상을 주고자 하는 욕구, 불필요하고 부당한 지출을 가속화할 수 있는 우울감, 외로움의 증거에 대하여 탐색하기

9. 양극성 장애의 특징이자 조증 상태에서의 손상된 판단력으로 부주의한 지출을 하게 되는 내담자의 기분 변화를 평가하기

10. CAGE나 미시건 알코올 스크리닝 테스트(Michigan Alcohol Screening Test)의 약물 남용에 대한 질문을 사용하여 과도한 알코올이나 다른 약물 사용에 대해 내담자를 조사하기(이 책의 '물질 사용' 챕터 참조)

11. 내담자의 가족이나 중요한 타자가 술이나 마약을 사용할 가능성이 있는지 조사하기

12. '호소문제'에 대한 내담자의 통찰(자아동질적 대 자아이질적) 수준을 평가하기(예, '기술된 행동'의 문제성에 대한 좋은 통찰력을 보여 주고, 타인의 관점에 동의하며, 변화에 대한 동기부여가 되었는지, '기술된 문제'에 대해 양가성을 보이며, 문제를 문제로 제기하기를 꺼려하는지, '기술된 문제'를 인정하는 것에 저항하고, 관심이 없고, 변화에 대한 동기를 보이지 않는지)

13. 적절한 경우(예, 우울증과 공존성이 명확할 때 자살이 증가하는 것), 자살에 대한 취약성을 포함하여 연구에 기반한 상호 관련 장애(예, ADHD이면서 적대적 반항장애, 불안장애 이후 나타나는 우울증)에 대한 증거에 대하여 내담자를 평가하기

14. 내담자의 현재 정의되는 '문제행동'을 설명해 주는 데 도움이 되는 나이, 성, 문화와 관련된 문제와 내담자의 행동을 보다 잘 이해할 수 있는 요인들을 평가하기

15. 적절한 돌봄 수준을 결정하는 내담자의 기능 손상의 심각성을 평가하기(예, 사회적, 관계적, 직업적, 노력에서 경도, 중등도, 고도 또는 최고도 손상을 일으킨다고 알려진 행동); 치료의 효과성뿐만 아니라 손상의 심각성을 지속적으로 평가하기(예, 내담자는 더 이상 심각한 손상을 보이지는 않지만, 현재 문제는 경도 또는 중등도 손상을 초래하고 있다.)

8. 돈을 소비하는 방법을 통제하는 우선순위를 확인하기(16, 17)

16. 내담자가 자신의 돈을 어떻게 쓸지에 대한 방향성을 제공하는 우선순위 목록을 열거하도록 내담자에게 요청하기; 우선순위를 다루기

17. 내담자의 지출 내역을 검토하여 우선순위와 가치가 잘못된 소비를 만들어 내고 있음을 확인하기

9. 원가족의 금전 관리를 기술하기(18)

18. 내담자 원가족의 소득, 저축, 지출 패턴이 그의 현재 재정적 결정에 어떻게 영향을 주는지 초점을 두고 탐색하기

10. 복지지원을 신청하기 위해 지역사회 기관 직원을 만나기(19, 20, 21)

19. 파산을 신청하기 위해 내담자의 필요를 검토하고, 복지에 지원하거나 신용상담을 받기

20. 복지지원을 얻고 초라한 지원 과정을 시작하는 내담자를 지원하기 위해 내담자를 적절한 교회 혹은 지역사회 자원으로 안내하기

21. 압류를 피하기 위해 내담자를 정부 주택 구입자/주택소유자 지원프로그램(government home-buyers/homeowners assistant programs)에 의뢰하기(예, http://www.usa.gov/shopping/realestate/mortgages/mortgages.shtml)

11. 수입과 지출에 맞춰 예산을 짜기(22, 23)

22. 재정 계획이 필요하다면, 전문 설계자에게 의뢰하거나, 파트너에게 현재의 예산과 장기적인 저축/투자 계획을 쓰도록 요청하기 [Jongsma의 저서 『성인 심리치료 과제 플래너(Adult Psychotherapy Homework Planner)』의 '예산 계획하기(Plan a Budget)' 혹은 Lawrence의 저서 『The Budget Kit: The Common Cents Money Management Workbook』을 과제로 내주기]

23. 내담자의 예산이 합리적인지, 수입과 지출이 딱 맞아떨어지는지 검토하기

12. 예산관리와 합리적인 상환 계획을 위해 채권자에게 연락하는 데 도움을 얻기 위해 신용상담사와 만나기(24, 25)

24. 빚 상환 예산계획을 세우기 위해 내담자를 비영리, 무료 신용상담 서비스에 의뢰하기

25. 내담자가 모든 신용 상담 회기에 참여하도록 격려하기. 예산 가이드라인에 따라 소비를 조절하는 자기훈련을 하도록 내담자를 격려하기

13. 파산 서류 관련하여 결정을 내리는 데 도움을 얻기 위해 변호사를 만나기(26)

26. 파산 서류 관련하여 실행가능성과 결과에 대해 논의하도록 내담자를 변호사에게 의뢰하기

14. 수입수준을 올리기 위해 구직활동에 대한 계획을 언어로 표현하기(27, 28)

27. 수입을 증가시키기 위해, 보수로부터 수입을 검토하기. 또한 브레인스토밍방식으로 내담자의 수입을 검토하기(예, 추가 파트타임 취업, 월급을 더 많이 주는 직업, 직업 훈련)

28. 내담자가 구직을 위한 계획을 세울 수 있도록 돕기[또는 Jongsma의 저서 『성인 심리치료 과제 플래너(Adult Psychotherapy Homework Planner)』의 '구직 활동 계획(A Vocational Action Plan)'을 과제로 내주기]

15. 파트너와 함께 재정 목표를 세우고, 예산을 결정하기. 재정 문제에 대해 동등한 노력과 균형이 잡힌 통제를 허용하기(29, 30)

29. 내담자가 파트너와 함께 세운 재정 계획을 격려하기

30. 타협, 책임감 있는 계획 및 파트너를 존중하는 협력을 반영하는 재정 관리의 변화를 강화하기

16. 매주/매달 재정 수입과 비용을 기록하기(31, 32)

31. 내담자가 수입과 지출기록을 매주/매달 기록하도록 격려하기; 내담자의 매주 기록을 검토하기 그리고 내담자의 책임감 있는 재정 의사결정을 강화하기

32. 내담자의 빚 해결을 행한 진척에 대해 칭찬과 지속적인 격려를 제공하기; 내담자에게 Ramsey의 『The Total Money Makerover: A Proven Plan for Financial Fitness』를 읽도록 추천하기

17. 불필요하고 감당할 수 없는 구매를 하려는 충동을 통제하기 위한 인지적이고 행동적인 전략을 사용하기 (33, 34, 35, 36)

33. 합리적인 한계 이상으로 소비하려는 내적 유혹에 저항하는 상황에 대해 역할놀이하기. 훈련하는 자신을 칭찬하는 긍정적인 자기대화를 강조하기

34. 자신이 지불할 수 없는 소비를 하도록 하는 외부 압력에 저항하는 상황에 대해 역할놀이하기(예, 친구의 골프 초대 혹은 쇼핑 초대, 아이의 장난감 요구), 요구를 거절하는 데 있어서 상냥하게 단호해지는 것을 강조하기

35. 내담자에게 각 구매를 하기 전에 자신에게 질문하는 인지전략을 가르치기: 이 구매가 절

대적으로 필요한 것인가? 우리가 이것을 지불할 수 있는가? 빚을 지지 않고 이것을 지불할 수 있는 현금을 우리가 가지고 있는가?

36. 내담자에게 충동구매를 피하게 하기 위해 모든 구매 전에 하루(24시간) 동안 생각을 할 수 있도록 미루고, 사기로 한 목록리스트에서만 사도록 촉구하기[Jongsma의 저서 『성인 심리치료 과제 플래너(Adult Psychotherapy Homework Planner)』의 '충동적인 행동 일지(Impulsive Behavior Journal)'를 과제로 내주는 것을 고려해 보기]

18. 불필요한 소비를 하려는 충동을 성공적으로 통제한 예들을 보고하기 (37, 38)

37. 과소비 충동을 저항하려는 내담자의 모든 보고들을 격려하고 칭찬하며 강화하기

38. 통제된 소비를 강화하고, 지속적인 협력을 모두로부터 약속받기 위해 가족치료회기 혹은 공동회기를 갖기

___. _____   ___. _____
   _____   _____
___. _____   ___. _____
   _____   _____
___. _____   ___. _____
   _____   _____

📝 진단 제안

DSM-IV/ICD-9-CM 사용

축 I :		
	309.0	우울 기분 수반 적응장애(Adjustment Disorder with Depressed Mood)
	296.4x	제I형 양극성 장애, 가장 최근의 조증 삽화(Bipolar I Disorder, Manic)
	296.89	제II형 양극성 장애(Bipolar II Disorder)
	296.xx	주요우울장애(Major Depressive Disorder)
	——	————————————————
	——	————————————————
축 II :		
	301.83	경계성 성격장애(Borderline Personality Disorder)
	301.7	반사회성 성격장애(Antisocial Personality Disorder)
	799.9	축II의 진단이 보류됨(Diagnosis Deferred)
	V71.09	축II에 해당되는 진단이 없음(No Diagnosis)
	——	————————————————
	——	————————————————

DSM-5/ICD-9-CM/ICD-10-CM 사용

ICD-9-CM	ICD-10-CM	DSM-5 장애, 상태, 문제
309.0	F43.21	적응장애, 우울 기분 동반(Adjustment Disorder, With Depressed Mood)
309.24	F43.22	적응장애, 불안 동반(Adjustment Disorder, With Anxiety)
296.4x	F31.1x	제I형 양극성 장애, 현재 또는 가장 최근 조증 삽화(Bipolar I Disorder, Manic)
296.89	F31.81	제II형 양극성 장애(Bipolar II Disorder)
296.xx	F32.x	주요우울장애, 단일 삽화(Major Depressive Disorder, Single Episode)
296.xx	F33.x	주요우울장애, 재발성(Major Depressive Disorder, Recurrent Episode)
301.83	F60.3	경계성 성격장애(Borderline Personality Disorder)
301.7	F60.2	반사회성 성격장애(Antisocial Personality Disorder)

참고: ICD-9-CM 코드(규정, 규칙, 부호)는 미국에서 2014년 9월 30일까지 코딩(or 부호화) 목적으로 사용됩니다. ICD-10-CM 코드는 2014년 10월 1일부터 사용됩니다. 일부 ICD-9-CM 코드는 하나 이상의 ICD-10-CM 및 DSM-5 장애, 상태 또는 문제와 관련이 있습니다. 또한 일부 ICD-9-CM 장애분류가 중단되어 여러 개의 ICD-9-CM 코드가 하나의 ICD-10-CM 코드로 대체되었습니다. 일부 중단된 ICD-9-CM 코드는 이 표에 나열되지 않습니다. 자세한 내용은 『정신질환의 진단 및 통계 편람』(2013)을 참조하십시오.

The Complete Adult Psychotherapy Treatment Planner

미해결된 애도/상실(Grief/Loss Unresolved)

📄 행동적 정의

1. 집중력 저하, 시도 때도 없이 쏟아지는 눈물, 미래에 대한 혼란스러운 감정을 동반한 상태로 상실에 대한 생각에 사로잡힌다.

2. 삶에서 연속적으로 발생한 상실(예, 사망, 이혼, 실직)이 우울과 좌절로 이어진다.

3. 상실에 대해 논의할 때 강렬한 슬픔의 정서적 반응이 드러난다.

4. 상실 이후에 식욕 부진, 체중 감소, 불면증 및 다른 우울 징후가 나타난다.

5. 중요한 타자의 죽음에 대해 자신이 충분히 해 준 것이 없다고 생각하는 죄책감 또는 중요한 타자의 죽음에 자신이 책임이 있다는 비합리적인 믿음

6. 상실에 대해 표면적인 수준 이상은 말하지 않으려고 피한다.

7. 이사 등으로 살던 지역을 떠나 긍정적인 지지를 주는 인간관계를 상실

— . _____

_____

— . _____

_____

— . _____

_____

🎯 장기 목표

1. 상실에 대해 건강한 애도 작업을 시작하기
2. 애도를 회피하는 것이 삶에 어떻게 영향을 주는지에 대한 인식을 발달시키고 치유 작업을 시작하기
3. 세상을 떠난 중요한 타자를 보내 주는 작업을 완수하기
4. 오래된 인간관계에 다시 참여하고, 새로운 사람들과 관계를 만들기 시작함으로써 상실감을 해소하기

— . _____
  _____
— . _____
  _____
— . _____
  _____

🕐 단기 목표

1. 증상을 촉발시키는 현재의 상실에 대해 상세하게 말하기(1, 2, 3, 4)

😧 치료적 중재

1. 이야기를 털어놓을 수 있는 안전한 환경을 만들고, 개인 상담 회기 중에 내담자가 자신의 생각과 감정을 알아차리고 표현할 수 있는 능력을 향상시킬 수 있도록 지속적인 눈맞춤, 적극적인 경청, 무조건적 긍정적 존중, 따뜻한 수용을 통해 적극적으로 내담자와의 신뢰 수준을 높여 나가기
2. 내담자가 최근에 경험한 상실에 대한 상세한 이야기를 할 수 있도록 격려하기 위해 공감(empathy), 연민(compassion), 정서적 지지(support)를 활용하기
3. 상실의 특성(예, 종류, 갑작스러운 정도, 트라우마), 상실을 경험하기 이전의 기능 수준, 현재

의 기능 수준, 대처 방식을 평가하기

4. 내담자가 상담을 '강요'받기보다 스스로 선택한 상담을 받을 수 있다는 것을 확실하게 하기; 내담자가 상담을 강요받는다는 느낌을 받았다고 말한다면 상담이 내담자가 선택한 것이었음을 분명히 하기

2. 상실의 결과로 유발된 슬픔 이상의 이슈를 말하는 심리치료에 참여하기 (5)

5. 내담자가 상실 경험에 대해 만성적인 슬픔, 복합적인 슬픔, 또는 2차적으로 더 심각한 임상적 증상(예, 우울, GAD, PTSD)을 보이는지를 평가하고, 적절한 증거기반 상담을 실시하거나 의뢰하기(이 책에서 관련 챕터 참조)

3. 약물의 사용이 상실과 관련된 감정을 피하는 데에 있어 어떻게 도움이 되는지 확인하기(6, 7)

6. 약물 남용이 내담자를 상실의 고통이나 죄책감으로부터 벗어나게 하는 역할을 하는지에 대해 평가하기

7. 내담자가 약물에 의존하지 않은 상태에서 슬픔(grief)을 맞이할 수 있도록 약물 의존 치료(chemical dependence treatment)를 준비하기 (이 책의 '물질 사용' 챕터 참조)

4. DSM 진단과 관련된 구체적 특징, 치료의 효과, 치료적 관계의 특성에 대한 행동, 정서, 사고방식의 정보를 제공하기(8, 9, 10, 11)

8. '호소문제'에 대한 내담자의 통찰(자아동질적 대 자아이질적) 수준을 평가하기(예, '기술된 행동'의 문제성에 대한 좋은 통찰력을 보여 주고, 타인의 관점에 동의하며, 변화에 대한 동기부여가 되었는지, '기술된 문제'에 대해 양가성을 보이며, 문제를 문제로 제기하기를 꺼려하는지, '기술된 문제'를 인정하는 것에 저항하고, 관심이 없고, 변화에 대한 동기를 보이지 않는지)

9. 적절하다면, 자살취약성(예, 우울 동반이 분명한 경우 자살 위험 증가)을 포함한 조사기반 관련 장애 증거를 평가하기(예, ADHD를 동반한 적대적 반항장애, 불안장애를 동반한 우울증)

10. 내담자의 현재 정의되는 '문제행동'을 설명해 주는 데 도움이 되는 나이, 성, 문화와 관련된 문제와 내담자의 행동을 보다 잘 이해할 수 있는 요인들을 평가하기

11. 적절한 돌봄 수준을 결정하는 내담자의 기능 손상의 심각성을 평가하기(예, 사회적, 관계적, 직업적, 노력에서 경도, 중등도, 고도 또는 최고도 손상을 일으킨다고 알려진 행동); 치료의 효과성뿐만 아니라 손상의 심각성을 지속적으로 평가하기(예, 내담자는 더 이상 심각한 손상을 보이지는 않지만, 현재 문제는 경도 또는 중등도 손상을 초래하고 있다.)

5. 상실의 경험을 더 잘 이해하고 소망을 증진시킬 수 있도록 애도와 관련된 주제의 책 읽기(12, 13)

12. 애도나 상실과 관련된 책을 읽었는지 물어보기[예, Zonnebelt-Smeenge와 De Vries의 저서 『애도의 다른 측면에 도달하기: 배우자 상실을 극복하기(Getting to the Other Side of Grief: Overcoming the Loss of a Spouse)』; Westberg의 저서 『좋은 애도(Good Grief)』; Kushner의 저서 『왜 착한 사람에게 나쁜 일이 일어날까(When Bad Things Happen to Good People)』; Smedes의 저서 『어떻게 행복할 수 있을까 삶의 모든 잘못된 순간에도(How Can It Be All Right When Everything Is All Wrong?)』; 내용을 다루기

13. 자녀를 잃은 부모에게 상실에 대처하는 책을 읽을 것을 권하기[예, Bernstein의 저서 『가지가 부러졌을 때: 자녀의 죽음 이후 영원토록(When the Bough Breaks: Forever After the Death of a Son or Daughter)』; Courtney의 저서 『비둘기의 눈을 통해: 아이를 잃은 부모를 위한 책(Through the Eyes of a Dove: A Book for Bereaved Parents)』;

6. 애도의 과정의 연속선상에서 어떤 단계를 경험해 왔는지 확인하기(14, 15, 16)

7. 애도와 상실에 관련된 영상을 보고 자신의 경험과 영상에서의 경험의 특성을 비교해 보기(17)

8. 상실과 관련된 감정을 언어로 표현하기(18, 19, 20)

9. 애도/상실지지 집단에 참석하기(21)

10. 상실을 다루는 것을 회피하는 것이 삶에 어떤 부정적 영향을 주는지 확인하기(22)

책을 통해 얻은 주요 주제들을 모아 다루기

14. 내담자가 주변의 몇몇 사람들에게 그들의 상실과, 그것을 어떻게 느꼈으며 어떻게 극복했는지에 대해 말해 줄 것을 요청하기; 함께 찾아가기

15. 애도 과정의 단계에 대해 내담자 교육하고, 가지고 있는 질문에 대답하기

16. 내담자가 경험해 온 애도의 단계와 현재 어떤 단계를 거치고 있는지를 확인하는 것을 돕기

17. 〈애정의 조건(Terms of Endearment)〉, 〈아빠(Dad)〉, 〈보통 사람들(Ordinary People)〉 등과 같이 상실과 슬픔에 초점을 둔 비슷한 영화를 보도록 내담자에게 요청하고, 주인공들이 상실과 슬픔에 어떻게 대처하며 어떻게 표현하는지 토론하기

18. 치료 세션에서 나누기 위해 애도 일지를 계속 작성하도록 하기

19. 고인과 관련된 사진이나 기념물을 가지고 회기에 와서 그것에 대해 얘기하도록 요청하기[또는 Jongsma의 『성인 심리치료 과제 플래너(Adult Psychotherapy Homework Planner)』의 '기념 콜라주 만들기(Creating a Memorial Collage)'를 해 보도록 하기]

20. 내담자가 고인과 연관된 감정을 확인하고 경험하는 것을 돕기

21. 내담자가 애도/상실지지 집단에 참석하고 그 소감이 어땠는지 보고하도록 요청하기

22. 애도의 회피가 내담자의 삶에 미친 부정적인 영향을 목록으로 작성하도록 요청하기

11. 사랑하는 고인에 대해 의존했던 것을 인정하고 정서적 욕구를 충족시킬 수 있는 독립적인 삶에 다시 초점을 맞추기(23, 24)

12. 애도 과정에 방해가 되는 자기 자신이나 사랑했던 고인에 대한 분노 혹은 죄책감의 감정을 말로 표현하고 해결하기(25, 26)

13. 상실과 관련된 죄책감과 후회하는 감정들의 해결과정을 말로 표현하기(27)

14. 상실에 대한 책임과 관련된 비현실적 사고, 진술, 그리고 감정 줄이기(28)

15. 생전에는 표현하지 못했던 고인에 대한 생각과 감정 표현하기(29, 30, 31, 32)

23. 내담자가 고인에게 어떻게 의지했는지 확인하고, 남겨지고 방임(abandonment)된 것과 연관된 감정을 표현하고 해결하도록 돕기

24. 상실을 둘러싸고 있는 분노나 죄책감을 탐색하고, 그러한 감정의 원인이 무엇인지 이해하도록 돕기

25. 죄책감이나 분노와 같은 감정을 해결하기 위해 내담자로 하여금 자기 자신, 그리고/혹은 사랑했던 고인을 용서하도록 격려하기; 용서에 관련된 책 추천하기[예, Smedes의 저서 『용서하고 잊으라(forgive and forget)』]

26. 내담자로 하여금 상실과 관련된 분노의 감정을 표현하고 다루도록 비지시적인 기법(예, 적극적 경청, 명료화, 요약, 반영)을 사용하기

27. 고인에 대한 혹은 고인과의 관계에 대한 후회하는 점들을 목록으로 만들기; 이러한 감정들을 해결할 수 있도록 목록의 내용을 다루기

28. 상실에 대한 개인적인 책임과 관련한 내담자의 편향된 사고를 확인하고, 이것을 사실과 현실에 기초한 사고로 대체하기 위해 인지치료 접근법 활용하기[또는 Jongsma의 저서 『성인 심리치료 과제 플래너(Adult Psychotherapy Homework Planner)』의 '부정적 사고가 부정적 감정을 유발한다(Negative Thoughts Trigger Negative Feelings)'를 과제로 내기]

29. 사랑했던 고인이 의자에 앉아 있다고 생각하면서 고인이 살아 있을 때는 말하지 못했던 것들을 내담자가 표현하는 것에 초점을 둔 빈의자 기법 활용하기

30. 내담자로 하여금 고인과 '말하고' 내담자의 감정을 표현할 수 있게 고인의 묘지에 방문하도록 하기

31. 내담자로 하여금 고인에게 좋은 기억, 그리고/혹은 고통스럽고 후회되는 기억, 그리고 현재 삶을 어떻게 느끼는지 묘사하는 편지를 쓰도록 요청하기[또는 Jongsma의 저서 『성인 심리치료 과제 플래너(Adult Psychotherapy Homework Planner)』의 '사랑했던 고인에게 쓰는 편지(Dear ＿＿＿ : A Letter to a Lost Loved One)'를 과제로 내기]; 회기에서 편지에 대해 다루기

32. 내담자로 하여금 지난날의 의미 있는 관계에 대한 감정에 초점을 맞추어 사랑했던 고인에게 편지 쓰도록 하기

16. 사랑했던 고인과 관련된 긍정적인 점들(예, 과거의 긍정적인 경험, 긍정적인 특성, 관계의 긍정적인 측면, 그리고 이것들이 어떻게 기억되는지)에 대해 확인하고 표현하기(33, 34)

33. 내담자로 하여금 고인과의 관계와 관련된 긍정적인 측면과 기억에 대해 이야기하도록 요청하기; 내담자의 긍정적인 기억과 감정 표현(예, 미소, 웃음) 강화하기; 내담자가 사랑하고 지지해 주는 사람들과 이러한 생각들을 공유하도록 격려하기

34. 고인과 고인의 삶에서 기억할 만한 긍정적인 측면을 기념하는 행동을 하도록 돕기(예, 기일에 신문에 추모글 싣기, 고인이 생전에 의미를 두었던 일에 시간 투자하기)

17. 각 구성원들의 슬픔의 경험을 나누는 것에 초점을 둔 가족 치료 회기 참석하기(35)

35. 내담자와 함께 가족 혹은/그리고 집단 회기 수행하기. 회기에서 각 구성원들에게 상실과 관련된 각자의 경험에 대해 이야기하도록 하기; 가족 구성원들 간의 지지적인 상호작용 격려하기

18. 가족, 친구, 동료, 그리고 타인과 함께하는 활동에 다시 참여하기(36, 37)

36. 상실 이전에 내담자가 수행해 왔던 기본적인 사회적 역할에 다시 관여하도록 돕기

37. 내담자가 이전에는 즐겨 했지만 상실의 경험 이후로는 참여하지 않는 활동들을 열거하게 도움으로써 행동 촉진하기. 그 후 이러한 활동에 다시 참여하도록 격려하기[또는 Jongsma의 저서 『성인 심리치료 과제 플래너(Adult Psychotherapy Homework Planner)』의 '즐겨 하던 활동을 확인하고 다시 참여하기(Identify and Schedule Pleasant Activities)'를 과제로 내기]

19. 날마다 고인에게 집중하는 시간의 감소 보고하기(38, 39)

38. 기일에 가까워졌을 때 내담자가 집중할 수 있는 확인된 감정 상태를 가진 애도 의식을 만들기(예, 깊은 슬픔을 나타내기 위해 가능한 검은색의 어두운 옷 입기). 그러한 의식에서 느끼는 것을 다루기

39. 내담자로 하여금 매일 내담자의 상실을 애도하는 것에 집중할 수 있는 제한된 시간을 두도록 제안하기. 날마다 제한된 시간이 끝난 후, 내담자는 일상생활을 다시 시작할 것이고 슬픈 생각은 다음의 정해진 시간으로 연기된다. 예를 들어, 애도의 시간은 어두운 옷 입기 그리고/혹은 슬픈 음악 듣기를 포함할 수 있다. 허락된 시간이 끝나면 어두운 옷을 갈아입는다.

20. 추모 의식을 진행하기(40)

40. 부모로 하여금 내담자가 추도식, 장례식, 혹은 다른 애도 의식에 참여하는 것을 허락하도록 격려하기

21. 위로와 희망의 원천으로서 종교적인 신앙 활동하기(41)

41. 내담자로 하여금 지지의 원천으로서 그들의 종교적인 믿음, 활동(기도, 명상, 예배, 성가), 종교 공동체에 의지하도록 격려하기

— . _____　　— . _____
_____　　_____
— . _____　　— . _____
_____　　_____
— . _____　　— . _____
_____　　_____

📝 진단 제안

DSM–IV/ICD–9–CM 사용

축 I :		
	296.2x	주요우울장애, 단일 삽화(Major Depressive Disorder, Single Episode)
	296.3x	주요우울장애, 재발성 삽화(Major Depressive Disorder, Recurrent)
	V62.82	사별(Bereavement)
	309.0	우울감을 동반한 적응장애(Adjustment Disorder With Depressed Mood)
	309.3	품행문제를 동반한 적응장애(Adjustment Disorder With Disturbance of Conduct)
	300.4	기분 부전 장애(Dysthymic Disorder)
	_____	_____
	_____	_____

DSM-5/ICD-9-CM/ICD-10-CM 사용

ICD-9-CM	ICD-10-CM	DSM-5 장애, 상태, 문제
296.2x	F32.x	주요우울장애, 단일 삽화(Major Depressive Disorder, Single Episode)
296.3x	F33.x	주요우울장애, 재발성 삽화(Major Depressive Disorder, Recurrent Episode)
V62.82	Z63.4	단순 사별(Uncomplicated Bereavement)
309.0	F43.21	우울감을 동반한 적응장애(Adjustment Disorder, With Depressed Mood)
309.24	F43.22	불안을 동반한 적응장애(Adjustment Disorder, With Anxiety)
309.28	F43.23	불안과 우울감을 동반한 적응장애(Adjustment Disorder, With Mixed Anxiety and Depressed Mood)
309.3	F43.24	품행문제를 동반한 적응장애(Adjustment Disorder, With Disturbance of Conduct)
309.4	F43.25	정서문제와 품행문제를 동반한 적응장애(Adjustment Disorder, With Mixed Disturbance of Emotions and Conduct)
300.4	F34.1	지속성 우울장애(기분저하증)(Persistent Depressive Disorder)

참고: ICD-9-CM 코드(규정, 규칙, 부호)는 미국에서 2014년 9월 30일까지 코딩(or 부호화) 목적으로 사용됩니다. ICD-10-CM 코드는 2014년 10월 1일부터 사용됩니다. 일부 ICD-9-CM 코드는 하나 이상의 ICD-10-CM 및 DSM-5 장애, 상태 또는 문제와 관련이 있습니다. 또한 일부 ICD-9-CM 장애분류가 중단되어 여러 개의 ICD-9-CM 코드가 하나의 ICD-10-CM 코드로 대체되었습니다. 일부 중단된 ICD-9-CM 코드는 이 표에 나열되지 않습니다. 자세한 내용은 『정신질환의 진단 및 통계 편람』(2013)을 참조하십시오.

The Complete Adult Psychotherapy Treatment Planner

충동 조절 장애(Impulse Control Disorder)

📄 행동적 정의

1. 심사숙고하지 않고 너무 빠르게 행동하고 그래서 많은 부정적인 결과를 일으키는 경향
2. 공격적인 충동을 통제하지 못해 폭행, 자기 파괴적 행동, 재물 손괴 등의 결과를 가져옴
3. 한 번 이상의 고의적이고 의도적인 방화
4. 지속적이고 반복적인 부적응적 도박 행위
5. 개인적으로 필요하지 않거나 금전적인 가치가 없는 물건을 훔치려는 충동을 반복적으로 억제하지 못함
6. 눈에 띄게 머리숱이 줄 만큼 반복적으로 자신의 머리를 뜯는 것
7. 거의 즉시 만족감을 얻으려는 욕구, 기쁨이나 만족감을 지연시키는 능력의 감소
8. 최소 두 가지 영역에서 스스로에게 해를 줄 수 있는 행동화를 보인 적이 있음(예를 들어, 돈을 쓰는 것, 성행위, 무모한 운전, 중독 행위)
9. 약한 혐오감이나 만족감을 주는 자극에 대한 과민반응
10. 충동적인 행동을 하기 전 긴장감이나 감정적 흥분(예를 들어, 병적 도벽, 방화벽)
11. 자아 이질적(ego-dystonic)인, 충동적 행동을 하기 전 만족감이나 이완
12. 무언가를 기다리기 어려워함. 즉, 줄을 설 때 가만히 있지 못함, 집단의 다른 사람들에 대해 크게 이야기하기와 같은 것들

— • _____
   _____
— • _____
   _____
— • _____
   _____

🎯 장기 목표

1. 충동적인 행동의 빈도를 줄이고 심사숙고해서 행동하는 빈도를 높인다.

2. 충동적인 행동을 촉진하는 사고를 줄이고 행동을 통제하는 자기대화를 늘린다.

3. 행동하기 전에 멈추고, 듣고, 생각하는 것을 배운다.

— • _____
   _____
— • _____
   _____
— • _____
   _____

⏱ 단기 목표

1. 최근 6개월간의 충동적인 행동을 확인하기(1)

2. 충동적인 패턴을 지속하게 한 이유나 보상을 나열하기(2, 3)

👥 치료적 중재

1. 축소, 부정, 비난의 투사 없이 내담자가 자신의 충동성 패턴을 분명하게 확인할 수 있도록 내담자의 행동 패턴을 돌아보기

2. 내담자의 충동적인 행동이 불안에 의해 촉발되지는 않는지, 불안을 이완시켜 주는 보상 때문에 지속되지는 않는지 탐색하기; 양극성 조증 장애나 ADHD인지 평가하기

3. 충동 조절 장애의 치료에 도움이 되거나 방해가 될 수 있는 약물 사용력(歷)을 밝히기(4)
4. DSM 진단과 관련된 구체적 특징, 치료의 효과, 치료적 관계의 특성에 대한 행동, 정서, 사고방식의 정보를 제공하기(5, 6, 7, 8)

3. 내담자에게 자신이 충동적 행동으로 얻는 것을 나열하게 하고 상담자와 함께 다루기
4. 약물 남용을 평가하기 위한 약속을 잡고 만일 평가 결과상 필요하다면 내담자를 치료에 의뢰하기(이 책의 '물질 사용' 챕터 참조)
5. '호소문제'에 대한 내담자의 통찰(자아동질적 대 자아이질적) 수준을 평가하기(예, '기술된 행동'의 문제성에 대한 좋은 통찰력을 보여 주고, 타인의 관점에 동의하며, 변화에 대한 동기부여가 되었는지, '기술된 문제'에 대해 양가성을 보이며, 문제를 문제로 제기하기를 꺼려하는지, '기술된 문제'를 인정하는 것에 저항하고, 관심이 없고, 변화에 대한 동기를 보이지 않는지)
6. 필요하다면, 자살취약성(예, 우울 동반이 분명한 경우 자살 위험 증가)을 포함한 연구 기반 공존장애의 증거를 평가하기(예, ADHD를 동반한 적대적 반항장애, 불안장애를 동반한 우울증)
7. 내담자의 현재 정의되는 '문제행동'을 설명해 주는 데 도움이 되는 나이, 성, 문화와 관련된 문제와 내담자의 행동을 보다 잘 이해할 수 있는 요인들을 평가하기
8. 적절한 돌봄 수준을 결정하기 위해 내담자의 기능 손상의 심각성을 평가하기(예, 사회적, 관계적, 직업적 노력에서 경도, 중등도, 고도 또는 최고도 손상을 일으킨다고 알려진 행동); 치료의 효과성뿐만 아니라 손상의 심각성을 지속적으로 평가하기(예, 내담자는 더 이상 심각한 손상을 보이지는 않지만, 현재 문제는 경도 또는 중등도 손상을 초래하고 있다.)

5. 충동적인 행동의 결과 자신과 다른 사람들에게 발생하는 부정적인 영향들을 리스트로 적어 보기(9, 10, 11)

6. 충동적인 행동의 선행사건, 매개 요인, 그리고 결과를 확인하기(12, 13)

7. 충동적으로 행동하려는 욕구를 감소시키기 위하여 심상 노출법 회기에 참

9. 내담자에게 충동성으로 인해 발생될 만한 부정적인 결과에 대해 리스트를 작성하는 것을 과제로 내주기[또는 Jongsma의 저서 『성인 심리치료 과제 플래너(Adult Psychotherapy Homework Planner)』의 '충동적 행동의 부정적인 결과를 인식하기(Recognizing the Negative Consequences of Impulsive Behavior)'를 과제로 내주기]

10. 내담자가 자신의 충동성을 자기 자신과 타인에게 미치는 부정적인 결과와 연결할 수 있도록 돕기

11. 내담자가 충동적인 행동이나 부정적인 영향에 대한 자신의 책임을 부인하고 있음을 직면시키기[또는 Jongsma의 저서 『성인 심리치료 과제 플래너(Adult Psychotherapy Homework Planner)』의 '불법적인 행동에 대한 책임을 받아들이기(Accept Responsibility for Illegal Behavior)'를 과제로 내주기]

12. 내담자에게 충동적인 행동을 일지로 기록할 것을 요청하기(시간, 장소, 느낌, 생각, 행동을 하기 전에 무슨 일이 있었는지, 결과는 어땠는지); 일지 내용에서 촉발 요인과 강화 요인을 발견하기[또는 Jongsma의 저서 『성인 심리치료 과제 플래너(Adult Psychotherapy Homework Planner)』의 '충동적 행동 일지(Impulsive Behavior Journal)'를 과제로 내주기]

13. 내담자의 과거 경험을 탐색함으로써, 충동적인 증상(impulsive episode)을 유발한 내담자의 인지적, 감정적, 상황적 트리거를 밝히기

14. 충동적인 행동이 유발되는 전형적인 상황, 충동적으로 행동하려는 욕구, 신체적인 증상,

여하기(14, 15)

8. 실제 노출 치료 절차에 참여하기(16, 17, 18, 19)

예상되는 부정적인 결과, 그리고 충동성을 억제하는 내용까지 포함된 스크립트를 작성하는 것을 돕기

15. 심상 노출법 회기에서 내담자의 스크립트를 사용하기. 즉, 이완된 상태에서 내담자의 스크립트를 반복해서 읽기

16. 내담자와 함께 충동적인 행동을 유발할 수 있는 내적 및 외적 신호를 두려움의 순서대로 나열해 보기

17. 내담자의 충동적인 행동을 촉발하는 외적 신호(예, 사람, 사물, 상황)와 내적 신호(예, 사고, 심상, 충동)의 특징을 평가하기

18. 충동적 행동을 유발할 수 있는 내적 또는 외적 신호들에 대한 초기 노출법(심상적 또는 실제적 노출법) 중 내담자가 성공경험을 할 가능성이 높은 방법을 선택하기; 노출 전과 후에 반응 방지법과 인지적 재구성을 일시하기[Kozak과 Foa의 저서 『강박장애 마스터하기(Mastery of Obsessive-Compulsive Disorder)』, 또는 McGinn과 Sanderson의 저서 『강박장애의 치료(Treatment of Obsessive-Complusive Disorder)』 참고]

19. 한 회기가 끝나고 다음 회기가 있기 전까지, 반응 방지법과 인지적 재구성을 활용하여 충동적 행동을 유발할 수 있는 내적 및 외적 신호에 자신을 반복적으로 노출시키고, 이에 대한 자신의 반응을 기록하는 것을 숙제로 내주기[또는 Jongsma의 저서 『성인 심리치료 과제 플래너(Adult Psychotherapy Homework Planner)』의 '충동적 행동의 힘을 감

소시키기(Reducing the Strength of Compulsive Behaviors)'를 과제로 내주기]; 다음 회기에 숙제를 검토하기. 이때, 성공경험을 강화하고 향상을 위한 교정적인 피드백을 제공하기[Kozak과 Foa의 저서 『강박장애 마스터하기(Mastery of Obsessive-Compulsive Disorder)』참고]

9. 충동적인 행동이 자신과 다른 사람들에게 미치는 부정적인 결과와 분명하게 연관되어 있다는 것을 언어로 표현하기(10, 20)

10. 내담자가 자신의 충동성을 자기 자신과 타인에게 미치는 부정적인 결과와 연결할 수 있도록 돕기

20. 내담자가 충동적인 행동과 부정적인 결과에 대한 책임 그리고 그 둘의 연관성을 수용하여 언어적으로 표현하는 것에 대해 강화를 제공하기

10. 행동을 결정하기 전에 그것을 신뢰할 수 있는 친구 또는 가족과 함께 자주 검토하여 가능한 결과에 대한 피드백을 얻기(21, 22)

21. 충동적인 행동에 앞서 피드백을 받을 것임을 약속하기 위해, 내담자 및 내담자의 파트너와 함께하는 회기를 진행하기

22. 행동 결정과 관련하여 신뢰할 수 있는 피드백에 대해 내담자와 의논하기. 역할놀이 및 모델링을 사용하여 도움을 요청하고 받아들이는 방법을 가르치기

11. 인지적인 방법을 활용하여, 트리거 사고를 통제하고 사고에 대한 충동적인 반응을 줄이기(13, 23, 24)

13. 내담자의 과거 경험을 탐색함으로써, 충동적인 증상(impulsive episode)을 유발한 내담자의 인지적, 감정적, 상황적 트리거를 밝히기

23. 충동적인 욕구 및 행동에 대해 통제력을 갖고 이를 강화할 수 있는 인지적 방법(사고 정지, 사고 대체, 재구성 등)을 가르치기

24. 인지 재구조화 과정(즉, 생각, 감정 및 행동 사이의 연관성을 가르치기; 관련된 자동적 사고와 그 기저에 있는 신념 또는 편향을 확인하기; 편향에 도전하기; 대안적인 긍정적 관점을 개발하기;

행동 실험을 통해 편향과 대안적인 신념을 검증
해 보기)을 통해 내담자의 교육 수준 및 학습
역량과 관련된 부정적인 자동적 사고를 대체
할 수 있도록 돕기

12. 이완 훈련을 통해, 불안과 충동을 통
제함으로써 충동적인 행동을 줄이기
(25, 26, 27)

25. 내담자에게 이완 기술(예, 점진적 근육이완법,
심상법, 복식 호흡, 깊은 이완을 위한 언어적 신
호), 긴장과 이완을 더 잘 구별하는 법, 그리
고 이러한 기술을 적용하여 충동적 욕구와
관련된 상황에 대처하는 방법을 가르치기[예,
Bernstein과 Borkovec의 저서 『점진적 이완 훈련
(Progressive Relaxation Training)』 참고]

26. 매일 최소 15분 이상 이완 훈련을 연습하고
해당 기술을 충동적인 행동을 유발할 수 있
는 트리거 상황에 적용하는 것을 과제로 내
주기; 훈련의 결과를 검토하기. 이때, 성공경
험을 강화하고 향상을 위한 교정적인 피드백
을 제공하기

27. 관련 서적이나 치료 매뉴얼에서 점진적 근
육이완법을 비롯한 다른 진정 전략에 관해
읽어 오는 것을 과제로 내주기[예, Davis와
Robbins-Eshelman, McKay의 저서 『이완과 스
트레스 감소 워크북(The Relaxation and Stress
Reduction Workbook)』; Craske와 Barlow의 저
서 『불안과 걱정 마스터하기-워크북(Mastery of
Your Anxiety and Worry-Workbook)』]

13. 충동적 행동에 대한 욕구를 관리하
기 위해 행동 전략을 활용하기(28,
29, 30)

28. 충동적 욕구에 대처하기 위한 긍정적인 행동
대안을 사용하도록 가르치기[예, 충동에 대해
누군가와 이야기하기, 반응을 지연시키기 위해
시간을 내어 친구나 가족에게 전화하기, 신체 운
동하기, 가족에게 신용카드 맡기기, 충동구매를

피하기 위해 필요한 쇼핑물품 목록 작성하기, 경찰 및 화재 스캐너(police and fire scanner)를 사용하지 않기 등]

29. 충동과 긴장을 줄이기 위한 내담자의 행동 대처 전략을 실행하고 그 결과를 검토하기; 성공경험을 강화하고, 실패한 경우에는 교정을 제공하기

30. 내담자에게 내현적 민감화 기법을 가르치기. 즉, 충동적으로 행동하고자 하는 욕구가 나타날 때마다(예, 훔치려는 욕구) 부정적인 결과(예, 감옥에 가는 것)를 상상하게 하기; 이를 숙제로 내주기; 결과를 검토하기. 이때, 내담자에게 완전히 내면화될 때까지 성공경험과 장애요인의 해결을 강화하기

14. 긍정적인 결과를 예로 들면서 '중지하고, 경청하고, 생각하고, 행동하기'가 구현된 사례를 열거하기(31, 32)

31. 모델링, 역할 연기 및 행동 연습을 통해, 최근의 몇몇 상황에서 행동하기 전에 '중지하고, 경청하고, 생각하기'를 사용하는 방법을 가르치기

32. 일상생활에서 '중지하고, 경청하고, 생각하고, 행동하기'를 실행 및 검토하고, 실행 결과 나타난 긍정적인 성과를 확인하기

15. 기분 장애와 관련된 조증 또는 경조증 행동의 과거력을 기술하기(33)

33. 충동적인 행동 및 그 결과에 대한 판단력 부족을 보이는 조증 삽화를 포함하여, 내담자의 기분 장애에 대해 평가하기(이 책의 '양극성 장애-조증' 챕터 참조)

16. 공격적인 충동에 대한 통제력을 상실하여 파괴적이거나 공격적인 행동을 하게 되는 상황을 확인하기(34)

34. 폭발적인 분노 조절 문제에 대한 내담자의 과거 경험을 탐색하기; 촉발하는 심리사회적 스트레스 요인에 비하여 과도한 공격성을 여러 번 보인 적이 있는 경우, 이를 호소문제에 포함시키기(이 책의 '분노 조절 문제' 챕터 참조)

17. 정신 약물학적 중재의 필요성에 대한 의사 평가의 권고 사항을 준수하기(35, 36)

18. 충동적인 행동 대신 결과를 숙고하고 현명한 대안을 선택할 수 있도록 보상 시스템을 실행하기(37, 38)

19. 충동적인 행동을 줄이기 위한 문제해결 방법을 배우고 적용하기(39, 40)

20. 충동적 행동을 극복하기 위한 추천 자료를 읽어 보기(41)

35. 내담자를 의사에게 의뢰하여 향정신성 약물 처방과 관련된 평가를 실시하기

36. 정신과 약물 처방과 부작용, 효과를 위해 내담자를 관찰하기; 처방에 대해 의사와 정기적으로 상담하기

37. 내담자 스스로 충동적인 행동을 참는 것을 강화하기 위한 효과적인 보상책을 구체화할 수 있도록 돕기

38. 내담자와 중요한 타자가 내담자의 충동적인 행동을 그만두게 하는 보상 시스템을 발견하고 시행하는 것을 도와주기

39. 내담자에게 문제해결 방법을 가르치기(예, 문제를 명확하기 정의하기, 각 해결책의 장·단점을 기술하기, 다른 사람의 의견 구하기, 행동계획을 선택하고 실행하기, 결과 평가하기, 그리고 필요하다면 계획 수정하기)

40. 충동적 행동에 대한 내담자의 욕구를 문제해결 방식으로 접근하기 위해 모델링과 역할극 사용하기[또는 Jongsma의 『성인 심리치료 과제 플래너(Adult Psychotherapy Homework Planner)』에 나오는 '문제해결: 충동적 행동의 대안(Problem-Solving: An Alternative to Impulsive Action)'을 과제로 내기]; 행동계획의 실행을 격려하기, 성공을 강화하고 실패를 수정하기

41. 내담자에게 충동적 욕구를 다루는 내용의 읽기자료를 추천하기[예, Grant와 Fricchione의 『나를 멈춰 주세요. 왜냐하면 나는 스스로 멈출 수 없기 때문이에요: 충동적 행동을 다루기(Stop Me Because I Can't Stop Myself: Taking Control of Impulsive Bavior)』; Grant, Donahue

와 Odlaug의 『충동 조절 문제를 극복하기: 인지
행동치료 프로그램 워크북(Overcoming Impulse
Control Problems: A Cognitive-Behavioral
Therapy Program-Workbook)』]

21. 자기성찰적 회복집단상담에 참여하
기(42)

42. 내담자에게 자기파괴적 충동을 없애는 것
을 돕도록 설계된 자기성찰적 회복집단상담
을 추천하기(예, 12단계 프로그램, ADHD 집단,
Rational Recovery[1]등)

—ㆍ————————————   —ㆍ————————————
————————————   ————————————
—ㆍ————————————   —ㆍ————————————
————————————   ————————————
—ㆍ————————————   —ㆍ————————————
————————————   ————————————

---

1) 역주: Rational Recovery는 1986년 미국에서 창립된 것으로 중독과 관련한 상담, 지도를 맡고 있다. Rational
   Recovery의 목표는 ① 계획되고 영구적인 금욕을 통해 중독에서 독립적으로 회복하는 것에 대한 정보를 전파하
   고, ② 모든 중독된 사람에게 자기 회복을 가능한 옵션으로 제공하고, ③ 중독치료 및 회복 그룹 참여에 대한 정보
   에 입각한 동의를 모든 중독자에게 제공하는 것이다.

📝 진단 제안

DSM-IV/ICD-9-CM 사용

축 I:	312.34	간헐적 폭발성 장애(Intermittent Explosive Disorder)
	312.32	병적 도벽(Kleptomania)
	312.31	병적 도박(Pathological Gambling)
	312.39	발모광(Trichotillomania)
	312.30	달리 분류되지 않는 충동조절장애(Impulse Control Disorder NOS)
	312.33	병적 방화(Pyromania)
	310.1	…으로 인한 인격 변화(일반적인 의학적 상태를 기재한다.) (Personality Change Due to Axis III Disorder)
	_____	_____
	_____	_____
축 II:	301.7	반사회성 성격장애(Antisocial Personality Disorder)
	301.83	경계성 성격장애(Borderline Personality Disorder)
	799.9	축 II의 진단이 보류됨, 축 I의 진단이나 상태가 보류됨(Diagnosis Deferred)
	V71.09	축 II에 해당되는 진단이 없음, 축 I에 해당되는 진단이나 상태가 없음 (No Diagnosis)
	_____	_____
	_____	_____

DSM-5/ICD-9-CM/ICD-10-CM 사용

ICD-9-CM	ICD-10-CM	DSM-5 장애, 상태, 문제
312.34	F63.81	간헐적 폭발장애(Intermittent Explosive Disorder)
312.32	F63.81	병적 도벽(Kleptomania)
312.31	F63.0	도박장애(Gambling Disorder)
312.39	F63.2	발모광(털뽑기 장애)(Trichotillomania)
312.9	F91.9	품행장애, 명시되지 않는 발병(Unspecified Disruptive, Impulse Control, and Conduct Disorder)
312.89	F91.8	달리 명시된 파괴적, 충동조절 및 품행장애(Other Specified Disruptive, Impulse Control, and Conduct Disorder)
312.33	F63.1	병적 방화(Pyromania)
310.1	F07.0	다른 의학적 상태로 인한 성격 변화(Personality Change Due to Another Medical Condition)
301.7	F60.2	반사회성 성격장애(Antisocial Personality Disorder)
301.83	F60.3	경계성 성격장애(Borderline Personality Disorder)

참고: ICD-9-CM 코드(규정, 규칙, 부호)는 미국에서 2014년 9월 30일까지 코딩(or 부호화) 목적으로 사용됩니다. ICD-10-CM 코드는 2014년 10월 1일부터 사용됩니다. 일부 ICD-9-CM 코드는 하나 이상의 ICD-10-CM 및 DSM-5 장애, 상태 또는 문제와 관련이 있습니다. 또한 일부 ICD-9-CM 장애분류가 중단되어 여러 개의 ICD-9-CM 코드가 하나의 ICD-10-CM 코드로 대체되었습니다. 일부 중단된 ICD-9-CM 코드는 이 표에 나열되지 않습니다. 자세한 내용은『정신질환의 진단 및 통계 편람』(2013)을 참조하십시오.

The Complete Adult Psychotherapy Treatment Planner

부부/파트너 관계에서의 갈등
(Intimate Relationship Conflicts)

📄 행동적 정의

1. 파트너와의 빈번하고 반복적인 다툼

2. 파트너와의 의사소통 부족

3. 갈등의 책임을 파트너에게 분노의 형태로 투사하는 패턴

4. 별거

5. 계류 중인 이혼

6. 친밀한 관계를 동시에 여러 개 맺고 있음

7. 신체적 그리고/또는 언어적 학대

8. 피상적이거나 의사소통의 부재, 거의 없거나 드문 성적 접촉, 파트너와 거리를 두기 위해 일과 여과와 같은 활동들에 대한 과도한 몰입을 하는 식의 패턴

9. 문제를 해결하고 신뢰관계를 유지하는 능력의 부족이나 학대적이거나 역기능적인 파트너를 선택하는 등의 이유로 반복적으로 관계가 깨지거나 갈등을 빚는 패턴

—._____

_____

—._____

_____

— • _____

_____

🎯 장기 목표

1. 효과적이고 개방적인 의사소통, 서로 만족스러운 성적 관계, 관계 내 교제에 필요한 즐거운 시간을 만들기 위해 필요 기술들을 개발하기
2. 관계 갈등에서의 자신의 역할에 대한 자각을 늘리기
3. 학대로 이어질 때 증가하는 행동을 확인하도록 배우기
4. 하나의 친밀한 관계에 헌신하기
5. 관계의 끝을 수용하기
6. 깨어진 관계와 연관된 거절을 수용한 뒤에 긍정적인 자기이미지를 쌓기

— • _____

_____

— • _____

_____

— • _____

_____

🕐 단기 목표

1. 파트너가 함께하는 공동회기에 참석해 활동적으로 참여하기(1)

2. 관계 안에서의 문제와 강점들을 확인하기(2, 3, 4)

🗣 치료적 중재

1. 각자가 문제, 원하는 바, 목표를 표현할 수 있는 치료적인 환경을 조성함으로써 커플의 신뢰 수준을 발달시키기; 기본 규칙을 명백히 하기; 스스로를 중립적인 사회자로 임명하기

2. 관계 속에서의 현재 당면한 문제들을 평가하기. 일어날 수 있는 학대/방치, 약물 사용, 의사소통, 갈등해결, 가정환경[만약 가정폭력이 있다면, 안전을 위한 계획을 세우고, 공동회기

를 피하기; O'Leary, Heyman과 Jongsma의 『커플 정신치료 플래너(The Couples Psychotherapy Treatment Planner)』의 '신체적 학대(Physical Abuse)' 챕터 보기]을 포함

3. 치료적 목표의 달성을 촉진하기 위해 치료 회기 동안 강화될 수 있는 관계 속의 강점들을 평가하기

4. 커플에게 중요한 타자와의 관계와 관련한 긍정적이고 부정적인 내용을 일기로 남기는 과제를 회기 사이에 부여하기[또는 Jongsma의 『성인 심리치료 과제 플래너(Adult Psychotherapy Homework Planner)』에 있는 '관계에 대한 긍정적이고 부정적인 기여: 나의 것과 당신의 것(Positive and Negative Contributions to the Relationship Mine and Yours)'을 과제로 부여]; 커플에게 과제가 다뤄질 다음 회기까지 각자의 일기를 서로에게 보여 주지 않도록 요청하기

3. 약물 남용과 관계 안의 갈등 사이의 연결을 인정하기(5)

5. 관계 안에서의 갈등 그리고/또는 학대를 생기게 하는 약물 남용의 역할에 대해 커플과 함께 탐색하기

4. 화학적으로 의존적인 배우자는 혼자 혹은 배우자와 함께 약물치료를 할 것을 동의하기(6)

6. 화학적으로 의존적인 배우자를 위해 약물 남용 치료에 대한 동의를 요청하고, 증거기반의 개인치료 또는 약물 남용 치료를 위한 행동적 커플치료에 의뢰하기

5. 혼인관계를 평가하기 위해 개발된 심리적 검사를 하고 치료 경과를 확인하기(7)

7. 필요하다면 인터뷰를 보충하기 위해 전반적인 결혼 적응도(예, 부부 적응 척도) 그리고/또는 만족도(예, 결혼 만족도 검사-개정판) 측정을 실시하기; 치료 경과를 평가하기 위해 재검사하기

6. DSM 진단과 관련된 구체적 특징, 치료의 효과, 치료적 관계의 특성에 대

8. '호소문제'에 대한 내담자의 통찰(자아동질적 대 자아이질적) 수준을 평가하기(예, '기술된 행

한 행동, 정서, 사고방식의 정보를 제
공하기(8, 9, 10, 11)

동'의 문제성에 대한 좋은 통찰력을 보여 주고, 타
인의 관점에 동의하며, 변화에 대한 동기부여가 되
었는지, '기술된 문제'에 대해 양가성을 보이며, 문
제를 문제로 제기하기를 꺼려하는지, '기술된 문
제'를 인정하는 것에 저항하고, 관심이 없고, 변화
에 대한 동기를 보이지 않는지)

9. 필요하다면, 자살취약성(예, 우울 동반이 분명한
   경우 자살 위험 증가)을 포함한 연구 기반 공존
   장애의 증거를 평가하기(예, ADHD를 동반한
   적대적 반항장애, 불안장애를 동반한 우울증)

10. 내담자의 현재 정의되는 '문제행동'을 설명해
    주는 데 도움이 되는 나이, 성, 문화와 관련된
    문제와 내담자의 행동을 보다 잘 이해할 수
    있는 요인들을 평가하기

11. 적절한 돌봄 수준을 결정하는 내담자의 기능
    손상의 심각성을 평가하기(예, 사회적, 관계적,
    직업적, 노력에서 경도, 중등도, 고도 또는 최고
    도 손상을 일으킨다고 알려진 행동); 치료의 효
    과성뿐만 아니라 손상의 심각성을 지속적으
    로 평가하기(예, 내담자는 더 이상 심각한 손상
    을 보이지는 않지만, 현재 문제는 경도 또는 중등
    도 손상을 초래하고 있다.)

▽ 7. 스스로 문제라고 생각되는, 또는
EBT 파트너에 의해 지적된 특정 행동
     을 바꾸기 위해 노력하기(12)

12. 파트너 각자의 관계에 대한 긍정적이거나 문
    제가 되는 요인 목록을 다루기: 커플에게 관
    계를 개선하기 위해 파트너가 필요로 하는
    수정 사항에 대한 작업과 수정 사항 목록을
    생성하는 것에 대해 동의하도록 요청하기[또
    는 Jongsma의 저서 『성인 심리치료 과제 플래너
    (Adult Psychotherapy Homework Planner)』에
    서 '어떻게 다른 사람의 필요와 욕구에 맞출 수 있

▽ 8. 각 파트너는 협의를 통해 상대가 원하는 긍정적인 행동을 늘리는 것에 동의하는 계약을 체결하기 (13)

▽ 9. 관계 속에서 솔직하고 정중하게 긍정적인 감정과 생각을 직접 표현하는 빈도를 늘리기(14, 15, 16)

▽ 10. 문제해결 및 갈등 해소 기술을 배우고 구현하기(17, 18, 19)

나(How Can We Meet Each Other's Needs and Desires)?'를 과제로 내주기] ▽

13. 각 파트너가 그 관계 속에서 바라는 협의된 행동 변화를 확인할 수 있는 계약을 세우기; 커플에게 계약서에 서명하도록 요청하기 ▽

14. 커플이 의사소통, 갈등 해소 및/또는 문제해결 기술을 사용하여 해결할 수 있는 갈등을 식별할 수 있도록 돕기[Holtzworth-Munroe와 Jacobson의 저서 『행동적 부부치료(Behavioral Marital Therapy)』를 과제로 내주기] ▽

15. 행동 기술(교육, 모델링, 역할극, 교정적 피드백 및 긍정적인 강화)을 사용한 적극적인 커뮤니케이션(공격적이지 않으면서 분명하고 직접적으로 표현하는 방법), 긍정적인 피드백 제공하기, 적극적으로 경청하기, 행동 변화를 위하여 다른 사람들에게 긍정적으로 요청하기, 솔직하고 정중한 태도로 부정적인 피드백 제공하기 ▽

16. 커플에게 새로 배운 의사소통 기술을 사용하고 기록하기 위한 과제연습을 할당하기; 결과를 회기 중에 다루고 개선을 위한 교정적 피드백 제공하기 ▽

17. 새로 배운 의사소통 기술이 침착하고 정중하고, 효과적인 대화를 통해 갈등 해소에 어떻게 적용되는지 검토하기; 현재 갈등상황을 이 기술을 통해 역할극으로 적용 ▽

18. 행동 기술(교육, 모델링, 역할극, 교정적 피드백, 긍정적 강화)을 사용하여 문제를 건설적으로 정의하는 것을 포함하여 문제해결 및 갈등 해소 기술을 가르치고 구체적으로, 브레인

스토밍, 평가, 타협, 중에 선택하여 계획을 구현하고 결과에 대하여 평가하기 ▽

19. 커플에게 새로 배운 의사소통 기술을 사용하고 기록하기 위한 과제연습을 할당하기; 결과를 회기 중에 다루고 개선을 위한 교정적 피드백 제공하기[또는 Jongsma의 저서 『성인 심리치료 과제 플래너(Adult Psychotherapy Homework Planner)』에서 '대인관계 갈등의 문제해결적 적용(Applying Problem-Solving to Interpersonal Conflict)'을 과제로 내주기] ▽

▽ 11. 비현실적이고 부적절한 생각, 감정 및 행동을 관계를 촉진시키는 것으로 대체하기위한 인지치료기술을 배우고 구현하기(20, 21)

20. 인지치료기술을 사용하여 내담자의 편향된 인식(예, 독심술, 비난)을 수정하고 관계 내에서의 부적응적인 정서적 반응(예, 분노) 및 부적절한 행동(예, 언어적 공격성)을 수정하기 [Epstein과 Baucom의 저서 『커플을 위한 강화된 인지행동치료(Enhanced Cognitive Behavioral Therapy for Couples)』를 과제로 내주기] ▽

21. 커플에 대한 비합리적인 신념과 비현실적인 기대를 확인한 다음, 다른 사람과의 관계에 대한 보다 현실적인 신념과 기대를 채택하는 데 도움을 주기[또는 Jongsma의 저서 『성인 심리치료 과제 플래너(Adult Psychotherapy Homework Planner)』에서 '자기패배적 생각을 대체하는 일지 작성하기(Journal and Replace Self-Defeating Thoughts)'를 과제로 내주기] ▽

▽ 12. 바뀔 수는 없지만 관계를 위협할 정도는 아닌 파트너의 기존 특성을 받아들이기(22)

22. 커플이 그들의 결점을 인식함에 있어 균형을 유지하고 서로의 차이점에 대한 긍정적인 면을 봄으로써 차이에 대한 관용을 베풀 수 있도록 돕기 ▽

🔽EBT 13. 기대의 유연성, 타협의 의지, 양립할 수 없는 차이의 수용성을 높이기(23)

🔽EBT 14. 상호 간의 부정적인 감정과 반응의 기원을 이해하고 필요를 충족시키는 더욱 건설적인 상호작용을 개발시키기(24, 25, 26)

15. 현재 관계에 과거의 관계 경험이 어떻게 영향을 미치는지에 관한 통찰력을 얻기(27)

16. 관계 안에서 파괴적인 또는 학대적인 행동의 패턴을 확인하기(28, 29)

23. 서로를 향한 이해, 공감, 친밀도, 연민을 늘릴 수 있는 방향으로 유연성, 타협, 욕구 희생, 차이 수용의 핵심개념을 양 당사자들에게 가르치기[Jacobson과 Christensen의 저서 『통합적 커플 테라피(Integrative Couple Therapy)』를 과제로 내주기] 🔽EBT

24. 보통 수준의 갈등을 경험하는 커플에게는 불안정 애착과 불안정성을 반영하는 부정적인 감정과 행동의 반응을 개념화해 주는 모델을 내담자에게 설명하기[Greenberg와 Goldman의 저서 『정서중심치료(Emotion-Focused Couples Therapy)』를 과제로 내주기] 🔽EBT

25. 부정적인 감정과 행동반응을 해결할 수 있도록 불안정성을 인식하고 재구조화하고 설명하도록 내담자를 격려하기 🔽EBT

26. 증가된 친밀성, 애정 표현과 같은 애착의 요구를 만족시키는 보다 건설적인 상호작용을 개발하도록 내담자를 조력하기 🔽EBT

27. 관계의 갈등(예, 친밀감에 대한 두려움)을 일으키는 현재의 취약성을 과거의 상처(예, 배신)가 어떻게 일으키는지를 규명하는 통찰력 지향 커플 테라피를 실시하기; 현재로부터 과거를 분리하도록 커플을 돕기[Wills의 저서 『통찰 중심 부부 치료(Insight Oriented Marital Therapy)』를 과제로 내주기]

28. 각각의 원가족에 존재하는 것들을 포함해 현재 파트너 각자의 파괴적인 또는 학대적인 행동의 패턴을 평가하기. 만약 가정 폭력이 있다면, 안전을 위한 계획을 세우고 초기에 커플이 함께하는 회기를 피하기; O'Leary,

Heyman과 Jongsma의 저서 『커플 심리치료 플래너(The Couples Psychoterapy Treatment Planner)』의 신체적 학대(Physical Abuse) 챕터를 과제로 내주기

29. 학대 행동에 앞서서 일어나는 촉발 행동의 목록을 만들도록 각각의 파트너에게 요청하기

17. 각각의 파트너가 학대 행동으로 확대될 수 있는 상호작용을 중단할 수 있는 타임아웃 신호를 실행하기(30, 31, 32)

30. 만약 서로가 곧 일어날 것 같은 학대를 두려워한다면, 파트너 각자가 상호작용을 즉시 중단하는 데 사용될 수 있는 언어적, 행동적 신호를 명확하게 규명할 수 있도록 파트너를 돕기

31. 타임아웃 신호가 논쟁 없이 호의적으로 받아들일 수 있도록 각 파트너에게 명확한 합의를 요청하기

32. 일상의 상호행동에서 타임아웃 신호와 다른 갈등해결기술의 사용의 시행과 기록을 부여하기[또는 Jongsma의 저서『성인 심리치료 과제 플래너(Adult Psychotherapy Homework Planner)』의 '파괴적 분노의 대안(Alternertive to Destructive Anger)' 챕터를 과제로 내주기]

18. 파트너를 향한 언어적, 신체적 애정 행동을 실시하도록 하기(33)

33. 각 파트너에게 언어적, 신체적 애정 행동을 하도록 격려하기; 파트너와 함께 애정적인/성적인 상호작용을 실시하는 것과 관련된 저항을 다루기

19. 상대방과 즐겁게 만나는 시간을 증가시키기(34)

34. 파트너와 함께할 수 있는 보상적인 사회적, 여가적 행동을 확인하고 계획하도록 커플을 돕기[Jongsma의『성인 심리치료 과제 플래너(Adult Psychotherapy Homework Planner)』의 '즐거운 활동 스케줄 짜기(Identify and Schedule Pleasant Activities)'를 과제로 내주기]

20. 성적 역기능을 규명하거나 통제하기 위한 평가에 참여하고 만약 평가 결과 필요하다면, 적절한 치료에 참여시키기(35, 36)

21. 이전의 파괴적인 경험의 반영이 아닌 건강하고 상호 만족적인 성적인 태도와 행동을 수립하도록 전념시키기(37, 38)

22. 각자의 치료 목표뿐만 아니라 파트너의 외도(infidelity)의 원인과 결과를 확인하기(39, 40)

35. 강점 요인과 역기능을 규명하기 위해 각 파트너로부터 성적인 히스토리를 면밀하게 수집하기(이 책의 '여성 성기능 부전'과 '남성 성기능 부전' 파트를 참고하기)

36. 적절한 증거기반(명상, 섹스 테라피, 수술)의 치료에 대한 조언과 함께 성적인 역기능의 진단적 평가를 위한 전문가를 내담자에게 소개하기

37. 각각의 파트너와 확대가족의 성적인 행동, 패턴, 활동, 신념을 공동 회기에서 확인하기[또는 Jongsma의 저서 『성인 심리치료 과제 플래너(Adult Psychotherapy Homework Planner)』의 '부정적인 성적 태도에 영향을 미치는 요인(Factors Influencing Negative Sexual Attitudes)'을 과제로 내주기]

38. 과거의 유년기 시절, 개인적 또는 가족 경험과 독립적으로 건강하고 서로 만족할 수 있는 성적 신념, 태도, 행동을 개발하는 노력에 전념하도록 각 파트너를 조력하기

39. 커플들에게 외도의 원인과 결과를 규명하도록 조력하기; 커플이 지닌 치료의 동기와 욕구를 명확하게 하기

40. 내담자에게 Spring의 저서 『운명이라 믿었던 사랑이 무너졌을 때(After the Affair)』 또는 Synder, Baucom과 Gordon의 저서 『Getting Past the Affair: A Program to Help You Cope, Heal, and Move on Together or Apart』를 과제로 내주기; 치료자와 부부가 함께하는 공동 회기에서 읽음으로써 중심 개념을 배우기

23. 관계의 상실에 대한 수용을 언어로 표현하기(41, 42, 43)

41. 관계의 상실과 관련된 감정을 명확화하고 표현하기

42. 내담자가 상실의 문제를 해결하고 새로운 삶에 적응하도록 도울 수 있는 지지 집단이나 이혼 관련 세미나를 찾아보도록 하기

43. 내담자에게 Fisher의『Rebuilding: When Your Relationship Ends』, Oberlin의『Surviving Separation and Divorce: A Woman's Guide』를 읽어 보게 하고 주요 내용을 다루기

24. 외로움을 극복할 수 있게 사회적 활동을 수행하기(44, 45)

44. 혼자 살아야 하는 내담자의 적응을 지원하기. 혼자 있어야 하는 시간을 수용하도록 격려하고 사회적 관계를 위한 구체적인 계획 세우기

45. 내담자에게 새로운 사회적 관계를 세우는 데 도움을 줄 수 있는 지역사회 내의 기회를 알려 주기

__ . _____
_____

__ . _____
_____

__ . _____
_____

__ . _____
_____

__ . _____
_____

__ . _____
_____

📝 진단 제안

DSM-IV/ICD-9-CM 사용

축 I :	312.34	간헐적 폭발장애(Intermittent Explosive Disorder)
	309.0	적응장애, 우울 기분이 있는 것(Adjustment Disorder With Depressed Mood)
	309.24	적응장애, 불안이 있는 것(Adjustment Disorder With Anxiety)
	300.4	기분부전장애(Dysthymic Disorder)
	300.00	달리 분류되지 않는 불안장애(Anxiety Disorder NOS)
	311	달리 분류되지 않는 우울장애(Depressive Disorder NOS)
	309.81	외상후 스트레스 장애(Posttraumatic Stress Disorder)
	V61.10	배우자 관계의 문제(Partner Relational Problem)
	———	—————————————————
	———	—————————————————
축 II :	301.20	조현성 성격장애(Schizoid Personality Disorder)
	301.81	자기애성 성격장애(Narcissistic Personality Disorder)
	301.9	명시되지 않은 성격장애(Personality Disorder NOS)
	———	—————————————————
	———	—————————————————

DSM-5/ICD-9-CM/ICD-10-CM 사용

ICD-9-CM	ICD-10-CM	DSM-5 장애, 상태, 문제
312.34	F63.81	간헐적 폭발장애(Intermittent Explosive Disorder)
309.0	F43.21	적응장애, 우울 기분 동반(Adjustment Disorder, With Depressed Mood)
309.24	F43.22	적응장애, 불안 동반(Adjustment Disorder, With Anxiety)
300.4	F34.1	지속성 우울장애(기분저하증)(Persistent Depressive Disorder)
300.09	F41.8	달리 명시된 불안장애(Other Specified Anxiety Disorder)
300.00	F41.9	명시되지 않은 불안장애(Unspecified Anxiety Disorder)
311	F32.9	명시되지 않는 우울장애(Unspecified Depressive Disorder)
311	F32.8	달리 명시된 우울장애(Other Specified Depressive Disorder)
309.81	F43.10	외상후 스트레스 장애(Posttraumatic Stress Disorder)
301.20	F60.1	조현성 성격장애(Schizoid Personality Disorder)
301.81	F60.81	자기애성 성격장애(Narcissistic Personality Disorder)
301.9	F60.9	명시되지 않은 성격장애(Unspecified Personality Disorder)
V61.03	Z63.5	별거나 이혼에 의한 가족 붕괴(Disruption of Family by Separation or Divorce)

참고: ICD-9-CM 코드(규정, 규칙, 부호)는 미국에서 2014년 9월 30일까지 코딩(or 부호화) 목적으로 사용됩니다. ICD-10-CM 코드는 2014년 10월 1일부터 사용됩니다. 일부 ICD-9-CM 코드는 하나 이상의 ICD-10-CM 및 DSM-5 장애, 상태 또는 문제와 관련이 있습니다. 또한 일부 ICD-9-CM 장애분류가 중단되어 여러 개의 ICD-9-CM 코드가 하나의 ICD-10-CM 코드로 대체되었습니다. 일부 중단된 ICD-9-CM 코드는 이 표에 나열되지 않습니다. 자세한 내용은 『정신질환의 진단 및 통계 편람』(2013)을 참조하십시오.

The Complete Adult Psychotherapy Treatment Planner

법적 갈등(Legal Conflicts)

📄 행동적 정의

1. 법적 혐의 미결 상태
2. 법적 혐의 이후 가석방 또는 보호관찰
3. 법적인 강제력이 치료를 받기로 결정한 주된 이유
4. 범죄 경력으로 인해 여러 번 감금
5. 대부분 술이나 약물 남용과 관련하여 체포됨
6. 감정적 혼란으로 인해 이혼 미결 상태
7. 현재 법적 혐의로 자유를 속박 당하는 것을 두려워함

—. _____
  _____

—. _____
  _____

—. _____
  _____

🎯 장기 목표

1. 법원의 명령에 수락하고 책임감 있게 응답한다.
2. 물질 의존이 어떻게 법적 문제에 관여되는지 이해하고 회복의 필요성에 대해 수용한다.
3. 체포를 초래한 결정과 행동에 대해 책임을 지고, 행동을 통제하기 위한 더 높은 도덕적 및 윤리적 기준을 개발한다.
4. 가치, 생각, 감정, 행동을 보다 친사회적으로 바꾸기 위하여 치료의 필요성을 내면화한다.
5. 지역사회 내에서 훌륭한 입지를 가진 책임감 있는 시민이 된다.

— . _____
    _____

— . _____
    _____

— . _____
    _____

⏱ 단기 목표

1. 현재 법원 제도에 개입하게 된 행동을 기술하기(1)

2. 약물 및/혹은 알코올 남용이 법적 문제를 일으킨 역할을 언어로 표현하기 (2, 3)

3. DSM 진단, 치료의 효과 및 치료 관계의 특성과 관련된 특정 요인에 대한 평가에 행동, 정서, 태도 정보를 제공

🗨 치료적 중재

1. 법적 갈등을 초래한 내담자의 행동을 탐색하고, 그것이 반사회성 행동 패턴에 부합하는지 평가하기

2. 약물 의존이 내담자의 법적 분쟁에 얼마나 기여하는지를 탐색하기

3. 내담자의 삶에서 발생했던 중독의 다양한 부정적인 결과를 검토함으로써 약물 의존에 대한 내담자의 부인(denial)에 대해 직면하기

4. 현재 문제에 대한 내담자의 통찰 수준(자각 vs. 자각하지 않는)을 측정하기(예, '묘사된 행동'의 문제적인 특성에 대해 좋은 통찰력을 보여 주며,

하기(4, 5, 6, 7)

다른 사람의 우려에 동의하고, 변화에 대한 동기가 있음; '묘사된 문제'에 대한 양가성을 보이고, 이 문제를 우려할 만한 문제로 언급하는 것을 꺼림; 혹은 '묘사된 문제'를 알게 되는 것에 저항하고, 걱정할 만한 것이 안 된다고 보고, 변화에 대한 동기가 없음)

5. 적절한 경우, 자살에 대한 취약성(예, 동반 우울증이 명확하면 자살 위험 증가)을 포함하여 장애와 관련된 연구 기반 증거로 내담자를 평가하기(예, ADHD를 동반한 적대적반항장애, 불안장애에 따르는 우울증)

6. 내담자가 현재 정의된 '문제행동'을 설명할 수 있는 나이, 성별, 혹은 문화와 관련된 주제와 내담자의 행동을 보다 잘 이해할 수 있도록 하는 요인을 평가하기

7. 적정 수준의 치료를 결정하기 위해 내담자 기능 수준 손상의 심각정도를 평가하기(예, 사회적, 관계적, 직업적 기여에서 경미한, 보통의, 심각한, 매우 심각한 손상); 치료 효과와 함께 증상의 심각 정도를 지속적으로 평가하기(예, 내담자가 더 이상 심각한 손상을 보이진 않지만, 경미하거나 혹은 보통 정도의 손상을 유발하는 문제가 있다.)

4. 집행유예/가석방 규정에 따라 절주하기(8, 9)

8. 판단을 향상시키고, 행동을 조절할 수 있도록 회복과 절주에 대한 내담자의 욕구를 강화하기(이 책의 '물질 사용' 챕터 참조)

9. 가능하다면, 신체적 측정(혈중 농도 등)을 활용하여 내담자의 절주를 모니터하고 강화하기

5. 법적 분쟁을 해결하기 위한 계획을 세우기 위해 변호인을 선임하고 만나기(10)

10. 법적 문제를 해결하기 위해 논의할 변호사를 만나도록 내담자를 격려하고 촉진하기

6. 판사가 선고한 요구를 이행하기 위해 법원 담당자와 정기적으로 연락하기 (11)

7. 결과적으로 불법적인 행위로 이끈 일련의 결정이나 행동에 대한 책임을 말로 표현해 보고 받아들이기(12)

8. 법적 테두리 내의 행동을 확인하고 가치를 진술하기(13, 14)

9. 분노, 좌절감, 무력감 혹은 우울감 등의 정서적 상태가 불법적인 행동에 어떤 기여를 했는지를 말로 표현해 보기(15, 16, 17)

11. 법원 담당자와의 약속을 지키기 위해 내담자를 모니터링하고 격려하기

12. 자신의 불법 행위로 인한 다른 사람에 대한 책임을 부인하고 거부하는 내담자의 행위를 직면하기[혹은 Jongsma의 저서 『성인 심리치료 과제 플래너(Adult Psychotherapy Homework Planner)』에서 'Accept Responsibility for Illegal Behavior' 부분 과제 내기]

13. 불법적으로 행동하도록 하는 내담자의 가치를 명확히 하는 것을 돕기

14. 법적인 경계와 타인의 권리를 존중하는 것과 관련된 가치와 이러한 경계를 넘는 결과를 가르치기

15. 내담자를 불법적인 행동으로 이끄는 부정적인 정서 상태를 탐색하기

16. 내담자의 정서적 갈등이나 반사회적인 충동을 다루기 위해 진행 중인 상담에 대해 내담자에게 소개하기(이 책의 '반사회성 행동' '분노 조절 문제' 혹은 '단극성 우울' 챕터 참조)

17. 정서 조절에 대한 읽을 자료를 내담자에게 추천하기(예, McKay, Davis와 Fanning의 저서 『Thoughts and Feelings: Taking Control of Your Moods and Your Life』; McKay와 Rogers의 저서 『The Anger Control Workbook』; Knaus의 저서 『A Cognitive Behavioral Workbook for Depression: A step-by-step Program』; Grant, Donahue와 Odlaug의 저서 『Overcoming Impulse Control Problem: A Cognitive-Behavioral Therapy Program-Workbook』)

10. 위법 행위와 관련된 부정적인 감정 상태의 원인을 확인하기(18, 19)

11. 반사회성 행동을 조장하는 인지적 왜곡을 확인하고 대체하기(20, 21, 22)

12. 분노 조절 집단(anger control group) 참석하기(23)

13. 불법적인 행동에 의존하지 않으면서 삶의 욕구(예, 사회적 욕구, 경제적 욕구)를 충족시킬 수 있는 방법 확인하

18. 의식적으로 혹은 무의식적으로 범죄 행동을 조장하는 내담자의 기저에 있는 부정적 감정의 원인 탐색하기

19. 통찰과 해결책을 위해 현재나 과거의 감정적 갈등과 연결된 내담자의 반사회성 행동 해석하기

20. 내담자로 하여금 위법 행동과 관련된 부정적인 자동적 사고를 대체할 수 있도록 인지 재구조화 과정(예, 생각, 감정, 행동의 관련성 가르치기, 자동적 사고와 근본적인 믿음 혹은 편향 확인하기, 편향에 도전하기, 대안적인 긍정적 관점 발달시키기, 행동 실험을 통해 편향된 믿음과 대안적 믿음 시험하기) 사용하기

21. 위법 행동과 관련된 왜곡되고, 부정적인 자기대화(self-talk)를 대체할 수 있는 긍정적이고, 현실에 근거한 메시지를 발달시키고 시행하도록 내담자 강화하기

22. 자신의 부정적인 자기대화(self-talk)와 자기대화에서의 편향을 확인하고, 대안적인 생각을 만들고, 행동적인 실험을 통해 시험할 수 있는 과제 내기[예, Jongsma의 『성인 심리치료 과제 플래너(Adult Psychotherapy Homework Planner)』의 'Crooked Thinking Leads to Crooked Behavior']; 개선을 위해 교정적인 피드백을 제공하면서, 성공을 복습하고 강화하기

23. 내담자를 충동 조절 혹은 분노 관리 집단에 의뢰하기

24. 내담자의 위법 행동에 관여하지 않고 사회적 욕구 및 경제적 욕구를 충족시킬 수 있는 방법을 탐색하기(예, 취업, 추가적인 교육 혹은 기

기(24, 25)

술 훈련, 영성 집단)

25. 내담자에게 반사회적인 행동과 친사회적인 행동의 차이점 교육하기. 법을 준수하고, 타인을 돕고, 꾸준히 일 할 수 있는 방법을 작성하도록 내담자 돕기

14. 성공적으로 직장 구하는 방법을 배울 수 있는 수업에 참여하기(26)

26. 내담자를 전과자 취업 지원 센터에 의뢰하기

15. 타인의 신뢰와 스스로에 대한 존경을 얻기 위해서는 정직함이 중요하다는 것에 대해 이해하고 이해한 내용을 언어로 표현하기(27)

27. 타인의 신뢰와 자긍심을 얻기 위한 정직함의 중요성을 내담자가 이해하도록 돕기

16. 위법 행위에 대한 보상을 위한 계획을 세우고 실행하기(28, 29)

28. 자아 존중감을 위한 보상의 중요성을 이해할 수 있도록 내담자 돕기; 그/그녀가 자신의 행동의 결과에 대한 보상을 제공하기 위한 계획을 세우도록 돕기[또는 Jongsma의 저서인 『성인 심리치료 과제 플래너(Adult Psychotherapy Homework Planner)』의 'How I Have Hurt Others' 'Letter of Apology'를 과제로 내기]

29. 내담자의 보상 계획의 실행을 검토하기; 성공은 강화하고 실패는 다시 지도하기

__. _____

__. _____

__. _____

__. _____

__. _____

__. _____

📝 진단 제안

DSM-IV/ICD-9-CM 사용

축 I :	304.30	대마초 의존(사용장애)(Cannabis Dependence)
	304.20	코카인 의존(사용장애)(Cocaine Dependence)
	303.90	알코올 의존(사용장애)(Alcohol Dependence)
	304.80	복합물질 의존(Polysubstance Dependence)
	312.32	병적 도벽(Kleptomania)
	V71.01	성인 반사회성 행동(Adult Antisocial Behavior)
	309.3	품행장애를 동반하는 적응장애(Adjustment Disorder With Disturbance of Conduct)
	____	_____
	____	_____
축 II :	301.7	반사회성 성격장애(Antisocial Personality Disorder)
	799.9	진단 연기(Diagnosis Deferred)
	V71.09	무진단(No Diagnosis)
	____	_____
	____	_____

DSM-5/ICD-9-CM/ICD-10-CM 사용

ICD-9-CM	ICD-10-CM	DSM-5 장애, 상태, 문제
304.30	F12.20	대마초 사용장애, 중등도 혹은 중도(Cannabis Use Disorder, Moderate or Severe)
304.20	F14.20	코카인 사용장애, 중등도 혹은 중도(Cocaine Use Disorder, Moderate or Severe)
303.90	F10.20	알코올 사용장애, 중등도 혹은 중도(Alcohol Use Disorder, Moderate or Severe)
312.32	F63.81	병적 도벽(Kleptomania)
V71.01	Z72.811	성인 반사회성 행동(Adult Antisocial Behavior)
309.3	F43.24	품행장애를 동반하는 적응장애(Adjustment Disorder, With Disturbance of Conduct)
301.7	F60.2	반사회성 성격장애(Antisocial Personality Disorder)

참고: ICD-9-CM 코드(규정, 규칙, 부호)는 미국에서 2014년 9월 30일까지 코딩(or 부호화) 목적으로 사용됩니다. ICD-10-CM 코드는 2014년 10월 1일부터 사용됩니다. 일부 ICD-9-CM 코드는 하나 이상의 ICD-10-CM 및 DSM-5 장애, 상태 또는 문제와 관련이 있습니다. 또한 일부 ICD-9-CM 장애분류가 중단되어 여러 개의 ICD-9-CM 코드가 하나의 ICD-10-CM 코드로 대체되었습니다. 일부 중단된 ICD-9-CM 코드는 이 표에 나열되지 않습니다. 자세한 내용은 『정신질환의 진단 및 통계 편람』(2013)을 참조하십시오.

The **C**omplete **A**dult **P**sychotherapy **T**reatment **P**lanner

낮은 자존감(Low Self-Esteem)

📄 행동적 정의

1. 칭찬을 받아들이기 매우 어려워한다.
2. 자신을 폄하하는(self-disparaging) 말을 한다. 자신을 매력적이지 않은 사람, 가치 없는 사람, 실패자, 짐이 되는 사람, 중요하지 않은 존재로 본다. 쉽게 비난을 받아들인다.
3. 외모 관리에 자신감이 부족하다.
4. 다른 사람들에게 거절의사를 말로 표현하는 것이 어렵다. 다른 사람이 자신을 좋아하지 않을 것이라고 가정한다.
5. 다른 사람이, 특히 또래 집단이 자신을 거절할까 봐 두려워한다.
6. 삶에 대한 목표가 부족하고, 자신의 목표를 부적절할 정도로 낮게 설정한다.
7. 자신의 긍정적인 특성을 알아차리지 못한다.
8. 사회적 상황에서 불안하거나 불편함을 느낀다.

— . _____
_____
_____

— . _____
_____
_____

— . _____
_____

🎯 장기 목표

1. 자존감을 높인다.
2. 지속적이고 긍정적인 자기 이미지를 계발한다.
3. 외모에 대해 더 자부심을 갖고, 더 단호해지고, 눈맞춤을 잘하고, 자기 메시지를 통해 긍정적인 특징을 식별하여 향상된 자존감을 증명한다.
4. 내면에 자기 가치감, 자신감, 유능감을 세운다.
5. 과도한 고통 또는 장애 없이 사회적으로 상호작용한다.

— . _____
   _____
— . _____
   _____
— . _____
   _____

⏱ 단기 목표

1. 대부분의 다른 사람들보다 덜 유능하다고 느끼는 것을 인정하기(1, 2)

2. 자존감을 넘어 다른 이슈들을 위해 치료에 참여하기(3)

🗨 치료적 중재

1. 내담자가 자신의 감정을 식별하고 표현할 수 있는 능력을 키울 수 있도록 개인상담 안에서 지속적인 눈맞춤, 적극적 청취, 무조건적 긍정적 존중, 따뜻한 수용을 통해, 신뢰의 수준을 적극적으로 세우기

2. 내담자가 자신을 어떻게 평가하는지, 그리고 부정적인 자기 인식의 근거로 무엇이 언어화되는지 탐색하기

3. 내담자의 낮은 자존감이 임상적인 증후군(syndrome)(예, 사회불안장애, 우울) 안에서 발생하는지 평가하기. 필요한 경우, 적절한 증거 기반 치료를 실시하거나 의뢰하기(예, 이 책의 '사회불안' 혹은 '단극성 우울' 챕터 참조)

3. 양극성 우울증에 영향을 미치거나, 치료를 어렵게 만들 수 있는 물질 남용 내력을 밝히기(4)

4. DSM 진단과 관련된 구체적 특징, 치료의 효과, 치료적 관계의 특성에 대한 행동, 정서, 사고방식의 정보를 제공하기(5, 6, 7, 8)

4. 물질 남용 평가를 준비하고, 평가 결과에 따라 필요하다고 판단되는 경우에 내담자를 치료에 의뢰하기(이 책의 '물질 사용' 챕터 참고하기)

5. '호소문제'에 대한 내담자의 통찰(자아동질적 대 자아이질적) 수준을 평가하기(예, '기술된 행동'의 문제성에 대한 좋은 통찰력을 보여 주고, 타인의 관점에 동의하며, 변화에 대한 동기부여가 되었는지, '기술된 문제'에 대해 양가성을 보이며, 문제를 문제로 제기하기를 꺼려하는지, '기술된 문제'를 인정하는 것에 저항하고, 관심이 없고, 변화에 대한 동기를 보이지 않는지)

6. 필요하다면, 자살취약성(예, 우울 동반이 분명한 경우 자살 위험 증가)을 포함한 연구 기반 공존 장애의 증거를 평가하기(예, ADHD를 동반한 적대적 반항장애, 불안장애를 동반한 우울증)

7. 내담자의 현재 정의되는 '문제행동'을 설명하는 데 도움이 되는 나이, 성, 문화와 관련된 문제와 내담자의 행동을 보다 잘 이해할 수 있는 요인들을 평가하기

8. 적절한 돌봄수준을 결정하는 내담자의 기능 손상의 심각성을 평가하기[예, 주목된 행동은 사회적, 관계적, 직업적(vocational, or occupational), 노력에서 경도, 중등도, 고도 또는 최고도 손상을 일으킨다.]; 치료의 효과성뿐만 아니라 손상의 심각성을 지속적으로 평가하기(예, 내담자는 더 이상 심각한 손상을 보이지는 않지만, 현재 문제는 경도 또는 중등도 손상을 초래하고 있다.)

5. 낮은 자존감을 초래하는 과거와 현재에 대한 통찰을 높이기(9, 10)

9. 내담자가 자신이 느끼는 거절에 대한 두려움이 과거에 버려졌던 경험이나 거절당한 경험과 연관되어 있다는 것을 인식할 수 있게 도와주고,

고통스러웠던 과거의 경험이과 대비되는 현재의 수용과 역량을 대조해서 보기 시작하기

10. 내담자가(정서적, 신체적, 성적으로) 학대받는 사건이 내담자 자신에 대한 느낌에 어떻게 영향을 미쳤는지를 논의하고, 강조하고, 해석하기

6. 자신을 부정적으로 묘사하는 표현을 사용하는 빈도를 줄이고 자신을 긍정적인 묘사하는 표현을 늘리기(11, 12, 13)

11. 내담자가 자신에 대해 느끼는 부정적 감정을 표현하고 있는 방식을 스스로 인식하도록 돕기

12. 내담자의 부정적인 자기 평가의 틀을 재구성할 수 있게 돕기

13. 내담자가 자기 이미지와 자신감을 향상시킬 수 있는 방법으로 긍정적인 자기대화를 발전시키도록 돕기[또는 Jongsma의 저서 『성인 심리치료 과제 플래너(Adult Psychotherapy Homework Planner)』의 'Positive Self-Talk'를 과제로 내주기]

7. 낮은 자존감을 지속시키는 데 사용된 부정적인 자기대화 메시지가 무엇인지 확인하고 다른 메시지로 대체하기 (14, 15)

14. 내담자가 가지고 있는 자신과 세계에 대한 왜곡되고 부정적인 신념이 무엇인지 확인하고, 그것들을 보다 현실적이고 긍정적인 메시지로 대체하도록 돕기[또는 Jongsma의 저서 『성인 심리치료 과제 플래너(Adult Psychotherapy Homework Planner)』의 '자기패배적 생각을 대체하는 일지 작성하기(Journal and Replace Self-Defeating Thoughts)', Helmstetter의 저서 『What to Say When You Talk to Yourself』를 과제로 내주기]

15. 내담자가 자기훈련서에서 소개하는 자존감 세우기 훈련 과정을 완수하도록 요청하기 (예, Burns의 저서 『Ten Days to Self Esteem!』, McKay, Fanning, Honeychurch와 Sutker의 저서

『The Self-Esteem Companion』, Schialdi의 저서
『10 Simple Solutions for Building Self-Esteem』)

8. 어떤 위험도 감수하기를 거부하고 자신에 대해 나쁘게 말함으로써 얻게 되는 2차적인 이득이 무엇인지를 확인하기(16, 17)

16. 내담자에게 부정적인 행동 패턴을 반복하면서 얻게 되는 2차적인 이득의 의미와 영향력에 대해 가르치기

17. 내담자가 자기를 비하하는 것과 위험감수를 피하는 것이 어떤 방식으로 2차적인 이득(예, 다른 사람으로부터 칭찬을 듣게 됨, 다른 사람이 대신 책임을 떠안게 됨)을 가져오게 되는지를 스스로 확인할 수 있도록 돕기

9. 자기를 수용하는 표현을 늘리는 동시에 언어로 표현되는 거절에 대한 두려움을 줄이기(18, 19)

18. 내담자에게 매일 자기 자신에 대해 긍정적인 문장 하나를 만들도록 하고, 그 문장을 기록하라고 하기[또는 Jongsma의 저서 『성인 심리치료 과제 플래너(Adult Psychotherapy Homework Planner)』의 'Replacing Fears with Positive Messages'를 과제로 내주기]

19. 내담자가 자신감과 성취에 대한 긍정적인 문장을 사용하도록 직접적인 말로 칭찬해 주기

10. 내담자가 추구하는 가치와 합치되는 방향으로 자기 이미지를 향상시킬 수 있는 활동을 찾아보고, 그 활동에 참여하기(20, 21)

20. 내담자의 일상이 내담자가 추구하는 가치와 일치하는지 여부를 분석하는 것을 돕기

21. 내담자가 추구하는 가치와 합치하는 활동이 무엇인지 말해 보고 그 활동을 과제로 내주어서 자기 개념과 자존감을 향상시키는 방향으로 활동을 실행하게 하기

11. 다른 사람과의 눈맞춤, 대화의 빈도 늘리기(22, 23, 24)

22. 내담자가 대화하는 사람과 눈을 맞추게 하고, 눈맞추기와 관련된 감정을 처리하는 것을 과제로 내기[또는 Jongsma의 저서 『성인 심리치료 과제 플래너(Adult Psychotherapy Homework Planner)』의 'Restoring Socialization Comfort'를 과제로 내주기]

12. 내담자가 몸을 청결하게 유지하고 매일 몸단장을 하도록 관리하기(25)

13. 자기 자신에 대한 긍정적인 특성과 재능을 찾아내기(26, 27)

14. 자신이 느끼는 감정을 알아차리고 표현하는 능력이 향상되었음을 보여 주기(28, 29)

15. 알아차린 욕구를 충족시키는 것에 내담자가 앞장서도록 계획을 정교하게 세우기(30, 31, 32)

23. 내담자가 다른 사람과 눈맞춤을 피하고 눈맞춤과 관련된 불안을 억누르는 것이 보이면 내담자에게 피드백해 주기

24. 내담자가 사람들과 인사하고 대화를 이어 나가는 사회적 기술을 향상시킬 수 있도록 역할극과 예행연습을 해 보기(내담자에게 Zimbardo의 저서 『Shyness: What It is and What to Do About It』을 제안하기)

25. 내담자의 위생상태와 옷차림을 관찰하고 피드백해 주기

26. 내담자가 자기 자신에 대해 보다 편하게 느낄 수 있도록 거울을 보고 자기 신체의 긍정적인 특성을 찾아서 말하는 훈련을 과제로 내주기

27. 내담자가 자신의 긍정적인 특성을 계속 목록으로 작성하게 하고 그 목록을 상담 회기 시작 부분과 끝 부분에 소리 내어 읽게 하기[또는 Jongsma의 저서 『성인 심리치료 과제 플래너(Adult Psychotherapy Homework Planner)』의 'Acknowledging My Strengths' 또는 'What Are My Good Qualities?'를 과제로 내주기], 내담자의 긍정적인 자기-묘사를 강화하기

28. 내담자에게 매일 자신이 느낀 것을 기록하도록 돕기

29. 내담자가 감정을 확인하고 감정에 이름을 붙이는 것을 돕기

30. 내담자가 충족되거나 충족되지 않은 자신의 욕구가 무엇인지 알아차리고 말로 표현하도록 돕기

31. 내담자가 충족되지 않은 욕구를 표현하는 것을 도울 수 있는 공동 회기나 가족 치료 회기를 운영하기

32. 각각의 요구를 충족시키는 특별한 행동 계획을 발전시키고 있는 내담자를 돕기[또는 Jongsma의 『성인 심리치료 과제 플래너(Adult Psychotherapy Homework Planner)』의 'Satisfying Unmet Emotional Needs' 참조]

16. 다른 사람의 언어적 칭찬을 긍정적으로 받아들이기(33)

33. 내담자가(끊임없이) 다른 사람의 친절한 칭찬과 찬사를 알아차리고 인정하게 하기

17. 주장적인 행동의 빈도를 늘리기(34)

34. 내담자에게 자기주장(assertiveness) 훈련을 하거나 강의나 과제를 통해 자기주장기술을 배우고 촉진시킬 수 있는 그룹을 추천하기

18. 삶의 전 영역에서의 자아(self)를 위해 현실적이고, 적절하고, 이룰 수 있는 목표를 만들기(35, 36)

35. 내담자가 현실적이고 이룰 수 있다고 확신하는 그/그녀의 목표를 분석할 수 있도록 돕기

36. 내담자가 다양한 삶의 영역에서의 목표리스트를 만들 수 있고 목표 성취를 향하게 하는 단계를 계획할 수 있게 하기

19. 무시하지 않고, 끊임없이 성취에 대한 책임감을 표현하게 하기(37)

37. 내담자의 셀프 이미지 안에서 성취목록을 통합하는 과정으로서, 내담자에게 성취 목록을 요청하기

__. _____

    _____

__. _____

    _____

__. _____

    _____

__. _____

    _____

__. _____

    _____

__. _____

    _____

📝 진단 제안

DSM-IV/ICD-9-CM 사용

축 I:	300.23	사회불안장애, 사회공포증(Social Phobia, Social Anxiety Disorder)
	300.4	기분부전장애(Dysthymic Disorder)
	296.xx	주요우울장애(Major Depressive Disorder)
	296.xx	제I형 양극성 장애(Bipolar I Disorder)
	296.89	제II형 양극성 장애(Bipolar II Disorder)
	309.9	적응장애, 불특정형(Adjustment Disorder Unspecified)
	_____	_____
	_____	_____
축 II:	301.82	회피성 성격장애(Avoidant Personality Disorder)
	_____	_____
	_____	_____

DSM-5/ICD-9-CM/ICD-10-CM 사용

ICD-9-CM	ICD-10-CM	DSM-5 장애, 상태, 문제
300.23	F40.10	사회불안장애, 사회공포증(Social Anxiety Disorder, Social Phobia)
300.4	F34.1	지속성 우울장애(기분저하증)(Persistent Depressive Disorder)
296.xx	F32.x	주요우울장애, 단일 삽화(Major Depressive Disorder, Single Episode)
296.xx	F33.x	주요우울장애, 재발성 삽화(Major Depressive Disorder, Recurrent Episode)
296.xx	F31.xx	제I형 양극성 장애(Bipolar I Disorder)
296.89	F31.81	제II형 양극성 장애(Bipolar II Disorder)
300.02	F41.1	범불안장애(Generalized Anxiety Disorder)
319	F70	지적장애, 경도(Intellectual Disability, Mild)
V62.89	R41.83	경계성 지적 기능(Borderline Intellectual Functioning)

참고: ICD-9-CM 코드(규정, 규칙, 부호)는 미국에서 2014년 9월 30일까지 코딩(or 부호화) 목적으로 사용됩니다. ICD-10-CM 코드는 2014년 10월 1일부터 사용됩니다. 일부 ICD-9-CM 코드는 하나 이상의 ICD-10-CM 및 DSM-5 장애, 상태 또는 문제와 관련이 있습니다. 또한 일부 ICD-9-CM 장애분류가 중단되어 여러 개의 ICD-9-CM 코드가 하나의 ICD-10-CM 코드로 대체되었습니다. 일부 중단된 ICD-9-CM 코드는 이 표에 나열되지 않습니다. 자세한 내용은 『정신질환의 진단 및 통계 편람』(2013)을 참조하십시오.

The Complete Adult Psychotherapy Treatment Planner

남성 성기능 부전(Male Sexual Dysfunction)

📄 행동적 정의

1. 지속적으로 성행위에 대한 기대나 욕망이 매우 낮거나 없다고 보고한다.
2. 상호 간의 보살피고 존중하는 관계 속에서도 모든 성적인 접촉을 강력히 피하거나 거절한다.
3. 성적 쾌락과 흥분(성기의 윤활작용과 발기)과 같은 자연스러운 생리적 반응이 나타나지 않는다.
4. 성행위를 하는 동안 성적 즐거움이나 느낌이 부족하다고 지속적으로 보고한다.
5. 성적인 즐거움을 얻은 후이거나, 파트너에게 소중하게 여겨짐으로써 감각적이고 성적인 즐거움을 얻었음에도 불구하고 사정에 도달하는 데 지속적인 지연이나 불능을 경험함
6. 성행위를 하기 전, 하는 동안, 한 뒤에 성기의 고통을 표현함

— . _____
_____
— . _____
_____
— . _____
_____

🎯 장기 목표

1. 성행위에 대한 기대나 즐거움을 늘리기
2. 성행위를 하는 동안 심리적인 흥분된 반응을 유지하기
3. 적당한 시간, 강도 및 성적인 자극에 초점을 맞추어 사정에 도달하기
4. 성관계를 하기 전, 후와 성관계 중에 고통을 없애고 주관적인 즐거움을 얻기

— • _____
_____
— • _____
_____
— • _____
_____

⏱ 단기 목표

1. 성적 태도, 감정 및 행동에 영향을 미친 과거 경험과 현재 문제를 탐색하는 상세한 성적 과거력(sexual history)을 제공하기(1, 2, 3)

👥 치료적 중재

1. 그의 어린 시절과 청소년기의 성적 경험, 성적 지식의 출처와 수준, 전형적인 성행위와 횟수, 병력, 약물 사용 및 음주, 생활 습관 현재의 성인으로서의 성기능 장애를 조사하여 상세한 성적 과거력을 얻기

2. 성에 대한 내담자의 태도와 지식, 성에 대한 정서적 반응, 그리고 성기능 장애의 원인이 될 수 있는 자기대화를 평가하기

3. 성적 관심, 억제하는 마음, 낮은 자아존중감, 죄책감, 공포 또는 반발에 관한 부정적인 태도와 같은 성기능 장애의 원인이 될 수 있는 내담자의 원가족 요인을 조사하기[또는 Jongsma의 『성인 심리치료 과제 플래너(Adult Psychotherapy Homework Planner)』의 '부정

적인 성적 태도에 영향을 미치는 요소(Factors Influencing Negative Sexual Attitudes)'를 과제로 주기]

2. 우울증의 징후를 보고하기. 성적 어려움을 일으킬 수 있는 우울한 감정의 치료에 참가하기(4, 5)

4. 우울증의 역할을 평가하여 우울증이 내담자의 성기능장애를 유발하고 있다면 그것을 치료하기

5. 성기능 장애의 기저에 있는 우울증을 완화하기 위해 항우울제 처방에 대해 의뢰하기

3. 정직하게 약물 남용을 보고하고 그것을 해결하기 위하여 상담자의 권유에 협조하기(6)

6. 내담자의 기분을 바꿔 주는 약물(mood-altering substances)의 사용 또는 남용과 약물 사용이 성적 기능에 미치는 영향을 탐색하기. 만약 약물 사용이 나타나면, 집중적인 약물 남용 치료를 받도록 의뢰하기

4. DSM 진단과 관련된 구체적 특징, 치료의 효과, 치료적 관계의 특성에 대한 행동, 정서, 사고방식의 정보를 제공하기(7, 8, 9, 10)

7. '호소문제'에 대한 내담자의 통찰(자아동질적 대 자아이질적) 수준을 평가하기(예, '기술된 행동'의 문제성에 대한 좋은 통찰력을 보여 주고, 타인의 관점에 동의하며, 변화에 대한 동기부여가 되었는지, '기술된 문제'에 대해 양가성을 보이며, 문제를 문제로 제기하기를 꺼려하는지, '기술된 문제'를 인정하는 것에 저항하고, 관심이 없고, 변화에 대한 동기를 보이지 않는지)

8. 필요하다면, 자살취약성(예, 우울 동반이 분명한 경우 자살 위험 증가)을 포함한 연구 기반 공존장애의 증거를 평가하기(예, ADHD를 동반한 적대적 반항장애, 불안장애를 동반한 우울증)

9. 내담자의 현재 정의되는 '문제행동'을 설명해 주는 데 도움이 되는 나이, 성, 문화와 관련된 문제와 내담자의 행동을 보다 잘 이해할 수 있는 요인들을 평가하기

10. 적절한 돌봄 수준을 결정하는 내담자의 기능 손상의 심각성을 평가하기(예, 사회적, 관계적, 직업적, 노력에서 경도, 중등도, 고도 또는 최고도 손상을 일으킨다고 알려진 행동); 치료의 효과성뿐만 아니라 손상의 심각성을 지속적으로 평가하기(예, 내담자는 더 이상 심각한 손상을 보이지는 않지만, 현재 문제는 경도 또는 중등도 손상을 초래하고 있다.)

5. 솔직하게 그리고 개방적으로 갈등, 충족되지 않은 욕구, 분노를 포함한 관계의 질에 대해 논의하기(11, 12)

11. 성적인 문제에 대한 치료에 집중하거나 보다 광범위하게 관계에 대한 치료에 집중하는 것에 대해 결정하기 위해 커플 만족, 정신적 고통(distress), 매력, 의사소통 및 성적인 레퍼토리를 포함한 관계의 질을 평가하기[또는 Jongsma의 『성인 심리치료 과제 플래너(Adult Psychotherapy Homework Planner)』의 '관계에 기여하는 긍정적 그리고 부정적 요소: 나의 것과 당신의 것(Positive and Negative Contributions to the Relationship: Mine and Yours)'을 과제로 내기]

12. 관계 문제가 성기능 장애를 넘어서는 경우 커플 치료의 관점에서 성 치료를 실시하기

▽ᴱᴮᵀ 6. 의사의 정밀한 검사(complete examination)에 협조하고 치료를 위한 모든 권유를 따르기(13, 14)

13. 성기능 장애(예, 혈관, 내분비, 약물)와 관련된 신체조직(organic) 또는 약물 관련 근거를 배제하기 위해 내담자를 의사에게 의뢰하여 완전한 검사를 받게 하기 ▽ᴱᴮᵀ

14. 진단된 질병의 치료 또는 성적인 문제를 일으킬 수 있는 약물 사용에 관한 의사의 권고를 따를 수 있도록 내담자를 격려하기 ▽ᴱᴮᵀ

▽ᴱᴮᵀ 7. 신체 질환이나 약물이 성기능 장애에 미치는 역할에 대한 이해를 언어로 설명하기(15)

15. 진단된 질병 또는 약물 사용이 내담자의 성기능에 영향을 미칠 수 있는 역할에 대해 논의하기 ▽ᴱᴮᵀ

▽ 8. 안내에 따라 발기 부전 치료제를
복용하고 효과 및 부작용에 관해
보고하기(16)

▽ 9. 파트너와 성 치료에 참여하거나
파트너와 할 수 없는 경우 개별
적으로 참여하기(17, 18)

▽ 10. 정상적인 성기능에 대한 이해와
성기능 장애에 대한 원인제공자
(contributors)에 대해 이야기하
기(19, 20)

▽ 11. 성기능에 대한 정확한 지식을
자유롭게 토론함으로써 이를
건강하게 수용하였음(healthy
acceptance)을 보이기(21, 22)

16. 발기 부전을 극복하기 위한 약물 처방에 관한
평가를 위해 내담자를 의사에게 의뢰하기(예,
Viagra) ▽

17. 커플이 함께 성 치료를 받거나 파트너와 함
께 받을 수 없으면 개별적으로 치료를 받도
록 격려하기[Wincze의 『섹슈얼리티 향상시키기
(Enhancing Sexuality)』참조] ▽

18. 갈등 해소, 감정 표현 및 성교육에 중점을 둔
내담자와 그의 파트너가 직접 참여하는 회기
(conjoint sessions)를 진행하기 ▽

19. 정상적인 성기능, 성기능 장애와, 기능 및 장
애에 영향을 미치는 인지적, 정서적, 행동적,
대인관계적 요인에 대해 내담자와 파트너에
게 교육하기 ▽

20. 정확한 성적인 정보를 제공하거나 성적 감각
에 대한 집중을 강화하거나 억제하지 않도
록 하는 훈련에 대한 개략적인 정보를 제공
하는 책을 내담자가 읽도록 하기[예, McCarthy
와 McCarthy가 쓴 『성적 알아차림(Sexual
Awareness)』; Penner와 Penner가 쓴 『성의 선물
(The Gift of Sex)』; Zilbergeld가 쓴 『새로운 남자
의 섹슈얼리티(The New Male Sexuality)』] ▽

21. 성적인 신체 부위, 성적 생각, 감정, 태도 및
행동에 관해서 자유롭고 정중하게 이야기하
도록 격려함으로써 커플을 교육하고 둔감화
시키기 ▽

22. 부부가 성적 생각, 감정, 행동에 대해 자유롭
고, 풍부하게, 긍정적으로 이야기할 수 있도
록 하기 ▽

12. 성적 기능을 방해하고 긍정적인 자아상을 말로 표현하는 자존감 문제에 대해 논의하기(23)

13. 긍정적인 신체 이미지를 말로 표현하기(24, 25)

14. 파트너가 너무 성적으로 공격적이거나 비판적이라는 인식이 있으면 파트너에게 위협감을 느낀다는 것을 전달하기(26)

▽ 15. 도전을 식별하고, 문제를 오히려 키우는 자기패배적인 생각과 믿음을 긍정적이고 현실적인 생각과 믿음으로 바꾸기(27, 28, 29)

23. 성적 회피에 이르게 하는 성적 파트너로서 내담자의 부적절함(inadequacy)에 대한 두려움을 탐색하기. 성적 파트너로서 자신에 대한 현실적이고 긍정적인 생각을 갖도록 하기[또는 Jongsma의『성인 심리치료 과제 플래너(Adult Psychotherapy Homework Planner)』의 '긍정적인 자기대화(Positive Self-Talk)'를 읽도록 하기]

24. 자신의 몸에 대한 가치를 열거하게 하기. 비현실적 왜곡과 비판적 발언에 직면하기[또는 Jongsma의『성인 심리치료 과제 플래너(Adult Psychotherapy Homework Planner)』의 '옷을 입은, 옷을 입지 않은 자신의 몸을 탐구하라(Study Your Body-Clothed and Unclothed)'를 과제로 내기]

25. 부정주의(negativism)의 원인에 초점을 맞추어서 자신의 신체 이미지에 대한 내담자의 감정을 탐색하기

26. 파트너가 지나치게 성적으로 공격적이거나 성적 행위에 대해 비판적이라는 인식으로부터 비롯된 내담자가 느끼는 위협을 탐색하기

27. 성적 활동 전, 중, 후에 두려움, 수치, 분노 또는 슬픔과 같은 부정적인 감정을 유발하는 내담자의 자동적 사고에 대해 탐색하기 ▽

28. 즐거움, 이완, 억제에서 벗어나는 것을 중재할 건강한 대안을 내담자에게 훈련시키기[또는 Jongsma의『성인 심리치료 과제 플래너(Adult Psychotherapy Homework Planner)』의 '자기패배적 생각을 대체하는 일지 작성하기(Journal and Replace Self-Defeating Thoughts)'를 과제로 내기] ▽

16. 성적 흥분에 긍정적인 영향을 미치
는 환경, 시간 또는 분위기와 같은
조건과 요인을 열거하기(30)

▽ᴱᴮᵀ 17. 자위 훈련과 감각 초점 연습을
혼자 그리고 파트너와 함께 연
습하고 느끼고 활동과 관련된
느낌을 나누기(31, 32)

▽ᴱᴮᵀ 18. 점차적으로 불안감이 증가하는
성행위에 점진적으로 노출시키
기(33, 34)

29. 인지치료 기술을 사용하여 내담자가 자기파
괴적인 생각에 맞서도록 돕기. 잘못된 정보,
기능장애를 유지시키는 자기대화, 주의 집중
(예, 제3자의 관점에서 자신에게 주의 집중하기),
그릇된 정보, 기능장애를 유지시키는 신념을
확인하고 이에 도전하고 성기능을 촉진시키
는 신념으로 대체하기 ▽ᴱᴮᵀ

30. 부부에게 성적 흥분에 긍정적인 영향을 주는
조건과 요인을 나열하기. 성적 흥분에 도움
이 되는 환경을 조성하기 위해 목록을 작성
하기

31. 억압을 줄이고 성적인 혐오감을 느끼지 않게
하는 신체를 탐구하고 지각하는 연습을 하도
록 하기 ▽ᴱᴮᵀ

32. 각성을 최대화하도록 설계된 자위 행위 연습
을 하도록 안내하기. 수행 불안을 줄이는 성
적 쾌락을 훈련하는 단계를 파트너와 연습할
수 있도록 하고 신체적인 흥분 느낌을 경험하
는 것에 집중하도록 하기[또는 Jongsma의 『성
인 심리치료 과제 플래너(Adult Psychotherapy
Homework Planner)』의 '요구가 없는 것에 대한 반
응과 성적인 즐거움(감각 집중)에 대해 일기쓰기
(Journaling the Response to Nondemand, Sexual
Pleasuring (Sensate Focus))'를 과제로 내기] ▽ᴱᴮᵀ

33. 수행불안과 관련된 불안함을 유발하는 성적
인 상황 체계를 구성하도록 돕고 지시하기
▽ᴱᴮᵀ

34. 내담자에게 성공적인 경험이 될 가능성이 높
은 초기 체내 또는 상상의 노출을 선택하고
주의를 집중하는 전략(예, 파트너에게 집중하

고 제3자의 관점에서 자신에게 주의 집중하는 것 피하기)에 대해 하기. 관련된 불안이 줄어들 때까지 수준을 올리기[또는 Jongsma의 『성인 심리치료 과제 플래너(Adult Psychotherapy Homework Planner)』의 '점진적인 두려움 공포증 감소(Gradually Reducing Your Phobic Fear)'를 과제로 내기] ▽

19. 성적 욕구, 감정, 욕구를 공유하고, 감각적으로 행동하며, 즐거움을 표현할 수 있는 보다 적극적인 행동하기(35, 36)

35. 파트너와 육체적인 쾌감을 느낄 수 있는 운동을 과제로 내줌으로써 내담자가 덜 거리끼고, 덜 거북한 성적 행동을 할 수 있도록 장려하기

36. 내담자가 파트너와의 성관계에 있어서 더 성적으로 적극적이고 감각적으로 도발적이며 그리고 자유롭게 거리낌이 없는 역할을 점진적으로 탐색할 수 있도록 장려하기

20. 성적 활동을 위해 즐거움과 만족을 높일 수 있는 새로운 자세와 세팅을 실시하기(37, 38)

37. 내담자에게 소심함을 벗어날 수 있고 성적인 실험을 고려할 수 있도록 하는 성행위에 대해 대략적으로 서술한 책을 읽도록 과제 내주기(예, McCarthy와 McCarthy의 『Sexual Awareness』; Penner와 Penner의 『The Gift of Sex』; Cervenka의 『In the Mood, Again: A Couple's Guide to Reawakening Sexual Desire』; Comfort의 『The Joy of Sex』)

38. 내담자의 안전함, 흥분, 만족을 높일 수 있는 성관계를 위한 자세와 세팅이 포함된 실험을 할 수 있도록 제안하기

▽ 21. 성교 혹은 조이기 테크닉 행위 전에 남성이 미리 자위를 하고 이 행위가 조기 사정을 늦추는 데 성공적인가를 보고하기(39)

39. 남성에게 비발기 시기 동안 자위를 하거나 내담자와 파트너에게 조기 사정을 방지하기 위한 조이기 테크닉을 시행하기. 필요 시 그림을 참고하기(예, Kaplan의 〈The Illustrated Manual

of Sex Therapy〉를 보기); 이를 성공적으로 활용하기 위해 피드백을 제공하면서 관련된 절차와 감정 다루기(Metz와 McCarthy의 『Coping with Premature Ejaculation』을 추천하기) ⓔ️ 🔽

22. 종교 수행이 어떻게 성적 생각, 감정, 행동에 부정적인 영향을 미치는지에 대해 이해한 것을 말하기(40, 41)

40. 내담자의 종교 수행이 성적 행동과 생각에 있어서 죄책감과 수치심을 강화하는 데 어떤 역할을 하는지 탐색하기; 변화의 목적을 두고 실시하기

41. 내담자가 현재 성인 기능 장애의 발달에 있어 건강하지 못한 성적 태도와 어린 시절 경험이 주는 영향에 대한 통찰력을 개발하도록 돕기; 부정적인 태도와 경험은 과거에 두도록 노력하고 대신 그러한 영향으로부터 자유로워지기 위한 행동적인 노력을 계속할 것을 요구하기

23. 성적 트라우마나 강간 경험에 대한 감정을 직접 말하기(42, 43)

42. 성적 트라우마나 강간 경험에 대한 내담자의 경험이 있는지 살피기

43. 성적인 면에서 정서적인 트라우마와 관련된 내담자의 감정을 다루기(이 책의 '성폭력 피해자' 챕터 참조)

24. 어린 시절 성역할 모델의 영향에 대해 이해한 것을 직접 말하기(44)

44. 내담자가 어린 시절이나 청소년기에 경험한 성역할 모델과 그것이 내담자의 태도와 행동에 어떻게 영향을 주었는지 탐색하기

25. 이전의 실패했던 친밀한 관계와 현재 두려움 사이의 관련성에 대해 직접 말하기(45)

45. 친밀한 관계에 대한 내담자의 두려움과 그와 관련된 반복적인 실패의 증거가 있는지를 탐색하기

26. 불륜에 대한 감정을 다루고 그러한 관계를 중단할 것을 결단하기(46, 47)

46. 그의 파트너와의 관계에 있어서 내담자의 성 기능 장애의 이유가 되는 불륜이 있는지 탐색하기

27. 동성애적 끌림을 느낀다면 그에 대해서 개방적으로 인정하고 나누기 (48)

28. 갈등을 해결하거나 성적인 관심이나 행위를 방해하는 스트레스를 줄이는 전략을 개발하기(49)

47. 파트너에 대한 부정직함과 불충실함에 대한 내부 갈등으로 이어지는 관계의 종결에 관한 결정을 다루기

48. 내담자의 이성애적 무관심에 이유가 되는 동성애적 관심에 대해 탐색하기[또는 Jongsma의 『성인 심리치료 과제 플래너(Adult Psychotherapy Homework Planner)』에 있는 'Journal of Sexual Thoughts, Fantasies, Conflicts'를 과제로 내기]

49. 내담자를 성적인 욕구나 행위에서 방해하는 직장, 가족, 사회적 관계와 같은 영역의 스트레스를 살피기(이 책의 '불안' '가족 갈등' '직업적 스트레스' 챕터 참조)

— . _____

_____

— . _____

_____

— . _____

_____

— . _____

_____

— . _____

_____

— . _____

_____

📝 진단 제안

DSM-IV/ICD-9-CM 사용

축 I :	302.71	성욕감퇴장애(Hypoactive Sexual Desire Disorder)
	302.79	성혐오장애(Sexual Aversion Disorder)
	302.72	남성 발기장애(Male Erectile Disorder)
	302.74	남성 극치감 장애(Male Orgasmic Disorder)
	302.76	성교통(Dyspareunia)
	302.75	조기 사정(Premature Ejaculation)
	608.89	남성성욕감퇴장애(Male Hypoactive Sextual Desire Disorder, 축 III 장애)
	607.84	남성발기장애(Male Erectile Disorder, 축 III 장애)
	608.89	남성성욕감퇴장애(Male Dyspareunia Due to Axis III Disorder)
	302.70	달리 명시되지 않는 성기능 부전(Sexual Dysfuntion NOS)
	995.53	아동 성적 학대(Sexual Abuse of children, Victim)
	———	———————————————————
	———	———————————————————

DSM-5/ICD-9-CM/ICD-10-CM 사용

ICD-9-CM	ICD-10-CM	DSM-5 장애, 상태, 문제
302.71	F52.0	남성 과민성 성욕구 장애(Male Hypoactive Sexual Desire Disorder)
302.72	F52.21	발기장애(Erectile Disorder)
302.74	F52.32	사정지연(Delayed Ejaculation)
302.75	F52.4	조루(Premature Ejaculation)
302.70	F52.9	명시되지 않은 성적기능장애(Unspecified Sexual Dysfunction)
995.53	T74.22XA	소아성학대, 확인된, 초기의(Child Sexual Abuse, Confirmed, Initial Encounter)
995.53	T74.22XD	소아성학대, 확인된, 이후의(Child Sexual Abuse, Confirmed, Subsequent Encounter)

참고: ICD-9-CM 코드(규정, 규칙, 부호)는 미국에서 2014년 9월 30일까지 코딩(or 부호화) 목적으로 사용됩니다. ICD-10-CM 코드는 2014년 10월 1일부터 사용됩니다. 일부 ICD-9-CM 코드는 하나 이상의 ICD-10-CM 및 DSM-5 장애, 상태 또는 문제와 관련이 있습니다. 또한 일부 ICD-9-CM 장애분류가 중단되어 여러 개의 ICD-9-CM 코드가 하나의 ICD-10-CM 코드로 대체되었습니다. 일부 중단된 ICD-9-CM 코드는 이 표에 나열되지 않습니다. 자세한 내용은 『정신질환의 진단 및 통계 편람』(2013)을 참조하십시오.

The Complete Adult Psychotherapy Treatment Planner

의료적 문제(Medical Issues)

📄 행동적 정의

1. 목숨을 위협할 정도는 아니지만 생활에 변화를 일으키는 만성적인 질병의 진단
2. 삶을 위협할 정도의 심각한 질병의 진단
3. 조기 사망으로 이어지는 만성적인 질병의 진단
4. 슬픈 감정, 사회적 위축, 불안, 흥미의 상실, 무기력감
5. 자살 사고
6. 의료적 처치를 받아야 하는 상태의 심각성을 부정
7. 의료적 처치에 따르는 것을 거절
8. 인체 면역 결핍 바이러스(HIV)에 대한 양성반응
9. 후천성 면역 결핍증(AIDS)
10. 약물 의존과 그로 인한 합병증
11. 의학적 문제에 영향을 주는 심리학적 혹은 행동적 요인들
12. 신체적 건강을 위협하는 생활사

— . _____
   _____

— . _____
   _____

— • _____
_____

🎯 장기 목표

1. 의료적으로 신체증상을 정상화시키기
2. 애도 과정을 헤쳐 나가고 자신의 죽음이라는 현실을 평화로운 마음으로 직면하기
3. 내담자를 돌보는 사람들을 밀쳐 내지 않고 그들의 정서적인 지지를 받아들이기
4. 남아 있는 시간이 적을지라도 가능한 최선을 다해 삶을 살아가기
5. 수동-공격이나 직접적인 저항 없이 의료적인 치료요법에 협조하기
6. 진단받은 증상에 대해 가능한 한 잘 알고 가능한 한 정상적으로 사는 법에 대해 알기
7. 질병과 관련된 공포, 불안, 걱정을 줄이기
8. 질병을 받아들이고 어쩔 수 없는 한계에 삶을 적응시키기
9. 질병의 발달에서 있어 심리적, 행동적 요인들의 역할을 받아들이고 이러한 요소들을 해결하는 것에 집중하기

— • _____
_____

— • _____
_____

— • _____
_____

⏱ 단기 목표

1. 질병의 이력, 증상, 치료에 대해 묘사
   하기(1, 2)

2. 현재나 과거의 약물 남용 사실 밝히
   기(3, 4)

3. DSM 진단 기준, 치료 효과, 치료관계
   특성과 관련된 전문가의 평가를 통해
   행동, 감정, 태도 정보를 제공하기(5,
   6, 7, 8)

🗓 치료적 중재

1. 증상, 진단에 대한 내담자의 반응, 병의 치료와
   예후를 포함한 병의 이력에 대한 정보를 협력
   적으로 모으면서 내담자와 치료 동맹 만들기

2. 내담자의 사전동의를 받은 뒤 내담자의 진단,
   치료, 예후와 관련된 추가적인 의료정보를 위
   해 현재 내담자를 치료하고 있는 의사와 가족
   구성원 만나기

3. 내담자의 질병에 대한 약물 남용의 역할 정도
   를 탐색하고 평가하기

4. 내담자가 자신의 약물 의존에 대한 치료를 받
   아볼 것을 권유하기(이 책의 '물질 사용' 챕터를
   볼 것)

5. '호소문제'를 통해 내담자의 통찰력 수준(자아
   동질적 vs. 자아이질적)을 평가하기(예, '묘사된
   행동'의 문제적인 특성에 대해 좋은 통찰력을 보여
   주면, 문제가 되는 특성에 대한 다른 사람의 우려
   에 동의하고, 그것이 변화를 만드는 동기가 됨; '묘
   사된 문제'에 대해 양면적인 태도를 보여 주고, '묘
   사된 문제'를 중요한 일로 다루는 것을 주저함; '묘
   사된 문제'를 알게 되는 것에 저항하고 걱정할 만
   한 것이 안 된다고 보고 변화의 동기가 없음)

6. 필요하다면, 자살취약성(예, 우울 동반이 분명한
   경우 자살 위험 증가)을 포함한 조사기반 관련
   장애 증거를 평가하기(예, ADHD를 동반한 적대
   적 반항장애, 불안장애를 동반한 우울증)

7. 내담자의 현재 정의되는 '문제행동'을 설명해
   주는 데 도움이 되는 나이, 성, 문화와 관련된
   문제와 내담자의 행동을 보다 잘 이해할 수 있
   는 요인들을 평가하기

8. 적절한 돌봄 수준을 결정하는 내담자의 기능 손상의 심각성을 평가하기(예, 사회적, 관계적, 직업적, 노력에서 경도, 중등도, 고도 또는 최고도 손상을 일으킨다고 알려진 행동); 치료의 효과성뿐만 아니라 손상의 심각성을 지속적으로 평가하기(예, 내담자는 더 이상 심각한 손상을 보이지는 않지만, 현재 문제는 경도 또는 중등도 손상을 초래하고 있다.)

4. 질병상태(medical condition)와 관련되어 있는 감정을 확인하기(9)

9. 내담자의 질병상태에 의해 발생되는 다양한 감정을 확인하거나 규명하거나 언어로 표현하도록 내담자를 돕기

5. 내담자의 질병상태에 의해 유발되는 감정에 대하여 가족 구성원이 서로 공유하기(10)

10. 내담자의 질병상태와 관련되어 죄책감, 분노, 무력감, 형제/자매간의 관심, 질투와 같은 발생 가능한 정서를 공유하고 명료화하도록 촉진하기 위하여 가족 구성원을 만나기

6. 질병으로 인하여 경험하는 상실이나 제한을 확인하기(11)

11. 질병으로 발생되어져 온 변화, 상실, 제한사항의 목록을 작성하도록 내담자에게 요청하기[또는 Jongsma의 『성인 심리치료 과제 플래너(Adult Psychotherapy Homework Planner)』에 있는 '나의 질병의 영향(The Impact of My Illness)'을 과제로 내주기]

7. 질병상태로 초래된 상실에 대한 애도의 단계에 대해 더 알게 된 것을 언어로 설명하기(12, 13)

12. 내담자에게 애도의 단계를 교육하고 내담자가 갖고 있는 어떠한 질문이라도 대답하기

13. 내담자에게 애도와 상실에 관한 책을 읽도록 제안하기[예, Westberg의 『좋은 애도(Good Grief)』, Smedes의 『모든 것이 잘못되어 갈 때 어떻게 바로잡을 수 있을까?(How Can It Be Right When Everything Is All Wrong?)』, Kushner의 『좋은 사람들에게 나쁜 일이 일어날 때(When Bad Things Happen to Good People)』]

8. 질병에 대한 현실과 치료의 필요성을 수용하고 언어로 설명하기(14, 15, 16, 17)

9. 질병상태/진단에 의해 초래된 개인적 스트레스를 처리하는 적극적 접근을 배우는 것과 실행하는 것에 전념하기(18)

10. 스트레스가 많은 반응과 관련된 생각, 감정, 행동, 환경에 대해 일기를 쓰도록 하기(19)

14. 내담자의 상태의 심각성과 의학적 치료절차의 필요성에 관한 내담자의 부인을 부드럽게 직면하기; 내담자의 질병상태와 치료 과정을 수용한 것을 강화하기

15. 의학적 치료, 신체 건강의 악화 그로 인한 죽음과 관련되어 내담자의 두려움을 탐색하고 처리하기[혹은 Jongsma의 『성인 심리치료 과제 플래너(Adult Psychotherapy Homework Planner)』의 '의학적 치료와 관련하여 나는 어떻게 느끼는가(How I feel About My Medical Treatment)'를 과제로 내주기]

16. 질병상태와 관련된 내담자의 비통, 슬픔, 불안을 정상화하기; 이런 감정에 대하여 중요 타인과 의료진에게 언어로 표현하도록 격려하기

17. 내담자의 우울과 불안을 다루고 평가하기(이 책의 '단극성 우울'과 '불안' 챕터 참조)

18. 내담자가 질병상태/진단으로 받는 스트레스를 처리하기 위한 지식과 기술을 개발할 수 있도록 돕는 스트레스 예방 훈련(Stress Inoculation Training)을 사용하기; 내담자의 스트레스 반응을 확인하고 대처할 수 있는 현재의 강점뿐만 아니라 이러한 반응의 내부적, 외부적 촉발요인을 확인하는 평가의 결과를 사용하는 것부터 시작하기; Meichenbaum의 『스트레스 예방 훈련(Stress Inoculation Training)』을 참고하기

19. 강점 대처 외에도 스트레스 반응의 내적, 외적 촉발 요인을 모두 규명할 수 있는 자료를 수집하고, 스스로 모니터링하도록 내담자에게 요청하기

🔻 11. 질병상태/진단에 대한 이해를 언어로 표현하도록 하고, 그것이 발생시킬 수 있는 스트레스를 다루는 것을 언어로 설명하도록 하기(20, 21)

🔻 12. 상담자와 함께 스트레스에 대처하기 위한 계획 세우기(22)

🔻 13. 스트레스 관리를 위한 기술을 배우고 습득하기(23, 24, 25)

20. 스트레스 반응의 다양한 단계들을 강조하는 스트레스의 개념화를 협력적으로 가르치기: 스트레스로부터 발생된 감정을 예상하는 것, 대처하는 것, 관리하는 것과 그리고 스스로의 노력을 반추하는 것(Davis, Robbins-Eshelman과 Mckay의 『The Relaxation and Stress Reduction Workbook』을 추천); 건강 상태, 스트레스 관리에 대한 정확한 정보를 제공하고 잘못된 정보를 수정하며, 내담자가 가질 수 있는 신화를 폭로하기(예, 부정적인 정서를 뱉어 내어 그것을 떠나게 하기) 🔻

21. 내담자와 그의 가족들에게 독서 자료와 신뢰할 수 있는 인터넷 자원을 안내하여 질병상태(medical condition) 및 스트레스가 그 상태에 미치는 영향에 대한 정확한 정보를 얻을 수 있게 하기[Jongsma의 『성인 심리치료 과제 플래너(Adult Psychotherapy Homework Planner)』의 'Pain and Stress Journal' 참고하기] 🔻

22. 인지된 스트레스성 반응을 예방 및/또는 관리하기 위해 휴식, 운동, 인지 재구성, 문제해결과 같은 기술을 사용하여 맞춤형 대처 행동 실천 계획을 개발하도록 내담자를 지원하기 🔻

23. 기술 훈련, 내담자가 가진 효과적인 대처 전략 수립하기, 특정 스트레스 요인에 맞는 새로운 기술 습득하기 🔻

24. 문제 중심의 개인적 및 대인관계적 대처기술을 훈련하기(예, 문제해결, 의사소통, 갈등해결, 사회적 지지 접근) 🔻

▽ 14. 대처 능력을 일상생활 상황에
적용하여 숙달하기(26, 27, 28)

25. 정서 중심적 대처기술을 훈련하기(예, 진정기
술, 관점 수용, 정서 조절, 인지 재구성) ▽

26. 내담자가 상상력 및/또는 행동 리허설을 통
해 회기에서 대처기술을 연습함으로써 기술
을 습득하도록 격려하기 ▽

27. 내담자가 보다 더 까다로운 스트레스 상황에
접했을 때도 대처기술을 일반화할 수 있도록
과제를 부여하기[예, Jongsma의 『성인 심리치
료 과제 플래너(Adult Psychotherapy Homework
Planner)』의 'Plan Before Action' 또는 '자기패배
적 생각을 대체하는 일지 작성하기(Journal and
Replace Self-Defeating Thoughts)']; 성공을 검
토하고, 강화시키며, 기술을 효과적으로 사용
하는 데 장애요인을 해결하기 ▽

28. 내담자가 개선될 것에 대해 확신을 가지고,
변화에 대해 자기 귀인을 함으로써, 새로운
기술은 내면화하고, 자기 효능감을 높일 수
있도록 돕기 ▽

▽ 15. 보다 스트레스적인 반응으로 되
돌아가는 실수를 방지하기 위한
기술을 배우고 습득하기(29)

29. 내담자가 스트레스가 적은 생활양식을 익히
고, 주기적으로 추수 회기에 참여하는 등 치
료에서 배운 기술을 활용하여 고위험 상황을
확인 및 관리할 수 있도록 발생과 재발(lapse
and relapse)을 구분하는 것을 포함하여, 재발
방지기술을 가르치기 ▽

▽ 16. 중요한 타인과 공유하여 질병
상태/진단에 성공적으로 적응
할 수 있도록 노력하기(30)

30. 적절한 경우, 사회적 체계나 지지를 만들어
내는 데 도움이 될 수 있도록, 중재 계획에 중
요한 타인을 포함하기 ▽

17. 약물치료 요법 및 필요한 의료 절차를 준수하여 부작용이나 문제를 의사나 치료자에게 보고하기(2, 31, 32, 33)

18. 질병상태에도 불구하고 가능한 사회적, 생산적, 레크리에이션 활동에 참여하기(34, 35)

19. 위로와 소망의 원천으로서 신앙 기반 활동에 참여하기(36)

20. 유사한 질병으로 진단받은 다른 사람들과의 지지집단에 참여하기(37)

21. 파트너와 가족 구성원이 지지집단에 참여하기(38)

2. 내담자의 사전동의를 받은 뒤 내담자의 진단, 치료, 예후와 관련된 추가적인 의료정보를 위해 현재 내담자를 치료하고 있는 의사와 가족 구성원 만나기

31. 내담자가 의료 처방 요법을 준수하는지 모니터링하고 지킬 수 있도록 강화하기

32. 의학적인 치료에 순응하는 것을 방해하는 내담자의 오해, 두려움, 상황적 요인을 탐색하고 다루기

33. 내담자가 의학적인 치료를 준수하지 못하게 방해하는 모든 수동적, 수동 공격적이고 거부하는 메커니즘에 직면하기

34. 내담자가 혼자서 혹은 타인과 함께 즐길 수 있는 활동을 구분하기[Jongsma의 『성인 심리치료 과제 플래너(Adult Psychotherapy Homework Planner)』의 'Identify and Schedule Pleasant Activities'를 과제로 내주기]

35. 내담자가 즐겁고 도전적인 활동에 참여함으로써, 활동 수준을 높일 수 있도록 참여 요청하기

36. 내담자가 지지의 원천으로서 영적이고 신앙적인 종교활동(기도, 명상, 찬송, 음악)을 가지고, 친교에 참여하도록 격려하기

37. 유사한 문제를 지닌 다른 사람들과의 지지집단에 내담자를 의뢰하기

38. 내담자의 질병상태와 관련된 지역 기반 지지집단에 가족 구성원들을 의뢰하기

22. 마음의 평화를 유발하고 긴장을 완화시키는 수단으로서 긍정적인 이미지를 구현하기(39, 40)

23. 과거에 유익했던 대처기술 및 정서적 지지의 원천을 확인하기(41, 42)

24. 내담자의 파트너와 가족 구성원이 내담자의 심각한 장애 또는 사망 가능성에 대한 두려움을 말로 표현하기(43)

25. 성병(STD)과 관련된 고위험 행동을 확인하기(44)

26. 성병과 에이즈의 존재를 받아들이고 치료를 병행하기(45, 46)

39. 스트레스를 줄이고, 마음의 평화를 촉진하기 위해, 내담자에게 긍정이고, 이완할 수 있고, 치유적인 이미지를 사용할 수 있도록 가르치기

40. 내담자가 신의 사랑, 존재, 보살핌과 같은 신앙에 기반한 믿음들(promises)과 같이 마음의 평화를 가져다주는 것에 의지하도록 격려하기

41. 과거에 유익했던 정서적 지지 및 대처기술에 대한 내담자 및 가족 구성원의 정보를 조사하고 평가하기[또는 Jongsma가 쓴 『성인 심리치료 과제 플래너(Adult Psychotherapy Homework Planner)』의 '과거의 성공적인 불안 대처(Past Successful Anxiety Coping'를 과제로 부여하라.]

42. 내담자와 내담자의 가족들이 교회 지도자, 확대가족, 병원 사회복지 서비스, 지역사회지지 집단, 신으로부터 지지를 얻도록 격려하기

43. 내담자의 파트너와 가족 구성원이 사망 가능성에 대해 두려워하는 것을 꺼내어 다루기; 공포, 무력감, 좌절감, 불안감에 공감하기; 삶의 선물이자 지지자로서 절대자의 존재를 그들에게 안심시키기

44. 성병과 에이즈과 관련된 고위험 행동(예, 마약의 사용, 문란한 성행위, 게이의 위험한 성행위, 난잡함)의 존재에 대한 고객의 행동을 평가하기

45. 성병과 에이즈 검사, 교육 및 치료를 위해 내담자를 공중 보건 또는 의사에게 의뢰하기

46. 필요한 경우 전문화된 치료 프로그램으로 성병과 에이즈에 대한 치료를 받도록 내담자를 격려하고 모니터링하기

27. 신체적 건강에 부정적인 영향을 미
    칠 수 있는 정서적 고통의 원인 파악
    하기(47, 48)

47. 생활양식과 정서적 고통이 건강 상태에 어떻
    게 부정적인 영향을 미치는지 내담자에게 가
    르치기; 신체적 건강에 대한 부정적인 요인
    을 파악하기 위해 자신의 생활 방식과 감정
    상태를 돌아보기
48. 신체 건강 유지에 도움이 될 수 있는 라이프
    스타일 변화를 위한 목록을 만들도록 내담자
    에게 과제를 내기

—. _____
   _____

—. _____
   _____

—. _____
   _____

—. _____
   _____

—. _____
   _____

—. _____
   _____

📝 진단 제안

DSM-IV/ICD-9-CM 사용

축Ⅰ:	316	축 Ⅲ 장애에 영향을 미치는 심리적 증상(Psychological Symptoms Affecting Axis III Disorder)
	309.0	적응장애-우울 기분이 있는 것(Adjustment Disorder With Depressed Mood)
	309.24	적응장애-불안이 있는 것(Adjustment Disorder With Anxiety)
	309.28	적응장애-불안과 우울기분이 있는 것(Adjustment Disorder With Mixed Anxiety and Depressed Mood)
	309.3	적응장애-품행장애가 있는 것(Adjustment Disorder With Disturbance of Conduct)
	309.4	적응장애-감정 및 품행장애가 있는 것(Adjustment Disorder With Mixed Disturbance of Emotions and Conduct)
	309.9	적응장애-불특정형(상태를 세분할 수 없는)(Adjustment Disorder Unspecified)
	296.xx	주요우울장애(Major Depressive Disorder)
	311	달리 분류되지 않는 우울장애(Depressive Disorder NOS)
	300.02	범불안장애(Generalized Anxiety Disorder)
	301.01	광장공포증이 없는 공황장애(Panic Disorder Without Agoraphobia)
	301.21	광장공포증이 있는 공황장애(Panic Disorder With Agoraphobia)
	309.81	외상후 스트레스 장애(Posttraumatic Stress Disorder)
	300.00	달리 분류되지 않는 불안장애(Anxiety Disorder NOS)
	V71.09	축 Ⅰ에 진단 또는 조건이 없는 것(No Diagnosis or Condition on Axis I)
	_____	_____
	_____	_____
축Ⅱ:	799.9	진단 지연(Diagnosis Deferred)
	_____	_____
	_____	_____

DSM-5/ICD-9-CM/ICD-10-CM 사용

ICD-9-CM	ICD-10-CM	DSM-5 장애, 상태, 문제
316	F54	기타 의학적 상태에 영향을 주는 심리적 요인(Psychological Factors Affecting Other Medical Conditions)
309.0	F43.21	적응장애, 우울 기분 동반(Adjustment Disorder, With Depressed Mood)
309.24	F43.22	적응장애, 불안 동반(Adjustment Disorder, With Anxiety)
309.28	F43.23	적응장애, 불안 및 우울 기분 함께 동반(Adjustment Disorder, With Mixed Anxiety and Depressed Mood)
309.3	F43.24	적응장애, 품행 장애 동반(Adjustment Disorder, With Disturbance of Conduct)
309.4	F43.25	적응장애, 정서 및 품행 장애 함께 동반(Adjustment Disorder, With Mixed Disturbance of Emotions and Conduct)
296.xx	F32.x	주요우울장애, 단일삽화(Major Depressive Disorder, Single Episode)
296.xx	F33.x	주요우울장애, 재발성 삽화(Major Depressive Disorder, Recurrent Episode)
311	F32.9	명시되지 않는 우울장애(Unspecified Depressive Disorder)
311	F32.8	달리 명시된 우울장애(Other Specified Depressive Disorder)
300.02	F41.1	범불안장애(Generalized Anxiety Disorder)

참고: ICD-9-CM 코드(규정, 규칙, 부호)는 미국에서 2014년 9월 30일까지 코딩(or 부호화) 목적으로 사용됩니다. ICD-10-CM 코드는 2014년 10월 1일부터 사용됩니다. 일부 ICD-9-CM 코드는 하나 이상의 ICD-10-CM 및 DSM-5 장애, 상태 또는 문제와 관련이 있습니다. 또한 일부 ICD-9-CM 장애분류가 중단되어 여러 개의 ICD-9-CM 코드가 하나의 ICD-10-CM 코드로 대체되었습니다. 일부 중단된 ICD-9-CM 코드는 이 표에 나열되지 않습니다. 자세한 내용은 『정신질환의 진단 및 통계 편람』(2013)을 참조하십시오.

강박장애
(Obsessive-Compulsive Disorder: OCD)

📄 행동적 정의

1. 내담자의 일상생활, 직업 수행, 사회적 관계를 힘들게 하거나 방해하는 침습적이고, 반복되고, 원치 않는 생각이나, 이미지, 충동
2. 그러한 생각이나 이미지, 충동을 무시하거나 조절하거나 또는 관련된 생각이나 행동을 무효화시키는 데 실패함
3. 강박적인 생각이 내담자의 마음에 의해 일어나는 것으로 인식
4. 반복적이고 지나친 정서적, 행동적 활동이 불편함이나 어떤 두려운 결과를 중화하거나 예방하기 위해 행해짐
5. 삶의 문제에 대해 지나치고, 비이성적이고, 현실적이지 않은 걱정과 같은 반복적인 생각이나 행동을 인식

—. _____
  _____

—. _____
  _____

—. _____
  _____

🎯 장기 목표

1. 강박의 빈도, 강도, 발생 간격을 줄이기
2. 강박으로부터의 장애나 강박을 갖는 시간을 줄이기
3. 강박으로부터 장애를 최소화한 수준에서 지속적으로 일상생활하기
4. 강박적인 행동 패턴을 만드는 핵심적인 삶의 갈등과 감정적인 스트레스 해결하기
5. 강박으로부터 자유로워질 수 있는 시간을 최대로 늘리기 위해 핵심적인 사고나 믿음, 과거 삶의 사건들을 내려놓기
6. 행동으로 나타나지 않아도 강박적 사고가 존재함을 수용하고, 가치지향적 삶에 몰두하기

— . _____
_____
_____
— . _____
_____
_____
— . _____
_____

⏱ 단기 목표

1. 강박을 갖게 된 발달사나 특성을 설명하기(1, 2)

2. 불안장애와 관련한 의학적, 물질 관련 원인을 진단에서 제외하기 위해 종합적인 건강검진을 포함하기(3, 4)

😟 치료적 중재

1. 치료 동맹을 공고히 하여 내담자와 함께 라포를 형성하기
2. 내담자의 강박과 관련된 빈도, 강도, 간격, 발달사 평가하기(The Anxiety Disorder Interview Schedule-성인 버전의 구조적 인터뷰를 이용)
3. 불안과 관련한 의료적, 물질 관련 원인을 진단에서 제외하기 위해 종합적인 건강검진을 받을 수 있는 일반적인 의료진을 내담자에게 추천하기
4. 약물치료, 임상병리 검사(lab work), 특수한 검사를 포함한 신체 건강검진으로부터 나온 권고사항에 내담자가 따르는 것을 돕기

3. 강박을 이끄는 특성이나 심각도를 평가할 수 있도록 디자인된 심리검사를 완료하기(5)

4. 강박장애 치료를 하기 위해 과거 약물 중독 경험을 밝히기(6)

5. DSM 진단, 치료 효과, 치료 관계의 특성을 평가하는 데 필요한 행동적, 정서적, 태도적 정보를 제공하기(7, 8, 9, 10)

5. 강박장애의 심각성과 범위를 더 잘 평가할 수 있도록 직접적인 검사를 수행하기[예, 예일－브라운 강박 척도(The Yale-Brown Obsessive-Compulsive Scale); 강박증상목록(Obsessive-Compulsive Inventory Revised)]; 치료 과정의 평가를 명시하여 재수행하기

6. 물질 남용에 대한 평가를 하고 검사를 할 필요가 있다면 내담자에게 치료를 추천하기(이 책의 '물질 사용' 챕터 참조)

7. '호소문제'에 대한 내담자의 통찰(자아동질적 대 자아이질적) 수준을 평가하기(예, '기술된 행동'의 문제성에 대한 좋은 통찰력을 보여 주고, 타인의 관점에 동의하며, 변화에 대한 동기부여가 되었는지, '기술된 문제'에 대해 양가성을 보이며, 문제를 문제로 제기하기를 꺼려하는지, '기술된 문제'를 인정하는 것에 저항하고, 관심이 없고, 변화에 대한 동기를 보이지 않는지)

8. 필요하다면, 자살취약성(예, 우울 동반이 분명한 경우 자살 위험 증가)을 포함한 연구 기반 공존장애의 증거를 평가하기(예, ADHD를 동반한 적대적 반항장애, 불안장애를 동반한 우울증)

9. 내담자의 현재 정의되는 '문제행동'을 설명해 주는 데 도움이 되는 나이, 성, 문화와 관련된 문제와 내담자의 행동을 보다 잘 이해할 수 있는 요인들을 평가하기

10. 적절한 돌봄 수준을 결정하는 내담자의 기능 손상의 심각성을 평가하기(예, 사회적, 관계적, 직업적, 노력에서 경도, 중등도, 고도 또는 최고도 손상을 일으킨다고 알려진 행동); 치료의 효과성뿐만 아니라 손상의 심각성을 지속적으

로 평가하기(예, 내담자는 더 이상 심각한 손상을 보이지는 않지만, 현재 문제는 경도 또는 중등도 손상을 초래하고 있다.)

▽ 6. 정신과 약물 처방에 관한 평가를 위해 정신과 의사에게 협조하기 (11, 12)

11. 정신과 약물(예, 세로토닌 약물) 처방을 위한 평가를 준비하기 ▽

12. 처방전 준수, 부작용, 전반적 약효에 대해 의뢰인을 모니터링하기; 처방을 내린 의사와 정기적으로 상의하기 ▽

▽ 7. 강박 사고, 강박 행동, 촉발요인 (trigger)에 대해 매일 일지를 쓰고, 생각, 감정, 취한 행동을 기록하기(13)

13. 내담자에게 자신의 강박 사고, 강박 행동, 촉발요인을 자가 모니터하고, 생각, 감정, 취한 행동을 기록하도록 요청하기; 치료 목표 성취를 촉진하기 위해 데이터를 지속적으로 관리하기[또는 Jongsma의 저서 『성인 심리치료 과제 플래너(Adult Psychotherapy Homework Planner)』의 '두려운 사건이 일어날 확률을 분석하기(Analyze the Probability of Feared Event)'를 숙제로 내주기] ▽

▽ 8. 강박장애에 대한 정확한 이해와, 강박장애가 어떻게 발전하고 유지되는지를 언어로 설명하기(14)

14. 강박장애의 발전과 유지에 대한 생물심리사회적 모델을 전달하며, 강박장애의 유지에 있어 불필요한 공포와 회피의 역할을 강조하기 [Kozak과 Foa의 저서 『강박장애의 숙달(Mastery of Obsessive-Compulsive Disorder)』을 보라.] ▽

▽ 9. 강박장애 치료근거에 대한 이해를 언어로 설명하기(15, 16)

15. 내담자에게 치료를 위한 근거를 제공하기. 학습된 공포, 현실검증 강박적인 두려움 (reality-test obsessional fears), 기저의 신념을 둔감화시키고, 강박행동 없이 공포를 다루기 위한 자신감을 키우는 데 치료가 어떻게 무대(arena)로 기능하는지 논의하기[Kozak과 Foa의 저서 『강박장애의 숙달(Mastery of Obsessive-Compulsive Disorder)』을 보라.] ▽

16. 내담자에게 책 또는 치료 매뉴얼의 심리교육적 챕터를 읽도록 숙제를 내주기, 또는 강박장애에 대한 노출 및 반응 방지법[exposure and response(ritual) prevention therapy: EPR] 및/또는 인지 재구조화의 근거에 대해 다른 추천 자료를 참고하기[예, Kozak과 Foa의 저서 『강박장애의 정복(Mastery of Obssesive-compulsive Disorder)』; Abramowitz의 저서 『강박장애 극복하기(Getting Over OCD)』; Hyman과 Pedrick의 저서 『OCD 워크북: 강박장애에서 벗어나기 위한 당신의 가이드(The OCD Workbook: Your Guide to Breaking Free from Obsessive-Compulsive Disorder)』] ▽

🔻 10. 편향되고 두려움을 유도하는 자기대화와 신념을 확인하고 대체하기(17, 18)

17. 내담자의 강박적인 공포와 강박적인 행동을 매개하는 편향된 스키마와 자기대화를 탐색하기; 내담자가 편견을 수정하는 생각을 만들어 내도록 돕기; 두려운 예측 대 대안적인 예측을 검증하기 위해 이성적인 논쟁과 행동실험을 사용하기[Salkovskis와 Kirk의 저서 『강박장애(Obsessive-Compulsive Disorder)』를 보라.] ▽

18. 내담자에게 자신의 두려움을 유발하는 자기대화를 확인하고, 자기대화에 있는 편견을 확인하고, 대안을 만들어 내고 행동실험으로 검증하도록 과제를 내주기[또는 Jongsma의 저서 『성인 심리치료 과제 플래너(Adult Psychotherapy Homework Planner)』의 '자기패배적 생각을 대체하는 일지 작성하기(Journal and Replace Self-Defeating Thoughts)'와 '강박적인 행동의 힘을 줄이기(Reducing the Strength of Compulsive Behaviors)'를 보라.]; 개선을 위한

교정적인 피드백을 제공하면서, 성공을 검토하고 강화하기 ▽

▽ 11. 두려움을 유발하는 내적 혹은 외적 신호에 대한 심상노출 혹은 실제노출법에 참여하기(19, 20, 21, 22)

19. 내담자의 강박적인 생각과 행동을 촉발하는 내적인 단서(생각, 심상, 충동)와 외적인 단서(예, 사람, 물건, 상황)의 특징을 평가하기 ▽

20. 내적/외적 공포신호의 위계구조를 만들도록 내담자를 돕기 ▽

21. 내적 혹은 외적 강박장애 단서(심상 혹은 실제)에 노출을 실행하기; 내담자에게 성공 확률이 높은 노출에서 시작하기; 반응 방지(response prevention)를 포함하고, 노출이 진행되는 동안과 노출이후에 인지 재구조화를 하기[Kozak과 Foa의 저서 『강박장애의 숙달(Mastery of Obsessive-Compulsive Disorder)』과 Abramowitz의 저서 『강박장애 다루기(Treating Obsessive-Compulsive Disorder)』를 보라.] ▽

22. 내담자에게 내적 혹은 외적 강박장애 단서를에 대한 노출을 반복하도록 과제를 내주기. 반응 방지와 재구조화된 인지를 사용하고, 반응을 기록하기[혹은 Jongsma의 저서 『성인 심리치료 과제 플래너(Adult Psychotherapy Homework Planner)』의 '생각 멈추기 기술을 사용하기(Making Use of the Thought-Stopping Technique)'를 과제로 내주기]; 후속 회기에서 성공에 대해 강화하고 문제해결의 방해물을 검토하기. 개선을 위한 교정적인 피드백을 제공하기(Kozak과 Foa의 저서 『강박장애의 숙달(Mastery of Obsessive-Compulsive Disorder)』을 보라.) ▽

▽ 12. 재발 방지에 대한 이해를 언어
로 설명하기(23, 24)

23. 위험을 논의하고 예방을 위한 전략을 소개하
는 재발 방지에 대한 근거를 제공하기 ▽

24. 내담자와 한 번 강박증상을 보이는 것과 강박
증상이 반복되는 것의 명확한 차이를 논의하
기. 한 번의 강박증상은 일시적인 문제이지
만 강박증상을 반복하는 것은 강박장애의 특
성인 사고, 감정, 행동 패턴의 반복이라고 생
각하게 하기 ▽

▽ 13. 강박증상이 발생할 위험이 있는
상황이 어떤 것들인지 확인하
고 그 상황들을 관리할 수 있는
전략을 생각해 보기(25, 26, 27,
28)

25. 강박 증상을 보일 위험이 높은 상황을 생각해
보고 추후에 강박 증상을 보일 수 있는 상황,
환경을 관리하는 것을 예행연습 해 보기 ▽

26. 내담자가 상담에서 배운 전략(예, 매일 반복적
으로 노출시키기, 인지 재구조화, 문제해결 전략)
을 일상에서 적용하고, 최대한 자신의 삶에
맞게 발전시켜 나가게 하기 ▽

27. 대응 전략이나 도움이 되는 정보, 내담자가 상
의한 내용을 적어둔 '대응 카드(coping card)'
또는 리마인더(reminder: 예, 문제해결 전략, 긍
정적인 대처 전략, 상담 중에 내담자에게 도움이
되었던 전략 등)를 만들기 ▽

28. 내담자가 상담에서 얻은 치료적 성과를 유지
하고 문제해결을 계속 시도하도록 돕는 정기
적인 관리 회기 또는 추수 회기 일정을 잡기
▽

14. 강박장애 수용전념치료에 참여하기
(29, 30, 31, 32)

29. 강박장애에 수용전념치료(ACT)를 활용하여
내담자가 강박 사고, 심상, 강박 충동에 과하
게 영향받지 않으면서 수용하고 기꺼이 경험
하도록 하고, 내담자에게 의미 있는 가치와
부합하는 활동에 내담자의 시간과 노력을 전
념하도록 하기[Eifert, Forsyth와 Hayes의 저서

『불안장애를 위한 수용전념치료(Acceptance and Commitment Therapy for Anxiety Disorders)』를 참고하기]

30. 내담자가 강박장애와 관련된 부정적인 사고 과정을 알아차리고, 현실에 기반을 둔 사고, 심상, 충동과 현실에 기반을 두지 않은 사고 현상을 관찰하지만 반응하지 않고 수용함으로써 이러한 부정적인 사고와의 관계를 바꿀 수 있도록 마음챙김 명상을 가르치기[Zabat-Zinn의 저서 『안내된 마음챙김 명상(Guided Mindfulness Meditation)[Audio CD]』을 참고하기]

31. 내담자가 마음챙김 명상과 수용전념치료에서 배운 교훈을 일상에 적용할 수 있도록 배운 내용을 연습할 수 있는 과제를 부여하기

32. 상담회기에 이루어진 작업을 보완하도록 마음챙김과 수용전념치료적 접근의 읽기자료를 과제로 내기[Forsyth와 Eifert의 저서 『마음챙김과 수용 워크북(The Mindfulness and Acceptance Workbook)』을 참고하기]

15. 미해결된 삶의 갈등이 무엇인지 확인하고 논의하기(33, 34)

33. 내담자의 강박장애의 근간이 되는 핵심 미해결 갈등을 확인하는 데 도움이 될 수 있도록 내담자의 삶의 환경을 탐색하기

34. Friedman의 저서 『프리드먼의 우화(Friedman's Fables)』에 수록된 '친근한 숲(The Friendly Forest)' 또는 '둥글게 돌기(Round in Circles)'와 같은 우화를 내담자와 같이 읽고 토론 질문을 활용하여 같이 작업하기

16. 핵심적인 삶의 갈등과 관련된 감정을 언어로 설명하고 명확하게 하기 (35, 36)

35. 내담자가 핵심 미해결 과제와 관련된 감정을 확인하고 표현하는 것을 격려하고, 지지하고, 돕기

36. 강박장애 상태를 유지함으로써 얻게 되는 2차
적 보상(주의집중, 관심받기, 활동을 피할 수 있
음)을 평가하고, 분명하다면 이득을 직접적
인 말로 표현하기

17. 삶의 갈등을 수용하거나 갈등을 해
결하는 작업을 하기(37)

37. 상담에서 확인된 대인관계 갈등이나 다른 삶
의 갈등을 해결할 방법을 탐색하고 내담자가
바꿀 수 없는 것은 수용하고 바꿀 수 있는 것
은 갈등해결 접근방법을 사용하도록 돕기

18. 유년기의 경험이 현재의 강박 증상
에 어떻게 영향을 미칠 수 있을지를
통찰하고, 적절한 행동을 취하기(38)

38. 통찰-기반 접근을 활용하여 내담자가 현재
경험하는 강박 주제(예, 청결, 대칭, 공격 충동)
가 어떻게 미해결된 발달적 갈등(예, 심리성
적, 대인적)과 연관될 수 있는지를 탐색하고,
통찰과 변화를 목표로 작업하기

19. 강박장애 증상에 맞게 고안된 에릭
슨의 과제를 적용하기(39)

39. 내담자의 강박이나 충동의 주제와 맞는 에릭
슨식의 과제(예, 증상을 과제로 내주기)를 내
주고[Battino와 South의 저서 『에릭슨 접근법
(Ericksonian Approaches)』 참고하기], 과제를
수행한 결과에 대해 내담자와 작업하기(예,
사별할지도 모른다는 강박에 사로잡힌 내담자라
면 누군가를 사별한 사람을 찾아가거나, 편지를
보내거나, 꽃을 선물하는 것을 과제로 내기)

20. 강박 충동을 극복할 수 있도록 전략
적인 시련에 참여하기(40)

40. 내담자가 강박이나 충동을 치료할 수 있는 기
회를 보장하는 전략적인 시련을 만들어 내
고 설득하기[Haley가 상담 초반에 '심리치료'가
목표를 달성할 수 있는 개입을 제공하고, 상담 자
체가 내담자의 치료 보장은 아니라고 강조했음
을 기억하기; Haley의 저서 『시련 치료(Ordeal
Therapy)』를 참고하기]

21. 현재 경험하는 충동의 패턴을 중단시킬 수 있는 매일의 의식(ritual)을 만들고 실행에 옮기기(41)

41. 내담자가 의식(예, 내담자가 하기 싫어하지만 꼭 해야 하는 일을 찾아서 내담자가 강박적인 생각을 한다는 것을 스스로 알아차릴 때마다 그 일을 하기)을 만들어 내고 실행하도록 돕고, 내담자와 실행의 결과를 점검하고 필요하면 수정하기

___. _____   ___. _____
  _____   _____

___. _____   ___. _____
  _____   _____

___. _____   ___. _____
  _____   _____

📝 진단 제안

DSM-IV/ICD-9-CM 사용

축 I :	300.3	강박장애(Obsessive-Compulsive Disorder)
	300.00	기타불안장애(Anxiety Disorder NOS)
	296.xx	주요우울장애(Major Depressive Disorder)
	_____	_____
	_____	_____
축 II :	301.4	강박성 성격장애(Obsessive-Compulsive Personality Disorder)
	_____	_____
	_____	_____

DSM-5/ICD-9-CM/ICD-10-CM 사용

ICD-9-CM	ICD-10-CM	DSM-5 장애, 상태, 문제
300.3	F42	강박장애(Obsessive-Compulsive Disorder)
300.09	F41.8	달리 명시된 불안장애(Other Specified Anxiety Disorder)
300.00	F41.9	명시되지 않는 불안장애(Unspecified Anxiety Disorder)
296.xx	F32.x	주요우울장애, 단일 삽화(Major Depressive Disorder, Single Episode)
296.xx	F33.x	주요우울장애, 재발성 삽화(Major Depressive Disorder, Recurrent Episode)
301.4	F60.5	강박성 성격장애(Obsessive-Compulsive Personality Disorder)

참고: ICD-9-CM 코드(규정, 규칙, 부호)는 미국에서 2014년 9월 30일까지 코딩(or 부호화) 목적으로 사용됩니다. ICD-10-CM 코드는 2014년 10월 1일부터 사용됩니다. 일부 ICD-9-CM 코드는 하나 이상의 ICD-10-CM 및 DSM-5 장애, 상태 또는 문제와 관련이 있습니다. 또한 일부 ICD-9-CM 장애분류가 중단되어 여러 개의 ICD-9-CM 코드가 하나의 ICD-10-CM 코드로 대체되었습니다. 일부 중단된 ICD-9-CM 코드는 이 표에 나열되지 않습니다. 자세한 내용은 『정신질환의 진단 및 통계 편람』(2013)을 참조하십시오.

공황장애/광장공포증(Panic/Agoraphobia)

행동적 정의

1. 돌발적이고 갑작스러우며 쇠약하게 하는 공황증상(얕은 호흡, 발한, 심계항진, 어지러움, 이인증, 비현실감, 떨림, 가슴의 답답함, 자제력 상실 혹은 죽음에 대한 두려움, 메스꺼움)의 반복과 다음 발작에 대한 계속되는 불안을 호소
2. 심한 공황증상에 대한 두려움으로 인해 일상생활에 지장을 줄 정도로 활동이나 장소를 현저히 피하는 행동
3. 일상생활에 지장을 줄 정도로 공황발작과 연관된 신체감각을 두려워하거나 피하는 행동
4. 특정 활동(여행, 쇼핑 등)을 하기 위해 '같이 있을 때 안전함을 느끼는 보호자(safe person)'와 반드시 동행해야 함
5. 집처럼 안전한 환경을 떠나거나 이동하는 것이 두려워 자신을 계속 고립시키는 행동
6. 쉽게 탈출할 수 없는 장소(대중교통수단, 큰 군중들 속, 쇼핑몰, 대규모 상점 등)를 피하는 행동
7. 광장공포증의 특성을 보이지 않음

— . _____
   _____
— . _____
   _____

— · _____
_____

🎯 장기 목표

1. 공황발작의 빈도, 강도와 지속시간 줄이기
2. 스스로 감당할 수 없는 공황증상이 재발할 것이라는 두려움 줄이기
3. 공황발작이 일어나는 것에 대한 두려움을 줄이고 발작을 일으키는 것으로 생각하던 활동과 장소를 회피하는 행동 없애기
4. 스스로 집을 나서는 것과 사람들이 많은 환경에 있는 것에 대한 편안함 높이기
5. 가끔 있는 공황증상과 두려운 생각들을 행동에 영향을 미치지 않고 받아들이는 법을 배우기

— · _____
_____
_____
— · _____
_____
_____
— · _____
_____

⏱ 단기 목표

1. 공황증상의 과거력과 특성을 설명하기(1, 2)

2. 두려움, 회피의 심각성과 범위를 측정하는 심리검사를 시행하기(3)

👥 치료적 중재

1. 치료적 동맹 구축을 위해 내담자와 라포를 형성하기

2. 내담자의 공황증상 빈도, 강도, 지속시간, 과거력과 회피의 종류와 심각도 평가하기[예, 불안장애 면담 일정−성인용(The Anxiety Disorders Interview Schedule–Adult Version)]

3. 두려움, 회피의 심각성과 범위를 평가하기 위한 설문을 시행하기[예, 광장공포증을 위

3. 공황장애나 광장공포증의 치료에 영향을 주거나 악화시키는 물질 남용과 관련된 과거력을 밝히기(4)

4. DSM 진단과 관련된 구체적 특징, 치료의 효과, 치료적 관계의 특성에 대한 행동, 정서, 사고방식의 정보를 제공하기(5, 6, 7, 8)

한 Mobility Inventory; 불안 민감성 지표(The Anxiety Sensitivity Index)]; 결과를 내담자와 논의하기; 치료의 진척상황 확인을 위해 설문을 재시행하기

4. 약물 남용 평가를 준비하고 평가에서 권고할 경우 내담자를 치료에 의뢰하기(이 책의 '물질 사용' 챕터 참조)

5. '호소문제'에 대한 내담자의 통찰(자아동질적 대 자아이질적) 수준을 평가하기(예, '기술된 행동'의 문제성에 대한 좋은 통찰력을 보여 주고, 타인의 관점에 동의하며, 변화에 대한 동기부여가 되었는지, '기술된 문제'에 대해 양가성을 보이며, 문제를 문제로 제기하기를 꺼려하는지, '기술된 문제'를 인정하는 것에 저항하고, 관심이 없고, 변화에 대한 동기를 보이지 않는지)

6. 필요하다면, 자살취약성(예, 우울 동반이 분명한 경우 자살 위험 증가)을 포함한 연구 기반 공존 장애의 증거를 평가하기(예, ADHD를 동반한진 적대적 반항장애, 불안장애를 동반한 우울증)

7. 내담자의 현재 정의되는 '문제행동'을 설명해 주는 데 도움이 되는 나이, 성, 문화와 관련된 문제와 내담자의 행동을 보다 잘 이해할 수 있는 요인들을 평가하기

8. 적절한 돌봄 수준을 결정하는 내담자의 기능 손상의 심각성을 평가하기(예, 사회적, 관계적, 직업적, 노력에서 경도, 중등도, 고도 또는 최고도 손상을 일으킨다고 알려진 행동); 치료의 효과성뿐만 아니라 손상의 심각성을 지속적으로 평가하기(예, 내담자는 더 이상 심각한 손상을 보이

지는 않지만, 현재 문제는 경도 또는 중등도 손상을 초래하고 있다.)

▽ 5. 의사에게 향정신성 약물 평가를 의뢰하기(9)

9. 내담자의 증상을 완화시키기 위해 향정신성 약물 처방을 위한 평가를 준비하기(arrange for an evaluation, 예, 세로토닌 약물) ▽

▽ 6. 처방된 향정신성 약물을 지속적으로 복용하기(10)

10. 내담자가 처방을 준수하는지, 부작용이 나타나는지, 약물의 전반적인 효과는 어떤지 점검하기. 처방한 의사와 정기적으로 협의하기 ▽

▽ 7. 공황과 광장공포증에 대한 경험일지(daily journal of experiences) 쓰기(11)

11. 내담자가 공황(panic)과 회피(avoidance)에 대해 신호 혹은 고통의 정도, 증상, 생각, 행동을 포함하여 자기를 점검하도록 요청하기; [혹은 Jongsma의 저서 『성인 심리치료 과제 플래너(Adult Psychotherapy Homework Planner)』에 있는 '나의 공황발작 경험 점검하기(Monitoring My Panic Attack Experiences)'를 하도록 하기] 또는 치료적 개입(예, 심리교육, 인지 재구조화)을 지지하기 위해 치료 전반의 정보를 사용하기 ▽

▽ 8. 공황발작(panic attack)과 광장공포증 그리고 이들의 치료에 대한 정확한 이해를 언어로 설명하기(12, 13)

12. 공황발작이 어떻게 위험에 대한 '거짓경보(false alarm)'인지, 의학적으로 위험하다거나, 약함이나 미침의 신호가 아닌지, 일상적이지만 종종 불필요한 공포와 회피로 이끈다는 것에 대해 논의하기. 또한 공포와 회피를 일으키는 공황 증상에 대한 미신과 오해(예를 들어, 미치거나 죽거나 통제를 잃는 것)를 정정하기 ▽

13. 내담자에게 공황장애와 광장공포증에 대한 책이나 치료 매뉴얼에 있는 심리교육 챕터를 읽도록 하기[예, Barlow와 Craske의 저서 『불안

과 공황의 극복 워크북(Mastery of Your Anxiety and Panic-Workbook)』; Wilson의 저서 『무서워하지 말라: 불안 발작을 통제하기(Don't Panic: Taking Control of Anxiety Attacks)』; Marks의 저서 『공포와 함께 살아가기(Living with Fear)』; McKay, Davis와 Fanning의 저서 『생각과 감정: 당신의 기분과 삶을 통제하기(Thoughts and Feelings: Taking Control of Your Moods and Your Life)』] ▽

▽ 9. 공황의 치료 근거에 대한 이해를 언어로 설명하기(14)

14. 어떻게 노출이 성공경험의 새로운 역사를 구축함으로써 학습된 공포를 둔감화시키고, 자신감을 심어 주고, 더 안전감을 느끼게 하는지 논의하기 ▽

▽ 10. 전반적인 불안을 줄이고 공황을 대처할 수 있는 진정, 대처 전략을 시행하기(15, 16, 17)

15. 증상 발작을 다루기 위해 일상적인 이완을 위해 매일의 활동으로서 점진적인 근육 이완을 가르치고 내담자에게 대처전략(예, 행동적 목표에 집중하는 것, 근육의 이완, 규칙적인 횡격막 호흡, 긍정적인 자기대화)의 사용을 훈련시키기 ▽

16. 내담자에게 카프노메트리로 호흡훈련(capnometry-assisted respiratory training: CART)을 하도록 하기. 이것은 이산화탄소의 바이오피드백 레벨을 제공함으로써 과호흡을 줄이고 숨을 좀 더 천천히 얕게 쉬는 것을 통해 내담자에게 호흡 패턴의 문제와 연관된 공황 증상(예, 어지러움, 호흡이 가빠짐)에 대한 통제를 얻는 방법을 가르칠 수 있음[Meuret 등의 저서 『Therapeutic Use of Ambulatory Capnography』를 참고하라.] ▽

17. 공황에 빠졌을 때, 두려워하는 생리적 변화에 대한 내적 초점에 몰두하기보다는 긍정적 자기대화를 북돋고 외부 자극과 행동적 책임에 집중을 유지하는 것과 같은 인지적 대처 전략을 가르치기 ▽

11. 왜곡된 두려움에 대한 자기대화 (fearful self-talk)를 현실에 기반하여 긍정적인 자기대화로 확인하고 도전하며 대체하기(18, 19)

18. 내담자에게 공포 반응을 불러일으키는 스키마(schema)와 자기대화를 탐색하고 확인하여 왜곡에 도전하기; 내담자가 비극인 결과의 가능성을 과대평가하고 공황 증상에 대처하는 능력을 과소평가하는 것과 같은 편견에 대한 대안으로 왜곡된 메시지를 올바르게 대체할 수 있도록 도와주기 ▽

19. 내담자에게 두려움에 대한 자기대화를 확인하고 현실을 기반으로 한 대안을 만드는 과제를 부여하기[혹은 Jongsma의 『성인 심리치료 과제 플래너(Adult Psychotherapy Homework Planner)』에서 '자기패배적 생각을 대체하는 일지 작성하기(Journal and Replace Self-Defeating Thoughts)' 부분을 부여하라.]; 행동적인 실험을 대안으로 사용하여 두려움 기반의 예측을 검증하기, 리뷰하기, 성공 강화하기, 목적 달성을 위해 장애물을 해결하기[Antony와 McCabe의 『공황장애에 대처하는 10가지 해결책(10 Simple Solutions to Panic)』; Barlow와 Craske의 『불안과 공황의 극복 워크북(Mastery of Your Anxiety and Panic-Workbook)』을 보라.] ▽

12. 더 이상 경험하는 것이 두렵지 않을 때까지 두려운 신체적 감각에 점진적으로 노출하기(20, 21)

20. 운동을 통해 두려운 신체감각을 발생시키도록 내담자에게 감각 노출 기술을 알려 주기 (예, 약간 몽롱해질 때까지 숨을 빠르게 쉬기, 살짝 어지러울 때까지 의자를 빠르게 돌리기), 그

리고 진정이 될 때까지 불안과 감각을 수용하고 기록하기(예, 인지적 그리고/또는 신체적 대처 전략을 사용하기, 신체적 감각과 관련된 불안이 줄어들 때까지 운동을 계속하기[Antony와 McCabe의 『공황장애에 대처하는 10가지 해결책(10 Simple Solutions to Panic)』; Craske와 Barlow의 『불안과 공황의 극복 워크북(Mastery of Your Anxiety and Panic-Workbook)』을 보라.] ▽

21. 내담자에게 직접 감각에 노출하고 기록하는 과제를 부여하기(예, Barlow와 Craske의 『불안과 공황의 극복 워크북(Mastery of Your Anxiety and Panic-Workbook)』; Antony와 McCabe의 『공황장애에 대처하는 10가지 해결책(10 Simple Solutions to Panic)』을 보라.); 리뷰하기; 성공 강화하기, 목적 달성을 위해 장애물을 해결하기 ▽

▽ 13. 두려워하거나 피하는 상황에 점차적으로 노출되어 보기(22, 23, 24)

22. 증상 발작과 부정적 결과가 두렵게 다가오는 광장공포증 관련 불안을 유발하는 상황의 위계를 구축하여 내담자를 돕고 지시하기 ▽

23. 내담자에게 성공적인 초기 경험이 될 확률이 높은 초기 노출을 선택하기; 증상을 감당할 계획을 세우고 이를 상상 속에서 시행해 보기 ▽

24. 내담자에게 직접 상황에 노출되고 반응을 기록하는 과제 주기[예, Jongsma의 『성인 심리치료 과제 플래너(Adult Psychotherapy Homework Planner)』의 '공포증에 대한 공포를 점진적으로 감소하기(Gradually Reducing Your Phobic Fear)'; Antony와 McCabe의 『공황장애에 대처하는 10가지 해결책(10 Simple Solutions to

Panic)』; Barlow와 Craske의 『불안과 공황의 극복 워크북(Mastery of Your Anxiety and Panic-Workbook)』리뷰하기; 성공 강화하기, 목적 달성을 위해 장애물을 해결하기] ▽ᴱᴮᵀ

▽ᴱᴮᵀ 14. 추후에 생길 수 있는 불안 증상을 다루기 위해 재발을 예방하는 전략을 시행하기(25, 26, 27, 28, 29)

25. 증상, 공포, 그리고 회피하려는 충동으로의 초기적인 그리고 가역적인 회귀를 동반하는 증상의 발현(lapse), 그리고 공포스럽고 회피적인 패턴으로 회귀하려는 결정을 동반하는 재발(relapse)과 관련하여, 발현과 재발의 차이점에 대해 내담자와 토의하기 ▽ᴱᴮᵀ

26. 내담자가 회귀를 동반하는 실수를 할 때의 상황과 환경을 미리 확인하고 연습하기 ▽ᴱᴮᵀ

27. 내담자가 삶에서 가능한 한 많이 할 수 있도록 상담에서 일상적으로 사용할 수 있는 전략(예, 인지 재구조화, 노출)을 지시하기 ▽ᴱᴮᵀ

28. 내담자와 다른 이들이 전략을 잘 사용할 수 있도록 중요한 정보가 기록된(예, '숨을 고르세요.' '손이 하는 일에 집중하세요.' '당신은 이것에 대처할 수 있습니다.' '이것은 지나갈 것입니다.') '대처기술 카드'를 내담자가 이후에 사용하도록 제작하기 ▽ᴱᴮᵀ

29. 내담자가 상담을 마친 뒤 진행했던 회기를 되짚고, 얻은 것을 강화하고, 다른 문제 발생을 막기 위해, 1개월에서 3개월 사이에 '추수 회기(booster session)'를 계획하기 ▽ᴱᴮᵀ

15. 공황장애를 위해 수용전념치료(ACT) 활용하기(30, 31, 32, 33)

30. 내담자가 압도적인 영향을 주지 않는 선에서 걱정스러운 생각과 감정을 수용하고 개방적으로 경험하기 위해서, 그리고 개인적으로 중요한 가치를 확인하는 것과 관련된 활동에 시간과 노력을 전념할 수 있도록 ACT적 접

근을 사용하기[Eifert, Forsyth와 Hayes의 『불안
장애를 위한 ACT(Acceptance and Commitment
Therapy for Anxiety Disorder)』를 보라.]

31. 내담자가 공황과 관련된 부정적인 사고 과
정을 인식하고, 현실적인 생각, 이미지, 충
격을 수용하면서, 비현실적인 정신적 현상
은 알아차리지만 반응하지 않고 부정적인 사
고를 변화시킬 수 있도록 마음챙김 명상 가
르치기[Zabat-Zinn의 『마음챙김명상(Guided
Mindfulness Meditation)』참고]

32. 마음챙김 명상과 ACT의 접근법을 일상생활
에서 통합할 수 있도록 배운 내용 연습하기

33. 회기에서 진행된 내용에 대한 보충으로 마음
챙김과 ACT 접근법과 관련된 읽기자료 과
제 내기[Forsyth와 Eifert의 『불안을 위한 마음챙
김과 수용-전념치료 워크북(The Mindfulness and
Acceptance Workbook for Anxiety)』참고]

16. 공포와 회피로 인한 현재의 고통과
적절한 행동을 취하는 데 영향을 미
치는 발달적인 갈등(developmental
conflicts) 해결하기(34)

34. 정신역동적 갈등이 공포와 회피로 인해 어
떻게 분명해지는지 탐색하기 위해 통찰 중
심 접근법(insight-oriented approach) 사용하
기(예, 분리/ 자율성; 분노 인식, 관리, 처리); 전
이 다루기; 회기 내에서 분리와 분노 주제에
대해서 다루고 종결 이후에 분리와 자율성을
스스로 관리할 수 있도록 하기

17. 미해결된 삶의 갈등에 대해 확인하
고 이야기하기(35)

35. 공황장애의 기저가 될 수 있는 미해결된 핵심
갈등을 확인하기 위해 내담자의 생활환경 탐
색하기

18. 핵심적인 삶의 갈등과 관련된 감정
을 언어화하고 명료화하기(36, 37)

36. 미해결된 핵심적인 삶의 이슈와 관련된 감정
을 확인하고 표현할 수 있도록 내담자를 격
려하고, 지지하고, 조력하기

37. 공황 그리고/혹은 광장공포증과 관련된 장애를 유지함으로써 얻을지도 모르는 이차적인 이득(예, 주의집중, 보살핌, 활동회피) 평가하기; 만약 이차적인 이득이 명백하다면, 이에 대해 직접적으로 다루기

19. 확인된 삶의 갈등을 받아들이거나 해결하기 위해 노력하기(38)

38. 대인관계나 삶에서의 확인된 갈등에 대한 해결책 탐색하기; 변할 수 없는 갈등은 내담자가 수용할 수 있도록 조력하고, 변할 수 있다면 갈등을 다루기 위해 갈등해결 접근법(conflict-resolution approach) 사용하기

20. 공포에 직면하도록 고안된 에릭슨의 과제(Ericksonian task) 수행하기(39)

39. 내담자의 공포 주제와 관련된 에릭슨의 과제[Battino와 South의『에릭슨의 접근법(Ericksonian Approaches)』참고]를 고안하여 과제 내기(예, 내담자가 특정한 경계를 지나 여행하는 것을 두려워한다면, 그곳으로 가게 하고, 그곳을 지나 몇 걸음 걷게 하고, 멈추게 하고, 불안함이 왔다 사라지게 하고, 이것을 반복하게 함); 내담자와 과제의 결과에 대해 다루기

21. 삶에서의 결정을 통제하는 공황증상의 위협을 느끼도록 스스로를 두지 않기; 공포나 회피보다는 개인적인 목표에 기초하여 행동하기(40)

40. 내담자로 하여금 공황증상을 회피하기보다는 일, 가족 그리고 사회적인 활동을 통해 공황증상을 끝낼 수 있도록 조력하기

___ . _____
_____
___ . _____
_____
___ . _____
_____

___ . _____
_____
___ . _____
_____
___ . _____
_____

진단 제안

DSM-IV/ICD-9-CM 사용

축 I :	300.01	광장공포증을 동반하지 않는 공황장애(Panic Disorder Without Agoraphobia)
	300.21	광장공포증을 동반하는 공황장애(Panic Disorder With Agoraphobia)
	300.22	공황장애를 동반하지 않는 광장공포증(Agoraphobia Without History of Panic Disorder)
	_____	_____
	_____	_____

DSM-5/ICD-9-CM/ICD-10-CM 사용

ICD-9-CM	ICD-10-CM	DSM-5 장애, 상태, 문제
300.01	F41.0	공황장애(Panic Disorder)
300.22	F40.00	광장공포증(Agoraphobia)
300.02	F41.1	범불안장애(Generalized Anxiety Disorder)

참고: ICD-9-CM 코드(규정, 규칙, 부호)는 미국에서 2014년 9월 30일까지 코딩(or 부호화) 목적으로 사용됩니다. ICD-10-CM 코드는 2014년 10월 1일부터 사용됩니다. 일부 ICD-9-CM 코드는 하나 이상의 ICD-10-CM 및 DSM-5 장애, 상태 또는 문제와 관련이 있습니다. 또한 일부 ICD-9-CM 장애분류가 중단되어 여러 개의 ICD-9-CM 코드가 하나의 ICD-10-CM 코드로 대체되었습니다. 일부 중단된 ICD-9-CM 코드는 이 표에 나열되지 않습니다. 자세한 내용은 『정신질환의 진단 및 통계 편람』(2013)을 참조하십시오.

The Complete Adult Psychotherapy Treatment Planner

편집증적 사고(Paranoid Ideation)

📄 행동적 정의

1. 충분한 근거 없이 타인이나 특정한 사람을 극단적으로 또는 지속적으로 불신한다.

2. 자신이 다른 사람들로부터 해를 입거나 이용당할 것이라고 예상한다.

3. 우호적인 사건을 자존감에 대한 위협으로 잘못 해석한다.

4. 비판적인 판단이 조금이라도 있으면 이를 과민하게 받아들인다.

5. 상처받을까 봐 혹은 이용당할까 봐 다른 사람들로부터 거리를 두려는 경향을 보인다.

6. 쉽게 기분이 상하며 분노에 빠르게 반응하며, 방어적이다.

7. 배우자 혹은 중요한 타인의 충성심이나 충실함에 대해 이유 없이 의심을 품는다.

8. 일상생활의 기능에 지장을 주는 수준의 불신에 사로잡혀 있다.

— . _____
_____

— . _____
_____

— . _____
_____

🎯 장기 목표

1. 다른 사람에 대해 긍정적으로 말하고 사회적 상호작용에서 편안함을 보고함으로써, 타인에 대한 신뢰가 증가되었음을 보이기
2. 방어와 분노 없이 타인과 상호작용하기
3. 중요한 타인에 대한 신뢰를 언어로 표현하고 신의 없음 또는 불성실(disloyalty)에 대한 의심을 제거하기
4. 편안하고 신뢰로우면서 개방적인 상호작용이 증가되었다는 것과 함께, 타인에 대한 의심과 경계심이 줄어들었음을 보고하기
5. 타인을 의심하는 강박 사고에 방해받지 않고 중요한 문제들에 집중하기
6. 사회적인 기능을 위해 필요한 만큼만 타인을 불신하고, 일과 사회활동, 지역사회에서 적절하게 기능하기

— . _____
  _____
— . _____
  _____
— . _____
  _____

🕐 단기 목표

1. 느낌과 신념을 개방함으로써, 상담자에 대한 신뢰 수준을 보여 주기(1, 2)

🗣 치료적 중재

1. 내담자의 어려움을 분명하게 알아주고, 내담자를 대화로 이끌고, 상담자가 내담자에게 보이는 관심은 오직 전문적인 관심이라는 점에서 상담자의 역할을 명확히 함으로써, 내담자와 적극적으로 신뢰를 형성하기
2. 따뜻한 눈맞춤, 적극적 경청, 무조건적인 긍정적 존중, 따뜻한 수용의 자세를 보임으로써 내담자가 자신의 느낌을 명확히 하고 표현하는 능력을 기를 수 있도록 도와주기; 회기 중에

침착하고 관용적인 태도를 보임으로써 내담
자의 두려움을 줄이기

2. 불신하는 사람 혹은 단체, 그리고 불신의 이유를 명확히 하기(3, 4)

3. 타인에 대한 망상적 신념과 확신을 탐색하여, 내담자의 편집증에 대한 특성, 정도, 심각성을 평가하기

4. 내담자가 갖고 있는 두려움의 기반이 무엇인지 탐색하기; 내담자의 비합리성 수준과 함께, 내담자 자신이 비합리적으로 생각하고 있음을 스스로 인식할 수 있는 능력을 평가하기

3. 편집증의 정도를 평가하기 위해 심리 검사를 실시하기(5)

5. 가능한 정신병적 과정에 대한 평가를 포함하여 심리/신경심리 검사를 의뢰 또는 실시하기[예, 미네소타 다면 성격 검사 2판(Minnesota Multiphasic Personality Inventory−2), NEO 성격 검사 개정판(NEO Personality Inventory-Revised), 부적응적 및 적응적 성격 척도 2판(The Schedule for Nonadaptive and Adaptive Personality−2)]; 내담자에게 검사 결과와 관련된 피드백을 제공하기

4. 편집증적 사고에 기여하거나 편집증적 사고의 치료를 어렵게 만들 수 있는 약물 사용 이력을 밝히기(6)

6. 약물 남용에 대한 평가를 준비하기; 평가 결과, 필요한 경우, 내담자를 적절한 치료에 의뢰하기(이 책의 '물질 사용' 챕터 참조)

5. DSM 진단과 관련된 구체적 특징, 치료의 효과, 치료적 관계의 특성에 대한 행동, 정서, 사고방식의 정보를 제공하기(7, 8, 9, 10)

7. '호소문제'에 대한 내담자의 통찰(자아동질적 대 자아이질적) 수준을 평가하기(예, '기술된 행동'의 문제성에 대한 좋은 통찰력을 보여 주고, 타인의 관점에 동의하며, 변화에 대한 동기부여가 되었는지, '기술된 문제'에 대해 양가성을 보이며, 문제를 문제로 제기하기를 꺼려하는지, '기술된 문제'를 인정하는 것에 저항하고, 관심이 없고, 변화에 대한 동기를 보이지 않는지)

8. 필요하다면, 자살취약성(예, 우울 동반이 분명한 경우 자살 위험 증가)을 포함한 연구 기반 공존장애의 증거를 평가하기(예, ADHD를 동반한 적대적 반항장애, 불안장애를 동반한 우울증)

9. 내담자의 현재 정의되는 '문제행동'을 설명해 주는 데 도움이 되는 나이, 성, 문화와 관련된 문제와 내담자의 행동을 보다 잘 이해할 수 있는 요인들을 평가하기

10. 적절한 돌봄 수준을 결정하는 내담자의 기능 손상의 심각성을 평가하기(예, 사회적, 관계적, 직업적, 노력에서 경도, 중등도, 고도 또는 최고도 손상을 일으킨다고 알려진 행동); 치료의 효과성뿐만 아니라 손상의 심각성을 지속적으로 평가하기(예, 내담자는 더 이상 심각한 손상을 보이지는 않지만, 현재 문제는 경도 또는 중등도 손상을 초래하고 있다.)

6. 의학적 건강을 평가하기 위한 의학적 평가를 실시하기(11)

7. 정신의학적 평가를 따르고, 처방된 정신과 약을 복용하기(12, 13, 14)

11. 잠재적인 의학적 또는 물질 관련 원인을 배제하기 위하여 의사에게 의학적 평가를 의뢰하기

12. 향정신성 약물이 필요한지 평가하고, 내담자가 약물을 복용하고 싶어 하는지 확인하기

13. 내담자를 정신과 의사에게 의뢰하여 향정신성 약물의 처방이 필요한지에 대한 의학적 평가를 받게 하기

14. 내담자가 복용하는 향정신성 약물의 용량, 효과, 부작용에 대해 모니터링하기; 내담자가 약물을 복용하지 않는 경우, 처방한 의사에게 보고하고, 약물을 복용하지 않는 문제를 직접적으로 다루기

8. 현재 문제에 대한 종합적인 사회복귀 프로그램에 참여하기(15)

15. 내담자의 편집증적 사고가 임상적 증후군(예, 편집형 정신분열증, 망상장애)의 일환으로 간주

될 수 있는지 평가하기; 해당되는 경우, 종합
적인 사회복귀 프로그램의 일부로 진행되는
적절한 증거기반 치료법을 실시하거나 의뢰
하기(예, 이 책의 '정신증' 챕터 참조)

9. 불신과 관련된 감정을 확인하기(16,
17, 18)

16. 열등감, 부끄러움, 수치심, 거절을 포함한 편
집증의 기저에 있는 감정을 조사하기

17. 내담자의 상처받기 쉬운 감정의 발달사적 근
원을 원가족 경험에서 탐색하기

18. 내담자의 편집증을 내담자가 표현한 감정들
(예, 열등감, 부끄러움, 수치심, 거절당했다는 느
낌)을 처리하기 위한 방어기제로 해석하기

10. 다른 사람은 믿을 수 없고 악의적이
라는 핵심 신념을 확인하기(19, 20)

19. 내담자의 편집증 기저에 있는 자기대화와 부
적응적인 신념을 탐색하기(예, 사람들은 믿을
수 없다, 사람들과 가까워지면 결국 상처받을 것
이다.)

20. 내담자의 사회적 상호작용을 검토하여 상호
작용 과정에 영향을 미치는 내담자의 왜곡된
인지적인 믿음을 탐색하기

11. 다른 사람들은 믿을 수 없고 악의적
이라는 믿음의 긍정적인 영향과 부
정적인 영향을 탐색하기(21)

21. 내담자로 하여금 자신이 갖고 있는 구체적인
두려움의 이득과 손실을 분석하도록 촉구하
기; 혹은 내담자에게 이득-손실을 분석하는
과제를 내주기[Burns의 저서 『기분 좋게 느끼기
핸드북(The Feeling Good Handbook)』 참고]; 치
료 목표를 향해 계속적으로 나아가도록 결과
를 다루기

12. 타인에 대한 불신의 기저에 있는 다
른 감정을 인식하기(22, 23)

22. 자신의 사고가 부적응적임을 인식할 수 있는
내담자의 능력을 평가하기; 이러한 인식을
증진시키기 위해 노력하기

23. 타인을 불신하는 패턴이 자신의 부적절함에
대한 두려움과 연관되어 있음을 볼 수 있도

록 도와주기

13. 다른 사람이 위협적이라는 믿음이
객관적인 데이터보다는 자신의 주관
적인 해석에 더 기반하고 있음을 인
식하기(24, 25)

24. 왜곡된 사고와 신념을 대체할 수 있는 대안
적인 생각을 고안하여 기존의 편견을 교정하
기; 역할극을 활용하여, 내담자가 인지 재구
조화를 통해 편견에 대항하고 대안적 믿음을
지지할 수 있도록 도와주기

25. 행동실험을 통해, 왜곡된 믿음과 대안적인 믿
음으로 예측을 해 보고 이러한 예측을 검증
해 보는 과제를 내주기

14. 중요한 타인에 대한 믿음을 언어로
표현하고, 중요한 타인이 주위에 없
을 때에도 편안함을 느끼기(26, 27)

26. 공동회기를 실시하여, 내담자가 중요한 타인
에 대한 신뢰를 어떻게 언어적으로 표현하고
있는지 평가하고, 이러한 신뢰의 표현에 대
해 강화를 제공하기

27. 중요한 타인의 행동에 대하여 대안적인 설명
을 제공함으로써, 타인이 악의적인 의도를
갖고 있다고 추정하는 내담자의 패턴에 도전
하기

15. 두려움이나 의심 없이 더욱 만족스
러운 사회적 상호작용을 하는 데 유
용한 기술들을 배우고 실행하기(28,
29)

28. 타인에 대해 속단하기보다는, 상대를 존중하
면서도 자신의 의견을 솔직하게 표현하는 방
식으로 자신이 내렸던 결론이 맞는 결론인지
알아봄으로써 타인에 대한 자신의 믿음을 확
인하도록 내담자를 격려하기

29. 지시문, 역할극, 행동실험, 역할 전환 기법을
사용하여, 타인에 대한 공감 능력을 기르고,
타인을 불신하는 방어적인 행동이 타인에게
미치는 영향에 대한 이해 수준을 향상시키고,
관련된 효과적인 사회적 기술을 개발하기

———·——————————————————   ———·——————————————————
  ————————————————————   ————————————————————
———·——————————————————   ———·——————————————————
  ————————————————————   ————————————————————
———·——————————————————   ———·——————————————————
  ————————————————————   ————————————————————

📝 진단 제안

DSM-IV/ICD-9-CM 사용

축 I:	300.23	사회 공포증(Social Phobia)
	310.1	축 III의 장애로 인한 성격 변화(Personality Change Due to Axis III Disorder)
	295.30	정신분열증, 강박유형(Schizophrenia, Paranoid Type)
	297.1	망상장애(Delusional Disorder)
	_____	_____
	_____	_____
축 II:	301.0	편집성 성격장애(Paranoid Personality Disorder)
	310.22	분열형 성격장애(Schizotypal Personality Disorder)
	_____	_____
	_____	_____

DSM-5/ICD-9-CM/ICD-10-CM 사용

ICD-9-CM	ICD-10-CM	DSM-5 장애, 상태, 문제
300.23	F40.10	사회불안장애(사회공포증)[Social Anxiety Disorder(Social Phobia)]
310.1	F07.0	다른 의학적 상태로 인한 성격 변화(Personality Change Due to Another Medical Condition)
295.30	F20.9	정신분열증(Schizophrenia)
298.8	F28	다른 명시된 조현병 스펙트럼 및 기타 정신증적 장애(Other Specified Schizophrenia Spectrum and Other Psychotic Disorder)
298.9	F29	명시되지 않은 조현병 스펙트럼 및 기타 정신증적 장애(Unspecified Schizophrenia Spectrum and Other Psychotic Disorder)
297.1	F22	망상 장애(Delusional Disorder)
298.8	F23	단기 정신병적 장애(Brief Psychotic Disorder)
295.4	F20.40	정신분열형 장애(Schizophreniform Disorder)
301.0	F60.0	편집성 성격장애(Paranoid Personality Disorder)
310.22	F21	분열형 성격장애(Schizotypal Personality Disorder)

참고: ICD-9-CM 코드(규정, 규칙, 부호)는 미국에서 2014년 9월 30일까지 코딩(or 부호화) 목적으로 사용됩니다. ICD-10-CM 코드는 2014년 10월 1일부터 사용됩니다. 일부 ICD-9-CM 코드는 하나 이상의 ICD-10-CM 및 DSM-5 장애, 상태 또는 문제와 관련이 있습니다. 또한 일부 ICD-9-CM 장애분류가 중단되어 여러 개의 ICD-9-CM 코드가 하나의 ICD-10-CM 코드로 대체되었습니다. 일부 중단된 ICD-9-CM 코드는 이 표에 나열되지 않습니다. 자세한 내용은 『정신질환의 진단 및 통계 편람』(2013)을 참조하십시오.

The Complete Adult Psychotherapy Treatment Planner

양육문제(Parenting)

📄 행동적 정의

1. 자녀에게 효과적인 한계를 설정하는 것이 부족함을 표현함
2. 자녀의 문제행동을 다루는 데 어려움을 보고함
3. 자녀의 잘못된 행동에 대한 감정적인 반응을 다루기 위해 자주 애씀
4. 아이를 양육 및 훈육 방식에 대한 배우자 간 갈등이 늘어남
5. 육아 지식과 기술에 있어 부족함을 보여 줌
6. 일관적이지 않은 양육방식을 보여 줌
7. 느슨한 관리, 불충분한 한계설정의 패턴을 나타냄
8. 자녀의 희망, 요구사항을 과도하게 들어줌
9. 자녀들에게 가혹하고, 엄격하며, 무시하는 패턴을 보여 줌
10. 신체적, 정서적으로 학대하는 양육 패턴을 보여 줌
11. 해당 발달단계에서 아이의 행동에 대해 가질 수 있는 합리적인 기대를 갖지 못함
12. 자녀의 행동에 대처하려 시도하다 자포자기함

— . _____

_____

— . _____

_____

— • _____
_____
_____

🎯 장기 목표

1. 유능하고 효과적인 육아 수준을 달성한다.
2. 아이의 문제가 되는 행동을 효과적으로 관리한다.
3. 아이의 발달 단계에 맞추어 육아에 대한 현실적인 관점 및 접근을 갖는다.
4. 비효과적이고 학대/방임적인 육아를 중단하고 긍정적이고 효과적인 기술을 적용한다.
5. 부부간 갈등을 해결함으로써 부부의 협력을 강화한다.
6. 더 높은 수준의 가족 간 유대를 달성한다.

— • _____
_____
— • _____
_____
— • _____
_____

🗓 단기 목표

1. 아이의 잘못된 행동과 이에 대해 시도되었던 육아적 접근에 대한 주된 걱정 거리를 확인하기(1)

2. 육아에 대해 배우자와 다른 접근법을 가짐으로써 일어날 수 있는 갈등을 표현하기(2)

🗣 치료적 중재

1. 부모의 노력에 대해 공감과 타당화를 하되, 아이의 잘못된 행동이 가진 성격과 심각성을 지적하는 데 초점을 둔 임상적 인터뷰를 실시하기; 아이의 잘못된 행동에 반응하는 데 사용되는 육아 스타일과, 아이의 잘못된 행동에 영향을 줄 수 있는 강화요인들에 대해 평가하기

2. 아이들에 대한 부모의 접근법이 일관적이었는지와, 아이들에게 어떻게 반응할지에 대해 서로 갈등이 있었는지를 평가하기

3. 가족의 이해를 증진하도록 고안된 심리검사에 부모와 아이 모두 협력하기 (3, 4)

4. 중요한 부부갈등을 드러내고 해결방안에 대해 작업하기(5, 6)

5. 양육문제의 치료에 영향을 미칠 수 있는 물질 사용 기록을 확인하기(7)

6. DSM 진단과 관련된 세부 특징(specifier)의 평가, 처치의 효과, 치료관계의 특성에 대한 행동적, 정서적, 태도적 정보를 제공하기(8, 9, 10, 11)

3. 부모-자녀의 관계적 갈등을 객관적으로 평가하기 위해 개발된 심리학적 도구를 실시하기 [예, 육아 스트레스 지수(Parenting Stress Index)]

4. 파괴적 행동문제를 일으키는 공존 증상(comorbid conditions: 예, 우울증과 ADHD)을 평가할 수 있는 심리검사를 준비하고 시행하기; 그 이후에 내담자와 부모와 함께 적절한 치료방안을 살펴보기; 치료 효과성을 평가하기 위해 앞에 지시된 대로 그 과정을 다시 반복해 보기

5. 부모에게 그들 간의 관계와 양육방식에 대한 정보를 받아 분석하고 이와 관련 없는 부부갈등을 확인하고 배제하기

6. 효과적인 양육을 하는 데 방해가 되는 부부갈등을 해결하기 위한 방법으로 부모에게 부부치료(혹은 관계치료)를 추천하거나 시행하기

7. 물질 남용 평가를 준비하고 만약 평가에서 치료가 필요한 것으로 나온다면 의뢰인에게 치료를 권하기(이 책의 '물질 사용' 챕터를 확인할 것)

8. 현재 문제에 대한 의뢰인의 자각(자아동조적 혹은 자아이질적) 수준을 평가하기(예, 기술된 행동의 문제적 속성에 대한 통찰을 보여 주는지, 다른 사람들이 걱정하는 것에 동의하는지, 변화를 위해 노력할 동기가 있는지; 혹은 기술된 문제에 관한 양가감정을 보이는지, 문제(issue)를 '걱정거리'로 다루는 것을 꺼리는지; 혹은 기술된 문제를 인정하는 것을 꺼리는지, 변화할 동기가 없는지)

9. 내담자가 연구에 근거한 공존장애(예, ADHD를 동반한 반항장애, 불안장애에 이후에 나타나는 우울)의 증상을 보이는지 평가하기. 만약 해당된

다면(예를 들어, 우울이 함께 나타나고 있는 것이 분명할 때 자살의 위험성이 증가함), 자살에 대한 취약성을 보이는지도 함께 평가하기

10. 내담자의 현재 문제행동을 설명하는 데 도움이 되는 나이, 성, 문화와 관련된 사안과 내담자의 행동에 대한 더 나은 이해를 제공하는 요소들을 평가하기

11. 적절한 수준의 치료를 결정하기 위해 내담자의 기능 손상의 심각 수준을 평가하기(예, 기록된 행동이 사회적, 관계적, 직업적인 노력에 경미한/중간의/심각한/매우 심각한 손상을 만드는지); 치료의 효과와 함께 손상의 심각성을 지속적으로 평가하기[예, 내담자가 더 이상 심각한 손상은 보이지 않지만 지금 표출되는 문제가 경미한 혹은 중간의(moderate) 손상을 일으키고 있는지]

7. 분노와 행동 통제를 돕는 가능한 정신과 약물치료에 대한 평가를 참고하기. 만약 처방받는다면, 지속적으로 복용하기(12)

12. 내담자가 분노나 다른 문제행동의 통제를 도울 수 있는 정신과 약물이 필요한지 평가하기; 내담자에게 약물 처방을 평가해 줄 정신과 의사를 연결해 주기; 약을 제대로 먹고 있는지, 약의 효과성, 부작용을 모니터하기; 약을 처방해 준 정신과 의사에게 피드백하기

8. 부모역할에서 부모 각각이 경험하는 좌절감, 무력감, 무능력감을 자유롭게 표현하기(13, 14, 15)

13. 부모가 방어를 내려놓고 부모로서 느끼는 좌절감에 대해 표현할 수 있을 정도로 편안하게 느끼는 공감적인 환경을 만들기

14. 유머나 정상화를 활용해서 양육에 대한 모든 것을 교육하기

15. 부모역할수행에 대한 비현실적인 기대를 없애도록 돕고, 부모로서의 강점을 파악하여 알려 주고, 자신감을 가지며 부부가 효과적인 팀이 되도록 돕기

🔻9. 분노와 문제행동에 대한 생각과 그것을 다루는 대안적인 방법을 배우고 활용하겠다고 약속하기 (16, 17)

🔻10. 다른 발달 단계에 있는 남아와 여아의 여러 가지 주요한 차이점에 대한 이해를 말로 표현하고 이에 따라 기대와 양육방식을 조정하기(18)

🔻11. 청소년 양육의 독특한 이슈 및 어려움에 대한 이해와 높아진 인식을 말로 표현하기(19, 20, 21)

16. 부모들이 분노를 예상 가능하고(예, 충족되지 않는 기대를 요구할 때, 흥분하고 화나고 그것이 행동으로 이어지는 것) 조절 가능한 다양한 요소(인지적, 생리적, 정서적, 행동적)로 구성되어 있는 것으로 재개념화하도록 돕기 🔻

17. 부모들이 분노와 문제행동을 다루는 것의 긍정적인 결과를 알게끔 돕기(예, 다른 사람과 자기자신으로부터의 존중, 다른 사람의 도움, 향상된 신체건강 등); 내담자에게 분노와 문제행동을 개념화하고 통제하는 새로운 방법들을 배우는 것에 동의하도록 지시하기 🔻

18. 발달 속도, 관점, 충동통제, 기질, 그리고 이런 것들이 양육과정에 어떠한 영향을 미치는지에 대한 남아와 여아의 주요한 발달 차이점을 부모에게 교육시키기 🔻

19. 생물학적 변화, 또래의 영향력, 자기 인식, 정체성, 부모의 양육 스타일을 포함하는 청소년 행동에 대한 다양한 생물심리사회적 영향에 대해 부모교육하기 🔻

20. 청소년기는 둘 모두가 살아남을 때까지 부모가 자녀의 질풍노도의 과정을 함께할 필요가 있는 시기임을 가르치기(Nelson과 Lott의 저서, 『Positive Parenting for Teenagers: Empowering Your Teen and Yourself through Kind and Firm Parenting』; Dobson의 저서 『Preparing for Adolescence: How to Survive the Coming Years of Change』를 보라.) 🔻

21. 좋지 않은 또래집단, 부정적인 또래의 영향 그리고 이런 집단에 대한 영향력을 잃어버리는 것에 대한 부모의 두려움을 줄이고 그 문제를 다루는 것에 있어 부모를 돕기 ▽

▽ 12. 아이의 행동에 대한 부모의 반응의 영향에 대해 이해한 것을 말로 표현하기(22, 23)

22. 어떻게 부모와 아이의 행동적 상호작용이 긍정적이거나 부정적인 행동을 촉진시키거나 좌절시키는지, 그리고 그러한 상호작용의 주요 요소[예, 긍정적인 행동을 강화하고 유도하기)를 바꾸는 것이 긍정적인 변화를 증진시키는지(예, Forehand와 Long의 저서, 『Parenting the Strong-Willed Child』를 가르치는 것으로 시작하는 부모관리훈련(Parent Management Training)을 사용하기] ▽

23. 상황에 바람직한 행동을 촉진하기 위해 이를 격려하고 긍정적인 강화물을 사용하며(예, 칭찬하고 보상을 명확하게 정하기), 문제행동에 대해서는 침착하고 분명한 지시를 사용하고 타임아웃이나 기타 다른 손실을 주는 등 환경에서 받아들일 수 있고 받아들일 수 없는 행동에 대한 나이에 맞는 현실적인 규칙을 수립하는 것을 포함하여 부모가 주요한 양육전략을 일관되게 시행하도록 지시하기 ▽

▽ 13. 입증된 효과가 있는 양육전략을 배우고 시행하기(24, 25, 26, 27)

24. 상황에 바람직한 행동을 촉진하기 위해 이를 격려하고 긍정적인 강화물(예, 칭찬)을 사용하고, 문제행동에 대해서는 침착하고 분명한 지시를 사용하고 타임아웃이나 기타 다른 손실을 주고, 더 나이 많은 아동이나 청소년의 경우에는 주로 협상이나 재협상의 방법을 사용하는 등 환경에서 받아들일 수 있고 받아들일 수 없는 행동에 대한 나이에 맞

는 현실적인 규칙을 수립하는 것을 포함하여 부모가 주요한 양육전략을 어떻게 시행할 수 있는지 가르치기(Barkley, Edwards와 Robin의 저서 『Defiant Teens: A Clinician's Manual for Assessment and Family Intervention』; Barkley의 저서 『Defiant Children: A Clinician's Manual for Parent Training』을 보라.) ▽

25. 부모에게 양육기술을 시행하고 시행의 결과를 기록하는 숙제를 내주기[혹은 Jongsma의 저서 『성인 심리치료 과제 플래너(Adult Psychotherapy Homework Planner)』에 나오는 'Using Reinforcement Principles in Parenting'을 하도록 하기]; 회기에서 이를 검토하고 개선되고, 적절하며, 일관된 기술 사용에 대한 알맞은 피드백을 제공하기 ▽

26. 부모에게 치료와 함께 부모 훈련 매뉴얼을 읽도록 요청하기(예, Patterson과 Forgatch의 저서 『Parents and Adolescents Living Together: The Basics』; Forgatch와Patterson의 저서 『Parents and Adolescents Living Together: Family Problem Solving』; Kazdin의 저서 『The Kazdin Method for Parenting the Defiant Child』를 보라.) ▽

27. 부모에게 아동을 다루는 긍정적인 방법과 스트레스 관리 기술을 가르치는 집단 부모훈련 프로그램인 'Incredible Years' 프로그램을 소개하기(www.incredibleyears.com 참고) ▽

▽ 14. 양육지식과 양육기술, 부모-자녀 상호작용의 질을 개선시키기 위해 상담자가 관찰·지도하는 가운데 아이와 상호작용

28. 부모가 아동을 놀이상황에 참여시키는 아동 주도 상호작용과 부모가 아동과 놀아 줄 때에 구체적인 행동 관리 기술을 어떻게 사용하는지 배우는 부모 주도 상호작용을 포함하

하기(28)

▽ 15. 양육에 있어 향상된 기술 및 효
과와 늘어난 자신감에 대한 느
낌을 말로 표현하기(29)

▽ 16. 나이 든 아동과 청소년이 자신
을 관리하고 다른 사람들과 상
호작용하는 데 필요한 기술을
배우고 시행하기(30, 31)

▽ 17. 아이들과 터놓고 효과적으로 이
야기할 수 있는 기술을 개발시
키기(32, 33)

는 부모-아동 상호작용 치료 접근을 사용하
기(McNeil과 Humbree-Kigin의 저서 『Parent-
Child Interaction Therapy』를 보라.) ▽

29. 새로운 양육전략을 시행하는 데 있어 부모를
지지하고, 자율성을 주고, 관찰하고 격려하
기; 성공을 강화하기; 조정되고, 일관되며 효
과적인 양육 스타일을 공고히 하는 데 문제
가 있을 경우 이를 해결하기 ▽

30. 나이 든 아동과 청소년에게 지시, 모델링, 역
할극, 피드백, 그리고 스스로의 감정적 반응
과 대인관계 상호작용, 문제해결 갈등을 어떻
게 관리하는지 가르치는 등의 몇 가지 기술을
활용하는 인지행동치료적 접근 사용하기 ▽

31. 회기에서 게임, 이야기 및 기타 활동과 관련
한 구조화된 작업을 통해 개인 및 대인관계
기술을 개발시킨 다음, 숙제를 통해 실생활
에 적용하기; 검토하기; 성공을 강화하기; 아
이의 삶에 통합하는 데 문제가 있을 경우 이
를 해결하기 ▽

32. 개방성, 공유, 및 지속적인 대화를 촉진시키
는 개방형 질문, 적극적 경청, 그리고 상대를
존중하면서도 자신의 의견을 솔직하게 표현
하는 의사소통하기와 같은 아이와 효과적으
로 의사소통하는 방법을 가르치기 위해 교
육, 모델링 및 역할극을 활용하기 ▽

33. 부모에게 부모-자녀 의사소통에 관한 자료
를 읽도록 요청하기(예, Faber와 Mazlish의 저
서, 『How to Talk So Kids Will Listen and Listen
So Kids Will Talk』; Gordon의 저서 『Parent
Effectiveness Training』); 부모가 아이들과의

일상 대화에서 새로운 의사소통 방식을 실행하고 이에 대한 아이들의 긍정적인 반응을 보도록 도와주기 ▽

18. 다양한 양육 레퍼토리를 개발하기 (34, 35)

34. 양육하기 어려운 아이들에 대한 자료를 읽게 함으로써 부모들의 개입에 관한 레퍼토리를 늘리기(예, Turecki와 Tonner의 저서 『The Difficult Child』; Greene의 저서 『The Explosive Child』; Edwards의 저서 『How to Handle a Hard-to-Handle Kid』)

35. 자녀 양육을 위한 새로운 전략들을 시행할 때, 부모를 지원하고, 힘을 북돋우고, 모니터링하고, 격려하며 필요에 따라 피드백과 방향 수정을 제공하기

19. 양육에 영향을 미치는 어린 시절의 미해결 과제를 확인하고 해결을 위해 노력하기(36, 37)

36. 각 부모의 어린 시절 이야기를 분석하여 미해결 과제를 파악하고(예, 학대하거나 방치하는 부모, 부모에 의한 약물 남용) 그러한 미해결 과제가 효과적으로 양육할 수 있는 능력에 어떤 영향을 미치는지 확인하기

37. 부모가 자신의 어린 시절에 관한 미해결 과제를 해결하도록 돕기

20. 부모들은 양육 과정에서 서로에게 말로 지지를 표현하기(38, 39)

38. 양육에서의 취약한 부분을 확인하는 데 부모를 지원하기; 부모가 양육기술을 개선하도록 돕고, 자신감을 북돋우고 지속적으로 격려하기

39. 부모가 서로를 부모로서 지지하는 구체적인 방법을 확인하고 실행하도록 도와주고, 아이들이 마음대로 하려고 부모가 서로 힘을 합치지 못하도록 하는 것을 깨닫게 하기[또는 Jongsma의 저서 『성인 심리치료 과제 플래너(Adult Psychotherapy Homework Planner)』에

있는 '한 팀으로 양육하는 것을 배우기(Learning to Parent as a Team)' 과제를 내주기]

21. 가족의 에너지와 시간을 낭비하게 하는 외부 압력, 요구, 방해물을 감소시키기(40, 41)

40. 부모들이 아이들과 그들 자신을 너무 많은 활동, 조직, 스포츠에 참여하지 않도록 하기

41. 부모에게 가족 전체의 활동에 대한 주간 일정을 보여 주기를 요청하여, 그들과 함께 일정을 평가하고, 부모가 보다 집중적이고 편안한 시간을 보내기 위해 가치 있는 활동과 제거할 수 있는 활동을 찾아보기

22. 자녀를 유익하고 긍정적인 방법을 통해 점차적으로 놓아주기(42)

42. 부모가 자녀의 건강한 분리를 허용하고 지지할 수 있는 유익하고 긍정적인 방법을 확인하고 실행하도록 안내하기

23. 부모와 자녀가 그들 사이의 유대감이 증가했다고 보고하기(43, 44)

43. 가족 구성원 간의 유대를 방해하거나 제한하는 장애물을 제거 및 해결하고, 유대를 촉진시키는 활동을 구별하도록 부모를 돕기(예, 놀이, 일대일 시간)

44. 단지 집에서 시간을 보내거나 주위에서 같이 있는 것만으로도 좋은 시간이라는 것을 알도록 부모를 격려하기

24. 재발 방지 및 문제행동을 반복하는 것과 재발의 차이에 대한 이해를 말로 표현하기(45, 46, 47)

45. 재발의 위험을 논의하고 재발을 예방하기 위한 전략을 소개하는 재발 방지에 대한 이론적 근거를 제공하기

46. 문제행동을 반복하는 것을 일시적인 좌절과, 재발을 지속적인 갈등 패턴으로 돌아가는 것과 연관시켜 부모/자녀와 함께 문제행동을 반복하는 것과 재발의 차이를 논의하기

47. 문제행동 반복이 발생될 수 있는 미래의 상황이나 환경 관리를 부모/자녀와 함께 확인하고 연습하기

25. 파괴적인 행동의 재발을 예방하기
위한 전략을 배우고 실행하기(48,
49, 50)

48. 부모/자녀가 치료에서 배운 전략들(예, 부모
훈련 기법, 문제해결, 분노 관리)을 일상적으로
사용하여, 가능한 한 그들의 삶에 녹아들도
록 교육하기

49. 대처 전략 및 기타 중요한 정보를 보관할 수
있는 '대처 카드' 또는 기타 기록물(예, 문제해
결 단계들, 긍정적인 대처 표현, 치료 중 내담자에
게 도움이 되었던 것을 생각나게 하는 기록물)을
개발하기

50. 부모/자녀가 상담 성과를 유지하고 문제해결
을 계속해서 시도하도록 돕기 위해 정기적인
유지 회기 또는 추수 회기를 계획하기

—. _____

_____

—. _____

_____

—. _____

_____

—. _____

_____

—. _____

_____

—. _____

_____

📝 진단 제안

DSM-IV/ICD-9-CM 사용

축 I :	309.3	품행장애를 동반하는 적응 장애(Adjustment Disorder With Disturbance of Conduct)
	309.4	정서 및 품행장애를 동반하는 적응 장애(Adjustment Disorder With Mixed Disturbances of Emotions and Conduct)
	V61.21	아동 방치(Neglect of Child)
	V61.20	부모자녀 관계 문제(Parent-Child Relational Problem)
	V61.10	파트너 관계 문제(Partner Relational Problem)
	V61.21	아동 신체학대(Physical Abuse of Child)
	V61.21	아동 성학대(Sexual Abuse of Child)
	313.81	반항장애(Oppositional Defiant Disorder)
	312.9	달리 세분되지 않는 파괴적 행동장애(Disruptive Behavior Disorder NOS)
	312.8	품행장애, 청소년기 발병형(Conduct Disorder, Adolescent-Onset Type)
	314.01	주의력 결핍 과잉행동 장애, 복합형(Attention-Deficit/Hyperactivity Disorder, Combined Type)
	_____	_____
	_____	_____
축 II :	301.7	반사회성 성격장애(Antisocial Personality Disorder)
	301.6	의존성 성격장애(Dependent Personality Disorder)
	301.81	자기애성 성격장애(Narcissistic Personality Disorder)
	799.9	진단 유보(Diagnosis Deferred)
	V71.09	축 II상의 진단 없음(No Diagnosis on Axis II)
	_____	_____
	_____	_____

DSM-5/ICD-9-CM/ICD-10-CM 사용

ICD–9–CM	ICD–10–CM	DSM–5 장애, 상태, 문제
309.3	F43.24	품행장해를 동반하는 적응장애(Adjustment Disorder, With Disturbance of Conduct)
309.4	F43.25	정서 및 품행장해를 동반하는 적응장애(Adjustment Disorder, With Mixed Disturbance of Emotions and Conduct)
V61.21	Z69.011	부모가 아동 방치로 인해 정신 보건 서비스를 접한 경우(Encounter for Mental Health Services for Perpetrator for Parental Child Neglect)
V61.20	Z62.820	부모자녀 관계 문제(Parent-Child Relational Problem)
V61.10	Z63.0	배우자 또는 친밀한 파트너와의 관계 문제(Relationship Distress with Spouse or Intimate Partner)
V61.22	Z69.011	부모가 아동 학대로 인해 정신 보건 서비스를 접한 경우(Encounter for Mental Health Services for Perpetrator of Parental Child Abuse)
V61.22	Z69.011	부모가 아동 성학대로 인해 정신 보건 서비스를 접한 경우(Encounter for Mental Health Services for Perpetrator of Parental Child Sexual Abuse)
313.81	F91.3	반항장애(Oppositional Defiant Disorder)
312.9	F91.9	특정할 수 없는 파괴적, 충동조절, 품행장애(Unspecified Disruptive, Impulsive Control, and Conduct Disorder)
312.89	F91.8	다르게 특정할 수 있는 파괴적, 충동조절, 품행장애(Other Specified Disruptive, Impulse Control, and Conduct Disorder)
312.82	F91.2	품행장애, 청소년기 발병형(Conduct Disorder, Adolescent-Onset Type)
312.81	F91.1	품행장애, 아동기 발병형(Conduct Disorder, Childhood-Onset Type)
314.01	F90.2	주의력 결핍 과잉행동 장애, 복합적인(Attention-Deficit/Hyperactivity Disorder, Combined Presentation)
301.7	F60.2	반사회성 성격장애(Antisocial Personality Disorder)
301.6	F60.7	의존성 성격장애(Dependent Personality Disorder)
301.81	F60.81	자기애성 성격장애(Narcissistic Personality Disorder)

참고: ICD-9-CM 코드(규정, 규칙, 부호)는 미국에서 2014년 9월 30일까지 코딩(or 부호화) 목적으로 사용됩니다. ICD-10-CM 코드는 2014년 10월 1일부터 사용됩니다. 일부 ICD-9-CM 코드는 하나 이상의 ICD-10-CM 및 DSM-5 장애, 상태 또는 문제와 관련이 있습니다. 또한 일부 ICD-9-CM 장애분류가 중단되어 여러 개의 ICD-9-CM 코드가 하나의 ICD-10-CM 코드로 대체되었습니다. 일부 중단된 ICD-9-CM 코드는 이 표에 나열되지 않습니다. 자세한 내용은 『정신질환의 진단 및 통계 편람』(2013)을 참조하십시오.

The Complete Adult Psychotherapy Treatment Planner

전 생애 발달 과업의 문제들(Phase of Life Problems)

📑 행동적 정의

1. 신혼에서의 책무성과 상호의존에 적응하는 것으로 인한 어려움
2. 부모가 되는 것으로 인한 부담과 관련된 불안과 우울
3. 자녀가 가족을 떠나는 것과 관련된 슬픔('빈 둥지 스트레스')
4. 은퇴로 인해 느끼는 불안, 정체성과 의미를 잃어버린 느낌
5. 전업으로 집안일을 하거나 육아를 하기 위해 직업을 그만둔 것과 관련된 소외감, 슬픔, 무료함
6. 늙고 병들고 의존적인 부모를 돌보는 것과 관련된 좌절감과 불안

—. _____

_____

—. _____

_____

—. _____

_____

🎯 장기 목표

1. 모순되는 감정을 해결하고 새로운 생활 사건에 적응하기
2. 현 상황의 장점을 인식할 수 있도록 삶을 바라보는 시각을 바꾸기
3. 부양이나 도움이 필요한 주요 타자를 돌보고 양육하고 지원하는 것에서 만족을 찾기
4. 타인을 배려하는 것과 자기 자신에게 관심을 갖는 것 사이에 생활의 균형을 유지하기

— . _____
   _____

— . _____
   _____

— . _____
   _____

⏰ 단기 목표

1. 스트레스, 불안, 미성취에 영향을 미칠 수 있는 생애 환경을 기술하기(1, 2, 3)

2. 발달과업 문제의 치료에 영향을 미치거나 치료를 어렵게 만들 수 있는 약물 사용의 이력을 드러내기(4)

💬 치료적 중재

1. 내담자의 좌절, 불안, 우울 또는 수행 결여를 발생시키는 현재 생애 환경을 탐색하기

2. 내담자에게 근심을 야기하는 환경의 목록을 작성하도록 부여하고 어떻게 또는 왜 그것들이 내담자의 불만에 영향을 미치는지 쓰도록 하기[또는 Jongsma의 『성인 심리치료 과제 플래너(Adult Psychotherapy Homework Planner)』의 '내 삶에서 어떤 것이 달라져야 할까?(What Needs to Be Changed in My Life?)'를 과제로 내기]

3. 내담자가 삶에서 놓치고 있는 성취감을 높일 수 있는 바람직한 행동의 목록을 작성하도록 내담자를 지지하기

4. 약물 남용 평가를 준비하고 평가 결과 필요하다고 판단되는 경우 치료에 의뢰하기(이 책의 '물질 사용' 챕터 참조)

3. DSM 진단, 치료 효과, 치료 관계의 특성과 관련된 평가 요인에 대한 행동적, 정서적, 태도적 정보를 제공하기(5, 6, 7, 8)

5. '호소문제'에 대한 내담자의 통찰(자아동질적 대 자아이질적) 수준을 평가하기(예, '기술된 행동'의 문제성에 대한 좋은 통찰력을 보여 주고, 타인의 관점에 동의하며, 변화에 대한 동기부여가 되었는지, '기술된 문제'에 대해 양가성을 보이며, 문제를 문제로 제기하기를 꺼려하는지, '기술된 문제'를 인정하는 것에 저항하고, 관심이 없고, 변화에 대한 동기를 보이지 않는지)

6. 필요하다면, 자살취약성(예, 우울 동반이 분명한 경우 자살 위험 증가)을 포함한 연구 기반 공존 장애의 증거를 평가하기(예, ADHD를 동반한 적대적 반항장애, 불안장애를 동반한 우울증)

7. 내담자의 현재 정의되는 '문제행동'을 설명하는 데에 도움이 되는 나이, 성, 문화와 관련된 문제와 내담자의 행동을 보다 잘 이해할 수 있는 요인들을 평가하기

8. 적절한 돌봄수준을 결정하기 위해 내담자의 기능 손상의 심각성을 평가하기[예, 주목된 행동은 사회적, 관계적, 직업적(vocational, or occupational), 노력에서 경도, 중등도, 고도 또는 최고도 손상을 일으킴]; 치료의 효과성뿐만 아니라 손상의 심각성을 지속적으로 평가하기(예, 내담자는 더 이상 심각한 손상을 보이지는 않지만, 현재 문제는 경도 또는 중등도 손상을 초래하고 있다.)

4. 생애 결정을 이끌고 수행을 결정하는 가치들을 확인하기(9, 10)

9. 내담자의 가치를 명확하게 하고 우선순위를 정하도록 돕기[Jongsma의 『성인 심리치료 과제 플래너(Adult Psychotherapy Homework Planner)』의 '비경쟁적 가치를 개발하기(Developing Noncompetitve Values)'를 숙제로 부여하기]

10. 가치를 명확하게 하는 책을 과제로 부여하기 [예, Simon, Howe와 Kirschenbaum의 『가치 명료화(Values Clarification)』, Simon의 『당신에게 가장 중요한 것이 무엇인지 찾도록 하는 31가지 전략(In Search of Values: 31 Strategies for Finding Out What Really Matters Most to You)』]; 내담자가 중요하게 여기는 것들을 다루고 내담자가 중요하게 여기는 가치를 나열하기

5. 만족감을 증가시키는 새로운 활동을 시행하기(11, 12)

11. 내담자의 만족감을 증가시키고 그 가치를 실현하고 내담자의 삶의 질을 높이는 활동을 포함할 수 있는 새로운 계획을 내담자와 함께 세우기

12. 자기 만족적인 활동을 포함하여 내담자의 삶을 수정하기 위한 시도를 리뷰하기; 성공을 강화하고 실패에 대하여는 재평가하기

6. 양육과 부양의 책임으로 인해 생겨나는 압도되는 감정을 줄일 수 있는 변화들을 규명하고 실행하기(13, 14)

13. 내담자를 압도하는 책임감으로부터 지원 혹은 유예를 가능하게 하는 자원이 무엇인지 내담자와 브레인스토밍하기(예, 부모 지원 그룹, 자녀를 돌보는 데 열심인 배우자, 고령 부모를 돌보는 일시적인 위탁, 형제들과 부모 돌봄을 공유하기, 홈 헬스 케어 자원 활용하기, 부모 수업을 수강하기)

14. 내담자가 느끼는 책임감의 무게를 줄일 변화를 실행하도록 내담자를 격려하기; 수행진전을 모니터하기, 성공을 강화하고 실패를 재평가하기

7. 갈등 통제권을 가질 수 있도록 자기주장 기술 적용하기(15, 16, 17)

15. 갈등이나 불만족을 줄이는 데 적용할 수 있는 자기주장 기술을 내담자에게 가르치기 위해 롤플레이, 모델링, 행동 시연을 사용하기

16. 자기주장 훈련 수업을 수강하도록 내담자를 연계하기

17. 내담자에게 자기주장과 경계설정에 관한 책을 읽도록 격려하기[예, Paterson의 저서 『자기주장 워크북: 직장과 대인관계에서 자신의 생각과 주장을 표현하기(The Assertiveness Workbook: How to Express Your Idea and Stand Up for Yourself at Work and in Relationships)』; Bower와 Bower의 저서 『자기주장하기(Asserting Yourself)』; Smith의 저서 『거절할 때 죄책감이 들어요(When I Say No, I Feel Guilty)』; Alberti와 Emmons의 저서 『당신의 완전한 권리(Your Perfect Right)』; 책의 내용을 습득하여 내담자의 일상적인 삶에 적용하기]

8. 문제해결 기술을 현재 상황에 적용하기(18, 19)

18. 내담자에게 문제해결 기술을 가르치기(예, 문자를 명확하게 정의하기, 다양한 해결에 대해 브레인스토밍하기, 각각의 해결책에 대해 장단점 써 보기, 다른 사람들에게 조언 구하기, 행동 계획을 선택하고 실행하기, 결과 평가하기, 그리고 필요하다면 계획 조정하기)

19. 내담자 현재의 환경에 문제해결 접근을 적용하여 모델링하거나 역할 연습하기[혹은 Jongsma의 저서 『성인 심리치료 과제 플래너(Adult Psychotherapy Homework Planner)』에서 '문제해결방식을 대인관계 갈등에 적용하기(Applying Problem-Solving to Interpersonal Conflict)' 챕터를 과제로 내주기]; 행동 계획을 실행하도록 격려하기, 성공한 것은 강화하고 실패한 것은 수정하기

9. 현재 삶에서 스트레스 요인이 되는 의미 있는 타자와의 의사소통을 늘리기(20, 21)

20. 내담자의 현재 삶에서 스트레스를 주는 사람에게 적용할 수 있도록 대화 기술(예, I-message, 적극적 경청, 눈맞춤)을 가르치기

21. 내담자의 염려에 대해서 말할 수 있도록 내담자의 파트너 혹은 다른 가족 구성원을 초대하여 함께하는 회기를 가지기; 개방적인 의사소통과 집단 문제해결을 하도록 격려하기

10. 현재 삶의 장점 5가지를 확인하기 (22)

22. 내담자가 현재 삶에서 간과하거나 저평가할 수 있는 적어도 5개의 장점을 확인할 수 있도록 돕기(예, 스스로 결정할 수 있는 기회, 배우자와 친밀감을 가지고 공유할 수 있는 기회, 개인적인 흥미를 개발하고, 의미 있는 타자의 요구에 만족시킬 수 있는 시간 등)

11. 제시간에 변화를 실행하고 삶의 균형을 회복하기 위해 노력을 배분하기 (23)

23. 내담자의 삶의 균형을 회복하기 위해 수정이 필요한 삶의 영역을 확인하도록 돕기(예, 적당한 운동, 적절한 영양과 수면, 사회 활동, 영성 개발, 개인적인 활동 및 흥미뿐만 아니라 배우자와의 공유 활동, 자기 만족뿐만 아니라 타인을 위한 봉사); 실행 계획 발전시키기[또는 Jongsma의 저서 『성인 심리치료 과제 플래너(Adult Psychotherapy Homework Planner)』에서 '내 삶에서 무엇을 바꾸어야 할까?(What Needs to be Changed in My Life?)' 챕터를 과제로 내주기]

12. 긍정적인 자기 정체성을 강화할 수 있는 활동 늘리기(24, 25)

24. 자신의 강점, 긍정적 특성 및 재능, 사회에 기여할 수 있는 가능한 방법, 아직 개발되지 않은 흥미와 능력 등을 나열해 봄으로써, 내담자가 자신의 삶의 정체성을 명확히 하고 의미를 추구할 수 있도록 돕기[또는 Jongsma의 저서 『성인 심리치료 과제 플래너(Adult Psychotherapy Homework Planner)』에서 '나와 내 삶의 좋은 점

(What's Good About Me and My Life?)' 챕터를 과제로 내주기]

25. 삶의 의미를 부여하고 삶의 전환기(예, 싱글에서 기혼자로, 직장인에서 주부로, 아이가 없다가 부모로, 직장인에서 퇴직)에서 정체감을 확장할 수 있는 활동을 증가시킬 수 있도록 내담자와 함께 행동 계획을 발전시키기; 실행하는 것을 모니터링하기; 삶의 전환기에 대한 읽을 자료를 내담자에게 제안하기[예, Bridge의 저서 『변환관리(Managing Transitions: Making the Most of Change)』 혹은 『과도기: 삶의 변화를 이해하기(Transitions: Making Sense of Life's Changes)』]

13. 고립감을 줄이기 위해 사회적인 활동을 늘리기(26, 27)

26. 내담자의 고립감을 극복하기 위한 기회를 탐색하기(예, 지역사회 여가 및 교육 집단에 참가하기, 교회 혹은 회당 활동에 참여하기, 공식적인 교육 신청하기, 취미 그룹에 지원하기); 이러한 활동을 실행하도록 격려하기

27. 내담자에게 새로운 관계를 형성하는 데 필요한 사회 기술을 가르치도록 역할연습과 모델링을 사용하기(예, 대화 시작하기, 자기 소개하기, 타인에 대해 질문하기, 미소 짓고 친근하게 다가가기, 새로운 사람을 자신의 집에 초대하기, 사회적인 활동과 새로운 사람과의 활동을 시작하기)

14. 현재의 적응 스트레스와 관련된 정서적인 어려움을 나누기(28, 29)

28. 현재 삶에서 스트레스 요인들에 적응하기 위한 노력으로서 내담자의 감정, 대처 메커니즘, 지지체계를 탐색하기; 우울, 불안, 고통의 깊이를 측정하고 이러한 문제에 초점을 맞춘 치료법을 추천하기(이 책의 '단극성 우울' '불안' '미해결된 애도/상실' 챕터 참조)

29. 우울, 무기력감, 고립감을 보인다면 내담자의 자살 가능성을 측정하기; 가능하다면, 자살 사전 예방법을 시작하기(이 책의 '자살 사고' 챕터 참조)

15. 중요한 타자가 내담자의 스트레스를 줄이기 위해 지원을 제공하도록 하기(30)

30. 중요한 타자들에게 내담자를 지원하고 스트레스를 줄이기 위한 제안을 하는 가족 치료 회기를 제공하기; 내담자의 요구를 확실하게 공유하고 중요한 타자들이 지원에 대한 책임을 질 것을 요구하기(예를 들어, 양육에 더 참여하도록 협력하기, 내담자에 필요한 지지와 집 밖에서의 격려를 위해 협력하기, 가족 구성원이 고령의 부모를 보살피는 데 더 많은 책임을 지도록 하기)

16. 삶의 전환기에서 겪는 어려움에 대한 자기치유(self-help) 도서 읽기(31)

31. 스트레스가 많은 전환기[예, 새 결혼, 부모 양육, 주부로 변화, 노인 부모를 돌보는 것, 퇴직 또는 '빈 둥지(empty nest)']에 대한 자료를 내담자에게 읽어 주기. 선택한 도서에 대한 참고 문헌 부록을 참조하기

___ . _____
_____

___ . _____
_____

___ . _____
_____

___ . _____
_____

___ . _____
_____

___ . _____
_____

📝 진단 제안

DSM-IV/ICD-9-CM 사용

축 I :	V62.89	생의 단계 문제(Phase of Life Problem)
	313.82	정체성 문제(Identity Problem)
	V61.10	배우자 관계의 문제(Partner Relational Problem)
	V61.20	부모-아동 관계 문제(Parent-Child Relational Problem)
	309.0	적응장애-우울 기분이 있는 것(Adjustment Disorder With Depressed Mood)
	309.28	적응장애-불안과 우울 기분이 있는 것(Adjustment Disorder With Mixed Anxiety and Depressed Mood)
	309.24	적응장애-불안이 있는 것(Adjustment Disorder With Anxiety)
	_____	_____
	_____	_____
축 II :	799.9	축 I의 진단이나 상태가 보류됨(Diagnosis Deferred)
	V71.09	축 I에 해당되는 진단이나 상태가 없음(No Diagnosis)
	_____	_____
	_____	_____

DSM-5/ICD-9-CM/ICD-10-CM 사용

ICD-9-CM	ICD-10-CM	DSM-5 장애, 상태, 문제
V62.89	Z60.0	사회환경과 관련된 기타문제–생의 단계 문제(Phase of Life Problem)
V61.10	Z63.0	일차 지지집단과 관련된 기타문제–배우자나 친밀 동반자와의 관계 고충(Relationship Distress With Spouse or Intimate Partner)
V61.20	Z62.820	가족 양육과 관련된 문제–부모–아동관계문제(Parent-Child Relational Problem)
309.0	F43.21	급성 스트레스 장애–우울 기분 동반(Adjustment Disorder, With Depressed Mood)
309.28	F43.23	급성 스트레스 장애–불안 및 우울 기분 함께 동반(Adjustment Disorder, With Mixed Anxiety and Depressed Mood)
309.24	F43.22	급성 스트레스 장애–불안 동반(Adjustment Disorder, With Anxiety)

참고: ICD-9-CM 코드(규정, 규칙, 부호)는 미국에서 2014년 9월 30일까지 코딩(or 부호화) 목적으로 사용됩니다. ICD-10-CM 코드는 2014년 10월 1일부터 사용됩니다. 일부 ICD-9-CM 코드는 하나 이상의 ICD-10-CM 및 DSM-5 장애, 상태 또는 문제와 관련이 있습니다. 또한 일부 ICD-9-CM 장애분류가 중단되어 여러 개의 ICD-9-CM 코드가 하나의 ICD-10-CM 코드로 대체되었습니다. 일부 중단된 ICD-9-CM 코드는 이 표에 나열되지 않습니다. 자세한 내용은 『정신질환의 진단 및 통계 편람』(2013)을 참조하십시오.

The Complete Adult Psychotherapy Treatment Planner

공포증(Phobia)

📄 행동적 정의

1. 공포감을 대면하는 것은 즉각적인 불안감을 유발하기 때문에 회피 행동을 유발하는 특정 대상이나 상황에 대한 지속적이고 불합리한 두려움을 묘사한다.
2. 두려움을 피하고 공포감/두려운 환경을 피하거나 괴로움을 느껴 정상적인 일상생활에 방해를 초래한다.
3. 공포가 합리적이지 않다는 인식에도 불구하고 지속적인 공포를 인정한다.

— . _____
_____
_____

— . _____
_____
_____

— . _____
_____

🎯 장기 목표

1. 특정한 공포의 대상이나 상황에 대한 두려움을 줄이기
2. 특정 공포의 대상이나 상황에 대한 회피를 줄이고 공공장소에서 움직일 때 편안하고 독립적이도록 이끌기
3. 특정한 공포의 대상이나 상황에 대한 두려움을 없애기
4. 특정 공포의 대상이나 상황에 대한 회피를 없애고 공공장소에서 움직일 때 편안하고 독립적이도록 이끌기

— . _____
_____
— . _____
_____
— . _____
_____

🕐 단기 목표

1. 공포증의 발달사나 특성을 이야기하고, 기능에 영향을 준 것에 대해 완전히 이해하며, 그것을 극복하려고 하기 (1, 2)

2. 공포증의 특성을 평가할 수 있도록 고안된 심리검사 수행하기(3)

🧠 치료적 중재

1. 내담자와 라포를 형성하며 치료적 동맹을 구축하기; 공포증의 공포를 촉발시키는 대상이나 상황을 탐색하고 확인하기

2. 내담자의 공포, 회피, 공포에서 초점이 되는 것, 회피(avoidance)의 유형(예, 부주의, 피함, 타인에게 의존하기), 공포의 전개과정, 공포로 발생한 장애(disability resulting from fear) 등을 평가하기[불안장애 면담도구-성인용(The Anxiety Disorders Interview Schedule-Adult Version) 이용 고려하기]

3. 공포 반응의 심각성과 범위를 조금 더 평가할 수 있는 자기 보고식 검사(client-report measure)(예, Antony의 Measures for Specific Phobia; the

Fear Survey Schedule-III) 실시하기; 필요에 따라 치료 성과를 평가하기 위해 재실시하기

3. 행동적 평가 과제에 참여하기(4)

4. 내담자의 주도하에 적절한 인지적, 감정적 경험을 이야기하면서 공포감을 가지게 되는 대상이나 상황에 접근하도록 요구된 행동적 평가 과제를 수행하기; 필요에 따라 치료성과를 평가하기 위해 재실시하기

4. 공포증에 영향을 주거나 치료를 어렵게 하는 약물 사용에 대한 발달사를 밝히기(5)

5. DSM 진단과 관련된 구체적 특징, 치료의 효과, 치료적 관계의 특성에 대한 행동, 정서, 사고방식의 정보를 제공하기(6, 7, 8, 9)

5. 약물 남용에 대한 평가를 계획하고, 추천되는 평가가 있다면 내담자를 치료에 의뢰하기(이 책의 '물질 사용' 챕터 참조)

6. '호소문제'에 대한 내담자의 통찰(자아동질적 대 자아이질적) 수준을 평가하기(예, '기술된 행동'의 문제성에 대한 좋은 통찰력을 보여 주고, 타인의 관점에 동의하며, 변화에 대한 동기부여가 되었는지, '제시된 문제행동'에 대해 양가성을 보이며, 문제를 문제로 제기하기를 꺼려하는지, '제시된 문제행동'을 인정하는 것에 저항하고, 관심이 없고, 변화에 대한 동기를 보이지 않는지)

7. 필요하다면, 자살취약성(예, 우울 동반이 분명한 경우 자살 위험 증가)을 포함한 과학적 연구 기반 공존 장애의 증거를 평가하기(예, ADHD를 동반한 적대적 반항장애, 불안장애를 동반한 우울증)

8. 내담자의 현재 정의되는 '문제행동'을 설명해 주는 데 도움이 되는 나이, 성, 문화와 관련된 문제와 내담자의 행동을 보다 잘 이해할 수 있는 요인들을 평가하기

9. 적절한 돌봄 수준을 결정하는 내담자의 기능 손상의 심각성을 평가하기(예, 사회적, 관계적, 직업적, 노력에서 경도, 중등도, 고도 또는 최고도 손상을 일으킨다고 알려진 행동); 치료의 효과성

뿐만 아니라 손상의 심각성을 지속적으로 평가하기(예, 내담자는 더 이상 심각한 손상을 보이지는 않지만, 현재 문제는 경도 또는 중등도 손상을 초래하고 있다.)

▽ 6. 정신과 약물치료를 위한 의사에 의한 평가에 협조하기(10, 11)

10. 만약 내담자가 요구했거나 점진적 노출치료에 응하지 않는다면 정신과 약물 처방이 필요한지 결정하는 평가를 계획하기 ▽

11. 내담자의 정신과 약물 복용, 부작용, 효과에 대하여 모니터하기. 정기적으로 정신과 주치의와 컨설팅 진행하기

▽ 7. 공포증과 공포증 치료의 정보에 대한 정확한 이해를 말로 표현하기(12, 13, 14)

12. 공포증이 흔하며, 투쟁−도피 반응과 같은 비이성적인 행동이 약함의 신호는 아니지만 불필요한 고통과 장애를 유발할 수 있음을 이야기하기 ▽

13. 공포감을 유발하는 대상이나 상황에 대해 긍정적이고, 교정적인 경험을 하지 못하게 방해하는 부적절한 공포감이나 회피로 인한 '공포의 악순환(phobia cycle)'에 의해 얼마나 공포증이 유지되는지, 이러한 경험에 대해 노출을 격려함으로써 악순환을 깨 버리도록 어떻게 치료를 할 것인지 논의하기 ▽

14. 내담자에게 특정 공포증과 관련된 책이나 치료 매뉴얼의 심리교육 챕터를 읽도록 시키기 [예, Bourne의 『불안과 공포에 대한 워크북(The Anxiety and Phobia Workbook)』; Marks의 『공포와 함께 살기(Living with Fear)』; Antony, Craske와 Barlow의 『당신의 공포와 공포증 워크북을 마스터하기(Mastering Your Fears and Phobia-Workbook)』; Peurifoy의 『당신의 삶의 통제력을 회복하는 점진적 프로그램(A step-by-step

Program for Regaining Control of Your Life)』; Tolin의『불안, 공황, 공포, 강박을 이기는 증명된 계획(Face Your Fears: A proven Plan to Beat Anxiety, Panic, Phobias, and Obsessions)』▽

▽ 8. 불안의 인지적, 신체적, 행동적 요소들과 불안의 치료에 대한 이해를 언어로 표현하기(15, 16)

15. 문제를 지속시키는 데 상호작용하는 비현실적인 위협 지각, 두려움에 대한 신체적 표현, 위협적인 것에 대한 회피가 어떻게 공포에 관여하는지 논의하기; 치료 목표가 각 영역에서 어떻게 변화하는지 논의하기[Craske, Antony와 Barlow가 저술한『당신의 특정공포증을 마스터하기-치료자 가이드(Mastery of Your Specific Phobia-Therapist Guide)』와 Bruce와 Sanderson이 저술한『특정공포증(Specific Phobias)』을 보라.] ▽

16. 노출이 어떻게 학습된 공포를 둔감화시키고, 자신감을 키우며, 성공경험으로 형성된 새 역사에 의해 더 안전하게 느끼는 데 무대(arena)의 역할을 하는지 논의하기[Craske, Antony와 Barlow가 저술한『당신의 특정공포증을 마스터하기-치료자 가이드(Mastery of Your Specific Phobia-Therapist Guide)』와 Bruce와 Sanderson이 저술한『특정공포증(Specific Phobias)』을 보라.] ▽

▽ 9. 공포 대상과 상황을 마주하는 동안 나타날 수 있는 불안 증상을 줄이고 관리하기 위한 진정시키는 기술(calming skills)을 배우고 실행하기(implement)(17, 18, 19)

17. 공포 대상이나 상황을 마주하는 동안 나타나는 불안 증상을 언급하기 위해, 내담자에게 불안관리기술을 가르치기[예, 행동적인 목표, 근육 이완, 안정된 속도로 복식호흡(evenly paced diaphragmatic breathing), 긍정적인 자기 대화에 초점을 유지하기] ▽

18. 내담자에게 자신이 일상생활에서 진정시키는 기술을 연습할 수 있도록 과제를 내주기; 기술 숙달을 위한 문제해결 장애물을 점검하고 성공을 강화하기 ▽

19. 진정시키는 기술을 배우는 데 있어서 내담자의 성공을 촉진하기 위해 바이오피드백 기술을 사용하기 ▽

▽ 10. 응용된 근육 긴장/이완 기술을 배우고 실행하기(20, 21)

20. 내담자에게 응용된 긴장/이완을 가르치기. 내담자는 피, 주사, 부상과 같은 공포대상 혹은 상황을 마주할 때 기절하는 것을 방지하기 위해 뇌에서 혈류를 감소시키는 것을 돕도록 목과 상반신(upper torso) 근육을 긴장시키기[Öst와 Sterner가 저술한 『응용된 긴장이완(Applied Tension)』을 참고하기] ▽

21. 내담자에게 매일 응용된 긴장/이완 기술을 연습하도록 과제를 내주기; 기술 숙달을 위한 문제해결 장애물을 점검하고 성공을 강화하기 ▽

▽ 11. 편향되고 두려움을 유도하는 자기대화를 식별하고, 도전하고, 긍정적이고 현실적이고 힘을 북돋아 주는 자기대화로 대체하기 (22, 23, 24)

22. 내담자의 두려운 반응을 매개하는 자기대화와 스키마를 탐색하기; 편견을 식별하도록 돕기, 편견을 수정할 수 있는 대안적인 자기대화와 스키마를 생성하기; 왜곡된 메시지를 현실에 기반한 대안적인 자기대화와 스키마로 대체하기 ▽

23. 내담자에게 두려움을 유도하는 자기대화를 식별하고 현실에 기반한 자기대화를 만들도록 과제를 내주기[또는 Jongsma의 『성인 심리치료 과제 플래너(Adult Psychotherapy Homework Planner)』의 '자기패배적 생각을 대체하는 일지 작성하기(Journal and Replace Self-Defeating

Thoughts)'를 과제로 내주기]; 기술 숙달을 위한 문제해결 장애물을 점검하고 성공을 강화하기 🔻

24. 내담자가 심각한 결과 없이 불안증상을 견딜 수 있도록 긍정적인 자기대화를 훈련시키기 위해 행동적인 기술[예, 모델링, 교정적인 피드백, 심상기법(imaginal rehearsal), 사회적 강화]을 사용하기 🔻

🔻 12. 두려움을 느끼고 회피하는 공포 대상과 상황에 반복적인 노출에 참여하기(25, 26, 27, 28)

25. 공포반응과 연관되는 불안을 유발하는 상황의 위계 구조를 세우도록 내담자를 지도하고 돕기; 지나친 공포를 포함하기 위해 필요하다면 상상하는 상황을 포함하기 🔻

26. 내담자가 성공경험이 높은 상황을 초기 노출로 선택하기; 증상을 관리하는 계획을 개발하고, 계획을 리허설하기 🔻

27. 내담자에게 상상노출 혹은 상황노출을 하고 반응을 기록하는 숙제를 내주기[Jongsma의 『성인 심리치료 과제 플래너(Adult Psychotherapy Homework Planner)』의 '점진적으로 당신의 공포를 줄이기(Gradually Reducing Your Phobic Fear)'; Antony, Craske, Barlow의 『당신의 공포와 공포증을 마스터하기-워크북(Mastering Your Fears and Phobia-workbook)』; Marks의 『공포와 함께 살기(Living with Fear)』를 보라.]; 공포소거와 공포회피 제거를 위해 문제해결 장애물을 점검하고 성공을 강화하기 🔻

28. 노출연습을 하는 동안 편향되고, 두려움에 기반한 예견이 편향을 수정하는 대안적인 예견과 겨루어 보도록 내담자에게 행동실험을 과제로 내주기; 공포소거와 공포회피 제거를

위해 문제해결 장애물을 점검하고 성공을 강
화하기 ▽

13. 가능한 미래 불안 증상을 관리
하고 예방하기 위한 재발 방지
전략을 실행하기(29, 30, 31, 32,
33)

29. 한번 불안증상을 보인 것(lapse)과 불안증상
이 반복되는 것(relapse)의 차이를 내담자와
논의하기. 한번 불안증상이 보인 것은 피하
기 위한 일시적이고 되돌릴 수 있는 증상, 두
려움, 충동으로의 복귀이며, 불안증상의 반
복은 두려움을 유도하고 회피하는 패턴으로
되돌아가는 결정으로 연관 짓기 ▽

30. 공포증의 발현 및 재발을 호소할 가능성이 높
은 상황을 생각해 보고, 그러한 상황 및 환경
을 관리하는 예행연습 해 보기 ▽

31. 내담자가 상담에서 배운 전략(예, 인지 재구조
화, 노출치료)을 일상에서 적용하고, 최대한
자신의 삶에 맞게 발전시켜 나가게 하기 ▽

32. 내담자가 나중에 필요할 때 쓸 수 있게 '대처
카드(coping card)' 또는 내담자가 유용하다고
생각하는 중요한 치료적 정보(예, 대처 전략,
문제해결 전략, 인지적 메시지)를 적은 기록을
만들기 ▽

33. 상담이 종결된 후 1~3개월 후에 내담자가 상
담에서 얻은 치료적 성과를 유지하고 방해되
는 장애물을 해결할 수 있는 추수 회기 일정
을 잡기 ▽

14. 중요한 목표를 달성하는 과정에서
불안한 사고, 부정적인 정서를 피하
기보다 수용하고 견디는 법을 배우
기(34, 35, 36)

34. 마음챙김 전략을 포함한 수용전념치료(ACT)
적 접근 전략을 활용하여 내담자의 경험 회
피를 줄이고 행동과 사고를 분리하며 공포
증상을 바꾸려고 하거나 통제하려고 하기
보다는 수용하고 자신의 삶의 가치에 부합
하도록 행동하게 돕기. 내담자가 자신의 삶

의 가치와 목표를 명확하게 하고 그 가치와 목표에 전념하도록 하기[Eifert, Forsyth, Hayes의 저서 『불안장애를 위한 수용전념치료(Acceptance and Commitment Therapy for Anxiety Disorders)』를 참고하기]

35. 상담회기에 이루어진 작업을 보완하도록 수용전념치료(ACT)적 접근의 자기훈련서[예, Forsyth와 Eifert의 저서 『불안을 위한 마음챙김과 수용 치료 워크북(The Mindfulness and Acceptance Workbook for Anxiety)』을 참고하기]를 과제로 내고, 읽기 자료를 바탕으로 상담시간에 작업하기

15. 공포를 느끼고 회피하는 태도를 유지할 때의 이로움과 손실을 언어로 표현하게 하기(37)

16. 비현실적인 공포를 느끼는 사물이나 상황의 실제 상태를 언어로 표현하고, 공포증 자극으로 촉발된 과거의 부정적인 정서적 경험을 언어로 표현하기(38, 39, 40)

36. 내담자의 의미 있고 자아실현을 할 수 있는 직업적, 가족, 사회적 삶을 영위하기 위한 내담자의 헌신을 지속할 수 있게 내담자를 지지하기

37. 회피 또는 도피 기제를 통해 내담자의 공포 행동/반응(phobic action)을 강화하는 2차적인 보상이 있는지를 살펴보고, 내담자가 변화하도록 격려하고 지지하기

38. 내담자가 현재 경험하는 비현실적인 공포와 과거에 있었던 정서적인 고통이 무엇인지 명확하게 하고, 그 둘을 구별하기

39. 적극적인 경청, 긍정적 존중, 질문을 통해 내담자가 과거의 트라우마와 관련된 감정을 공유하도록 격려하기

40. 과거의 고통이 현재의 공포와 어떤 관계가 있는지 통찰을 얻을 수 있도록 내담자와 함께 과거의 고통 작업하기

_____ . _____   _____ . _____
_____   _____
_____ . _____   _____ . _____
_____   _____
_____ . _____   _____ . _____

📝 진단 제안

DSM-IV/ICD-9-CM 사용

축 I:	300.29	특정 공포증(Specific Phobia)
	_____	_____
	_____	_____

DSM-5/ICD-9-CM/ICD-10-CM 사용

ICD-9-CM	ICD-10-CM	DSM-5 장애, 상태, 문제
300.29	F40.xxx	특정 공포증(Specific Phobia)

참고: ICD-9-CM 코드(규정, 규칙, 부호)는 미국에서 2014년 9월 30일까지 코딩(or 부호화) 목적으로 사용됩니다. ICD-10-CM 코드는 2014년 10월 1일부터 사용됩니다. 일부 ICD-9-CM 코드는 하나 이상의 ICD-10-CM 및 DSM-5 장애, 상태 또는 문제와 관련이 있습니다. 또한 일부 ICD-9-CM 장애분류가 중단되어 여러 개의 ICD-9-CM 코드가 하나의 ICD-10-CM 코드로 대체되었습니다. 일부 중단된 ICD-9-CM 코드는 이 표에 나열되지 않습니다. 자세한 내용은 『정신질환의 진단 및 통계 편람』(2013)을 참조하십시오.

외상후 스트레스 장애
(Posttraumatic Stress Disorder: PTSD)

📋 행동적 정의

1. 죽음이나 심각한 부상에 대한 실제 위협과 관련된, 혹은 그러한 위협을 목격한 경험과 관련된 외상사건에 노출된 적이 있음

2. 외상사건에 대한 극심한 두려움, 무력감, 공포를 호소

3. 외상사건에 대한 불안감을 주는 반복적인 생각, 이미지, 자각을 경험

4. 악몽을 자주 꿈

5. 해리성 플래시백을 다시 체험

6. 외상사건을 연상시키는 내부적, 외부적 단서로 인해 두드러지는 심리적, 생리적 고통을 드러냄

7. 외상사건과 연관된 생각, 느낌, 논의를 의도적으로 피함

8. 외상사건에 대한 기억을 떠올리게 하는 활동, 장소, 사람 혹은 물건(장갑차 등)을 의도적으로 피함

9. 활동에 대한 흥미와 참여도가 크게 줆

10. 수면장애를 경험

11. 집중의 어려움과 죄책감을 호소

12. 과각성을 호소

13. 과장된 놀람 반응을 보임

14. 증상이 1개월 이상 지속됨

15. 사회적, 직업적, 혹은 다른 분야에서의 기능 손상

— . _____
_____
— . _____
_____
— . _____
_____

🎯 장기 목표

1. 사회 기능, 직업적 기능, 가족 기능에 부정적인 영향을 주는 외상과 관련된 증상을 없애거나 줄이기

2. 외상사건을 겪기 전의 심리적 기능 수준으로 돌아가기

3. 외상사건 관련 침습형 회상, 사건 회상 대상에 대한 회피, 강한 흥분 혹은 관계나 활동에 대한 무관심을 더 이상 경험하지 않기

4. 심리적, 생리적 고통 없이 외상사건에 대해 생각하거나 다른 사람들과 터놓고 상의하기

5. 외상사건을 연상시키는 사람, 장소, 활동, 물건 등을 회피하지 않기

— . _____
_____
— . _____
_____
— . _____
_____

📖 단기 목표

1. 외상후 스트레스 장애의 증상의 특성과 과거력을 불편하지 않을 정도까지 최대한 말하기(1, 2)

2. 심리검사에 협력하기(3)

3. 약물 사용을 확인하기(4, 5)

4. 자살 사고를 포함한 모든 우울증상을 말로 표현하기(6)

💬 치료적 중재

1. 치료적 동맹 구축을 위한 내담자와 라포를 형성하기

2. 내담자의 외상사건 관련 사실과 그 당시의 인지적, 정서적 반응을 조심스럽고 세심하게 탐색하기; 빈도, 강도, 지속기간, 내담자의 PTSD 증상 이력 및 기능에 주는 영향을 평가하기 [Jongsma의 저서 『성인 심리치료 과제 플래너(Adult Psychotherapy Homework Planner)』 중 '트라우마는 나에게 어떻게 영향을 미치는가(How the Trauma Affects Me)'를 참고하기]; 필요할 경우 반구조화된 평가도구[불안장애 인터뷰 스케줄-성인편(The Anxiety Disorders Interview Schedule-Adult Version)을 참고하기]를 사용해 보완하기

3. 내담자에게 PTSD 증상이나 동반질환을 측정하는 심리검사를 실시하거나 의뢰하기[MMPI-2; 사건충격척도 개정판(Impact of Events Scale-Revised); PTSD 증상 척도(PTSD Symptom Scale); 외상후 스트레스 진단 척도(Posttraumatic Stress Diagnostic Scale)]; 결과를 내담자와 논의하기; 치료의 진전을 평가하기 위해 권고에 따라 재검사하기

4. 현재 내담자에게 약물 남용과 의존이 존재하는지 평가하고 남용과 의존 정도를 측정하기

5. 좀 더 포괄적인 약물 사용 평가 및 치료를 위해 내담자를 다른 기관에 의뢰하기

6. 내담자의 우울의 깊이와 자살가능성을 평가하고 권고에 따라 필요한 안전 예방조치를 취하며 그 문제를 적절히 다루기(이 책의 '자살 사고' 챕터 참조)

5. DSM 진단과 관련된 구체적 특징, 치료의 효과, 치료적 관계의 특성에 대한 행동, 정서, 사고방식의 정보를 제공하기(7, 8, 9, 10)

▽ 6. 정신과 약물치료의 필요를 평가하기 위한 정신의학적 평가를 의뢰하기(11, 12)

7. '호소문제'에 대한 내담자의 통찰(자아동질적 대 자아이질적) 수준을 평가하기(예, '기술된 행동'의 문제성에 대한 좋은 통찰력을 보여 주고, 타인의 관점에 동의하며, 변화에 대한 동기부여가 되었는지, '기술된 문제'에 대해 양가성을 보이며, 문제를 문제로 제기하기를 꺼려하는지, '기술된 문제'를 인정하는 것에 저항하고, 관심이 없고, 변화에 대한 동기를 보이지 않는지)

8. 필요하다면, 자살에 대한 취약성(예, 우울증이 병존된 것이 명백할 때 자살의 위험성이 증가함)을 포함하여, 연구가 기반된 공존 장애(예, ADHD와 같이 오는 적대적 반항 행동, 불안장애 다음에 오는 우울장애)의 증거로 내담자를 평가하기

9. 내담자의 현재 정의된 '문제행동'을 설명하는 데 도움이 되는 나이, 성, 문화의 모든 사안과 내담자의 행동을 더 잘 이해하도록 해 주는 요소들을 평가하기

10. 적절한 수준의 치료를 결정하기 위해 내담자의 기능 손상의 심각 수준(예, 사회적, 관계적, 직업적 시도에 대해 경도, 중등도, 고도 또는 매우 고도의—경미한, 중간의 심각한, 매우 심각한—손상을 만든다고 알려진 행동)을 평가하기. 또한 치료의 효과성뿐 아니라 손상의 심각도를 지속적으로 평가하기(예, 내담자가 더 이상 심각한 손상은 보이지 않지만 현재의 호소문제는 경미하거나 중간수준의 손상을 야기한다.)

11. 내담자의 약물치료 필요성(예, 선택적 세로토닌 재흡수 억제제)을 평가하고, 필요한 경우 처방전 발행을 준비하기 ▽

▽ 7. PTSD에 대한 정확한 이해와 어떻게 그것이 생기는지를 언어로 설명하기(13)

▽ 8. PTSD의 치료 근거에 대한 이해를 언어로 설명하기(14, 15)

▽ 9. 진정 기법(calming skills)을 배우고 실행하기(16)

▽ 10. 트라우마를 다루고 그 영향력을 줄이기 위해 인지처리치료(Cognitive Processing Therapy)에 참여하기(17, 18, 19, 20)

12. 내담자가 약물치료 처방을 준수하는지와 내담자의 기능수준에 약물치료의 효과가 있는지를 점검(monitor)하고 평가하기 ▽

13. 트라우마에 대한 노출로 PTSD가 어떻게 발생하는지를 논의하기. 또한 PTSD가 침투적인 기억, 부적절한 공포, 불안 그리고 수치심, 분노, 죄책감과 같은 부정적 정서에 대한 취약성과 트라우마와 관련된 생각, 감정, 활동에 대한 회피를 어떻게 야기하는지 논의하기 ▽

14. 인지행동적 치료 접근법을 사용한 효과적인 PTSD 치료가 PTSD의 인지적, 정서적, 행동적 결과를 다루는 데 어떻게 도움이 되는지 내담자를 교육하기 ▽

15. 내담자에게 책이나 치료 매뉴얼에 있는 PTSD의 특징과 발생(development)을 설명하는 심리교육적 챕터(예, Smyth의 『외상후 스트레스 장애 극복하기(Overcoming Posttraumatic Stress Disorder)』와 Rothbaum, Foa와 Hembree의 『트라우마 경험으로부터 삶을 되찾기(Reclaiming Your Life from a Traumatic Experience)』를 읽으라고 과제로 내주기) ▽

16. 회기 중 그리고 회기 사이에 내담자가 감정이 지나치게 고통스러울 때 사용하기 위한 진정 기법[예, 호흡 재교육, 이완, 진정시키는 자기대화(self-talk)]을 가르치기 ▽

17. 내담자가 트라우마 사건의 의미에 대한 기술[즉, 영향 평가서(impact statement)]을 쓰고, 그 영향 평가서를 읽고 논의하라고 요청하는 것으로 시작하는 인지처리치료접근을 사용하기 [Resick, Monson과 Rizvi의 『외상후 스트레스 장

애(Posttraumatic Stress Disorder)』와 Resick과 Schnicke의 『성폭력 피해자를 위한 인지처리치료(Cognitive Processing Therapy for Rape Victims)』 참조] ▽

18. 내담자에게 트라우마와 연관된 생각, 행동, 정서 사이의 관계를 가르치기 ▽

19. 내담자에게 트라우마 사건을 상세하게 기술하고 회기 중에 『성인 심리치료 과제 플래너(Adult Psychotherapy Homework Planner)』에 있는 '고통스러운 기억 나누기(Share the Painful Memory)'를 과제로 내기. 또한 편향된 생각과 믿음에 의문을 제기하고 편향되지 않은 대안들을 탐색하도록 해 주는 인지치료 기법을 사용하고, 편향된 것에서 편향되지 않은 사고로 전환된 것이 분명해질 때까지 이 과정을 반복하기 ▽

20. 내담자에게 사건에 대한 기술을 다시 써 보되 지금의 새로운 생각과 믿음을 반영하여 쓰도록 하고, 새로운 믿음을 강화시키는 재구성된 사건의 버전을 논의하고, PSTD에 공통된 주제(예, 안전, 신뢰, 힘, 통제, 자존감, 친밀감)를 평가하고 다루어 보기 ▽

▽ 11. 트라우마로 인해 발생한 편향되고, 부정적이고 자기패배적인 생각을 확인하고 도전하고 바꾸는 데 도움이 되는 인지치료에 참여하기(21, 22, 23)

21. 인지치료 기법을 사용하여 트라우마의 결과로 나타난 자신, 타인 그리고 미래에 대한 내담자의 자기대화와 믿음을 탐색하기(예, 안전, 신뢰, 힘, 통제, 자존감, 친밀감의 주제들). 편견을 확인하고 도전하기. 편견을 수정하는 평가를 만들어 낼 수 있도록 돕기. 행동 실험을 통해 편향된 예측과 대안적 예측을 시험해 보기 ▽

22. 내담자에게 자동적 사고를 기록할 수 있는 일지작성[예, Jongsma의 저서 『성인 심리치료 과제 플래너(Adult Psychotherapy Homework Planner)』 중 '부정적인 생각이 부정적인 감정을 만들어 낸다(Negative Thoughts Trigger Negative Feelings)']을 과제로 내주기. 작성된 일지에서 왜곡된 사고 패턴을 현실에 기반한 사고로 바꾸도록 도전해 볼 수 있는 요소들과 행동실험을 해 볼 수 있을 만한 요소를 다루기 ▽

23. 내담자가 두려워하는 자기대화를 확인할 수 있는 활동 과제를 주기; 역기능적 사고에서 비롯된 예상을 행동실험을 통해 검증하기. 그리고 현실을 기반으로 한 대안을 만들어 보기. 해결해야 할 장애물이 있지만 긍정적인 변화를 유지하기 위해 성공을 리뷰하고 강화하기[Smyth의 『외상후 스트레스 장애 극복하기(Overcoming Posttraumatic Stress Disorder)』 참조] ▽

▽ 12. 트라우마와 관련된 두려움과 회피를 감소시키기 위한 장기 노출 치료에 참여하기(24, 25, 26, 27, 28)

24. 트라우마에 관련하여 두려워하거나 회피하는 자극의 위계 단계를 내담자가 직접 작성하도록 도와주기 ▽

25. 점진적 노출 방법을 통해 트라우마와 관련된 부정적인 장소, 상황, 물건에 내담자를 실제로 노출시키기 ▽

26. 내담자에게 노출하는 연습을 해 보고 반응을 기록하는 활동 과제를 주기[Jongsma의 저서 『성인 심리치료 과제 플래너(Adult Psychotherapy Homework Planner)』 중 '공포증의 공포의 점진적 감소(Gradually Reducing Your Phobic Fear)' 혹은 Smyth의 저서 『외상후 스트레스 장애 극복하

기(Overcoming Posttraumatic Stress Disorder)』를 참조]; 방해요소를 극복하는 과정을 리뷰하고 강화하기 ▽

27. 내담자가 정한 위계 수준에서 트라우마의 기억을 되돌리는 심상적 노출 기법을 사용하되, 노출 시간을 늘리기(예, 90분). 고통이 줄어들고 안정될 때까지 이후 회기에서 반복하기 [Foa, Hembree와 Rothbaum의 저서 『PTSD를 위한 장기노출치료(Prolonged Exposure Therapy for PTSD)』 혹은 Resick, Monson과 Rizvi의 저서 『외상후 스트레스 장애(Posttraumatic Stress Disorder)』를 참조] ▽

28. 내담자가 직접 트라우마의 기억에 스스로 노출해 보는 과제 주기 ▽

▽ 13. 트라우마와 관련된 도전적인 상황들을 다루는 개인적(personal) 기술을 배우고 시행해 보기(29)

29. 내담자에게 두려움에 대처하고, 회피를 극복하고, 일상의 적응을 늘리는 맞춤형(tailored) 기술(예, 진정하고 대처하기 기술)을 가르쳐 주기 위해 스트레스 면역 훈련 기법(Stress Inoculation Training)을 사용하기[예, 내현적 모델링(covert modeling)(즉, 전략을 성공적으로 사용한 것을 상상하기)], 역할극, 실행 연습(practice), 일반적 훈련[Meichenbaum의 저서 『외상후 스트레스 장애를 가진 성인을 평가하고 다루기 위한 임상적 핸드북/치료 전문가 매뉴얼(Clinical Handbook/Practical Therapist Manual for Assessing and Treating Adults with Posttraumatic Stress Disorder(PTSD))』 참조] ▽

▽ 14. 트라우마와 관련된 상황에 맞닥뜨리게 되었을 때 발생하는 사고, 감정, 충동 등을 다루기 위

30. 내담자의 부적응적 자기대화를 인지하고, 편견에 도전하고, 발생되는 감정을 다루며, 회피를 극복하고, 내담자의 성취를 강화하는

한 안내된 자기대화문(guided self-dialogue)을 배우고 시행해 보기(30)

▽ EBT 15. 트라우마의 사고, 감정, 심상에 대한 감정적 고통을 완화하기 위해 안구운동 민감 소실 재처리기법 (Eye Movement Desensitization and Reprocessing: EMDR) 치료에 참여하기(31)

16. 트라우마 사건의 영향을 감소시키기 위해 ACT 치료에 참여하기(32, 33, 34, 35)

법을 배울 수 있는 안내된 자기대화문을 가르치기. 진전된 부분과 해결된 문제들을 리뷰하고 강화하기 ▽ EBT

31. EMDR 치료를 통해 트라우마 사건과 관련된 내담자의 감정적 반응이나 PTSD 증상을 완화하기 ▽ EBT

32. PTSD에 대하여 내담자가 문제가 되는 생각(troubling thoughts)과 심상에 지나치게 영향을 받지 않으면서 그것들을 경험하고 받아들일 수 있게 되고 자신의 시간을 온전히 누릴 수 있도록 도와주고, 개인적으로 의미 있는 가치와 일치하는 활동에 시간과 노력을 기울일 수 있도록 도와주는 수용전념치료(ACT) 접근을 활용하기[Eifert, Forsyth와 Hayes의 저서 『불안장애를 위한 수용 전념 치료(Acceptance and Commitment Therapy for Anxiety Disorders)』 참조]

33. 내담자에게 PTSD와 관련된 부정적인 사고 과정을 인지하도록 도와주고, 현실에 근거하지 않은 정신 현상에 대해 반응하는 것이 알아차리게 됨과 동시에 현실에 근거한 생각과 심상, 충동을 받아들임으로써 내담자의 이러한 부정적 사고의 관계들을 변화시킬 수 있도록 도와주는 마음챙김 명상을 가르치기 [Zabat-Zinn의 오디오 CD 마음챙김 명상 안내 (Guided Mindfulness Meditation) 참조]

34. 내담자가 마음챙김 명상과 ACT를 일상생활에서 꾸준히 할 수 있도록 연습훈련을 과제로 내기

35. 마음챙김과 ACT와 관련하여 회기에서 했던 것을 보완하기 위해 내담자에게 읽기 과제를 내기[Follette와 Pistorello의 『트라우마 너머의 인생 찾기: 외상후 스트레스와 트라우마와 관련된 문제를 치유하기 위한 수용 전념 치료를 통하여(Finding Life Beyond Trauma: Using Acceptance and Commitment Therapy to Heal from Post-Traumatic Stress and Trauma-Related Problems)』 참조]

17. 분노 조절 기술을 실행하는 것이 필요함을 인정하기; 분노 관리 기술을 배우고 실행하기(36, 37)

36. 내담자가 기물파손 그리고/혹은 타인에게 상해를 입히는 협박이나 실제적인 폭행을 야기하는 미숙한 분노 관리의 경우인지 평가하기[또는 Jongsma의 『성인 심리치료 과제 플래너(Adult Psychotherapy Homework Planner)』 '분노 일지(Anger Journal)' 과제 내기]

37. 자기 공격과 내담자에게 분노 관리 기술 가르치기[이 책의 '분노 조절 문제' 챕터 참고]

18. 수치심과 자기비난(self-disparagement)을 다루기 위한 접근법을 배우고 실행하기(38)

38. 트라우마의 결과인 자기공격과 수치심을 확인하고, 이를 변화시킬 수 있도록 마음 훈련(Compassionate Mind Training) 사용하기(Gilbert와 Irons의 『Focused Therapies and Compassionate Mind Training for Shame and Self-Attacking』 참고)

19. 스트레스 완화 기법으로 규칙적인 운동요법 수행하기(39, 40)

39. 내담자를 위해 규칙적인 패턴의 신체 운동을 개발하고 수행하도록 격려하기

40. Leith의『더 나은 정신건강을 위해 나만의 방법을 연습하기(Exercising Your Way to Better Mental Health)』의 프로그램을 읽고 수행하도록 추천하기

20. 트라우마 꿈에 의해 방해받지 않고 수면하기(41)

41. 내담자의 수면 패턴을 관찰하고[또는 Jongsma의『성인 심리치료 과제 플래너(Adult Psychotherapy Homework Planner)』중 '수면 패턴 기록(Sleep Pattern Record)' 과제 내기] 수면을 돕기 위한 이완, 긍정적 상상, 행동 및 원칙(sleep hygiene)을 활용하도록 격려하기[이 책의 수면장애(Sleep Disturbance) 챕터 참고]

21. 공동회기 그리고/또는 가족 상담 회기 참석하기(42)

42. 내담자의 PTSD 증상으로 인한 상처를 치료하는 것을 가능하게 하기 위해 가족 그리고 공동회기 진행하기

22. PTSD에 초점 맞춘 집단 상담 회기 참여하기(43)

43. 다른 생존자들과 함께 외상적 사건과 그로 인한 결과들을 나누는 것을 강조하는 집단 상담에 내담자를 의뢰하거나 수행하기

23. 재발 방지에 대한 이해를 언어로 설명하기(44, 45, 46)

44. 내담자에게 재발 방지를 위해서 위험을 이야기하고 재발을 막기 위한 전략을 소개하는 이유를 제공하기

45. 발현은 일시적인 곤란과 관련짓고, 재발은 PTSD 특유의 생각, 감정, 행동의 지속적인 패턴으로의 복귀와 관련지음으로써, 발현과 재발의 차이 구별하기

46. 발현이 일어날지도 모르는 미래의 상황에 대한 조치를 내담자와 함께 확인하고 연습하기

24. PTSD의 재발을 막기 위한 전략들을 배우고 실행하기(47, 48, 49)

47. 회기에서 내담자에게 일상적으로 사용할 수 있는 전략(예, 지속적인 노출, 인지 재구조화, 문제해결)을 가능한 한 많이 그들의 삶 속에서 활용할 수 있도록 가르치기

48. 대처 전략과 다른 중요한 정보가 기록되어 있는 '대처 카드(coping card)' 혹은 '체크카드(reminder)' 만들기(예, 문제해결 단계, 긍정적인 대처 문구, 치료기간 동안 내담자를 도왔던 리마인더)

49. 내담자가 치료적 이득과 문제해결 과제들을 유지할 수 있도록 정기적인 유지 회기나 추수 회기 일정 잡기

진단 제안

DSM-IV/ICD-9-CM 사용

축 I:	309.81	외상후 스트레스 장애(Posttraumatic Stress Disorder)
	300.14	해리성 정체성 장애(Dissociative Identity Disorder)
	300.6	이인성 장애(Depersonalization Disorder)
	300.15	달리 분류되지 않는 해리성 장애(Dissociative Disorder NOS)
	995.54	소아 신체적 학대(피해자)(Physical Abuse of Child, Victim)
	995.81	성인 신체적 학대(피해자)(Physical Abuse of Adult, Victim)
	995.53	소아 성적 학대(피해자)(Sexual Abuse of Child, Victim)
	995.83	성인 성적 학대(피해자)(Sexual Abuse of Adult, Victim)
	308.3	급성 스트레스 장애(Acute Stress Disorder)
	304.80	복합물질 의존(사용장애)(Polysubstance Dependence)
	305.00	알코올 남용(Alcohol Abuse)
	303.90	알코올 의존(사용장애)(Alcohol Dependence)
	304.30	대마초 의존(사용장애)(Cannabis Dependence)
	304.20	코카인 의존(사용장애)(Cocaine Dependence)
	304.00	아편류 의존(사용장애)(Opioid Dependence)
	296.xx	주요우울장애(Major Depressive Disorder)
	_____	_____
	_____	_____
축 II:	301.83	경계성 성격장애(Borderline Personality Disorder)
	301.9	명시되지 않은 성격장애(Personality Disorder NOS)
	_____	_____
	_____	_____

DSM-5/ICD-9-CM/ICD-10-CM 사용

ICD-9-CM	ICD-10-CM	DSM-5 장애, 상태, 문제
309.81	F43.10	외상후 스트레스 장애(Posttraumatic Stress Disorder)
300.14	F44.81	해리성 정체성 장애(Dissociative Identity Disorder)
300.6	F48.1	이인증/비현실감 장애(Depersonalization/Derealization Disorder)
300.15	F44.89	달리 명시된 해리장애(Other Specified Dissociative Disorder)
300.15	F44.9	명시되지 않는 해리장애(Unspecified Dissociative Disorder)
995.54	T74.12XA	아동 신체적 학대, 확인됨, 초기 대면(Child Physical Abuse, Confirmed, Initial Encounter)
995.54	T74.12XD	아동 신체적 학대, 확인됨, 후속 대면(Child Physical Abuse, Confirmed, Subsequent Encounter)
995.81	T74.11XA	배우자나 동반자 신체적 폭력, 확인, 초기 대면(Spouse or Partner Violence, Physical, Confirmed, Initial Encounter)
995.81	T74.11XD	배우자나 동반자 신체적 폭력, 확인됨, 후속 대면(Spouse or Partner Violence, Physical, Confirmed, Subsequent Encounter)
995.53	T74.22XA	아동 성적 학대, 확인됨, 초기 대면(Child Sexual Abuse, Confirmed, Initial Encounter)
995.53	T74.22XD	아동 성적 학대, 확인됨, 후속 대면(Child Sexual Abuse, Confirmed, Subsequent Encounter)
995.83	T74.21XA	배우자나 동반자 성적 폭력, 확인됨, 초기 대면(Spouse or Partner Violence, Sexual, Confirmed, Initial Encounter)
995.83	T74.21XD	배우자나 동반자 성적 폭력, 확인됨, 후속 대면(Spouse or Partner Violence, Sexual, Confirmed, Subsequent Encounter)
995.83	T74.21XA	배우자나 동반자가 아닌 사람에 의한 성인 성적 학대, 확인됨, 초기 대면(Adult Sexual Abuse by Nonspouse or Nonpartner, Confirmed, Initial Encounter)
995.83	T74.21XD	배우자나 동반자가 아닌 사람에 의한 성인 성적 학대, 확인됨, 후속 대면(Adult Sexual Abuse by Nonspouse or Nonpartner, Confirmed, Subsequent Encounter)
308.3	F43.0	급성 스트레스 장애(Acute Stress Disorder)
305.00	F10.10	알코올 남용(Alcohol Use Disorder, Mild)

303.90	F10.20	알코올 의존증(Alcohol Use Disorder, Moderate or Severe)
304.30	F12.20	카나비노이드 의존증(Cannabis Use Disorder, Moderate or Severe)
304.20	F14.20	코카인 의존증(Cocaine Use Disorder, Moderate or Severe)
304.00	F11.20	아편 의존증(Opioid Use Disorder, Moderate or Severe)
296.xx	F32.x	주요우울장애, 단일 삽화(Major Depressive Disorder, Single Episode)
296.xx	F33.x	주요우울장애, 재발성 삽화(Major Depressive Disorder, Recurrent Episode)
301.83	F60.3	경계성 성격장애(Borderline Personality Disorder)
301.9	F60.9	명시되지 않은 성격장애(Unspecified Personality Disorder)

참고: ICD-9-CM 코드(규정, 규칙, 부호)는 미국에서 2014년 9월 30일까지 코딩(or 부호화) 목적으로 사용됩니다. ICD-10-CM 코드는 2014년 10월 1일부터 사용됩니다. 일부 ICD-9-CM 코드는 하나 이상의 ICD-10-CM 및 DSM-5 장애, 상태 또는 문제와 관련이 있습니다. 또한 일부 ICD-9-CM 장애분류가 중단되어 여러 개의 ICD-9-CM 코드가 하나의 ICD-10-CM 코드로 대체되었습니다. 일부 중단된 ICD-9-CM 코드는 이 표에 나열되지 않습니다. 자세한 내용은 『정신질환의 진단 및 통계 편람』(2013)을 참조하십시오.

The Complete Adult Psychotherapy Treatment Planner

정신증(Psychoticism)

📄 행동적 정의

1. 기괴한 생각을 말로 표현함(과대망상, 피해망상, 관계망상, 신체망상, 영향망상, 조종망상, 불륜망상)
2. 뒤죽박죽된 표현, 지리멸렬한 언어, 특정한 단어나 구의 반복, 주제의 빠른 전환을 포함하는 비정상적인 언어
3. 왜곡된 지각이나 환각을 나타냄(환청, 환시, 환촉, 환후)
4. 착란, 심각하게 목적이 없는 행동, 충동적인 행동, 반복 행동 등의 혼란스러운 행동을 나타냄
5. 극도의 불신, 공포, 걱정 등의 편집증적 생각과 반응을 보임
6. 환경에 대한 반응의 현저한 감소와 같은 신체증상의 비정상적 패턴이나 특이한 버릇 혹은 찡그림뿐만 아니라 혼미, 경직성, 흥분, 긴장된 자세, 부정적인 태도 등과 같은 긴장증적 패턴을 보임
7. 높은 수준의 과민 반응, 분노. 예측 불가능성, 충동적인 문제행동 표출(acting out)을 포함한 극단적인 동요를 보임
8. 기괴한 옷차림과 용모
9. 혼란스러운 정서 상태(무딘, 아예 없는, 과장된, 부적절한)
10. 대인관계에서 철수를 보임(외부 세계로부터 철수와 자기중심적인 사고와 환상, 소외감에

사로잡혀 있음)

— · _____

_____

— · _____

_____

— · _____

_____

🎯 장기 목표

1. 활성화된 정신병적 증상을 통제하거나 제거하여 기능 수준이 긍정적이고 약물치료가 일관되게 이루어지게 한다.
2. 급성, 반응성(reactive), 정신병적 증상을 제거하고 정상 기능으로 돌아간다.
3. 목표지향적 행동을 증가시킨다.
4. 현실에 기반한 사고에 초점을 맞춘다.
5. 언어적 표현방식을 정상화시킨다. 이를 위해서는 진술이 논리적이어야 하며, 대인관계에서 나타나는 단서에 주의를 기울이고, 대화 주제에 초점을 유지할 수 있어야 한다.
6. 방어나 분노 없이 타인과 상호작용한다.
7. 능동적이고 개인적으로 효과가 있는 회복 방식을 획득하고 유지한다.

— · _____

_____

— · _____

_____

— · _____

_____

🕐 단기 목표

1. 정신증적 증상의 과거력과 현재 상태에 대한 정보를 제공하기(1, 2)

2. 상태에 대한 이해 증진을 도울 심리검사를 받기(3)

3. 가족 구성원들로 하여금 상태(condition) 평가에 참여하도록 하기(4)

4. 신체적 건강에 대한 의사의 평가에 협조하기(5)

5. 정신병적 증상을 촉발시키는 계기가 되는 물질 남용을 밝히기(6, 7)

6. DSM 진단과 관련된 특징의 평가, 치료 효과, 치료적 관계의 특성에 대한 행동적, 정서적, 태도적 정보를 제공하기(8, 9, 10, 11)

👥 치료적 중재

1. 차분하고 보살피는 태도, 좋은 눈맞춤, 적극적인 청취를 통해 내담자를 수용하고 있음을 보여 주기; 평온하고 자신감 있고 개방적이고 직접적이나 진정시키는 방식으로 급성 정신병 내담자에게 접근하기(예, 천천히 내담자에게 접근하기, 개방적인 보디랭귀지로 내담자를 바라보며, 느리고 분명하게 이야기하기)

2. 현재 증상과 기능에 미쳤던 영향을 포함하는 정신병적 증상의 과거력을 평가하기

3. 내담자의 정신병적 증상의 정도와 심각도를 평가할 수 있는 심리 또는 신경심리 검사를 편성하기

4. 가족 구성원에게 내담자의 정신병적 행동의 과거력에 대하여 정보의 제공을 요청하기

5. 가능한 한 일반적인 의학적 병인이나 물질−관련 병인을 배제시키기 위해 내담자를 의학적 평가에 의뢰하기

6. 내담자가 약물, 알코올, 니코틴, 카페인을 포함하는 물질 사용을 중단하게 하는 데 초점을 맞춘 동기화 면접 접근법을 사용하기(이 책의 '물질 사용' 챕터 참조)

7. 내담자를 물질 남용 치료 프로그램에 의뢰하기

8. '호소문제'에 대한 내담자의 통찰 수준(자아동질적 대 자아이질적)을 평가하기(예, '기술된 행동'의 문제성에 대해 좋은 통찰력을 보여 주고, 타인의 관점에 동의하며, 변화에 대한 동기부여가 되었는지; '기술된 문제'에 대해 양가성을 보이며 문제를 문제로 제기하기를 꺼려하는지; 또는 '기술된

문제'를 인정하는 것에 저항하고, 관심이 없고, 변화에 대한 동기를 보이지 않는지)

9. 필요하다면, 자살취약성(예, 우울 동반이 분명한 경우 자살 위험 증가)을 포함한 연구 기반 공존 장애의 증거를 평가하기(예, ADHD를 동반한 적대적 반항장애, 불안장애를 동반한 우울증)

10. 내담자의 현재 정의되는 '문제행동'을 설명해 주는 데 도움이 되는 나이, 성, 문화와 관련된 문제와 내담자의 행동을 보다 잘 이해할 수 있는 요인들을 평가하기

11. 적절한 돌봄 수준을 결정하는 내담자의 기능 손상의 심각성을 평가하기(예, 사회적, 관계적, 직업적, 노력에서 경도, 중등도, 고도 또는 최고도 손상을 일으킨다고 알려진 행동); 치료의 효과성뿐만 아니라 손상의 심각성을 지속적으로 평가하기(예, 내담자는 더 이상 심각한 손상을 보이지는 않지만, 현재 문제는 경도 또는 중등도 손상을 초래하고 있다.)

▽ᴱᴮᵀ 7. 현재의 급성 정신병 증상(psychotic episode)을 안정화시키는 서비스(services)에 협조하기(12, 13, 14, 15)

12. 정신병적 증상과 향정신성 의약품의 처방과 관련하여 내담자를 정신과 의사에 의한 즉각적인 평가에 의뢰하기 ▽ᴱᴮᵀ

13. 내담자가 자신 혹은 타인을 위협하거나 자신의 기본적인 필요를 충족시키지 못하는 경우 자발적 또는 비자발적인 정신과적 입원을 중재하기 ▽ᴱᴮᵀ

14. 내담자가 안정적이고 보호받을 수 있는 상황에 있도록 준비하기[예, 성인가정위탁(AFC) 배치 혹은 친구/가족 구성원의 집] ▽ᴱᴮᵀ

15. 내담자가 지내는 환경(교도소, 개인 주택, 노숙자 쉼터, 거리 등)에서 이동식 위기 대응 서비

스(예, 신체 검사, 정신 감정, 치료약, 입원치료 대상자 확인을 위한 내담자 분류)를 조정하기 ▽EBT

8. 자살 위험 줄이기(16, 17)

16. 자살 진단을 내리고 필요한 모든 예방 조치를 취하기(이 책의 '자살 사고' 챕터 참조)

17. 위험물이 드러난다면, 총기나 과도한 약물과 같은 잠재적으로 위험한 물질을 제거하기

9. 친구, 동료 또는 가족으로부터 즉각적인 임시 지원이나 감독받기(18, 19)

18. 내담자에게 집중적으로 지원과 감독을 제공하기 위한 위기 계획을 수립하기

19. 24시간 전문 상담(예, 24시간 전문 인력 위기 전화)을 간병인과 내담자에게 제공하기

▽EBT 10. 지속적으로 정신과 약물을 복용함으로써 정신병적 증상의 감소를 보고하기(20, 21)

20. 내담자에게 정신과 약물의 사용과 기대되는 이득에 대해 교육하기; 처방된 약물을 꾸준히 복용하도록 격려하기(또는 Jongsma의 『성인 심리치료 과제 플래너(Adult Psychotherapy Homework Planner)』에서 '내가 약을 먹기 싫어하는 이유(Why I Dislike Taking My Medication)'를 숙제로 내주기) ▽EBT

21. 내담자의 약물 이행, 효과 및 부작용의 위험을 관찰하기(예, 자발성 안면 마비, 근육 경직, 긴장 이상, 체중 증가와 같은 대사 효과) ▽EBT

▽EBT 11. 모든 구성원의 삶의 질을 향상시키고 개인적인 회복을 촉진시키기 위해 고안된 치료에 가족 및/또는 중요한 다른 사람들과 함께 참여하기(22)

22. 정신병의 생물학적 특성, 약물 및 약물 복용의 필요성, 재발 위험 요소(예, 개인적, 대인관계적 요인), 효과적인 의사소통/문제해결/초기 삽화 중재/사회적 지지의 중요성을 강조하는 심리교육으로 가족 기반 중재를 수행하기[Fallon, Boyd와 McGill의 『정신분열증에 대한 가족 돌봄(Family Care of Schizophrenia)』을 참고하기] ▽EBT

▽EBT 12. 가족 및/또는 중요한 다른 사람

23. 가족들의 고통을 일으키는 혐오적 의사소통

들과 효과적인 의사소통 기술을 배우고 실행하기(23, 24)

▽ 13. 새롭게 생기는 문제를 해결하기 위해 가족 및/또는 중요한 다른 사람들과 함께 문제해결 기술을 실행하기(25, 26)

▽ 14. 새롭게 습득한 개인적 기술과 대인관계 기술을 회기 사이에 연습하기(27)

(예, 높은 감정 표현)의 역할과 내담자의 재발 위험과 관련해 내담자와 가족을 평가하고 교육하기; 사회적 지지의 긍정적인 역할을 강조하기 ▽

24. 가족 구성원에게 의사소통 기술을 가르치기 위해 인지 행동 기법(교육, 모델링, 역할극, 수정 피드백 및 긍정적 강화)을 사용하기(예, 긍정적 피드백 제공, 적극적 경청, 다른 사람들에게 행동 변화를 긍정적으로 요청, 그리고 정직하고 공손한 방식으로 건설적인 피드백을 제공하는 것) ▽

25. 내담자와 가족이 문제해결 기술로 해결할 수 있는 갈등을 식별하는 데 도움을 주기 ▽

26. 인지 행동 기법(교육, 모델링, 역할극, 수정 피드백, 긍정적 강화)을 사용하여 내담자와 가족에게 문제해결 기술을 가르치기(즉, 건설적이고 구체적으로 문제를 정의하기; 해결 옵션들을 브레인스토밍하기; 옵션들의 장단점 평가하기; 옵션 선택 및 계획 실행하기; 결과 평가하기; 계획 조정하기) ▽

27. 내담자와 가족에게 새롭게 습득한 의사소통과 문제해결 기술을 사용하게 하고, 사용을 기록하도록 숙제 내주기; 효과적인 사용을 위해 회기 동안 결과를 정리하기; 장애물 해결하기; Jongsma의 『성인 심리치료 과제 플래너(Adult Psychotherapy Homework Planner)』에서 '행동 전 계획(Plan Before Acting)' 또는 '문제해결: 충동적인 행동에 대한 대안(Problem-Solving: An Alternative to Impulsive Action)'을 숙제로 내주기; 회기 동안 결과를 정리하기 ▽

15. 정신병적 증상이 재발할 경우 가족 재발 예방 및 관리 계획을 수립하고 참여하기(28)

28. 내담자와 가족이 각각의 역할과 책임을 상세히 설명하는 '재발 방지훈련'을 작성할 수 있도록 지원하기(예, 누가 잠재적으로 발생할 수 있는 재발을 해결하기 위한 가족회의를 소집할 것인가; 필요하다면 누가 내담자의 담당의에게 전화를 하고, 혈청 농도를 측정하거나 긴급 구조대에 연락할 것인가); 장애물을 해결하고 그 계획을 준수하겠다는 약속을 지키기 위해 노력하기 ▽

16. 다른 가족들과 함께 심리교육 프로그램에 참여하기(29)

29. 그 가족을 다른 가족들과 함께하는 심리교육 프로그램에 맡기기[McFarland의 『심각한 정신병적 장애의 치료 속 다양한 가족 집단(Multifamily Groups in the Treatment of Severe Psychiatric Disorders)』를 참고하기] ▽

17. 정신병적 증상의 내부적, 환경적 유발 요인을 확인하기(30)

30. 내담자가 증상 악화와 관련된 특정 행동, 상황, 생각 및 기분을 식별할 수 있도록 도와주기 ▽

18. 증상에 대한 최근의 반응과 그 반응이 자신과 다른 사람들에게 미치는 영향을 확인하기(31, 32)

31. 내담자가 정신증적 증상의 결과와 더불어 자신의 정서적, 행동적 반응들을 파악하여 이들 반응에 대한 이해를 높이고 그 반응들이 적응적으로 또는 부적응적으로 기능하는 데 어떻게 영향을 미치는지 이해하도록 돕기 ▽

32. 내담자가 정신증적 증상에 대처하는 방식으로 사용하는 적응적, 부적응적 전략에 대해 평가하기 ▽

19. 개인의 기능과 이후의 정신증 삽화에 대한 저항력을 높일 수 있는 기술을 배우고 실행하기(33, 34, 35)

33. 인지행동전략을 조정하여 내담자가 정신병적인 인지를 재구조화하고, 효과적인 개인적, 대인관계적 기술을 습득하며, 정신증적 증상을 관리할 수 있는 대처전략과 보상전략을 개발할 수 있도록 돕기 ▽

34. 내담자가 자신의 환각, 환각의 빈도, 강렬함의 정도, 환각의 의미에 대해 이야기하도록 허용하거나 독려함으로써 환각에 대한 두려움을 둔감화시키기[또는 Jongsma가 저술한 『성인 심리치료 과제 플래너(Adult Psychotherapy Homework Planner)』의 '당신이 보고 듣는 것은 무엇인가?(What do You Hear and See?)'를 과제로 내주기]; 현실의 대안적 세계관을 제공하기 ▽

35. 정신증적 증상을 관리할 수 있는 대처 및 보상 전략을 내담자에게 가르치기 위해서 교육, 모델링, 역할놀이, 강화 및 기타 인지행동 전략을 사용하기 ▽

▽ 20. 회복을 방해하는 자기대화와 신념을 확인하고 바꾸기(36, 37)

36. 망상적 사고를 만들어 내는 편향된 자기대화와 신념들을 살펴보기 위해 인지치료기법을 사용하기; 내담자가 편향된 신념을 확인하고, 그에 도전하며, 편견을 바꾸는 대안적인 평가를 하며, 자신감을 회복하고 적응력을 향상시키도록 돕기 ▽

37. 편향된 자기대화를 확인하고 현실에 기반한 대안을 찾아내고 그것을 경험을 통해 실험해 볼 수 있는 연습과제 부여하기; 성공경험을 되돌아보고 강화하며 지속적이고 긍정적인 변화를 촉진하기 위해 교정적 피드백을 제공하기[혹은 Jongsma가 저술한 『성인 심리치료 과제 플래너(Adult Psychotherapy Homework Planner)』의 '자기패배적 생각을 대체하는 일지 작성하기(Journal and Replace Self-Defeating Thoughts)'를 과제로 내주기] ▽

🔻 21. 새롭고 향상된 사회적 기술을 배울 필요성을 이해하고 있음을 언어로 설명하기(38)

🔻 22. 효과적인 사회성을 향상시키는 데 초점을 둔 집단심리치료 혹은 개인심리치료에 참여하기(39)

🔻 23. 상담자가 추천한 사회적기술 훈련에 대한 책이나 매뉴얼 읽기(40)

🔻 24. 심리치료 과정에서 배운 기술을 연습하고 강화시키기(41)

🔻 25. 인지적 과제(mental tasks)를 연습하고 정신적, 정서정, 사회적 기능을 향상시키기 위한 전략을 배우기 위해 심리치료 과정에 참여하기(42)

38. 향상된 사회적 상호작용의 이점과 부적응적 사회적 행동의 감소로 인한 이점을 포함하는 사회적 기술 훈련의 이유에 대해 알려 주기 🔻

39. 사회적 관계를 형성하고 유지할 수 있는 능력을 향상시킬 수 있는 사회적 기술(예, 대화, 자기주장, 갈등해결)을 가르쳐 주기 위해 내담자에게 인지행동전략(예, 교육, 모델링, 역할놀이, 연습, 강화, 일반화)을 사용하는 개인 혹은 집단 사회기술 훈련을 제공하거나 내담자를 이에 의뢰하기[혹은 Jongsma가 저술한 『성인 심리치료 과제 플래너(Adult Psychotherapy Homework Planner)』의 '사회적 상황에서 편안함을 회복하기(Restoring Socialization Comfort)'를 과제로 내주기] 🔻

40. 상담자의 치료적 기술과 일치하는 책이나 치료 매뉴얼에 제시된 읽기과제를 사용하여 내담자가 그것을 습득하도록 돕기 🔻

41. 회기 중과 회기와 회기 사이에 새로운 기술을 연습하고 현실검증을 하고 부적응적 신념에 도전할 수 있는 과제를 부여하기. 적응적인 기능과 증상 관리에 대한 새로운 접근을 익히게 하기; 검토하기; 긍정적 변화를 강화하기; 내담자가 기술을 완전히 습득하는 데 걸림돌이 되는 것을 해결하기 🔻

42. 인지기능을 회복시키기 위한 인지적 과제 혹은 전략훈련을 내담자에게 반복적으로 연습하도록 하는 인지교정/신경인지치료프로그램을 제공하거나 이에 의뢰하기; 인지장애를 위한 보상전략을 가르치고 인지적, 정서적, 사회적 기능을 향상시키기[Wykes와 Reeder

가 저술한 『조현병을 위한 인지치료(Cognitive Remediation Therapy)』를 보라.]

— · ———————————— ———————— — · ————————————
——————————————————— ———————————————————
— · ———————————— ———————— — · ————————————
——————————————————— ———————————————————
— · ———————————— ———————— — · ————————————
——————————————————— ———————————————————

진단 제안

DSM-IV/ICD-9-CM 사용

축 I:		
	297.1	망상장애(Delusional Disorder)
	298.8	단기 정신병적 장애(Brief Psychotic Disorder)
	295.xx	조현병(Schizophrenia)
	295.30	조현정동장애, 양극형(Schizophrenia, Paranoid Type)
	295.70	조현정동장애, 우울형(Schizoaffective Disorder)
	295.40	조현양상장애(Schizophreniform Disorder)
	296.xx	제I형 양극성 장애(Bipolar I Disorder)
	296.89	제II형 양극성 장애(Bipolar II Disorder)
	296.xx	주요우울장애(Major Depressive Disorder)
	310.1	다른 의학적 상태로 인한 성격변화(Personality Change Due to Axis III Disorder)
	———	———————————————————
	———	———————————————————

DSM-5/ICD-9-CM/ICD-10-CM 사용

ICD-9-CM	ICD-10-CM	DSM-5 장애, 상태, 문제
297.1	F22	망상장애(Delusional Disorder)
298.8	F23	단기 정신병적 장애(Brief Psychotic Disorder)
295.30	F20.9	조현병(Schizophrenia)
295.70	F25.0	조현정동장애, 양극형(Schizoaffective Disorder, Bipolar Type)
295.70	F25.1	조현정동장애, 우울형(Schizoaffective Disorder, Depressive Type)
295.40	F20.40	조현양상장애(Schizophreniform Disorder)
296.xx	F31.xx	제I형 양극성 장애(Bipolar I Disorder)
296.89	F31.81	제II형 양극성 장애(Bipolar II Disorder)
296.xx	F32.x	주요우울장애, 단일삽화(Major Depressive Disorder, Single Episode)
296.xx	F33.x	주요우울장애, 재발성 삽화(Major Depressive Disorder, Recurrent Episode)
310.1	F07.0	다른 의학적 상태로 인한 성격 변화(Personality Change Due to Another Medical Condition)
298.8	F28	달리 명시된 조현병 스펙트럼 및 기타 정신병적 장애(Other Specified Schizophrenia Spectrum and Other Psychotic Disorder)
298.9	F29	명시되지 않은 조현병 스펙트럼 및 기타 정신병적 장애(Unspecified Schizophrenia Spectrum and Other Psychotic Disorder)

참고: ICD-9-CM 코드(규정, 규칙, 부호)는 미국에서 2014년 9월 30일까지 코딩(or 부호화) 목적으로 사용됩니다. ICD-10-CM 코드는 2014년 10월 1일부터 사용됩니다. 일부 ICD-9-CM 코드는 하나 이상의 ICD-10-CM 및 DSM-5 장애, 상태 또는 문제와 관련이 있습니다. 또한 일부 ICD-9-CM 장애분류가 중단되어 여러 개의 ICD-9-CM 코드가 하나의 ICD-10-CM 코드로 대체되었습니다. 일부 중단된 ICD-9-CM 코드는 이 표에 나열되지 않습니다. 자세한 내용은 『정신질환의 진단 및 통계 편람』(2013)을 참조하십시오.

성폭력 피해자(Sexual Abuse Victim)

📄 행동적 정의

1. 중요한 타자(가족, 친지 등)가 보고할 수 있는 어린 시절의 부적절한 성적 접촉에 대한 희미한 기억들
2. 명확하고 구체적인 성폭력 기억에 대한 자기보고
3. 어린 시절 회상의 불가능
4. 타인과 친밀해지는 것에 대한 극심한 어려움
5. 원하는 파트너와의 성적 접촉을 즐기는 것의 어려움
6. 가까운 가족, 친척과의 접촉에 대한 설명할 수 없는 분노, 화, 공포
7. 관계에서의 만성적으로 나타나는 난잡한 성행위, 관계의 성애화(sexualization)

—. _____
   _____

—. _____
   _____

—. _____
   _____

🎯 장기 목표

1. 관계의 친밀감을 높임으로써 성적 학대 문제를 해결하기
2. 적절한 성관계를 통해 즐거움을 가짐으로써 성적 학대로부터의 치유과정을 시작하기
3. 사후 이해와 감정의 통제를 기반으로 성적 학대 이슈를 성공적으로 작업하기
4. 관계에서의 부적절한 성애화(sexualization) 없이 성적 학대를 인정하고 받아들이기
5. 성적 학대가 정말 있었는지 없었는지 확인하기
6. 성적 학대의 희생자로부터 벗어나 성적 학대의 생존자로 변화하기

—. _____
  _____

—. _____
  _____

—. _____
  _____

🕐 단기 목표

1. 학대의 내용, 지속기간, 빈도를 말하기(1, 2, 3)

2. 성적 학대로부터 비롯된 감정적 문제를 드러내기(4)

👥 치료적 중재

1. 내담자가 감정을 확인하고 표현하는 능력을 키울 수 있도록 개인 상담회기에서 지속적인 눈맞춤, 무조건적인 긍정적 관심, 따뜻한 수용을 통해 내담자와의 신뢰를 쌓기

2. 자세한 내용에 대한 압박은 하지 말되 내담자의 성적 학대 경험을 부드럽게 탐색하기

3. 내담자에게 자신이 자란 집의 구조(diagram of the house)를 그리고, 모두가 잤던 곳까지 완성하도록 하기

4. 성적 학대로부터 파생된 내담자의 심리적 문제를 평가하기; 내담자의 성적 학대 경험이 현재 임상적 증상(예, PTSD, 우울)을 나타내고 있

3. 성적 학대의 치료에 도움이 되거나 방해가 될 수 있는 약물 사용력을 드러내기(5)

4. DSM 진단과 관련된 구체적 특징, 치료의 효과, 치료적 관계의 특성에 대한 행동, 정서, 사고방식의 정보를 제공하기(6, 7, 8, 9)

다면, 해당 장애에 대한 증거기반의 개입을 실시하기(예, 이 책의 '외상후 스트레스 장애'나 '단극성 우울' 챕터 참조)

5. 물질 남용 평가를 준비하고 평가결과에 따라 내담자가 치료를 받도록 의뢰하기(이 책의 '물질 사용' 챕터 참조)

6. '호소문제'에 대한 내담자의 통찰(자아동질적 대 자아이질적) 수준을 평가하기(예, '기술된 행동'의 문제성에 대한 좋은 통찰력을 보여 주고, 타인의 관점에 동의하며, 변화에 대한 동기부여가 되었는지, '기술된 문제'에 대해 양가성을 보이며, 문제를 문제로 제기하기를 꺼려하는지, '기술된 문제'를 인정하는 것에 저항하고, 관심이 없고, 변화에 대한 동기를 보이지 않는지)

7. 필요하다면, 자살취약성(예, 우울 동반이 분명한 경우 자살 위험 증가)을 포함한 연구 기반 공존 장애의 증거를 평가하기(예, ADHD를 동반한 적대적 반항장애, 불안장애를 동반한 우울증)

8. 내담자의 현재 정의되는 '문제행동'을 설명해 주는 데 도움이 되는 나이, 성, 문화와 관련된 문제와 내담자의 행동을 보다 잘 이해할 수 있는 요인들을 평가하기

9. 적절한 돌봄 수준을 결정하는 내담자의 기능 손상의 심각성을 평가하기(예, 사회적, 관계적, 직업적, 노력에서 경도, 중등도, 고도 또는 최고도 손상을 일으킨다고 알려진 행동); 치료의 효과성 뿐만 아니라 손상의 심각성을 지속적으로 평가하기(예, 내담자는 더 이상 심각한 손상을 보이지는 않지만, 현재 문제는 경도 또는 중등도 손상을 초래하고 있다.)

5. 내담자의 문제를 해결하는 과정에서 도움이 될 수 있는 중요 인물들의 지지체계를 확인하기(10, 11)

6. 성적 학대와 그 영향에 대해 깊어진 이해를 언어로 설명하기(12, 13)

7. 학대와 연결된 감정들을 확인하고 표현하기(14, 15)

8. 성적 학대를 하지 않은 핵심 가족 구성원들에게 학대 경험에 관하여 알려줌으로써, 가족 내의 비밀을 감소시키기(16, 17, 18)

10. 내담자가 자신을 긍정적으로 봐줄 수 있는 사람들을 발견할 수 있도록 돕고 그들에게 도움을 요청할 수 있도록 격려하기

11. 내담자가 성적 학대를 경험한 사람들의 지지집단에 참석할 수 있도록 격려하기

12. 내담자가 성적 학대에 대한 자료를 읽고 핵심개념을 이해할 수 있도록 하기[예, Bass와 Davis의 저서 『아주 특별한 용기(The Courage to Heal)』; Forward와 Buck의 저서 『무죄의 배신(Betrayal of Innocence)』; Gil의 저서 『고통에서 벗어나기(Outgrowing the Pain)』; Rothbaum과 Foa의 저서 『강간 이후 인생을 되찾기: 외상후 스트레스 장애 내담자를 위한 인지행동치료 워크북(Reclaiming Your Life After Rape: Cognitive Behavioral Therapy for Posttraumatic Stress Disorder-Client Workbook)』]

13. Copeland와 Harris의 저서 『Healing the Trauma of Abuse: A Women's Workbook』에 적힌 활동을 과제로 내고 다루기

14. 내담자가 학대와 관련된 감정들을 언어로 표현하고 명료화하도록 탐색, 격려, 지지하기

15. 내담자가 본인에게 책임이 있는 것처럼 부끄러움과 수치심을 느끼지 않고 학대 경험에 대해 개방적인 태도로 말할 수 있도록 격려하기

16. 내담자를 빈 의자 대화 활동으로 안내함으로써, 성적 학대와 관련된 핵심 인물들(예, 가해자, 형제자매, 부모)에게 성적 학대와 그 영향에 대해 이야기하도록 하기

17. 공동 회기를 통해 내담자가 배우자에게 성적 학대에 관하여 이야기하도록 하기

9. 성적 학대 경험이 경계가 붕괴된 가족관계 패턴의 일부로 나타나는 현상임을 설명하기(19)

10. 성적 학대가 어떤 방식으로 삶에 영향을 미쳐 왔는지 언어로 표현하기 (20, 21)

11. 성적 학대의 기억을 명확히 하기(22, 23)

12. 수치심에 대한 표현, 학대에 대한 책임이 있다는 표현, 자신을 피해자로 보는 표현을 감소시키기. 이와 함께,

18. 내담자가 부모에게 성적 학대 경험을 밝히는 것을 도와줌으로써, 내담자가 포함된 가족회기를 촉진하기

19. 내담자와 함께 가계도를 완성하고, 신체 접촉이나 언어적 암시를 통해 성(性)과 친밀감의 경계가 붕괴된 핵심 가족관계 패턴을 밝혀내도록 돕기

20. 내담자에게 성적 학대가 어떤 방식으로 삶에 영향을 미쳐 왔는지 나열하도록 요청하기; 나열된 내용을 다루기

21. 내담자와 함께 성적 학대와 관련된 증상을 나열하기

22. 최면을 의뢰하거나 직접 실시함으로써, 성적 학대의 특징과 심각도에 관하여 보다 많은 것을 알아내거나 보다 명확히 하기

23. 내담자에게 일지를 쓰거나 해당 사건에 관하여 말하고 생각하게 함으로써[또는 Jongsma의 저서 『성인 심리치료 과제 플래너(Adult Psychotherapy Homework Planner)』에 있는 '학대 장소 그리기(Picturing the Place of the Abuse)'나 '외상 묘사하기(Describe the Trauma)'를 하도록 함으로써], 내담자가 성적 학대에 관한 세부 사항을 더 잘 회상하도록 촉진하기. 이때 내담자가 책이나 영상, 드라마에 기초하여 사실을 꾸며내지 않도록 주의해야 한다. 또한 내담자가 상담가의 추측을 인정하도록 유도하지 않기 위해 매우 조심해야 한다.

24. 수치심을 극복하는 것에 관한 글을 읽는 과제를 내기(예, Bradshaw의 저서 『당신을 묶는 수치심 치유하기(Healing the Shame That Binds

개인적 임파워먼트(empowerment)를 반영하는 표현은 증가시키기(24, 25, 26, 27)

You)』; Fossum과 Mason의 저서 『수치심 마주하기(Facing Shame)』; 핵심 개념들을 다루기

25. 육체적 쾌락, 정서적 만족, 또는 해당 사건에 대한 책임감과 관련된 모든 죄책감을 확인하고, 표현하고, 처리하도록 내담자를 격려하고, 지지하고, 도와주기

26. 성적 학대에 책임을 지려고 하거나 내담자 자신을 피해자라고 가리키는 모든 관련 표현을 직면하고 다루기; 해당 문제들을 다룸으로써 내담자가 스스로에게 힘이 있음을 느끼고 성적 학대 경험을 떠나보낼 수 있도록 돕기

27. '피해자 되기 대 생존자 되기' 또는 '현 상태를 견디기 대 용서하기'에서 각각의 이득과 손실을 따져 보는 활동 과제(Burns의 저서 『Ten Days to Self-Esteem!』을 참고하기)나 그와 비슷한 다른 과제를 수행하게 하기; 이후에 수행의 결과를 다루기

13. 성적 학대에 관련된 모든 사람들을 용서할 수 있는 것으로부터 얻어지는 긍정적인 이득을 확인하기(28, 29, 30)

28. Wallas의 저서 『제3의 귀에 대한 이야기(Stories for the Third Ear)』에 실린 'The Seedling(어린 시절 성적 학대를 받은 내담자를 위한 이야기)'라는 이야기를 읽고 다루기

29. 성적 학대에 책임이 있는 사람들을 용서함으로써 얻어지는 이득을 알아볼 수 없게 내담자를 막고 있는 장애물들을 제거하도록 도와주기

30. 내담자에게 Smedes의 저서 『용서의 기술(Forgive and Forget)』을 읽도록 추천하기; 책을 다 읽고 나서 해당 책의 내용을 다루기

14. 가해자에 대해 또는 가해자에 관해 내담자가 갖고 있는 감정들을 표현

31. 성적 학대의 가해자에게 분노에 찬 편지를 쓰는 과제를 내기; 회기 내에 편지에 대해 다루기

하기. 단, 성적 학대가 일어난 당시와 현재 시점 모두에 해당 사건이 끼친 영향을 포함하기(31, 32, 33)

15. 자신과 가해자, 학대와 관련된 다른 사람들에 대한 용서의 수준을 높이기(34)

16. 타인에 대한 신뢰 수준을 증가시키기. 이는 사회화 능력이 나아지는 것과 친밀감을 받아들이는 능력이 향상되는 것으로부터 확인될 수 있음(35, 36)

17. 타인과 적절한 신체 접촉을 수용하고 시도하는 능력이 향상되었음을 보고하기(37, 38)

32. 학대 사건에 관해 올라오는 감정을 다루고 역할극을 통해 가해자와의 면대면 만남을 연기함으로써, 성적 학대 가해자와의 면대면 만남을 준비시키기

33. 공동회기를 마련하여 내담자가 학대 가해자와 대면하도록 하기; 이후에는 해당 경험과 관련된 내담자의 감정과 생각을 다루기

34. 내담자에게 용서 편지 쓰기 과제 또는 용서 활동 과제를 내기[또는 Jongsma의 저서 『성인 심리치료 과제 플래너(Adult Psychotherapy Homework Planner)』 안에 있는 '가해자에게 보내는 비난하는 편지와 용서하는 편지(A Blaming Letter and a Forgiving Letter to Perpetrator)'를 과제로 내기]; 각각의 과제 수행 결과를 치료자와 함께 다루기

35. 관계에서 신뢰를 구축하기 위해 '공유하고 확인하기 방법(share-check method)'을 가르치기(즉, 자신의 작은 부분만을 상대에게 공유한 다음, 공유된 정보가 상대에게 정중하고, 친절하고, 신뢰롭게 다루어지는지 확인하기; 상대가 믿을 만하다는 증거가 확인되면, 더 자유롭게 공유하기)

36. 역할놀이와 모델링을 사용하여 내담자에게 너무 엉성하지도 너무 엄격하지도 않은 합리적인 개인적 경계를 어떻게 세울지 가르치기

37. 내담자가 적절한 신체 접촉을 주고받도록 격려하기; 내담자가 무엇이 적절한지 정의하도록 조력하기

38. 내담자가 일주일에 1~2번 친밀하고 적절한 신체 접촉 또는 접촉 행위를 연습할 수 있도록 요청하기(예, 배우자 등 쓰다듬기, 전문 마사

지 받기, 친구 끌어안기 등)

18. 자신이 성적 학대의 생존자라고 말로 인정하도록 하기(39, 40)

39. 내담자로 하여금 스스로를 피해자가 아닌 생존자로 바라볼 수 있도록 강화하고 그와 같이 행동할 수 있도록 장애물을 제거하기[또는 Jongsma가 쓴 『성인 심리치료 과제 플래너(Adult Psychotherapy Homework Planner)』의 '피해자에서 생존자로 변화하기(Changing from Victim to Survivor)'를 숙제로 내기]

40. 내담자가 스스로를 생존자로 표현할 때 긍정적 언어 강화를 주기

___ . _____   ___ . _____
    _____   _____
___ . _____   ___ . _____
    _____   _____
___ . _____   ___ . _____
    _____   _____

📝 진단 제안

DSM-IV/ICD-9-CM 사용

축 I :	303.90	알코올 의존(사용장애)(Alcohol Dependence)
	304.80	복합물질 의존(사용장애)(Polysubstance Dependence)
	300.4	기분부전장애(Dysthymic Disorder)
	296.XX	주요우울장애(Major Depressive Disorder)
	300.02	일반 불안장애(Generalized Anxiety Disorder)
	300.14	해리성 정체성 장애(Dissociative Identity Disorder)
	300.15	달리 세분되지 않는 해리성 장애(Dissociative Disorder NOS)
	995.53	아동 성학대(Sexual Abuse of Child, Victim)
	995.83	성인 성학대(Sexual Abuse of Adult, Victim)
	_____	_____
	_____	_____
축 II :	301.82	회피성 성격장애(Avoidant Personality Disorder)
	301.6	의존성 성격장애(Dependent Personality Disorder)
	_____	_____
	_____	_____

DSM-5/ICD-9-CM/ICD-10-CM 사용

ICD-9-CM	ICD-10-CM	DSM-5 장애, 상태, 문제
303.90	F10.20	알코올남용장애, 중등도 또는 중도 지속적 우울장애(Alcohol Use Disorder, Moderate or Severe)
300.4	F34.1	지속성 우울장애(기분저하증)(Persistent Depressive Disorder)
296.XX	F32.X	주요우울장애(단회 삽화)(Major Depressive Disorder, Single Episode)
296.XX	F33.X	주요우울장애(반복 삽화)(Major Depressive Disorder, Recurrent Episode)
300.02	F41.1	범불안장애(Generalized Anxiety Disorder)
300.14	F44.81	해리성 정체성 장애(Dissociative Identity Disorder)
300.15	F44.89	달리 세분화되지 않은 장애(Other Specified Dissociative Disorder)
300.15	F44.9	확인되지 않는 해리성 장애(Unspecified Dissociative Disorder)
995.53	T74.22XA	아동 성학대(확인됨, 초기 대면)(Child Sexual Abuse, Confirmed, Initial Encounter)
995.53	T74.22XD	아동 성학대(확인됨, 후기 대면)(Child Sexual Abuse, Confirmed, Subsequent Encounter)
995.83	T74.21XA	배우자 또는 파트너에 의한 성폭력(확인됨, 초기 대면)(Spouse or Partner Violence, Sexual, Confirmed, Initial Encounter)
995.83	T74.21XD	배우자 또는 파트너에 의한 성폭력(확인됨, 후기 대면)(Spouse or Partner Violence, Sexual, Confirmed, Subsequent Encounter)
995.83	T74.21XA	성인 성학대(파트너 외의 사람에 의한 경우)(확인됨, 초기 대면)(Adult Sexual Abuse by Nonspouse or Nonpartner, Confirmed, Initial Encounter)
995.83	T74.21XD	성인 성학대(파트너 외의 사람에 의한 경우)(확인됨, 후기 대면)(Adult Sexual Abuse by Nonspouse or Nonpartner, Confirmed, Subsequent Encounter)
301.82	F60.6	회피성 성격장애(Avoidant Personality Disorder)
301.6	F60.7	의존성 성격장애(Dependent Personality Disorder)

참고: ICD-9-CM 코드(규정, 규칙, 부호)는 미국에서 2014년 9월 30일까지 코딩(or 부호화) 목적으로 사용됩니다. ICD-10-CM 코드는 2014년 10월 1일부터 사용됩니다. 일부 ICD-9-CM 코드는 하나 이상의 ICD-10-CM 및 DSM-5 장애, 상태 또는 문제와 관련이 있습니다. 또한 일부 ICD-9-CM 장애분류가 중단되어 여러 개의 ICD-9-CM 코드가 하나의 ICD-10-CM 코드로 대체되었습니다. 일부 중단된 ICD-9-CM 코드는 이 표에 나열되지 않습니다. 자세한 내용은 『정신질환의 진단 및 통계 편람』(2013)을 참조하십시오.

The Complete Adult Psychotherapy Treatment Planner

성 정체감 혼란(Sexual Identity Confusion)[1]

📄 행동적 정의

1. 기본적인 성적 지향에 대한 불확실성
2. 낮은 성적 흥분으로 이성 파트너와 성행위을 즐기기 어려움
3. 동성 파트너에 대한 성적 환상과 욕망으로 인해 유발되는 정신적 고통
4. 동성과의 성행위로 인해 유발되는 혼란, 죄책감, 불안
5. 우울한 기분, 일상 활동에 대한 흥미 저하
6. 성적 지향에 대한 불확실성으로 인한 부부갈등
7. 죄책감, 수치심, 그리고/혹은 무가치함에 대한 감정
8. 중요한 타자(예, 친구, 가족, 배우자)에게 성 정체성을 숨기기

— · _____

  _____

— · _____

  _____

---

1) 이 장 대부분의 내용(약간의 수정 포함)은 J. M. Evosevich와 M. Avriette의 『게이와 레즈비언 심리치료 플래너(The Gay and Lesbian Psychotherapy Treatment Planner)』(Hoboken, NJ: Wiley, 2000)로부터 비롯된 것임. 2000년 J. M. Evosevich & M. Avriette. 저작권 소유. 승인하에 게재.

—·_____
_____

🎯 장기 목표

1. 성 정체감을 확인하고 이에 지지적인 넓은 범위의 인간관계에 참여하기
2. 성 정체감과 관련된 불안의 전반적인 빈도나 강도를 줄임으로써 일상적인 기능이 손상되지 않도록 하기
3. 중요한 타자에게 성적 지향을 공개하기
4. 정서적, 심리적, 사회적 기능을 이전 수준으로 회복하기
5. 우울과 관련된 모든 감정을 제거하기(예, 우울한 기분, 죄책감, 무가치함)

—·_____
_____
—·_____
_____
—·_____
_____

⏱ 단기 목표

1. 성 정체감 혼란에 대한 두려움, 불안 및 고통을 묘사하기(1)

2. 성 정체감 혼란의 치료에 기여하거나 치료를 어렵게 하는 약물 사용력을 드러내기(2)

3. DSM 진단, 치료 효과, 치료 관계의 특성과 관련된 평가 요인에 대한 행동적, 정서적, 태도적 정보를 제공하

👥 치료적 중재

1. 내담자와 적극적으로 신뢰를 구축하고 내담자가 성 정체감 혼란에 대한 두려움, 불안, 고통을 표현하도록 격려하기

2. 약물 남용 평가를 준비하고 평가 결과, 필요하다고 판단되는 경우 치료를 의뢰하기(이 책의 '물질 사용' 챕터 참조)

3. '호소문제'에 대한 내담자의 통찰(자아동조적 대 자아이질적) 수준을 평가하기(예, '기술된 행동'의 문제성에 대한 좋은 통찰력을 보여 주고, 타

기(3, 4, 5, 6)

인의 관점에 동의하며, 변화에 대한 동기부여가 되었는지, '기술된 문제'에 대해 양가성을 보이며, 문제를 문제로 제기하기를 꺼려하는지, '기술된 문제'를 인정하는 것에 저항하고, 관심이 없고, 변화에 대한 동기를 보이지 않는지)

4. 필요하다면, 자살취약성(예, 우울 동반이 분명한 경우 자살 위험 증가)을 포함한 연구 기반 공존장애의 증거를 평가하기(예, ADHD를 동반한 적대적 반항장애, 불안장애를 동반한 우울증)

5. 내담자의 현재 정의된 '문제행동'을 설명하는 데 도움이 되는 나이, 성별, 문화 등과 관련된 주제나 내담자의 행동을 보다 잘 이해하는 데 도움이 되는 요인들을 평가하기

6. 적절한 돌봄수준을 결정하기 위해 내담자의 기능 손상의 심각성을 평가하기[예, 주목된 행동은 사회적, 관계적, 직업적(vocational or occupational), 노력에서 경도, 중등도, 고도 또는 최고도 손상을 일으킨다.]; 치료의 효과성뿐만 아니라 손상의 심각성을 지속적으로 평가하기(예, 내담자는 더 이상 심각한 손상을 보이지는 않지만, 현재 문제는 경도 또는 중등도 손상을 초래하고 있다.)

4. 흥분, 만족, 정서적 희열의 원천이 된 성경험을 확인하기(7, 8, 9, 10)

7. 이전의 성적 과거력(sexual history), 환상, 사고에 대해 내담자에게 물어보고, 현재 성적 기능을 평가하기

8. 내담자의 흥분, 만족, 정서적 희열의 원천이 된 성적 경험을 확인하도록 돕기

9. 성적 매력 및 갈등에 대한 인식을 높이기 위해 일주일 동안 일어나는 성적 사고, 환상 및 갈등을 일지로 작성하는 과제를 내주기[또는

Jongsma의 저서 『성인 심리치료 과제 플래너(Adult Psychotherapy Homework Planner)』의 '성적 사고, 성적 환상, 성적 갈등 일지(Journal of Sexual Thoughts, Fantasies, Conflicts)'를 과제로 내주기]

10. 내담자가 남성과 여성에게 성적으로 끌리는 정도를 1점에서 10점 사이의 점수로 평가하게 하기(10점은 매우 끌림, 1점은 전혀 끌리지 않음)

5. 문화적, 인종적 또는 민족적 정체성이 성 정체성에 관한 혼란에 어떻게 기여하는지에 대해 이해한 바를 언어로 설명하기(11)

11. 문화적, 인종적 그리고 민족적 요인이 동성애 행위 또는 동성애 정체성에 관한 혼란에 어떻게 기여하는지 내담자와 함께 탐색하기

6. 이성애자로서의 삶과 동성애자로서의 삶을 자세하게 묘사하는 '미래' 전기를 작성하여 주요한 성적 지향을 확인하도록 돕기(12)

12. 미래의 20년 동안 자신의 삶을 한 번은 이성애자, 또 한 번은 동성애자로 묘사하는 '미래' 전기를 쓰는 과제를 내기; 회기 중에 내용을 읽고 다루기(예, 어떤 삶이 더 만족스러운지, 어느 삶이 더 후회됐는지 묻기)

7. 가능한 성 정체성의 범위에 대해 이해하고, 이해한 바를 언어로 설명하기(13, 14)

13. 내담자에게 가능한 성 정체성의 범위(즉, 이성애자, 동성애자, 양성애자)를 알려 주기

14. Katz의 저서 『이성애자의 발명(The Invention of Heterosexuality)』을 읽도록 하기; 책의 내용에 대한 내담자의 사고와 감정을 다루기

8. 섹슈얼리티를 숨기느라 경험하게 된 부정적인 감정을 확인하기(15, 16)

15. 자신의 섹슈얼리티를 숨기거나 거부하는 것과 관련된 내담자의 부정적인 감정(예, 수치심, 죄책감, 불안, 외로움)을 탐색하기

16. 내담자의 종교적 신념을 탐색하고 자신이 동성애자인 것이 이러한 신념과 어떻게 갈등할 수 있는지, 그리고 그것이 어떻게 죄의식이나 수치심의 감정을 불러일으키는지 탐색하기(이 책의 '영적 문제' 챕터 참조); 내담자에게

Cannon의 저서 『성경, 기독교와 동성애(The Bible, Christianity, & Homosexuality)』를 읽도록 제안하는 것을 고려해 보기, 이 책은 성경이 진실된 동성애 관계(faithful gay relationships)를 비난하지 않는다고 주장한다.

9. 안전한 성행위에 대해 이해하고, 이해한 바를 언어로 설명하기(17)

17. 내담자에게 안전한 성행위에 대한 지침을 자세히 설명해 주고, 앞으로의 모든 성행위에 있어서 이를 염두에 두고 안전하게 하도록 권장하기

10. 동성애에 대한 이해를 넓히고, 이해한 바를 언어로 설명하기(13, 18, 19)

13. 내담자에게 가능한 성 정체성의 범위(즉, 이성애자, 동성애자, 양성애자)를 알려 주기

18. 동성애자에 대한 잘못된 사회적 통념 10가지를 파악하는 과제를 내주기, 그리고 내담자가 이러한 통념을 보다 현실적이고 긍정적인 신념으로 대체할 수 있도록 돕기

19. 동성애에 대한 정확하고 긍정적인 메시지를 전달하는 책을 읽는 과제를 내주기[예, Marcus의 저서 『이것이 나의 선택일까?(Is it a Choice?)』, Signorile의 저서 『커밍아웃하기(Outing Yourself)』, Eichberg의 저서 『커밍아웃: 사랑의 행위(Coming Out: An Act of Love)』]

11. 인생에서 중요한 사람들에게 나의 성적 지향을 공개하는 것에 대한 장단점을 나열하기(20)

20. 중요한 사람들에게 성적 지향을 공개하는 것에 대한 장단점을 나열하는 과제를 내기; 나열된 목록 내용을 다루기

12. 레즈비언 여성이나 게이 남성을 긍정적으로 묘사하는 영화나 비디오 보기(21)

21. 내담자에게 레즈비언이나 게이를 건강하고 행복하게 묘사하는 영화 또는 비디오를 보도록 요청하기[예, 〈데저트 하트(Desert hearts)〉; 〈인 앤 아웃(In and Out)〉; 〈제프리(Jeffrey)〉; 〈밤이 기울면(When Night is Falling)〉]; 영화에 대한 내담자의 반응을 다루기

13. 자신이 동성애자임을 커밍아웃하고 싶어 하는 사람들을 위한 지지 집단에 참석하기(22)

14. 내담자가 함께 교류하거나 지지를 받을 수 있는 게이/레즈비언 사람들을 찾아보기(23, 24, 25)

15. 언제, 어디서, 어떻게 그리고 누구에게 성적 지향을 공개할 것인지에 대해 자세한 계획을 세우기(26, 27)

16. 자신이 동성애자임을 밝혔을 때 긍정적인 반응을 보일 만한 친구를 확인하기(28, 29)

22. 내담자를 커밍아웃 지지집단에 의뢰하기 [예, 게이 및 레즈비언 지역사회 센터(Gay and Lesbian Community service Center) 또는 AIDS Project]

23. 내담자에게 레즈비언/게이 잡지나 신문을 읽는 과제를 내기[예, 『에드보케이트(The Advocate)』]

24. 내담자가 인터넷에서 정보와 지지를 얻을 수 있도록 장려하기(예, AOL의 커밍아웃 게시판, 레즈비언/게이 단체의 웹사이트)

25. 지지 집단, 직장 등에서 만난 사람들을 살펴보며 함께 어울릴 수 있는 게이 또는 레즈비언을 알아보도록 권유하기, 그리고 사회적 활동을 시작하도록 격려하기

26. 의미 있는 타자(예, 가족, 친구, 동료, 이 책의 '가족 갈등' 챕터 참조)에게 자신의 성적 지향을 공개하는 역할극을 해 보도록 하기

27. 자신의 성적 지향을 공개하는 것에 대한 자세한 계획을 짜는 숙제를 내주기. 이 계획에는 누구에게, 언제, 어디서 자신의 성적 지향을 공개할 것인지, 그리고 커밍아웃을 듣는 사람이 할 수 있는 질문과 반응은 무엇인지가 포함되어야 함[또는 Jongsma의 저서 『성인 심리치료 과제 플래너(Adult Psychotherapy Homework Planner)』의 '나의 동성애를 누구에게 어떻게 공개해야 하는가(To Whom and How to Reveal My Homosexuality)'를 과제로 내주기]

28. 내담자의 동성애를 수용할 만한 친구를 확인하도록 격려하기

29. 내담자가 자신의 성적 지향을 밝히기 전에 친구와 함께 레즈비언/게이의 권리나 '상황을 살펴보기'위한 동성애자 관련 뉴스의 일부에 대해 가볍게 이야기할 것을 제안하기

17. 작성한 계획에 따라 중요한 타자에게 자신의 성적 지향을 공개하기(30, 31)

30. 작성한 계획에 따라 친구나 가족에게 자신의 성적 지향을 밝히도록 내담자를 격려하기

31. 동성애를 밝혔을 때 중요한 타자들이 보였던 반응(예, 수용, 거부, 충격)을 탐색하기; 내담자를 격려하고 긍정적인 피드백을 제공하기

___ . _____

_____

___ . _____

_____

___ . _____

_____

___ . _____

_____

___ . _____

_____

___ . _____

_____

진단 제안

DSM-IV/ICD-9-CM 사용

축 I:	309.0	적응장애, 우울 기분이 있는 것(Adjustment Disorder With Depressed Mood)
	309.28	적응장애, 불안과 우울 기분이 있는 것(Adjustment Disorder With Mixed Anxiety and Depressed Mood)
	309.24	적응장애, 불안이 있는 것(Adjustment Disorder With Anxiety)
	300.4	기분부전장애(Dysthymic Disorder)
	302.85	청소년 또는 성인에서의 성 정체감 장애(Gender Identity Disorder in Adolescents or Adults)
	300.02	범불안장애(Generalized Anxiety Disorder)
	313.82	정체감 문제(Identity Problem)
	296.2x	주요우울장애, 단일 삽화(Major Depressive Disorder, Single Episode)
	296.3x	주요우울장애, 재발성 삽화(Major Depressive Disorder, Recurrent)
	302.9	달리 분류되지 않는 성적 장애(Sexual Disorder NOS)
	____	_____
	____	_____
축 II:	301.82	회피성 성격장애(Avoidant Personality Disorder)
	301.83	경계성 성격장애(Borderline Personality Disorder)
	301.81	자기애성 성격장애(Narcissistic Personality Disorder)
	____	_____
	____	_____

DSM-5/ICD-9-CM/ICD-10-CM 사용

ICD-9-CM	ICD-10-CM	DSM-5 장애, 상태, 문제
309.0	F43.21	적응장애, 우울 기분 동반(Adjustment Disorder, With Depressed Mood)
309.28	F43.23	적응장애, 불안과 우울 기분 함께 동반(Adjustment Disorder, With Mixed Anxiety and Depressed Mood)
300.09	F41.8	달리 명시된 불안장애(Other Specified Anxiety Disorder)
300.00	F41.9	명시되지 않은 불안장애(Unspecified Anxiety Disorder)
309.24	F43.22	적응장애, 불안 동반(Adjustment Disorder, With Anxiety)
300.4	F34.1	지속성 우울장애(기분저하증)(Persistent Depressive Disorder)
302.85	F64.1	청소년과 성인에서 성별 불쾌감(Gender Dysphoria in Adolescents and Adults)
300.02	F41.1	범불안장애(Generalized Anxiety Disorder)
296.2x	F32.x	주요우울장애, 단일 삽화(Major Depressive Disorder, Single Episode)
296.3x	F33.x	주요우울장애, 재발성 삽화(Major Depressive Disorder, Recurrent Episode)
301.82	F60.6	회피성 성격장애(Avoidant Personality Disorder)
301.83	F60.3	경계성 성격장애(Borderline Personality Disorder)
301.81	F60.81	자기애성 성격장애(Narcissistic Personality Disorder)

참고: ICD-9-CM 코드(규정, 규칙, 부호)는 미국에서 2014년 9월 30일까지 코딩(or 부호화) 목적으로 사용됩니다. ICD-10-CM 코드는 2014년 10월 1일부터 사용됩니다. 일부 ICD-9-CM 코드는 하나 이상의 ICD-10-CM 및 DSM-5 장애, 상태 또는 문제와 관련이 있습니다. 또한 일부 ICD-9-CM 장애분류가 중단되어 여러 개의 ICD-9-CM 코드가 하나의 ICD-10-CM 코드로 대체되었습니다. 일부 중단된 ICD-9-CM 코드는 이 표에 나열되지 않습니다. 자세한 내용은 『정신질환의 진단 및 통계 편람』(2013)을 참조하십시오.

The Complete Adult Psychotherapy Treatment Planner

수면장애(Sleep Disturbance)

📑 행동적 정의

1. 수면 시작의 어려움을 호소한다.
2. 수면 유지의 어려움을 호소한다.
3. 충분하게 수면을 취했음에도 깨어난 후에 피로가 풀린 느낌 또는 휴식을 취한 느낌을 받지 않는다고 보고한다.
4. 주간 졸림증이나 낮에도 너무 쉽게 잠에 빠져드는 증상이 나타난다.
5. 정상적인 수면-각성 주기에 반대되는 수면 일정으로 불면증이나 과다 수면증을 호소한다.
6. 자신을 위험에 빠지게 하는 매우 위협적인 악몽을 상세하게 회상하는 것을 동반한 반복적인 각성 때문에 나타나는 스트레스를 보고한다.
7. 강렬한 불안감과 자율신경계의 각성에 뒤이어 공황상태의 비명을 지르며 갑작스럽게 각성함에도 불구하고, 꿈을 상세하게 회상하지 못하고 혼란스럽고 혼미함을 경험한다.
8. 내담자가 수면 중 걸어 다니는 증상을 보이며 스스로는 이러한 증상을 기억하지 못하는 모습이 다른 사람들에 의해 반복적으로 보고된다.

—•——————————————————————————

————————————————————————————

—. _____
   _____
—. _____
   _____

🎯 장기 목표

1. 휴식을 취할 수 있는 수면 패턴을 회복하기
2. 깨어있는 시간에 상쾌하고 활력이 넘치는 느낌을 받기
3. 각성을 유발하는 불안한 꿈을 꾸지 않기
4. 공포에 질려 갑자기 잠을 깨는 것을 끝내고, 평화롭고 편안한 수면(restful sleep) 패턴으로 다시 돌아가기
5. 몽유병(sleepwalking incidents)을 감소시키며 편안한 수면을 회복하기

—. _____
   _____
—. _____
   _____
—. _____
   _____

⏱ 단기 목표

1. 수면 패턴의 과거력과 세부내용을 기술하기(1, 2)

👥 치료적 중재

1. 수면 패턴, 취침시간 루틴(routine), 침대와 관련 있는 활동들, 깨어 있는 동안의 활동 수준, 각성제 사용을 포함한 영양 습관, 낮잠 습관(practice), 실제 수면시간, 수면과 깨어 있는 시간 간의 리듬 등 내담자의 수면 과거력을 평가하기

2. 물질 남용 혹은 약물 사용의 과거력을 공유하기(3)

3. 우울하고 불안한 감정을 언어로 표현하고, 가능한 원인들을 공유하기(4)

4. DSM 진단과 관련된 구체적 특징, 치료의 효과, 치료적 관계의 특성에 대한 행동, 정서, 사고방식의 정보를 제공하기(5, 6, 7, 8)

2. 내담자에게 수면 패턴, 스트레스 요인(stressors), 잠자는 것과 연관된 생각, 감정, 활동 그리고 수면 문제와 연관될 가능성이 있는 기타 관련된 내담자의 특수 요인들을 기록하도록 과제를 내주기 수면−각성주기(sleep-wake cycle)의 세부사항에 대한 자료를 다루기

3. 내담자의 수면장애의 원인이 될 수 있는 약물 혹은 물질 남용을 평가하기 필요하다면, 내담자를 약물의존 치료에 의뢰하기(이 책의 '물질 사용' 챕터 참조)

4. 내담자의 수면장애(disturbance)의 원인으로 우울과 불안의 역할을 진단하기(이 책의 '단극성 우울' 혹은 '불안' 챕터 참조)

5. '호소문제'에 대한 내담자의 통찰(자아동질적 대 자아이질적) 수준을 평가하기(예, '기술된 행동'의 문제성에 대한 좋은 통찰력을 보여 주고, 타인의 관점에 동의하며, 변화에 대한 동기부여가 되었는지, '기술된 문제'에 대해 양가성을 보이며, 문제를 문제로 제기하기를 꺼려하는지, '기술된 문제'를 인정하는 것에 저항하고, 관심이 없고, 변화에 대한 동기를 보이지 않는지)

6. 필요하다면, 자살취약성(예, 우울 동반이 분명한 경우 자살 위험 증가)을 포함한 연구 기반 공존장애의 증거를 평가하기(예, ADHD를 동반한 적대적 반항장애, 불안장애를 동반한 우울증)

7. 현재 정의되는 내담자의 '문제행동'을 설명하는데 도움되는 나이, 성, 문화와 내담자의 행동을 보다 잘 이해할 수 있는 요인들을 평가하기

8. 적절한 돌봄 수준을 결정하는 내담자의 기능 손상의 심각성을 평가하기(예, 사회적, 관계적,

직업적 노력에서 경도, 중등도, 고도 또는 최고도 손상을 일으킨다고 알려진 행동); 치료의 효과성뿐만 아니라 손상의 심각성을 지속적으로 평가하기(예, 내담자는 더 이상 심각한 손상을 보이지는 않지만, 현재 문제는 경도 또는 중등도 손상을 초래하고 있다.)

▽ 5. 수면장애(sleep disorder)에 가능한 의학적 원인을 평가하고, 향정신성 약물 필요 여부를 평가하기 위해 내과의사와 약속을 갖기 (9)

▽ 6. 수면에 대한 효과를 평가하기 위해 처방받은 대로 향정신성 약물을 복용하기(10)

▽ 7. 정상적인 수면, 수면장애(sleep disturbances), 치료에 대한 이해를 언어로 표현하기(11, 12, 13)

9. 수면장애(sleep disturbance)에 대한 의학적 혹은 약물적 원인을 배제하고, 수면실험연구 혹은 정신과 약물 처방의 필요성을 고려하기 위해 내과의사에게 내담자를 의뢰하기 ▽

10. 향정신성 약물 처방 순응, 효과성, 부작용을 위해 내담자를 모니터하기 ▽

11. 내담자에게 기본적인 수면교육을 제공하기(예, 정상적인 수면시간, 수면의 정상 변동(variations), 잠드는 정상 시간, 정상적인 한밤중 깸); Silberman의 저서 『불면증 워크북: 당신이 필요한 수면을 얻기 위한 종합적인 가이드(The Insomnia Workbook: Comprehensive Guide to Getting the Sleep You Need)』를 추천하기; 내담자에게 자신의 '비정상적인' 수면 패턴의 정확한 특징을 이해하도록 돕기 ▽

12. 내담자에게 좋은 수면과 나쁜 수면에 영향을 미치는 인지, 정서, 생리, 행동적 영향을 설명하면서, 치료에 대한 근거를 제공하기 ▽

13. 내담자가 치료의 진전을 촉진하도록, 자신의 치료적 접근과 일치하는 자료를 읽도록 요청하기[예, Jacobs의 저서 『불면증과 작별하기(Say Good Night to Insomnia)』; Epstein과 Mardon

이 저술한 『숙면을 위한 하버드 의과대학 가이드 (The Harvard Medical School Guide to a Good Night's Sleep)』] ▽ᴱᴮᵀ

▽ᴱᴮᵀ 8. 취침 시간에 활용할 수 있는 진정기술을 학습하고 적용하기(14, 15)

14. 내담자에게 이완 기술(예, 점진적 근육이완요법, 심상요법, 천천히 하는 횡격막 호흡)을 가르치고, 이 기술들을 취침 시간에 이완하는 데에 활용하는 방법을 가르치기[Hauri와 Linde의 저서 『취침시간 이완 기술(Bedtime Relaxation Techniques)』을 참고하기] ▽ᴱᴮᵀ

15. 고객의 성공적인 이완반응을 강화하기 위한 바이오피드백 교육을 실시하거나 훈련에 의뢰하기 ▽ᴱᴮᵀ

▽ᴱᴮᵀ 9. 숙면 기법을 훈련시키기(16)

16. 과도한 음료 섭취, 늦은 시각에 매운 간식 섭취, 저녁식사 과식을 자제하고, 운동을 규칙적으로 하되 취침 시간 3~4시간 전에는 운동하지 않는 것, 카페인, 술, 담배, 흥분제 등을 최소화하거나 섭취하지 않는 것과 같은 숙면 기법을 내담자에게 가르치기[또는 Jongsma의 저서 『성인 심리치료 과제 플래너 (Adult Psychotherapy Homework Planner)』의 '수면 패턴 기록(Sleep Pattern Record)'을 과제로 부여하기] ▽ᴱᴮᵀ

▽ᴱᴮᵀ 10. 수면-각성 리듬을 안정적으로 유지할 수 있도록 자극 통제 요법을 가르치고 적용하기(17, 18, 19, 20)

17. 안정적인 수면-각성 주기를 유지하기 위한 자극 통제 전략의 이론적 근거에 대해 내담자와 대화 나누기[Perlis, Aloia와 Kuhn의 저서 『수면장애를 위한 행동적 치료(Behavioral Treatments for Sleep Disorders)』를 참고하기] ▽ᴱᴮᵀ

18. 내담자에게 자극 통제 요법(예, 졸릴 때에만 자러 가서 눕기; 침대에서는 TV 시청, 독서, 음악 듣기와 같은 활동은 하지 않고 침대에서 수면과 성

생활만 하기, 잠이 오지 않는다면 침대에서 나오기; 졸리면 눕기; 수면 시간이나 수면의 질과 관계없이 매일 아침 같은 시간에 알람을 맞춰 두기; 낮잠을 자지 않기)을 가르치고 이를 꾸준하게 일상에 적용하는 것을 과제로 부여하기 ▽

19. 각성 및 활성화와 관련된 활동(예, 자극적인 내용 읽기, 하루의 사건 되돌아보기, 다음날을 계획하기, 불안감을 주는 텔레비전 프로그램 시청하기)을 취침시간 의식과 분리하도록 내담자를 지도하기 ▽

20. 내담자의 수면 패턴과 자극 통제 지침의 적용 여부를 관찰한 다음 방해물을 해결하고, 성공적이고 지속적인 적용을 강화하기 ▽

▽ 11. 수면 효율을 높일 수 있는 수면 제한 요법을 배우고 적용하기 (21)

21. 내담자가 일반적으로 수면을 취하는 시간에 맞추어 침대에 있는 시간을 줄여(예, 8시간에서 5시간으로) 체계적인 수면 부족을 유도하고, 최적의 수면시간에 도달할 때까지 정기적으로 수면 시간을 증가시키는 수면 제한 치료 접근을 활용하기 ▽

▽ 12. 수면장애를 유발하는 내담자의 자기대화를 확인하고 직면하여 긍정적이고 현실적이며 스스로를 안심시키는 자기대화로 대체하기(22, 23)

22. 내담자 수면을 방해하는(counterproductive) 정서적 반응(예, 두려움, 잠 못 들 것에 대한 걱정)에 영향을 주는 내담자의 인지 도식(스키마)와 자기대화를 탐색하고 편견에 도전하기. 내담자가 가진 왜곡된 메시지를 현실에 기반을 둔 대안적이고 긍정적이며, 건강한 수면 패턴을 만들어 낼 가능성을 높일 수 있는 자기대화로 대체하기[Morin과 Espie의 저서 『불면증: 평가와 치료를 위한 치료적 가이드 (Insomnia: A Clinical Guide to Assessment and Treatment)』를 참고하기] ▽

13. 내담자의 수면 시작을 방해하는
불안을 없애기 위한 수단으로
내담자에게 깨어있는 상태를 유
지하게 하는 역설적 개입을 적
용하기(24)

14. 수면 문제를 유발하는 스트레스
를 관리할 수 있는 기술을 배우
고 적용하기(25)

23. 내담자가 자신의 자기대화를 확인하고 현
실에 기반을 둔 대안적인 자기대화를 만들
어 내는 훈련을 하도록 과제를 부여하기[또
는 Jongsma의 저서 『성인 심리치료 과제 플래
너(Adult Psychotherapy Homework Planner)』
의 '부정적 사고는 부정적 감정을 유발한다
(Negative Thoughts Trigger Negative Feelings)'
를 과제로 부여하기]. 향상을 보이면 교정적인
피드백을 제공하여 성공경험을 같이 돌아보
고 강화하기

24. 내담자의 수면을 방해하는 불안을 줄이기 위
해 내담자가 가능한 만큼 계속 깨어 있도록
노력하게 하는 역설적 개입을 부여하기. 실
행을 돌아보고 성공을 강화하며 장애물에 대
한 문제를 해결하기

25. 수면 방해와 관련된 스트레스 원인(예, 야간까
지 깨어 있게 만드는 대인 갈등)을 조절하기 위
한 내담자 맞춤 전략(예, 진정기술, 대처기술,
갈등해결, 문제해결)을 가르치기 위해 인지행
동 기술 훈련 기법[예, 지시, 내현적 모델링(예,
전략의 성공적 사용을 상상하는 것), 역할극, 연
습, 일반화 훈련]을 활용하기. 또한 일상에 효
과적으로 적용할 수 있도록 정기적으로 점
검하고 성공을 강화하며 장애물을 해결하기
[Morin과 Espie의 저서 『불면증: 평가와 치료를
위한 치료적 가이드(Insomnia: A Clinical Guide
to Assessment and Treatment)』 또는 Goetting,
Perlis와 Lichstein의 저서 『수면장애 다루기
(Treating Sleep Disorders)』를 참고하기]

▽ 15. 불면증 치료를 위한 인지행동적
     접근을 말로 표현하기(26)

26. 불면증을 인지행동적 접근으로 다루는 자
    료를 내담자에게 읽도록 하기[예, Edinger
    와 Carney의 저서 『불면증 극복하기: 인지행
    동치료적 접근 워크북(Overcoming Insomnia:
    A Cognitive-Behavioral Therapy Approach
    Workbook)』; Jacobs의 저서 『불면증과 작별하기
    (Say Good Night to Insomnia』)] ▽

16. 밤중에 깨는 빈도를 줄이기 위해 계획
    된 각성 절차(awakening procedure)
    활동하기(27)

27. 내담자가 밤중에 보통 밤에 깨거나, 야경중
    혹은 몽유병 증상을 보이기 30분 전에 내담
    자가 조금만 깰 정도로 부드럽게 깨우는 계
    획된 각성 절차를 사용하기; 야경중이 감소
    함에 따라 각성상태에서 점진적으로 벗어나
    기[Durand의 저서 『아이들이 숙면하지 못할 때
    (When Children Don't Sleep Well)』 참조]

17. 재발 방지 행동절차(relapse prevention
    practice)를 배우고 시행하기(28, 29,
    30, 31, 32)

28. 발현을 과거의 습관으로 빠져드려는 일시적
    이고 가역적인 발생과 연관시키고 재발을 수
    면장애를 유발하는 과거 습관으로 돌아가려
    는 결정과 연관시켜 발현과 재발의 구분에
    대해서 내담자와 토의하기(예, 나쁜 숙면기법,
    자극통제 실행 부족)

29. 추후 발현 관리 방법을 내담자와 찾아보고 예
    행 연습하기

30. 수면장애와 연관된 습관에 다시 빠지는 것을
    예방하기 위해 내담자에게 규칙적으로 상담
    에서 배운 전략(숙면기법, 자극 통제)을 사용하
    도록 교육하기

31. 대처카드(coping card)나 내담자가 나중에 사
    용할 수 있는 재발 방지 방법이 적힌 메모를
    만들기

18. 수면에 지장을 줄 수 있는 정서적 트라우마 경험을 논의해 보기(33)
19. 통제를 포기하는 것에 대한 공포를 논의해 보기(34)
20. 수면장애에 영향을 줄 수 있는 죽음에 대한 공포를 개방하기(35)
21. 수면 경험과 연관된 유년기 트라우마를 다른 사람과 나누기(36, 37)

22. 지속적인 불쾌감을 주는 성적 학대 사건을 드러내기(38)

32. 내담자가 상담을 통한 이득을 유지할 수 있도록 보수 회기를 주기적으로 잡기
33. 내담자의 수면을 방해할 수 있는 최근의 충격적인 사건을 탐색하기
34. 통제를 놓는 것에 대한 내담자의 공포를 탐색하기
35. 수면장애에 영향을 줄 수 있는 내담자의 죽음에 대한 공포를 탐색하기
36. 수면 경험과 관련된 내담자의 유년기의 트라우마를 탐색하기
37. 불쾌한 꿈을 꾸는지 아닌지와 그 꿈의 특성을 탐색하고 그 꿈의 과거의 트라우마와의 연관 가능성을 탐색하기
38. 드러나지 않은 내담자의 성적 학대경험 가능성을 탐색하기(이 책의 '성폭력 피해자' 챕터 참조)

📝 진단 제안

DSM-IV/ICD-9-CM 사용

축 I :		
	307.42	일차성 수면장애(Primary Insomnia)
	307.44	일차성 과다수면증(Primary Hypersomnia)
	307.45	일주기 리듬 수면장애(Circadian Rhythm Sleep Disorder)
	307.47	악몽장애(Nightmare Disorder)
	307.46	수면중 경악장애(Sleep Terror Disorder)
	307.46	수면중 보행장애(Sleepwalking Disorder)
	309.81	외상후 스트레스 장애(Posttraumatic Stress Disorder)
	296.xx	주요우울장애(Major Depressive Disorder)
	300.4	기분부전장애(Dysthymic Disorder)
	_____	_____
	_____	_____

DSM-5/ICD-9-CM/ICD-10-CM 사용

ICD-9-CM	ICD-10-CM	DSM-5 장애, 상태, 문제
307.42	G47.00	불면장애(Insomnia)
307.44	G47.10	과다수면장애(Hypersomnolence Disorder)
307.45	G47.xx	일주기 리듬-수면 각성장애(Circadian Rhythm Sleep-Wake Disorder)
307.47	F51.5	악몽장애(Nightmare Disorder)
307.46	F51.4	비REM 수면 각성장애, 수면중 경악형(Non-Rapid Eye Movement Sleep Arousal Disorder, Sleep Terror Type)
307.46	F51.3	비REM 수면 각성장애, 수면중 보행형(Non-Rapid Eye Movement Sleep Arousal Disorder, Sleepwalking Type)
309.81	F43.10	외상후 스트레스 장애(Posttraumatic Stress Disorder)
296.xx	F32.x	주요우울장애, 단일삽화(Major Depressive Disorder, Single Episode)
296.xx	F33.x	주요우울장애, 재발성 삽화(Major Depressive Disorder, Recurrent Episode)
300.4	F34.1	지속성 우울장애(기분저하증)(Persistent Depressive Disorder)

참고: ICD-9-CM 코드(규정, 규칙, 부호)는 미국에서 2014년 9월 30일까지 코딩(or 부호화) 목적으로 사용됩니다. ICD-10-CM 코드는 2014년 10월 1일부터 사용됩니다. 일부 ICD-9-CM 코드는 하나 이상의 ICD-10-CM 및 DSM-5 장애, 상태 또는 문제와 관련이 있습니다. 또한 일부 ICD-9-CM 장애분류가 중단되어 여러 개의 ICD-9-CM 코드가 하나의 ICD-10-CM 코드로 대체되었습니다. 일부 중단된 ICD-9-CM 코드는 이 표에 나열되지 않습니다. 자세한 내용은 『정신질환의 진단 및 통계 편람』(2013)을 참조하십시오.

The Complete Adult Psychotherapy Treatment Planner

사회불안(Social Anxiety)

📄 행동적 정의

1. 대부분의 사회적 상황에서 나타나는 사회불안, 수줍음의 패턴
2. 타인의 비판이나 불인정에 대한 과민성
3. 직계가족 외에 가까운 친구의 부재
4. 대인접촉을 요구하는 상황에 대한 회피
5. 어리석은 일을 말하거나 하는 것에 대한 두려움, 타인 앞에서 감정적이게 되는 것에 대한 두려움으로 사회적 상황에 대한 참여를 꺼림
6. 수행불안 혹은 사회적인 상황에 대한 회피를 악화하는 것
7. 사회적 상황에서 증가한 심박수, 땀, 마른 입, 근육 긴장, 그리고 떨림

___ . _____

_____

___ . _____

_____

___ . _____

_____

🎯 장기 목표

1. 과도한 공포나 불안 없이 사회적으로 상호작용하기
2. 과도한 공포나 불안 없이 사회적 수행 요구에 참여하기
3. 관계의 질을 향상하는 데 필요한 필수적인 사회적 기술을 발달시키기
4. 회복지원체계를 향상시키는 관계를 만드는 능력을 발달시키기
5. 혼자 있는 시간과 타인과 대인 상호작용하는 것과의 개인적 균형에 도달하기

— . _____
  _____
  _____
— . _____
  _____
  _____
— . _____
  _____
  _____

🕐 단기 목표

1. 사회적 공포와 회피의 과거력과 특징을 묘사하기(1, 2)

2. 사회불안과 회피의 특징과 심각성을 평가하기 위해 고안된 심리평가를 완료하기(3)

3. 사회불안의 치료에 기여하거나 복잡하게 할 수 있는 약물 사용의 내력을 밝히기(4)

💬 치료적 중재

1. 작업 동맹을 구축하기 위해 내담자와 신뢰관계를 형성하기

2. 불안증상의 빈도, 강도, 유지기간, 계기를 포함한 내담자의 사회불안과 회피의 과거력과 회피의 특징에 대해 평가하기(예, 불안장애 인터뷰 스케줄-성인 버전)

3. 사회공포와 회피의 특징과 심각성을 더 깊이 평가하기 위해서 사회불안을 평가하기(예, Liebowitz 사회불안척도, 사회적 상호작용 불안척도, 사회공포증목록) 치료경과를 지시된 대로 재평가하기

4. 약물 남용 평가를 준비하기 그리고 만약 필요하다면 내담자를 치료에 의뢰하기(이 책의 '물질 사용' 챕터 참조)

4. DSM 진단과 관련된 구체적 특징, 치료의 효과, 치료적 관계의 특성에 대한 행동, 정서, 사고방식의 정보를 제공하기(5, 6, 7, 8)

5. '현재 문제'에 대한 내담자의 통찰 수준(자아동조적 vs. 자아이질적)을 평가하기(예, 기술된 행동의 문제 속성에 대한 좋은 통찰력을 보여 주고, 다른 사람들의 걱정에 동의하며, 변화를 위해 노력하려고 하는지와 '기술된 문제'에 대해 양가적 태도를 보여 주고, 중요한 일로서 사안을 다루는 것을 꺼리며, 기술된 문제를 인정하는 것에 저항을 보이고, 관심을 보이지 않으며, 변화에 대한 동기가 없는지)

6. 필요하다면 내담자를 자살에 대한 취약성(예, 우울증이 병존된 것이 명백할 때 자살의 위험성이 증가함)을 포함하여 연구가 기반된 관련 장애(예, 반항장애와 ADHD, 불안장애에 뒤따른 우울)의 증거로 평가하기

7. 내담자의 현재 정의된 '문제행동'을 설명하는 데 도움이 되는 나이, 성, 문화의 모든 사안과 내담자의 행동에 대한 더 나은 이해를 제공하는 요소들을 평가하기

8. 적절한 수준의 치료를 결정하기 위해 내담자의 기능 손상의 심각 수준(예, 언급된 행동은 사회적, 관계적, 직업적 시도에 대해 경미한, 중간의, 심각한, 매우 심각한 손상을 만듦)을 평가하기. 또한 지속적으로 치료의 효과성뿐 아니라 손상의 심각도를 평가하기(예, 내담자가 더 이상 심각한 손상은 보이지 않지만 지금의 표출된 문제는 경미하거나 중간 수준의 손상을 야기함)

▽ 5. 향정신성 약물에 대한 의사의 진단에 협력하기(9)

9. 내담자에게 향정신성 약물의 처방을 위한 진단을 받아 오도록 하기 ▽

▽ 6. 처방된 향정신성 약물을 꾸준하게 복용하기(10)

10. 내담자가 처방된 것을 잘 지키는지, 부작용은 없는지, 약물의 전반적인 효과는 있는지 관

찰하기; 처방한 의사와 정기적으로 상의하기 ▽(EBT)

▽(EBT) 7. 사회불안을 다루기 위한 소그룹 집단 치료에 참여하기(11)

11. 사회불안을 다루기 위한 인지-행동 소그룹 폐쇄집단에 등록하기[Heimberg와 Becker의 저서 『사회 공포증 치료를 위한 인지-행동 집단치료(Cognitive-Behavioral Group Therapy for Social Phobia)』; Turk, Heimberg와 Magee의 『사회불안장애(Social Anxiety Disorder)』를 참고하기] ▽(EBT)

▽(EBT) 8. 사회불안과 회피의 악순환에 대한 명확한 이해를 언어로 설명하기(12, 13)

12. 타인이 규정하는 부정적 평가에 대한 과대평가, 자신에 대한 과소평가, 곤경, 그리고 종종 불필요한 회피로 이끄는 인지적 왜곡에서 어떻게 사회불안이 비롯되는지 논의하기 ▽(EBT)

13. 내담자로 하여금 책의 심리교육적(psycho-educational) 챕터, 혹은 사회불안과 회피의 순환에 대해 설명하는 사회불안 치료 매뉴얼이나 인지행동 치료의 합리적인 부분을 읽게 하기[Butler의 저서 『사회불안과 수치심 극복하기(Overcoming Social Anxiety and Shyness)』; Antony와 Swinson의 저서 『수줍음과 사회불안 워크북(The Shyness and Social Anxiety Workbook)』; Hope, Heimberg 그리고 Turk의 저서 『사회불안 조절하기(Managing Social Anxiety)』를 참고하기] ▽(EBT)

▽(EBT) 9. 사회불안에 대한 인지-행동 치료의 근거의 이해를 언어로 설명하기(14)

14. 인지-행동 원칙을 기반으로 한 치료법이 어떻게 학습된 공포를 둔감화하고, 불안사고에 대한 현실검증 기술과 사회적 기술을 구축하며, 자신감과 사회적 효과성을 증대시키는 것을 목표로 하는지 논의하기 ▽(EBT)

▽(EBT) 10. 사회불안이 온 순간에 불안 증세를 진정시키고 다루는 전략

15. 내담자에게 사회불안 증상을 다루고 일상생활에서 유지할 수 있도록 이완 연습과 주의

을 배우고 실행한 뒤 일반적인 상황에서 더욱 진정된 상태가 되도록 이끌기(15)

▽ 11. 두려움을 주고 편견이 있는 자기대화를 인식하고, 이를 현실 기반의 긍정적 자기대화로 대체하고 도전하기(16, 17)

▽ 12. 야외 치료를 포함한 두려운 사회적 상황에 점진적 노출에 참여하기(18, 19, 20)

집중 기술(예, 외적이고 행동적인 목표에 초점을 유지하기, 근육 이완, 고른 페이스의 횡격막 호흡하기, 불안의 흐름을 타 보기)을 가르치고 제안하기; 복습하고 성공을 강화하기; 효과적으로 사용할 수 있도록 올바른 피드백 주기 ▽

16. 내담자의 사회적 두려움과 관련된 자기대화와 기저에 있는 신념을 탐색하고 편견에 도전하기[혹은 Jongsma의 저서 『성인 심리치료 과제 플래너(Adult Psychotherapy Homework Planner)』에 있는 '자기패배적 생각을 대체하는 일지 작성하기(Journal and Replace Self-Defeating Thoughts)' 부분을 참고하기]; 내담자가 자신감을 세우고 편견을 정정하는 평가를 만들도록 도와주기 ▽

17. 내담자를 두렵게 하는 자기대화를 확인하고 현실을 기반으로 한 대체물을 만들 수 있도록 과제 주기; 두려움을 기반으로 한 예상에 대항하여 행동적 실험으로 시험해 보기; 리뷰하기; 성공을 강화하기, 문제해결 중심의 목표를 세우고 성취하기[Jongsma의 저서 『성인 심리치료 과제 플래너(Adult Psychotherapy Homework Planner)』에 있는 '사회화 과정에서 편안함 회복하기(Restoring Socialization Comfort)'; Antony와 Swinson의 저서 『수줍음과 사회불안 워크북(The Shyness and Social Anxiety Workbook)』 참고하기] ▽

18. 내담자의 공포증적인 반응을 불러일으키는 불안한 상황의 단계를 직접 만들게 하거나 도와주기 ▽

19. 내담자가 성공적으로 경험할 확률이 높은 초기 상황에 실제로, 혹은 역할극으로 노출되어 볼지 선택하기; 노출된 다음에 다음 단계로 가는 것을 촉진하는 행동적 전략(예, 모델링, 리허설, 사회적 강화)을 사용해 인지적 재구성을 실시하기[Heimberg와 Becker의 저서 『사회 공포증 치료를 위한 인지-행동 집단치료(Cognitive-Behavioral Group Therapy for Social Phobia)』; Hope, Heimberg와 Turk의 저서 『사회불안 조절하기(Managing Social Anxiety)』를 참고하기] ▽

20. 내담자에게 노출 활동을 하고 반응을 녹화해 보는 과제 주기[혹은 Jongsma의 저서 『성인 심리치료 과제 플래너(Adult Psychotherapy Homework Planner)』에 있는 '공포증적 두려움을 점진적으로 완화시키기(Gradually Reducing Your Phobic Fear)' 그리고 Antony와 Swinson의 저서 『수줍음과 사회불안 워크북(The Shyness and Social Anxiety Workbook)』 참고하기]; 리뷰하고 성공을 강화하기, 나아지는 방향으로 정정하는 피드백 주기 ▽

▽ 13. 사회적 스킬을 배우고 시행하여, 사회적 상호작용을 통해 자신감을 세우고 불안을 감소시키기(21, 22)

21. 도구 사용, 모델링 그리고 역할극을 통해 내담자의 기본적인 사회적 스킬, 의사소통 스킬을 가르치기[Heimberg와 Becker의 저서 『사회 공포증 치료를 위한 인지-행동 집단치료(Cognitive Behavioral Group Therapy for Social Phobia)』; Hope, Heimberg와 Turk의 저서 『사회불안 조절하기(Managing Social Anxiety)』를 참고하기] ▽

22. 사회적 기술에 관한 책이나 치료 매뉴얼에서 사회적 기술과 의사소통 기술에 대해 읽는 과제 부여하기[예, Alberti와 Emmons의 저서 『당신의 완전한 권리(Your perfect Right)』; Garner의 저서 『담화로 말하기(Conversationally Speaking)』] ▽

14. 미래에 발생 가능한 불안 증상을 다루기 위한 재발예방 전략들을 실행하기(23, 24, 25, 26)

23. 발현(lapse)을 증상, 공포, 회피의 욕구에 대한 일시적이고 가역적인 발생과 연관시키고, 재발(relapse)을 두렵고 피하고 싶은 행동양식으로 되돌아가는 것과 연관시킴으로써 발현(lapse)과 재발(relapse)의 구분에 대해서 내담자와 토의하기 ▽

24. 증상이 재발할 시의 상황을 설정하고 미래의 상황이나 환경에서 대처하는 방법에 대해 내담자와 연습하기 ▽

25. 심리치료를 통해 배운 전략들을 사회적 상호작용 상황이나 관계에서 규칙적으로 활용하도록 지시하기(예, 인지적 재구성 사용하기, 사회적 기술 및 노출 사용하기) ▽

26. 추후에 사용할 수 있는 대처할 수 있는 전략이나 다른 중요한 정보가 적힌 '대처카드' 개발하기(예, "호흡을 조절하세요." "즉시 처리할 수 있는 업무에 집중하세요." "당신은 조절할 수 있습니다." "머지않아 끝날 것입니다.") ▽

15. 사회불안을 다루기 위한 수용전념치료(Acceptance and Commitment Therapy: ACT)에 참여하기(27, 28, 29, 30)

27. 내담자가 불안한 생각들과 느낌들에 과도하게 영향을 받지 않고 개인적으로 의미 있는 활동들에 시간을 쓰는 노력을 기울이면서 불안한 생각들과 느낌들을 개방적으로 경험하고 받아들이도록 돕는 ACT 접근법 사용하기[Eifert, Forsyth와 Hayes의 저서 『불안장애

를 다루기 위한 수용전념치료(Acceptance and Commitment Therapy for Anxiety Disorders)』 참고하기]

28. 사회적 불안과 관련된 부정적인 생각의 과정을 알아차리고 현실에 근거한 생각, 이미지, 충동을 받아들이고 현실에 기반하지 않은 정신적 현상을 알아차리지만 그에 반응하지는 않으면서 그러한 생각들과 관련된 관계들을 변화시키기 위한 마음챙김 명상 가르치기[Zabat-Zinn이 발간한 마음챙김 명상 음성 CD (Mindfulnes Meditation(Audio CD) 참고하기]

29. 내담자가 ACT와 마음챙김 명상에서 배운 것들을 일상생활에 적용할 수 있도록 연습해 볼 수 있는 과제 부여하기

30. 회기 중의 작업을 보충할 수 있는 ACT와 마음챙김 명상과 일치하는 읽기 과제 부여하기[Forsyth와 Eifert의 저서 『불안을 다루기 위한 마음챙김과 수용 워크북(The Mindfulness and Acceptance Workbook for Anxiety)』 참고하기]

16. 인생에서 과거와 현재에 중요한 인물들을 규명하고 그 관계의 질적인 측면, 좋은 것과 나쁜 것에 대해 묘사하기(31)

31. 대인관계에 관련된 치료를 시행하기; 대인관계 목록을 작성하는 것부터 시작하여 대인관계 측면의 역할 논쟁, 역할 변경, 대인관계의 결함, 사회적 불안에서 비롯된 슬픔과 관련된 사례 서술하기[Weissman, Markowitz와 Klerman의 저서 『대인관계 정신병리학에 대한 종합 안내서(Comprehensive Guide to Interpersonal Psychotherapy)』 참고하기]

17. 현재의 대인관계 문제에 대한 이해와 해결방안에 대해 언어로 설명하고 행동으로 보여 주기(32, 33, 34, 35)

32. 슬픔과 관련한 애도를 촉진하고 점진적으로 내담자가 상실을 보상할 수 있는 새로운 활동과 관계를 발견하도록 돕기

33. 사람들과의 논쟁과 관련하여, 그것이 교착상태에 **빠**진지 아닌지와 상관없이 관계와 논쟁의 본질이 무엇인지 탐색하도록 돕고 갈등대처기술을 배우고 실행하기를 포함하는 문제를 해결할 수 있는 가능한 대안들에 대해 탐색하도록 돕기; 관계가 교착상태에 **빠**졌다면 교착상태를 바꾸거나 관계를 끝내는 방법도 고려하기

34. 역할 변경과 관련하여, 이전의 역할에 대한 애도를 하도록 돕고 새로운 역할에 대한 긍정적이고 부정적인 면을 깨닫도록 하고 새로운 역할에 숙련될 수 있는 행동을 취할 수 있도록 돕기

35. 대인관계의 결함과 관련하여, 새로운 대인관계 기술과 새로운 관계를 개발하도록 돕기

18. 낮은 자존감과 사회불안의 원인이 된 과거의 경험 탐색하기(36, 37)

36. 낮은 자기 존중감과 수치심을 일으키는 비난, 방임 혹은 학대에 대한 유년기 경험을 탐색하고 다루기

37. 내담자에게 Bradshaw의 저서 『당신을 얽매는 수치심 치료하기(Healing the Shame That Binds You)』와 Fossum과 Mason의 저서 『수치심 직면하기(Facing Shame)』를 읽도록 하고 핵심 주제에 대해 다루기

19. 두려움과 회피와 관련된 현재의 어려움에 영향을 준 발달 과정상의 충돌에 대해 작업하고 적절한 행동 취하기(38)

38. 정신역동적 갈등(예, 분리/자율성, 분노에 대한 인식, 관리 및 대처)이 사회적 공포나 회피로 발현되는지 파악하기 위해 통찰지향적인 접근법을 사용하기; 전이 다루기; 치료 중 분리와 분노의 주제를 다루고, 분리와 자율성을 다룰 수 있는 새로운 능력을 발달시키는 방향으로 종결하기

20. 친밀한 관계를 피하기 위해 사용되
는 방어기제를 직접 말로 표현하기
(39)

21. 추수 회기에 돌아와서 진행 상황을
추적하고, 성과를 강화하며, 어려움
과 관련된 문제를 해결하기(40)

39. 내담자가 타인으로부터 거리를 두게 하고 관
계에서 신뢰를 쌓는 것을 방해하는 방어기제
를 알아차릴 수 있도록 도와주기; 방어기제를
최소화할 수 있는 방법을 알아차리게 하기

40. 치료가 끝난 뒤 1~3개월 후 추수 회기를 잡기

___ . _____
_____

___ . _____
_____

___ . _____
_____

___ . _____
_____

___ . _____
_____

___ . _____
_____

📝 진단 제안

DSM-IV/ICD-9-CM 사용

축 I :	300.23	사회불안장애(사회공포증)(Social Phobia)
	300.4	지속성 우울장애(기분저하증)(Dysthymic Disorder)
	296.xx	주요우울장애(Major Depressive Disorder)
	300.7	질병불안장애(Body Dysmorphic Disorder)
	_____	_____
	_____	_____
축 II :	301.82	회피성 성격장애(Avoidant Personality Disorder)
	301.0	편집성 성격장애(Paranoid Personality Disorder)
	310.22	분열성 성격장애(Schizotypal Personality Disorder)
	_____	_____
	_____	_____

DSM-5/ICD-9-CM/ICD-10-CM 사용

ICD-9-CM	ICD-10-CM	DSM-5 장애, 상태, 문제
300.23	F40.10	사회불안장애(사회공포증)[Social Anxiety Disorder(Social Phobia)]
300.4	F34.1	지속성 우울장애(기분저하증)(Persistent Depressive Disorder)
296.xx	F32.x	주요우울장애, 단일삽화(Major Depressive Disorder, Single Episode)
296.xx	F33.x	주요우울장애, 재발성 삽화(Major Depressive Disorder, Recurrent Episode)
300.7	F45.22	질병불안장애(Body Dysmorphic Disorder)
301.82	F60.6	회피성 성격장애(Avoidant Personality Disorder)
301.0	F60.0	편집성 성격장애(Paranoid Personality Disorder)
310.22	F21	분열성 성격장애(Schizotypal Personality Disorder)
301.20	F60.1	조현성 성격장애(Schizoid Personality Disorder)

참고: ICD-9-CM 코드(규정, 규칙, 부호)는 미국에서 2014년 9월 30일까지 코딩(or 부호화) 목적으로 사용됩니다. ICD-10-CM 코드는 2014년 10월 1일부터 사용됩니다. 일부 ICD-9-CM 코드는 하나 이상의 ICD-10-CM 및 DSM-5 장애, 상태 또는 문제와 관련이 있습니다. 또한 일부 ICD-9-CM 장애분류가 중단되어 여러 개의 ICD-9-CM 코드가 하나의 ICD-10-CM 코드로 대체되었습니다. 일부 중단된 ICD-9-CM 코드는 이 표에 나열되지 않습니다. 자세한 내용은 『정신질환의 진단 및 통계 편람』(2013)을 참조하십시오.

The Complete Adult Psychotherapy Treatment Planner

신체 증상 장애(Somatization)

📄 행동적 정의

1. 심리적 갈등을 유발하는 심리 사회적 스트레스 요인에 의해 야기되는 것으로 보이는 육체적 질병에 대해 불평한다.
2. 의학적 근거도 전혀 없이 심각한 육체적 질병에 대한 두려움에 사로잡힌다.
3. 신체적인 문제의 의학적 근거는 없지만, 삶의 변화를 가져온 다수의 신체적 불편감을 호소한다(예, 의사를 자주 보는 것, 처방전 받기, 책임 회피하기).
4. 육체적 질병에 의해 예상되는 수준보다 더 심하게 혹은 신체적 원인이 없는데도 불구하고 만성적인 고통에 집착한다.
5. 알려진 원인이 없는 한 개 이상의 신체적 문제(대체로 모호함)에 대한 불평으로 인해 예상했던 것 이상으로 일상생활에 장애를 초래한다.
6. 심리적 요인이 있는 하나 이상의 해부학적 부위의 통증과 통증의 기준이 되는 의학적 상태에 집착한다.
7. 자신이 만들어 낸 외모에 대한 신체적 결점에 집착하고 아주 작은 결점에 대해 굉장히 과장된 걱정을 한다[신체 이형 장애(Body Dysmorphic Disorder)].

—·————————————————————————————
————————————————————————————————

— · _____
_____
— · _____
_____

🎯 장기 목표

1. 신체적 불편의 빈도를 줄이고 기능 수준을 증가시키기
2. 고통에 집중하는 언어 표현을 줄이면서 생산적인 활동을 증가시키기
3. 약간의 사소한 결점을 가지고 있더라도 신체적인 외양을 정상적인 것으로 받아들이기
4. 자신을 질병이나 장애를 가지고 있지 않은 상대적으로 건강한 사람으로 받아들이기
5. 스트레스 관리를 위한 적절한 대처기술을 개발해 신체적 기능을 증진시키기

— · _____
_____
_____
— · _____
_____
_____
— · _____
_____

⏱ 단기 목표

1. 건강에 대한 염려 그리고/또는 몸에 대한 부정적인 감정들, 자각된 신체 이상이 어떤 두려운 결과를 낳을 것 같은지 말로 표현해 보기(1, 2, 3)

🗣 치료적 중재

1. 내담자가 호소하는 불편함을 거부하거나 직면시키지 말고 경청하며 내담자와 이해 및 신뢰를 형성하기
2. 건강상의 불편을 무시하거나 사소한 것으로 취급하지 않으며 신뢰 관계를 형성하고, 심리사회적인 치료를 제안하기
3. 증상, 두려움, 기능에 끼치는 영향, 스트레스 요인, 치료의 목표를 포함해 내담자의 신체화

2. 현재 문제의 깊이와 폭을 평가할 수 있는 심리검사 수행하기(4)

3. 신체화 치료에 기여하거나 치료를 곤란하게 할 수 있는 약물의 사용력을 밝히기(5)

4. DSM 진단, 치료 효능, 치료 관계의 속성과 관련된 항목에 대한 행동적, 정서적, 태도적 정보를 제공하기(6, 7, 8, 9)

증상이 가지고 있는 병력을 평가하기

4. 현재 불편증상의 특성과 심각도를 평가하기 위한 검사를 실시하기(예, 신체변형 장애 검사, 휘틀리 검사, 건강염려에 대한 질병 태도 척도); 내담자와 검사결과를 논의하기; 상태의 진전을 평가하기 위해 필요하다면 재검사하기

5. 약물 남용 평가(substance abuse evaluation)를 준비하고 만약 평가결과가 사용력을 알아볼 것을 추천한다면 내담자에게 이를 문의하기 (이 책의 '물질 사용' 챕터 참조)

6. '현재 문제'에 대한 내담자의 통찰 수준(동조적 vs. 이질적)을 평가하기(예, '기술된 행동'이 가진 문제에 대한 통찰을 보여 주고 타인들의 우려에 동의하며 변화를 위한 치료작업에 대한 동기가 있다; '기술된 문제'에 대해 상반된 감정을 보이고 해당 사안을 문제로 여기는 것을 불편해한다; '기술된 문제'를 인정하는 것에 저항하고 걱정하지 않으며 변화동기가 없다.)

7. 연구를 기반으로 두고 있는 공존 장애의 증거가 있는지 내담자를 평가하기(예, ADHD와 적대적 반항 장애, 불안장애에 수반되는 우울증). 필요하다면 자살 위험성을 포함하기(예, 공존 우울증이 있을 때 자살 위험이 증가할 수 있음)

8. 현재 정의된 내담자의 '문제행동'을 설명하는 데 도움을 줄 수 있는 나이, 성별, 문화 등의 주제와 내담자의 행동에 대해 더 나은 이해를 제공할 수 있는 요인들을 평가하기

9. 적절한 개입 수준을 결정하기 위해 내담자의 기능 수준에 미치는 장애의 심각도를 평가하기(예, 언급된 행동이 사회적, 관계적, 직업적 노력

에서 약한, 보통의, 심각한, 매우 심각한 장애를 낳는지); 계속해서 장애의 심각도와 치료의 효과를 평가하기(예, 내담자는 더 이상 심각한 장애를 보여 주지 않지만 제시된 문제가 약하거나 보통 수준의 장애를 야기하고 있다.)

▽ 5. 향정신성 약물에 대한 의사의 평가와 협력하기(10)

10. 내담자가 향정신성 약물의 처방을 위해 의사의 진단을 받아볼 수 있도록 하기(예, 선택적 세로토닌재흡수억제제: SSRIs) ▽

▽ 6. 지속적으로 향정신성 약물을 복용하기(11)

11. 내담자가 처방에 잘 따르는지, 부작용, 전반적인 약물의 효과 등을 관찰하기; 규칙적으로 의사를 만나 상의하기 ▽

▽ 7. 개인/집단 인지행동치료에 참여하기(12)

12. 인지-행동/스트레스 면역 훈련(Stress Inoculation Training approach)을 사용해 내담자가 스트레스와 신체화의 관계를 개념화할 수 있도록 돕고, 문제 중심 대처를 통해 스트레스 요인을 관리하고, 공포를 감소시키고, 회피를 극복하고, 현재의 적응수준을 증가시키기 위한 맞춤 기술들(예, 진정과 대처기술, 의사소통, 문제해결, 노출법)을 배우고 실시할 수 있도록 하기[Meichenbaum의 『스트레스 면역 훈련(Stress Inoculation Training)』; Taylor와 Asmundson의 『신체불안 치료기(Treating Health Anxiety)』; Veale과 Neziroglu의 『신체변형장애(Body Dysmorphic)』를 참고하라.] ▽

▽ 8. 치료의 근거에 대한 이해를 언어로 표현하기(13)

13. 방어에 민감하게 반응하면서, 내담자에게 장애를 지속시키는 데 있어 편향된 두려움(biased fears)과 회피의 역할을 교육하기; 증상을 악화시키는 스트레스의 역할을 교육하기; 어떻게 치료가 두려움을 진정시키고, 두려움과 그 이면의 근본적인 믿음을 현실적

으로 검증하는 장이 되는지, 어떻게 치료가 스트레스를 관리하는 기술을 습득하도록 돕는지, 외모나 건강 또는 다른 관심사에 관한 자신감과 자기수용력을 키우는지 논의하기 ▽ᴱᴮᵀ

▽ᴱᴮᵀ 9. 편향되고(biased) 두려움을 유발하는 자기대화를 확인하고 현실적이고 수용적인 자기대화와 신념으로 바꾸기(14, 15)

14. 인지 재구조화 기법을 사용하여 내담자의 두려움을 매개하고 회피행동과 두려움을 줄이기 위해 과도하게 확인하는 행동(reassurance seeking)과 관련되는 내담자의 자기대화와 그 이면에 깔려 있는 신념을 탐색하기(예, "난 건강한 사람인 적이 없었어." "이런 감각들은 문제가 있다는 것을 나타내." "내 벗겨지는 머리가 혐오스러워."); 내담자가 그러한 편견에 도전하고 그것을 올바르게 교정할 수 있도록 돕기[Taylor와 Asmundson이 쓴 『건강염려 다루기(Treating Health Anxiety)』를 보기; Jongsma가 저술한 『성인 심리치료 과제 플래너(Adult Psychotherapy Homework Planner)』에 '부정적인 생각이 부정적인 감정을 일으킨다(Negative Thoughts Trigger Negative Feelings)'를 과제로 내기] ▽ᴱᴮᵀ

15. 편향된 신념과 대안적인 신념을 반복적으로 검증하는 행동 실험하기; 성과를 검토하고 강화하기; 두려움을 유발하는 신념에서 변화하는 것의 걸림돌을 해결하기 ▽

▽ᴱᴮᵀ 10. 신체적 불편감을 호소하는 데 영향을 줄 수 있는 현재의 스트레스에 대해 논의하기(16)

16. 어떻게 스트레스가 신체적 증상에 대한 주의집중 및/또는 경험을 악화시킬 수 있는지 내담자가 받아들일 수 있는 수준까지 논의하고 개별화된 스트레스 대처기술을 배우는 이유를 제공하기 ▽ᴱᴮᵀ

▽ 11. 두려움을 유발하는 외부 및 내부 단서에 대한 반복적인 심상 노출 또는 실제노출법에 참여하기(17, 18, 19)

17. 두려움을 유발하는 외부의 계기(예, 사람, 상황, 감각)와 미묘하고 명백한 회피 전략들[예, 신체기형장애를 가진 사람들을 위한 몸을 가리는 옷을 입는 것, 건강염려(hypochondriasis)에 대해 과도하게 확인하는 행동]을 평가하기 ▽

18. 두려움의 트리거(triggers)의 위계를 세우도록 돕기; 미묘하고 분명한 회피 습관을 줄이면서 내담자가 두려워하는 쪽으로 내담자를 점점 노출시키기 ▽

19. 내담자가 성공할 가능성이 높은 초기의 노출을 고르기; 내담자의 모델이 되어 주고 노출 전후에 인지 재구조화를 하기; 필요하다면 반응방지기법을 포함하기(예, 신체기형장애를 가진 내담자에게 안심추구 행동을 하지 않으며 바람직하지 않은 신체적 특징을 가리지 않을 것을 요청하기; 의학적인 진단을 위한 합리적인 일정을 준수하기) ▽

▽ 12. 전반적인 불안을 줄이고 불안 증상을 다루기 위한 진정기술을 배우고 실행하기(20, 21, 22)

20. 내담자에게 진정/안심 기술(예, 응용 이완법, 점진적 근육이완법, 신호조절이완법; 마음챙김 호흡; 바이오피드백)과 이완과 긴장을 더 잘 구분하는 방법을 가르치기; 이런 기술들을 어떻게 그의 일상에 적용할 수 있는지 가르치기[예, Bernsteing와 Borkovec이 저술한 『점진적 이완 기술(Progrssive Relaxation Training)』; Davis, Robbins-Eshelman, McKay가 저술한 『이완 및 스트레스 감소 워크북(The Relaxation and Stress Reduction Workbook)』] ▽

21. 내담자에게 일상적인 이완 훈련을 하는 매 회기마다 과제를 내주고 불안은 유발하지 않는 상황에서 불안감을 유발하는 상황으로 점진

적으로 적용하도록 하기; 개선을 위한 교정적인 피드백을 제공하면서 성과를 검토하고 강화하기 ▽

22. 내담자에게 관련된 책과 치료 매뉴얼에서 점진적 근육이완법과 다른 진정 기법을 읽도록 과제 내주기[예, Bernstein, Borkovec과 Hazlett-Stevens가 저술한 『점진적 근육 이완법의 새로운 접근(New Directions in Progressive Muscle Relaxation)』; Craske와 Barlow가 저술한 『불안과 걱정에 통달하기 워크북(Mastery of Your Anxiety and Worry-Workbook)』] ▽

▽ 13. 걱정을 현실적으로 다루는 전략을 배우고 실행하기(23)

23. 내담자에게 문제를 정의하고, 그것을 다룰 수 있는 선택지를 생각해 내고, 각각 선택지의 장점과 단점을 평가하고, 특정 행동을 선택하고 시행하고, 그 행동을 재평가하고 수정하는 것과 관련된 문제해결 전략을 가르치기[혹은 Jongsma가 저술한 『성인 심리치료 과제 플래너(Adult Psychotherapy Homework Planner)』의 '행동하기 전 계획하기(Plan Before Acting)'를 과제로 내기] ▽

▽ 14. 두려움을 유발하는 외부 및 내부 단서에 대한 노출 과제를 완수하기(24)

24. 내담자에게 그가 매 회기 사이에 반복되는 노출을 통해 새로운 기법을 강화할 수 있도록 과제를 내주고 반응을 기록하게 하기[혹은 Jongsma가 저술한 『성인 심리치료 과제 플래너(Adult Psychotherapy Homework Planner)』의 '공포증에 대한 공포를 점진적으로 줄이기(Gradually Reducing Your Phobic Fear)'를 숙제로 내주기]; 다음 회기에서 성과를 검토하고 강화하기, 개선에 걸림돌이 되는 것을 해결하기 ▽

▽ 15. 강박적 사고의 빈도를 감소시키기 위해 '사고 중단법'을 사용하기(25, 26)

25. 신호등의 빨간 불을 상상하면서 스스로에게 조용히 "그만."이라고 외치고 차분해지는 장면을 떠올리는 '사고 중단법'을 활용하여 비판적인 자의식적 생각을 중단하도록 내담자를 가르치기 ▽

26. 내담자가 회기 사이에 매일 '사고 중단법'을 시행하도록 시키기[또는 Jongsma의 『성인 심리치료 과제 플래너(Adult Psychotherapy Homework Planner)』에 있는 '사고중단법 활용(Making Use of the Thought-Stopping Technique)'을 시행하도록 하기] ▽

▽ 16. 생각과 감정을 단호하고 직접적으로 표현하기(27, 28, 29)

27. 지시, 역할극, 행동 시연을 활용하여 내담자에게 생각과 감정의 단호하고 정중한 표현을 가르치기 ▽

28. 내담자에게 자기주장 훈련을 시키거나 자기주장 훈련 수업에 의뢰하기[Alberti와 Emmons의 저서 『당당하게 요구하라(Your Perfect Right: Assertiveness and Equality in Your Life and Relationships)』를 추천] ▽

29. 내담자가 건강에 대한 욕구를 채우기 위한 수단으로 수동적 무력감 대신 내담자의 자기주장을 강화하기 ▽

▽ 17. 외상 관련 상황을 마주함으로써 초래되는 생각, 감정, 충동을 다루기 위해 안내된 자기대화를 배우고 시행하기(30)

30. 내담자가 부적응적인 자기 대화를 인식하고, 그것의 편견에 도전하고, 초래된 감정에 대처하고, 회피를 극복하고, 성취를 강화하는 것을 배울 수 있는 안내된 자기대화 과정을 가르치기; 진전사항을 검토하고 강화하며 효과적인 통합적 접근법을 발전시키는 데 장애가 되는 것들을 해결하기 ▽

18. 지정 도서의 완독을 통해 건강 및 외모 불안에 대해 배우기(31)

31. 자신의 건강 및 외모 염려에서 불안의 역할을 받아들인 내담자에게 치료 모델과 일치하는 자조 서적의 건강 불안에 대해 읽도록 하기[예, Zgourides의 『건강염려 멈추기(Stop Worrying About Your Health)』; Claiborne과 Pedrick의 『BDD워크북(The BDD Workbook)』; Otis의 『만성통증 다루기: 인지행동적 접근 워크북(Managing Chronic Pain: A Cognitive-Behavioral Therapy Approach Workbook)』]

19. 미래에 나타날 수 있는 증상 발현을 다루기 위한 유지 전략을 시행하기 (32, 33, 34, 35)

32. 증상 발현은 일시적 문제로, 재발은 이 장애의 특징인 지속적인 패턴의 생각·감정·행동으로 돌아가는 것으로 연관시키며 내담자와 함께 증상 발현과 재발의 차이점을 논의하기

33. 문제 증상이 나타날 수 있는 미래의 상황이나 환경에 대한 관리를 내담자와 함께 확인하고 연습하기

34. 신체적 불편감 호소, 자기 의식적 두려움, 그리고/또는 회피 패턴에 내부적으로 주의를 두는 이전의 패턴으로 돌아가는 것을 방지하기 위해 치료에서 배운 전략(예, 이전에 두려워했던 외부 또는 내부적 단서에 지속적으로 노출)을 일상적으로 사용하도록 지시하기

35. 내담자가 치료 효과를 유지하는 것을 돕도록 정기적인 '유지 회기' 일정을 계획하기

20. 신체적 불편감 호소에 초점을 두게 되는 삶의 정서적 스트레스의 원인에 대해 논의하기(36, 37, 38)

36. 내담자의 논의를 신체적 불편감 호소에서 정서적 갈등 및 감정 표현으로 재초점화하기

37. 두려움, 부적절감, 거절 또는 학대에 대한 내담자의 정서적 고통의 원천을 탐색하기

38. 신체적으로 초점을 맞추는 것과 정서적 갈등을 회피하는 것 사이의 연관성을 내담자가

21. 신체적 질병에 대해 과장되게 집중하는 가족 패턴이 내담자의 주위에 존재하는지 확인하기(39)

22. 신체적 불편감 호소로 인해 얻게 되는 이차적 이득을 말로 표현하기(40)

23. 건강 및 외모 염려에 대한 수용 전념 치료(ACT)에 참여하기(41, 42, 43)

수용하도록 돕기

39. 신체적 불편감 호소에 대한 모델링과 강화에 대한 내담자의 가족력을 탐색하기

40. 신체적 질병, 불편감 호소 등으로부터 얻는 이차적 이득에 대한 통찰력을 발달시키도록 내담자를 돕기

41. 내담자가 걱정스러운 생각과 이미지에 지나치게 영향을 받지 않으면서 그들의 존재를 경험하고 수용하며, 자신의 시간과 노력을 개인적으로 의미 있는 가치와 일치하는 활동에 쏟는 것을 돕도록 ACT 접근법을 사용하기[Hayes, Strosahl과 Wilson의 『수용 전념 치료(Acceptance and Commitment Therapy)』를 참고]

42. PTSD와 관련된 부정적인 사고 과정을 인식하고, 현실에 기반하지 않은 정신 현상에는 반응하지 않고 알아차리는 반면, 현실에 기반한 사고, 심상, 충동은 수용함으로써 이러한 사고와의 관계를 변화시킬 수 있도록 마음챙김 명상을 가르치기[Zabat-Zinn의 Guided Mindfulness Meditationi(Audio CD)을 참고]

43. 마음챙김 명상과 ACT(수용전념치료)의 접근 방식을 일상생활에 통합하여 배움을 실행하도록 내담자에게 과제를 내주기[또는 Dahl과 Lundgren의 『고통을 넘어서 살기: 만성통증을 감소시키기 위한 수용전념치료 사용하기(Living Beyond Your Pain: Using Acceptance and Commitment Therapy to Ease Chronic Pain)』를 과제로 내주기]

24. 자기 및 신체적 불만에 몰두하기보다는 사회적 및 생산적 활동을 증가시키기(44, 45)

25. 신체적 통증, 의사의 방문, 약물에 대한 의존을 줄이는 동시에 자신이 정상적이고 생산적으로 기능할 수 있다는 언어적 평가를 증가시키기(46, 47)

26. 신체적 문제를 핑계로 삼으며 불평하거나 회피하지 않고 직업적이고 사회적으로 정상적인 책임을 지기(48, 49)

44. 신체적인 초점으로부터의 보상과 전환으로 작용할 수 있는 즐거운 활동 목록을 개발하도록 내담자를 도와주기[Jongsma의 『성인 심리치료 과제 플래너(Adult Psychotherapy Homework Planner)』의 '즐거운 활동을 확인하고 계획 잡기(Identify and Schedule Pleasant Activities)'를 과제로 내주기]

45. 내담자 자신에게 주의를 끄고 다른 곳으로 주의를 돌리는 다양한 활동들(diversion activities), 즉 취미 활동, 사회 활동, 다른 사람들을 돕는 것, 하던 일 마저 끝내기 또는 직장복귀를 과제로 내주기

46. 내담자가 자부심과 기여감을 가질 수 있도록 고통을 견뎌 내고 책임감을 가지게 도전하기

47. 내담자가 매일 스스로의 신체적 문제를 생각하고, 말하고, 적을 수 있는 특정 시간을 구조화하는 동시에 그 밖의 시간에는 자신의 신체적 문제에 주의를 기울이지 않도록 하기; 중재 효과를 모니터하고 검토하기[또는 Jongsma의 『성인 심리치료 과제 플래너(Adult Psychotherapy Homework Planner)』의 '신체 문제에 초점을 기울이는 것을 통제하기(Controlling the Focus on Physical Problems)'를 과제로 내주기]

48. 내담자가 증상에 대해 주의를 기울이거나 이야기하지 않고 회피하거나 변명하지 않고 자신의 신체를 정상으로 여기거나 일상 업무, 가족 및 사회 활동을 수행했을 때 긍정적인 피드백을 주기

49. 계속적인 불평 및/또는 부정적인 신체 초점이 친구와 가족 관계에 미치는 파괴적인 사회적 영향을 내담자와 논의하기; 내담자가 이를 되돌아보도록 하고 사람들이 어떻게 불평에 부정적으로 반응했는지 떠올리도록 하기

27. 통증 클리닉에 진료를 예약하고 다니기(50)

50. 통증 관리 기술을 배우도록 내담자를 통증 클리닉(pain clinic)에 의뢰하기

___ . _____

    _____

    _____

___ . _____

    _____

    _____

___ . _____

    _____

___ . _____

    _____

    _____

___ . _____

    _____

    _____

___ . _____

    _____

📝 진단 제안

DSM-IV/ICD-9-CM 사용

축 I :	300.7	신체 변형 장애(Body Dysmorphic Disorder)
	300.11	전환 장애(Conversion Disorder)
	300.7	건강염려증(Hypochondriasis)
	300.81	신체화 장애(Somatization Disorder)
	307.80	심리적 요인과 연관된 동통장애(Pain Disorder Associated With Psychological Factors)
	307.89	심리적 요인과 일반적인 의학적 상태가 동시에 연관된 동통장애 (Pain Disorder Associated With Both Psychological Factors and a General Medical Condition)
	300.81	미분화형 신체형 장애(Undifferentiated Somatoform Disorder)
	300.4	기분 부전 장애(Dysthymic Disorder)
	_____	_____
	_____	_____

DSM-5/ICD-9-CM/ICD-10-CM 사용

ICD-9-CM	ICD-10-CM	DSM-5 장애, 상태, 문제
300.7	F45.22	신체 변형 장애(Body Dysmorphic Disorder)
300.11	F44.x	전환 장애(Conversion Disorder)
300.7	F45.21	질병불안장애(Illness Anxiety Disorder)
300.81	F45.1	신체 증상 장애(Somatic Symptom Disorder)
307.80	F45.1	두드러진 통증을 동반한 신체 증상 장애(Somatic Symptom Disorder, With Predominant Pain)
307.89	F54	심리적 요인에 의한 신체 증상(Psychological Factors Affecting Other Medical Conditions)
300.4	F34.1	지속성 우울장애(기분저하증)(Persistent Depressive Disorder)

참고: ICD-9-CM 코드(규정, 규칙, 부호)는 미국에서 2014년 9월 30일까지 코딩(or 부호화) 목적으로 사용됩니다. ICD-10-CM 코드는 2014년 10월 1일부터 사용됩니다. 일부 ICD-9-CM 코드는 하나 이상의 ICD-10-CM 및 DSM-5 장애, 상태 또는 문제와 관련이 있습니다. 또한 일부 ICD-9-CM 장애분류가 중단되어 여러 개의 ICD-9-CM 코드가 하나의 ICD-10-CM 코드로 대체되었습니다. 일부 중단된 ICD-9-CM 코드는 이 표에 나열되지 않습니다. 자세한 내용은 『정신질환의 진단 및 통계 편람』(2013)을 참조하십시오.

The Complete Adult Psychotherapy Treatment Planner

영적 문제(Spiritual Confusion)

📄 행동적 정의

1. 영적 존재에 더 다가가고 싶은 소망을 표현한다.
2. 영적 존재에 대하여 두려움, 분노, 불신이 두드러진 감정과 태도를 가지고 있다.
3. 무언가를 잃어버린 것 같은, 삶에 대한 공허감을 표현한다.
4. 삶과 다른 사람들에 대해 부정적이고 절망적인 시각을 갖고 있다.
5. 영적 존재를 필요로 하지만, 가정환경에서 종교적 교육이나 훈련이 없었기에 어디서 어떻게 시작해야 할지 알지 못한다.
6. 종교적인 가정환경에서 경험한 분노와 상처, 거절 경험으로 인해, 영적 존재와 만나지 못한다.
7. 중독치료 자조집단(AA)의 기본 방침 중 2단계와 3단계 방침을 이해하고 받아들이기 어려워한다(즉, 영적 존재를 믿는 데 어려움을 겪는다).

— . _____
_____
— . _____
_____
— . _____
_____

🎯 장기 목표

1. 영성을 명확히 하고, 도움을 얻기 위해 자유롭게 영적 존재에 다가갈 수 있음을 알려 주기
2. 영적 존재와의 관계에 대한 믿음을 증진시키고, 영적 존재와의 관계를 더 발전시키기
3. 영적 존재를 믿기 시작하고, 그러한 믿음을 기존의 지지 체계에 통합시키기
4. 신앙이 더 강해지지 못하게 방해해 온 문제들을 해결하기

___ . _____
_____
___ . _____
_____
___ . _____
_____

🕐 단기 목표

1. 지금까지 자신의 영적 탐구과정이나 영적 여정에서 중요했던 순간들을 요약하기(1)

2. 영적 존재와 관련된 믿음과 감정을 묘사하기(2, 3, 4)

👥 치료적 중재

1. 자신의 영적 탐구과정이나 영적 여정에 대한 이야기를 말하거나 글로 쓰게 하기[또는 Jongsma의 『성인 심리치료 과제 플래너(Adult Psychotherapy Homework Planner)』에서 '나의 영성 이야기(My History of Spirituality)'를 과제로 내기]; 영적 여정에 대한 내용을 다루기

2. 영적 존재와 관련된 모든 믿음을 나열해 보도록 하기; 그 믿음들에 대해 다루기
3. 내담자가 영적 존재와 관련된 감정을 다루고 명확히 할 수 있도록 도와주기
4. 영적 존재에 대한 내담자의 반응 중 감정적인 요소들(예, 두려움, 거부당한 느낌, 평화로운 느낌, 수용받는 느낌, 버려진 것 같은 느낌)의 원인을 탐색하기

3. DSM 진단과 관련된 특징의 평가, 처치의 효과, 치료 관계의 속성에 대한 행동적, 정서적, 태도적 정보를 제공하기(5, 6, 7, 8)

4. 생애 초기에 영성에 대해서 어떻게 학습하였는지 기술하고, 이러한 과거의 경험이 현재의 종교적 믿음에 어떤 영향을 미치는지 확인하기(9)

5. '호소문제'에 대한 내담자의 통찰(자아동질적 대 자아이질적) 수준을 평가하기(예, '기술된 행동'의 문제성에 대한 좋은 통찰력을 보여 주고, 타인의 관점에 동의하며, 변화에 대한 동기부여가 되었는지, '기술된 문제'에 대해 양가성을 보이며, 문제를 문제로 제기하기를 꺼려하는지, '기술된 문제'를 인정하는 것에 저항하고, 관심이 없고, 변화에 대한 동기를 보이지 않는지)

6. 필요하다면, 자살취약성(예, 우울 동반이 분명한 경우 자살 위험 증가)을 포함한 연구 기반 공존장애의 증거를 평가하기(예, ADHD를 동반한 적대적 반항장애, 불안장애를 동반한 우울증)

7. 내담자의 현재 정의되는 '문제행동'을 설명해 주는 데 도움이 되는 나이, 성, 문화와 관련된 문제와 내담자의 행동을 보다 잘 이해할 수 있는 요인들을 평가하기

8. 적절한 돌봄 수준을 결정하는 내담자의 기능 손상의 심각성을 평가하기(예, 사회적, 관계적, 직업적, 노력에서 경도, 중등도, 고도 또는 최고도 손상을 일으킨다고 알려진 행동); 치료의 효과성뿐만 아니라 손상의 심각성을 지속적으로 평가하기(예, 내담자는 더 이상 심각한 손상을 보이지는 않지만, 현재 문제는 경도 또는 중등도 손상을 초래하고 있다.)

9. 종교적 믿음과 관련된 내담자의 생애 초기 경험을 살펴보고, 이러한 경험들이 현재의 믿음에 어떤 영향을 미치고 있는지 탐색하기

5. 영적인 존재(Higher Power)의 개념에 대한 지식과 이해가 높아진 것을 말로 표현하기(10, 11)

6. 영적인 존재를 믿게 하는 데 장애가 되는 것을 구체적으로 확인하기(12, 13)

7. 종교와 신념 사이의 차이를 확인하기(14)

8. 가혹하고 비난하는 믿음에서 용서하고 사랑하는 믿음으로 영적인 존재(Higher Power)의 개념을 바꾸기(13, 15)

9. 영적인 존재에 다가가는 것을 매일 시도하기(16, 17, 18)

10. 내담자의 영적인 갈등, 이슈, 질문을 사제, 목사, 랍비, 신부와 이야기하고 피드백을 기록해 오게 하기

11. 영적인 존재에 대한 지식과 개념을 형성하기 위해 Strobel의 저서 『특종 믿음 사건(The Case for Faith)』, Lewis의 저서 『순전한 기독교(Mere Christianity)』, Amstrong의 저서 『신을 위한 변론(The Case for God)』을 내담자가 읽게 하기

12. 내담자의 영성을 발전시키는 데 방해가 되는 특별한 이슈나 장애들을 확인하도록 돕기

13. 개종의 경험을 다룬 책을 읽도록 내담자를 독려하기[예, Lewis의 『예기치 못한 기쁨(Surprised by Joy)』; Augustine의 『어거스틴의 참회록(The Confessions of St. Augustine)』; Merton의 『칠층산(The Seven Storey Mountain)』]

14. 종교와 영성 간의 차이에 대해 내담자를 교육하기

13. 개종의 경험을 다룬 책을 읽도록 내담자를 독려하기[예, Lewis의 『예기치 못한 기쁨(Surprised by Joy)』; Augustine의 『어거스틴의 참회록(The Confessions of St. Augustine)』; Merton의 『칠층산(The Seven Storey Mountain)』]

15. 영적인 존재의 특징에는 반성하고, 용서를 구하는 이들에 대한 사랑과 자비로운 용서가 있다는 것을 강조하기

16. 내담자에게 매일 명상이나 기도를 시도하는 것을 추천하기; 경험을 처리하기

17. 내담자가 자신의 영적인 존재에 대한 일기를 적게 하기

10. 영적인 존재와 육신의 아버지 (earthly father) 간의 분리에 대한 믿음과 감정을 말로 표현하기(19, 20)

11. 현재 영성에 대한 평가를 할 때 과거 종교와 관련된 사람으로 인한 부정적인 경험을 분리할 필요가 있다는 점을 인정하기(21, 22)

12. 영적인 존재에 의해 용서와 수용이 이루어졌다는 것을 말로 표현하기 (23, 24)

13. 영적인 깊이가 있고 존경할 만한 사람에게 멘토가 되어 달라고 요청하기(25)

18. 영성의 성장을 키울 수 있는 매일의 종교적인 시간이나 기타 종교 활동을 늘리고, 수행할 수 있도록 내담자를 격려하고 돕기

19. 영적인 존재와 함께 육신의 아버지에 대한 내담자의 믿음과 감정을 비교할 수 있도록 돕기

20. 영성의 성장과 성숙을 위해 영적인 존재로부터 육신의 아버지에 대한 감정과 믿음을 분리하도록 격려하기

21. 과거 종교와 관련된 사람으로 인한 고통스러운 정서 경험으로부터 분리해 종교 교리를 평가하도록 돕기

22. 내담자가 다른 사람 때문에 갖게 된 종교적 왜곡 및 자기중심적 판단(judgmentalism)을 탐색하기

23. 내담자에게 Helmfelt와 Fowler의 저서 『평안함: 회복을 위한 12단계의 동역자(A Companion for Twelve Step Recovery)』를 읽도록 요청하기-AA단계 2와 3(AA Steps Two and Three)과 관련된 모든 자료; Peck의 저서 『아직도 가야 할 길(The Road Less Traveled)』, Smedes의 『수치와 은혜: 우리에게 마땅하지 않은 수치 치유하기(Shame and Grace: Healing the Shame We Don't Deserve)』; 용서의 개념을 처리하기

24. 영적인 존재의 앞에서 자신의 무가치함을 느끼게 되는 내담자의 자기 비난이나 죄책감에 대해 탐색하기

25. 내담자의 영적인 발전을 가이드해 줄 수 있는 멘토를 찾도록 돕기

14. 영성을 풍부하게 해 줄 수 있는 집단
　　에 함께하기(26, 27)

15. 영적인 존재에 더 많이 접근하는 데
　　초점을 맞춘 책을 읽기(28)

26. 내담자가 영성을 풍요롭게 할 수 있는 기회가
　　있음을 인식하게 하기(예, 성경 연구, 스터디 그
　　룹, 동료 그룹); 내담자가 선택한 경험을 계속
　　적으로 처리하도록 하기

27. 영성 수련에 참여하도록 내담자에게 제안하
　　고[예, 데꼴로레스(DeColores: 가톨릭 쇄신 운동,
　　빛과 함께] 또는 기적 수업(Course in Miracles),
　　참여 경험이 어땠는지 그리고 경험으로부터
　　얻은 것은 무엇인지 상담자와 이야기하기

28. 내담자의 영성을 키울 수 있는 책을 읽게 하
　　기[예, Norris의 저서 『수도원 산책(The Cloister
　　Walk)』; Warren의 저서 『목적이 이끄는 삶(The
　　Purpose-driven Life)』; Moore의 저서 『영혼의 돌
　　봄(The Care of the Soul)』]

___ . _____

___ . _____

___ . _____

___ . _____

___ . _____

___ . _____

📝 진단 제안

DSM-IV/ICD-9-CM 사용

축I:		
	300.4	기분부전장애(Dysthymic Disorder)
	311	달리 분류되지 않는 우울장애(Depressive Disorder NOS)
	300.00	달리 분류되지 않는 불안장애(Anxiety Disorder NOS)
	296.xx	주요우울장애(Major Depressive Disorder)
	_____	_____
	_____	_____

DSM-5/ICD-9-CM/ICD-10-CM 사용

ICD-9-CM	ICD-10-CM	DSM-5 장애, 상태, 문제
300.4	F34.1	지속적 우울장애(기분저하증)(Persistent Depressive Disorder)
311	F32.9	명시되지 않은 우울장애(Unspecified Depressive Disorder)
311	F32.8	달리 명시된 우울장애(Other Specified Depressive Disorder)
300.09	F41.8	달리 명시된 불안장애(Other Specified Anxiety Disorder)
300.00	F41.9	명시되지 않은 불안장애(Unspecified Anxiety Disorder)
296.xx	F32.x	주요우울장애, 단일 삽화(Major Depressive Disorder, Single Episode)
296.xx	F32.x	주요우울장애, 재발성 삽화(Major Depressive Disorder, Recurrent Episode)
V62.89	Z65.8	종교적 또는 영적 문제(Religious or Spiritual Problem)

참고: ICD-9-CM 코드(규정, 규칙, 부호)는 미국에서 2014년 9월 30일까지 코딩(or 부호화) 목적으로 사용됩니다. ICD-10-CM 코드는 2014년 10월 1일부터 사용됩니다. 일부 ICD-9-CM 코드는 하나 이상의 ICD-10-CM 및 DSM-5 장애, 상태 또는 문제와 관련이 있습니다. 또한 일부 ICD-9-CM 장애분류가 중단되어 여러 개의 ICD-9-CM 코드가 하나의 ICD-10-CM 코드로 대체되었습니다. 일부 중단된 ICD-9-CM 코드는 이 표에 나열되지 않습니다. 자세한 내용은『정신질환의 진단 및 통계 편람』(2013)을 참조하십시오.

물질 사용(Substance Use)

📋 행동적 정의

1. 매우 취하거나 의식을 잃을 때까지 알코올 혹은 기분에 영향을 주는 다른 약물을 지속 적으로 사용한다.

2. 약물 사용을 멈추거나 줄이고 싶다고 말하고, 지속적인 사용이 부정적인 결과를 가져 옴에도 불구하고, 일단 시작이 되면 기분에 영향을 주는 약물 사용을 멈추거나 줄이는 것을 할 수 없다.

3. 심각한 물질 사용 패턴을 반영하는 혈액 조사 결과(예, 높은 간수치)를 초래한다.

4. 물질 사용이 내담자와 타인에게 부정적인 영향을 준다고 배우자, 친척, 친구, 고용주 로부터 직접적인 피드백에도 불구하고 약물의존이 문제라는 것을 부인한다.

5. 알코올을 남용할 때 발생하는 건망증을 서술한다.

6. 물질 사용이 직접적인 원인이 되어 지속적인 또는 재발하는 신체적·법적·직업적· 사회적·관계적 문제를 경험함에도 불구하고 약물 혹은 알코올 사용을 지속한다.

7. 약물의 효과를 얻기 위해 또는 지속적인 효과를 얻기 위해 더 많은 약물을 사용할 필 요가 있다는 증거로서 약물에 대한 증가된 내성을 보인다.

8. 물질을 중단했을 때, 신체적 증상(예, 떨림, 발작, 메스꺼움, 두통, 발한, 불안, 불면증, 우울) 을 보인다.

9. 기분에 영향을 주는 물질을 사용하는 데 방해가 되기 때문에 중요한 사회적·직업적

활동 또는 여가 활동을 중지한다.

10. 물질을 얻고, 사용하고 물질의 효과로부터 회복하기 위해 상당한 많은 시간을 할애한다.

11. 의도한 것보다 더 많은 양이나 더 오랜 시간 동안 기분에 영향을 주는 물질을 소비한다.

12. 의사가 기분에 영향을 주는 물질이 건강문제를 야기한다고 말한 후에도 물질 남용을 지속한다.

— · _____

_____

— · _____

_____

— · _____

_____

🎯 장기 목표

1. 약물 의존 사실을 받아들이고, 적극적으로 회복 프로그램에 참여를 시작하기

2. 기분에 영향을 주는 모든 물질 사용으로부터 벗어나서 지속적으로 회복하기

3. 질병과 회복과정에 대한 지식을 쌓으면서 절대 금주를 유지하기

4. 기분에 영향을 주는 모든 물질 사용으로부터 장기적인 술에 취하지 않은 상태를 유지하기 위해 필요한 기술들을 획득하기

5. 기분에 영향을 주는 물질을 중단하고, 신체적으로 감정적으로 안정화되기 그리고 지지적인 회복 계획을 세우기

6. 비약물/비중독상태(sobriety)를 유지하는 것을 돕기 위해 행동적 · 인지적 기술을 사용하기

— · _____

_____

— · _____

_____

— · _____

_____

🕐 단기 목표

1. 물질 사용의 유형, 양, 빈도, 과거력을
   기술하기(1)

2. 물질 사용의 특징과 심각도를 평가하
   기 위한 심리평가를 완료하기(2)

3. 약물 의존의 영향을 파악하기 위하여
   의학적인 평가를 받도록 하기(3)

4. DSM 진단기준, 치료의 효과, 상담 관
   계의 특징에 대한 행동적 정보, 정서
   적 정보, 태도 관련 정보를 제공하기
   (4, 5, 6, 7)

🗣 치료적 중재

1. 내담자의 사용 양과 패턴, 사용 징후(sign)와
   증상(symptoms), 부정적인 삶의 결과(예, 사회
   적, 법적, 가족의, 직업적)를 포함하여 철저한 약
   물/알코올 내력을 내담자로부터 수집하기

2. 약물 혹은 알코올 남용을 위한 객관적인 검
   사[예, 중독 심각도 척도(the Addiction Severity
   Index), 미시간 알코올 스크리닝 테스트(the
   Michigan Alcohol Screening Test)]를 내담자에
   게 실시하기; 내담자와 함께 결과를 다루기

3. 약물 의존으로 인한 신체적/의학적인 결과를
   분명하게 파악하기 위하여 내담자가 철저한
   신체검사를 받도록 의뢰하기

4. '호소문제'에 대한 내담자의 통찰 수준(자아동
   질적 vs. 자아이질적)을 평가하기[예, '문제행동
   (described behavior)'의 문제의 본질에 대하여 통
   찰한 내용을 잘 설명하고 다른 사람들이 걱정하는
   부분에 동의하며 변화를 위한 동기부여가 되었음];
   문제에 대해 양가감정을 가지고 있으며 걱정
   거리로 묘사하기를 싫어함; 또는 '문제행동'을
   인정하는 것과 관련하여 저항적이고 문제에
   대해 걱정하지 않으며 변화의 동기가 없음

5. 관련 장애(예, ADHD를 동반한 반항성 행동, 불안
   장애로 인해 부차적으로 나타나는 우울증)와 자
   살 취약성(예, 우울증이 동반되는 것이 분명한 경
   우 자살 위험이 증가하는 것)과 관련하여 연구에
   기반한 증거를 바탕으로 내담자를 평가하기

6. 내담자의 현재 '문제행동'을 설명하는 데 도움
   이 되는 나이, 성별, 문화 등의 모든 이슈와 내
   담자의 행동을 이해하는 데에 도움이 되는 요

소들을 평가하기

7. 적절한 관리(care) 수준을 결정하기 위해 내담자의 기능 손상의 심각한 정도(예, 문제행동이 사회적, 관계적, 직업적 시도에서 손상의 정도가 경미한지, 중간 정도인지, 심각한지, 매우 심각한 손상을 야기하는지)를 평가하기. 또한 지속적으로 치료의 효과성뿐 아니라 손상의 심각한 정도를 평가하기(예, 내담자가 더 이상 심각한 손상은 보이지 않지만 현재 호소문제가 경미하거나 중간 수준의 손상을 야기하는지)

▽ 5. 향정신성 약물에 대한 의사의 평가에 협조하기(8, 9)

8. 정신적/정서적 공존 질환에 향정신성 약물치료가 필요한지를 평가하고, 약물중독을 막고 회복을 높이기 위해 필요한 상황에서 아캄프로세이트(상표명: Campral), 날트렉손(상표명: Vivitrol), 디설피람(상표명: Antabuse)의 사용 여부를 논의하기 ▽

9. 내담자가 처방전을 준수하는지 여부, 부작용, 전반적인 약물치료의 효과 등을 점검하고, 약을 처방한 의사와 정기적으로 상의하기 ▽

▽ 6. 물질 사용 및 중독과 관련된 행동 변화에 전념하는 것에 대한 양가감정을 탐색하고 해결하기 (10, 11, 12, 13)

10. 동기강화치료의 비지시적이고 인간중심적이고 공감적인 방식으로[Miller와 Rollnick의 저서 『동기강화상담(Motivational Interviewing)』; DiClemente, Van Orden과 Wright의 저서 『동기강화상담과 증진(Motivational Interviewing and Enhancement)』]을 참고 내담자와 라포를 형성하고 경청하며, 정보를 주거나 조언하기에 앞서 내담자의 허락을 구하기 ▽

11. 내담자가 약물 남용이 자신의 삶에 미치는 부정적인 영향(예, 의학적으로, 대인관계 측면에서, 법적인 면에서, 직업적인 면에서, 사회적인

측면에서)의 목록을 만들어 보도록 하고, 약물을 사용하지 않을 때 예상되는 긍정적인 영향에 대해 목록을 만들어 보도록 하기[또는 Jongsma의 저서 『성인 심리치료 과제 플래너(Adult Psychotherapy Homework Planner)』의 '물질 남용의 부정적인 영향 VS. 물질 비사용의 긍정적 영향(Substance Abuse Negative Impact versus Sobriety's Positive Impact)'을 과제로 내주기] ▽

12. 내담자 본인의 변화에 대한 동기를 개방적 질문(열린 질문)으로 탐색하여 변화와 관련된 다짐과 노력을 확실하게 다지기[Connors, Donovan, DiClemente의 저서 『물질 남용 치료와 변화의 단계(Substance Abuse Treatment and the Stages of Change)』를 참고하기] ▽

13. 바로 직면하거나 논쟁하지 않고 저항을 반영해 줌으로써 내담자가 바랐던 삶의 목표와 현재의 행동 사이에 불일치하는 간극(discrepancy gap)에 대해 내담자의 인식을 끌어내기 ▽

▽ 7. 내담자가 물질 사용을 중단을 위한 행동 계획을 스스로 약속하도록 하기(14, 15)

14. 내담자가 의지적으로 약물 사용을 중단하기 위해 지키기로 결심한 행동 계획에 맞게 변화할 수 있다는 변화에 대한 내담자의 자기 효능감을 격려하고 지지해 주기 ▽

15. 내담자의 약물 사용 중단에 관한 절제 계획을 같이 세우기; 내담자가 이 약속에 대해 어떤 감정을 느끼는지를 다루기 ▽

▽ 8. 비약물 상태를 유지하는 데 필요한 만큼의 빈도로 알코올중독자 자조모임(AA), 마약중독자 자조모임(NA)에 참여하게 하기(16)

16. 내담자가 AA모임이나 NA모임에 참석하고, 모임의 영향에 대해 보고하도록 권유하고, 내담자가 어떤 메시지를 받았는지에 대해 다루기 ▽

▽ 9. 물질 남용에 지배당한 삶으로 인
해 상처받은 중요한 타인들에게
보상하는 것에 동의하기(17, 18)

17. 내담자의 약물 남용이 가족, 친구 및 직장 관
계에 미친 부정적인 영향에 대해 논의하고
그러한 상처에 대한 보상 계획을 세우도록
격려하기 ▽

18. 내담자가 중요한 사람들에게 지금 구두로 보
상을 약속하도록 하고, AA프로그램의 8, 9단
계를 진행할 때 추가적인 보상을 약속하도록
하기 ▽

▽ 10. 알코올중독과 회복에 대해 더
알게 된 점을 구두로 표현하기
(19, 20)

19. 내담자가 약물 의존 패턴과 효과에 대한 지식
을 늘리기 위해 화학 의존성 교육 시리즈에
참석하도록 지시하거나 배정하기. 교육에서
배운 요점을 확인하고 이 요점을 이해할 수
있도록 하기 ▽

20. 내담자가 중독 회복에 대한 증거기반 치료법
워크북을 읽도록 하기[예, Daley와 Marlatt의 저
서 『알코올과 약물 문제 극복하기(Overcoming
Your Alcohol or Drug Problem)』]; 독서를 통해
핵심 개념과 실천을 치료 중에 활용할 수 있
도록 하기 ▽

▽ 11. 약물 의존과 재발 위험에 영향
을 줄 수 있는 요소에 대한 이해
를 구두로 표현하기(21, 22)

21. 내담자의 약물 의존에 영향을 주는 지적, 성
격적, 인지적 취약성과 가족력, 생활 스트레
스를 평가하기 ▽

22. 내담자의 약물 의존으로 발전하게 하거나 재
발 위험을 증가시키는 스스로에 대한 유전
적, 개인적, 사회적, 어릴 적 경험을 포함한
가족적 요인에 대한 이해를 촉진하기 ▽

▽ 12. 삶의 여러 측면에서 행복의 수
준 확인하기(23)

23. 내담자에게 공감적이고 진실된 걱정으로 접
근하며 '행복 척도(The Happiness Scale)' 관
리하기[Meyers와 Miller의 『중독치료를 위한 사
회지지 접근법(A Community Reinforcement

▽ 13. 술과 연관이 없고, 불만족스러
운 삶 속에서 만족할 수 있으며
즐길 수 있는 목표를 설정하기
(24)

▽ 14. 목표 달성을 위해 의사소통 기
술과 문제해결 기술을 배우고
시행하기(25, 26, 27, 28, 29)

Approach to Addiction)』참조하기]; 결과를 회
기 중에 확인해 보기 ▽

24. 내담자가 문제적이고 술과 관련 없는 삶에
서 더 높은 행복을 얻을 수 있도록 구체적인
목표나 전략을 세울 수 있게 하기. 이를 통
해 술과 약물이 내담자의 행복에 주는 영향
을 줄이기[Finley와 Lenz의 『중독치료 과제 플래
너(Addiction Treatment Homework Planner)』의
'Setting and Pursuing Goals in Recovery' 장을 하
도록 배정하는 것을 고려해 보기] ▽

25. 모델링, 역할연기, 행동 연습을 통해 내담자
에게 이해를 문장으로 표현하는 방법을 포함
하고 문제에 대한 부분적 책임을 수용하도록
하며 문제해결을 돕는 제안을 하도록 하는
의사소통 기술을 가르치기 ▽

26. 내담자에게 문제해결 기술을 가르치기(문제를
확인 및 파악하고, 가능한 해결책을 생각해 보고,
각 해결책의 장단점을 적어 보고, 해결책을 선택 후
시행하고, 필요할 경우 행동과 바뀐 행동에 대한 관
련자들의 만족도를 평가하기). 역할 연기를 활용
해 내담자가 이러한 단계를 삶의 문제에 적용
하여 더 행복할 수 있도록 하기[혹은 Jongsma의
『성인 심리치료 과제 플래너(Adult Psychotherapy
Homework Planner)』에서 '행동 전 계획(Plan
Before Acting)' 부분을 해 보도록 시키기] ▽

27. 내담자가 술 권유를 거절할 수 있도록 자기주
장 기술을 가르치기 ▽

28. 내담자에게 일반적인 사회적 혹은 자기주
장 기술에 대한 책이나 사회적 기술을 향
상시키는 치료 매뉴얼을 읽도록 시키기[예,

Aleberti와 Emmons의 『당신의 완벽한 권리(Your Perfect Right)』나 Garner의 『대화적으로 말하기 (Conversationally Speaking)』] ▽

29. 내담자에게 새롭게 배운 행동 기술을 새롭게 찾아낸 행복 목표에 적용할 수 있도록 과제를 내주기[Jongsma의 『성인 심리치료 과제 플래너(Adult Psychotherapy Homework Planner)』에서 '대인갈등에서 문제해결기술 적용하기 (Applying Problem-Solving to Inerpersonal Conflict)' 부분 참조하기]; 진전된 부분을 검토하고, 성공한 부분은 강화시켜 주고 실패한 부분은 재지도해 주기 ▽

▽ 15. 취업, 여가, 관계와 같이 술을 마시지 않는 상황을 도울 수 있는 삶의 영역에서의 만족도가 증가하는 것에 대한 탐색을 돕기(30, 31, 32, 33, 34)

30. 물질의존 패턴을 조성하는 내담자의 일상 속 상황의 역할을 평가하기; 내담자와 함께 진행하기 ▽

31. 내담자가 회복을 조성하도록 일상 속 상황을 변화시키게끔 하는 계획을 하도록 촉진하기[또는 Finley와 Lenz의 『중독치료과제 플래너(Addiction Treatment Homework Planner)』에 있는 '나의 필요를 평가하기(Assessing My Needs)'를 과제로 내기]; 정기적으로 재방문하도록 하고 일상 속 상황에서 긍정적인 변화를 향해 가도록 촉진하기 ▽

32. 내담자에게 직장을 구하고, 직업을 유지하며, 직장에서 만족을 높일 수 있는 필요한 기술을 가르치기 ▽

33. 술을 마시지 않는 여가활동 또는 술을 마시지 않는 사회적 친구관계를 맺을 수 있는 방법을 찾도록 돕기. 문제해결 및 의사소통 기술을 활용하여 장애물을 극복하기 ▽

▽ᴱᴮᵀ 16. 비중독자 파트너의 절제
(sobriety)를 강화하고 관계
갈등을 줄이기 위해 고안된
행동 커플치료에 참여하기
(35, 36, 37, 38)

34. 즐거운 상호작용을 증가시키고 갈등을 줄이기 위해서 파트너와의 문제를 다루고 해결하는 공동 세션을 운영하기 ▽ᴱᴮᵀ

35. 절제하는 걸 유지하기(remain abstinent)로 합의한 커플과 단주 계약을 하기. 파트너 간 토론의 초점을 과거의 상처를 주었던 행동이 아니라 현재의 문제로 제한하기. 자조모임의 역할을 확인하기. 생각과 감정을 나누는 매일의 루틴(routine) 형성하기 ▽ᴱᴮᵀ

36. 각각의 파트너에게 함께 참여하면서 서로에 대해 긍정적 감정을 증가시킬 수 있는 즐거운 활동의 리스트를 작성하게 하기[또는 Jongsma가 쓴 『성인 심리치료 과제 플래너(Adult Psychotherapy Homework Planner)』에 있는 '즐거운 활동을 확인하고 일정 잡기(Identify and Schedule Pleasant Activities)'를 과제로 내기]. 다음 회기 전에 리스트를 정리하고 하나 이상의 활동 실행을 과제로 내주기 ▽ᴱᴮᵀ

37. 커플에게 문제해결 기술을 가르치기(문제를 확인하고, 정확하게 나타내고, 가능한 해결안을 브레인스토밍하고, 각각의 해결안의 장단점을 나열하고 평가하고, 해결안을 선택하고 실행하고, 모든 관련인이 그 행동에 대한 만족도를 평가하기. 필요하다면 행동을 조정하기). 실제 생활에서의 커플 갈등 문제에 적용되는 이러한 기술의 사용을 롤플레이하기[또는 Jongsma가 쓴 『성인 심리치료 과제 플래너(Adult Psychotherapy Homework Planner)』에 있는 '문제해결을 대인 갈등에 적용하기(Applying Problem-Solving to Interpersonal Conflict)'를 과제로 내기] ▽ᴱᴮᵀ

38. 회복 계약(recovery contract)을 고려하여, 지난 회기 이후로 내담자의 절주 경험과 커플의 상호작용을 리뷰하기. 관계 갈등을 다루고, 회기에서 롤플레이를 해서 커플들이 의사소통 기술을 향상시키는 것을 돕기(예를 들어, 'I message', 반영적인 듣기, 눈맞춤, 존중하는 반응 등) ▽

▽ 17. 파괴적이고 위험한(high risk) 자기대화를 확인하고 도전하여, 긍정적이고 힘을 기르는 자기대화로 대체하기(39, 40, 41)

39. 내담자가 금주의 결심을 약화시키는 내담자의 인지도식과 위험한 자기대화를 탐색하기. 편견에 도전하기. 내담자가 편견을 바로잡고 회복탄력성을 만드는 현실적 자기대화를 만드는 것을 돕기 ▽

40. 내담자가 자신의 부정적 자기대화를 확인하고 임파워먼트 대안을 만드는 상황을 연습하기[또는 Jongsma가 쓴 『성인 심리치료 과제 플래너(Adult Psychotherapy Homework Planner)』의 '부정적 감정을 일으키는 부정적 생각들(Negative Thoughts Trigger Negative Feelings)'을 과제로 내기]. 성공경험을 검토하고 강화하기 ▽

41. 내담자가 위험한 자기대화를 확인하고, 그 안의 편견을 확인하고, 대안을 만들고, 행동적 실험을 통해 검증하는 훈련 과제를 내기 [Jongsma가 쓴 『성인 심리치료 과제 플래너(Adult Psychotherapy Homework Planner)』에 있는 '공포를 긍정적 메시지로 대체하기(Replacing Fears With Positive Messages)'를 과제로 내는 것을 고려하기]. 성공경험을 검토하고 강화하며, 개선을 위한 교정적 피드백을 제공하기 ▽

▽^{EBT} 18. 약물에 음성인 소변 샘플을 제
출해서 보상을 얻기(42)

42. 보상을 기반으로 한 강화계획 관리(contingency management) 시스템을 실행하기. 이는 내담자가 바랐던 상을 주는 것인데, 1~100달러 범위의 최저에서 시작해서 지속적 참여에 따라 증가함 ▽

▽^{EBT} 19. 치료에 지속적으로 참여하여 보
상을 얻기(43)

43. 보상을 기반으로 한 강화계획 관리 시스템을 실행하기. 이는 내담자가 바랐던 상을 주는 것인데, 1~100달러 범위의 최저에서 시작해서 지속적 참여에 따라 증가함 ▽

20. 물질 남용을 촉발시킬 수 있는 신체
감각의 공포를 줄이는 EEG(뇌파검
사장치) 바이오피드백 치료에 참여
하기(44)

44. 내담자를 치료하거나 물질 남용을 촉발하는 각성과 관련된 몸의 감각을 다루는 EEG 이완 피드백을 사용하는 것을 자격이 있는 숙련 바이오피드백 전문가에게 리퍼하기

▽^{EBT} 21. 증상의 발현과 재발(lapse and
relapse)의 이해를 언어로 설명
하기(45, 46)

45. 발생과 재발의 차이에 대해 내담자와 논의하기. 증상의 발현(lapse)은 초기의, 일시적인, 원상회복이 가능한 양의 사용과 관련 있으며, 재발(relapse)은 남용의 반복적인 패턴으로 돌아가는 것을 결정하는 것과 연관되어 있음 ▽

46. 과거의 발생을 평가하고, 발생의 현재의 위험요인을 평가하기 위해 셀프 모니터링을 처방하기[또는 Jongsma가 쓴 『성인 심리치료 과제 플래너(Adult Psychotherapy Homework Planner)』에 있는 '재발 트리거(Relapse Triggers)'나 Perkinson이 쓴 『Alcoholism and Drug Abuse Patient』를 과제로 내기] ▽^{EBT}

▽^{EBT} 22. 재발 위험 상황을 대비하기 위
해 재발 방지 전략 실행하기(47,
48, 49, 50)

47. 위험 상황에의 노출을 줄이기 위해 특정한 자극 피하기와 같은 자극 통제 기법 사용하기 ▽^{EBT}

48. 지도, 모델링, 심상형성, 역할극, 인지 재구조
화 등과 같은 인지행동적 기법 가르쳐 충동
이나 다른 위험상황에 대비하기(예, 이완하기,
문제해결하기, 사회적 기술, 의사소통기술, 합리
화하기와 부인하기, 명백히 무관한 결정을 내리
는 것에 대한 관리와 재인지하기) ▽ᴱᴮᵀ

49. 위험 자극에 노출된 상황에서 심리치료에서
배운 전략들을 꾸준하게 사용하도록 지도하
기[또는 Jongsma가 쓴 『성인 심리치료 과제 플래
너(Adult Psychotherapy Homework Planner)』
에 있는 '재발 방지 계획의 요소(Aftercare Plan
Components)'를 과제로 내주기] ▽ᴱᴮᵀ

50. 재발을 피하기 위한 읽을거리를 읽도록 회
기 중 제안함으로써 재발을 방지하기 위한
전략들을 보충하기[예, Gorski와 Miller의 저서
『취하지 않은 상태로 있기: 재발 방지 가이드북
(Staying Sober: A Guide to Relapse Prevention)』;
Darley와 Marlatt의 저서 『알코올이나 약물문제
를 극복하고 취하지 않은 상태로 있기: 효과적인
회복전략 워크북(Overcoming Your Alcohol or
Drug Problem: Effective Recovery Strategies-
Workbook)』] ▽ᴱᴮᵀ

— . _____   — . _____
   _____   _____
— . _____   — . _____
   _____   _____
— . _____   — . _____
   _____   _____

📝 진단 제안

DSM-IV/ICD-9-CM 사용

축 I :	303.90	알코올 의존(사용장애)(Alcohol Dependence)
	305.00	알코올 남용(Alcohol Abuse)
	304.30	대마초 의존(사용장애)(Cannabis Dependence)
	304.20	코카인 의존(사용장애)(Cocaine Dependence)
	305.60	코카인 남용(Cocaine Abuse)
	304.80	복합물질 의존(사용장애)(Polysubstance Dependence)
	291.2	알코올 유발성 지속성 치매(Alcohol-Induced Persisting Dementia)
	291.1	알코올 유발성 지속성 기억상실 장애(Alcohol-Induced Persisting Amnestic Disorder)
	V71.01	성인 반사회성 행동(Adult Antisocial Behavior)
	300.4	기분저하 장애(Dysthymic Disorder)
	312.34	간헐적 폭발성 장애(Intermittent Explosive Disorder)
	309.81	외상후 스트레스 장애(Posttraumatic Stress Disorder)
	304.10	진정제, 수면제, 항불안제 의존(사용장애)(Sedative, Hypnotic, or Anxiolytic Dependence)
	_____	_____
	_____	_____
축 II :	301.7	반사회성 성격장애(Antisocial Personality Disorder)
	_____	_____
	_____	_____

DSM-5/ICD-9-CM/ICD-10-CM 사용

ICD-9-CM	ICD-10-CM	DSM-5 장애, 상태, 문제
303.90	F10.20	알코올 사용장애, 중등도 혹은 중증(Alcohol Use Disorder, Moderate or Severe)
305.00	F10.10	알코올 사용장애, 경도(Alcohol Use Disorder, Mild)
304.30	F12.20	대마초 사용장애, 중등도 혹은 중증(Cannabis Use Disorder, Moderate or Severe)
304.20	F14.20	코카인 사용장애, 중등도 혹은 중증(Cocaine Use Disorder, Moderate or Severe)
305.60	F14.10	코카인 사용장애, 경도(Cocaine Use Disorder, Mild)
291.2	F10.27	알코올 유발성 주요 신경인지 장애, 비기억상실성 작화 상태를 동반하는 중등도 혹은 중증의 알코올 사용장애(Moderate or Severe Alcohol Use Disorder With Alcohol-Induced Major Neurocognitive Disorder, Nonamnestic-Confabulatory Type)
291.1	F10.26	알코올 유발성 주요 신경인지 장애, 기억상실성 작화 상태를 동반하는 중등도 혹은 중증의 알코올 사용장애(Moderate or Severe Alcohol Use Disorder With Alcohol-Induced Major Neurocognitive Disorder, Amnestic-Confabulatory Type)
V71.01	Z72.811	성인 반사회성 행동(Adult Antisocial Behavior)
300.4	F34.1	지속성 우울장애(기분저하증)(Persistent Depressive Disorder)
312.34	F63.81	간헐적 폭발성 장애(Intermittent Explosive Disorder)
309.81	F43.10	외상후 스트레스 장애(Posttraumatic Stress Disorder)
304.10	F13.20	진정제, 수면제, 항불안제 사용장애, 중등도 혹은 중증(Sedative, Hypnotic, or Anxiolytic Use Disorder, Moderate or Severe)
301.7	F60.2	반사회성 성격장애(Antisocial Personality Disorder)

참고: ICD-9-CM 코드(규정, 규칙, 부호)는 미국에서 2014년 9월 30일까지 코딩(or 부호화) 목적으로 사용됩니다. ICD-10-CM 코드는 2014년 10월 1일부터 사용됩니다. 일부 ICD-9-CM 코드는 하나 이상의 ICD-10-CM 및 DSM-5 장애, 상태 또는 문제와 관련이 있습니다. 또한 일부 ICD-9-CM 장애분류가 중단되어 여러 개의 ICD-9-CM 코드가 하나의 ICD-10-CM 코드로 대체되었습니다. 일부 중단된 ICD-9-CM 코드는 이 표에 나열되지 않습니다. 자세한 내용은 『정신질환의 진단 및 통계 편람』(2013)을 참조하십시오.

자살 사고(Suicidal Ideation)

📄 행동적 정의

1. 죽음과 관련된 생각 혹은 지나친 집착의 반복
2. 뚜렷한 계획은 없지만 반복되는 혹은 진행되고 있는(recurrent or ongoing) 자살 사고
3. 구체적인 계획이 있는 반복되는 자살 사고
4. 최근의 자살시도
5. 각각 다른 단계에서(예, 집중입원치료, 단기쉼터, 외래통원치료, 관리감독 수준) 전문가 혹은 가족/친구의 개입이 요구되는 자살 시도 내력
5. 우울이나 혹은 자살 사고 강박에 대한 명확한 가족 내력
6. 최근의 삶의 사건과 관련된 암울하고 절망적인 태도(예, 이혼, 친구나 가족의 죽음, 실직)
7. 죽고 싶은 마음과 관련한 사회적 배제, 무기력 그리고 냉담
9. 신변을 정리하는 행동이 보이고 갈등의 진정한 해결이 없음에도 내담자가 우울한 상태에서 낙관적이고 평화로운 상태로 갑작스럽게 변화
10. 죽음으로 이끄는 자해적인 혹은 위험한 행동(예, 만성적인 마약 혹은 알코올 남용, 난잡한 성행위, 피임 없는 성관계, 난폭한 운전)

— ・ _____
_____
— ・ _____
_____

🎯 장기 목표

1. 자살 충동/사고를 완화하고 일상기능을 최고 수준으로 회복하기
2. 자살위기 상태로부터 벗어나 안정시키기
3. 자살위기를 안전하게 다루기 위한 적절한 수준의 배려를 받도록 하기
4. 자기 자신과 미래에 대한 희망을 되찾기
5. 위험한 생활방식을 멈추고 자살 충동 기저에 있는 정서적 갈등을 해결하기

— ・ _____
_____
— ・ _____
_____
— ・ _____

⏱ 단기 목표

1. 자살 충동의 강도, 자살 사고의 빈도, 계획의 구체성을 말로 표현하기(1, 2, 3, 4)

👥 치료적 중재

1. 내담자의 자살 위험성을 평가하기(자살 사고의 정도, 계획의 유무, 실행 가능성, 과거 자살시도 경험, 약물 사용 여부, 도구 사용 가능성, 가족 내력 등)
2. 내담자의 현재 상태를 기반으로 자살 가능성을 평가하고 관리하기
3. 가족과 중요한 타인에게 내담자의 자살 사고에 대해서 알리기; 자살 위기가 잠잠해질 때까지 가족에서 24시간 지켜볼 것을 요청하기

2. 자살 사고와 관련되고 치료를 어렵게 할 수 있는 약물 사용 내력을 밝히기 (5)

3. DSM 진단과 관련된 구체적 특징, 치료의 효과, 치료적 관계의 특성에 대한 행동, 정서, 태도적 정보를 제공하기(6, 7, 8, 9)

4. 자살행동 및/또는 관련된 상태를 더 평가하기 위해 정신측정검사를 준비하거나 실시하기[예, 자살 사고와 행동 질문지(The Suicidal Thinking and Behaviors Questionnaire); Beck의 절망감 척도; 삶의 이유 척도(The Reasons for Living Scale)]; 내담자의 우울과 자살 위험성 결과를 평가하기

5. 약물 남용 평가를 실시하고 그 결과가 추천한다면 내담자를 치료에 의뢰하기(이 책의 '물질사용' 챕터 참조)

6. '호소문제'에 대한 내담자의 통찰(자아동질적 대 자아이질적) 수준을 평가하기(예, '기술된 행동'의 문제성에 대한 좋은 통찰력을 보여 주고, 타인의 관점에 동의하며, 변화에 대한 동기부여가 되었는지, '기술된 문제'에 대해 양가성을 보이며, 문제를 문제로 제기하기를 꺼려하는지, '기술된 문제'를 인정하는 것에 저항하고, 관심이 없고, 변화에 대한 동기를 보이지 않는지)

7. 필요하다면, 자살취약성(예, 우울 동반이 분명한 경우 자살 위험 증가)을 포함한 연구 기반 공존 장애의 증거를 평가하기(예, ADHD를 동반한 적대적 반항장애, 불안장애를 동반한 우울증)

8. 내담자의 현재 정의되는 '문제행동'을 설명해 주는 데 도움이 되는 나이, 성, 문화와 관련된 문제와 내담자의 행동을 보다 잘 이해할 수 있는 요인들을 평가하기

9. 적절한 돌봄 수준을 결정하는 내담자의 기능 손상의 심각성을 평가하기(예, 사회적, 관계적, 직업적, 노력에서 경도, 중등도, 고도 또는 최고도 손상을 일으킨다고 알려진 행동); 치료의 효과성

뿐만 아니라 손상의 심각성을 지속적으로 평가하기(예, 내담자는 더 이상 심각한 손상을 보이지는 않지만, 현재 문제는 경도 또는 중등도 손상을 초래하고 있다.)

4. 만약 심각한 자해의 충동이 발생하면 치료자나 다른 긴급전화 서비스에 연락할 것을 구두로 약속하기(10, 11, 12, 13)

10. 자살 충동이 강해지면 자해 행동을 하기 전 치료자나 긴급전화 서비스에 연락할 것을 내담자로부터 약속받기

11. 내담자에게 24시간 언제나 도움을 얻을 수 있는 긴급전화 번호가 적힌 '위기 카드'를 제공하기

12. 내담자가 자살 사고와 자살 충동을 경험할 때 무엇을 하고 무엇을 하지 않을 것인지 분명히하는 계획을 함께 만들어 보기; 치료자나 다른 중요한 타인들에 의해 본인의 어려움이 다뤄지는 것을 규칙적으로 안심시키면서 내담자가 자살 충동에 대해 개방적이고 정직할 수 있도록 격려하기

13. 내담자에게 자살 충동이 생길 경우 전화통화를 해 볼 것을 제안하기

5. 내담자 그리고/또는 중요한 지인들로 하여금 총과 같이 자살을 유도할 수 있는 잠재적으로 치명적인 도구들을 제거해 집안의 안전을 확보하도록 하기(14)

14. 내담자 그리고/또는 중요한 타인들로 하여금 총이나 자살에 사용될 수 있는 다른 치명적인 도구들을 제거할 것을 권하기; 이러한 예방대책에 대한 내담자의 감정을 다루기

6. 자살 사고가 통제하기 힘들 정도가 된 경우 내담자를 입원시키기(15)

15. 내담자가 자기 자신에 대해 위해를 가하는 것을 통제할 수 없는 것으로 판단될 때 입원을 준비하기; 내담자를 자해로부터 보호하기 위해 필요하다면 병원입원의 법적 절차를 준비하기

7. 자살 사고를 낳는 것으로 확인된 정
   서적 문제를 다루는 치료에 참여하기
   (16)

8. 항우울제에 대한 평가를 위해 의사에
   게 의뢰하기(17)

9. 처방받은 대로 향정신성 약물을 복용
   하도록 하고 부작용을 보고하기(18)

10. 자살 사고에 선행하는 삶의 요인을
    확인하기(19, 20, 21)

11. 중요한 타인들과의 소통을 증진시켜
    이해하는 마음, 동정심, 그리고 돌봄
    을 받을 수 있도록 하기(22, 23, 24)

12. 대인관계적 문제를 해결하기 위한
    이전의 노력들이 어떻게 실패하였

16. 자살경향성이 기능적으로 임상적 증상(예, 단
    극성 혹은 양극성 우울) 또는 성격장애(예, 경계
    성 성격장애)와 관련이 있는지 평가하기; 장애
    에 대한 증거기반의 개입을 실시 또는 의뢰
    하기(예를 들어, 단극성 우울증은 대인관계치료,
    양극성 우울은 대인관계 사회리듬치료, 경계성
    성격장애는 변증법적 행동치료와 같이 특정 장애
    에 해당하는 이 책의 챕터를 살펴보라.)

17. 내담자가 향정신성 약물을 필요로 하는지 평
    가하고 필요하다면 처방을 준비하기

18. 내담자에게 효과가 있는지, 부작용이 있는지,
    처방된 향정신성 약물이 잘 듣는지 관찰하기;
    약물을 처방하는 의사와 규칙적으로 협의하기

19. 내담자가 겪는 정서적인 고통과 절망의 근원
    에 대해 탐색하기

20. 내담자가 자신의 자살 사고와 관련된 감정을
    표현할 수 있도록 격려해 감정을 명료화하고
    그 감정의 원인에 대한 통찰을 증가시키기

21. 내담자가 자신의 자살 사고 시작에 선행하는
    중요한 전조였던 삶의 요인들을 자각할 수
    있도록 돕기

22. 가족 관계의 갈등과 관련된 내담자의 절망감
    을 조사하기

23. 내담자의 슬픔, 상처, 분노 감정들의 소통을
    촉진하기 위해 가족 치료 회기를 열기

24. 내담자의 중요한 타인들과 만나 그들이 내담
    자가 가진 고통의 원인을 얼마나 이해하고
    있는지 평가하기

25. 내담자가 가까운 관계의 단절과 관련된 슬픔
    을 공유할 수 있도록 격려하기

고, 이것이 어떻게 비참한 외로움과
거절받는 기분으로 이어졌는지 확인
하기(25, 26)

13. 문제해결과 의사결정 기술들을 배우
고 실행하기(27, 28)

26. 내담자와 이전의 문제해결 시도들을 검토해
보고 새로운 대안에 대해 토론해 보기

27. 내담자에게 개인적인 문제해결 기술들(즉,
문제를 구체적으로 정의하기, 가능한 해결책들
을 만들기, 각 해결책에 대한 장단점을 평가하
기, 행동계획을 선택하고 실시하기, 계획의 효
과성을 평가하기, 계획을 수용하거나 수정하
기)을 가르치기 위해 심리교육, 모델링, 역
할연기 등을 포함한 문제해결치료 접근을
사용하기[D'Zurilla와 Nezu의 『문제해결치료
(Problem-Solving Therapy)』에 있는 '단극성 우
울(Unipolar Depression)'을 보기]; 실제 삶의 문
제에 문제해결 기술의 역할연기를 적용해 보
기[또는 Jongsma의 『성인 심리치료 과제 플래너
(Adult Psychotherapy Homework Planner)』에
있는 '대인관계 갈등에 문제해결 전략을 적용하
기(Applying Problem-Solving to Interpersonal
Conflict)'를 과제로 내기]

28. 내담자에게 문제에 대한 긍정적인 태도(문제
가 있고 그 문제를 해결하는 것은 삶의 자연스러
운 부분이며 절망적이거나 수동적으로 접근하거
나 피할 것이 아님)를 개발할 수 있도록 장려
하기

14. 일관된 식사와 수면 패턴을 확립하
기(29)

15. 자살 충동에 대처하기 위한 전략들
을 사용하기(30)

29. 내담자의 정상적인 식사 및 수면 패턴을 장려
하고 준수 여부를 모니터링하기

30. 내담자가 자살 사고에 대처하는 전략을 개발
하도록 돕기(예, 더 많은 운동하기, 내면에 덜 집
중하기, 사회적 참여 증가, 더 많은 감정 표현, 상
담자와 연락하기)

16. 내담자의 삶에서 긍정적인 측면, 관계, 성취를 확인하기(31, 32)

17. 보상이 되는 활동(rewarding activities)에 참여를 높이기 위한 행동적인 전략을 배우고 실행하기 (33, 34)

31. 내담자의 삶의 긍정적인 측면에 대한 리스트를 작성하도록 요청하기[혹은 Jongsma의 저서 『성인 심리치료 과제 플래너(Adult Psychotherapy Homework Planner)』의 '나 자신과 내 삶의 좋은 점(What's Good About Me and My Life)'을 숙제로 내기]

32. 내담자가 이룬 성공과 그의 삶에 존재하는 사랑과 관심의 원천을 내담자와 함께 검토하기

33. 내담자를 행동중심의 여러 활동(behavioral activation)에 참여시켜 활동 수준을 높이고, 보상을 제공하기. 동시에 행동 활성화를 억제하는 프로세스를 확인하기[부록 B의 Martell, Dimidjian과 Herman-Dunn이 저술한 『우울증을 위한 행동중심 활동(Behavioral Activation for Depression)』의 '단극성 우울(Unipolar Depression)'을 보기; 혹은 Jongsma의 저서 『성인 심리치료 과제 플래너(Adult Psychotherapy Homework Planner)』의 '즐거운 활동을 찾고 계획하기(Identify and Schedule Pleasant Activities)'를 숙제로 내기]; 내담자의 일상생활에서 활동을 촉진하기 위해 필요한 경우, 설명이나 리허설, 역할극, 역할 바꾸기 같은 행동 기술을 사용하기; 성공을 강화하기

34. 내담자가 행동중심의 여러 활동으로부터 즐거움을 얻을 수 있는 가능성을 높이는 스킬을 개발하도록 돕기(예, 자기주장훈련, 연습 계획 세우기, 내부적인 것에 집중을 덜 하고 외부적인 것에 더 집중하기, 사회적인 참여 높이기); 성공을 강화하기

18. 절망감과 무력감을 매개하는 부정적인 사고 패턴을 확인하고 바꾸기(35, 36, 37, 38)

35. 내담자가 절망감과 무력감을 강화하는 인지적인 메시지에 대한 자각을 높일 수 있도록 돕기

36. 내담자가 편향된 지각을 알아차리고, 그에 도전하고, 편향된 지각을 바꿔서, 희망에 도움이 되는 보다 현실적인 관점을 가질 수 있도록 돕기[혹은 Jongsma의 저서 『성인 심리치료 과제 플래너(Adult Psychotherapy Homework Planner)』의 '왜곡되고 부정적인 사고 기록지(Journal of Distorted, Negative Thoughts)'를 숙제로 내기]

37. 편견의 원인이 될 수 있는 자기대화에 깔려있는 근본적인 가정에 대해 다루기(예, 자신이 무가치하다는 신념, 희망이 없다는 신념)

38. 내담자에게 자기 패배적인 사고에 대한 일지를 쓰도록 요청하기(희망이 없다는 생각, 무력하다는 생각, 가치 없다는 생각, 파국적인 생각, 미래에 대한 부정적인 예측 등); 각각의 생각에 대해 정확성을 의심하고 각각의 역기능적인 생각을 긍정적이고 자기 발전적인 생각으로 바꾸기; 검토하기; 성공에 대해 보상하기; 긍정적인 인식 변화를 향한 장애물을 해결하기

19. 자살이 중요한 사람들에게 미칠 수 있는 파괴적인 영향을 말로 표현하기(39)

39. 내담자가 그의 자살이 사랑하는 사람에게 미칠 영향을 검토하는 것을 돕기[혹은 Jongsma의 저서 『성인 심리치료 과제 플래너(Adult Psychotherapy Homework Planner)』의 '자살의 여파(The Aftermath of Suicide)'를 숙제로 내기]

20. 영적인 믿음에서 비롯되는 지지의 느낌을 말로 표현하기(40, 41)

40. 수용과 평안의 근원으로써 내담자의 영적 신념 체계를 탐색하기[혹은 Jongsma의 저서 『성인 심리치료 과제 플래너(Adult Psychotherapy Homework Planner)』의 '나의 영성의 역사(My History of Spirituality)'를 숙제로 내기]

41. 내담자의 영적 지도자가 내담자를 만나고 지원할 수 있도록 준비하기

__ . _____

_____

__ . _____

_____

__ . _____

_____

__ . _____

_____

__ . _____

_____

__ . _____

_____

▤ 진단 제안

DSM-IV/ICD-9-CM 사용

축 I :	296.xx	제I형 양극성 장애(Bipolar I Disorder)
	300.4	기분 부전 장애(Dysthymic Disorder)
	296.2x	주요우울장애, 단일 삽화(Major Depressive Disorder, Single Episode)
	296.3x	주요우울장애, 재발성 삽화(Major Depressive Disorder, Recurrent)
	296.89	제II형 양극성 장애(Bipolar II Disorder)
	_____	_____
	_____	_____
축 II :	301.83	경계성 성격장애(Borderline Personality Disorder)
	_____	_____
	_____	_____

DSM-5/ICD-9-CM/ICD-10-CM 사용

ICD-9-CM	ICD-10-CM	DSM-5 장애, 상태, 문제
296.xx	F31.xx	제I형 양극성 장애(Bipolar I Disorder)
300.4	F34.1	지속성 우울장애(기분저하증)(Persistent Depressive Disorder)
296.2x	F32.x	주요우울장애, 단일 삽화(Major Depressive Disorder, Single Episode)
296.3x	F33.x	주요우울장애, 재발성 삽화(Major Depressive Disorder, Recurrent)
296.89	F31.81	제II형 양극성 장애(Bipolar II Disorder)
301.83	F60.3	경계성 성격장애(Borderline Personality Disorder)

참고: ICD-9-CM 코드(규정, 규칙, 부호)는 미국에서 2014년 9월 30일까지 코딩(or 부호화) 목적으로 사용됩니다. ICD-10-CM 코드는 2014년 10월 1일부터 사용됩니다. 일부 ICD-9-CM 코드는 하나 이상의 ICD-10-CM 및 DSM-5 장애, 상태 또는 문제와 관련이 있습니다. 또한 일부 ICD-9-CM 장애분류가 중단되어 여러 개의 ICD-9-CM 코드가 하나의 ICD-10-CM 코드로 대체되었습니다. 일부 중단된 ICD-9-CM 코드는 이 표에 나열되지 않습니다. 자세한 내용은 『정신질환의 진단 및 통계 편람』(2013)을 참조하십시오.

The Complete Adult Psychotherapy Treatment Planner

A 타입 행동유형(Type A Behavior)

📄 행동적 정의

1. 충분한 시간이란 결코 없기 때문에 더 많은 것을 성취하기 위해 자신과 다른 사람들을 압박하는 패턴
2. 모든 활동에서 심한 경쟁의식
3. 활동이나 경쟁자와 상관없이 기어코 이겨야 한다는 심한 강박
4. 너무 직접적이고 고압적인 태도를 취함으로써 모든 사회적 또는 비즈니스 상황을 지배하려는 성향
5. 환자 본인의 기준에 부합하지 않는 타인의 행동에 짜증을 내는 경향
6. 기다리거나 미뤄지거나 방해받는 것에 대해 끊임없이 초조해하는 상태
7. 앉아서 조용히 쉬거나 성찰하는 데 어려움
8. 어려움이 있을 때 신체적 증상으로 과하게 드러나는 표정들(예, 근육 긴장, 찡그리기, 노려보기, 또는 틱)
9. 어려움이 있을 때 신체적 증상으로 드러나는 과도한 목소리 변화(예, 짜증나게 하는 강압적 말투 또는 웃음, 빠르고 강한 말투, 외설의 빈번한 사용)

— •

— ㆍ————————————————
————————————————————
— ㆍ————————————————
————————————————————

🎯 장기 목표

1. 좀 더 편안한 생활 패턴을 가능하게 하는 새로운 삶의 태도 패턴을 만들어 내고 시행하기
2. 일상생활에서 일/경쟁 시간과 사회적/비경쟁 시간의 균형을 이루기
3. 강박적인 행동의 전반적인 감소를 달성하기
4. 삶의 일상적인 부분으로서 사회적 활동 및 여가활동을 개발하기
5. 시간에 있어서의 다급한 느낌, 막연한 불안(free-floating anxiety), 분노 그리고 자기 파괴적 행동을 완화하기

— ㆍ————————————————
————————————————————
— ㆍ————————————————
————————————————————
— ㆍ————————————————
————————————————————

🕐 단기 목표

1. 강박적인 삶의 패턴을 설명하기(1, 2)

🗨 치료적 중재

1. 관련 상황, 인지, 감정, 행동 및 내담자와 타인에 대한 영향을 포함한 압박받는 생활양식의 사례를 평가하기
2. 내담자가 자신을 다른 사람들처럼 보도록 조력하기

2. 심리평가에 따르기(3, 4)

3. A 타입 행동유형 치료에 기여하거나 이를 복잡하게 만드는 물질 사용의 과거력을 공개하기(5)

4. DSM 진단과 관련된 구체적 특징, 치료의 효과, 치료적 관계의 특성에 대한 행동, 정서, 사고방식의 정보를 제공하기(6, 7, 8, 9)

3. A 타입 행동유형을 평가하고 그 범위와 정도를 추적하기 위한 측정을 시행하기(예, Jenkins Activity Survey)

4. 변화에 대한 동기 부여를 높이기 위해 내담자와 함께 테스트한 결과를 검토하고 다루기

5. 물질 남용 평가를 준비하고 치료가 권장된다면 내담자를 치료에 의뢰하기(이 책의 '물질 사용' 챕터 참조)

6. '호소문제'에 대한 내담자의 통찰(자아동질적 대 자아이질적) 수준을 평가하기(예, '문제행동'의 문제성에 대한 좋은 통찰력을 보여 주고, 타인의 관점에 동의하며, 변화에 대한 동기부여가 되었는지, '기술된 문제'에 대해 양가성을 보이며, 문제를 문제로 제기하기를 꺼려하는지, '기술된 문제'를 인정하는 것에 저항하고, 관심이 없고, 변화에 대한 동기를 보이지 않는지)

7. 필요하다면, 자살취약성(예, 우울 동반이 분명한 경우 자살 위험 증가)을 포함한 연구 기반 공존 장애의 증거를 평가하기(예, ADHD를 동반한 적대적 반항장애, 불안장애를 동반한 우울증)

8. 내담자의 현재 정의되는 '문제행동'을 설명해 주는 데 도움이 되는 나이, 성, 문화와 관련된 문제와 내담자의 행동을 보다 잘 이해할 수 있는 요인들을 평가하기

9. 적절한 돌봄 수준을 결정하는 내담자의 기능 손상의 심각성을 평가하기(예, 사회적, 관계적, 직업적, 노력에서 경도, 중등도, 고도 또는 최고도 손상을 일으킨다고 알려진 행동); 치료의 효과성뿐만 아니라 손상의 심각성을 지속적으로 평가하기(예, 내담자는 더 이상 심각한 손상을 보이

지는 않지만, 현재 문제는 경도 또는 중등도 손상을 초래하고 있다.)

5. 강박적이고, 과도하게 성취지향적인 행동을 발생시키는 신념들을 확인하기(10, 11, 12)

10. 높은 성취와 강박에 대한 롤모델이 가족 내에 있는지 원가족의 과거력을 포함한 개인사를 조사하기

11. 자신과 타인의 가치에 대한 신념 목록을 만들도록 하기; 이를 상담자와 함께 작업하기

12. 내담자의 강박적인/과도하게 성취지향적 행동과 주 양육자를 만족시키기 위한 욕구를 핵심적으로 연결할 수 있도록 내담자를 돕기

6. 덜 자기초점적이고, 보다 자기내면적·타인지향적인 방식으로 우선순위를 재설정하겠다고 언어로 표현하기(13, 14)

13. 내담자의 가치 체계를 탐색하여 밝히고, 관계, 여가, 영적 성장, 성찰 시간, 타인에게 베푸는 것의 중요성에 새로운 우선순위를 매기도록 돕기[또는 Jongsma의 저서『성인 심리치료 과제 플래너(Adult Psychotherapy Homework Planner)』의 '비경쟁적인 가치 발달시키기(Developing Noncompetitive Values)'를 과제로 내주기]

14. 내담자에게 영적인 인물들의 전기나 자서전을 읽도록 요청하기(예, St. Augustine, Thomas Merton, Albert Schweitzer, C. S. Lewis); 그들이 따라 살아왔던 핵심 신념을 다루기

▽ 7. 자기 내면 및 타인 지향의 가치를 강조하며 자기 자신, 시간 및 관계를 관리하는 새로운 접근 방식을 배우겠다는 약속을 언어로 표현하기(15)

15. 더 건강하고, A 타입에서 벗어난 라이프 스타일을 촉진하기 위해 태도 및 행동 변화 시도에 전념하도록 내담자에게 요청하기; A 타입 라이프 스타일을 줄이기 위해 어떤 변화가 필요한지 내담자와 탐색하기 ▽

▽ 8. 한번에 하나의 작업을 수행하는 패턴을 개발하고, 신속하게 완료해야 한다는 압박에 두는 중점을 줄이기(16)

16. 긴급함 없이 한번에 하나의 활동에 집중하도록 내담자를 격려하고 강화하기; 다른 작업으로 옮겨 가기 전에 침착하게 진행 중인 과제를 완수하도록 지시하기 ▽

▽ 9. 하루에 일하는 시간과 일을 집에
가져가는 횟수를 줄이기(17)

▽ 10. 라이프 스타일의 변화로서 진정
기술을 배우고 실행하며, 심리
적 압박 상황을 관리하기(18, 19)

▽ 11. 휴식 활동과 관련된 일상 시간
을 늘리기(20, 21, 22, 23)

17. 내담자의(가정과 직장에서의) 근무 시간 패턴
을 검토하고 선택적 감소를 권장하기; 이러
한 감소가 어떻게 이루어질 수 있는지 탐색
하기(특히 어떤 변화가 필요한가?) ▽

18. 심리적 압박감에 적절히 대응하기 위한 맞춤
전략의 일환으로 진정기술[예, 근육 이완, 흉식
호흡(paced breathing), 심상법]을 내담자에게
가르치기[Davis, Robbins-Eshelman과 McKay
의 저서 『이완과 스트레스 감소 워크북(The
Relaxation and Stress Reduction Workbook)』을
추천하기] ▽

19. 내담자가 전반적인 일상생활이나 트리거 상
황에서 진정기술을 실행하도록 하기; 결과를
작업하고, 성공을 강화하며, 개선을 위한 피
드백을 제공하기 ▽

20. 내담자가 1주일 동안 매일 적어도 하나의 비
경쟁적인 활동을 하도록 하기; 이 경험을 작
업하기 ▽

21. 직업 외에 적어도 하나의 관심 영역을 한 달
동안 매주 두 번 시도하도록 내담자에게 요
청하기[또는 Jongsma의 저서 『성인 심리치료
과제 플래너(Adult Psychotherapy Homework
Planner)』의 '즐거운 활동을 확인하고 계획하기
(Identify and Schedule Pleasant Activities)'를 과
제로 내주기] ▽

22. 코미디 영화를 보는 것처럼 즐거운 활동을 하
는 것을 과제로 내주기. 그러한 활동들의 결
과와 긍정적인 측면에 대해 알아보기 ▽

23. 보다 균형 잡힌 삶을 살게 되었음을 보여 주는
모든 내담자의 변화에 대하여 강화하기 ▽

12. 강박적인 생활을 하게 만드는 왜곡된 자동적 사고들을 알아 보고, 이를 다른 대안적 사고로 대체하기(24)

13. 타인에 대한 적개심과 참을성 없는 태도(impatience)에 관해 인식한 바를 언어로 표현하기 (25, 26)

14. 타인의 기분에 대해 무감각한 직설적인 태도(insensitive directness)나 언어적 공격성을 대체하기 위해 상대를 존중하는 자기주장적 커뮤니케이션을 위한 지식과 기술을 배우고 실행하기(27, 28)

15. 대인관계 문제를 다루기 위해 문제해결 기술이나 갈등해결 기술을 배우기(29, 30)

24. 성취에 대한 강박을 느끼도록 만드는 왜곡된 자동적 사고를 내담자가 알아볼 수 있도록 돕기; 이러한 왜곡된 사고를 긍정적이고 현실적인 인지로 대체할 수 있도록 돕기

25. 타인에 대해 너그럽지 못하고(intolerant) 참을성이 없는 내담자의 상호작용 패턴에 대해 탐색하기

26. 타인에 대해 갖고 있는 내담자의 비판적인 신념들을 내담자가 알아볼 수 있도록 돕기. 그러한 신념들을 일상 속의 적대적인 언어 패턴 및 행동 패턴과 연결 지을 수 있도록 돕기; 내담자 스스로 타인에 대해 너그럽고 수용적일 수 있게 해 주는 대안적인 생각을 만들어 보도록 하기

27. 자기주장적 커뮤니케이션을 연습시키기. 이때, 공격적 커뮤니케이션(예, 타인의 권리를 무시하기)과 상대를 존중하는 자기주장적 커뮤니케이션을 구별하여 인식하고, 전자를 삼가고 후자를 실행해야 한다는 것을 강조하기

28. 내담자의 행동이나 언어 표현 중 타인에 대해 자기중심적이거나 비판적인 접근방식을 반영하는 것들에 대해 모니터링하고, 지적해서 가르쳐 주고, 재구성해 주기; 모델링이나 역할극, 역할 시연 등의 행동 전략을 활용하여 대안적인 방식을 연습하기

29. 갈등해결 기술을 가르치기[예, 공감, 적극적 경청, '나 전달법(I-messages)', 존중의 대화, 공격 없이 자기주장하기, 타협]; 역할극과 모델링을 활용하여 이러한 기술을 현재 겪고 있는 갈등에 적용해 보기

30. 문제해결 기술을 가르치기(예, 문제를 명확하게 정의하기, 다수의 해결책을 브레인스토밍하기, 각 해결책의 장단점을 나열하기, 하나의 해결책을 선택하여 실행하기, 그 결과에 대해 평가하기); 모델링, 역할극, 행동 시연을 활용하여 이러한 기술을 현재 겪고 있는 몇 가지 갈등에 적용해 보기[또는 Jongsma의 저서 『성인 심리치료 과제 플래너(Adult Psychotherapy Homework Planner)』의 '행동하기 전에 계획하기(Plan Before Acting)' 과제로 내주기] ▽ᴱᴮᵀ

▽ᴱᴮᵀ 16. 새로운 진정기술, 인지기술, 의사소통기술, 문제해결기술을 회기 중에 상담자와 함께 그리고 가정에서 숙제를 하면서 연습해 보기(31, 32, 33)

31. 강박을 다루기 위한 개인별 맞춤형 전략을 내담자 스스로 구성할 수 있도록 도와주기. 이러한 전략은 내담자의 욕구와 관련된 신체적 기술, 인지기술, 의사소통기술, 문제해결기술, 또는 갈등해결기술을 결합하여 구성된다. ▽ᴱᴮᵀ

32. 새로운 스트레스 관리 전략을 적용해 보기 어려운 순서대로 상황을 고르기 ▽ᴱᴮᵀ

33. 몇 가지 기법들을 활용하여 내담자가 새로운 스트레스 관리 기술을 익힐 수 있게 도와주기. 여기에는 이완법, 심상법, 행동 시연, 모델링, 역할극, 실제 노출법, 행동 실험이 포함될 수 있다. ▽ᴱᴮᵀ

17. 타인의 좋은 자질에 대해 인정하고 이해하는 말을 함으로써, 타인에 대한 참을성이 없는 태도가 감소되었음을 보이기(34, 35, 36, 37)

34. 동료나 아이와 대화하는 것을 과제로 내기. 이때, 상대의 말에 경청하는 것과 상대의 여러 좋은 점에 대해 배우는 것에 초점을 두어야 함; 해당 경험에 대해 다루기

35. 내담자와 내담자의 가족에게 주말 동안 자기 자각을 증진시킬 수 있는 체험학습 프로그램(experiential weekend)에 참여하는 과제를 내

주기(예, 하이/로우 로프 코스 또는 협동 과제);
이후에 해당 경험에 대해 다루기

36. 여러 사람과 함께 자연캠핑(wilderness camping)과 카누 여행을 하는 것, 워크캠프 프로젝트에 참여하는 것, 또는 적십자의 재난재해 봉사자(disaster worker)로 일하는 것을 과제로 내주기; 해당 경험에 대해 다루기

37. 1년 동안 비영리 사회단체나 학교 등에서 사람들과 직접 만나야 하는 봉사활동을 하도록 격려하기[즉, 무료급식소에서 음식을 나눠 주기, 낙후된 도심 지역(inner-city)의 아이들에게 과외해 주기]; 긍정적인 결과에 대해 다루기

18. 다른 사람의 삶에 대해 더 많이 관심을 가지기. 이는 다른 사람들이 자신의 일상생활 경험에 대해 이야기하는 것을 경청하거나 매일 친절을 베푸는 행동을 통해 드러낼 수 있다 (38, 39, 40).

38. 매일 하나씩 우연적·자발적인 친절 행동을 하도록 내담자를 격려하고 모니터링하기. 그러한 행동의 긍정적인 결과에 대해 탐색하기

39. 타인에게 온정과 인정, 애정, 감사를 표현하도록 격려하기

40. Peck의 저서 『아직도 가야 할 길(The Road Less Traveled)』을 읽는 과제를 내고, 상담자와 함께 책의 주요 아이디어를 다루기

19. 성취를 추구하는 것과 미학적 대상을 감상하는 것 사이에 균형을 맞춰 줄 수 있는 일상적인 생활습관(daily routine)을 개발하기(41, 42)

41. Friedman과 Ulmer의 저서 『A 타입 행동과 마음 치료하기(Treating Type A Behavior and Your Heart)』의 'List of Aphorisms'를 1~2주간 매일 3번씩 읽는 과제를 내주기; 그중 내담자 자신의 삶에서 실천할 수 있는 것을 몇 가지 고르게 하기

42. 내담자에게 순수한 미학적 즐거움을 줄 수 있는 활동 리스트(예, 미술관 방문, 심포니 콘서트 관람, 숲속 하이킹, 미술 레슨 등)를 만들게 하고, 그것을 내담자의 삶에 적용하게 하기

20. 삶과 그것이 주는 스트레스에 대한 새로운 접근 방법을 배우기 위해 수용 전념 치료(ACT)에 참여하기(43, 44, 45, 46)

43. 내담자가 불안한 생각이나 느낌에 지나치게 영향을 받지 않으면서, 개방적으로 수용하고 경험하도록 돕기 위해 ACT 접근을 이용하기. 그리고 자신만의 시간에 전념하고, 개인에게 의미 있는 것으로 확인된 가치와 일치하는 활동을 하기 위해 노력하기[Luoma, Hayes와 Walser의 『치료자를 위한 수용전념치료 기법 훈련 매뉴얼(Learning ACT: An Acceptance and Commitment Therapy Skills-Training Manual for Therapists)』 보기]

44. 마음챙김 명상(mindfulness meditation)을 가르쳐 내담자가 공황과 관련된 부정적인 사고 과정을 인식하게 하기. 현실에 기반을 둔 사고, 이미지 및 충동을 받아들여 이러한 생각과의 관계를 변화시킬 수 있도록 돕고, 비현실적인 기반의 정신 현상에는 반응하지 않기[Zabat-Zinn의 마음챙김 명상 가이드(Guided Mindfulness Meditation(Audio CD)) 보기]

45. 내담자에게 매일의 삶 안에서 마음챙김 명상과 ACT의 접근을 통합하기 위한 연습 과제를 내기

46. 회기를 완성하는 보완작업을 위해 마음챙김 명상과 ACT 접근에 대해 지속적으로 읽게 하기[Hayes의 『마음에서 빠져나와 삶 속으로 들어가라: 새로운 수용전념치료(Get Out of Your Mind and Into Your Life: The New Acceptance and Commitment Therapy)』 보기]

. _____   . _____
   _____   _____

. _____   . _____
   _____   _____

. _____   . _____
   _____   _____

📝 진단 제안

DSM–IV/ICD–9–CM 사용

축 I :	300.3	강박장애(Obsessive-Compulsive Disorder)
	300.02	범불안장애(Generalized Anxiety Disorder)
	296.89	제II형 양극성 장애, 조증(Bipolar II Disorder, Hypomanic)
	_____	_____
	_____	_____
축 II :	301.4	강박성 성격장애(Obsessive-Compulsive Personality Disorder)
	_____	_____
	_____	_____

DSM–5/ICD–9–CM/ICD–10–CM 사용

ICD–9–CM	ICD–10–CM	DSM–5 장애, 상태, 문제
300.3	F42	강박장애(Obsessive-Compulsive Disorder)
300.2	F41.1	범불안장애(Generalized Anxiety Disorder)
296.89	F31.81	제II형 양극성 장애(Bipolar II Disorder)
301.4	F60.5	강박성 성격장애(Obsessive-Compulsive Personality Disorder)

참고: ICD–9–CM 코드(규정, 규칙, 부호)는 미국에서 2014년 9월 30일까지 코딩(or 부호화) 목적으로 사용됩니다. ICD–10–CM 코드는 2014년 10월 1일부터 사용됩니다. 일부 ICD–9–CM 코드는 하나 이상의 ICD–10–CM 및 DSM–5 장애, 상태 또는 문제와 관련이 있습니다. 또한 일부 ICD–9–CM 장애분류가 중단되어 여러 개의 ICD–9–CM 코드가 하나의 ICD–10–CM 코드로 대체되었습니다. 일부 중단된 ICD–9–CM 코드는 이 표에 나열되지 않습니다. 자세한 내용은 『정신질환의 진단 및 통계 편람』(2013)을 참조하십시오.

The Complete Adult Psychotherapy Treatment Planner

단극성 우울(Unipolar Depression)

📄 행동적 정의

1. 우울하거나 짜증난 기분
2. 식욕의 증가나 감소
3. 활동에 대한 흥미나 즐거움 감소
4. 정신운동초조와 정신운동지체
5. 불면이나 과다 수면
6. 에너지 부족
7. 집중력 부족과 우유부단함
8. 사회적 철수
9. 자살 사고나 행동
10. 무망감, 무가치감, 부적절한 죄책감
11. 낮은 자존감
12. 미해결된 애도 문제
13. 기분과 관련된 환각이나 망상
14. 항우울제 복용, 입원 치료, 외래 진료, 전기 치료 등을 받은 만성적이거나 재발성 우울의 개인력

— . _____
_____
_____
— . _____
_____
_____
— . _____
_____

🎯 장기 목표

1. 우울증상을 완화하고 효과적으로 기능하는 이전 상태로 돌아가기
2. 우울에 대한 감정을 인식하고, 수용하고, 대처하기
3. 우울증을 완화시키고 재발을 예방하기 위해 나, 타인, 세상에 대한 긍정적인 사고 패턴과 신념을 발전시키기
4. 우울증을 완화시키고 재발을 예방하기 위해 건강한 대인관계를 수립하기
5. 기분을 정상화하고 이전의 적응적인 기능 수준으로 돌아가기 위해 손실에 대해 적절하게 애도하기

— . _____
_____
_____
— . _____
_____
_____
— . _____
_____

🕐 단기 목표

1. 기능에 미치는 영향과 우울증을 해결하기 위한 시도를 포함하여 우울증에 대한 현재 및 과거의 경험을 설명하기 (1, 2)

2. 우울증의 깊이를 평가하고, 항우울제의 필요성 및 자살을 방지하는 방법으로서 심리적 평가를 실시하기(3)

3. 현재 및 과거에 있었던 자살 사고와 시도에 대하여 언어로 표현하기(4)

4. 더 이상 자해를 생각하지 않도록 진술하기(명시하기)(5, 6)

5. 의학적 또는 물질 관련 문제가 우울증에 미칠 수 있는 영향을 평가하기 위하여 의학적 평가를 완료하기(7)

6. 단극성 우울증의 치료에 영향을 미치거나 복잡하게 하는 물질 사용의 이력을 드러내기(8)

7. DSM 진단과 관련된 구체적 특징, 치료의 효과, 치료적 관계의 특성에 대한 행동, 정서, 사고방식의 정보를 제

🧠 치료적 중재

1. 내담자로 하여금 우울증에 대한 사고와 감정을 나누도록 격려하기; 우울증에 기여하는 주요한 인지적, 행동적, 대인관계적 요인들을 확인하는 과정에서 공감을 표현하고 라포를 형성하기

2. 기분(mood)의 특성, 빈도, 강도와 지속기간 등을 포함한 현재와 과거의 기분 에피소드를 평가하기

3. 내담자의 우울과 자살 위험을 평가하기 위하여 객관적인 평가도구를 준비하기(예, 벡의 우울 검사; 벡의 절망감 척도); 결과를 평가하고 내담자에게 피드백 해 주기; 치료 과정을 평가하기 위하여 결과를 활용하기

4. 내담자의 과거 자살 경향성 및 현재 자살 위험도를 평가하기(만약 자살 위험성이 있다면, 이 책의 '자살 사고' 챕터 참조)

5. 지속적으로 내담자의 자살 위험도를 모니터하고 평가하기

6. 내담자가 자신에게 위험한 것으로 판단될 때, 필요하다면 입원을 준비하기

7. 우울을 야기하는 일반적인 의학 또는 물질 관련 요인을 평가하기 위하여 의사에게 내담자를 의뢰하기

8. 평가가 필요하다면, 물질 남용 평가를 준비하고 내담자를 치료에 의뢰하기(이 책의 '물질 사용' 챕터 참조)

9. '호소문제'에 대한 내담자의 통찰(자아동질적 대 자아이질적) 수준을 평가하기(예, '문제행동'의 문제성에 대한 좋은 통찰력을 보여 주고, 타인

공하기(9, 10, 11, 12)

의 관점에 동의하며, 변화에 대한 동기부여가 되었는지, '기술된 문제'에 대해 양가성을 보이며, 문제를 문제로 제기하기를 꺼려하는지, '기술된 문제'를 인정하는 것에 저항하고, 관심이 없고, 변화에 대한 동기를 보이지 않는지)

10. 필요하다면, 자살취약성(예, 우울 동반이 분명한 경우 자살 위험 증가)을 포함한 연구 기반 공존 장애의 증거를 평가하기(예, ADHD를 동반한 적대적 반항장애, 불안장애를 동반한 우울증)

11. 내담자의 현재 정의되는 '문제행동'을 설명해 주는 데 도움이 되는 나이, 성, 문화와 관련된 문제와 내담자의 행동을 보다 잘 이해할 수 있는 요인들을 평가하기

12. 적절한 돌봄 수준을 결정하는 내담자의 기능 손상의 심각성을 평가하기(예, 사회적, 관계적, 직업적, 노력에서 경도, 중등도, 고도 또는 최고도 손상을 일으킨다고 알려진 행동); 치료의 효과성뿐만 아니라 손상의 심각성을 지속적으로 평가하기(예, 내담자는 더 이상 심각한 손상을 보이지는 않지만, 현재 문제는 경도 또는 중등도 손상을 초래하고 있다.)

▽ 8. 의사의 약물 평가와 협력하기(13, 14)

13. 향정신성 의약품에 대한 내담자의 요구와 욕구를 평가하고, 나타난 경우에는 의사의 약물 평가를 준비하기 ▽

14. 내담자의 향정신성 의약품 복용, 효과, 부작용을 모니터하고 평가하기; 처방한 의사와 소통하기 ▽

▽ 9. 우울증에 대한 정확한 이해를 언어로 표현하기(15, 16)

15. 치료적 모델과 일관되어 어떻게 인지적, 행동적, 대인관계적, 기타 요인(예, 가족력)들이 우울증에 영향을 미치는지를 토론하기 ▽

▽ 10. 우울증 치료의 기제에 대한 이
해를 언어로 표현하기(17, 18)

11. 우울증을 유지시키는 사고와 신
념을 확인하고, 보다 대안적인
신념으로 대체하기(19, 20, 21,
22, 23)

16. 내담자에게 우울증에 대한 심리교육적 개념
을 알려 주는 특정 챕터, 책, 치료 매뉴얼 또
는 자료를 읽어 보는 과제를 내주기 ▽

17. 치료 모델에 기반 해서 인지, 행동, 대인관계
및 기타 요인의 변화가 어떻게 우울증을 완
화시키고 이전의 적응적인 기능 수준으로 돌
아갈 수 있게 해 주는지 논의하기 ▽

18. 내담자가 치료법과 그 기제에 대해 보다 잘
알 수 있도록 도와주기 위해 특정 챕터, 책,
또는 자료를 읽어 보는 과제를 내주기 ▽

19. 인지행동치료를 실시하기[Beck의 저서 『인
지 행동 치료(Cognitive Behavior Therapy)』;
Gilson 등의 저서 『우울증 극복하기(Overcoming
Depression)』를 참고하기]. 먼저, 내담자가 인
지와 우울한 정서, 행동의 연결 고리를 알 수
있도록 돕기 ▽

20. 내담자가 매일의 일지에 스스로의 사고, 감정
및 행동을 모니터링하여 기록하는 과제를 내
기[예, Jongsma의 저서 『성인 심리치료 과제 플
래너(Adult Psychotherapy Homework Planner)』
의 '부정적인 사고는 부정적인 감정을 유발한다
(Negative Thoughts Trigger Negative Feelings)';
Beck, Rush, Shaw와 Emery의 저서 『우울증의 인
지치료(Cognitive Therapy of Depression)』의 '역
기능적 사고에 대한 매일의 기록(Daily Record of
Dysfunctional Thoughts)']; 우울한 사고 패턴에
도전하여 이를 현실적인 사고로 대체하도록
일지 자료를 다루기 ▽

21. '행동 실험'을 과제로 내주기. 이를 통해 우울한 자동적 사고를 가설/예측으로 다루고, 현실을 바탕으로 대안적인 가설/예측을 만들고, 내담자의 과거, 현재, 미래 경험에 비추어 가설/예측을 검증할 수 있도록 돕기 ▽

22. 편향된 우울한 자기대화와 믿음을 현실적인 인지로 대체할 수 있게 변화를 촉진하고 강화함으로써, 내담자가 자신감을 증진하고 적응적인 활동을 늘릴 수 있도록 돕기[Jongsma의 저서 『성인 심리치료 과제 플래너(Adult Psychotherapy Homework Planner)』의 '긍정적인 자기대화(Positve Self-Talk)' 참고하기] ▽

23. 증상의 재발을 유발할 수 있는 편향된 자기대화 이면의 가정이나 믿음을 탐색하고 재구조화하기 ▽

▽ 12. 우울증을 극복하기 위한 행동 전략을 배우고 실행하기(24, 25)

24. '행동 활성화' 치료를 실시하기. 즉, 내담자의 활성화를 억제하는 프로세스를 확인하면서 내담자의 활동 수준을 높이고 보상을 경험할 수 있도록 돕기[Martell, Dimidjian과 Herman-Dunn의 저서 『우울증을 위한 행동 활성화(Behavioral Activation for Depression)』를 참고하기; Jongsma의 저서 『성인 심리치료 과제 플래너(Adult Psychotherapy Homework Planner)』의 '즐거운 활동을 확인하고 계획하기(Identify and Schedule Pleasant Activities)'를 과제로 내주기; 필요에 따라서는 내담자의 일상생활에서 행동을 강화시킬 수 있는 지시, 시연, 역할놀이, 역할 시연과 같은 행동 기법을 사용하기; 성공을 강화하기 ▽

25. 내담자가 행동 활성화를 통해 즐거움을 얻을 가능성을 높여 주는 기술을 개발할 수 있도록 돕기(예, 자기주장 기술, 연습 계획을 세우기, 내부 초점을 줄이고 외부 초점 증가시키기, 사회참여 활동을 증가시키기); 성공을 강화하기 ▽

13. 과거와 현재 인생에서 중요한 사람들을 확인하고, 그런 관계의 질의 좋고 나쁨에 대해 설명하기(26)

26. 대인관계치료를 실시하기. 먼저, 대인관계 검사를 통해 과거와 현재의 중요한 대인관계를 평가하기[Klerman 등의 『우울증을 위한 대인관계 치료(Interpersonal Psychotherapy of Depression)』를 참고하기]; 우울증을 슬픔, 대인관계 역할 갈등, 역할 전환, 대인관계 결핍과 연결 지어 사례를 개념화하기 ▽

14. 현재의 대인관계 문제를 이해하고, 이해한 바와 문제의 해결책을 언어로 표현하기(27, 28, 29, 30)

27. 슬픔에 대해서는, 애도를 촉진하고 상실을 보상해 줄 수 있는 새로운 활동과 관계를 발견할 수 있도록 도와주기 ▽

28. 대인관계 갈등의 경우, 그 관계가 교착 상태에 빠져 있는지, 갈등해결 기술을 배우고 실행하면 풀릴 가능성이 있는지 등 내담자가 관계와 갈등의 본질을 탐색하도록 돕기; 만약 관계가 교착단계에 있다면, 그 상태를 변화시킬지 또는 관계를 끝낼지를 고려해 보기 ▽

29. 역할 전환에 관해서는(예, 관계나 진로를 시작하거나 끝내기, 이사, 승진, 은퇴, 졸업), 내담자가 새로운 역할의 긍정적인 면과 부정적인 면을 인지하고 새로운 역할에 숙달되는 한편, 예전 역할을 상실한 것에 대해서는 애도할 수 있도록 돕기 ▽

30. 대인관계적 결함에 관해서는, 내담자가 새로운 대인관계 기술을 배우고 새로운 대인관계를 형성하도록 돕기 ▽

▽ 15. 문제해결 기술과 의사결정 기술을 배우고 실행하기(31, 32)

31. 문제해결 치료를 실시하기[D'Zurilla와 Nezu의 저서 『문제해결 치료(Problem-Solving Therapy)』를 참고하기]. 즉, 심리교육, 모델링, 역할연습과 같은 기술을 활용하여 내담자에게 문제해결 기술을 가르치기(다시 말해, 문제를 구체적으로 정의하고, 가능한 해결책을 생각해 내고, 각 해결책에 대한 장점과 단점을 평가하고, 활동 계획을 선택하고 실행하고, 계획의 효과성을 평가하고, 계획을 받아들이거나 수정하는 방법을 가르치기); 실제 삶의 문제에 대해 문제해결 기술을 적용하는 역할극을 실시하기[또는 Jongsma의 저서 『성인 심리치료 과제 플래너(Adult Psychotherapy Homework Planner)』의 '문제해결 기술을 대인관계 갈등에 적용하기(Applying Problem-Solving to Interpersonal Conflict)'를 과제로 제시하기] ▽

32. 내담자가 문제에 대해 긍정적인 관점을 가질 수 있도록 격려하기. 즉, 문제와 문제의 해결을 삶의 자연스러운 일부로 보고, 겁먹거나 절망하거나 회피해야 할 것이 아니라는 관점을 발달시키도록 격려하기 ▽

▽ 16. 대인관계 문제를 해결하기 위해 갈등해결 기술을 배우고 실행하기(33, 34)

33. 갈등해결 기술을 가르치기[예, 공감, 적극적 경청, '아이 메시지(I messages)', 상대를 존중하는 의사소통, 공격적이지 않은 자기주장적 말하기, 타협]; 심리교육, 모델링, 역할연기, 그리고 리허설을 활용하여 현재 겪고 있는 여러 갈등에 배운 기술을 적용해 보기; 배운 갈등해결 기술을 연습하는 것을 숙제로 내주기; 갈등해결 기술이 내담자의 삶에 통합되어 사용될 수 있도록 복습하고 반복하게 하기 ▽

34. 내담자를 안심시키고 지지해 주고, 갈등을 유
    발하는 인지적 및 정서적 트리거를 명료화하
    고, 적극적인 문제해결 기술을 활용함으로써
    [또는 Jongsma의 저서 『성인 심리치료 과제 플래
    너(Adult Psychotherapy Homework Planner)』
    의 '문제해결 기술을 대인관계 갈등에 적용하기
    (Applying Problem-Solving to Interpersonal
    Conflict)'를 과제로 내줌으로써] 내담자가 대인
    관계 문제와 관련된 우울을 해결하도록 돕기
    ▽

▽ 17. 재발 방지 기술을 배우고 실행   35. 한 번 우울 증상을 보인 것과 우울 증상이 반
    하기(35, 36, 37)   복되는 것 사이의 차이에 관해 내담자와 논
                                         의하기. 한 번 우울 증상을 보인 것을, 예컨대
                                         (상실이나 갈등으로 인해) 우울한 사고나 철수
                                         및 회피 충동을 다시 경험하는 것과 같이, 보
                                         다 흔하고 일시적인 어려움과 관련짓기. 한
                                         편, 우울 증상이 반복되는 것은 우울한 사고
                                         와 감정의 패턴으로 지속적으로 회귀하는 것
                                         과 관련짓기. 후자의 경우, 대인관계로부터
                                         의 철수 및 회피를 흔히 동반한다. ▽

                                     36. 우울 증상이 발현될 수 있는 미래 상황이나
                                         환경을 확인하고, 내담자와 이러한 상황을
                                         관리하는 것을 연습해 보기 ▽

                                     37. 내담자가 증상이 재발했음을 알려 주는 경고
                                         신호를 일찍 식별하도록 돕고, 이러한 신호
                                         를 관리하기 위해 치료 시간 중에 학습한 기
                                         술을 시연해 봄으로써, 내담자의 재발 방지
                                         기술을 발달시키기 ▽

18. 재발 방지를 위한 마음챙김 기법을 실행하기(38, 39)

38. 내담자가 우울과 관련된 부정적인 사고 과정을 인식하고 조절하는 법을 배우고, 이러한 사고와 자신과의 관계를 변화시키도록 돕기 위해, 마음챙김 명상과 인지치료 기법을 활용하기[Segal, Williams와 Teasdale의 저서 『우울증을 위한 마음챙김 인지치료(Mindfulness-Based Cognitive Therapy for Depression)』를 참고하기] ▽

39. 치료 과정에서 드러난 내담자의 강점을 키워 줌으로써, 내담자가 그 전에는 미처 느끼지 못했던 새로운 안녕감을 경험할 수 있도록 돕기[또는 Jongsma의 저서 『성인 심리치료 과제 플래너(Adult Psychotherapy Homework Planner)』의 '나의 강점을 인식하기(Acknowledging My Strengths)' 또는 '나의 좋은 자질은 무엇일까? (What Are My Good Qualities?)'를 과제로 내주기] ▽

19. 우울을 낮추고 관계를 향상시키기 위해 부부치료에 참여하기(40)

40. 부부 행동 치료를 실시하기. 즉, 자기주장적 의사소통과 문제해결/갈등해결 과정을 비롯한 파트너와의 상호작용에 초점을 맞추는 행동적 개입을 활용하기; 파트너 간에 돌보는 상호작용을 증가시키고 협력적인 문제해결을 강화하면서 상대를 존중하는 자기주장적 의사소통을 지속적으로 사용하는 데 초점을 맞추기[Jacobson과 Christensen의 저서 『통합적 부부치료(Integrative Couples Therapy)』를 참고하기]

20. 행동을 안내하는 데 있어서 건강한 정서를 더 자주 사용하기 위해, 건강한 정서와 건강하지 않은 정서를

41. 정서중심치료에 기반한 과정-체험 치료(process-experiential approach)를 활용하여 내담자가 정서를 처리할 수 있는 안전하면

이해하고 이해한 바를 언어로 표현하기(41)

21. 과거의 관계가 현재의 우울 경험에 어떻게 영향을 미치고 있는지에 대한 통찰을 언어로 표현하기(42, 43, 44, 45)

22. 경험적 회피와 인지적 회피를 감소하고, 가치 기반 행동을 증가시키기 위해 마음챙김과 수용전략을 사용하기(46)

서도 양육적인 환경을 조성하기. 이러한 환경에서, 내담자가 건강하지 않은 감정을 식별하고 조절하는 법, 그리고 행동을 안내하는 보다 적응적인 감정을 유발하는 법을 배울 수 있도록 돕기[Greenberg와 Watson의 저서 『우울증을 위한 정서중심치료(Emotion-Focused Therapy for Depression)』를 참고하기]

42. 단기 정신역동치료를 실시하기. 즉, 과거의 관계 패턴이 현재 내담자를 우울증에 취약하게 만들었을 수 있다는 통찰을 증가시키기; 핵심 갈등 주제를 확인하기; 내담자가 현재의 관계 패턴을 변화시킬 수 있도록 돕기[Luborsky 등의 저서 『우울증을 위한 지지-표현 정신역동 심리치료(Supportive-Expressive Dynamic Psychotherapy of Depression)』를 참고하기]

43. 현재의 우울 상태의 원인이 되는 내담자의 유년시절 경험을 탐색하기

44. 내담자가 현재의 우울 상태의 원인이 되는 아동기에 겪은 고통에 대한 분노 감정을 공유하도록 격려하기

45. 이전에 표현되지 않은(억압된) 분노 감정과 (무력감) 현재의 우울 상태 사이 간의 연결을 설명하기

46. 내담자가 경험회피를 감소하고, 생각과 행동을 분리하고, 증상을 변화시키거나 통제하기 보다는 자신의 경험을 수용하고 자신의 좀 더 폭넓은 삶의 가치에 따라 행동하도록 돕기 위해 마음챙김전략을 포함하여 수용전념치료를 실시하기[Zettle의 저서

인 『우울증을 위한 ACT(ACT for Depression)』
을 보기]; 내담자가 자신의 목표와 가치를 명
확히 하고 그에 따라 행동하도록 돕기[또는
Jongsma의 저서 『성인 심리치료 과제 플래너
(Adult Psychotherapy Homework Planner)』에
있는 '비경쟁적인 가치를 개발하기(Developing
Noncompetitive Values)'를 과제로 내주기]

23. 우울을 극복하기 위해 도서를 읽기
(47)

47. 보완적인 치료를 돕고, 그에 대한 이해를 촉
진시키기 위해, 치료에서 사용한 치료적 접
근과 일치하는 자조 도서를 읽도록 내담자에
게 추천하기[예, Knaus의 저서 『우울증에 관한
인지행동 워크북: 단계별 프로그램(A Cognitive
Behavioral Workbook for Depression: A Step-
by-Step Program)』; Nezu, Nezu와 D'Zurilla의 저서
『인생의 문제를 해결하기(Solving Life's Problems)』;
Pettit와 Joiner의 저서 『우울증에 대한 대인관계
적 해결책: 감정 변화 워크북(The Interpersonal
Solution to Depression: A Workbook for
Changing How You Feel by Changing How
You Relate)』; Strosahl과 Robinson의 저서 『우
울증 치료를 위한 마음챙김과 수용 워크북(The
Mindfulness and Acceptance Workbook for
Depression)』]; 읽은 자료들을 다루기

24. 자신, 타인, 미래에 대해 희망적이고
긍정적인 문장을 언어로 점점 더 많
이 표현하기(48, 49)

48. 내담자가 자신과 미래에 대해 매일 적어도 하
나의 긍정적인 문장을 쓰도록 과제를 내주기
[또는 Jongsma의 저서 『성인 심리치료 과제 플래
너(Adult Psychotherapy Homework Planner)』에
있는 '긍정적인 자기대화(Positive Self-Talk)'를
과제로 내주기]

49. 내담자에게 우울에 대해서 더 알려 주고, 감정의 정상적인 변화로서 슬픔을 인식하고 받아들이도록 가르치기

__. _____   __. _____
   _____   _____
__. _____   __. _____
   _____   _____
__. _____   __. _____
   _____   _____

📖 진단 제안

DSM-IV/ICD-9-CM 사용

축 I:	309.0	우울기분 동반 적응장애(Adjustment Disorder With Depressed Mood)
	300.4	기분부전장애(Dysthymic Disorder)
	296.2x	주요우울장애, 단일 삽화(Major Depressive Disorder, Single Episode)
	296.3x	주요우울장애, 재발성 삽화(Major Depressive Disorder, Recurrent)
	310.1	축 III 장애로 인한 성격변화(Personality Change Due to Axis III Disorder)
	311	달리 명시되지 않은 우울장애(Depressive Disorder NOS)
	V62.82	사별(Bereavement)
	_____	_____
	_____	_____
축 II:	301.9	명시되지 않은 성격장애(Personality Disorder NOS)
	799.9	연기된 진단(Diagnosis Deferred)
	V71.09	진단 없음(No Diagnosis)
	_____	_____
	_____	_____

DSM-5/ICD-9-CM/ICD-10-CM 사용

ICD-9-CM	ICD-10-CM	DSM-5 장애, 상태, 문제
309.0	F43.21	우울기분 동반 적응장애(Adjustment Disorder, With Depressed Mood)
296.xx	F31.xx	제 I 형 양극성 장애(Bipolar I Disorder)
296.89	F31.81	제 II 형 양극성 장애(Bipolar II Disorder)
300.4	F34.1	지속적 우울장애(기분저하증)(Persistent Depressive Disorder)
301.13	F34.0	순환성 장애(Cyclothymic Disorder)
296.2x	F32.x	주요우울장애, 단일 삽화(Major Depressive Disorder, Single Episode)
296.3x	F33.x	주요우울장애, 재발성 삽화(Major Depressive Disorder, Recurrent Episode)
295.70	F25.0	조현정동장애, 양극형(Schizoaffective Disorder, Bipolar Type)
295.70	F25.1	조현정동장애, 우울형(Schizoaffective Disorder, Depressive Type)
310.1	F07.0	다른 의학적 상태로 인한 성격 변화(Personality Change Due to Another Medical Condition)
V62.82	Z63.4	단순 사별(Uncomplicated Bereavement)

참고: ICD-9-CM 코드(규정, 규칙, 부호)는 미국에서 2014년 9월 30일까지 코딩(or 부호화) 목적으로 사용됩니다. ICD-10-CM 코드는 2014년 10월 1일부터 사용됩니다. 일부 ICD-9-CM 코드는 하나 이상의 ICD-10-CM 및 DSM-5 장애, 상태 또는 문제와 관련이 있습니다. 또한 일부 ICD-9-CM 장애분류가 중단되어 여러 개의 ICD-9-CM 코드가 하나의 ICD-10-CM 코드로 대체되었습니다. 일부 중단된 ICD-9-CM 코드는 이 표에 나열되지 않습니다. 자세한 내용은 『정신질환의 진단 및 통계 편람』(2013)을 참조하십시오.

직업적 스트레스(Vocational Stress)

The Complete Adult Psychotherapy Treatment Planner

📋 행동적 정의

1. 직업 환경에서 대인관계 갈등으로 인해 불안과 우울을 느낌
2. 심각한 사업적 손실 이후에 부적절감, 두려움, 실패를 느낌
3. 성공이나 승진 이후에 더 큰 성공에 대한 기대를 지각하게 됨으로 인해 실패에 대한 두려움을 느낌
4. 고용 환경에서 권위자에 반대하거나 권위자와 갈등을 보임
5. 해고되거나 일을 그만둔 이후에 불안과 우울을 느낀 결과로 실직 상태에 빠짐
6. 실제로 존재하는 직업적 위험 또는 본인이 인식하는 직업적 위험에 관련된 불안
7. 직업에 대한 불만족에 관한 불평 또는 직업적으로 맡은 일에 관련된 스트레스와 관련하여 우울과 불안을 느낌

—. _____
_____
—. _____
_____
—. _____
_____

🎯 장기 목표

1. 주변의 동료들과의 관계에서 만족과 편안함을 향상시키기
2. 직업적으로 맡은 일을 처리하는 것의 자신감과 능숙하다는 느낌을 증진시키기
3. 직업 환경에서 지도 감독에 협조하고 받아들이기
4. 실업 상태임에도 자아존중감과 기분을 향상시키기
5. 수퍼바이저로부터 더 긍정적인 평가를 받음으로써 고용 안정성 높이기
6. 희망적이고 긍정적인 태도를 견지함으로써 직업적 일관성을 추구하기
7. 자기주장 훈련과 스트레스 관리를 통해 직업 만족도와 성취를 높이기

— · _____
   _____
— · _____
   _____
— · _____
   _____

🕐 단기 목표

1. 직업적 스트레스의 이력을 기술하기
   (1, 2)

2. 사회불안과 회피의 성질과 심각도를 평가할 수 있는 심리검사를 완수하기
   (3)

🧠 치료적 중재

1. 내담자와 치료 동맹을 형성할 수 있도록 라포를 형성하기
2. 인식할 수 있는 자원, 내담자의 스트레스 정도, 장애, 적응적인 대처 행동 및 역기능적 대처 행동, 상담의 목표를 포함하여 내담자의 직업적 스트레스 이력을 평가하기
3. 내담자의 스트레스 요인, 스트레스에 대한 평가, 전반적인 스트레스 원인을 평가할 수 있는 심리검사를 실시하기[예, Derogatis의 스트레스 프로파일(The Derogatis Stress Profile), 일상적 스트레스 척도(The Daily Hassles and Uplifts Scale)]

3. 직업적 스트레스를 야기하거나 치료에 방해가 될 수 있는 약물 사용 이력을 드러내기(4)

4. DSM 진단기준, 치료의 효과, 상담 관계의 특징에 대한 행동적 정보, 정서적 정보, 태도 관련 정보를 제공하기(5, 6, 7, 8)

4. 약물 남용 평가를 받도록 의뢰하고, 평가 결과 치료가 필요하다면 치료에 의뢰하기(이 책의 '물질 사용' 챕터 참조)

5. '호소문제'에 대한 내담자의 통찰 수준(자아동조적 vs. 자아이질적)을 평가하기[예, '문제행동(described behavior)'의 문제의 본질에 대한 훌륭한 통찰이 표현되고 다른 사람들이 걱정하는 부분과 일치하고 변화의 동기가 되는 호소문제가 있고, 문제가 되는 행동을 걱정거리로 묘사하기를 싫어하고, '문제행동'을 인정하는 것과 관련하여 저항적이고 문제에 대해 걱정하지 않고 변화의 동기가 없는 호소문제가 있다.]

6. 관련 장애(예, 반항장애와 ADHD, 불안장애로 인해 부차적으로 나타나는 우울증)와 자살 취약성(예, 우울증이 동반되는 것이 분명한 경우 자살 위험이 증가하는 것)과 관련하여 연구로 밝혀진 증거를 바탕으로 내담자를 평가하기

7. 내담자의 현재 '문제행동'을 설명하는 데에 도움이 되는 나이, 성별, 문화 등의 모든 이슈와 내담자의 행동을 이해하는 데 도움이 되는 요소들을 평가하기

8. 적절한 관리 수준을 결정하기 위해 내담자의 기능 손상의 심각한 정도[예, 문제행동이 사회적, 관계적, 직업적 시도에서 어느 정도의 손상(경도, 중등도, 고도, 최고도)]를 야기하는지를 평가하기. 또한 지속적으로 치료의 효과성뿐 아니라 손상의 심각한 정도를 평가하기(예, 내담자가 더 이상 심각한 손상은 보이지 않지만 현재 호소문제가 경도나 중등도의 손상을 일으키는 경우)

5. 의사가 시행하는 향정신제 평가에 협조하기(9)

6. 정기적으로 처방받은 향정신제를 복용하기(10)

▽ 7. 스트레스를 줄이고 개인 목표를 달성하기 위해 스트레스 대처 훈련에 참가하기(11, 12, 13, 14, 15)

9. 약물적 개입이 효과적일 가능성을 평가하기 위해 신경정신과 의사에게 정신의학적 평가를 의뢰하기

10. 내담자의 처방약에 대한 순응도, 부작용, 종합적 효과성을 관찰하기. 정기적으로 처방전을 내준 의사와 상의하기

11. 작업환경, 내담자, 그리고 그 둘의 상호작용의 기여도를 포함하는 스트레스 문제의 기능 평가를 시작으로 스트레스 대처 훈련 접근법을 사용하기 ▽

12. 인지적 평가, 개인 및 대인관계기술과 그것의 부족, 개념적인 해석을 치료의 정당성과 연결하는 것을 포함하는 내담자의 스트레스 개념화 돕기 ▽

13. 개인 특성에 맞춘 개인 및 대인관계 기술(진정/완화, 인지적, 대처, 사회적/의사소통, 문제해결 등)을 훈련하기 위해 인지행동적 기술(설명, 모델링, 연습, 예행연습, 점진적 적용, 일반화 등)을 사용하기 ▽

14. 내담자가 점진적으로 어려운 스트레스 상황에서 새로 배운 기술을 사용하고, 검토하고, 성공을 강화하고, 어려움에 문제해결 기술을 효과적으로 사용할 수 있도록 과제를 내주기 ▽

15. 발현과 재발의 구분, 위험이 큰 상황을 확인하고 관리 방법의 예행연습 등의 일반적인 고려를 통해 재발 방지 연습을 시행하고, 지속적으로 상담에서 배운 기술을 일상에 적용할 수 있도록 하기 ▽

▽ 8. 직장동료와 상사와의 갈등해결을 위해 업무 중 시행 가능한 행동 변화를 찾아보고 시행하기 (16, 17)

16. 내담자에게 동료나 상사와의 갈등에서 여러 대안을 포함하는 건설적인 행동 계획(지시사항에 대해 예의 있게 이행하기, 미소 지으며 인사하기, 타인의 수행을 칭찬하기, 비판적인 판단 피하기)을 쓰도록 시키기 ▽

17. 내담자가 긍정적인 만남을 증가시키고 직장이나 구직 상황에서 타인과 관련된 불안을 줄이기 위해 역할 연기, 행동 역할연기, 역할 예행연습을 사용하기[Potter-Effron의 저서 『일터에서의 분노 조절: 직장에서 갈등을 예방하고 해결하기(Working Anger: Preventing and Resolving Conflict on the Job)』를 추천] ▽

▽ 9. 자기주장 기술을 시행하기(18)

18. 내담자에게 자기주장 연습을 시키거나 공격적이나 방어적인 태도 없이 요구와 감정을 말할 수 있는 효과적인 의사소통 수업에 의뢰하기 ▽

▽ 10. 문제해결 기술을 배우고 시행하기(19)

19. 심리교육, 모델링, 문제해결 기술(문제를 구체적으로 정의하기, 가능한 해결책 찾기, 각 해결책의 장점과 단점 평가하기, 해결책 선택 후 행동 계획을 시행하기, 계획의 효과성 평가하기, 계획을 수정하거나 수정하기)을 사용하여 문제해결치료[D'Zurilla와 Nezu의 저서 『문제해결 치료(Problem-Solving Therapy)』를 참조]를 시행하기. 역할놀이를 적용한 문제해결 기술을 실생활 문제에 적용하기[혹은 Jongsma의 저서 『성인 심리치료 과제 플래너(Adult Psychotherapy Homework Planner)』에서 '대인관계 갈등해결을 위해 문제해결 방법을 적용하기(Applying Problem-Solving to Interpersonal Conflict)' 부분을 과제로 내주기] ▽

▽ 11. 타인과의 조화, 자기수용, 자신감을 높이는 건강하고 현실적이고 인지적인 메시지를 말로 표현하기(20, 21)

20. 생각, 감정과 행동 사이의 연관성을 내담자에게 교육하기. 내담자가 불안과 우울을 줄일 수 있는 좀 더 현실적이며 건강한 인지적 메시지를 개발할 수 있도록 하기 ▽

21. 내담자가 자기 패배적 생각(절망감에 대한 생각, 거절, 파국화, 미래에 대한 부정적 예측)을 매일 적도록 하기. 각 생각의 정확도에 이의를 제기하고 역기능적인 생각을 긍정적이고 자기향상적인 생각으로 대체하기[혹은 Jongsma의 저서 『성인 심리치료 과제 플래너(Adult Psychotherapy Homework Planner)』에서 '자기 패배적 생각을 대체하는 일지 작성하기(Journal and Replace Self-Defeating Thoughts)' 부분을 과제로 내주기] ▽

▽ 12. 직업 스트레스의 느낌과 연관된 왜곡된 인지적인 메시지를 찾고 바꾸기(22, 23, 24)

22. 내담자의 직업 관련된 스트레스를 둘러싼 감정을 탐색하고 명확하게 하기 ▽

23. 내담자의 직업적 스트레스를 일으키는 왜곡된 인지적 메시지와 인지 도식을 평가하기. 그리고 이러한 메시지를 긍정적인 인지로 대체하기[혹은 Jongsma의 저서 『성인 심리치료 과제 플래너(Adult Psychotherapy Homework Planner)』에 있는 '부정적 정서를 촉발시키는 부정적 생각들(Negative Thoughts Trigger Negative Feelings)'을 과제로 내기] ▽

24. 상황을 최악으로 상상해서(catastrophizing situation) 꼼짝 못하게 하는 불안(immobilizing anxiety)으로 가는 내담자의 패턴에 직면하기. 그리고 이러한 메시지를 현실적인 생각으로 대체하기 ▽

▽ 13. 전반적인 불안을 줄이고 불안 증상을 다룰 수 있는 진정 기술 (calming skills)을 배우고 실행하기(25, 26, 27)

25. 내담자에게 진정/이완 기술[예, 응용 이완법 (applied relaxation), 점진적 근육 이완법, 신호 조절 이완법(cue controlled relaxation), 마음챙김 호흡법, 바이오 피드백]과 이완과 긴장을 더 잘 구분하는 법에 대해 가르치기. 그리고 내담자에게 이러한 기술들을 내담자의 일상생활에 적용하는 방법을 가르치기[예, Bernstein, Borkovec과 Hazlett-Stevens의 저서, 『점진적 근이완요법의 새로운 방향(New Directions in Progressive Muscle Relaxation)』, Davis, Robbins-Eshelman과 Mckay의 저서, 『이완 및 스트레스 완화 워크북(The Relaxation and Stress Reduction Workbook)』] ▽

26. 내담자에게 각 회기에서 이완 훈련을 매일 연습하는 과제를 내기. 불안을 일으키지 않는 상황에서 불안을 일으키는 상황까지 점진적으로 훈련을 적용하기. 향상된 점에 교정적 피드백을 주면서 성공을 검토하고 강화하기 ▽

27. 내담자에게 적절한 책이나 치료 매뉴얼[예, Craske와 Barlow의 저서 『불안과 걱정 다루기 워크북(Mastery of Your Anxiety and Worry-Workbook)』, McKay와 Fanning의 저서 『매일 이완하기: 몸을 편안하게, 마음을 안정되게, 정신을 맑게 하라(The Daily Relaxer: Relax Your Body, Calm Your Mind, and Refresh Your Spirit)』]에 있는 점진적 근육 이완법과 다른 진정 전략에 대해 읽는 것을 과제로 내기 ▽

14. 동료나 상사(supervisor)와의 갈등에서 자신의 역할을 확인하기(28, 29)

28. 직장에서 내담자의 갈등 속성을 명료화하기

29. 다른 사람의 관점을 대변하면서, 내담자가 갈등에서 자신의 역할을 확인하는 것을 돕기

15. 직장에서 갈등을 일으킬 수 있는 모든 개인적 문제를 확인하기(30)

16. 대인 갈등의 뿌리를 결정하기 위해 원가족 역사를 검토하기(31)

17. 직장 밖에서의 사람들과 나타나는 유사한 갈등 패턴을 확인하기(32)

18. 갈등에 대한 책임 투사에서 벗어나 갈등에서의 자신의 역할에 대한 책임 수용으로 대체하기(33, 34)

19. 직업적 스트레스가 자기 자신과 중요한 타자의 관계에 관한 감정에 미치는 영향을 확인하기(35, 36)

20. 직업적 스트레스를 줄이는 건설적인 행동에 대한 계획을 개발하고 언어화하기(37)

21. 퇴직을 이끄는 상황에 대한 이해를 언어화하기(38)

30. 직장으로 옮겨진 내담자의 개인적 문제를 탐색하기

31. 직장에서 재현되는 현재 대인 갈등 패턴의 원인이 있는지 내담자의 원가족 역사를 탐색하기

32. 직장 밖에서 발생하지만 직장에서 반복적으로 일어나는 내담자의 대인 갈등 패턴을 탐색하기

33. 내담자가 자신의 행동과 감정에 대한 책임을 다른 사람에게 투사하는 것을 직면시키기. 그리고 갈등에서 내담자의 역할을 검토할 필요성을 강조하기

34. 내담자가 직장에서의 갈등에 한 몫을 했을 때, 개인의 감정과 행동에 대한 책임을 내담자가 수용하도록 강화하기

35. 내담자의 직업적 스트레스가 내담자의 내적 역동과 친구, 가족과의 대인 역동에 미치는 영향을 탐색하기

36. 내담자의 직업적 상황에 대하여 가족원이 감정을 말하고 명료화하는 가족치료 회기를 촉진하기

37. 내담자가 자신의 직업 상황에 긍정적으로 반응하는 계획을 개발하는 것을 돕기[또는 Jongsma가 쓴 『성인 심리치료 과제 플래너(Adult Psychotherapy Homework Planner)』에 있는 '나의 직업 관련 행동 계획(My Vocational Action Plan)'을 과제로 내기]

38. 내담자가 통제할 수 없는 내담자의 퇴직 이유를 탐색하기

22. 자기가 인식한 수준의 직업적 실패에 근거한 자기 비하적 발언을 하지 않기(39, 40, 41, 42)

39. 불충분함에 대한 감정, 실패에 대한 두려움, 성공에 대한 두려움에 대한 뿌리를 아동기(childhood history)에서 탐색하기

40. 내담자가 자기 자신에 대해 현실적이고 긍정적인 진술 리스트를 만드는 것을 돕기[또는 Jongsma가 쓴 『성인 심리치료 과제 플래너(Adult Psychotherapy Homework Planner)』에 있는 '긍정적 자기대화(Positive Self-Talk)'를 과제로 내기]. 그리고 직장에서의 성공과 실패에 대한 내담자의 현실적인 자기 평가를 강화하기[McKay 등이 쓴 저서 『자존감 동반자: 내면 평론에 도전하고 개인의 장점을 축하하는 데 도움이 되는 간단한 운동(The Self-Esteem Companion: Simple Exercises to Help You Challenge Your Inner Critic & Celebrate Your Personal Strengths)』을 추천하기]

41. 내담자에게 별도로 자신의 긍정적 특성, 재능, 성취, 그리고 내담자를 걱정하고, 존경하고, 귀중하게 생각하는 사람들 대한 목록을 작성하도록 돕기[또는 Jongsma의 저서 『성인 심리치료 과제 플래너(Adult Psychotherapy Homework Planner)』에 있는 '나의 좋은 점은 무엇인가?(What Are My Good Qualities?)'를 과제로 내기]. 그리고 이 목록을 진정한 감사와 자기 가치에 대한 근거로 사용하기

42. 개인의 근본 가치는 물질이나 직업적 성공으로 측정되는 것이 아니라 다른 사람을 돕거나 절대자를 섬기는 것으로 이룰 수 있음을 내담자가 알도록 하기

23. 구인 계획에 대한 개요 짜기(43, 44, 45)

24. 직업을 찾는 경험과 그와 관련된 감정에 대해 보고하기(46)

43. 구체적이고 달성 가능한 직업 찾기 계획을 글로 쓸 수 있도록 내담자를 돕기[Bolles의 저서 『당신의 낙하산은 무슨 색인가요?: 구직자와 경력 변경자를 위한 실용적 매뉴얼(What Color Is Your Parachute?: A Practical Manual for Job-Hunters and Career-Changers)』을 추천하기]

44. 내담자에게 구인광고를 계속 살펴보거나 친구와 가족에게 일을 할 수 있는 기회에 대해 물어보도록 하기[Knaus 등의 저서, 『두려움 없는 구직: 원하는 직업을 얻기 위한 강력한 심리 전략(Fearless Job Hunting: Powerful Psychological Strategies for Getting the Job You Want)』을 추천하기]

45. 직업을 찾는 수업이나 이력서 쓰기 세미나에 내담자가 참석하도록 과제로 내주기

46. 내담자가 직업을 찾는 것을 점검하고 격려하고 계속 진행하도록 하기

📝 진단 제안

DSM-IV/ICD-9-CM 사용

축I:	309.0	기분저하를 동반한 적응장애(Adjustment Disorder With Depressed Mood)
	300.4	기분저하장애(Dysthymic Disorder)
	296.xx	주요우울장애(Major Depressive Disorder)
	V62.2	직업적 문제(Occupational Problem)
	309.24	불안을 동반한 적응장애(Adjustment Disorder With Anxiety)
	303.90	알코올 의존(사용장애)(Alcohol Dependence)
	304.20	코카인 의존(사용장애)(Cocaine Dependence)
	304.80	복합물질 의존(사용장애)(Polysubstance Dependence)
	———	———————————————
	———	———————————————
축II:	301.0	편집성 성격장애(Paranoid Personality Disorder)
	301.81	자기애성 성격장애(Narcissistic Personality Disorder)
	301.7	반사회성 성격장애(Antisocial Personality Disorder)
	301.9	명시되지 않은 성격장애(Personality Disorder NOS)
	———	———————————————
	———	———————————————

DSM-5/ICD-9-CM/ICD-10-CM 사용

ICD-9-CM	ICD-10-CM	DSM-5 장애, 상태, 문제
309.0	F43.21	기분 저하를 동반한 적응장애(Adjustment Disorder, With Depressed Mood)
300.4	F34.1	지속성 우울장애(기분저하증)(Persistent Depressive Disorder)
296.xx	F32.x	주요우울장애, 단일 삽화성(Major Depressive Disorder, Single Episode)
296.xx	F33.x	주요우울장애, 반복성(Major Depressive Disorder, Recurrent Episode)
V62.2	Z56.9	고용과 관련된 문제(Other Problem Related to Employment)
309.24	F43.22	불안을 동반한 적응장애(Adjustment Disorder, With Anxiety)
303.90	F10.20	알코올 사용장애, 중등도 혹은 중증(Alcohol Use Disorder, Moderate or Severe)
304.20	F14.20	코카인 사용장애, 중등도 혹은 중증(Cocaine Use Disorder, Moderate or Severe)
301.0	F60.0	편집성 성격장애(Paranoid Personality Disorder)
301.81	F60.81	자기애성 성격장애(Narcissistic Personality Disorder)
301.7	F60.2	반사회성 성격장애(Antisocial Personality Disorder)
301.9	F60.9	명시되지 않은 성격장애(Unspecified Personality Disorder)

참고: ICD-9-CM 코드(규정, 규칙, 부호)는 미국에서 2014년 9월 30일까지 코딩(or 부호화) 목적으로 사용됩니다. ICD-10-CM 코드는 2014년 10월 1일부터 사용됩니다. 일부 ICD-9-CM 코드는 하나 이상의 ICD-10-CM 및 DSM-5 장애, 상태 또는 문제와 관련이 있습니다. 또한 일부 ICD-9-CM 장애분류가 중단되어 여러 개의 ICD-9-CM 코드가 하나의 ICD-10-CM 코드로 대체되었습니다. 일부 중단된 ICD-9-CM 코드는 이 표에 나열되지 않습니다. 자세한 내용은 『정신질환의 진단 및 통계 편람』(2013)을 참조하십시오.

부록 A

관련 문헌(독서치료 문헌 포함)

일반 영역

Jongsma, A. E. (2014). *Adult psychotherapy homework planner* (5th ed.). Hoboken, NJ: Wiley.

Jongsma, A., Peterson, L., & McInnis, W. (2014). *Adolescent psychotherapy homework planner*. Hoboken, NJ: Wiley.

O'Leary, K., Heyman, R., & Jongsma, A. (2011). *The couples psychotherapy treatment planner*. Hoboken, NJ: Wiley.

분노 조절 문제(Anger Control Problems)

Cannon, M. (2011). *The gift of anger: Seven steps to uncover the meaning of anger and gain awareness, true strength, and peace*. Oakland, CA: New Harbinger.

Carter, L. (2003). *The anger trap*. San Francisco, CA: Jossey-Bass.

Deffenbacher, J. L., & McKay, M. (2000). *Overcoming situational and general anger: Client manual (Best practices for therapy)*. Oakland, CA: New Harbinger.

Fanning, P., & McKay, M. (2008). *The relaxation and stress reduction audio series*. Oakland, CA: New Harbinger Publications.

Hayes, S. C. (2005). *Get out of your mind and into life: The new acceptance and commitment therapy*. Oakland, CA: New Harbinger Publications.

Kassinove, H., & Tafrate, R. C. (2009). *Anger management for everyone: Seven proven methods to control anger*. Atascadero, CA: Impact.

Lerner, H. (2005). *The dance of anger: A woman's guide to changing the patterns of intimate relationships*. New York, NY: Perennial Currents.

McKay, M., & Rogers, P. (2000). *The anger control workbook*. Oakland, CA: New Harbinger.

McKay, M., Rogers, P., & McKay, J. (2003). *When anger hurts*. Oakland, CA: New Harbinger.

Nay, W. R. (2012). *Taking charge of anger*. New York, NY: Guilford Press.

Petracek, L. (2004). *The anger workbook for women: How to keep your anger from undermining your self-esteem, your emotional balance, and your relationships*. Oakland, CA: New Harbinger.

Potter-Efron, R. T. (2005). *Angry all the time: An emergency guide to anger control*. Oakland, CA: New Harbinger.

Potter-Efron, R. T., & Potter-Efron, P. S. (2006). *Letting go of anger: The eleven most common anger styles and what to do about them*. Oakland, CA: New Harbinger.

Rosellini, G., & Worden, M. (1997). *Of course you're angry*. San Francisco, CA: Harper Hazelden.

Rubin, T. I. (1998). *The angry book*. New York: Touchstone.

Smedes, L. (2007). *Forgive and forget: Healing the hurts we don't deserve*. San Francisco, CA: HarperOne.

Tavris, C. (1989). *Anger: The misunderstood emotion*. New York: Touchstone Books.

Weisinger, H. (1985). *Dr. Weisinger's anger work-out book*. New York: Quill.

반사회성 행동(Antisocial Behavior)

Carnes, P. (2001). *Out of the shadows: Understanding sexual addiction*. Minneapolis, MN: Hazelden.

Katherine, A. (1994). *Boundaries: Where you end and I begin*. Minneapolis, MN: Hazelden.

Pittman, F. (1998). *Grow up!* New York: Golden Books.

Williams, R., & Williams, V. (1998). *Anger kills*. New York: HarperTorch.

불안(Anxiety)

Benson, H. (2000). *The relaxation response*. New York, NY: Morrow.

Bourne, E. (2011). *The anxiety and phobia workbook*. Oakland, CA: New Harbinger.

Burns, D. (1999). *Ten days to self-esteem*. New York, NY: Morrow.

Clark, D. A., & Beck, A. T. (2012). *The anxiety and worry workbook: The cognitive and behavioral solution*. New York, NY: Guilford Press.

Craske, M. G., & Barlow, D. H. (2006). *Mastery of your anxiety and worry: Workbook*. New York, NY: Oxford University Press.

Davis, M., Robbins Eshelman, E., & McKay, M. (2008). *The relaxation and stress reduction workbook*.

Oakland, CA: New Harbinger.

Fanning, P., & McKay, M. (2008). *Applied relaxation training (Relaxation and stress reduction audio series)*. Oakland, CA: New Harbinger.

Fanning, P., & McKay, M. (2008). *Applied relaxation training (Relaxation and stress reduction audio series)*. Oakland, CA: New Harbinger.

Forsyth, J., & Eifert, G. (2008). *The mindfulness and acceptance workbook for anxiety: A guide to breaking free from anxiety, phobias, and worry using acceptance and commitment therapy*. Oakland, CA: New Harbinger.

Freeston, M., & Meares, K. (2008). *Overcoming worry: A self-help guide using cognitive behavioral techniques*. New York: Basic Books.

Jeffers, S. (2006). *Feel the fear . . . and do it anyway*. New York: Ballantine Books.

Knaus, W. (2008). *The cognitive behavioral workbook for anxiety: A step-by-step program*. Oakland, CA: New Harbinger.

Leahy, R. (2006). *The worry cure: Seven steps to stop worry from stopping you*. New York, NY: Three Rivers.

Marks, I. (2005). *Living with fear: Understanding and coping with anxiety*. New York, NY: McGraw-Hill.

Marra, T. (2004). *Depressed and anxious: The dialectical behavior therapy workbook for overcoming depression and anxiety*. Oakland, CA: New Harbinger.

McKay, M., Davis, M., & Fanning, P. (2011). *Thoughts and feelings: Taking control of your moods and your life*. Oakland, CA: New Harbinger.

McKay, M., & White. J. (1999). *Overcoming generalized anxiety disorder-Client manual: A relaxation, cognitive restructuring, and exposure-based protocol for the treatment of GAD*. Oakland, CA:

New Harbinger.

Orsillo, S. M., & Roemer, L. (2011). *The mindful way through anxiety: Break free from chronic worry and reclaim your life.* New York, NY: Guilford Press.

Tolin, D. (2012). *Face your fears: A proven plan to beat anxiety, panic, phobias, and obsessions.* Hoboken, NJ: Wiley.

White, J. (2008). *Overcoming generalized anxiety disorder-client manual: A relaxation, cognitive restructuring, and exposure-based protocol for the treatment of GAD.* Oakland, CA: New Harbinger.

주의력 결핍 장애(Attention Deficit Disorder: ADD)-성인

Davis, M., Robbins-Eshelman, E., & McKay, M. (2008). *The relaxation and stress reduction workbook.* Oakland, CA: New Harbinger.

Hallowell, E., & Ratey, J. (2011). *Driven to distraction.* New York: Anchor.

Kelly, K., & Ramundo, P. (1993). *You mean I'm not lazy, stupid, or crazy?! The classic self-help book for adults with attention deficit disorder.* New York: Scribner.

Nadeau, K. (1996). *Adventures in fast forward.* Levittown, PA: Brunner/Mazel.

Quinn, P., & Stern, J. (2008). *Putting on the brakes.* New York, NY: Magination Press.

Safren, S., Sprich, S., Perlman, C., & Otto, M. (2005). *Mastering your adult ADHD: A cognitive-behavioral treatment program-Client workbook.* New York, NY: Oxford.

Weiss, L. (2005). *The attention deficit disorder in adults workbook.* Dallas, TX: Taylor Publishing.

Wender, P. (2001). *ADHD: Attention-deficit hyperactivity disorder in children, adolescents, and adults.* New York, NY: Oxford University Press.

양극성 장애-우울(Bipolar Disorder-Depression)

Basco, M. R. (2005). *The bipolar workbook: Tools for controlling your mood swings.* New York, NY: Guilford Press.

Bauer, M., Kilbourne, A., Greenwald, D., & Ludman, E. (2009). *Overcoming bipolar disorder: A comprehensive workbook for managing your symptoms and achieving your life goals.* Oakland, CA: New Harbinger.

Caponigro, J. M., Lee, E. H., Johnson, S. L., & Kring, A. M. (2012). *Bipolar disorder: A guide for the newly diagnosed.* Oakland, CA: New Harbinger.

Copeland, M. (2000). *The depression workbook: A guide for living with depression and manic depression.* Oakland, CA: New Harbinger.

Fast, J., & Preston, J. (2012). *Loving someone with bipolar disorder: Understanding and helping your partner.* Oakland, CA: New Harbinger.

Last, C. G. (2009). *When someone you love is bipolar: Help and support for you and your partner.* New York, NY: Guilford Press.

Miklowitz, D. (2010). *The bipolar disorder survival guide: What you and your family need to know.* New York, NY: Guilford Press.

White, R., & Preston, J. (2009). *Bipolar 101: A practical guide to identifying triggers, managing medications, coping with symptoms, and more.* Oakland, CA: New Harbinger.

양극성 장애-조증(Bipolar Disorder-Mania)

Basco, M. R. (2005). *The bipolar workbook: Tools for controlling your mood swings.* New York, NY: Guilford Press.

Bauer, M., Kilbourne, A., Greenwald, D., & Ludman, E. (2009). *Overcoming bipolar disorder: A* comprehensive workbook for managing your symptoms and achieving your life goals. Oakland, CA: New Harbinger.

Bradley, L. (2004). Manic depression: How to live while loving a manic depressive. Houston, TX: Emerald Ink.

Copeland, M. (2000). The depression workbook: A guide for living with depression and manic depression. Oakland, CA: New Harbinger.

Fast, J., & Preston, J. (2012). Loving someone with bipolar disorder: Understanding and helping your partner. Oakland, CA: New Harbinger.

Granet, R., & Ferber, E. (1999). Why am I up, why am I down?: Understanding bipolar disorder. New York, NY: Dell.

Last, C. G. (2009). When someone you love is bipolar: Help and support for you and your partner. New York: Guilford Press.

Miklowitz, D. (2010). The bipolar disorder survival guide: What you and your family need to know. New York: Guilford Press.

Mondimore, F. (2006). Bipolar disorder: A guide for patients and families. Baltimore: Johns Hopkins University Press.

Price, P. (2005). The cyclothymia workbook: Learn how to manage your mood swings and lead a balanced life. Oakland, CA: New Harbinger.

White, R., & Preston, J. (2009). Bipolar 101: A practical guide to identifying triggers, managing medications, coping with symptoms, and more. Oakland, CA: New Harbinger.

경계성 성격장애(Borderline Personality Disorder)

Chapman, A., Getz, K., & Hoffman, P. (2007). The borderline personality disorder survival guide: Everything you need to know about living with

BPD. Oakland, CA: New Harbinger.

Cudney, M., & Hardy, R. (1993). Self-defeating behaviors. San Francisco, CA: HarperOne.

Gratz, K., & Chapman, A. (2009). Freedom from self-harm: Overcoming self-injury with skills from DBT and other treatments. Oakland, CA: New Harbinger.

Katherine, A. (1994). Boundaries: Where you end and I begin. Minneapolis, MN: Hazelden.

Kreisman, J., & Straus, H. (2010). I hate you-Don't leave me. New York, NY: Perigee Trade.

McKay, M., & Wood, J. (2011). The dialectical behavior therapy diary: Monitoring your emotional regulation day by day. Oakland, CA: New Harbinger.

McKay, M., Wood, J., & Brantley, J. (2007). Dialectical behavior therapy skills workbook. Oakland, CA: New Harbinger.

Miller, D. (2005). Women who hurt themselves: A book of hope and understanding. New York, NY: Basic Books.

O'Neil, M., & Newbold, C. (1994). Boundary power. Fort Smith, AR: Sonlight.

Reiland, R. (2004). Get me out of here: My recovery from borderline personality disorder. Center City, MN: Hazelden Foundation.

Spradlin, S. (2003). Don't let your emotions run your life: How dialectical behavior therapy can put you in control. Oakland, CA: New Harbinger.

For more resources related to dialectical behavior therapy and borderline personality see Behavioraltech, LLC online at http://behavioraltech.org/index.cfm

아동기의 외상(Childhood Trauma)

Adams, C., & Fay, J. (1992). Helping your child recover from sexual abuse. Seattle: University of Washington Press.

Black, C. (2002). *It will never happen to me: Growing up with addiction as youngsters, adolescents, and adults.* Minneapolis, MN: Hazelden.

Bradshaw, J. (1992). *Homecoming: Reclaiming and championing your inner child.* New York, NY: Bantam Books.

Bradshaw, J. (1992). *Homecoming: Reclaiming and championing your inner child.* New York, NY: Bantam Books.

Bradshaw, J. (2005). *Healing the shame that binds you.* Deerfield Beach, FL: Health Communications.

Copeland, M., & Harris, M. (2000) *Healing the trauma of abuse: A women's workbook.* Oakland, CA: New Harbinger.

Gil, E. (1988). *Outgrowing the pain: A book for and about adults abused as children.* New York, NY: Dell.

Heller, L., & Lapierre, A. (2012). *Healing developmental trauma: How early trauma affects self-regulation, self-image, and the capacity for relationship.* Berkeley, CA: North Atlantic Books.

Karr-Morse, R., & Wiley, M. S. (2012). *Scared sick: The role of childhood trauma in adult disease.* New York, NY: Basic Books.

Kennerley, H. (2000). *Overcoming childhood trauma: A self-help guide using cognitive behavioral techniques.* New York, NY: New York University Press.

Kushner, H. (2004). *When bad things happen to good people.* New York, NY: Anchor.

Pittman, F. (1998). *Grow up!* New York, NY: Golden Books.

Smedes, L. (2007). *Forgive and forget: Healing the hurts we don't deserve.* San Francisco, CA: HarperOne.

Whitfield, C. (1987). *Healing the child within.* Deerfield Beach, FL: Health Communications.

Whitfield, C. (1990). *A gift to myself.* Deerfield Beach, FL: Health Communications.

만성 통증(Chronic Pain)

Benson, H. (1997). *Timeless healing: The power and biology of belief.* New York, NY: Scribner.

Benson, H. (2000). *The relaxation response.* New York, NY: Morrow.

Burns, D. (1999). *Feeling good: The new mood therapy.* New York, NY: Harper.

Burns, D. (1999). *The feeling good handbook.* New York, NY: Blume.

Burns, D. (1999). *Ten days to self-esteem.* New York, NY: Morrow.

Catalano, E., & Hardin, K. (1996). *The chronic pain control workbook: A step-bystep guide for coping with and overcoming pain.* Oakland, CA: New Harbinger.

Caudill, M. (2008). *Managing pain before it manages you.* New York, NY: Guilford Press.

Cousins, N. (2005). *Anatomy of an illness: As perceived by the patient.* New York, NY: Norton.

Dahl, J., & Lundgren, T. (2006). *Living beyond your pain: Using acceptance and commitment therapy to ease chronic pain.* Oakland, CA: New Harbinger.

Davis, M., Robbins-Eshelman, E., & McKay, M. (2008). *The relaxation and stress reduction workbook.* Oakland, CA: New Harbinger.

Duckro, P., Richardson, W., & Marshall, J. (1999). *Taking control of your headaches.* New York, NY: Guilford Press.

Fanning, P., & McKay, M. (2008). *Applied relaxation training (Relaxation and stress reduction audio series).* Oakland, CA: New Harbinger.

Gardner-Nix, J. (2009). *The mindfulness solution to pain.* Oakland, CA: New Harbinger.

Hayes, S. C. (2005). *Get out of your mind and into your life: The new acceptance and commitment therapy.* New York, NY: New Harbinger.

Leith, L. (1998). *Exercising your way to better mental health.* Morgantown, WV: Fitness Information Technology.

Lewandowski, M. (2006). *The chronic pain care workbook: A self-treatment approach to pain relief using the Behavioral Assessment of Pain Questionnaire.* Oakland, CA: New Harbinger.

Otis, J. (2007). *Managing chronic pain: A cognitive-behavioral therapy approach workbook.* New York, NY: Oxford University Press.

Siegel, B. (1989). *Peace, love, and healing.* New York, NY: Harper & Row.

Turk, D., & Winter, F. (2005). *The pain survival guide: How to reclaim your life.* Washington, DC: APA Press.

인지 결핍(Cognitive Deficits)

Alzheimer's Association: www.alz.org

Alzheimer's Foundation of America: www.alzfdn.org

American Brain Tumor Association: www.abta.org

American Stroke Association: www.strokeassociation.org

Attention Deficit Disorder Association: www.add.org

Brain Injury Association of America: www.biausa.org

Fraser, R., Kraft, G., Ehde, D., & Johnson, K. (2006). *The MS workbook: Living fully with multiple sclerosis.* Oakland, CA: New Harbinger.

Hallowell, E. M., & Ratey, J. J. (2011). *Driven to distraction (revised): Recognizing and coping with attention deficit disorder.* New York, NY: Anchor.

Levine, P. (2008). *Stronger after stroke: Your roadmap to recovery.* New York, NY: Demos Health.

Lokvig, J., & Becker, J. D. (2004). *Alzheimer's A to Z: A quick-reference guide.* Oakland, CA: New Harbinger.

Mace, N. L., & Rabins, P. V. (2011). *The 36-hour day: A family guide to caring for people who have Alzheimer's disease, related dementias, and memory loss* (5th ed.). Baltimore, MD: Johns Hopkins Press Health Book.

Mark, V., & Mark, J. (2000). *Reversing memory loss: Proven methods for regaining, strengthening, and preserving your memory.* New York, NY: Mariner.

Mason, D. J. (2004). *The mild traumatic brain injury workbook.* Oakland, CA: New Harbinger.

Mason, D. J., & Kohn, M. (2001). *The memory workbook.* Oakland, CA: New Harbinger.

Mason, D. J., & Smith, S. (2005). *The memory doctor: Fun, simple techniques to improve memory and boost your brain power.* Oakland, CA: New Harbinger.

Multiple Sclerosis Association of America: www.msassociation.org

National Stroke Association: www.stroke.org

Niemeier, J. P., & Karol, R. L. (2011). *Overcoming grief and loss after brain injury.* New York, NY: Oxford University Press.

Pera, G., & Barkley, R. (2008). *Is it you, me, or adult A.D.D.? Stopping the roller coaster when someone you love has attention deficit disorder.* San Francisco, CA: Alarm Press.

Sambrook, J. (2011) *How to strengthen memory by a new process: Sambrook's international assimilative system, adapted to all persons, all studies, and all occupations . . . complete course of instruction.* Los Angeles: University of California Libraries.

Turkington, C. (2003). *Memory: A self-teaching guide.* Hoboken, NJ: Wiley.

Wayman, L. (2011). *A loving approach to dementia*

care: Making meaningful connections with the person who has Alzheimer's disease or other dementia or memory loss. Baltimore, MD: Johns Hopkins University Press.

Weiner, W. J., & Shulman, L. M. (2007). *Parkinson's disease: A complete guide for patients and families* (2nd ed.). Baltimore, MD: Johns Hopkins University Press.

의존(Dependency)

Alberti, R., & Emmons, M. (2008). *Your perfect right: Assertiveness and equality in your life and relationships.* San Luis Obispo, CA: Impact.

Beattie, M. (1992). *Codependent no more: How to stop controlling others and start caring for yourself.* Minneapolis, MN: Hazelden.

Beatie, M. (2009). *The new codependency: Help and guidance for today's generation.* New York, NY: Simon & Schuster.

Beattie, M. (2011). *Codependent no more workbook.* Minneapolis, MN: Hazelden.

Branden, N. (1997). *Taking responsibility: Self-reliance and the accountable life.* New York, NY: Touchstone.

Evans, P. (2010). *The verbally abusive relationship.* Holbrook, MA: Bob Adams.

Freidman, E. (1990). *Friedman's fables.* New York, NY: Guilford Press.

Helmfelt, R., Minirth, F., & Meier, P. (2003). *Love is a choice: The definitive book on letting go of unhealthy relationships.* Nashville, TN: Nelson.

Katherine, A. (1994). *Boundaries: Where you end and I begin.* Minneapolis, MN: Hazelden.

Norwood, R. (2008). *Women who love too much.* New York, NY: Gallery Books.

Pittman, F. (1998). *Grow up!* New York, NY: Golden Books.

Smith, M. (1985). *When I say no, I feel guilty.* New York, NY: Bantam Books.

Whitfield, C. (1990). *A gift to myself.* Deerfield Beach, FL: Health Communications.

해리장애(Dissociation)

Boon, S., Steele, K., & van der Hart, O. (2011). *Coping with trauma-related dissociation: Skills training for patients and therapists.* New York, NY: Norton.

Craske, M. G., & Barlow, D. H. (2006). *Mastery of your anxiety and worry: Workbook.* New York, NY: Oxford University Press.

Davis, M., Robbins Eshelman, E., & McKay, M. (2008). *The relaxation and stress reduction workbook.* Oakland, CA: New Harbinger.

Follette, V., & Pistorello, J. (2007). *Finding life beyond trauma: Using acceptance and commitment therapy to heal from post-traumatic stress and trauma-related problems.* Oakland, CA: New Harbinger.

Haddock, D. (2001). *The dissociative identity disorder sourcebook.* New York, NY: McGraw-Hill.

Neziroglu, F., & Donnelly, K. (2010). *Overcoming depersonalization disorder: A mindfulness and acceptance guide to conquering feelings of numbness and unreality.* Oakland, CA: New Harbinger.

섭식장애와 비만(Eating Disorders and Obesity)

Albers, S. (2009). *Eat, drink, and be mindful: How to end your struggle with mindless eating and start savoring food with intention and joy.* Oakland, CA: New Harbinger.

Apple, R., & Agras, W. (2007). *Overcoming your eating disorders: A cognitivebehavioral therapy approach* for bulimia nervosa and binge-eating disorder-Workbook. New York, NY: Oxford University Press.

Brownell, K. (2004). The LEARN program for weight management. Euless, TX: American Health.

Costin, C. (2006). The eating disorders sourcebook: A comprehensive guide to the causes, treatments, and prevention of eating disorders. New York, NY: McGraw-Hill.

Fairburn, C. (1995). Overcoming binge eating. New York, NY: Guilford Press.

Heffner, M., & Eitert, G. (2004). The anorexia workbook. Oakland, CA: New Harbinger.

Hirschmann, J., & Munter, C. (2010). Overcoming overeating: How to break the diet/binge cycle and live a healthier, more satisfying life. Seattle, WA: CreateSpace.

Hollis, J. (2003). Fat is a family affair: How food obsessions affect relationships. Minneapolis, MN: Hazelden.

Katzman, D. K., & Pinhas, L. (2005). Help for eating disorders: A parent's guide to symptoms, causes and treatments. Toronto, Canada: Robert Rose.

Laliberte, M., McCabe, R., & Taylor, V. (2009). The cognitive therapy workbook for weight management: A step-by-step program. Oakland, CA: New Harbinger.

Lock, J., & le Grange, D. (2005). Help your teenager beat an eating disorder. New York, NY: Guilford Press.

Rodin, J. (1993). Body traps: Breaking the binds that keep you from feeling good about your body. New York, NY: Morrow.

Ross, C. (2009). The binge eating and compulsive overeating workbook: An integrated approach to overcoming disordered eating. Oakland, CA: New Harbinger.

Sacker, I., & Zimmer, M. (1987). Dying to be thin: Understanding and defeating anorexia nervosa and bulimia—A practical, lifesaving guide. New York, NY: Warner Books.

Siegel, M., Brisman, J., & Weinshel, M. (2009). Surviving an eating disorder: Strategies for family and friends. San Francisco, CA: Harper Perennial.

Walsh, B. T., & Cameron, V. L. (2005). If your adolescent has an eating disorder: An essential resource for parents. New York, NY: Oxford University Press.

교육적 결손(Educational Deficits)

Craske, M. G., & Barlow, D. H. (2006). Mastery of your anxiety and worry: Workbook. New York, NY: Oxford University Press.

Davis, M., Robbins Eshelman, E., & McKay, M. (2008). The relaxation and stress reduction workbook. Oakland, CA: New Harbinger.

de Bono, E. (2005). De Bono's thinking course. New York: Barnes & Noble Books.

Fanning, P. O., & McKay, M. (2000). Self-esteem: A proven program of cognitive techniques for assessing, improving, and maintaining your self-esteem. Oakland, CA: New Harbinger.

Lerch, M., & Ranson, A. (Eds.). (2009). Breaking the word barrier: Stories of adults learning to read. Fredericton, NB: Goose Lane.

Sandstrom, R. (1990). The ultimate memory book. Granada, CA: Stepping Stones Books.

가족 갈등(Family Conflict)

Alberti, R., & Emmons, M. (2008). Your perfect right: Assertiveness and equality in your life and relationships. San Luis Obispo, CA: Impact.

Black, C. (2002). *It will never happen to me: Growing up with addiction as youngsters, adolescents, and adults.* Minneapolis, MN: Hazelden.

Bloomfield, H., & Felder, L. (1996). *Making peace with your parents.* New York, NY: Ballantine Books.

Bradshaw, J. (1990). *Bradshaw on: The family.* Deerfield Beach, FL: Health Communications.

Chapman, G., & Campbell, R. (2011). *How to really love your adult child: Building a healthy relationship in a changing world.* Chicago, IL: Northfield.

Cline, F., & Fay, J. (2006). *Parenting with love and logic.* Colorado Springs, CO: NavPress.

Covey, S. R. (1999). *The 7 habits of highly effective families: Building a beautiful family culture in a turbulent world.* New York, NY: Simon & Schuster.

Faber, A., & Mazlish, E. (2004). *Siblings without rivalry.* New York, NY: Morrow.

Fassler, D., Lash, M., & Ives, S. (1988). *Changing families: A guide for kids and grown-ups.* Burlington, VT: Waterfront Books.

Feiler, B. (2013). *The secrets of happy families: Improve your mornings, rethink family dinner, fight smarter, go out and play, and much more.* New York, NY: Morrow.

Forgatch, M., & Patterson, G. (2005). *Parents and adolescents living together–Part 2: Family problem solving.* Champaign, IL: Research Press.

Freidman, E. (1990). *Friedman's fables.* New York, NY: Guilford Press.

Ginott, H. (1988). *Between parent and teenager.* New York, NY: Avon.

Ginott, H. (2003). *Between parent and child.* New York, NY: Three Rivers Press.

Glenn, S., & Nelsen, J. (2000). *Raising self-reliant children in a self-indulgent world.* New York, NY: Three Rivers Press.

Hightower, E., & Riley, B. (2002). *Our family meeting book: Fun and easy ways to manage time, build communication, and share responsibility week by week.* Minneapolis, MN: Free Spirit.

Kazdin, A. (2009). *The Kazdin method for parenting the defiant child.* New York, NY: Mariner Books.

Patterson, G., & Forgatch, M. (2005). *Parents and adolescents living together–Part 1: The basics.* Champaign, IL: Research Press.

Phelan, T. (1998). *Surviving your adolescents: How to manage and let go of your 13-18 year olds.* Glen Ellyn, IL: ParentMagic.

Phelan, T. (2010). *1-2-3 magic: Effective discipline for children 2-12.* Glen Ellyn, IL: ParentMagic.

Phelan, T. (2011). *1-2-3 magic workbook: Effective discipline for children 2-12.* Glen Ellyn, IL: ParentMagic.

Steinberg, L., & Levine, A. (2011). *You and your adolescent: The essential guide for ages 10-25.* New York, NY: Simon & Schuster.

여성 성기능 부전(Female Sexual Dysfunction)

Barbach, L. (1983). *For each other: Sharing sexual intimacy.* New York, NY: Anchor.

Barbach, L. (2000). *For yourself: The fulfillment of female sexuality.* New York, NY: Signet.

Cervenka, K. (2003). *In the mood, again: A couple's guide to reawakening sexual desire.* Oakland, CA: New Harbinger.

Comfort, A. (2002). *The joy of sex: Fully revised & completely updated for the 21st century.* New York, NY: Crown.

Glazer, H. (2002). *The vulvodynia survival guide: How to overcome painful vaginal symptoms and enjoy an active lifestyle.* Oakland, CA: New Harbinger.

Heiman, J., & LoPiccolo, J. (1988). *Becoming orgasmic:*

A sexual and personal growth program for women. New York, NY: Fireside.

Herbenick, D. (2009). *Because it feels good: A woman's guide to sexual pleasure and satisfaction.* Emmaus, PA: Rodale Books.

Herbenick, D. (2012). *Sex made easy: Your awkward questions answered-for better, smarter, amazing sex.* Philadelphia, PA: Running Press.

Kaplan, H. S. (1988). *The illustrated manual of sex therapy.* New York, NY: Routledge.

Katz, D., & Tabisel, R. L. (2002). *Private pain: It's about life, not just sex.* Plainview, NY: Katz-Tabi.

McCarthy, B., & McCarthy, E. (2003). *Rekindling desire: A step by step program to help low-sex and no-sex marriages.* New York, NY: Routledge.

McCarthy, B., & McCarthy, E. (2012). *Sexual awareness: Your guide to healthy couple sexuality.* New York, NY: Taylor & Francis.

Penner, C., & Penner, J. (2003). *The gift of sex: A guide to sexual fulfillment.* Nashville, TN: Thomas Nelson.

Schnarch, D., & Maddock, J. (2003). *Resurrecting sex: Solving sexual problems and revolutionizing your relationship.* New York, NY: HarperCollins.

Wincze, J. (2009). *Enhancing sexuality: A problem-solving approach to treating sexual dysfunction-Workbook.* New York, NY: Oxford University Press.

재정적 스트레스(Financial Stress)

Abentrod, S. (1996). *10 minute guide to beating debt.* New York, NY: Macmillan.

Burkett, L. (2010). *Debt free living: Eliminating debt in a new economy.* Chicago, IL: Moody.

Lawrence, J. (2011). *The budget kit: The common cents money management workbook.* New York, NY: Kaplan.

Loungo, T. (1997). *10 minute guide to household budgeting.* New York, NY: Macmillan.

Mundis, J. (2003). *How to get out of debt, stay out of debt, and live prosperously.* New York, NY: Bantam Books.

Ramsey, D. (2002). *Financial peace revisited.* New York, NY: Viking.

Ramsey, D. (2009). *The total money makeover: A proven plan for financial fitness.* Nashville, TN: Thomas Nelson.

Vaz-Oxlade, G. (2010). *Debt-free forever: Take control of your money and your life.* New York, NY: The Experiment.

미해결된 애도/상실(Grief/Loss Unresolved)

Albom, M. (2002). *Tuesdays with Morrie.* New York, NY: Broadway.

Bernstein, J. (1998). *When the bough breaks: Forever after the death of a son or daughter.* Riverside, NJ: Andrews McMeel.

Courtney, S. (2010). *Through the eyes of a dove: A book for bereaved parents.* New York, NY: Eloquent Books.

Cross, D. (2010). *A new normal: Learning to live with grief and loss.* Henderson, NV: Darlene Cross.

Harris Lord, J. (2006). *No time for goodbyes: Coping with sorrow, anger, and injustice after a tragic death.* Burnsville, NC: Compassion Books.

James, J., & Friedman, R. (2009). *The grief recovery handbook: The action program for moving beyond death, divorce, and other losses.* New York, NY: HarperCollins.

Kushner, H. (2004). *When bad things happen to good people.* New York, NY: Anchor.

Lewis, C. S. (2001). *A grief observed.* San Francisco, CA: HarperOne.

Moore, T. (2005). *Dark nights of the soul: A guide to*

finding your way through life's ordeals. New York, NY: Gotham.

Rando, T. (1995). Grieving: How to go on living when someone you love dies. Lanham, MD: Lexington Books.

Smedes, L. (2000). How can it be all right when everything is all wrong? New York, NY: Doubleday.

Smedes, L. (2007). Forgive and forget: Healing the hurts we don't deserve. San Francisco, CA: HarperOne.

Tatelbaum, J. (1993). The courage to grieve. New York, NY: Hutchinson.

Westberg, G. (2010). Good grief. Minneapolis, MN: Fortress Press.

Wolterstorff, N. (1987). Lament for a son. Grand Rapids, MI: Eerdmans.

Zonnebelt-Smeenge, S., & DeVries, R. (1998). Getting to the other side of grief: Overcoming the loss of a spouse. Grand Rapids, MI: Baker Books.

Zonnebelt-Smeenge, S., & DeVries, R. (2004). Living fully in the shadow of death. Grand Rapids, MI: Baker Books.

Zonnebelt-Smeenge, S., & DeVries, R. (2006). Traveling through grief: Learning to live again after the death of a loved one. Grand Rapids, MI: Baker Books.

충동 조절 장애(Impulse Control Disorder)

Craske, M. G., & Barlow, D. H. (2006). Mastery of your anxiety and worry: Workbook. New York, NY: Oxford University Press.

Davis, M., Robbins Eshelman, E., & McKay, M. (2008). The relaxation and stress reduction workbook. Oakland, CA: New Harbinger.

Fanning, P., & McKay, M. (2008). Applied relaxation training (Relaxation and stress reduction audio series). Oakland, CA: New Harbinger.

Grant, J., & Kim, S. (2004). Stop me because I can't stop myself: Taking control of impulsive behavior. New York, NY: McGraw-Hill.

Grant, J., Donahue, C., & Odlaug, B. (2011). Overcoming impulse control problems: A cognitive-behavioral therapy program-Workbook. New York, NY: Oxford University Press.

Helmstetter, S. (1990). What to say when you talk to yourself. New York, NY: Pocket Books.

Kelly, K., & Ramundo, P. (1993). You mean I'm not lazy, stupid, or crazy?! A self-help book for adults with attention deficit disorder. New York, NY: Scribner.

Keuthen, N. (2001). Help for hair pullers: Understanding and coping with trichotillomania. Oakland, CA: New Harbinger.

McKay, M., Davis, M., & Fanning, P. (2011). Thoughts and feelings: Taking control of your moods and your life. Oakland, CA: New Harbinger.

McKay, M., Wood, J., & Brantley, J. (2007). Dialectical behavior therapy skills workbook. Oakland, CA: New Harbinger.

Miklowitz, D. (2010). The bipolar disorder survival guide: What you and your family need to know. New York, NY: Guilford Press.

O'Donohue, W., & Sbraga, T. (2004). The sex addiction workbook. Oakland, CA: New Harbinger.

Spradlin, S. (2003). Don't let your emotions run your life: How dialectical behavior therapy can put you in control. Oakland, CA: New Harbinger.

Wender, P. (1987). The hyperactive child, adolescent, and adult. New York, NY: Oxford University Press.

부부/파트너 관계에서의 갈등(Intimate Relationship Conflicts)

Beck, A. (1989). Love is never enough: How couples can overcome misunderstandings, resolve conflicts, *and solve relationship problems through cognitive therapy.* New York, NY: HarperCollins.

Bernstein, J., & Magee, S. (2007). *Why can't you read my mind? Overcoming the 9 toxic thought patterns that get in the way of a loving relationship.* Cambridge, MA: Da Capo Press.

Burns, D. (2011). *Feeling good together: The secret to making troubled relationships work.* New York, NY: Three Rivers Press.

Christensen, A., & Jacobson, N. (2002). *Reconcilable differences.* New York, NY: Guilford Press.

Davis, M. (2002). *The divorce remedy: The proven 7-step program for saving your marriage.* New York, NY: Simon & Schuster.

Fisher, B. (2005). *Rebuilding: When your relationship ends.* San Luis Obispo, CA: Impact.

Fruzzetti, A. (2006). *The high-conflict couple: A dialectical behavior therapy guide to finding peace, intimacy, and validation.* Oakland, CA: New Harbinger.

Gray, J. (2001). *Men and women and relationships: Making peace with the opposite sex.* New York, NY: MJF Books.

Gray, J. (2004). *Men are from Mars, women are from Venus: The classic guide to understanding the opposite sex.* New York, NY: Harper.

Harley, W. (2011). *His needs, her needs: Building an affair-proof marriage.* Grand Rapids, MI: Revell.

Hendrix, H. (2007). *Getting the love you want: A guide for couples.* New York, NY: Henry Holt.

Johnson, S. M. (2008). *Hold me tight: Seven conversations for a lifetime of love.* New York, NY: Little, Brown.

McKay, M., Fanning, P., & Paleg, K. (2006). *Couple skills: Making your relationship work.* Oakland, CA: New Harbinger.

Markman, H., Stanley S., & Blumberg, S. (2010). *Fighting for your marriage.* San Francisco, CA: Jossey-Bass.

Oberlin, L. (2005). *Surviving separation and divorce: A woman's guide.* Avon, MA: Adams Media.

Schnarch, D. (2009). *Passionate marriage.* New York, NY: Norton.

Spring, J. (1997). *After the affair.* New York, NY: Morrow.

Synder, D., Baucom, D., & Gordon, K. (2007). *Getting past the affair: A program to help you cope, heal, and move on-Together or apart.* New York, NY: Guilford Press.

법적 갈등(Legal Conflicts)

Berger, A. (2008). *12 stupid things that mess up recovery: Avoiding relapse through self-awareness and right action.* Minneapolis, MN: Hazelden.

Grant, J., Donahue, C., & Odlaug, B. (2011). *Overcoming impulse control problems: A cognitive-behavioral therapy program-Workbook.* New York, NY: Oxford University Press.

Knaus, B. (2006). *A cognitive behavioral workbook for depression: A step-by-step program.* Oakland, CA: New Harbinger.

McKay, M., Davis, M., & Fanning, P. (2011). *Thoughts and feelings: Taking control of your moods and your life.* Oakland, CA: New Harbinger.

McKay, M., & Rogers, P. (2000). *The anger control workbook.* Oakland, CA: New Harbinger.

McKay, M., Rogers, P., & McKay, J. (2003). *When anger hurts.* Oakland, CA: New Harbinger.

McKay, M., Wood, J., & Brantley, J. (2007). *Dialectical behavior therapy skills workbook.* Oakland, CA: New Harbinger.

Pittman, F. (1998). *Grow up!* New York, NY: Golden

Books.

Potter-Efron, R. (2001). *Stop the anger now: A workbook for the prevention, containment, and resolution of anger.* Oakland, CA: New Harbinger.

Williams, R., & Williams, V. (1998). *Anger kills.* New York, NY: Time Books.

낮은 자존감(Low Self-Esteem)

Antony, M., & Swinson, R. (2008). *Shyness and social anxiety workbook: Proven, step-by-step techniques for overcoming your fear.* Oakland, CA: New Harbinger.

Branden, N. (1995). *The six pillars of self-esteem.* New York, NY: Bantam Books.

Burns, D. (1999). *Ten days to self-esteem.* New York, NY: Morrow.

Firestone, R., Firestone, L., & Catlett, J. (2002). *Conquer your critical inner voice.* Oakland, CA: New Harbinger Publications.

Helmstetter, S. (1990). *What to say when you talk to yourself.* New York, NY: Pocket Books.

Jeffers, S. (2006). *Feel the fear . . . and do it anyway.* New York, NY: Ballantine Books.

McKay, M., & Fanning, P. (2000). *Self-esteem: A proven program of cognitive techniques for assessing, improving, and maintaining your self-esteem.* Oakland, CA: New Harbinger.

McKay, M., Fanning, P., Honeychurch, C., & Sutker, C. (2005). *The self-esteem companion: Simple exercises to help you challenge your inner critic & celebrate your personal strengths.* Oakland, CA: New Harbinger.

Schiraldi, G. (2001). *The self-esteem workbook.* Oakland, CA: New Harbinger.

Schiraldi, G. (2007). *10 simple solutions for building self-esteem.* Oakland, CA: New Harbinger.

Zimbardo, P. (1990). *Shyness: What it is and what to do about it.* Reading, MA: Addison-Wesley.

남성 성기능 부전(Male Sexual Dysfunction)

Cervenka, K. (2003). *In the mood, again: A couple's guide to reawakening sexual desire.* Oakland, CA: New Harbinger.

Comfort, A. (2002). *The joy of sex: Fully revised & completely updated for the 21st century.* New York, NY: Crown.

Herbenick, D. (2012). *Sex made easy: Your awkward questions answered-For better, smarter, amazing sex.* Philadelphia, PA: Running Press.

Kaplan, H. S. (1988). *The illustrated manual of sex therapy.* New York, NY: Routledge.

McCarthy, B., & McCarthy, E. (2012). *Sexual awareness: Your guide to healthy couple sexuality.* New York, NY: Taylor & Francis.

Metz, M., & McCarthy, B. (2004). *Coping with erectile dysfunction: How to regain confidence and enjoy great sex.* Oakland, CA: New Harbinger.

Metz, M., & McCarthy, B. (2004). *Coping with premature ejaculation: How to overcome PE, please your partner, and have great sex.* Oakland, CA: New Harbinger.

Penner, C., & Penner, J. (2003). *The gift of sex: A guide to sexual fulfillment.* Nashville, TN: Thomas Nelson.

Schnarch, D., & Maddock, J. (2003). *Resurrecting sex: Solving sexual problems and revolutionizing your relationship.* New York, NY: HarperCollins.

Wincze, J. (2009). *Enhancing sexuality: A problem-solving approach to treating sexual dysfunction—Workbook.* New York, NY: Oxford University Press.

Zilbergeld, B. (1999). *The new male sexuality: The truth about men, sex, and pleasure.* New York, NY: Random House.

의료적 문제(Medical Issues)

Antoni, M. H., Ironson, G., & Schneiderman, N. (2007). *Cognitive-behavioral stress management: Workbook.* New York, NY: Oxford University Press.

Apple, R. F., Lock, J., & Peebles, R. (2006). *Preparing for weight loss surgery: Workbook.* New York, NY: Oxford University Press.

Carlson, L., & Speca, M. (2011). *Mindfulness-based cancer recovery: A step-by-step MBSR approach to help you cope with treatment and reclaim your life.* Oakland, CA: New Harbinger.

Cousins, N. (2005). *Anatomy of an illness: As perceived by the patient.* New York, NY: Norton.

Davis, M., Robbins Eshelman, E., & McKay, M. (2008). *The relaxation and stress reduction workbook.* Oakland, CA: New Harbinger.

Penedo, F. J., Antoni, M. H., & Schneiderman, N. (2008). *Cognitive-behavioral stress management for prostate cancer recovery: Workbook.* New York, NY: Oxford University Press.

Friedman, M., & Ulmer, D. (1984). *Treating type A behavior-and your heart.* New York, NY: Knopf.

Hopko, D., & Lejuez, C. (2008). *A cancer patient's guide to overcoming depression and anxiety: Getting through treatment and getting back to your life.* Oakland, CA: New Harbinger.

Kushner, H. (2004). *When bad things happen to good people.* New York, NY: Anchor.

Leith, L. (1998). *Exercising your way to better mental health.* Morgantown, WV: Fitness Information Technology.

Maximin, A., Stevic-Rust, L., White Kenyon, L. (1998). *Heart therapy: Regaining your cardiac health.* Oakland, CA: New Harbinger.

McKay, J., & Schacher, T. (2009). *The chemotherapy survival guide: Everything you need to know to get through treatment.* Oakland, CA: New Harbinger.

McPhee, S., Papadakis, M., & Tierney, L. (2008). *Current medical diagnosis and treatment.* New York, NY: McGraw-Hill Medical.

Mohr, D. (2010). *The stress and mood management program for individuals with multiple sclerosis: Workbook.* New York, NY: Oxford University Press.

Safren, S., Gonzalez, J., & Soroudi, N. (2007). *Coping with chronic illness: A cognitive-behavioral approach for adherence and depression—Workbook.* New York, NY: Oxford University Press.

Smedes, L. (2000). *How can it be all right when everything is all wrong?* New York, NY: Doubleday.

Taylor, J. (2006). *Solid to the core: Simple exercises to increase core strength and flexibility.* Oakland, CA: New Harbinger.

Westberg, G. (2010). *Good grief.* Minneapolis, MN: Fortress Press.

강박장애(Obsessive-Compulsive Disorder: OCD)

Abramowitz, J. (2009). *Getting over OCD: A 10-step workbook for taking back your life.* New York, NY: Guilford Press.

Baer, L. (2000). *Getting control: Overcoming your obsessions and compulsions* (rev. ed.). New York, NY: Plume.

Bourne, E. (2011). *The anxiety and phobia workbook.* Oakland, CA: New Harbinger.

Burns, D. (1999). *Ten days to self-esteem.* New York, NY: Morrow.

Carmin, C. N. (2009). *Obsessive-compulsive disorder demystified: An essential guide for understanding and living with OCD.* Philadelphia, PA: De Capo Press.

Foa, E., & Kozak, M. (2004). *Mastery of obsessive-compulsive disorder: Client workbook.* New York,

NY: Oxford University Press.

Forsyth, J., & Eifert, G. (2008). *The mindfulenss and acceptance workbook for anxiety.* Oakland, CA: New Harbinger.

Hyman, B., & DuFrene, T. (2008). *Coping with OCD: Practical strategies for living well with obsessive-compulsive disorder.* Oakland, CA: New Harbinger.

Hyman, B. M., & Pedrick, C. (2010). *The OCD workbook: Your guide to breaking free from obsessive-compulsive disorder.* Oakland, CA: New Harbinger.

Landsman, K., Rupertus, K., & Pedrick, C. (2005). *Loving someone with OCD: Help for you and your family.* Oakland, CA: New Harbinger.

Munford, P. (2004). *Overcoming compulsive checking.* Oakland, CA: New Harbinger.

Munford, P. (2005). *Overcoming compulsive washing: Free your mind from OCD.* Oakland, CA: New Harbinger.

Neziroglu, F., Bubrick, J., & Yaryura-Tobias, J. A. (2004). *Overcoming compulsive hoarding: Why you save & how you can stop.* Oakland, CA: New Harbinger.

Penzel, F. (2000). *Obsessive-compulsive disorders: A complete guide to getting well and staying well.* New York: Oxford University Press.

Pudon, C., & Clark, D. (2005). *Overcoming obsessive thoughts.* Oakland, CA: New Harbinger.

Schwartz, J. (1996). *Brain lock: Free yourself from obsessive-compulsive behavior.* New York, NY: HarperCollins.

Steketee, G. (1999). *Overcoming obsessive-compulsive disorder: A behavioral and cognitive protocol for the treatment of OCD* (client manual). Oakland, CA: New Harbinger.

Steketee, G., & Frost, R. O. (2006). *Compulsive hoarding and acquiring: Therapist guide.* New York, NY: Oxford University Press.

Yadin, E., Foa, E. B., & Lichner, T. K. (2012). *Treating your OCD with exposure and response (ritual) prevention: Workbook.* New York, NY: Oxford University Press.

공황장애/광장공포증(Panic/Agoraphobia)

Antony, M., & McCabe, R. (2004). *10 simple solutions to panic: How to overcome panic attacks, calm physical symptoms, and reclaim your life.* Oakland, CA: New Harbinger.

Barlow, D. H., & Craske, M. G. (2006). *Mastery of your anxiety and panic: Workbook.* San Antonio, TX: Graywind/The Psychological Corporation.

Bourne, E. (2011). *The anxiety and phobia workbook* (4th ed.). Oakland, CA: New Harbinger.

Burns, D. (2007). *When panic attacks: The new drug-free anxiety therapy that can change your life.* New York, NY: Three Rivers Press.

Forsyth, J., & Eifert, G. (2008). *The mindfulness and acceptance workbook for anxiety: A guide to breaking free from anxiety, phobias, and worry using Acceptance and commitment therapy.* Oakland, CA: New Harbinger.

Jeffers, S. (2006). *Feel the fear . . . and do it anyway.* New York, NY: Ballantine Books.

Marks, I. (2005). *Living with fear: Understanding and coping with anxiety.* London, England: McGraw-Hill.

McKay, M., Davis, M., & Fanning, P. (2011). *Thoughts and feelings: Taking control of your moods and your life.* Oakland, CA: New Harbinger.

Swede, S., & Jaffe, S. (2000). *The panic attack recovery book.* New York, NY: New American Library.

Tolin, D. (2012). *Face your fears: A proven plan to beat*

anxiety, panic, phobias, and obsessions. Hoboken, NJ: Wiley.

Wilson, R. (2009). *Don't panic: Taking control of anxiety attacks*. New York, NY: Harper Perennial.

편집증적 사고(Paranoid Ideation)

Burns, D. (1999). *The feeling good handbook*. New York, NY: Blume.

Cudney, M., & Hardy, R. (1991). *Self-defeating behaviors*. San Francisco, CA: HarperCollins.

Kantor, M. (2004). *Understanding paranoia*. Westport, CT: Greenwood.

Morey, B., & Mueser, K. (2007). *The family intervention guide to mental illness: Recognizing symptoms and getting treatment*. Oakland, CA: New Harbinger.

Wood, J. (2010). *The cognitive behavioral therapy workbook for personality disorders: A step-by-step program*. Oakland, CA: New Harbinger.

양육문제(Parenting)

Barkley, R., & Benton, C. (1998). *Your defiant child: Eight steps to better behavior*. New York, NY: Guilford Press.

Barkley, R., Robin, A., & Benton, C. (2008). *Your defiant teen: 10 steps to resolve conflict and rebuild your relationship*. New York, NY: Guilford Press.

Cline, F., & Fay, J. (2006). *Parenting with love and logic*. Colorado Springs, CO: NavPress.

Dobson, J. (2000). *Preparing for adolescence: How to survive the coming years of change*. New York, NY: Regal Press.

Edwards, C. (1999). *How to handle a hard-to-handle kid*. Minneapolis, MN: Free Spirit.

Faber, A., & Mazlish, E. (2012). *How to talk so kids will listen and listen so kids will talk*. New York, NY: Scribner.

Forehand, R., & Long, N. (2010) *Parenting the strong-willed child: The clinically proven five week program for parents of two- to six-year-olds*. New York, NY: McGraw-Hill.

Forgatch, M., & Patterson, G. (2005). *Parents and adolescents living together: Family problem solving*. Champaign, IL: Research Press.

Ginott, H., Ginott, A., & Goddard, H. (2005). *Between parent and child*. New York, NY: Three Rivers Press.

Gordon, T. (2000). *Parent Effectiveness Training: The proven program for raising responsible children*. New York, NY: Three Rivers Press.

Greene, R. (2010). *The explosive child: A new approach for understanding and parenting easily frustrated, chronically inflexible children*. New York, NY: Harper Perennial.

Ilg, F., Ames, L., & Baker, S. (1992). *Child behavior: The classic childcare manual from the Gesell Institute of Human Development*. New York, NY: Harper Perennial.

Kazdin, A. (2009). *The Kazdin method for parenting the defiant child*. New York, NY: Mariner Books.

Latham, G. I. (1994). *The power of positive parenting: A wonderful way to raise children*. Logan, UT: P & T Ink.

Nelson, J., & Lott, L. (2000). *Positive parenting for teenagers: Empowering your teen and yourself through kind and firm parenting*. New York, NY: Three Rivers Press.

Patterson, G., & Forgatch, M. (2005). *Parents and adolescents living together: The basics*. Champaign, IL: Research Press.

Phelan, T. (1998). *Surviving your adolescents: How to manage and let go of your 13-18 year olds*. Glen Ellyn, IL: ParentMagic.

Phelan, T. (2010). *1-2-3 magic: Effective discipline for children 2-12*. Glen Ellyn, IL: ParentMagic.

Phelan, T. (2011). *1-2-3 magic workbook: Effective discipline for children 2-12*. Glen Ellyn, IL: ParentMagic.

Sears, W., & Sears, M. (2005). *The good behavior book: How to have a better behaved child from birth to ten*. New York: Thorsons.

Turecki, S., & Tonner, L. (2000). *The difficult child*. New York, NY: Bantam Books.

Wolf, A. (2002). *Get out of my life, but first could you drive me and Cheryl to the mall?: A parent's guide to the new teenager*. New York, NY: Farrar, Straus and Giroux.

전 생애 발달 과업의 문제들(Phase of Life Problems)

Abramson, A. (2011). *The caregiver's survival handbook: Caring for your aging parents without losing yourself*. New York, NY: Perigee Books.

Alberti, R., & Emmons, M. (2008). *Your perfect right: Assertiveness and equality in your life and relationships*. San Luis Obispo, CA: Impact.

Arp, D., Arp, C., Stanley, S., Markman, H., & Blumberg, S. (2001). *Empty nesting: Reinventing your marriage when the kids leave home*. San Francisco, CA: Jossey-Bass.

Bower, S., & Bower, G. (1991). *Asserting yourself: A practical guide for positive change*. Cambridge, MA: Perseus.

Bridges, W. (2004). *Transitions: Making sense of life's changes*. Cambridge, MA: Da Capo Press.

Bridges, W. (2009). *Managing transitions: Making the most of change*. Cambridge, MA: Da Capo Press.

Chope, R. (2000). *Dancing naked: Breaking through the emotional limits that keep you from the job you want*. Oakland, CA: New Harbinger.

Gottman, J., & Schwartz Gottman, J. (2007). *Ten lessons to transform your marriage: America's love lab experts share their strategies for strengthening your relationship*. New York, NY: Three Rivers Press.

Gross, J. (2011). *A bittersweet season: Caring for our aging parents—and ourselves*. New York, NY: Knopf.

Gyoerkoe, K., & Wiegartz, P. (2009). *The pregnancy and postpartum anxiety workbook: Practical skills to help you overcome anxiety, worry, panic attacks, obsessions, and compulsions*. Oakland, CA: New Harbinger.

Hanna, J., & Y'Barbo, K. (2009). *The house is quiet, now what?* Uhrichsville, OH: Barbour Books.

Hollis, J. (2006). *Finding meaning in the second half of life*. New York, NY: Gotham.

Jones, K. (2007). *Everything get ready for baby book*. Cincinnati, OH: Adams Media.

Lovely, E. (2011). *A parenting conspiracy: The fine print of becoming a parent*. Indianapolis, IN: Dog Ear.

Miles, L., & Miles, R. (2000). *The new marriage: Transcending the happily-ever-after myth*. Fort Bragg, CA: Cypress House.

Moore, T. (2005). *Dark nights of the soul*. New York, NY: Gotham.

Paterson, R. (2000). *The assertiveness workbook: How to express your ideas and stand up for yourself at work and in relationships*. Oakland, CA: New Harbinger.

Sanders, D., & Bullen, M. (2001). *Staying home: From full-time professional to fulltime parent*. London, England: Little Brown.

Simon, S. (1993). *In search of values: 31 strategies for finding out what really matters most to you*. New York, NY: Warner Books.

Simon, S., Howe, L., & Kirschenbaum, H. (1995).

Values clarification. New York, NY: Warner Books.

Smith, M. (1985). *When I say no, I feel guilty*. New York, NY: Bantam Books.

Waxman, B. (2010). *How to love your retirement: The guide to the best of your life*. Atlanta, GA: Hundreds of Heads.

공포증(Phobia)

Antony, M. M., Craske, M. G., & Barlow, D. H. (2006). *Mastering your fears and phobias: Workbook*. New York, NY: Oxford University Press.

Antony, M. M., & McCabe, R. E. (2005). *Overcoming animal and insect phobias: How to conquer fear of dogs, snakes, rodents, bees, spiders, and more*. Oakland, CA: New Harbinger.

Antony, M. M., & Rowa, K. (2007). *Overcoming fear of heights: How to conquer acrophobia and live a life without limits*. Oakland, CA: New Harbinger.

Antony, M. M., & Watling, M. (2006). *Overcoming medical phobias: How to conquer fear of blood, needles, doctors, and dentists*. Oakland, CA: New Harbinger.

Bourne, E. (2011). *The anxiety and phobia workbook*. Oakland, CA: New Harbinger.

Brown, D. (2009). *Flying without fear: Effective strategies to get you where you need to go*. Oakland, CA: New Harbinger.

Forsyth, J., & Eifert, G. (2008). *The mindfulness and acceptance workbook for anxiety: A guide to breaking free from anxiety, phobias, and worry using Acceptance and commitment therapy*. Oakland, CA: New Harbinger.

Jeffers, S. (2006). *Feel the fear . . . and do it anyway*. New York, NY: Ballantine Books.

Marks, I. (2005). *Living with fear: Understanding and coping with anxiety*. London, England: McGraw-Hill.

McKay, M., Davis, M., & Fanning, P. (2011). *Thoughts and feelings: Taking control of your moods and your life*. Oakland, CA: New Harbinger.

Peurifoy, R. (2005). *Anxiety, phobias, and panic: A step-by-step program for regaining control of your life*. New York, NY: Grand Central.

Tolin, D. (2012). *Face your fears: A proven plan to beat anxiety, panic, phobias, and obsessions*. Hoboken, NJ: Wiley.

외상후 스트레스 장애
(Posttraumatic Stress Disorder: PTSD)

Allen, J. (2004). *Coping with trauma: Hope through understanding*. Washington, DC: American Psychiatric Press.

Beckner, V. & Arden, J. (2008). *Conquering post-traumatic stress disorder: The newest techniques for overcoming symptoms, regaining hope, and getting your life back*. Minneapolis, MN: Fair Winds Press.

Bradshaw, J. (2005). *Healing the shame that binds you*. Deerfield Beach, FL: Health Communications.

Copeland, M., & Harris, M (2000). *Healing the trauma of abuse: A women's workbook*. Oakland, CA: New Harbinger.

Follette, V., & Pistorello, J. (2007). *Finding life beyond trauma: Using acceptance and commitment therapy to heal from post-traumatic stress and trauma-related problems*. Oakland, CA: New Harbinger.

Frankel, V. (2006). *Man's search for meaning*. Boston, MA: Beacon Press.

Jeffers, S. (2006). *Feel the fear . . . and do it anyway*. New York, NY: Ballantine Books.

Kennerley, H. (2011). *An introduction to coping with childhood trauma*. Stuart, FL: Robinson.

Leith, L. (1998). *Exercising your way to better mental

health. Morgantown, WV: Fitness Information Technology.

Matsakis, A. (1996). *I can't get over it: A handbook for trauma survivors* (2nd ed.). Oakland, CA: New Harbinger.

Matsakis, A. (2003). *The rape recovery handbook: Step-by-step help for survivors of sexual assault.* Oakland, CA: New Harbinger.

Rothbaum, B. O., & Foa, E. B. (2004). *Reclaiming your life after rape: Cognitivebehavioral therapy for posttraumatic stress disorder-Client workbook.* New York, NY: Graywind.

Rothbaum, B., Foa, E., & Hembree, E. (2007). *Reclaiming your life from a traumatic experience: A prolonged exposure treatment program-Workbook.* New York, NY: Oxford University Press.

Schiraldi, G. (2009). *The post-traumatic stress disorder sourcebook: A guide to healing, recovery, and growth.* Lincolnwood, IL: Lowell House.

Smedes, L. (2007). *Forgive and forget: Healing the hurts we don't deserve.* San Francisco, CA: HarperOne.

Smyth, L. (1999). *Overcoming posttraumatic stress disorder: Client manual.* Oakland, CA: New Harbinger.

Williams, M., & Poijula, S. (2013). *The PTSD workbook: Simple, effective techniques for overcoming traumatic stress symptoms.* Oakland, CA: New Harbinger.

Zayfert, C., & DeViva, J. C. (2011). *When someone you love suffers from posttraumatic stress: What to expect and what you can do.* New York, NY: Guilford Press.

Zehr, H. (2001). *Transcending: Reflections of crime victims.* Intercourse, PA: Good Books.

정신증(Psychoticism)

Alberti, R., & Emmons, M. (2008). *Your perfect right: Assertiveness and equality in your life and relationships.* San Luis Obispo, CA: Impact.

Bauer, M., Kilbourne, A., Greenwald, D., & Ludman, E. (2009). *Overcoming bipolar disorder: A comprehensive workbook for managing your symptoms and achieving your life goals.* Oakland, CA: New Harbinger.

Compton, M. T., & Broussard, B. (2009). *The first episode of psychosis: A guide for patients and their families.* New York, NY: Oxford University Press.

Fast, J., & Preston, J. (2012). *Loving someone with bipolar disorder: Understanding and helping your partner.* Oakland, CA: New Harbinger.

Fuller Torrey, E. (2006). *Surviving schizophrenia: A manual for families, consumers and providers.* New York, NY: Harper Perennial Library.

Garner, A. (1997). *Conversationally speaking: Tested new ways to increase your personal and social effectiveness.* Los Angeles, CA: Lowell House.

Miklowitz, D. (2010). *The bipolar disorder survival guide: What you and your family need to know.* New York, NY: Guilford Press.

Morey, B., & Mueser, K. (2007). *The family intervention guide to mental illness: Recognizing symptoms and getting treatment.* Oakland, CA: New Harbinger.

Price, P. (2005). *The cyclothymia workbook: Learn how to manage your mood swings and lead a balanced life.* Oakland, CA: New Harbinger.

Temes, R. (2002). *Getting your life back together when you have schizophrenia.* Oakland, CA: New Harbinger.

White, R., & Preston, J. (2009). *Bipolar 101: A practical guide to identifying triggers, managing medications, coping with symptoms, and more.* Oakland, CA:

New Harbinger.

성폭력 피해자(Sexual Abuse Victim)

Bass, E., & Davis, L. (2008). *The courage to heal: A guide for women survivors of child sexual abuse.* San Francisco, CA: Harper Perennial.

Bradshaw, J. (2005). *Healing the shame that binds you.* Deerfield Beach, FL: Health Communications, Inc.

Burns, D. (1999). *Ten days to self-esteem.* New York, NY: Morrow.

Copeland, M. E., & Harris, M. (2000). *Healing the trauma of abuse: A women's workbook.* Oakland, CA: New Harbinger.

Davis, L. (1990). *The courage to heal workbook: For men and women survivors of child sexual abuse.* New York, NY: Morrow.

Forward, S., & Buck, C. (1995). *Betrayal of innocence: Incest and its devastation.* New York, NY: Penguin.

Fossum, M., & Mason, M. (1989). *Facing shame: Families in recovery.* New York, NY: Norton.

Gil, E. (1995). *Outgrowing the pain: A book for and about adults abused as children.* New York, NY: Dell.

Kennerley, H. (2011). *An introduction to coping with childhood trauma.* Stuart, FL: Robinson.

Matsakis, A. (1996). *I can't get over it: A handbook for trauma survivors.* Oakland, CA: New Harbinger.

Matsakis, A. (2003). *The rape recovery handbook: Step-by-step help for survivors of sexual assault.* Oakland, CA: New Harbinger.

Rothbaum, B. O., & Foa, E. B. (2004). *Reclaiming your life after rape: Cognitivebehavioral therapy for posttraumatic stress disorder–Client workbook.* New York, NY: Graywind.

Smedes, L. (2007). *Forgive and forget: Healing the hurts we don't deserve.* San Francisco, CA: HarperOne.

Wallas, L. (1985). *Stories for the third ear: Using hypnotic fables in psychotherapy.* New York, NY: Norton.

Zehr, H. (2001). *Transcending: Reflections of crime victims.* Intercourse, PA: Good Books.

성 정체감 혼란(Sexual Identity Confusion)

Beam, J. (2008). *In the life: A black gay anthology.* Washington, DC: Redbone Press.

Cannon, J. (2008). *The Bible, Christianity, & homosexuality.* Seattle, WA: Create Space.

Eichberg, R. (1991). *Coming out: An act of love.* New York, NY: Penguin.

Katz, J. (1996). *The invention of heterosexuality.* New York, NY: Plume.

Marcus, E. (2005). *Is it a choice? Answers to the most frequently asked questions about gay and lesbian people.* San Francisco, CA: HarperOne.

Signorile, M. (1996). *Outing yourself: How to come out as lesbian or gay to your family, friends, and coworkers.* New York, NY: Fireside Books.

수면장애(Sleep Disturbance)

Benson, H. (2000). *The relaxation response.* New York, NY: Morrow.

Carney, C., & Manber, R. (2009). *Quiet your mind and get to sleep: Solutions to insomnia for those with depression, anxiety or chronic pain.* Oakland, CA: New Harbinger.

Craske, M. G., & Barlow, D. H. (2006). *Mastery of your anxiety and worry: Workbook.* New York, NY: Oxford University Press.

Davis, M., Robbins Eshelman, E., & McKay, M. (1988). *The relaxation and stress reduction workbook.* Oakland, CA: New Harbinger.

Dotto, L. (1992). *Losing sleep: How your sleeping habits affect your life.* New York, NY: Morrow.

Durand, V. M. (2008). *When children don't sleep well: Interventions for pediatric sleep disorders—Parent workbook.* New York, NY: Oxford University Press.

Edinger, J., & Carney, C. (2008). *Overcoming insomnia: A cognitive-behavioral therapy approach—Workbook.* New York, NY: Oxford University Press.

Epstein, L., & Mardon, S. (2006). *The Harvard Medical School guide to a good night's sleep.* New York, NY: McGraw-Hill.

Fanning, P., & McKay, M. (2008). *Applied relaxation training (Relaxation and stress reduction audio series).* Oakland, CA: New Harbinger.

Hauri, P., & Linde, S. (1996). *No more sleepless nights.* Hoboken, NJ: Wiley.

Jacobs, G. (2009). *Say good night to insomnia.* New York, NY: Holt.

Leith, L. (1998). *Exercising your way to better mental health.* Morgantown, WV: Fitness Information Technology.

Silberman, S. (2009). *The insomnia workbook: A comprehensive guide to getting the sleep you need.* Oakland, CA: New Harbinger.

Wolfson, A. (2001). *The woman's book of sleep: A complete resource guide.* Oakland, CA: New Harbinger.

사회불안(Social Anxiety)

Alberti, R., & Emmons, M. (2008). *Your perfect right: Assertiveness and equality in your life and relationships.* San Luis Obispo, CA: Impact.

Antony, M., & Swinson, R. (2008). *The shyness and social anxiety workbook: Proven, step-by-step techniques for overcoming your fear.* Oakland, CA: New Harbinger.

Bradshaw, J. (2005). *Healing the shame that binds you.* Deerfield Beach, FL: Health Communications.

Burns, D. (1999). *Feeling good: The new mood therapy.* New York, NY: Harper.

Burns, D. (1999). *The feeling good handbook.* New York, NY: Blume.

Burns, D. (1999). *Ten days to self-esteem.* New York, NY: Morrow.

Butler, G. (2008). *Overcoming social anxiety and shyness: A self-help guide using cognitive behavioral techniques.* New York, NY: Basic Books.

Forsyth, J., & Eifert, G. (2008). *The mindfulness and acceptance workbook for anxiety: A guide to breaking free from anxiety, phobias, and worry using acceptance and commitment therapy.* Oakland, CA: New Harbinger.

Fossum, M., & Mason, M. (1989). *Facing shame: Families in recovery.* New York, NY: Norton.

Garner, A. (1997). *Conversationally speaking: Tested new ways to increase your personal and social effectiveness.* Los Angeles, CA: Lowell House.

Helmstetter, S. (1990). *What to say when you talk to yourself.* New York, NY: Pocket.

Henderson, L. (2011). *The compassionate-mind guide to building social confidence: Using compassion-focused therapy to overcome shyness and social anxiety.* Oakland, CA: New Harbinger.

Hilliard, E. (2005). *Living fully with shyness and social anxiety: A comprehensive guide to gaining social confidence.* Cambridge, MA: Da Capo Press.

Hope, D. A., Heimberg, R. G., & Turk, C. L. (2010). *Managing social anxiety: A cognitive behavioral therapy approach-Workbook.* New York, NY: Oxford University Press.

Lowndes, L. (2003). *How to talk to anyone: 92 little tricks for big success in relationships.* New York,

NY: McGraw-Hill.

Markway, B., & Markway, G. (2003). *Painfully shy: How to overcome social anxiety and reclaim your life.* New York, NY: St. Martin's Press.

Monarth, H., & Kase, L. (2007). *The confident speaker.* New York, NY: McGraw-Hill.

Rapee, R. (1999). *Overcoming shyness and social phobia: A step-by-step guide.* Northvale, NJ: Aronson.

Steiner, C. (2001). *Achieving emotional literacy.* London, England: Bloomsbury.

Tolin, D. (2012). *Face your fears: A proven plan to beat anxiety, panic, phobias, and obsessions.* Hoboken, NJ: Wiley.

Zimbardo, P. (1990). *Shyness: What it is and what to do about it.* Reading, MA: Addison-Wesley.

신체 증상 장애(Somatization)

Alberti, R., & Emmons, M. (2008). *Your perfect right: Assertiveness and equality in your life and relationships.* San Luis Obispo, CA: Impact.

Asmundson, G. J. G., & Taylor, S. (2005). *It's not all in your head: How worrying about your health could be making you sick—and what you can do about it.* New York, NY: Guilford Press.

Benson, H. (1980). *The mind/body effect.* New York, NY: Simon & Schuster.

Claiborn, J., & Pedrick, C. (2002). *The BDD workbook: Overcome body dysmorphic disorder and end body image obsessions.* Oakland, CA: New Harbinger.

Craske, M. G., & Barlow, D. H. (2006). *Mastery of your anxiety and worry: Workbook.* New York, NY: Oxford University Press.

Dahl, J., & Lundgren, T. (2006). *Living beyond your pain: Using Acceptance and commitment therapy to ease chronic pain.* Oakland, CA: New Harbinger.

Davis, M., Robbins Eshelman, E., & McKay, M. (2008). *The relaxation and stress reduction workbook.* Oakland, CA: New Harbinger.

Duckro, P., Richardson, W., & Marshall, J. (1999). *Taking control of your headaches.* New York, NY: Guilford Press.

Fanning, P., & McKay, M. (2008). *Applied relaxation training (Relaxation and stress reduction audio series).* Oakland, CA: New Harbinger.

Gardner-Nix, J. (2009). *The mindfulness solution to pain.* Oakland, CA: New Harbinger.

Karren, K., Hafen, B., Frandsen, K., & Smith, L. (2009). *Mind/body health: The effects of attitudes, emotions, and relationships.* New York, NY: Benjamin Cummings.

Lewandowski, M. (2006). *The chronic pain care workbook: A self-treatment approach to pain relief using the Behavioral Assessment of Pain Questionnaire.* Oakland, CA: New Harbinger.

Otis, J. (2007). *Managing chronic pain: A cognitive-behavioral therapy approach workbook.* New York, NY: Oxford University Press.

Owens, K. M. B., & Antony, M. M. (2011). *Overcoming health anxiety: Letting go of your fear of illness.* Oakland, CA: New Harbinger.

Turk, D., & Winter, F. (2005). *The pain survival guide: How to reclaim your life.* Washington, DC: APA Press.

Wilhelm, S. (2006). *Feeling good about the way you look: A program for overcoming body image problems.* New York, NY: Guilford Press.

Zgourides, G. (2002). *Stop worrying about your health! How to quit obsessing about symptoms and feel better now.* Oakland, CA: New Harbinger.

영적 문제(Spiritual Confusion)

Armstrong, K. (2010). *The case for God.* New York, NY: Anchor.

Augustine, St. (2002). *The confessions of St. Augustine.* New York, NY: Dover.

Chopra, D. (2001). *How to know God.* New York, NY: Three Rivers Press.

Dyer, W. (2003). *There's a spiritual solution to every problem.* New York, NY: Quill.

Helmfelt, R., & Fowler, R. (2010). *Serenity: A companion for 12 step recovery.* Nashville, TN: Nelson.

Lewis, C. S. (1995). *Surprised by joy.* New York, NY: Houghton, Mifflin, Harcourt.

Lewis, C. S. (2001). *Mere Christianity.* New York, NY: HarperOne.

Lewis, C. S. (2001). *The Screwtape letters.* New York, NY: HarperOne.

Merton, T. (1999). *The seven storey mountain.* New York, NY: Mariner Books.

Moore, T. (1994). *The care of the soul.* New York, NY: Harper Perennial.

Moore, T. (2005). *Dark nights of the soul.* New York, NY: Gotham.

Norris, K. (1997). *The cloister walk.* New York, NY: Riverhead Books.

Norris, K. (1999). *Amazing grace: A vocabulary of faith.* New York, NY: Riverhead.

Peck, M. S. (1998). *Further along the road less traveled.* New York, NY: Touchstone.

Peck, M. S. (2003). *The road less traveled.* New York, NY: Touchstone.

Smedes, L. (1994). *Shame and grace: Healing the shame we don't deserve.* New York, NY: HarperOne.

Smedes, L. (2003). *My God and I: A spiritual memoir.* Grand Rapids, MI: Eerdmans.

Strobel, L. (2000). *The case for faith: A journalist investigates the toughest objections to Christianity.* Grand Rapids, MI: Zondervan.

Warren, R. (2011). *The purpose-driven life.* Grand Rapids, MI: Zondervan.

물질 사용(Substance Use)

Alberti, R., & Emmons, M. (2008). *Your perfect right: Assertiveness and equality in your life and relationships.* San Luis Obispo, CA: Impact.

Alcoholics Anonymous. (1975). *Living sober.* New York, NY: A. A. World Service.

Alcoholics Anonymous. (1976). *Alcoholics anonymous: The big book.* New York, NY: A. A. World Service.

Carnes, P. (1994). *A gentle path through the twelve steps.* Minneapolis, MN: Hazelden.

Daley, D., & Marlatt, G. A. (2006). *Overcoming your alcohol or drug problem: Effective recovery strategies — Workbook.* New York, NY: Oxford University Press.

Davis Kasl, C. (1992). *Many roads, one journey.* New York, NY: HarperCollins.

Epstein, E. E., & McCrady, B. S. (2009). *A cognitive-behavioral treatment program for overcoming alcohol problems: Workbook.* New York, NY: Oxford University Press.

Gorski, T. (1992). *Staying sober workbook.* Independence, MO: Herald House Press.

Gorski, T., & Miller, M. (1986). *Staying sober: A guide to relapse prevention.* Independence, MO: Herald House Press.

Johnson, V. (1990). *I'll quit tomorrow.* New York, NY: HarperOne.

Meyers, R. J., & Wolfe, B. L. (2003). *Get your loved one sober: Alternatives to nagging, pleading, and threatening.* Center City, MN: Hazelden.

Miller, W. R., & Munoz, R. F. (2004). *Controlling your drinking: Tools to make moderation work for you*. New York, NY: Guilford Press.

Nuckols, C. (1989). *Cocaine: From dependence to recovery*. Blue Ridge Summit, PA: TAB Books.

Perkinson, R. (2012). *The alcoholism & drug abuse client workbook*. Thousand Oaks, CA: Sage.

Sales, P. (1999). *Alcohol abuse: Straight talk, straight answers*. Honolulu, HI: Ixia.

Solowij, N. (2006). *Cannabis and cognitive functioning*. New York, NY: Cambridge University Press.

Tyler, B. (2005). *Enough already!: A guide to recovery from alcohol and drug addiction*. Parker, CO: Outskirts Press.

Volpicelli, J., & Szalavitz, M. (2000). *Recovery options: A complete guide*. New York, NY: Wiley.

Washton, A., & Boundy, D. (1990). *Willpower's not enough: Understanding and recovering from addictions of every kind*. New York, NY: HarperCollins.

Washton, A., & Zweben, J. (2009). *Cocaine and methamphetamine addiction: Treatment, recovery, and relapse prevention*. New York, NY: Norton.

Wilson, B. (1999). *As Bill sees it*. New York, NY: A. A. World Service.

For more resources related to motivational interviewing, see the Motivational Interviewing online at http://www.motivationalinterview.org/

자살 사고(Suicidal Ideation)

Butler, P. (2008). *Talking to yourself: How cognitive behavior therapy can change your life*. Charleston, SC: BookSurge.

Ellis, T. E., & Newman, C. F. (1996). *Choosing to live: How to defeat suicide though cognitive therapy*. Oakland, CA: New Harbinger.

Gilson, M., Freeman, A., Yates, M., & Freeman, S. (2009). *Overcoming depression: A cognitive therapy approach—Workbook*. New York, NY: Oxford University Press.

Helmstetter, S. (1990). *What to say when you talk to yourself*. New York, NY: Pocket Books.

Knaus, B. *A cognitive behavioral workbook for depression: A step-by-step program*. Oakland, CA: New Harbinger.

Leith, L. (1998). *Exercising your way to better mental health*. Morgantown, WV: Fitness Information Technology.

McKay, M., Davis, M., & Fanning, P. (2011). *Thoughts and feelings: Taking control of your moods and your life*. Oakland, CA: New Harbinger.

Miklowitz, D. (2010). *Bipolar disorder survival guide: What you and your family need to know*. New York, NY: Guilford Press.

Pettit, J., & Joiner, T. (2005). *The interpersonal solution to depression: A workbook for changing how you feel by changing how you relate*. Oakland, CA: New Harbinger.

Seligman, M. (2006). *Learned optimism: How to change your mind and your life*. New York, NY: Vintage.

Seligman, M. (2011). *Flourish: A visionary new understanding of happiness and wellbeing*. New York, NY: Free Press.

A 타입 행동유형(Type A Behavior)

Antony, M., & Swinson, R. (2009). *When perfect isn't good enough: Strategies for coping with perfectionism*. Oakland, CA: New Harbinger.

Bailey, K., & Leland, K. (2006). *Watercooler wisdom: How smart people prosper in the face of conflict, pressure, and change*. Oakland, CA: New Harbinger.

Benson, H. (2000). *The relaxation response*. New York,

NY: Morrow.

Charlesworth, E., & Nathan, R. (2004). *Stress management: A comprehensive guide to wellness*. New York, NY: Ballantine Books.

Davis, M., Robbins Eshelman, E., & McKay, M. (2008). *The relaxation and stress reduction workbook*. Oakland, CA: New Harbinger.

Fanning, P., & McKay, M. (2008). *Applied relaxation training (Relaxation and stress reduction audio series)*. Oakland, CA: New Harbinger.

Friedman, M., & Ulmer, D. (1985). *Treating type A behavior-and your heart*. New York, NY: Knopf.

Hayes, S. (2005). *Get out of your mind and into your life: The new acceptance and commitment therapy*. Oakland, CA: New Harbinger.

Kidman, A. (2011). *Staying sane in the fast lane*. Epping, AU: Delphian Books.

McKay, M., & Fanning, P. (2006). *The daily relaxer: Relax your body, calm your mind, and refresh your spirit*. Oakland, CA: New Harbinger.

Peck, M. S. (1998). *Further along the road less traveled*. New York, NY: Touchstone.

Peck, M. S. (2003). *The road less traveled*. New York, NY: Touchstone.

Pirsig, R. (2008). *Zen and the art of motorcycle maintenance: An inquiry into values*. New York, NY: Morrow.

단극성 우울(Unipolar Depression)

Addis, M. E., & Martell, C. R. (2004). *Overcoming depression one step at a time: The new behavioral activation approach to getting your life back*. Oakland, CA: New Harbinger.

Alberti, R., & Emmons, M. (2008). *Your perfect right: Assertiveness and equality in your life and relationships*. San Luis Obispo, CA: Impact.

Bieling, P. J., Antony, M. M., & Beck, A. T. (2003). *Ending the depression cycle: A step-by-step guide for preventing relapse*. Oakland, CA: New Harbinger.

Burns, D. (1999). *Feeling good: The new mood therapy*. New York, NY: Harper.

Burns, D. (1999). *The feeling good handbook*. New York, NY: Blume.

Burns, D. (1999). *Ten days to self-esteem*. New York, NY: Morrow.

Butler, P. (2008). *Talking to yourself: How cognitive behavior therapy can change your life*. Charleston, SC: BookSurge.

Gilson, M., Freeman, A., Yates, M., & Freeman, S. (2009). *Overcoming depression: A cognitive therapy approach-Workbook*. New York, NY: Oxford University Press.

Greenberger, D., & Padesky, C. (1995). *Mind over mood: Change how you feel by changing the way you think*. New York, NY: Guilford Press.

Hayes, S. C. (2005). *Get out of your mind and into your life: The new acceptance and commitment therapy*. Oakland, CA: New Harbinger.

Helmstetter, S. (1990). *What to say when you talk to yourself*. New York, NY: Pocket Books.

Knaus, B. (2006). *A cognitive behavioral workbook for depression: A step-by-step program*. Oakland, CA: New Harbinger.

Leith, L. (1998). *Exercising your way to better mental health*. Morgantown, WV: Fitness Information Technology.

Lewinsohn, P. (1992). *Control your depression*. New York, NY: Fireside.

Marra, T. (2004). *Depressed and anxious: The dialectical behavior therapy workbook for overcoming depression and anxiety*. Oakland, CA:

New Harbinger.

Martell, C. R., Addis, M. E., & Jacobson, N. S. (2001). *Depression in context: Strategies for guided action.* New York, NY: Norton.

McCullough, J. P., Jr. (2003). *Patient's manual for CBASP.* New York: Guilford Press.

McKay, M., Davis, M., & Fanning, P. (2011). *Thoughts and feelings: Taking control of your moods and your life.* Oakland, CA: New Harbinger.

Nezu, A. M. Nezu, C. M., & D'Zurilla, T. J. (2007). *Solving life's problems: A 5-step guide to enhanced well-being.* New York, NY: Springer.

Pettit, J. W., & Joiner, T. E. (2005). *The interpersonal solution to depression: A workbook for changing how you feel by changing how you relate.* Oakland, CA: New Harbinger.

Seligman, M. (2006). *Learned optimism: How to change your mind and your life.* New York, NY: Vintage.

Seligman, M. (2011). *Flourish: A visionary new understanding of happiness and well-being.* New York, NY: Free Press.

Strauss, C. (2004). *Talking to depression: Simple ways to connect when someone in your life is depressed.* New York, NY: New American Library.

Strosahl, K., & Robinson, P. (2008). *The mindfulness and acceptance workbook for depression: Using acceptance and commitment therapy to move through depression and create a life worth living.* Oakland, CA: New Harbinger.

Weissman, M. M. (2005). *Mastering depression through interpersonal psychotherapy: Patient workbook.* New York, NY: Oxford University Press.

Yapko, M. (1998). *Breaking the patterns of depression.* New York, NY: Three Rivers Press.

Zonnebelt-Smeenge, S., & DeVries, R. (1998). *Getting to the other side of grief: Overcoming the loss of a spouse.* Grand Rapids, MI: Baker Books.

Zonnebelt-Smeenge, S., & DeVries, R. (2006). *Traveling through grief: Learning to live again after the death of a loved one.* Grand Rapids, MI: Baker Books.

직업적 스트레스(Vocational Stress)

Bailey, K., & Leland, K. (2006). *Watercooler wisdom: How smart people prosper in the face of conflict, pressure, and change.* Oakland, CA: New Harbinger.

Benson, H. (2000). *The relaxation response.* New York, NY: Morrow.

Bolles, R. (2011). *What color is your parachute?: A practical manual for job-hunters and career-changers.* Berkeley, CA: Ten-Speed Press.

Brantley, J., & Millstine, W. (2007). *Five good minutes at work: 100 mindful practices to help you relieve stress and bring your best to work.* Oakland, CA: New Harbinger.

Charland, W. (1993). *Career shifting: Starting over in a changing economy.* Holbrook, MA: Bob Adams.

Charlesworth, E., & Nathan, R. (2004). *Stress management: A comprehensive guide to wellness.* New York, NY: Ballantine Books.

Craske, M. G., & Barlow, D. H. (2006). *Mastery of your anxiety and worry: Workbook.* New York, NY: Oxford University Press.

Davis, M., Robbins Eshelman, E., & McKay, M. (2008). *The relaxation and stress reduction workbook.* Oakland, CA: New Harbinger.

Fanning, P., & McKay, M. (2008). *Applied relaxation training (Relaxation and stress reduction audio series).* Oakland, CA: New Harbinger.

Friedman, M., & Ulmer, D. (1985). *Treating type A behavior—and your heart.* New York, NY: Knopf.

Gill, L. (1999). *How to work with just about anyone: A 3-step solution for getting difficult people to change.*

New York, NY: Fireside.

Johnson, S. (1998). Who moved my cheese?: An *amazing way to deal with change in your work and in your life.* New York, NY: Putnam Publishing Group.

Krebs Hirsh, S., & Kise, J. (1996). *Work it out: Clues for solving people problems at work.* Palo Alto, CA: Davies-Black.

Lloyd, K. (1999). *Jerks at work: How to deal with people problems and problem people.* Franklin Lakes, NJ: Career Press.

McKay, M., & Fanning, P. (2006). *The daily relaxer: Relax your body, calm your mind, and refresh your spirit.* Oakland, CA: New Harbinger.

McKay, M., Fanning, P., Honeychurch, C., & Sutker, C. (2005). *The self-esteem companion: Simple exercises to help you challenge your inner critic & celebrate your personal strengths.* Oakland, CA:

New Harbinger.

Kase, L. (2006). *Anxious 9 to 5: How to beat worry, stop second-guessing yourself, and work with confidence.* Oakland, CA: New Harbinger.

Knaus, B., Klarreich, S., Greiger, R., & Knaus, N. (2010). *Fearless job hunting: Powerful psychological strategies for getting the job you want.* Oakland, CA: New Harbinger.

Potter-Efron, R. (1998). *Working anger: Preventing and resolving conflict on the job.* Oakland, CA: New Harbinger.

Scanlon, W. (1991). *Alcoholism and drug abuse in the workplace.* Westport, CT: Praeger.

Sharpe, D., & Johnson, E. (2007). *Managing conflict with your boss.* San Francisco, CA: Pfeiffer.

Stranks, J. (2005). *Stress at work: Management and prevention.* Burlington, MA: Elsevier Butterworth-Heinemann.

부록 B

주요 참고문헌: 연구 기반 및 임상적 자료

증거기반 처치 관련 자료

Agency for Healthcare Research and Quality [Online]. Available from http://www.ahrq.gov/clinic/epcix.htm

American Psychiatric Association. American Psychiatric Association practice guidelines. Arlington, VA: American Psychiatric Association [Online]. Available from http://psychiatryonline.org/guidelines.aspx

American Psychiatric Association. (2013). *Diagnostic and statistical manual of mental disorders* (5th ed.). Washington, DC: Author.

APA Presidential Task Force on Evidence-Based Practice. (2006). Evidence-based practice in psychology. *American Psychologist, 61*, 271-285.

Bruce, T. J., & Sanderson, W. C. (2005). Evidence-based psychosocial practices: Past, present, and future. In: C. Stout and R. Hayes (Eds.), *The handbook of evidence-based practice in behavioral healthcare: Applications and new directions.* Hoboken, NJ: Wiley.

Castonguay, L. G., & Beutler, L. E. (2006). *Principles of therapeutic change that work.* New York, NY: Oxford University Press.

Chambless, D. L., Baker, M. J., Baucom, D., Beutler, L. E., Calhoun, K. S., Crits-Christoph, P., & Woody, S. R. (1998). Update on empirically validated therapies: II. *The Clinical Psychologist, 51*(1), 3-16.

Chambless, D. L., & Ollendick, T. H. (2001). Empirically supported psychological interventions: Controversies and evidence. *Annual Review of Psychology, 52,* 685-716.

Chambless, D. L., Sanderson, W. C., Shoham, V., Johnson, S. B., Pope, K. S., Crits-Christoph, P., . . . McCurry, S. (1996). An update on empirically validated therapies. *The Clinical Psychologist, 49*(2), 5-18.

Cochrane Collaboration Reviews [Online]. Available from http://www.cochrane.org/

Drake, R. E., & Goldman, H. (2003). *Evidence-based practices in mental health care.* Washington, DC: American Psychiatric Association.

Drake, R. E., Merrens, M. R., & Lynde, D. W. (2005). *Evidence-based mental health practice: A textbook.* New York, NY: Norton.

Fisher, J. E., & O'Donohue, W. T. (2010). *Practitioner's guide to evidence-based psychotherapy.* New York, NY: Springer.

Hofmann, S. G., & Tompson, M. G. (2002). *Treating chronic and severe mental disorders: A handbook of empirically supported interventions.* New York, NY:

Guilford Press.

Jongsma, A. E., & Bruce, T. J. (2010-2012). *The evidence-based psychotherapy treatment planning video series* [DVD-based series]. Hoboken, NJ: Wiley. Available from http://www.wiley.com

Nathan, P. E., & Gorman, J. M. (Eds.). (2007). *A guide to treatments that work* (3rd ed.). New York, NY: Oxford University Press.

National Institute on Drug Abuse. Available from http://www.nida.nih.gov/nidahome.html

National Institute for Health and Clinical Excellence (NICE) [Online]. Available from http://www.nice.org.uk/

Norcross, J. C. (Ed.). (2011). *Psychotherapy relationships that work* (2nd ed.). New York, NY: Oxford University Press.

Norcross, J. C., Beutler, L. E., & Levant, R. F. (Eds.). (2006). *Evidence-based practices in mental health: Debate and dialogue on the fundamental questions.* Washington, DC: American Psychological Association.

Norcross, J. C., Hogan, T. P., & Koocher, G. P. (2008). *Clinician's guide to evidencebased practices: Mental health and the addictions.* New York: Oxford University Press.

Personal Improvement Computer Systems. Therapyadvisor [Online]. Available from http://www.therapyadvisor.com

Society of Clinical Psychology, American Psychological Association Division 12. *Website on Research-supported Psychological Treatments* [Online]. Available from http://www.psychologicaltreatments.org

Stout, C., & Hayes, R. (1995). *The handbook of evidence-based practice in behavioral healthcare: Applications and new directions.* New York, NY:

Wiley.

Substance Abuse and Mental Health Administration (SAMHSA). *National Registry of Evidence-based Programs and Practices (NREPP)* [Online]. Available from http://nrepp.samhsa.gov/

분노 조절 문제(Anger Control Problems)

Selected Studies and Reviews of Empirical Support for Cognitive-Behavioral Therapies

Beck, R., & Fernandez, E. (1998). Cognitive-behavioral therapy in the treatment of anger: A meta-analysis. *Cognitive Therapy and Research, 22,* 63-74.

Deffenbacher, J. L. (2006). Evidence of effective treatment of anger-related disorders. In. E. L. Feindler (Ed.), *Anger-related disorders: A practitioner's guide to comparative treatments* (pp. 43-69). New York, NY: Springer.

Deffenbacher, J. L., Dahlen, E. R., Lynch, R. S., Morris, C. D., & Gowensmith, W. N. (2000). An application of Beck's cognitive therapy to general anger reduction. *Cognitive Therapy and Research, 24,* 689-697.

Deffenbacher, J. L., Oetting, E. R., & DiGuiseppe, R. A. (2002). Principles of empirically supported interventions applied to anger management. *The Counseling Psychologist, 30,* 262-280.

DiGiuseppe, R., & Tafrate, R. C. (2001). A comprehensive treatment model for anger disorders. *Psychotherapy, 28*(3), 262-271.

DiGiuseppe, R., & Tafrate, R. C. (2003). Anger treatment for adults: A metaanalytic review. *Clinical Psychology: Science & Practice, 10,* 70-84.

Edmonson, C. B., & Conger, J. C. (1996). A review of treatment efficacy for individuals with anger problems: Conceptual, assessment, and methodological issues. *Clinical Psychology Review, 16*, 251-275.

Clinical Resources

Bernstein, D. A., & Borkovec, T. D. (1973). *Progressive relaxation training.* Champaign, IL: Research Press.

Deffenbacher, J. L., & McKay, M. (2000). *Overcoming situational and general anger: Therapist protocol* (Best practices for therapy). Oakland, CA: New Harbinger.

DiGiuseppe, R., & Tafrate, R. (2007). *Understanding anger and anger disorders.* New York, NY: Oxford University Press.

Hayes, S. C., Strosahl, K. D., & Wilson, K. G. (2012). *Acceptance and commitment therapy* (2nd ed.). New York, NY: Guilford Press.

Kassinove, H., & Tafrate, R. C. (2002). *Anger management: The complete treatment guidebook for practitioners.* Atascadero, CA: Impact.

Meichenbaum, D. (1985). *Stress inoculation training.* New York, NY: Pergamon Press.

Meichenbaum, D. (2001). *Treatment of individuals with anger control problems and aggressive behaviors: A clinical handbook.* Clearwater, FL: Institute Press.

Meichenbaum, D. (2007). Stress inoculation training: A preventative and treatment approach. In P. M. Lehrer, R. L. Woolfolk, & W. S. Sime (Eds.), *Principles and practice of stress management* (3rd ed.). New York, NY: Guilford Press.

Zabat-Zinn, J. *Guided mindfulness meditation* [Audio CD]. Available from www.jonkabat-zinn.com

불안(Anxiety)

Selected Studies and Reviews of Empirical Support for Cognitive-Behavioral Therapies

Barlow, D. H., Allen, L. B., & Basden, S. L. (2007). Psychological treatments for panic disorders, phobias, and generalized anxiety disorder. In P. E. Nathan & J. M. Gorman (Eds.), *A guide to treatments that work* (3rd ed., pp. 395-430). New York, NY: Oxford University Press.

Bernstein, D. A., Borkovec, T. D., & Hazlett-Stevens, H. (2000). *New directions in progressive muscle relaxation: A guidebook for helping professionals.* Westbury, CT: Praeger.

Borkovec, T. D., & Costello, E. (1993). Efficacy of applied relaxation and cognitive-behavioral therapy in the treatment of generalized anxiety disorder. *Journal of Consulting and Clinical Psychology, 61*, 611-619.

Dugas, M. J., Ladouceur, R., Leger, E., Freeston, M. H., Langlois, F., Provencher, M. D., & Boisvert, J. M. (2003). Group cognitive-behavioral therapy for generalized anxiety disorder: Treatment outcome and long-term follow-up. *Journal of Consulting and Clinical Psychology, 71*(4), 821-825.

Gould, R. A., Safren, S. A., O'Neill Washington, D., & Otto, M. W. (2004). A metaanalytic review of cognitive-behavioral treatments. In R. G. Heimberg, C. L. Turk, & D. S. Mennin (Eds.), *Generalized anxiety disorder: Advances in research and practice* (pp. 248-264). New York, NY: Guilford Press.

Hunot, V., Churchill, R., Teixeira, V., Silva de Lima, M. (2007). *Psychological therapies for generalised anxiety disorder. Cochrane Database of Systematic Reviews, 1.* Art. No.: CD001848.

Ladouceur, R., Dugas, M. J., Freeston, M. H., Le'ger, E., Gagnon, F., & Thibodeau, N. (2000). Efficacy of cognitive-behavioral treatment of generalized anxiety disorder: Evaluation in a controlled clinical trial. *Journal of Consulting and Clinical Psychology, 68*, 957-964.

Mitte, K. (2005). Meta-analysis of cognitive-behavioral treatments for generalized anxiety disorder: A comparison with pharmacotherapy. *Psychological Bulletin, 131,* 785-795.

National Institute for Health and Clinical Excellence (2011, January). *Generalised anxiety disorder and panic disorder (with or without agoraphobia) in adults: Clinical guideline CG113* [Online]. Available from http://guidance.nice.org.uk/CG113

Teachman, B. A. (n.d.). *Generalized anxiety disorder. American Psychological Association division 12 website on research-supported psychological treatments* [Online]. Accessed April 2012 at http://www.div12.org/PsychologicalTreatments/disorders/gad_main.php

Clinical Resources

Clark, D. A., & Beck, A. T. (2010). *Cognitive therapy of anxiety disorders: Science and practice.* New York, NY: Guilford Press.

Bernstein, D. A., & Borkovec, T. D. (1973). *Progressive relaxation training.* Champaign, IL: Research Press.

Bernstein, D. A., Borkovec, T. D., & Hazlett-Stevens, H. (2000). *New directions in progressive muscle relaxation: A guidebook for helping professionals.* Westbury, CT: Praeger.

Brown, T. A., DiNardo, P. A., & Barlow, D. H. (2004). *Anxiety disorders interview schedule adult version (ADIS-IV): Client interview schedule.* New York, NY: Oxford University Press.

Brown, T. A., O'Leary, T., & Barlow, D. H. (2001). Generalized anxiety disorder. In D. H. Barlow (Ed.), *Clinical handbook of psychological disorders* (3rd ed., pp. 154-208.). New York, NY: Guilford Press.

Derogatis, L. R. *Symptom Checklist-90-R.* Available from http://psychcorp.pearson assessments.com/HAIWEB/Cultures/en-us/Productdetail. htm?Pid=PAg514.

Dugas, M. J., & Robichaud, M. (2006). *Cognitive-behavioral treatment for generalized anxiety disorder: From science to practice.* New York, NY: Routledge.

Eifert, G. H., Forsyth, J. P., & Hayes, S. C. (2005). *Acceptance and commitment therapy for anxiety disorders: A practitioner's treatment guide to using mindfulness, acceptance, and values-based behavior change strategies.* Oakland, CA: New Harbinger.

Haley, J. (1984). *Ordeal therapy.* San Francisco, CA: Jossey-Bass.

Hayes, S. C., Strosahl, K. D., & Wilson, K. G. (2012). *Acceptance and commitment therapy* (2nd ed.). New York, NY: Guilford Press.

Hazlett-Stevens, H. (2008). *Psychological approaches to generalized anxiety disorder: A clinician's guide to assessment and treatment.* New York, NY: Springer.

Lambert, M. J., Burlingame, G. M., Umphress, V., Hansen, N. B., Vermeersch, D. A., Clouse, G. C., & Yanchar, S. C. (1996). The reliability and validity of the Outcome Questionnaire. *Clinical Psychology and Psychotherapy, 3,* 249-258

Meyer, T. J., Miller, M. L., Metzger, R. L., & Borkovec, T. D. (1990). Development and validation of the Penn State Worry Questionnaire. *Behaviour Research and Therapy, 28,* 487-495.

Öst, L.-G. (1987). Applied relaxation: Description of a coping technique and review of controlled studies. *Behaviour Research and Therapy, 25,* 397-409.

Rygh, J., & Sanderson, W. C. (2004). *Treating generalized anxiety disorder.* New York, NY: Guilford Press.

White, J. (2008). *Overcoming generalized anxiety disorder: A relaxation, cognitive restructuring, and exposure-based protocol for the treatment of GA-*

therapist protocol. CA: New Harbinger.

Zabat-Zinn, J. *Guided mindfulness meditation* [Audio CD]. Available from www.jonkabat-zinn.com.

Zinbarg, R. E., Craske, M. G., & Barlow, D. H. (2006). *Mastery of your anxiety and worry: Therapist guide* (2nd ed.). New York, NY: Oxford University Press.

주의력 결핍 장애(Attention Deficit Disorder: ADD)—성인

Selected Studies and Reviews of Empirical Support for Cognitive-Behavioral Therapies

Safren, S. A. (2006). Cognitive-behavioral approaches to ADHD treatment in adulthood. *Journal of Clinical Psychiatry, 67*(8), 46-50.

Safren, S. A., Otto, M. W., Sprich, S, Winett, C. L., Wilens, T. E., & Biederman, J. (2005). Cognitive-behavioral therapy for ADHD in medication-treated adults with continued symptoms. *Behaviour Research and Therapy, 43*(7), 831-842.

Safren, S. A., Sprich, S., Mimiaga, M., Surman, C., Knouse, L. E., Groves, M., & Otto, M. W. (2010). Cognitive behavioral therapy versus relaxation with educational support for medication-treated adults with ADHD and persistent symptoms: A randomized controlled trial. *Journal of the American Medical Association, 304*, 875-880.

Weiss, M., Safren, S. A., Solanto, M., Hechtman, L., Rostain, A. L., Ramsay, R., & Murray, C. (2008). Research forum on psychological treatment of adults with ADHD. *Journal of Attention Disorders, 11*, 642-651.

Clinical Resources

Safren, S. A., Perlman, C. A., Sprich, S., & Otto, M. W. (2005). *Mastering your adult ADHD: Therapist guide*. New York: Oxford University Press.

Solanto, M. V. (2011). *Cognitive-behavioral therapy for adult ADHD: Targeting executive dysfunction*. New York: Guilford Press.

양극성 장애—우울(Bipolar Disorder—Depression)

Selected Studies and Reviews of Empirical Support for Cognitive-Behavioral Therapies

Ball, J. R., Mitchell, P. B., Corry, J. C., Skillecorn, A., Smith, M., Malhi, G. S. (2006). A randomized controlled trial of cognitive therapy for bipolar disorder: focus on long-term change. *Journal of Clinical Psychiatry, 67*, 277-286.

Johnson, S. L., & Fulford, D. *Bipolar disorder. American Psychological Association division 12 website on research-supported psychological treatments* [Online]. Accessed April 2012 at http://www.div12.org/PsychologicalTreatments/disorders/bipolar_main.php

Lam, D. H., Watkins, E. R., Hayward, P., Bright, J., Wright, K., Kerr, N., & Sham, P. (2003). A randomized controlled study of cognitive therapy of relapse prevention for bipolar affective disorder: Outcome of the first year. *Archives of General Psychiatry, 60*, 145-152.

Miklowitz, D. J. (2008). Adjunctive psychotherapy for bipolar disorder: State of the evidence. *American Journal of Psychiatry, 165*, 1408-1419.

Miklowitz, D. J., & Craighead, W. E. (2007). Psychological treatments for bipolar disorder. In P. E. Nathan & J. M. Gorman (Eds.), *A guide to treatments that work* (3rd ed., pp. 309-322). New York, NY: Oxford University Press.

Miklowitz, D. J., Otto, M. W., Frank, E., Reilly-Harrington, N. A., Kogan, J. N., Sachs, G. S., &

Wisniewski, S. R. (2007). Intensive psychosocial intervention enhances functioning in patients with bipolar depression: Results from a 9-month randomized controlled trial. *American Journal of Psychiatry, 164,* 1340-1347.

National Institute for Health and Clinical Excellence. (2006, July). *Bipolar disorder:Clinical guideline CG38* [Online]. Available from http://guidance.nice.org.uk/CG38

Reiser, R. P., & Thompson, L. W. (2005). *Bipolar disorder.* Cambridge, MA: Hogrefe.

Clinical Resources

Colom, F., & Vieta, E. (2006). *Psychoeducation manual for bipolar disorder.* New York, NY: Cambridge University Press.

Lam, D. H., Jones, S. H., Hayward, P., & Bright, J. A. (2010). *Cognitive therapy for bipolar disorder: A therapist's guide to concepts, methods, and practice* (2nd ed.). West Sussex, England: Wiley.

Montgomery-Asberg Depression Rating Scale. Available from http://www.psyworld.com/madrs.htm.

Otto, M., Reilly-Harrington, N., Kogan, J. N., Henin, A., Knauz, R. O., & Sachs, G. S. (2008). *Managing bipolar disorder: A cognitive behavior treatment programtherapist guide.* New York, NY: Oxford University Press.

Zettle, R. D. (2007). *ACT for depression: A clinician's guide to using acceptance and commitment therapy in treating depression.* Oakland, CA: New Harbinger.

Zimmerman, M., Coryell, W., Corenthal, C., & Wilson, S. (1986). A self-report scale to diagnose major depressive disorder. *Archives of General Psychiatry, 43,* 1076-1081.

Selected Studies and Reviews of Empirical Support for Family-Focused Therapy

Johnson, S. L., & Fulford, D. (n.d.). *Bipolar disorder. American Psychological Association division 12 website on research-supported psychological treatments* [Online]. Accessed April 2012 at http://www.div12.org/PsychologicalTreatments/disorders/bipolar_main.php

Miklowitz, D. J. (2008). Adjunctive psychotherapy for bipolar disorder: State of the evidence. *American Journal of Psychiatry, 165,* 1408-1419.

Miklowitz, D. J., Axelson, D. A., Birmaher, B., George, E. L., Taylor, D. O., Schneck, C. D., & Brent, D. A. (2008). Family-focused treatment for adolescents with bipolar disorder: Results of a 2-year randomized trial. *Archive of General Psychiatry, 65,* 1053-1061.

Miklowitz, D. J., & Craighead, W. E. (2007). Psychological treatments for bipolar disorder. In P. E. Nathan & J. M. Gorman (Eds.), *A guide to treatments that work* (3rd ed., pp. 309-322). New York, NY: Oxford University Press.

Miklowitz, D. J., George, E. L., Richards, J. A., Simoneau, T. L., & Suddath, R. L. (2003). A randomized study of family-focused psychoeducation and pharmacotherapy in the outpatient management of bipolar disorder. *Archives of General Psychiatry, 60,* 904-912.

Miklowitz, D. J., Otto, M. W., Frank, E., Reilly-Harrington, N. A., Kogan, J. N., Sachs, G. S., & Wisniewski, S. R. (2007). Intensive psychosocial intervention enhances functioning in patients with bipolar depression: Results from a 9-month randomized controlled trial. *American Journal of Psychiatry, 164,* 1340-1347.

National Institute for Health and Clinical Excellence.

(2006, July). *Bipolar disorder: Clinical guideline CG38* [Online]. Available from http://guidance.nice.org.uk/CG38

Reiser, R. P., & Thompson, L. W. (2005). *Bipolar disorder.* Cambridge, MA: Hogrefe.

Clinical Resource

Miklowitz, D. J., & Goldstein, M. J. (1997). *Bipolar disorder: A family-focused treatment approach.* New York, NY: Guilford Press.

Selected Studies and Reviews of Empirical Support for Interpersonal and Social Rhythm Therapy

Frank, E., Kupfer, D. J., Thase, M. E., Mallinger, A. G., Swartz, H. A., Fagiolini, A. M., & Monk, T. H. (2005). Two-year outcomes for interpersonal and social rhythm therapy in individuals with bipolar I disorder. *Archives of General Psychiatry, 62,* 996-1004.

Johnson, S. L., & Fulford, D. (n.d.). *Bipolar disorder. American Psychological Association division 12 website on research-supported psychological treatments* [Online]. Accessed April 2012 at http://www.div12.org/PsychologicalTreatments/disorders/bipolar_main.php

Miklowitz, D. J. (2008). Adjunctive psychotherapy for bipolar disorder: State of the evidence. *American Journal of Psychiatry, 165,* 1408-1419.

Miklowitz, D. J., & Craighead, W. E. (2007). Psychological treatments for bipolar disorder. In P. E. Nathan & J. M. Gorman (Eds.), *A guide to treatments that work* (3rd ed., pp. 309-322). New York, NY: Oxford University Press.

Miklowitz, D. J., Otto, M. W., Frank, E., Reilly-Harrington, N. A., Kogan, J. N., Sachs, G. S., & Wisniewski, S. R. (2007). Intensive psychosocial intervention enhances functioning in patients with bipolar depression: Results from a 9-month randomized controlled trial. *American Journal of Psychiatry, 164,* 1340-1347.

National Institute for Health and Clinical Excellence (2006, July). *Bipolar disorder: Clinical guideline CG38* [Online]. Available from http://guidance.nice.org.uk/CG38

Reiser, R. P., & Thompson, L. W. (2005). *Bipolar disorder.* Cambridge, MA: Hogrefe.

Clinical Resources

Frank, E. (2005). *Treating bipolar disorder: A clinician's guide to interpersonal and social rhythm therapy.* New York, NY: Guilford Press.

Klerman, G. L., Weissman, M. M., & Rounsaville, B. J. (1995). *Interpersonal psychotherapy of depression.* New York, NY: Basic Books.

Monk, T. H., Kupfer, D. J., Frank, E., & Ritenour, A. M. (1991). The social rhythm metric (SRM): Measuring daily social rhythms over 12 weeks. *Psychiatry Research, 36,* 195-207.

Weissman, M. M., Markowitz, J., & Klerman, G. L. (2000). *Comprehensive guide to interpersonal psychotherapy.* New York, NY: Basic Books.

양극성 장애-조증(Bipolar Disorder-Mania)

Selected Studies and Reviews of Empirical Support for sychoeducation

Colom, F., Vieta, E., Martinez-Aran, A., Reinares, M., Goikolea, J. M., Benabarre, A., & Corominas, J. (2003). A randomized trial on the efficacy of group psychoeducation in the prophylaxis of recurrences in bipolar patients whose disease is in remission. *Archives of General Psychiatry, 60,* 402-407.

Johnson, S. L., & Fulford, D. (n.d.). *Bipolar disorder.*

American Psychological Association division 12 website on research-supported psychological treatments [Online]. Accessed April 2012 at http://www.div12.org/PsychologicalTreatments/disorders/bipolar_main.php

Miklowitz, D. J. (2008). Adjunctive psychotherapy for bipolar disorder: State of the evidence. *American Journal of Psychiatry, 165*, 1408-1419.

Miklowitz, D. J., & Craighead, W. E. (2007). Psychological treatments for bipolar disorder. In P. E. Nathan & J. M. Gorman (Eds.), *A guide to treatments that work* (pp. 309-322). New York, NY: Oxford University Press.

Morriss, R., Faizal, M. A., Jones, A. P., Williamson, P. R., Bolton, C. A., & McCarthy, J. P. (2007). Interventions for helping people recognise early signs of recurrence in bipolar disorder. *Cochrane Database of Systematic Reviews, 1*. Art. No.: CD004854.

National Institute for Health and Clinical Excellence (July, 2006). *Bipolar disorder: Clinical guideline CG38* [Online]. Available from http://guidance.nice.org.uk/ CG38

Perry, A., Tarrier, N., Morriss, R., McCarthy, E., & Limb, K. (1999). Randomised controlled trial of efficacy of teaching patients with bipolar disorder to identify early symptoms of relapse and obtain treatment. *British Medical Journal, 318*, 149-153.

Reiser, R. P., & Thompson, L. W. (2005). *Bipolar disorder*. Cambridge, MA: Hogrefe.

Clinical Resource

Colom, F., & Vieta, E. (2006). *Psychoeducation manual for bipolar disorder*. New York, NY: Cambridge University Press.

Selected Studies and Reviews of Empirical Support for Systematic Care

Bauer, M. S., McBride, L., Williford, W. O., Glick, H., Kinosian, B., Altshuler, L., & Sajatovic, M. (2006). Collaborative care for bipolar disorder: Part II. impact on clinical outcome, function, and costs. *Psychiatric Services, 57*, 937-945.

Johnson, S. L., & Fulford, D. (n.d.). *Bipolar disorder. American Psychological Association division 12 website on research-supported psychological treatments* [Online]. Accessed April 2012 at http://www.div12.org/PsychologicalTreatments/disorders/bipolar_main.php

Miklowitz, D. J. (2008). Adjunctive psychotherapy for bipolar disorder: State of the evidence. *American Journal of Psychiatry, 165*, 1408-1419.

Miklowitz, D. J., & Craighead, W. E. (2007). Psychological treatments for bipolar disorder. In P. E. Nathan & J. M. Gorman (Eds.), *A guide to treatments that work* (pp. 309-322). New York: Oxford University Press.

National Institute for Health and Clinical Excellence (2006, July). *Bipolar disorder: Clinical guideline CG38* [Online]. Available from http://guidance.nice.org.uk/CG38

Reiser, R. P., & Thompson, L. W. (2005). *Bipolar disorder*. Cambridge, MA: Hogrefe.

Simon, G. E., Ludman, E. J., Bauer, M. S., Unutzer, J., & Operskalski, B. (2006). Long-term effectiveness and cost of a systematic care program for bipolar disorder. *Archives of General Psychiatry, 63*, 500-508.

Simon, G. E., Ludman, E. J., Unutzer, J., Bauer, M. S., Operskalski, B., & Rutter, C. (2005). Randomized trial of a population-based care program for people with bipolar disorder. *Psychological Medicine, 35*, 13-24.

Clinical Resource

Bauer, M. S., & McBride, L. (2003). *Structured group psychotherapy for bipolar disorder: The life goals program* (2nd ed.). New York, NY: Springer.

Selected Studies and Reviews of Empirical Support for Cognitive-Behavioral Therapies

Johnson, S. L., & Fulford, D. (n.d.). *Bipolar disorder. American Psychological Association division 12 website on research-supported psychological treatments* [Online]. Accessed April 2012 at http://www.div12.org/PsychologicalTreatments/disorders/bipolar_main.php

Lam, D. H., Hayward, P., Watkins, E. R., Wright, K., & Sham, P. (2005). Relapse prevention in patients with bipolar disorder: Cognitive therapy outcome after 2 years. *American Journal of Psychiatry, 162*, 324–329.

Lam, D. H., McCrone, P., Wright, K., & Kerr. N. (2005). Cost-effectiveness of relapse-prevention cognitive therapy for bipolar disorder: 30-month study. *British Journal of Psychiatry, 186*, 400–506.

Miklowitz, D. J. (2008). Adjunctive psychotherapy for bipolar disorder: State of the evidence. *American Journal of Psychiatry, 165*, 1408–1419.

Miklowitz, D. J., & Craighead, W. E. (2007). Psychological treatments for bipolar disorder. In P. E. Nathan & J. M. Gorman (Eds.), *A guide to treatments that work* (pp. 309–322). New York, NY: Oxford University Press.

Miklowitz, D. J., Otto, M. W., Frank, E., Reilly-Harrington, N. A., Kogan, J. N., Sachs, G. S., & Wisniewski, S. R. (2007). Intensive psychosocial intervention enhances functioning in patients with bipolar depression: Results from a 9-month randomized controlled trial. *American Journal of Psychiatry, 164*, 1340–1347.

National Institute for Health and Clinical Excellence (2006, July). *Bipolar disorder: Clinical guideline CG38* [Online]. Available from http://guidance.nice.org.uk/CG38

Reiser, R. P., & Thompson, L. W. (2005). *Bipolar disorder.* Cambridge, MA: Hogrefe.

Clinical Resources

Lam, D. H., Jones, S. H., Hayward, P., & Bright, J. A. (2010). *Cognitive therapy for bipolar disorder: A therapist's guide to concepts, methods, and practice* (2nd ed.). West Sussex, England: Wiley.

Otto, M., Reilly-Harrington, N., Kogan, J. N., Henin, A., Knauz, R. O., & Sachs, G. S. (2008). *Managing bipolar disorder: A cognitive behavior treatment program — Therapist guide.* New York: Oxford University Press.

경계성 성격장애(Borderline Personality Disorder)

Selected Studies and Reviews of Empirical Support for Dialectical Behavior Therapy

Crits-Christoph, P., & Barber, J. P. (2007). Psychological treatments for personalit disorders. In P. E. Nathan & J. M. Gorman (Eds.), *A guide to treatments that work* (3rd ed., pp. 641–658). New York, NY: Oxford University Press.

Hawton, K. K. E., Townsend, E., Arensman, E., Gunnell, D., Hazell, P., House, A., & van Heeringen, K. (1999). Psychosocial and pharmacological treatments for deliberate self harm. *Cochrane Database of Systematic Reviews, 4*, Art. No.: CD001764.

Klonsky, E. D. (n.d.). *Borderline personality disorder. American Psychological Association division 12 website on research-supported psychological treatments* [Online]. Accessed April 2012 at http://

www.div12.org/PsychologicalTreatments/disorders/bpd_main.php

Linehan, M. M., Armstrong, H., Suarez, A., Allmon, D., & Heard, H. (1991). Cognitive-behavioral treatment of chronically parasuicidal borderline patients. *Archives of General Psychiatry, 48,* 1060-1064.

Linehan, M., & Dexter-Mazza, E. T. (2008). Dialectical behavior therapy for borderline personality disorder. In D. H. Barlow (Ed.), *Clinical handbook of psychological disorders: A step-by-step treatment manual* (4th ed.). New York, NY: Guilford Press.

Linehan, M. M., Heard, H. L., & Armstrong, H. E. (1993). Naturalistic follow-up of a behavioral treatment for chronically parasuicidal borderline patients. *Archives of General Psychiatry, 50,* 971-974.

Linehan, M. M., Tutek, D., Heard, H., & Armstrong, H. (1992). Interpersonal outcome of cognitive behavioral treatment for chronically suicidal borderline patients. *American Journal of Psychiatry, 151*(12), 1771-1775.

Clinical Resources

Beck, A. T., Rush, A. J., Shaw, B. F., and Emery, G. (1979). *Cognitive therapy of depression.* New York, NY: Guilford Press.

Koerner, K. (2012). *Doing dialectical behavior therapy: A practical guide.* New York, NY: Guilford Press.

Linehan, M. M. (1993a). *Cognitive-behavioral treatment of borderline personality disorder.* New York, NY: Guilford Press.

Linehan, M. M. (1993b). *Skills training manual for treating borderline personality disorder.* New York, NY: Guilford Press.

Linehan, M., & Dexter-Mazza, E. T. (2008). Dialectical behavior therapy for borderline personality disorder. In D. H. Barlow (Ed.), *Clinical handbook of psychological disorders: A step-by-step treatment manual* (4th ed.). New York, NY: Guilford Press.

Linehan, M., Dimeff, L. A., & Koerner, K. (2007). *Dialectical behavior therapy in clinical practice: Applications across disorders and settings.* New York, NY: Guilford Press.

만성 통증(Chronic Pain)

Selected Studies and Reviews of Empirical Support for Cognitive-Behavioral Therapies/Acceptance and Commitment Therapy

Eccleston, C., Williams, A. C., & Morley, S. (2009). Psychological therapies for the management of chronic pain (excluding headache) in adults. *Cochrane Database of Systematic Reviews, 2,* Art. No.: CD007407.

Hoffman, B. M., Chatkoff, D. K., Papas, R. K., & Kerns, R. D. (2007). Metaanalysis of psychological interventions for chronic low back pain. *Health Psychology, 26,* 1-9.

Keefe, F. J., Beaupre, P. M., Gil, K. M., Rumble, M. E., & Aspnes, A. K. (2002). Group therapy for patients with chronic pain. In D. C. Turk & R. J. Gatchel (Eds.), *Psychological approaches to pain management: A practitioner's handbook* (2nd ed.). New York, NY: Guilford Press.

Lumley, M. A. (n.d.). *Chronic or persistent pain. American Psychological Association division 12 website on research-supported psychological treatments* [Online]. Accessed April 2012 at http://www.div12.org/PsychologicalTreatments/disorders/pain_main.php

Ostelo, R. W., van Tulder, M. W., Vlaeyen, J. W., Linton, S. J., Morley, S. J., & Assendelft, W. J. (2005). Behavioural treatment for chronic low-back pain.

The Cochrane Database of Systematic Reviews, 1,
Art No.: CD002014.

Turk, D. C., Meichenbaum, D., & Genest, M. (1983).
Pain and behavioral medicine: A cognitive-behavioral perspective. New York, NY: Guilford
Press.

Veehof, M. M., Oskam, M. J., Schreurs, K. M., &
Bohlmeijer, E. T. (2011). Acceptance-based
interventions for the treatment of chronic pain: A
systematic review and meta-analysis. *Pain, 152*(3),
533-542.

Vowles, K. E., & McCracken, L. M. (2008). Acceptance
and values-based action in chronic pain: A study
of effectiveness and treatment process. *Journal of
Clinical and Consulting Psychology, 76,* 397-407.

Vowles, K. E., & Thompson, M. (2011). Acceptance
and Commitment Therapy for chronic pain. In L.
M. McCracken (Ed.), *Mindfulness and acceptance
in behavioral medicine: Current theory and practice*
(pp. 31-60). Oakland, CA: New Harbinger.

Wetherell, J. L., Afari, N., Rutledge, T., Sorrell, J. T.,
Stoddard, J. A., Petkus, A. J., & Atkinson, J. H.
(2011). A randomized, controlled trial of Acceptance
and Commitment Therapy and cognitive-behavioral
therapy for chronic pain. *Pain, 152,* 2098-2107.

Clinical Resources

Bernstein, D. A., Borkovec, T. D., & Hazlett-Stevens,
H. (2000). *New directions in progressive muscle
relaxation: A guidebook for helping professionals.*
Westbury, CT: Praeger.

Dahl, J., Wilson, K. G., Luciano, C., & Hayes, S. C.
(2005). *Acceptance and commitment therapy for
chronic pain.* Reno, NV: Context Press.

Keefe, F. J., Beaupre, P. M., Gil, K. M., Rumble, M.
E., & Aspnes, A. K. (2002). Group therapy for
patients with chronic pain. In D. C. Turk & R. J.

Gatchel (Eds.), *Psychological approaches to pain
management: A practitioner's handbook* (2nd ed.).
New York, NY: Guilford Press.

Luoma, J. B., Hayes, S. C., & Walser, R. D. (2007).
*Learning ACT: An acceptance and commitment
therapy skills-training manual for therapists.* New
York, NY: New Harbinger.

McCracken, L. M. (2005). *Contextual cognitive-behavioral therapy for chronic pain.* Seattle, WA:
International Association for the Study of Pain.

Otis, J. (2007). *Managing chronic pain: A cognitive-behavioral therapy approach—therapist guide.* New
York, NY: Oxford University Press.

Turk, D. C., & Gatchel, R. J. (Eds.). (2002).
Psychological approaches to pain management (2nd
ed.). New York, NY: Guilford Press.

Turk, D. C., & Melzack, R. (Eds.). (2010). *The
handbook of pain assessment* (3rd ed.). New York,
NY: Guilford Press.

인지 결핍(Cognitive Deficits)

Professional References

Babor, T. F., Higgins-Biddle, J. C., Saunders, J. B., &
Monteiro, M. G. (2001). *AUDIT: The Alcohol Use
Disorders Identification Test: Guidelines for use
in primary care* (2nd ed.). Geneva: World Health
Organization.

Beck, A. T., & Steer, R. A. (1993). *Beck Anxiety
Inventory manual.* San Antonio, TX: PsychCorp/
Pearson.

Beck, A. T., Steer, R. A., & Brown, G. K. (1996).
Beck Depression Inventory-II. San Antonio, TX:
PsychCorp/Pearson.

Briere, J. (2001). *Detailed assessment of post traumatic
stress* (DAPS). Lutz, FL: Psychological Assessment

Resources.

Buschke, H., Kuslansky, G., Katz, M., Stewart, W. F., Sliwinski, M. J., Eckholdt, H. M., & Lipton, R. B. (1999). Screening for dementia with the Memory Impairment Screen. *Neurology, 52*, 231-238.

Cicerone, K. D., Langenbahn, D. M., Braden, C., Malec, J. F., Kalmar, K., Fraas, M., . . . Ashman, T. (2011). Evidence-based cognitive rehabilitation: Updated review of the literature from 2003 through 2008. *Archives of Physical Medicine and Rehabilitation, 92*, 519-530.

Derogatis, L. R. (1994). *Symptom Checklist 90-Revised (SCL-90-R)*. San Antonio, TX: Pearson.

Derogatis, L. R. (2000). *Brief Symptom Inventory-18 (BSI)-18. Administration, Scoring, and Procedures Manual*. Minneapolis, MN: National Computer Systems.

Ewing, J. (1984). Detecting alcoholism: The CAGE questionnaire. *Journal of the American Medical Association, 252*, 1905-1907.

Folstein, M. F., & Folstein, S. E. (n.d.) *Mini-Mental State Examination* (2nd ed.). Lutz, FL: Psychological Assessment Resources.

Frank, R. G., Rosenthal, M., & Caplan, B. (Eds.). (2010). *Handbook of rehabilitation psychology* (2nd ed.). Washington, DC: American Psychological Association.

Hartman-Stein, P. E., & La Rue, A. (Eds.) (2011). *Enhancing cognitive fitness in adults*. New York, NY: Springer.

Jurica, P. J., Leitten, C. L., & Mattis, S. (2001). *Dementia rating scale-2* (DRS-2): Professional manual. Odessa, FL: Psychological Assessment Resources.

Kiernan, R. J., Mueller, J., Langston, J. W., & Van Dyke, C. (1987). The Neurobehavioral Cognitive Status Examination: A brief but quantitative approach to cognitive assessment. *Annals of Internal Medicine, 107*, 481-485.

Lezak, M. D., Howieson, D. B., Bigler, E. D., & Tranel, D. (2012). *Neuropsychological assessment* (5th ed.). New York, NY: Oxford University Press.

Martin, M., Clare, L., Altgassen, A. M., Cameron, M. H., & Zehnder, F. (2011). Cognition-based interventions for healthy older people and people with mild cognitive impairment. *Cochrane Database of Systemic Reviews* (1): CD006220.

Niemeier, J. P., & Karol, R. L. (2011). *Overcoming grief and loss after brain injury*. New York, NY: Oxford University Press.

Palmer, S., & Glass, T. A. (2003). Family function and stroke recovery: A review. *Rehabilitation Psychology, 48*, 255-265.

Palmer, S., Glass, T. A., Palmer, J. B., Loo, S., & Wegener, S. T. (2004). Crisis intervention with individuals and their families following stroke: A model for psychosocial service during inpatient rehabilitation. *Rehabilitation Psychology, 49*(4), 338-343.

Parenté, R., & Herrmann, D. (2010). *Retraining cognition: Techniques and applications* (3rd edition). Austin, TX: PRO-ED.

Randolph, C. (1998). RBANS Manual. *Repeatable Battery for the Assessment of Neuropsychological Status*. San Antonio, TX: Psychological Corporation.

Sambrook, J. (2011) *How to strengthen memory by a new process: Sambrook's international assimilative system, adapted to all persons, all studies, and all occupations . . . complete course of instruction*. Los Angeles: University of California Libraries.

Scherer, M. (2012). *Assistive technologies and other supports for people with brain impairment*. New York, NY: Springer.

Sheikh, J. I., & Yesavage, J. A. (1986). Geriatric Depression Scale (GDS): Recent evidence and development of a shorter version. In Brink, T. L. (Ed.), *Clinical gerontology: A guide to assessment and intervention* (pp. 165-173). New York, NY: The Haworth Press.

Spielberger, C. D. (1983). *State-Trait Anxiety Inventory.* Redwood City, CA: Mind Garden.

Volk, R. J., Steinbauer, J. R., Cantor, S. B., & Holzer, C. E., III. (1997). The Alcohol Use Disorders Identification Test (AUDIT) as a screen for at-risk drinking in primary care patients of different racial/ethnic backgrounds. *Addiction, 92,* 197-206.

Woods, B., Aguirre, E., Spector, A. E., & Orrell, M. (2012). Cognitive stimulation to improve cognitive functioning in people with dementia. *Cochrane Database of Systematic Reviews, Issue 2.* Art. No.: CD005562. DOI: 10.1002/14651858 .CD005562. pub2.

섭식장애와 비만(Eating Disorders and Obesity)

Anorexia Nervosa

Selected Studies and Reviews of Empirical Support for Family-Based Therapy

Eisler, I., Simic, M., Russell, G. F. M., & Dare, C. (2007). A randomized controlled treatment trial of two forms of family therapy in adolescent anorexia nervosa: A five year follow-up. *Journal of Child Psychology and Psychiatry, 48*(6), 552-560.

Lock, J., Agras, W. S., Bryson, S., & Kraemer, H. C. (2005). A comparison of shortand long-term family therapy for adolescent anorexia nervosa. *Academy of Child and Adolescent Psychiatry, 44,* 632-639.

Lock, J., Le Grange, D., Agras, W. S., Moye, A., Bryson, S. W., & Jo, B. (2010). Randomized clinical trial comparing family-based treatment with adolescentfocused individual therapy for adolescents with anorexia nervosa. *Archives of General Psychiatry, 67*(10), 1025-1032.

Loeb, K. L. (n.d.). Eating disorders and obesity. *American Psychological Association division 12 website on research-supported psychological treatments* [Online]. Accessed April 2012 at http://www.div12.org/PsychologicalTreatments/disorders/eating_main.php

Clinical Resources

Lock, J., Le Grange, D., Agras, W. S., & Dare, C. (2001). *Treatment manual for anorexia nervosa: A family-based approach.* New York, NY: Guilford Press.

Selected Studies and Reviews of Empirical Support for Cognitive-Behavioral Therapy for Post-Hospitalization Relapse Prevention

Loeb, K. L. (n.d.). Eating disorders and obesity. *American Psychological Association division 12 website on research-supported psychological treatments* [Online]. Accessed April 2012 at http://www.div12.org/PsychologicalTreatments/disorders/eating_main.php

Pike, K. M., Walsh, B. T., Vitousek, K., Wilson, G. T., & Bauer, J. (2003). Cognitive behavior therapy in the posthospitalization treatment of anorexia nervosa. *American Journal of Psychiatry, 160,* 2046-2049.

Clinical Resources

Pike, K. M., Devlin, M. J., & Loeb, K. L. (2004). Cognitive-behavioral therapy in the treatment of anorexia nervosa, bulimia nervosa, and binge eating disorder. In J. K. Thompson (Ed.), *Handbook of eating disorders and obesity* (pp. 130-162). Hoboken, NJ: Wiley.

Bulimia Nervosa

Selected Studies and Reviews of Empirical Support for Cognitive-Behavioral Therapies

Agras, W. S., Walsh, T., Fairburn, C. G., Wilson, G. T., & Kraemer, H. C. (2000). A multicenter comparison of cognitive-behavioral therapy and interpersonal psychotherapy for bulimia nervosa. *Archives of General Psychiatry, 57*(5), 459-466.

Berkman, N. D., Bulik, C. M., Brownley, K. A., Lohr, K. N., Sedway, J. A., Rooks, A., & Gartlehner, G. (2006, April). *Management of eating disorders.* Evidence Report/Technology Assessment No. 135. (Prepared by the RTI International-University of North Carolina Evidence-Based Practice Center under Contract No. 290-02-0016.) AHRQ Publication No. 06-E010. Rockville, MD: Agency for Healthcare Research and Quality.

Fairburn, C. G., Jones, R., Peveler, R. C., Carr, S. J., Solomon, R. A., O'Connor, M. E., & Hope, R. A. (1991). Three psychological treatments for bulimia nervosa: A comparative trial. *Archives of General Psychiatry, 48,* 463-469.

Fairburn, C. G., Jones, R., Peveler, R. C., Hope, R. A., & O'Connor, M. (1993). Psychotherapy and bulimia nervosa: The longer-term effects of interpersonal psychotherapy, behaviour therapy and cognitive behaviour therapy. *Archives of General Psychiatry, 50,* 419-428.

Fairburn, C. G., Norman, P. A., Welch, S. L., O'Connor, M. E., Doll, H. A., & Peveler, R. C. (1995). A prospective study of outcome in bulimia nervosa and the long-term effects of three psychological treatments. *Archives of General Psychiatry, 52,* 304-312.

Hay, P. J. (2008). Eating disorders. In J. A. Trafton & W. Gordon (Eds.), *Best practices in the behavioral management of health from preconception to adolescence.* Los Altos, CA: The Institute for Brain Potential.

Keel, P. K., & Haedt, A. (2008). Evidence-based psychosocial treatments for eating problems and eating disorders. *Journal of Clinical Child & Adolescent Psychology, 37,* 39-61.

Loeb, K. L. (n.d.). Eating disorders and obesity. *American Psychological Association division 12 website on research-supported psychological treatments* [Online]. Accessed April 2012 at http://www.div12.org/PsychologicalTreatments/disorders/eating_main.php

National Institute for Health and Clinical Excellence (2004, January). Eating disorders: *Clinical guideline CG9* [Online]. Available from http://guidance.nice.org.uk/CG9

Schmidt, U., Lee, S., Beecham, J., Perkins, S., Treasure, J., Yi, I., & Eisler, I. (2007). A randomized controlled trial of family therapy and cognitive behavior therapy guided self-care for adolescents with bulimia nervosa and related disorders. *American Journal of Psychiatry, 164,* 591-598.

Wilson, G. T., & Fairburn, C. G. (2007). Treatments for eating disorders. In P. E. Nathan & J. M. Gorman (Eds.), *A guide to treatments that work* (3rd ed., pp. 579-610). New York, NY: Oxford University Press.

Wilson, G. T., Grilo, C. M., & Vitousek, K. M. (2007). Psychological treatment of eating disorders. *American Psychologist, 62*(3), 199-216.

Clinical Resources

Agras, W. S., & Apple, R. F. (2007). *Overcoming eating disorders: A cognitivebehavioral therapy approach for bulimia nervosa and binge-eating disordertherapist guide* (2nd ed.). New York, NY:

Oxford University Press.

Fairburn, C. G. (1995). *Overcoming binge eating.* New York, NY: Guilford Press.

Fairburn, C. G. (2008). *Cognitive behavior therapy and eating disorders.* New York, NY: Guilford Press.

Zweig, R. D., & Leahy, R. L. (2012). *Treatment plans and interventions for bulimia and binge-eating disorder.* New York, NY: Guilford Press.

Selected Studies and Reviews of Empirical Support for Interpersonal Therapy

Agras, W. S., Walsh, T., Fairburn, C. G., Wilson, G. T., & Kraemer, H. C. (2000). A multicenter comparison of cognitive-behavioral therapy and interpersonal psychotherapy for bulimia nervosa. *Archives of General Psychiatry, 57*(5), 459-466.

Berkman, N. D., Bulik, C. M., Brownley, K. A., Lohr, K. N., Sedway, J. A., Rooks, A., & Gartlehner, G. (2006, April). *Management of eating disorders.* Evidence Report/Technology Assessment No. 135. (Prepared by the RTI International-University of North Carolina Evidence-Based Practice Center under Contract No. 290-02-0016.) AHRQ Publication No. 06-E010. Rockville, MD: Agency for Healthcare Research and Quality.

Fairburn, C. G., Jones, R., Peveler, R. C., Carr, S. J., Solomon, R. A., O'Connor, M. E., & Hope, R. A. (1991). Three psychological treatments for bulimia nervosa: A comparative trial. *Archives of General Psychiatry, 48,* 463-469.

Fairburn, C. G., Jones, R., Peveler, R. C., Hope, R. A., & O'Connor, M. (1993). Psychotherapy and bulimia nervosa: The longer-term effects of interpersonal psychotherapy, behaviour therapy and cognitive behaviour therapy. *Archives of General Psychiatry, 50,* 419-428.

Hay, P. J. (2008). Eating disorders. In J. A. Trafton &

W. Gordon (Eds.), *Best practices in the behavioral management of health from preconception to adolescence.* Los Altos, CA: The Institute for Brain Potential.

Keel, P. K., & Haedt, A. (2008). Evidence-based psychosocial treatments for eating problems and eating disorders. *Journal of Clinical Child & Adolescent Psychology, 37,* 39-61.

Loeb, K. L. (n.d.). Eating disorders and obesity. *American Psychological Association division 12 website on research-supported psychological treatments* [Online]. Accessed April 2012 at http://www.div12.org/PsychologicalTreatments/disorders/eating_main.php

National Institute for Health and Clinical Excellence (2004, January). Eating disorders: *Clinical guideline CG9* [Online]. Available from http://guidance.nice.org.uk/CG9

Nevonen, L., & Broberg, A. G. (2006). A comparison of sequenced individual and group psychotherapy for patients with bulimia nervosa. *International Journal of Eating Disorders, 39*(2), 117-127.

Wilson, G. T., & Fairburn, C. G. (2007). Treatments for eating disorders. In P. E. Nathan & J. M. Gorman (Eds.), *A guide to treatments that work* (3rd ed., pp. 579-610). New York, NY: Oxford University Press.

Wilson, G. T., Grilo, C. M., & Vitousek, K. M. (2007). Psychological treatment of eating disorders. *American Psychologist, 62*(3), 199-216.

Clinical Resources

Fairburn, C. G. (1997). Interpersonal psychotherapy for bulimia nervosa. In D. M. Garner & P. E. Garfinkel (Eds.), *Handbook of treatment for eating disorders* (2nd ed., pp. 278-294). New York, NY: Guilford Press.

Fairburn, C. G. (1992). Interpersonal psychotherapy

for bulimia nervosa. In G. L. Klerman & M. W. Weissman (Eds.), *New applications of interpersonal psychotherapy* (pp. 353-378). Washington, DC: American Psychiatric Press.

Klerman, G. L., Weissman, M. M., Rounsaville, B. J., & Chevron, E. S. (1984). *Interpersonal psychotherapy of depression.* New York, NY: Basic Books.

Selected Studies and Reviews of Empirical Support for Family-Based Treatment

Le Grange, D., Crosby, R. D., Rathouz, P. J., & Leventhal, B. L. (2007). A randomized controlled comparison of family-based treatment and supportive psychotherapy for adolescent bulimia nervosa. *Archives of General Psychiatry, 64,* 1049-1056.

Loeb, K. L. (n.d.). Eating disorders and obesity. *American Psychological Association division 12 website on research-supported psychological treatments* [Online]. Accessed April 2012 at http://www.div12.org/PsychologicalTreatments/disorders/eating_main.php

Schmidt, U., Lee, S., Beecham, J., Perkins, S., Treasure, J., Yi, I., & Eisler, I. (2007). A randomized controlled trial of family therapy and cognitive behavior therapy guided self-care for adolescents with bulimia nervosa and related disorders. *American Journal of Psychiatry, 164,* 591-598.

Clinical Resources

Le Grange, D., & Lock, J. (2007). Treating bulimia in adolescents: *A family-based approach.* New York, NY: Guilford Press.

Le Grange, D., & Lock, J. (2011). *Eating disorders in children and adolescents: A clinical handbook.* New York, NY: Guilford Press.

Binge Eating Disorder

Selected Studies and Reviews of Empirical Support for Cognitive-Behavioral Therapies

Berkman, N. D., Bulik, C. M., Brownley, K. A., Lohr, K. N., Sedway, J. A., Rooks, A., & Gartlehner, G. (2006, April). *Management of eating disorders.* Evidence Report/Technology Assessment No. 135. (Prepared by the RTI International-University of North Carolina Evidence-Based Practice Center under Contract No. 290-02-0016.) AHRQ Publication No. 06-E010. Rockville, MD: Agency for Healthcare Research and Quality.

Grilo, C. M., Masheb, R. M., & Salant, S. L. (2005). Cognitive behavioral therapy guided self-help and orlistat for the treatment of binge eating disorder: A randomized, double-blind, placebo-controlled trial. *Biological Psychiatry, 57,* 1193-1201.

Grilo, C. M., Masheb, R. M., & Wilson, G. T. (2005). Efficacy of cognitive behavioral therapy and fluoxetine for the treatment of binge eating disorder: A randomized double-blind placebo-controlled comparison. *Biological Psychiatry, 57,* 301-309.

Hay, P. J. (2008). Eating disorders. In J. A. Trafton & W. Gordon (Eds.). *Best practices in the behavioral management of health from preconception to adolescence.* Los Altos, CA: The Institute for Brain Potential.

Keel, P. K., & Haedt, A. (2008). Evidence-based psychosocial treatments for eating problems and eating disorders. *Journal of Clinical Child & Adolescent Psychology, 37,* 39-61.

Loeb, K. L. (n.d.). Eating disorders and obesity. *American Psychological Association division 12 website on research-supported psychological treatments* [Online]. Accessed April 2012 at http://

www.div12.org/PsychologicalTreatments/disorders/eating_main.php

National Institute for Health and Clinical Excellence (2004, January). Eating disorders: *Clinical guideline CG9* [Online]. Available from http://guidance.nice.org.uk/CG9

Wilfley, D. E., Agras, W. S., Telch, C. F., Rossiter, E. M., Schneider, J. A., Cole, A. G., & Raeburn, S. D. (1993). Group cognitive-behavioral therapy and group interpersonal psychotherapy for the nonpurging bulimic individual: A controlled comparison. *Journal of Consulting and Clinical Psychology, 61,* 296-305.

Wilson, G. T., & Fairburn, C. G. (2007). Treatments for eating disorders. In P. E. Nathan & J. M. Gorman (Eds.), *A guide to treatments that work* (3rd ed., pp. 579-610). New York, NY: Oxford University Press.

Wilson, G. T., Grilo, C. M., & Vitousek, K. M. (2007). Psychological treatment of eating disorders. *American Psychologist, 62*(3), 199-216.

Wilson, G. T., Wilfley, D. E., Agras, W. S., & Bryson, S. W. (2010). Psychological treatments for binge eating disorder. *Archives of General Psychiatry, 67,* 94-101.

Clinical Resources

Agras, W. S., & Apple, R. F. (2007). *Overcoming eating disorders: A cognitivebehavioral therapy approach for bulimia nervosa and binge-eating disorder—Therapist guide* (2nd ed.). New York, NY: Oxford University Press.

Fairburn, C. G. (1995). *Overcoming binge eating.* New York, NY: Guilford Press.

Grilo, C. M., & Mitchell, J. E. (2011). *The treatment of eating disorders: A clinical handbook.* New York, NY: Guilford Press.

Zweig, R. D., & Leahy, R. L. (2012). *Treatment plans and interventions for bulimi and binge-eating disorder.* New York, NY: Guilford Press.

Selected Studies and Reviews of Empirical Support for Interpersonal Therapy

Berkman, N. D., Bulik, C. M., Brownley, K. A., Lohr, K. N., Sedway, J. A., Rooks, A., & Gartlehner, G. (2006, April). *Management of eating disorders.* Evidence Report/Technology Assessment No. 135. (Prepared by the RTI International-University of North Carolina Evidence-Based Practice Center under Contract No. 290-02-0016.) AHRQ Publication No. 06-E010. Rockville, MD: Agency for Healthcare Research and Quality.

Hay, P. J. (2008). Eating disorders. In J. A. Trafton & W. Gordon (Eds.), *Best practices in the behavioral management of health from preconception to adolescence.* Los Altos, CA: The Institute for Brain Potential.

Keel, P. K., & Haedt, A. (2008). Evidence-based psychosocial treatments for eating problems and eating disorders. *Journal of Clinical Child & Adolescent Psychology, 37,* 39-61.

Loeb, K. L. (n.d.). Eating disorders and obesity. *American Psychological Association division 12 website on research-supported psychological treatments* [Online]. Accessed April 2012 at http://www.div12.org/PsychologicalTreatments/disorders/eating_main.php

National Institute for Health and Clinical Excellence (2004, January). Eating disorders: *Clinical guideline CG9* [Online]. Available from http://guidance.nice.org.uk/CG9

Wilfley, D. E., Agras, W. S., Telch, C. F., Rossiter, E. M., Schneider, J. A., Cole, A. G., & Raeburn, S. D. (1993). Group cognitive-behavioral therapy and group interpersonal psychotherapy for the nonpurging bulimic individual: A controlled comparison. *Journal of Consulting and Clinical Psychology, 61,* 296-305.

Wilfley, D. E., Welch, R. R., Stein, R. I., Spurrell, E. B., Cohen, L. R., Saelens, B. E., & Matt, G. E. (2002). A randomized comparison of group cognitivebehavioral therapy and group interpersonal psychotherapy for the treatment of overweight individuals with binge-eating disorder. *Archives of General Psychiatry, 59*(8), 713-721.

Wilson, G. T., & Fairburn, C. G. (2007). Treatments for eating disorders. In P. E. Nathan & J. M. Gorman (Eds.), *A guide to treatments that work* (3rd ed., pp. 579-610). New York, NY: Oxford University Press.

Wilson, G. T., Grilo, C. M., & Vitousek, K. M. (2007). Psychological treatment of eating disorders. *American Psychologist, 62*(3), 199-216.

Wilson, G. T., Wilfley, D. E., Agras, W. S., & Bryson, S. W. (2010). Psychological treatments for binge eating disorder. *Archives of General Psychiatry, 67,* 94-101.

Clinical Resources

Klerman, G. L., Weissman, M. M., Rounsaville, B. J., & Chevron, E. S. (1984). *Interpersonal psychotherapy of depression.* New York, NY: Basic Books.

Wilfley, D. E., Grilo, C. M., & Rodin, J. (1997). Group psychotherapy for the treatment of bulimia nervosa and binge eating disorder: Research and clinical methods. In J. L. Spira (Ed.), *Group therapy for medically ill patients* (pp. 225-295). New York, NY: Guilford Press.

Wilfley, D. E., Mackenzie, K. R., Welch, R., Ayres, V., & Weissman, M. M. (2000). *Interpersonal psychotherapy for group.* New York, NY: Basic Books.

비만(Obesity)

Selected Studies and Reviews of Empirical Support for Cognitive-Behavioral Weight Loss Programs

Diabetes Prevention Program Research Group. (2002). Reduction in the incidence of Type 2 diabetes with lifestyle interventions or metformin. *New England Journal of Medicine, 346,* 393-403.

Loeb, K. L. (n.d.). Eating disorders and obesity. *American Psychological Association division 12 website on research-supported psychological treatments* [Online]. Accessed April 2012 at http://www.div12.org/PsychologicalTreatments/disorders/eating_main.php

National Institute for Health and Clinical Excellence (2006, December). *Obesity: Clinical guideline CG43* [Online]. Available from http://guidance.nice.org.uk/CG43

Shaw, K. A., O'Rourke, P., Del Mar, C., & Kenardy. J. (2005). Psychological interventions for overweight or obesity. *Cochrane Database of Systematic Reviews,* 2, Art. No.: CD003818.

Wadden, T. A., Berkowitz, R. I., Womble, L. G., Sarwer, D. B., Phelan, S., Cato, R. K., & Stunkard, A. J. (2005). Randomized trial of lifestyle modification and pharmacotherapy for obesity. *New England Journal of Medicine, 353,* 2111-2120.

Wadden, T. A., & The Look AHEAD Research Group. (2006). The Look AHEAD study: A description of the lifestyle intervention and the evidence supporting it. *Obesity, 14,* 737-752.

Clinical Resources

Brownell, K. D. (2004). *The LEARN program for weight management* (10th ed.). Dallas, TX: American Health.

가족 갈등(Family Conflict)

Selected Studies and Reviews of Empirical Support for Parent Training

Brestan, E. V., & Eyberg, S. M. (1998). Effective psychosocial treatments of conduct-disordered children and adolescents: 29 years, 82 studies, and 5,272kids. *Journal of Clinical Child Psychology, 27*, 180-189.

Eyberg, S. M., Nelson, M. M., Boggs, S. R. (2008). Evidence-based psychosocial treatments for children and adolescents with disruptive behavior. *Journal of Clinical Child and Adolescent Psychology, 37*(1), 215-237.

Forehand, R., & Long, N. (1988). Outpatient treatment of the acting out child: Procedures, long-term follow-up data, and clinical problems. *Advances in Behaviour Research and Therapy, 10*, 129-177.

Kazdin, A. E. (2007). Psychosocial treatments for conduct disorder in children and adolescents. In P. E. Nathan & J. M. Gorman (Eds.), *A guide to treatments that work* (3rd ed., pp. 71-104). New York, NY: Oxford University Press.

Kendall, P. C. (Ed.). (2006). *Child and adolescent therapy: Cognitive-behavioral procedures* (3rd ed.). New York, NY: Guilford Press.

Kutcher, S., Aman, M., Brooks, S. J., Buitelaar, J., van Daalen, E., Fegert, J., . . . Tyano, S. (2004). International consensus statement on attention-deficit/hyperactivity disorder (ADHD) and disruptive behaviour disorders (DBDs): Clinical implications and treatment practice suggestions. *European Neuropsychopharmacology, 14*(1), 11-28.

Long, P., Forehand, R., Wierson, M., & Morgan, A. (1994). Does parent training with young noncompliant children have long-term effects? *Behaviour Research and Therapy, 32*, 101-107.

National Institute for Health and Clinical Excellence (2006, July). *Conduct disorder in children—parent-training/education programme: Technology appraisal 102* [Online]. Available from http://guidance.nice.org.uk/TA102

Weisz, J. R., & Kazdin, A. E. (2010). *Evidence-based psychotherapies for children and adolescents* (2nd ed.). New York, NY: Guilford Press.

Clinical Resources

Barkley, R. A. (1997). *Defiant children: A clinician's manual for parent training* (2nd ed.). New York, NY: Guilford Press.

Barkley, R. A., Edwards, G. H., & Robin, A. L. (1999). *Defiant teens: A clinician's manual for assessment and family intervention.* New York, NY: Guilford Press.

Cavell, T. A. (2000). *Working with aggressive children: A practitioner's guide.* Washington, DC: American Psychological Association.

Forehand, R., & McMahon, R. J. (1981). *Helping the noncompliant child: A clinician's guide to parent training.* New York, NY: Guilford Press.

Forgatch, M. S., & Patterson, G. R. (2010). Parent management training—Oregon model: An intervention for antisocial behavior in children and adolescents. In J. R. Weisz & A. E. Kazdin (Eds.), *Evidence-based psychotherapies for children and adolescents* (2nd ed., pp. 159-168). New York, NY: Guilford Press.

Kazdin, A. E. (2005). *Parent management training: Treatment for oppositional, aggressive, and antisocial behavior in children and adolescents.* New York, NY: Oxford University Press.

McMahon, R. J., & Forehand, R. (2005). *Helping the noncompliant child: Familybased treatment for oppositional behavior* (2nd ed.). New York, NY: Guilford Press.

Patterson, G. R. (1976). *Living with children: New methods for parents and teachers* (Rev. ed.). Champaign, IL: Research Press.

Sanders, M. R., & Dadds, M. R. (1993). *Behavioral family intervention.* Needham Heights, MA: Allyn & Bacon.

Webster-Stratton, C. (2000). *How to promote social and academic competence in young children.* London, England: Sage.

Selected Studies and Reviews of Empirical Support for Anger Control Training

Brestan, E. V., & Eyberg, S. M. (1998). Effective psychosocial treatments of conduct-disordered children and adolescents: 29 years, 82 studies, and 5,272kids. *Journal of Clinical Child Psychology, 27*(2), 180-189.

Feindler, E. L., & Baker, K. (2004). Current issues in anger management interventions with youth. In A. P. Goldstein, R. Nensen, B. Daleflod, & M. Kalt (Eds.), *New pespectives on aggression replacement training: Practice, research, and application* (pp. 31-50). Indianapolis, IN: Wiley.

Lochman, J. E., Boxmeyer, C. L., Powell, N. P., Barry, T. D., & Pardini, D. A. (2010). Anger control training for aggressive youths. In A. E. Kazdin & J. R. Weisz (Eds.), *Evidence-based psychotherapies for children and adolescents* (2nd ed., pp. 227-242). New York, NY: Guilford Press.

Lochman, J. E., Burch, P. P., Curry, J. F., & Lampron, L. B. (1984). Treatment and generalization effects of cognitive-behavioral goal setting interventions with aggressive boys. *Journal of Consulting and Clinical Psychology, 52*, 915-916.

Lochman, J. E., Coie, J. D., Underwood, M. K., & Terry, R. (1993). Effectiveness of a social relations intervention program for aggressive and nonaggressive, rejected children. *Journal of Consulting and Clinical Psychology, 61*, 1053-1058.

Robinson, T. R., Smith, S. W., & Miller, M. D. (2002). Effect of a cognitivebehavioral intervention on responses to anger by middle school students with chronic behavior problems. *Behavioral Disorders, 27*(3), 256-271.

Sukhodolsky, D. G., Golub, A., Stone, E. C., & Orban, L. (2005). Dismantling anger control training for children: A randomized pilot study of social problemsolving versus social skills training components. *Behavior Therapy, 36*, 15-23.

Clinical Resources

Barry, T. D., & Pardini, D. A. (2003). Anger control training for aggressive youth. In A. E. Kazdin & J. R. Weisz (Eds.), *Evidence-based psychotherapies for children and adolescents* (pp. 263-281). New York, NY: Guilford Press.

Feindler, E. L. (1995). An ideal treatment package for children and adolescents with anger disorders. In H. Kassinove (Ed.), *Anger disorders: Definition, diagnosis, and treatment* (pp. 173-194). New York, NY: Taylor & Francis.

Larson, J. (2005). *Think first: Addressing aggressive behavior in secondary schools.* New York, NY: Guilford Press.

Larson, J., & Lochman, J. E. (2010). *Helping schoolchildren cope with anger: A cognitive-behavioral intervention* (2nd ed.). New York, NY: Guilford Press.

Lochman, J. E., Boxmeyer, C. L., Powell, N. P., Barry, T. D., & Pardini, D. A. (2010). Anger control training for aggressive youths. In A. E. Kazdin & J. R. Weisz (Eds.), *Evidence-based psychotherapies for children and adolescents* (2nd ed., pp. 227-242). New York, NY: Guilford Press.

Lochman, J. E., Powell, N. R., Whidby, J. M., & FitzGerald, D. P. (2006). Aggressive children: Cognitive-behavioral assessment and treatment. In P. C. Kendall (Ed.), *Child and adolescent therapy: Cognitive-behavioral procedures* (3rd ed., pp. 33-81). New York, NY: Guilford Press.

Wells, K., Lochman, J. E., & Lenhart, L. (2008). *Coping power: Parent groupfacilitator's guide.* New York, NY: Oxford University Press.

Selected Studies and Reviews of Empirical Support for Problem-Solving Skills Training

Baer, R. A., & Nietzel, M. T. (1991). Cognitive and behavioral treatment of impulsivity in children: A meta-analytic review of the outcome literature. *Journal of Clinical Child Psychology, 20,* 400-412.

Durlak, J. A., Fuhrman, T., & Lampman, C. (1991). Effectiveness of cognitivebehavioral therapy for maladapting children: A meta-analysis. *Psychological Bulletin, 110,* 204-214.

Kazdin, A. E. (2010). Problem-solving skills training and parent management training for conduct disorder. In J. R. Weisz & A. E. Kazdin (Eds.), *Evidencebased psychotherapies for children and adolescents* (2nd ed., pp. 211-226). New York, NY: Guilford Press.

Kazdin, A. E., Esveldt-Dawson, K., French, N. H., & Unis, A. S. (1987a). Effects of parent management training and problem-solving skills training combined in the treatment of antisocial child behavior. *Journal of the American Academy of Child & Adolescent Psychiatry, 26,* 416-424.

Kazdin, A. E., Esveldt-Dawson, K., French, N. H., & Unis, A. S. (1987b). Problemsolving skills training and relationship therapy in the treatment

of antisocial behavior. *Journal of Consulting and Clinical Psychology, 55,* 76-85.

Kazdin, A. E., Siegel, T. C., & Bass, D. (1992). Cognitive problem-solving skills training and parent management training in the treatment of antisocial behavior in children. *Journal of Consulting and Clinical Psychology, 60,* 733-747.

Sukhodolsky, D. G., Kassinove, H., & Gorman, B. S. (2004). Cognitive-behavioral therapy for anger in children and adolescents: A meta-analysis. *Aggression and Violent Behavior, 9,* 247-269.

Clinical Resources

Barkley, R. A. (1997). *Defiant children: A clinician's manual for assessment and parent training* (2nd ed.). New York, NY: Guilford Press.

Bourke, M. L., & Van Hasselt, V. B. (2001). Social problem-solving skills training for incarcerated offenders: A treatment manual. *Behavioral Modification, 25,* 163-188.

Feindler, E. L., & Ecton, R. B. (1986). *Adolescent anger control: Cognitive-behavioral techniques.* Elmsford, NY: Pergamon Press.

Finch, A. J., Jr., Nelson, W. M., & Ott, E. S. (1993). *Cognitive-behavioral procedures with children and adolescents: A practical guide.* Needham Heights, MA: Allyn & Bacon.

Horne, A. M., & Sayger, T. V. (1990). *Treating conduct and oppositional disorders in children.* Elmsford, NY: Pergamon Press.

Kazdin, A. E. (2010). Problem-solving skills training and parent management training for conduct disorder. In J. R. Weisz & A. E. Kazdin (Eds.), *Evidencebased psychotherapies for children and adolescents* (2nd ed., pp. 211-226). New York, NY: Guilford Press.

Shure, M. B. (1992). *I can problem solve (ICPS): An*

interpersonal cognitive problem solving program. Champaign, IL: Research Press.

Studies Supporting the Efficacy of Assertiveness Training

Huey, W. C., & Rank, R. C. (1984). Effects of counselor and peer-led group assertive training on black-adolescent aggression. *Journal of Counseling Psychology, 31,* 95-98.

Lee, D. Y., Hallberg, E. T., & Hassard, H. (1979). Effects of assertion training on aggressive behavior of adolescents. *Journal of Counseling Psychology, 26*(5), 459-461.

Clinical Resources

Alberti, R. E., & Emmons, M. L. (2008). *Your perfect right: Assertiveness and equality in your life and relationships* (9th ed.). Atascadero, CA: Impact.

여성 성기능 부전(Female Sexual Dysfunction)

Selected Studies and Reviews of Empirical Support for Cognitive-Behavioral Sex Therapies/Sex-Marital Therapy

Duterte, E., Segraves, T., & Althof, S. (2007). Psychotherapy and pharmacotherapy for sexual dysfunctions. In P. E. Nathan & J. M. Gorman (Eds.), *A guide to treatments that work* (3rd ed., pp. 531-560). New York, NY: Oxford University Press.

Everaerd, W., & Dekker, J. (1981). A comparison of sex therapy and communication therapy: Couples complaining of orgasmic dysfunction. *Journal of Sex and Marital Therapy, 7,* 278-289.

Heiman, J. R. (2002). Psychologic treatments for female sexual dysfunction: Are they effective and do we need them? *Archives of Sexual Behavior, 31,* 445-450.

Heiman, J. R., & Meston, M. (1997). Empirically validated treatment for sexual dysfunction. *Annual Review of Sex Research, 8,* 148-194.

Hurlbert, D. F., White C. L., & Powell, R. D. (1993). Orgasm consistency training in the treatment of women reporting hypoactive sexual desire: An outcome comparison of women-only groups and couple-only groups. *Journal of Behavior Therapy and Experimental Psychiatry, 24,* 3-13.

Zimmer, D. (1987). Does marital therapy enhance the effectiveness of treatment for sexual dysfunction? *Journal of Sex and Marital Therapy, 13,* 193-209.

Clinical Resources

Wincze, J. (2009). *Enhancing sexuality: A problem-solving approach to treating sexual dysfunction — Therapist guide.* New York, NY: Oxford University Press.

Wincze, J. P., & Carey, M. P. (1991). *Sexual dysfunction: A guide to assessment and treatment.* New York, NY: Guilford Press.

부부/파트너 관계에서의 갈등(Intimate Relationship Conflicts)

Selected Studies and Reviews of Empirical Support for Behavioral/Cognitive-Behavioral/Integrative Behavioral Couple Therapies

Baucom, D. H., Shoham, V. M., Kim, T., Daiuto, A. D., & Stickle, T. R. (1998). Empirically supported couple and family interventions for marital distress and adult mental health problems. *Journal of Consulting and Clinical Psychology, 66*(1), 53-88.

Christensen, A., & Heavey, C. L. (1999). Interventions for couples. *Annual Review of Psychology, 50,* 165-190.

Holtzworth-Munroe, A. S., & Jacobson, N. S. (1991). Behavioral marital therapy. In A. S. Gurman & D. P. Knickerson (Eds.), *Handbook of family therapy* (2nd ed., pp. 96-133). New York, NY: Brunner/Mazel.

Jacobson, N. S., & Addis, M. E. (1993). Research on couple therapy: What do we know? Where are we going? *Journal of Consulting and Clinical Psychology, 61,* 85-93.

Jacobson, N. S., Christensen, A., Prince, S. E., Cordova, J., & Eldridge, K. (2000). Integrative behavioral couple therapy: An acceptance-based, promising new treatment for couple discord. *Journal of Consulting and Clinical Psychology, 68*(2), 351-355.

Jacobson, N. S., Schmaling, K. B., & Holtzworth-Munroe, A. (1987). *Component analysis of behavioral marital therapy: Two-year follow-up and prediction of relapse. Journal of Marital and Family Therapy, 13,* 187-195.

Johnson, S. M. (2003). The revolution in couple therapy: A practitioner-scientist perspective. *Journal of Marital and Family Therapy, 29*(3), 365-384.

Clinical Resources

Baucom, D. H., Epstein, N. B., LaTaillade, J. J., & Kirby, J. S. (2008). Cognitivebehavioral couple therapy. In A. S. Gurman (Ed.), *Clinical handbook of couple therapy* (pp. 31-72). New York, NY: Guilford Press.

Dimidjian, S., Martell, C. R., & Christensen, A. (2008). Integrative behavioral couple therapy. In A. S. Gurman (Ed.), *Clinical handbook of couple therapy* (pp. 107-137). New York, NY: Guilford Press.

Epstein, N. B., & Baucom, D. H. (2002). *Enhanced cognitive behavioral therapy for couples: A contextual approach.* Washington, DC: American Psychological Association.

Jacobson, N. S., & Christensen, A. (1996). *Integrative couple therapy: Promoting acceptance and change.*

New York: Norton.

Jacobson, N. S., & Christensen, A. (1998). *Acceptance and change in couple therapy: A therapist's guide to transforming relationships.* New York, NY: Norton.

Jacobson, N. S., & Margolin, G. (1979). *Marital therapy: Strategies based on social learning and behavior exchange principles.* New York, NY: Brunner/Mazel.

Synder, D. K. (1997). *Marital satisfaction inventory-revised.* Los Angeles, CA: Western Psychological Services.

Spanier, G. B. (1976). Measuring dyadic adjustment: New scales for assessing the quality of marriage and similar dyads. *Journal of Marriage and the Family, 38,* 15-28.

Selected Studies and Reviews of Empirical Support for Emotionally/Emotion-Focused Couples Therapy

Empirical Support

Baucom, D. H., Shoham, V. M., Kim, T., Daiuto, A. D., & Stickle, T. R. (1998). Empirically supported couple and family interventions for marital distress and adult mental health problems. *Journal of Consulting and Clinical Psychology, 66*(1), 53-88.

Denton, W. H., Burleson, B. R., Clark, T. E., Rodriquez, C. P., & Hobbs, B. V. (2000). A randomized trial of emotion-focused therapy for couples in a training clinic. *Journal of Marital and Family Therapy, 26,* 65-78.

Jacobson, N. S., & Addis, M. E. (1993). Research on couple therapy: What do we know? Where are we going? *Journal of Consulting and Clinical Psychology, 61,* 85-93.

Johnson, S. M. (2003). The revolution in couple therapy: A practitioner-scientist perspective. *Journal* of Marital and Family Therapy, 29(3), 365-384.

Johnson, S. M., & Greenberg, L. S. (1985). Emotionally focused couples therapy: An outcome study. *Journal of Marital and Family Therapy, 11,* 313-317.

Clinical Resources

Greenberg, L. S., & Goldman, R. (2008). *Emotion-focused couples therapy: The dynamics of emotion, love and power.* Washington, DC: American Psychological Association.

Johnson, S. M. (2004). *The practice of emotionally focused marital therapy: Creating connection.* New York, NY: Brunner-Routledge.

Johnson, S. M. (2008). Emotionally focused couples therapy. In A. S. Gurman (Ed.), *Clinical handbook of couple therapy* (pp. 107-137). New York, NY: Guilford Press.

Johnson, S. M., Bradley, B., Furrow, J., Lee, A., & Palmer, G. (2005). *Becoming an emotionally focused couples therapist: The workbook.* New York, NY: Brunner-Routledge.

Selected Studies and Reviews of Empirical Support for Insight-Oriented Couples Therapy

Baucom, D. H., Shoham, V. M., Kim, T., Daiuto, A. D., & Stickle, T. R. (1998). Empirically supported couple and family interventions for marital distress and adult mental health problems. *Journal of Consulting and Clinical Psychology, 66*(1), 53-88.

Johnson, S. M. (2003). The revolution in couple therapy: A practitioner-scientist perspective. *Journal of Marital and Family Therapy, 29*(3), 365-384.

Snyder, D. K., & Wills, R. M. (1989). Behavioral vs. insight-oriented marital therapy: A controlled comparative outcome study. *Journal of Consulting and Clinical Psychology, 57,* 39-46.

Snyder, D. K., Wills, R. M., & Grady-Fletcher, A.

(1991). Long-term effectiveness of behavioral versus insight-oriented marital therapy: A 4-year follow-up study. *Journal of Consulting and Clinical Psychology, 59,* 138-141.

Clinical Resources

Scharff, J. S., & Scharff, D. E. (2008). Object relations couples therapy. In A. S. Gurman (Ed.), *Clinical handbook of couple therapy* (pp. 167-195). New York, NY: Guilford Press.

Wills, R. M. (1982). *Insight-oriented marital therapy* [Treatment manual]. (Unpublished manuscript, Wayne State University, Detroit).

남성 성기능 부전(Male Sexual Dysfunction)

Selected Studies and Reviews of Empirical Support for Cognitive-Behavioral Sex Therapies/Sex-Marital Therapy

Duterte, E., Segraves, T., & Althof, S. (2007). Psychotherapy and pharmacotherapy for sexual dysfunctions. In P. E. Nathan & J. M. Gorman (Eds.), *A guide to treatments that work* (3rd ed., pp. 531-560). New York, NY: Oxford University Press.

Heiman, J. R. (2002). Sexual dysfunction: Overview of prevalence, etiological factors, and treatments. *Journal of Sex Research, 39*(1), 73-78.

Heiman, J. R., & LoPiccolo, J. (1983). Clinical outcome of sex therapy. *Archives of General Psychiatry, 40,* 443-449.

Heiman, J. R., & Meston, M. (1997). Empirically validated treatment for sexual dysfunction. *Annual Review of Sex Research, 8,* 148-194.

Melnik, T., Soares, B., & Nasello, A. G. (2007). Psychosocial interventions for erectile dysfunction. *Cochrane Database of Systematic Reviews, 3,* Art. No.: CD004825.

Zimmer, D. (1987). Does marital therapy enhance the effectiveness of treatment for sexual dysfunction? *Journal of Sex and Marital Therapy, 13*, 193-209.

Clinical Resources

Kaplan, H. S. (1988). *The illustrated manual of sex therapy.* New York, NY: Brunner/Mazel.

Masters, W., & Johnson, V. (1970). *Human sexual inadequacy.* Boston, MA: Little & Brown.

Wincze, J. (2009). *Enhancing sexuality: A problem-solving approach to treating sexual dysfunction — Therapist guide.* New York, NY: Oxford University Press.

Wincze, J. P., & Carey, M. P. (1991). *Sexual dysfunction: A guide to assessment and treatment.* New York, NY: Guilford Press.

의료적 문제(Medical Issues)

Selected Studies and Reviews of Empirical Support for Cognitive-Behavioral Stress Management

Antoni, M. H., Lechner, S., Diaz, A., Vargas, S., Holley, H., Phillips, K., & Blomberg, B. (2009). Cognitive behavioral stress management effects on psychosocial and physiological adaptation in women undergoing treatment for breast cancer. *Brain, Behavior and Immunity, 23*, 580-591.

Antoni, M. H., Lechner, S. C., Kazi, A., Wimberly, S. R., Sifre, T., Urcuyo, K. R., & Carver, C. S. (2006). How stress management improves quality of life after treatment for breast cancer. *Journal of Consulting and Clinical Psychology, 74*, 1143-1152.

Antoni, M. H., Lehman, J. M., Kilbourn, K. M., Boyers, A. E., Culver, J. L., Alferi, S., & Carver, C. S. (2001). Cognitive-behavioral stress management intervention decreases the prevalence of depression and enhances benefit finding among women under treatment for early-stage breast cancer. *Health Psychology, 20*, 20-32.

Antoni, M. H., Wimberly, S. R., Lechner, S. C., Kazi, A., Sifre, T., Urcuyo, K. R., & Carver, C. S. (2006). Stress management intervention reduces cancer-specific thought intrusions and anxiety symptoms among women undergoing treatment for breast cancer. *American Journal of Psychiatry, 163*, 1791-1797.

Cruess, D. G., Antoni, M. H., McGregor, B. A., Kilbourn, K. M., Boyers, A. E., Alferi, S., & Kumar, M. (2000). Cognitive behavioral stress management reduces serum cortisol by enhancing benefit finding among women being treated for early-stage breast cancer. *Psychosomatic Medicine, 62*, 304-308.

Foley, F. W., Bedell, J. R., LaRocca, N. G., Scheinberg, L. C., & Reznikoff, M. (1987). Efficacy of stress inoculation training in coping with multiple sclerosis. *Journal of Consulting and Clinical Psychology, 55*, 919-922.

Jay, S. M., & Elliott, C. H. (1990). A stress inoculation program for parents whose children are undergoing painful medical procedures. *Journal of Consulting and Clinical Psychology, 58*, 799-804.

Kendall, P. (1983). Stressful medical procedures: Cognitive-behavioral strategies for stress management and prevention. In D. Meichenbaum & M. Jaremko (Eds.), *Stress reduction and prevention.* New York, NY: Plenum Press.

Kendall, P. C., Williams, L., Pechacek, T. F., Graham, L. E., Shisslak, C., & Herzoff, N. (1979). Cognitive-behavioral and patient education intervention in cardiac catheterization procedures: The Palo Alto medical psychology project. *Journal of Consulting and Clinical Psychology, 47*, 49-58.

Langer, T., Janis, I., & Wolfer, J. (1975). Reduction of

psychological stress in surgical patients. *Journal of Experimental Social Psychology, 11*, 155-165.

Meichenbaum, D. (2007). Stress inoculation training: A preventative and treatment approach. In P. M. Lehrer, R. L. Woolfolk, & W. S. Sime (Eds.), *Principles and practice of stress management* (3rd ed.). New York, NY: Guilford Press.

Moore, K., & Altmaier, E. (1981). Stress inoculation training with cancer patients. *Cancer Nursing, 10*, 389-393.

Parker, P. A., Pettaway, C. A., Babaian, R. J., Pisters, L. L., Miles, B., Fortier, A., & Cohen, L. (2009). The effects of a presurgical stress management intervention for men with prostate cancer undergoing radical prostatectomy. *Journal of Clinical Oncolology, 27*, 3169-3176.

Penedo, F. J., Dahn, J. R., Molton, I., Gonzalez, J., Roos, B., Schneiderman, N., & Antoni, M. (2004). Cognitive-Behavioral Stress Management improves quality of life and stress management skill in men treated for localized prostate cancer. *Cancer, 100*, 192-200.

Ross, M. J., & Berger, R. S. (1996). Effects of stress inoculation training on athletes' post surgical pain and rehabilitation after orthopedic injury. *Journal of Consulting and Clinical Psychology, 64*, 406-410.

Schneiderman, N., Antoni, M. H., Penedo, F., & Ironson, G. (2010). Psychosocial and Behavioral Interventions in the Treatment of Physical Illnesses and Disease Processes. In A. Steptoe (Ed.), *Handbook of behavioral medicine: Methods and applications.* New York, NY: Springer.

Wells, J. K., Howard, O. S., Nowlin, W. F., & Vargas, M. J. (1986). Presurgical anxiety and postsurgical pain and adjustment: Effects of a stress inoculation procedure. *Journal of Consulting and Clinical Psychology, 54*, 831-835.

Clinical Resources

Antoni, M. H., Ironson, G., & Schneiderman, N. (2007). *Cognitive-behavioral stress management for individuals living with HIV: Facilitator guide.* New York, NY: Oxford University Press.

Apple, R. F., Lock, J., & Peebles, R. (2006). *Preparing for weight loss surgery: Therapist guide.* New York, NY: Oxford University Press.

Manne, S. L., & Ostroff, J. S. (2008). *Coping with breast cancer: Therapist guide.* New York, NY: Oxford University Press.

Meichenbaum, D. (1985). *Stress inoculation training.* New York, NY: Pergamon Press.

Meichenbaum, D. (2007). Stress inoculation training: A preventative and treatment approach. In P. M. Lehrer, R. L. Woolfolk, & W. S. Sime (Eds.), *Principles and practice of stress management* (3rd ed.). New York, NY: Guilford Press.

Mohr, D. (2010). *The stress and mood management program for individuals with multiple sclerosis: Therapist guide.* New York, NY: Oxford University Press.

Park, C., Lechner, S., Stanton, A., & Antoni, M. (Eds.). (2008). *Positive life changes in the context of medical illness.* Washington, DC: American Psychological Association.

Penedo, F. J., Antoni, M. H., & Schneiderman, N. (2008). *Cognitive-behavioral stress management for prostate cancer recovery: Facilitator guide.* New York, NY: Oxford University Press.

Safren, S., Gonzalez, J., & Soroudi, N. (2007). *Coping with chronic illness: A cognitive-behavioral approach for adherence and depression—Therapist guide.* New York, NY: Oxford University Press.

강박장애(Obsessive-Compulsive Disorder: OCD)

Selected Studies and Reviews of Empirical Support for Cognitive-Behavioral Therapies

Abramowitz, J. S., Foa, E. B., & Franklin, M. E. (2003). Exposure and ritual prevention for obsessive-compulsive disorder: Effects of intensive versus twiceweekly sessions. *Journal of Consulting and Clinical Psychology, 71*(2), 394-398.

Abramowitz, J. S., Taylor, S., & McKay, D. (2009). Obsessive-compulsive disorder. *The Lancet, 374,* 491-499.

American Psychiatric Association. (2007). *Practice guideline for the treatment of patients with obsessive-compulsive disorder.* Arlington, VA: American Psychiatric Association.

Foa, E. B., Liebowitz, M. R., Kozak, M. J., Davies, S. O., Campeas, R., Franklin, M. E., . . . Tu, X. (2005). Treatment of obsessive compulsive disorder by exposure and ritual prevention, clomipramine, and their combination: A randomized placebo-controlled trial. *American Journal of Psychiatry, 162,* 151-161.

Franklin, M. E., Abramowitz, J. S., Kozak, M. J., Levitt, J. T., & Foa, E. B. (2000). Effectiveness of exposure and ritual prevention for obsessive-compulsive disorder: Randomized compared with nonrandomized samples. *Journal of Consulting and Clinical Psychology, 68,* 594-602.

Franklin, M. E., & Foa, E. B. (2007). Cognitive behavioral treatment of obsessivecompulsive disorder. In P. E. Nathan & J. M. Gorman (Eds.), *A guide to treatments that work* (3rd ed., pp. 431-446). New York, NY: Oxford University Press.

Gava, I., Barbui, C., Aguglia, E., Carlino, D., Churchill, R., De Vanna. M., & McGuire, H. (2007). Psychological treatments versus treatment as usual for obsessive compulsive disorder (OCD). *Cochrane Database of Systematic Reviews, 2.* Art. No.: CD005333.

Hajcak, G., & Starr, L. (n.d.). *Obsessive-compulsive disorder. American Psychological Association division 12 website on research-supported psychological treatments* [Online]. Accessed April 2012 at http://www.div12.org/PsychologicalTreatments/disorders/ocd_main.php

National Institute for Health and Clinical Excellence (2005, November). *Obsessive compulsive disorder and body dysmorphic disorder: Clinical guideline CG31* [Online]. Available from http://guidance.nice.org.uk/CG31

Whittal, M. L., Robichaud, M., Thordarson, D. S., & McLean, P. D. (2008). Group and individual treatment of obsessive-compulsive disorder using cognitive therapy and exposure plus response prevention: A 2-year follow-up of two randomized trials. *Journal of Consulting and Clinical Psychology, 76*(6), 1003-1014.

Clinical Resources

Abramowitz, J. S. (2006). *Understanding and treating obsessive-compulsive disorder: A cognitive-behavioral approach.* Mahwah, NJ: Erlbaum.

Abramowitz, J. S., Taylor, S., & McKay, D. (Eds.) (2008). *Clinical handbook of obsessive-compulsive disorder and related problems.* Baltimore, MD: The Johns Hopkins University Press.

Battino, R., & South, T. L. (2005). *Ericksonian approaches: A comprehensive manual* (2nd ed.). Wales, UK: Crown House.

Beck, A. T., Emery, G., & Greenberg, R. L. (1990). *Anxiety disorders and phobias: A cognitive perspective.* New York, NY: Basic Books.

Brown, T. A., DiNardo, P. A., & Barlow, D. H. (2004).

Anxiety disorders interview schedule adult version (ADIS-IV): Client interview schedule. New York, NY: Oxford University Press.

Clark, D. A. (2006). *Cognitive-behavioral therapy for OCD.* New York, NY: Guilford Press.

Eifert, G. H., Forsyth, J. P., & Hayes, S. C. (2005). *Acceptance and commitment therapy for anxiety disorders: A practitioner's treatment guide to using mindfulness, acceptance, and values-based behavior change strategies.* Oakland, CA: New Harbinger.

Foa, E. B., Yadin, E., & Lichner, T. K. (2012). *Treating your OCD with exposure and response (ritual) prevention—Therapist guide* (2nd ed.). New York, NY: Oxford University Press.

Goodman, W. K., Price, L. H., Rasmussen, S. A., Mazure, C., Delgado, P., Heninger, G. R., & Charney, D. S. (1989a). The Yale-Brown Obsessive-Compulsive Scale II. Validity. *Archives of General Psychiatry, 46,* 1012-1016.

Goodman, W. K., Price, L. H., Rasmussen, S. A., Mazure, C., Fleishmann, R. L., Hill, C. L., Heninger, G. R., & Charney, D. S. (1989b). The Yale-Brown Obsessive-Compulsive Scale I. Development, use, and reliability. *Archives of General Psychiatry, 46,* 1006-1011.

Haley, J. (1984). *Ordeal therapy.* San Francisco, CA: Jossey-Bass.

Hayes, S. C., Strosahl, K. D., & Wilson, K. G. (2012). *Acceptance and commitment therapy* (2nd ed.). New York, NY: Guilford Press.

Kozak, M., & Foa, E. (2005). *Mastery of obsessive-compulsive disorder: A cognitive behavioral approach—Therapist guide.* New York, NY: Oxford University Press.

McGinn, L., & Sanderson, W. C. (1999). *Treatment of obsessive-compulsive disorder.* Northvale, NJ: Aronson.

Salkovskis, P. M., & Kirk, J. (1997). Obsessive-compulsive disorder. In D. M. Clark & C. G. Fairburn (Eds.), *Science and practice of cognitive behaviour therapy.* Oxford, England: Oxford University Press.

Steketee, G. (1999). *Overcoming obsessive compulsive disorder: A behavioral and cognitive protocol for the treatment of OCD—Therapist protocol.* Oakland, CA: New Harbinger.

Steketee, G., & Frost, R. O. (2006). *Compulsive hoarding and acquiring: Therapist guide.* New York, NY: Oxford University Press.

Zabat-Zinn, J. *Guided mindfulness meditation* [Audio CD]. Available at www.jonkabat-zinn.com

공황장애/광장공포증(Panic/Agoraphobia)

Selected Studies and Reviews of Empirical Support for Cognitive-Behavioral Therapies and Applied Relaxation

American Psychiatric Association. (2009, January). *Practice guideline for the treatment of patients with panic disorder* (2nd ed.). Washington, DC: Author.

Barlow, D. H., Allen, L. B., & Basden, S. L. (2007). Psychological treatments for panic disorders, phobias, and generalized anxiety disorder. In P. E. Nathan & J. M. Gorman (Eds.), *A guide to treatments that work* (3rd ed., pp. 395-430). New York, NY: Oxford University Press.

Barlow, D. H., Gorman, J. M., Shear, M. K., & Woods, S. W. (2000). Cognitivebehavioral therapy, imipramine, or their combination for panic disorder. *Journal of the American Medical Association, 283,* 2529-2536.

Battino, R., & South, T. L. (2005). *Ericksonian*

approaches: A comprehensive manual (2nd ed.). Wales, UK: Crown House.

Beck, A. T., Emery, G., & Greenberg, R. L. (1990). *Anxiety disorders and phobias: A cognitive perspective*. New York, NY: Basic Books.

Brown, T. A., & Barlow, D. H. (1995). Long-term outcome of cognitive-behavioral treatment of panic disorder: Clinical predictors and alternative strategies for assessment. *Journal of Consulting and Clinical Psychology, 63*, 754-765.

Clark, D. M., Salkovskis, P. M., Hackmann, A., Middleton, H., Anastasiades, P., & Gelder, M. (1994). A comparison of cognitive therapy, applied relaxation, and imipramine in the treatment of panic disorder. *British Journal of Psychiatry, 164*, 759-769.

Furukawa, T. A., Watanabe, N., Churchill, R. (2007). Combined psychotherapy plus antidepressants for panic disorder with or without agoraphobia. *Cochrane Database of Systematic Reviews, 1*. Art. No.: CD004364.

Hajcak, G. (n.d.). *Panic disorder. American Psychological Association division 12 website on research-supported psychological treatments* [Online]. Accessed April 2012 at http://www.div12.org/PsychologicalTreatments/disorders/panic_main.php

Marks, I. M., Swinson, R. P., Basoglu, M., Kuch, K., Noshirvani, H., O'Sullivan, G. O., & Sengun, S. (1993). Alprazolam and exposure alone and combined in panic disorder with agoraphobia. A controlled study in London and Toronto. *British Journal of Psychiatry, 162*, 776-787.

Mitte, K. (2005). A meta-analysis of the efficacy of psycho- and pharmacotherapy in panic disorder with and without agoraphobia. *Journal of Affective Disorders, 88*, 27-45.

National Institute for Health and Clinical Excellence (2011, January). *Generalised anxiety disorder and panic disorder (with or without agoraphobia) in adults: Clinical guideline CG113* [Online]. Available from http://guidance.nice.org.uk/CG113

Roy-Byrne, P. P, Craske, M. G., & Stein, M. (2006). Panic disorder. *Lancet, 368*, 1023-1032.

Clinical Resources

Antony, M. M., & Swinson, R. P. (2000). *Phobic disorders and panic in adults: A guide to assessment and treatment*. Washington, DC: American Psychological Association.

Bernstein, D. A., Borkovec, T. D., & Hazlett-Stevens, H. (2000). *New directions in progressive muscle relaxation: A guidebook for helping professionals*. Westbury, CT: Praeger.

Brown, T. A., DiNardo, P. A., & Barlow, D. H. (2004). *Anxiety disorders interview schedule adult version (ADIS-IV): Client interview schedule*. New York, NY: Oxford University Press.

Craske, M. G., & Barlow, D. H. (2006). *Mastery of your anxiety and panic: Therapist guide* (4th ed.). New York, NY: Oxford University Press.

Eifert, G., H., Forsyth, J. P., & Hayes, S. C. (2005). *Acceptance and commitment therapy for anxiety disorders: A practitioner's treatment guide to using mindfulness, acceptance, and values-based behavior change strategies*. Oakland, CA: New Harbinger.

Hayes, S. C., Strosahl, K. D., & Wilson, K. G. (2012). *Acceptance and commitment therapy* (2nd ed.). New York, NY: Guilford Press.

Meuret, A. E., Ritz, T., Dahme, B., & Roth, W. T. (2004). Therapeutic use of ambulatory capnography. In J. Gravenstein, M. Jaffe, & D. Paulus (Eds.), *Capnography, clinical aspects*. Cambridge, UK: Cambridge University Press.

Öst, L. G. (1987). Applied relaxation: Description of a coping technique and review of controlled studies. *Behaviour Research and Therapy, 25,* 397-409.

Taylor, S. (2000). *Understanding and treating panic disorder: Cognitive and behavioral approaches.* Chichester, UK: Wiley.

Zabat-Zinn, J. *Guided mindfulness meditation* [Audio CD]. Available at www.jonkabat-zinn.com

양육문제(Parenting)

Selected Studies and Reviews of Empirical Support for Parent Training

Brestan, E. V., & Eyberg, S. M. (1998). Effective psychosocial treatments of conduct-disordered children and adolescents: 29 years, 82 studies, and 5,272 kids. *Journal of Clinical Child Psychology, 27,* 180-189.

Eyberg, S. M., Nelson, M. M., Boggs, S. R. (2008). Evidence-based psychosocial treatments for children and adolescents with disruptive behavior. *Journal of Clinical Child and Adolescent Psychology, 37*(1), 215-237.

Forehand, R., & Long, N. (1988). Outpatient treatment of the acting out child: Procedures, long-term follow-up data, and clinical problems. *Advances in Behaviour Research and Therapy, 10,* 129-177.

Kazdin, A. E. (2007). Psychosocial treatments for conduct disorder in children and adolescents. In P. E. Nathan & J. M. Gorman (Eds.), *A guide to treatments that work* (3rd ed., pp. 71-104). New York, NY: Oxford University Press.

Kendall, P. C. (Ed.). (2006). *Child and adolescent therapy: Cognitive-behavioral procedures* (3rd ed.). New York, NY: Guilford Press.

Kutcher, S., Aman, M., Brooks, S. J., Buitelaar, J., van Daalen, E., Fegert, J., & Tyano, S. (2004). International consensus statement on attentiondeficit/hyperactivity disorder (ADHD) and disruptive behaviour disorders (DBDs): Clinical implications and treatment practice suggestions. *European Neuropsychopharmacology, 14*(1), 11-28.

Long, P., Forehand, R., Wierson, M., & Morgan, A. (1994). Does parent training with young noncompliant children have long-term effects? *Behaviour Research and Therapy, 32,* 101-107.

National Institute for Health and Clinical Excellence (2006, July). *Conduct disorder in children—parent-training/education programmes: Technology appraisal 102* [Online]. Available from http://guidance.nice.org.uk/TA102

Weisz, J. R., & Kazdin, A. E. (2010). *Evidence-based psychotherapies for children and adolescents* (2nd ed.). New York, NY: Guilford Press.

Clinical Resources

Barkley, R. A. (1997). *Defiant children: A clinician's manual for parent training* (2nd ed.). New York, NY: Guilford Press.

Barkley, R. A., Edwards, G. H., & Robin, A. L. (1999). *Defiant teens: A clinician's manual for assessment and family intervention.* New York, NY: Guilford Press.

Cavell, T. A. (2000). *Working with aggressive children: A practitioner's guide.* Washington, DC: American Psychological Association.

Forgatch, M. S., & Patterson, G. R. (2010). Parent management training—Oregon model: An intervention for antisocial behavior in children and adolescents. In J. R. Weisz & A. E. Kazdin (Eds.), *Evidence-based psychotherapies for children and adolescents* (2nd ed., pp. 159-168). New York, NY: Guilford Press.

Greenspan, S. (1996). *The challenging child: Understanding, raising, and enjoying the five "difficult" types of children.* Boston, MA: Da Capo.

Kazdin, A. E. (2005). *Parent management training: Treatment for oppositional, aggressive, and antisocial behavior in children and adolescents.* New York, NY: Oxford University Press.

McMahon, R. J., & Forehand, R. (2005). *Helping the noncompliant child: Familybased treatment for oppositional behavior* (2nd ed.). New York, NY: Guilford Press.

Patterson, G. R. (1976). *Living with children: New methods for parents and teachers* (Rev. ed.). Champaign, IL: Research Press.

Pittman, F. (1987). *Turning points: Treating families in transition and crisis.* New York: Norton.

Webster-Stratton, C. (n.d.). *The incredible years: Parents, teachers, and children training series* [Online]. Available at http://www.incredibleyears.com

Webster-Stratton, C. (2000). *How to promote social and academic competence in young children.* London, England: Sage.

Selected Studies and Reviews of Empirical Support for Parent-Child Interaction Therapy

Brestan, E. V., & Eyberg, S. M. (1998). Effective psychosocial treatments of conduct-disordered children and adolescents: 29 years, 82 studies, and 5,272 kids. *Journal of Clinical Child Psychology, 27*(2), 180-189.

Hood, K. K., & Eyberg, S. M. (2003). Outcomes of parent-child interaction therapy: Mothers' reports on maintenance three to six years after treatment. *Journal of Clinical Child and Adolescent Psychology, 32*(3), 419-429.

Nixon, R. D., Sweeney, L., Erickson, D. B., & Touyz, S. W. (2003). Parent-child interaction therapy: A comparison of standard and abbreviated treatments for oppositional defiant preschoolers. *Journal of Consulting and Clinical Psychology, 71*, 251-260.

Schuhmann, E. M., Foote, R. C., Eyberg, S. M., Boggs, S. R., & Algina, J. (1998). Efficacy of parent-child interaction therapy: Interim report of a randomized trial with short-term maintenance. *Journal of Clinical Child Psychology, 27*, 34-45.

Zisser, A., & Eyberg, S. M. (2010). Treating oppositional behavior in children using parent-child interaction therapy. In A. E. Kazdin & J. R. Weisz (Eds.), *Evidencebased psychotherapies for children and adolescents* (2nd ed., pp. 179-193). New York, NY: Guilford Press.

Clinical Resources

McNeil, C. B., & Hembree-Kigin, T. L. (2010). *Parent-child interaction therapy* (2nd ed.). New York, NY: Springer.

Selected Studies and Reviews of Empirical Support for Anger Control Training

Brestan, E. V., & Eyberg, S. M. (1998). Effective psychosocial treatments of conduct-disordered children and adolescents: 29 years, 82 studies, and 5,272 kids. *Journal of Clinical Child Psychology, 27*(2), 180-189.

Feindler, E. L., & Baker, K. (2004). Current issues in anger management interventions with youth. In A. P. Goldstein, R. Nensen, B. Daleflod, & M. Kalt (Eds.), *New perspectives on aggression replacement training: Practice, research, and application* (pp. 31-50). Indianapolis, IN: Wiley.

Lochman, J. E., Boxmeyer, C. L., Powell, N. P., Barry, T. D., & Pardini, D. A. (2010). Anger control training for aggressive youths. In A. E. Kazdin & J. R. Weisz

(Eds.), *Evidence-based psychotherapies for children and adolescents* (2nd ed., pp. 227-242). New York, NY: Guilford Press.

Lochman, J. E., Burch, P. P., Curry, J. F., & Lampron, L. B. (1984). Treatment and generalization effects of cognitive-behavioral goal setting interventions with aggressive boys. *Journal of Consulting and Clinical Psychology, 52*, 915-916.

Lochman, J. E., Coie, J. D., Underwood, M. K., & Terry, R. (1993). Effectiveness of a social relations intervention program for aggressive and nonaggressive, rejected children. *Journal of Consulting and Clinical Psychology, 61*, 1053-1058.

Robinson, T. R., Smith, S. W., & Miller, M. D. (2002). Effect of a cognitivebehavioral intervention on responses to anger by middle school students with chronic behavior problems. *Behavioral Disorders, 27*(3), 256-271.

Sukhodolsky, D. G., Golub, A., Stone, E. C., & Orban, L. (2005). Dismantling anger control training for children: A randomized pilot study of social problemsolving versus social skills training components. *Behavior Therapy, 36*, 15-23.

Clinical Resources

Barry, T. D., & Pardini, D. A. (2003). Anger control training for aggressive youth. In A. E. Kazdin & J. R. Weisz, (Eds.), *Evidence-based psychotherapies for children and adolescents* (pp. 263-281). New York, NY: Guilford Press.

Larson, J. (2005). *Think first: Addressing aggressive behavior in secondary schools.* New York, NY: Guilford Press.

Larson, J., & Lochman, J. E. (2010). *Helping schoolchildren cope with anger: A cognitive-behavioral intervention* (2nd ed.). New York, NY: Guilford Press.

Lochman, J. E., Boxmeyer, C. L., Powell, N. P., Barry, T. D., & Pardini, D. A. (2010). Anger control training for aggressive youths. In A. E. Kazdin & J. R. Weisz (Eds.), *Evidence-based psychotherapies for children and adolescents* (2nd ed., pp. 227-242). New York, NY: Guilford Press.

Lochman, J. E., Powell, N. R., Whidby, J. M., & FitzGerald, D. P. (2006). Aggressive children: Cognitive-behavioral assessment and treatment. In P. C. Kendall (Ed.), *Child and adolescent therapy: Cognitive-behavioral procedures* (3rd ed., pp. 33-81). New York, NY: Guilford Press.

Wells, K., Lochman, J. E., & Lenhart, L. (2008). *Coping power: Parent groupfacilitator's guide.* New York, NY: Oxford University Press.

Selected Studies and Reviews of Empirical Support for Problem-Solving Skills Training

Baer, R. A., & Nietzel, M. T. (1991). Cognitive and behavioral treatment of impulsivity in children: A meta-analytic review of the outcome literature. *Journal of Clinical Child Psychology, 20*, 400-412.

Durlak, J. A., Fuhrman, T., & Lampman, C. (1991). Effectiveness of cognitivebehavioral therapy for maladapting children: A meta-analysis. *Psychological Bulletin, 110*, 204-214.

Kazdin, A. E. (2010). Problem-solving skills training and parent management training for conduct disorder. In J. R. Weisz & A. E. Kazdin (Eds.), *Evidencebased psychotherapies for children and adolescents* (2nd ed., pp. 211-226). New York, NY: Guilford Press.

Kazdin, A. E., Esveldt-Dawson, K., French, N. H., & Unis, A. S. (1987a). Effects of parent management training and problem-solving skills training combined in the treatment of antisocial child behavior. *Journal of the American Academy of Child*

& Adolescent Psychiatry, 26, 416-424.

Kazdin, A. E., Esveldt-Dawson, K., French, N. H., & Unis, A. S. (1987b). Problemsolving skills training and relationship therapy in the treatment of antisocial behavior. *Journal of Consulting and Clinical Psychology, 55,* 76-85.

Kazdin, A. E., Siegel, T. C., & Bass, D. (1992). Cognitive problem-solving skills training and parent management training in the treatment of antisocial behavior in children. *Journal of Consulting and Clinical Psychology, 60,* 733-747.

Sukhodolsky, D. G., Kassinove, H., & Gorman, B. S. (2004). Cognitive-behavioral therapy for anger in children and adolescents: A meta-analysis. *Aggression and Violent Behavior, 9,* 247-269.

Clinical Resources

Barkley, R. A. (1997). *Defiant children: A clinician's manual for assessment and parent training* (2nd ed.). New York, NY: Guilford Press.

Bourke, M. L., & Van Hasselt, V. B. (2001). Social problem-solving skills training for incarcerated offenders: A treatment manual. *Behavioral Modification, 25,* 163-188.

Feindler, E. L., & Ecton, R. B. (1986). *Adolescent anger control: Cognitive-behavioral techniques.* Elmsford, NY: Pergamon Press.

Finch, A. J., Jr., Nelson, W. M., & Ott, E. S. (1993). *Cognitive-behavioral procedures with children and adolescents: A practical guide.* Needham Heights, MA: Allyn & Bacon.

Horne, A. M., & Sayger, T. V. (1990). *Treating conduct and oppositional disorders in children.* Elmsford, NY: Pergamon Press.

Kazdin, A. E. (2010). Problem-solving skills training and parent management training for conduct disorder. In J. R. Weisz & A. E. Kazdin (Eds.), *Evidencebased psychotherapies for children and adolescents* (2nd ed., pp. 211-226). New York, NY: Guilford Press.

Larson, J., & Lochman, J. E. (2010). *Helping schoolchildren cope with anger: A cognitive-behavioral intervention* (2nd ed.). New York, NY: Guilford Press.

McGuire, J. (2000). *Thinkfirst: Outline programme manual case manager's manual and supplements.* London, England: Home Office Communications Unit.

Shure, M. B. (1992). *I can problem solve (ICPS): An interpersonal cognitive problem solving program.* Champaign, IL: Research Press.

공포증(Phobia)

Selected Studies and Reviews of Empirical Support for Exposure-Based Therapies

Antony, M. M., & Grös, D. F. (2006). The assessment and treatment of specific phobias: A review. *Current Psychiatry Reports, 8,* 298-303.

Choy, Y., Fyer, A. J., & Lipsitz, J. D. (2007). Treatment of specific phobia in adults. *Clinical Psychology Review, 27,* 266-286.

Maj, M., Akiskal, H. S., López-Ibor, J. J., & Okasha, A. (2004). *Phobias.* Hoboken, NJ: Wiley.

Öst, L. G., Fellenius, J., & Sterner, U. (1991). Applied tension, exposure in vivo, and tension-only in the treatment of blood phobia. *Behaviour Research and Therapy, 29,* 561-574.

Pull, C. B. (2005). Current status of virtual reality exposure therapy in anxiety disorders. *Current Opinion in Psychiatry, 18,* 7-14.

Teachman, B. A. (n.d.). *Specific phobias. American Psychological Association division 12 website* on research-supported psychological treatments [Online]. Accessed April 2012 at http://www.div12.org/PsychologicalTreatments/disorders/specificphobia_main.php

Walder, C., McCracken, J., Herbert, M., James, P., & Brewitt, N. (1987). Psychological intervention in civilian flying phobia; evaluation and a three year follow-up. *British Journal of Psychiatry, 151,* 494–498.

Williams, S. L., Dooseman, G., & Kleinfield, E. (1984). Comparative effectiveness of guided mastery and exposure treatments for intractable phobias. *Journal of Consulting and Clinical Psychology, 52,* 505–518.

Clinical Resources

Antony, M. M. (2001). Measures for specific phobia. In M. M. Antony, S. M. Orsillo, & I. Roemer (Eds.), *Practitioner's guide to empirically-based measures of anxiety.* New York, NY: Kluwer Academic/Plenum.

Beck, A. T., & Emery, G., & Greenberg, R. L. (1985). *Anxiety disorders and phobias: A cognitive perspective.* New York, NY: Basic Books.

Brown, T. A., DiNardo, P. A., & Barlow, D. H. (2004). *Anxiety disorders interview schedule adult version (ADIS-IV): Client interview schedule.* New York, NY: Oxford University Press.

Bruce, T., & Sanderson, W. (1998). *Specific phobias: Clinical applications of evidence-based psychotherapy.* Northvale, NJ: Aronson.

Craske, M., Antony, M., & Barlow, D. (2006). *Mastering your fears and phobias: Therapist guide* (2nd ed.). New York, NY: Oxford University Press.

Eifert, G. H., Forsyth, J. P., & Hayes, S. C. (2005). *Acceptance and commitment therapy for anxiety disorders: A practitioner's treatment guide to using mindfulness, acceptance, and values-based behavior change strategies.* Oakland, CA: New Harbinger.

Marks, I. (1978). *Living with fear.* New York, NY: McGraw-Hill.

Öst, L. G., & Sterner, U. (1987). Applied tension. A specific behavioral method for treatment of blood phobia. *Behaviour Research and Therapy, 25,* 25–29.

외상후 스트레스 장애(Posttraumatic Stress Disorder: PTSD)

Selected Studies and Reviews of Empirical Support for Prolonged Exposure, Cognitive Processing Therapy, Eye Movement Desensitization and Reprocessing, and Stress Inoculation Training

Bisson, J., & Andrew, M. (2007). Psychological treatment of post-traumatic stress disorder (PTSD). *Cochrane Database of Systematic Reviews, 3.* Art. No.: CD003388.

Foa, E. B., Dancu, C. V., Hembree, E. A., Jaycox, L. H., Meadows, E. A., & Street, G. P. (1999). A comparison of exposure therapy, stress inoculation training, and their combination for reducing posttraumatic stress disorder in female assault victims. *Journal of Consulting and Clinical Psychology, 67,* 194–200.

Foa, E. B., Hembree, E. A., Cahill, S. P., Rauch, S. A. M., Riggs, D. S., Feeny, N. C., & Yadin, E. (2005). Randomized trial of prolonged exposure for posttraumatic stress disorder with and without cognitive restructuring: Outcome at academic and community clinics. *Journal of Consulting and Clinical Psychology, 73,* 953–964.

Foa, E. B., Keane, T. M., Friedman, M. J., & Cohen, J. A. (2009). *Effective treatments for posttraumatic stress disorder: Practice guidelines from the*

International Society for Traumatic Stress Studies (2nd ed.). New York, NY: Guilford Press.

Hajcak, G., & Starr. L. (n.d.). *Post-traumatic stress disorder. American Psychological Association division 12 website on research-supported psychological treatments* [Online]. Accessed April 2012 at http://www.div12.org/PsychologicalTreatments/disorders/ptsd_main.php

Lee, C., Gavriel, H., Drummond, P., Richards, J., & Greenwald, R. (2002). Treatment of post-traumatic stress disorder: A comparison of stress inoculation training with prolonged exposure and eye movement desensitization and reprocessing. *Journal of Clinical Psychology, 58,* 1071-1089.

Management of Post-Traumatic Stress Working Group. (2010). *VA/DoD clinical practice guideline for management of post-traumatic stress.* Washington, DC: Veterans Health Administration.

Najavits, L. M. (2007). Psychosocial treatments for posttraumatic stress disorder. In P. E. Nathan and J. M. Gorman (Eds.), *A guide to treatments that work* (pp. 513-530). New York, NY: Oxford University Press.

National Institute for Health and Clinical Excellence (2005, March). *Post-traumatic stress disorder: Clinical guideline CG26* [Online]. Available from http://www.nice.org.uk/CG26

Ponniah, K., & Hollon, S. D. (2009) Empirically supported psychological treatments for adult acute stress disorder and posttraumatic stress disorder: A review. *Depression and Anxiety, 26*(12), 1086-1109.

Resick, P. A., Nishith, P., Weaver, T. L., Astin, M. C., & Feuer, C. A. (2002). A comparison of cognitive-processing therapy with prolonged exposure and a waiting condition for the treatment of chronic posttraumatic stress disorder in female rape victims.

Journal of Consulting and Clinical Psychology, 70, 867-879.

Roberts, N. P., Kitchiner, N. J., Kenardy, J., & Bisson, J. I. (2009). Multiple session early psychological interventions for the prevention of post-traumatic stress disorder. *Cochrane Database of Systematic Reviews, 3,* Art. No.: CD006869.

Roberts, N. P., Kitchiner, N. J., Kenardy, J., & Bisson, J. I. (2012). Early psychological interventions to treat acute traumatic stress symptoms. *Cochrane Database of Systematic Reviews, 3,* Art. No.: CD007944.

Rose, S. C., Bisson, J., Churchill, R., & Wessely, S. (2002). Psychological debriefing for preventing post traumatic stress disorder (PTSD). *Cochrane Database of Systematic Reviews, 2,* Art. No.: CD000560.

Taylor, S., Thordarson, D. S., Maxfield, L., Fedoroff, I. C., Lovell, K., & Ogrodniczuk, J. (2003). Comparative efficacy, speed, and adverse effects of three PTSD treatments: exposure therapy, EMDR, and relaxation training. *Journal of Consulting and Clinical Psychology, 71*(2), 330-338.

[Roberts et al., 2009 and Rose et al., 2002 are reviews concluding that routine use of psychological intervention or debriefing after exposure to traumatic events to try to prevent the development of PTSD may have adverse effects on some individuals and should not be used].

Clinical Resources

Brown, T. A., DiNardo, P. A., & Barlow, D. H. (2004). *Anxiety disorders interview schedule adult version (ADIS-IV): Client interview schedule.* New York, NY: Oxford University Press.

Eifert, G., H., Forsyth, J. P., & Hayes, S. C. (2005). *Acceptance and commitment therapy for anxiety disorders: A practitioner's treatment guide to using mindfulness, acceptance, and values-based behavior change strategies.* Oakland, CA: New Harbinger.

Foa, E., Hembree, E., & Rothbaum, B. (2007). *Prolonged exposure therapy for PTSD: Emotional processing of traumatic experiences-therapist guide.* New York, NY: Oxford University Press.

Gilbert, P., & Irons, C. (2005). Focused therapies and compassionate mind training for shame and self-attacking. In P. Gilbert (Ed.), *Compassion: Conceptualisations, research and use in psychotherapy* (pp. 263-325). London, England: Routledge.

Luber. M. (2009). *Eye movement desensitization and reprocessing (EMDR) scripted protocols: Basics and special situations.* New York, NY: Springer.

McMackin, R. A., Newman, E., Folger, J. M., & Keane, T. M. (Eds.) (2012). *Trauma therapy in context: The science and craft of evidence-based practice.* Washington, DC: American Psychological Association.

Meichenbaum, D. A. (1995). *Clinical handbook/ practical therapist manual for assessing and treating adults with posttraumatic stress disorder (PTSD).* Ontario, Canada: Institute Press.

Meichenbaum, D. (2007). Stress inoculation training: A preventative and treatment approach. In P. M. Lehrer, R. L. Woolfolk, & W. S. Sime (Eds.), *Principles and practice of stress management* (3rd ed.). New York, NY: Guilford Press.

Resick, P. A., Monson, C. M., & Rizvi, S. L. (2008). Posttraumatic stress disorder. In D. H. Barlow (Ed.), *Clinical handbook of psychological disorders: A step-bystep treatment manual* (4th ed., pp. 65-122). New York, NY: Guilford Press.

Resick, P. A., & Schnicke, M. K. (1993). *Cognitive processing therapy for rape victims: A treatment manual.* Newbury Park, CA: Sage.

Rosen, G. M., & Frueh, B. C. (Eds.) (2010). *Clinician's guide to posttraumatic stress disorder.* Hoboken, NJ: Wiley.

Shapiro, F. (2001). *Eye movement desensitization and reprocessing: Basic principles, protocols and procedures* (2nd ed.). New York, NY: Guilford Press.

Taylor, S. (2006). *Clinician's guide to treating PTSD: A cognitive-behavioral approach.* New York, NY: Guilford Press.

Zabat-Zinn, J. *Guided mindfulness meditation* [Audio CD]. Available at www.jonkabat-zinn.com

Zayfert, C., & Black Becker, C. (2007). *Cognitive-behavioral therapy for PTSD: A case formulation approach.* New York, NY: Guilford Press.

정신증(Psychoticism)

Selected Studies and Reviews of Empirical Support for Efficacy of Individual and Family-Based Cognitive-Behavioral Therapies, Cognitive Remediation, Psychoeducation, Social Skills Training, and Supported Employment

Bustillo, J. R., Lauriello, J., Horan, W. P., & Keith, S. J. (2001). The psychosocial treatment of schizophrenia: An update. *American Journal of Psychiatry, 158,* 163-175.

Falloon, I. R. H. (2002). Cognitive-behavioral family and educational interventions for schizophrenic disorders. In S. G. Hofmann & M. G. Thompson (Eds.), *Treating chronic and severe mental disorders* (pp. 3-17). New York, NY: Guilford Press.

Guideline Development Group of the CPG on Psychosocial Interventions in Severe Mental Illness. (2009). *Clinical practice guidelines for psychosocial interventions in severe mental illness*. Madrid: Quality Plan for the National Health System, Ministry of Health and Social Policy, Aragon Health Sciences Institute.

Haddock, G., Tarrier, N., Spaulding, W., Yusupoff, I., Kinney, S., McCarthy, E. (1998). Individual cognitive-behavioral therapy in the treatment of hallucinations and delusions: A review. *Clinical Psychology Review, 18*(7), 821-838.

Heinssen, R. K., Liberman, R. P., & Kopelowicz, A. (2000). Psychosocial skills training for schizophrenia: Lessons from the laboratory. *Schizophrenia Bulletin, 26,* 21-46.

Hogarty, G. E., Anderson, C. M., Reiss, D. J., Kornblith, S. J., Greenwald, D. P., Javna, C. D., & Madonia, M. J. (1986). Family psychoeducation, social skills training, and maintenance chemotherapy in the aftercare treatment of schizophrenia: I. One-year effects of a controlled study on relapse and expressed emotion. *Archives of General Psychiatry, 34,* 633-642.

Hogarty, G. E., Anderson, C. M., Reiss, D. J., Kornblith, S. J., Greenwald, D. P., Ulrich, R. F., & Carter, M. (1991). Family psychoeducation, social skills training, and maintenance chemotherapy in the aftercare treatment of schizophrenia: II. Two-year effects of a controlled study on relapse and adjustment. *Archives of General Psychiatry, 48,* 340-347.

Hogarty, G. E., Greenwald D., Ulrich, R. F., Kornblith, S. J., DiBarry, A. L., Cooley, S., & Flesher, S. (1997). Three-year trials of personal therapy among schizophrenic patients living with or independent of family: II. Effects on adjustment of patients. *American Journal of Psychiatry, 154*(11), 1514-1524.

Hogarty, G. E., Kornblith, S. J., Greenwald, D.,

DiBarry, A. L., Cooley, S., Ulrich, R., & Flesher, S. (1997). Three-year trials of personal therapy among schizophrenic patients living with or independent of family: I. Description of study and effects on relapse rates. *American Journal of Psychiatry, 154*(11), 1504-1513.

Huxley, N., Rendell, M., & Sederer, I. (2000). Psychosocial treatments in schizophrenia: A review of the past 20 years. *Journal of Nervous and Mental Diseases, 188,* 187-201.

Kopelowicz, A., Lieberman, R. P., & Zarate, R. (2007). Psychosocial treatments for schizophrenia. In P. E. Nathan & J. M. Gorman (Eds.), *A guide to treatments that work* (3rd ed., pp. 243-269). New York, NY: Oxford University Press.

Kuipers, E., Garety, P., Fowler, D., Chisholm, D., Freeman, D., Dunn, G., & Hadley, C. (1998). London-East Anglia randomized controlled trial ofn cognitive-behavioural therapy for psychosis: III. Follow-up and economic evaluation at 18 months. *British Journal of Psychiatry, 173,* 61-68.

Kuipers, E., Garety, P., Fowler, D., Dunn, G., Bebbington, P., Freeman, D., & Hadley, C. (1997). London-East Anglia randomised controlled trial of cognitive-behavioural therapy for psychosis: I. Effects of the treatment phase. *British Journal of Psychiatry, 171,* 319-327.

Leff, J., Berkowitz, R., Shavit, N., Strachan, A., Glass, I., & Vaughn, C. (1989). A trial of family therapy v. a relatives group for schizophrenia. *British Journal of Psychiatry, 154,* 58-66.

Leff, J., Berkowitz, R., Shavit, N., Strachan, A., Glass, I., & Vaughn, C. (1990). A trial of family therapy v. a relatives group for schizophrenia: Two-year follow-up. *British Journal of Psychiatry, 157,* 571-577.

Lehman, A. F., Steinwachs, D. M., Buchanan, R.,

Carpenter, W. T., Dixon, L. B., Fahey, M., & Zito, J. (1998). Translating research into practice: The Schizophrenia Consumer Outcomes Research Team (PORT) treatment recommendations. *Schizophrenia Bulletin, 24,* 1-10.

Lewis, S., Tarrier, N., Haddock, G., Bentall, R., Kinderman, P., Kingdon, P., & the SOCRATES Group. (2002). A randomised trial of cognitive behaviour therapy in early schizophrenia: Acute phase outcomes. *British Journal of Psychiatry, 181,* 91-97.

McFarlane, W. R. (2002). Empirical studies of outcome in multifamily groups. In W. R. McFarlane (Ed.), *Multifamily groups in the treatment of severe psychiatric disorders* (pp. 49-70). New York: Guilford Press.

McFarlane, W. R., Dixon, L., Lukens, E., & Lucksted, A. (2003). Family psychoeducation and schizophrenia: A review of the literature. *Journal of Marital and Family Therapy. 29,* 223-245.

National Institute for Health and Clinical Excellence (2009, March). *Post-traumatic stress disorder: Clinical guideline CG82* [Online]. Available from http://guidance.nice.org.uk/CG82

Spaulding, W. D., Reed, D., Sullivan, M., Richardson, C., Weiler, M. (1999). Effects of cognitive treatment in psychiatric rehabilitation. *Schizophrenia Bulletin, 25*(4), 657-676.

Tarrier, N., Kinney, C., McCarthy, E., Humphreys, L., Wittowski, A., & Morris, J. (2000). Two year follow-up of cognitive behaviour therapy and supportive counseling in the treatment of persistent symptoms in chronic schizophrenia. *Journal of Consulting and Clinical Psychology, 68,* 917-922.

Tarrier, N., Yusupoff, L., Kinney, C., McCarthy, E., Gledhill, A., Haddock, G., & Morris, J. (1998). A randomised controlled trial of intensive cognitive behaviour therapy for chronic schizophrenia. *British Medical Journal, 317,* 303-307.

Tenhula, W. N. (n.d.). *Schizophrenia and other severe mental illnesses. American Psychological Association division 12 website on research-supported psychological treatments* [Online]. Accessed April 2012 at http://www.div12.org/PsychologicalTreatments/disorders/schizophrenia_main.php

Twamley, E. W., Jeste, D. V., & Bellack, A. S. (2003). A review of cognitive training in schizophrenia. *Schizophrenia Bulletin, 29,* 359-382.

Clinical Resources

Becker, D. R., & Drake, R. E. (2003). *A working life for people with severe mental illness.* New York, NY: Oxford University Press.

Bellack, A. S., Mueser, K. T., Gingerich, S., & Agresta, J. (2004). *Social skills training for schizophrenia: A step-by-step guide* (2nd ed.). New York, NY: Guilford Press.

Falloon, I. R. H. (2002). Cognitive-behavioral family and educational interventions for schizophrenic disorders. In S. G. Hofmann & M. G. Thompson (Eds.), *Treating chronic and severe mental disorders* (pp. 3-17). New York, NY: Guilford Press.

Falloon, I. R. H., Boyd, J., & McGill, C. (1984). *Family care of schizophrenia.* New York, NY: Guilford Press.

Hogarty, G. E. (2002). *Personal therapy: A guide to the individual treatment of schizophrenia and related disorders.* New York, NY: Guilford Press.

Kingdon, D. G., & Turkington, D. (2005). *Cognitive therapy of schizophrenia.* New York, NY: Guilford Press.

McFarlane, W. R. (2002). *Multifamily groups in the*

treatment of severe psychiatric disorders. New York, NY: Guilford Press.

Medalia, A., Revheim, N., & Herlands, T. (2009). *Cognitive remediation for psychological disorders: Therapist guide.* New York, NY: Oxford University Press.

Spaulding, W. D., Sullivan, M. E., & Poland, J. S. (2003). *Treatment and rehabilitation of severe mental illness.* New York, NY: Guilford Press.

Tarrier, N., Wells, A., & Haddock, G. (1998). *Treating complex cases: The cognitive behavioural therapy approach.* Chichester, UK: Wiley.

Wykes, T. & Reeder, R. (2005). *Cognitive remediation therapy for schizophrenia: Theory and practice.* New York, NY: Brunner-Routledge.

수면장애(Sleep Disturbance)

Selected Studies and Reviews of Empirical Support for Cognitive-Behavioral Therapies, Sleep Restriction Therapy, Stimulus Control, Paradoxical Intention, and Relaxation Training

Buscemi, N., Vandermeer, B., Friesen, C., Bialy, L., Tubman, M., Ospina, M., & Witmans, M. (June, 2005). *Manifestations and management of chronic insomnia in adults. Evidence Report/Technology Assessment No. 125. AHRQ Publication No. 05-E021-2.* Rockville, MD: Agency for Healthcare Research and Quality.

Edinger, J. D., & Means, W. K. (2005). Cognitive-behavioral therapy for primary insomnia. *Clinical Psychology Reviews, 29,* 539-558.

Edinger, J. D., Wohlgemuth, W. K., Radtke, R. A., Marsh, G. R., & Quillian, R. E. (2001). Cognitive behavioral therapy for treatment of chronic primary insomnia: A randomized, controlled trial. *Journal of the American Medical Association, 285,* 1856-1864.

Goetting, M. G., Perlis, M. L., & Lichstein, K. L. (Eds.) (2003). *Treating sleep disorders: Principles and practice of behavioral sleep medicine.* Hoboken, NJ: Wiley.

Morin, C., Bootzin, R., Buysse, D., Edinger, J., Espie, C., & Lichstein, K. (2006). Psychological and behavioral treatment of insomnia: Update of the recent evidence (1998-2004). *Sleep, 29, 1398-1414.*

Morin, C. M., Vallières, A., Guay, B., Ivers, H., Savard, J., Mérette, C., & Baillargeon, L. (2009). Cognitive behavioral therapy, singly and combined with medication, for persistent insomnia: a randomized controlled trial. *JAMA, 20*(301), 2005-2015.

Moul, D. E., Morin, C. M., Buysee, D. J., Reynolds, C. F., & Kupfer, D. J. (2007). Treatment for insomnia and restless legs syndrome. In P. E. Nathan & J. M. Gorman (Eds.), *A guide to treatments that work* (3rd ed., pp. 611-640). New York, NY: Oxford University Press.

Ritterband, L. M., & Clerkin, E. M. (n.d.). *Insomnia. American Psychological Association division 12 website on research-supported psychological treatments* [Online]. Accessed April 2012 at http://www.div12.org/PsychologicalTreatments/disorders/insomnia_main.php

Clinical Resources

Bernstein, D. A., & Borkovec, T. D. (1973). *Progressive relaxation training.* Champaign, IL: Research Press.

Bootzin, R. R., & Epstein, D. R. (2000). Stimulus control. In K. L. Lichstein & C. M. Morin (Eds.), *Treatment of late-life insomnia* (pp. 167-184). Thousand Oaks, CA: Sage.

Durand, V. M. (2008). *When children don't sleep well: Interventions for pediatric sleep disorders—*

Therapist guide. New York, NY: Oxford University Press.

Hauri, P., & Linde, S. (1996). *No more sleepless nights* (pp. 91-105). New York, NY: Wiley.

Lichstein, K. L. (2000). Relaxation. In K. L. Lichstein, & C. M. Morin (Eds.), *Treatment of late-life insomnia* (pp. 185-206). London, England: Sage.

Morin, C. M. (1993). *Insomnia: Psychological assessment and management.* New York, NY: Guilford Press.

Morin, C. M., & Espie, C. (2003). *Insomnia: A clinical guide to assessment and treatment.* New York, NY: Kluwer Academic.

Perlis, M. L., Aloia, M., & Kuhn, B. (Eds.). (2011). *Behavioral treatments for sleep disorders: A comprehensive primer of behavioral sleep medicine interventions.* London, England: Academic Press.

Perlis, M. L., & Lichstein, K. L. (Eds.). (2003). *Treating sleep disorders: Principles and practice of behavioral sleep medicine.* Hoboken, NJ: Wiley.

Wohlgemuth, W. K., & Edinger, J. D. (2000). Sleep restriction therapy. In K. L. Lichstein, & C. M. Morin (Eds.), *Treatment of late-life insomnia* (pp. 147-166). London, England: Sage.

사회불안(Social Anxiety)

Selected Studies and Reviews of Empirical Support for Cognitive-Behavioral Therapies, Social Skills Training, and Applied Relaxation

Barlow, D. H., Allen, L. B., & Basden, S. L. (2007). Psychological treatments for panic disorders, phobias, and generalized anxiety disorder. In P. E. Nathan & J. M. Gorman (Eds.), *A guide to treatments that work* (3rd ed., pp. 395-430). New York, NY: Oxford University Press.

Butler, A. C., Chapman, J. E., Forman, E. M., & Beck, A. T. (2006). The empirical status of cognitive-behavioral therapy: A review of meta-analyses. *Clinical Psychology Review, 26,* 17-31.

Clark, D. M., Ehlers, A., McManus, F., Hackmati, A., Fennell, M., & Campbell, H. (2003). Cognitive therapy versus fluoxetine in generalized social phobia: A randomized placebo-controlled trial. *Journal of Consulting and Clinical Psychology, 71,* 1058-1067.

Federoff, I. C., & Taylor, S. (2001). Psychological and pharmacological treatments of social phobia: A meta-analysis. *Journal of Clinical Psychopharmacology, 21,* 311-324.

Heimberg, R. G., Dodge, C. S., Hope, D. A., Kennedy, C. R., Zollo, L. J., & Becker, R. E. (2000). Cognitive behavioral group treatment for social phobia: Comparison with a credible placebo control. *Cognitive Therapy and Research, 14,* 1-23.

Herbert, J. D., Gaudiano, B. A., Rheingold, A. A., Myers, V. H., Dalrymple, K. L., & Nolan, B. M. (2005). Social skills training augments the effectiveness of cognitive behavior group therapy for social anxiety disorder. *Behavior Therapy, 36,* 125-138.

Olsson-Jerremalm, A. (1988). Applied relaxation in the treatment of phobias. *Scandinavian Journal of Behaviour Therapy, 17,* 97-110.

Rowa, K., & Antony, M. M. (2005). Psychological treatments for social phobia. *The Canadian Journal of Psychiatry, 50,* 308-316.

Teachman, B. A. (n.d.). *Social phobia and public speaking anxiety. American Psychological Association division 12 website on research-supported psychological treatments* [Online]. Accessed April 2012 at http://www.div12.org/

PsychologicalTreatments/disorders/socialphobia_main.php

Zaider, T. I., & Heimberg, R. G. (2003). Non-pharmacologic treatments for social anxiety disorder. *Acta Psychiatrica Scandinavica, 108*(417), 72-84.

Clinical Resources

Antony, M. M., & Rowa, K. (2008). *Social phobia.* Göttingen, Germany: Hogrefe and Huber.

Antony, M., & Swinson, R. (2000). *The shyness and social anxiety workbook.* Oakland, CA: New Harbinger.

Benson, H. (1975, 2000). *The relaxation response.* New York, NY: Avon.

Bernstein, D. A., Borkovec, T. D., & Hazlett-Stevens, H. (2000). *New directions in progressive muscle relaxation: A guidebook for helping professionals.* Westbury, CT: Praeger.

Brown, T. A., DiNardo, P. A., & Barlow, D. H. (2004). *Anxiety disorders interview schedule adult version (ADIS-IV): Client interview schedule.* New York, NY: Oxford University Press.

Eifert, G. H., Forsyth, J. P., & Hayes, S. C. (2005). *Acceptance and commitment therapy for anxiety disorders: A practitioner's treatment guide to using mindfulness, acceptance, and values-based behavior change strategies.* Oakland, CA: New Harbinger.

Hayes, S. C., Strosahl, K. D., & Wilson, K. G. (2012). *Acceptance and commitment therapy* (2nd ed.). New York, NY: Guilford Press.

Heimberg, R. G., & Becker, R. E. (2002). *Cognitive-behavioral group therapy for social phobia: Basic mechanisms and clinical strategies.* New York, NY: Guilford Press.

Hofmann, S. G., & Otto, M. W. (2008). *Cognitive behavioral therapy for social anxiety disorder: Evidence-based and disorder specific treatment techniques.* New York, NY: Routledge.

Hope, D. A., Heimberg, R. G., & Turk, C. L. (2010). *Managing social anxiety: A cognitive behavioral therapy approach—therapist guide* (2nd ed.). New York, NY: Oxford University Press.

Öst, L. G. (1987). Applied relaxation: Description of a coping technique and review of controlled studies. *Behaviour Research and Therapy, 25*, 397-409.

Rapee, R. (1999). *Overcoming shyness and social phobia.* Northvale, NJ: Aronson.

Turk, C. L., Heimberg, R. C., & Hope, D. A. (2007). Social anxiety disorder. In D. H. Barlow (Ed.), *Clinical handbook of psychological disorders* (4th ed.). New York, NY: Guilford Press.

Weissman, M. M., Markowitz, J. C., & Klerman, G. L. (2000). *Comprehensive guide to interpersonal psychotherapy.* New York, NY: Basic Books.

Zabat-Zinn, J. *Guided mindfulness meditation* [Audio CD]. Available at www.jonkabat-zinn.com

신체 증상 장애(Somatization)

Selected Studies and Reviews of Empirical Support for Cognitive-Behavioral Therapies

Clark, D. M., Salkovskis, P. M., Hackmann, A., Wells, A., Fennell, M., Lundgate, J., & Gelder, M. (1998). Two psychological treatments for hypochondriasis: A randomized controlled trial. *British Journal of Psychiatry, 173*, 218-225.

McKay, D. (1999). Two-year follow-up of behavioral treatment and maintenance for body dysmorphic disorder. *Behavior Modification, 23*, 620-629.

Neziroglu, F. A., & Yaryura, T. J. A. (1993). Exposure, response prevention, and cognitive therapy in the treatment of body dysmorphic disorder. *Behavior Therapy, 24*, 431-438.

Rosen, J. C., Reiter, P., & Orosan, P. (1995). Cognitive-behavioral body image therapy for body dysmorphic disorder. *Journal of Consulting and Clinical Psychology, 63*, 263–269.

Taylor, S., Asmundson, G. J. G., & Coons, M. J. (2005). Current directions in the treatment of hypochondriasis. *Journal of Cognitive Psychotherapy, 19*, 291–310.

Thomson, A., & Page, L. (2007). Psychotherapies for hypochondriasis. *Cochrane Database of Systematic Reviews, 4*, Art. No.: CD006520.

Wilhelm, S., Otto, M. W., Lohr, B., & Deckersbach, T. (1999). Cognitive behavior group therapy for body dysmorphic disorder: A case series. *Behaviour Research and Therapy, 37*, 71–75.

Clinical Resources

Abramowitz, J. S., & Braddock, A. E. (2008). *Psychological treatment of health anxiety and hypochondriasis: A biopsychosocial approach.* Göttengen, Germany: Hogrefe and Huber.

Bernstein, D. A., & Borkovec, T. D. (1973). *Progressive relaxation training.* Champaign, IL: Research Press.

Bernstein, D. A., Borkovec, T. D., & Hazlett-Stevens, H. (2000). *New directions in progressive muscle relaxation: A guidebook for helping professionals.* Westbury, CT: Praeger.

Furer, P., Walker, J. R., & Stein, M. B. (2007). *Treating health anxiety and fear of death: A practitioner's guide.* New York, NY: Springer.

Hayes, S. C., Strosahl, K. D., & Wilson, K. G. (2012). *Acceptance and commitment therapy* (2nd ed.). New York: Guilford Press.

Meichenbaum, D. (1985). *Stress inoculation training.* New York: Pergamon Press.

Meichenbaum, D. (2003). Stress inoculation training. In W. O'Donohue, J. E. Fisher, & S. C. Hayes (Eds.), *Cognitive behavioral therapy: Applying empirically supported techniques in your practice.* Hoboken, NJ: Wiley.

Meichenbaum, D. (2007). Stress inoculation training: A preventative and treatment approach. In P. M. Lehrer, R. L. Woolfolk, & W. S. Sime (Eds.), *Principles and practice of stress management* (3rd ed.). New York, NY: Guilford Press.

Taylor, S., & Asmundson, G. J. G. (2004). *Treating health anxiety: A cognitivebehavioral approach.* New York, NY: Guilford Press.

Veale D., & Neziroglu, F. (2010). *Body dysmorphic disorder: A treatment manual.* Hoboken, NJ: Wiley.

Zabat-Zinn, J. *Guided mindfulness meditation* [Audio CD]. Available at www.jonkabat-zinn.com

물질 사용(Substance Use)

Selected Studies and Reviews of Empirical Support for Cognitive-Behavioral Therapies

Carroll, K. M., Fenton, L. R., Ball, S. A., Nich, C., Frankforter, T. L., Shi, J., & Rounsaville, B. J. (2004). Efficacy of disulfiram and cognitive behavior therapy in cocaine-dependent outpatients: A randomized placebo-controlled trial. *Archives of General Psychiatry, 61*(3), 264–272.

Finney, J. W., Wilbourne, P. L., & Moos, R. H. (2007). Psychosocial treatments for substance use disorders. In P. E. Nathan & J. M. Gorman (Eds.), *A guide to treatments that work* (3rd ed., pp. 179–202). New York, NY: Oxford University Press.

Glasner-Edwards, S., & Rawson, R. A. (2010). Evidence-based practices in addiction treatment: Review and recommendations for public policy. *Health Policy, 97*, 93–104.

Najavits, L., Piotrowski, N., Brigham, G., Hampton,

A., & Worley, M. (n.d.). Substance and alcohol use disorders. *American Psychological Association division 12 website on research-supported psychological treatments* [Online]. Accessed April 2012 at http://www.div12.org/PsychologicalTreatments/disorders/substance_main.php

National Institute on Drug Abuse. (2009, April). *Principles of drug addiction reatment: A research based guide* (2nd ed.). Bethesda, MD: National Institutesof Health.

National Quality Forum. (September, 2007). *National voluntary consensus standards for the treatment of substance use conditions: Evidence-based treatment practices.* Washington, DC: Author.

Project MATCH Research Group. (1997). Matching alcoholism treatments to client heterogeneity: Project MATCH post-treatment drinking outcomes. *Journal of Studies on Alcohol, 58*(1), 7-29.

Clinical Resources

Daley, D. C., & Marlatt, G. A. (2006). *Overcoming your alcohol or drug problem: Effective recovery strategies—Therapist guide.* New York, NY: Oxford University Press.

Epstein, E. E., & McCrady, B. S. (2009). *A cognitive-behavioral treatment program for overcoming alcohol problems—Therapist guide.* New York, NY: Oxford University Press.

Kadden, R. (2001). *Cognitive behavior therapy for substance dependence: Coping skills training. A guideline developed for the behavioral health recovery management project* [Online]. Available from http://www.bhrm.org/guidelines/addguidelines.htm

Kouimtsidis, C., Reynolds, M., Drummond, C., Davis, P., & Tarrier, N. (2007). *Cognitive behavioural therapy in the treatment of addiction: A treatment planner for clinicians.* London, England: Wiley.

Marlatt, G. A., & Donovan, D. M. (Eds.). (2005). *Relapse prevention: Maintenance strategies in the treatment of addictive behaviors.* New York, NY: Guilford Press.

Marlatt, G. A., Parks, G. A., & Witkiewitz, K. (2002). *Clinical guidelines for implementing relapse prevention therapy: A guideline developed for the behavioral health recovery management project* [Online]. Available from http://www.bhrm.org/guidelines/addguidelines.htm

Miller, W. R. (Ed.). (2004). *Combined Behavioral Intervention manual: A clinical research guide for therapists treating people with alcohol abuse and dependence. COMBINE Monograph Series* (Vol. 1). Bethesda, MD: National Institute on Alcohol Abuse and Alcoholism. DHHS No. 04-5288.

Selected Studies and Reviews of Empirical Support for Community Reinforcement

Finney, J. W., Wilbourne, P. L., & Moos, R. H. (2007). Psychosocial treatments for substance use disorders. In P. E. Nathan & J. M. Gorman (Eds.), *A guide to treatments that work* (3rd ed., pp. 179-202). New York, NY: Oxford University Press.

Glasner-Edwards, S., & Rawson, R. A. (2010). Evidence-based practices in addiction treatment: Review and recommendations for public policy. *Health Policy, 97,* 93-104.

Higgins, S. T., Sigmon, S. C., Wong, C. J., Heil, S. H., Badger, G. J., Donham, R., & Anthony, S. (2003). Community reinforcement therapy for cocaine-dependent outpatients. *Archives of General Psychiatry, 60,* 1043-1052.

Miller, W. R., Meyers, R. J., Tonigan, J. S., & Grant, K. A. (2001). Community reinforcement and traditional approaches: Findings of a controlled trial. In R. J. Meyers & W. R. Miller (Eds.), *A community reinforcement approach to addiction treatment* (pp. 79-103). New York, NY: Cambridge University Press.

National Institute on Drug Abuse. (2009, April). *Principles of drug addiction treatment: A research based guide* (2nd ed.). Bethesda, MD: National Institutes of Health.

National Quality Forum. (2007, September). *National voluntary consensus standards for the treatment of substance use conditions: Evidence-based treatment practices.* Washington, DC: Author.

Roozen, H. G., Boulogne, J. J., van Tulder, M. W., van den Brink, W., De Jong, C. A. J., & Kerhof, J. F. M. (2004). A systemic review of the effectiveness of the community reinforcement approach in alcohol, cocaine and opioid addiction. *Drug and Alcohol Dependence, 74*(1), 1-13.

Clinical Resources

Koks, J. C., Roozen, H. G., Wiersema, J., & Strietman, M. (2006). *Pleasant activities list* [Online]. Available from http://www.robertjmeyersphd.com/download/Pleasant%20Activities%20List%20(PAL).pdf

Meyers, R. J., & Miller, W. R. (2006). *A community reinforcement approach to addiction treatment.* Cambridge, UK: Cambridge University Press.

Meyers, R. J., & Smith, J. E. (1995). *Clinical guide to alcohol treatment: The community reinforcement approach.* New York, NY: Guilford Press.

Meyers, R. J., & Squires, D. (2001). *Community reinforcement approach: A guideline developed for the behavioral health recovery management project* [Online]. Available from http://www.bhrm.org/guidelines/addguidelines.htm

Selected Studies and Reviews of Empirical Support for Contingency Management

Budney, A. J., Moore, B. A., Rocha, H. L., & Higgins, S. T. (2006). Clinical trial of abstinence-based vouchers and cognitive-behavioral therapy for cannabis dependence. *Journal of Consulting and Clinical Psychology, 74*(2), 307-316.

Finney, J. W., Wilbourne, P. L., & Moos, R. H. (2007). Psychosocial treatments for substance use disorders. In P. E. Nathan & J. M. Gorman (Eds.), *A guide to treatments that work* (3rd ed., pp. 179-202). New York, NY: Oxford University Press.

Glasner-Edwards, S., & Rawson, R. A. (2010). Evidence-based practices in addiction treatment: Review and recommendations for public policy. *Health Policy, 97*, 93-104.

Lussier, J. P., Heil, S. H., Mongeon, J. A., Badger, G. J., & Higgins, S. T. (2006). A meta-analysis of voucher-based reinforcement therapy for substance use disorders. *Addiction, 101*, 192-203.

Najavits, L., Piotrowski, N., Brigham, G., Hampton, A., & Worley, M. (n.d.). *Substance and alcohol use disorders. American Psychological Association division 12 website on research-supported psychological treatments* [Online]. Accessed April 2012 at http://www.div12.org/PsychologicalTreatments/disorders/substance_main.php

National Institute on Drug Abuse. (2009, April). *Principles of drug addiction treatment: A research based guide* (2nd ed.). Bethesda, MD: National Institutes of Health.

National Quality Forum. (September, 2007). *National voluntary consensus standards for the treatment of substance use conditions: Evidence-based treatment practices.* Washington, DC: Author.

Peirce, J. M., Petry, N. M., Stitzer, M. L., Blaine, J., Kellogg, S., Satterfield, F., & Li, R. (2006). Effects of lower-cost incentives on stimulant abstinence in methadone maintenance treatment: A national drug abuse treatment clinical trials network study. *Archives of General Psychiatry, 63*(2), 201-208.

Prendergast, M., Podus, D., Finney, J., Greenwell, L., & Roll, J. (2006). Contingency management for treatment of substance use disorders: A metaanalysis. *Addiction, 101*, 1546-1560.

Roll, J. M., Petry, N. M., Sitizer, M. L., Brecht, M. L., Peirce, J. M., McCann, M. J., & Kellogg, S. (2006). Contingency management for the treatment of methamphetamine use disorders. *American Journal of Psychiatry, 163*(11), 1993-1999.

Clinical Resources

Henggeler, S. W., Cunningham, P. B., Rowland, M. D., & Schoenwald, S. K. (2011). *Contingency management for adolescent substance abuse.* New York, NY: Guilford Press.

Higgins, S. T., Silverman, K., & Heil, S. H. (Eds.). (2007). *Contingency management in substance abuse treatment.* New York, NY: Guilford Press.

Petry, N. M. (2001). *A clinician's guide for implementing contingency management programs: A guideline developed for the behavioral health recovery management project* [Online]. Available from http://www.bhrm.org/guidelines/addguidelines.htm

Petry, N. M. (2011). *Contingency management for substance abuse treatment: A guide to implementing this evidence-based practice.* New York, NY: Routledge.

Selected Studies and Reviews of Empirical Support for Motivational Enhancement Therapy/Motivational Interviewing

Ball, S. A., Martino, S., Nich, C., Frankforter, T. L., van Horn, D., Crits-Christoph, P., Woody, G. E., & Carroll, K. M. (2007). Site matters: Multisite randomized trial of motivational enhancement therapy in community drug abuse clinics. *Journal of Consulting and Clinical Psychology, 75*(4), 556-567.

Finney, J. W., Wilbourne, P. L., & Moos, R. H. (2007). Psychosocial treatments for substance use disorders. In P. E. Nathan & J. M. Gorman (Eds.), *A guide to treatments that work* (3rd ed., pp. 179-202). New York, NY: Oxford University Press.

Glasner-Edwards, S., & Rawson, R. A. (2010). Evidence-based practices in addiction treatment: Review and recommendations for public policy. *Health Policy, 97*, 93-104.

Hettema, J., Steele, J., & Miller, W. R. (2005). Motivational interviewing. *Annual Review of Clinical Psychology, 1*, 91-111.

Lundahl, B. W., Kunz, C., Brownell, C., Tollefson, D., & Burke, B. L. (2010). A meta-analysis of motivational interviewing: Twenty-five years of empirical studies. *Research on Social Work Practice, 20*(2), 137-160.

Najavits, L., Piotrowski, N., Brigham, G., Hampton, A., & Worley, M. (n.d.). *Substance and alcohol use disorders. American Psychological Association division 12 website on research-supported psychological treatments* [Online]. Accessed April 2012 at http://www.div12.org/PsychologicalTreatments/disorders/substance_main.php

National Institute on Drug Abuse. (2009, April). *Principles of drug addiction treatment: A research based guide* (2nd ed.). Bethesda, MD: Author.

National Quality Forum. (2007, September). *National voluntary consensus standards for the treatment of substance use conditions: Evidence-based treatment practices.* Washington, DC: Author.

Project MATCH Research Group. (1997). Matching alcoholism treatments to client heterogeneity: Project MATCH post-treatment drinking outcomes. *Journal of Studies on Alcohol, 58*(1), 7-29.

Clinical Resources

Connors, G., Donovan, D., & DiClemente, C. C. (2001). *Substance abuse treatment and the stages of change: Selecting and planning interventions.* New York, NY: Guilford Press

DiClemente. C. C. (2003). *Addiction and change.* New York, NY: Guilford Press.

DiClemente, C. C., Van Orden, O. R., & Wright, K. S. (2011). Motivational interviewing and enhancement. In Ruiz, P. & Strain, E. (Eds.), *Lowinson & Ruiz's substance abuse: A comprehensive textbook* (5th ed.). Baltimore, MD: Lippincott Williams & Wilkins.

Miller, W. R. (Ed.) (2004). *Combined Behavioral Intervention manual: A clinical research guide for therapists treating people with alcohol abuse and dependence. COMBINE Monograph Series* (Vol. 1). Bethesda, MD: National Institute on Alcohol Abuse and Alcoholism. DHHS No. 04-5288.

Miller, W. R., & Rollnick, S. (2002). *Motivational interviewing: Preparing people for change* (2nd ed.). New York, NY: Guilford Press.

Miller, W. R., Zweben, A., DiClemente, C. C., & Rychtarik, R. G. (1992). *Motivational Enhancement Therapy manual: A clinical research guide for therapists treating individuals with alcohol abuse and dependence.* Volume 2, Project MATCH Monograph Series. Rockville, MD: National Institute on Alcohol

Abuse and Alcoholism.

Rosengren, D. B. (2009). *Building motivational interviewing skills.* New York: Guilford Press.

Squires, D., & Moyers, T. (2001). *Motivational interviewing: A guideline developed for the behavioral health recovery management project* [Online]. Available from http://www.bhrm.org/guidelines/addguidelines.htm

Selected Studies and Reviews of Empirical Support for 12-Step Facilitation

Finney, J. W., Wilbourne, P. L., & Moos, R. H. (2007). Psychosocial treatments for substance use disorders. In P. E. Nathan & J. M. Gorman (Eds.), *A guide to treatments that work* (3rd ed., pp. 179-202). New York, NY: Oxford University Press.

National Institute on Drug Abuse. (2009, April). *Principles of drug addiction treatment: A research based guide* (2nd ed.). Bethesda, MD: National Institute of Health.

National Quality Forum. (2007, September). *National voluntary consensus standards for the treatment of substance use conditions: Evidence-based treatment practices.* Washington, DC: Author.

Project MATCH Research Group. (1997). Matching alcoholism treatments to client heterogeneity: Project MATCH posttreatment drinking outcomes. *Journal of Studies on Alcohol, 58*(1), 7-29.

Project MATCH Research Group. (1998). Matching alcoholism treatments to client heterogeneity: Project MATCH three-year drinking outcomes. *Alcoholism: Clinical and Experimental Research, 22,* 1300-1311.

Clinical Resources

Perkinson, R. (2003). *Alcoholism and drug abuse patient workbook.* Thousand Oaks, CA: Sage.

More information and resources regarding 12-Stepbased treatment approaches are available online at http://www.12step.org/

Selected Studies and Reviews of Empirical Support for Behavioral Couples Therapy

Fals-Stewart, W., Birchler, G. R., & Kelley, M. L. (2006). Learning sobriety together: A randomized clinical trial examining behavioral couples therapy with alcoholic female patients. *Journal of Consulting and Clinical Psychology, 74,* 579-591.

Fals-Stewart, W., Klostermann, K., Yates, B. T., O'Farrell, T. J., & Birchler, G. R. (2005). Brief relationship therapy for alcoholism: A randomized clinical trial examining clinical efficacy and cost-effectiveness. *Psychology of Addictive Behaviors, 19,* 363-371.

Finney, J. W., Wilbourne, P. L., & Moos, R. H. (2007). Psychosocial treatments for substance use disorders. In P. E. Nathan & J. M. Gorman (Eds.), *A guide to treatments that work* (3rd ed., pp. 179-202). New York, NY: Oxford University Press.

Glasner-Edwards, S., & Rawson, R. A. (2010). Evidence-based practices in addiction treatment: Review and recommendations for public policy. *Health Policy, 97,* 93-104.

Najavits, L., Piotrowski, N., Brigham, G., Hampton, A., & Worley, M. (n.d.). *Substance and alcohol use disorders. American Psychological Association division 12 website on research-supported psychological treatments* [Online]. Accessed April 2012 at http://www.div12.org/PsychologicalTreatments/disorders/substance_main.php

National Institute on Drug Abuse. (2009, April). *Principles of drug addiction treatment: A research based guide.* Bethesda, MD: National Institutes of Health.

National Quality Forum. (2007, September). *National voluntary consensus standards for the treatment of substance use conditions: Evidence-based treatment practices.* Washington, DC: Author.

Clinical Resources

Fals-Stewart, W., O'Farrell, T., Birchler, G., & Gorman, C. (2006). *Behavioral couples therapy for drug abuse and alcoholism: A 12-session manual.* Buffalo, NY: Addiction and Family Research Group.

McCrady, B. S., & Epstein, E. E. (2008). *Overcoming alcohol problems: A couplesfocused program-therapist guide.* New York, NY: Oxford University Press.

O'Farrell, T. J., & Fals-Stewart, W. (2002). *Behavioral couples therapy for alcoholism and drug abuse: A guideline developed for the Behavioral Health Recovery Management Project* [Online]. Available from http://www.bhrm.org/guidelines/addguidelines.htm

O'Farrell, T. J., & Fals-Stewart, W. (2006). *Behavioral couples therapy for alcoholism and drug abuse.* New York, NY: Guilford Press.

Integrative Clinical Resources

Finley, J., & Lenz, B. (2009). *Addiction treatment homework planner.* Hoboken, NJ: Wiley.

Marlatt, G. A., Larimer, M. E., & Witkiewitz, K. (2012). *Harm reduction: Pragmatic strategies for managing high-risk behaviors* (2nd ed.). New York, NY: Guilford Press.

Miller, W. R., Forcehimes, A. A., & Zweben, A. Z. (2011). *Treating addiction: A guide for professionals.* New York, NY: Guilford Press.

Walters, S. T., & Rotgers, F. (2012). *Treating substance abuse: Theory and technique* (3rd ed.). New York, NY: Guilford Press.

A 타입 행동유형(Type A Behavior)

Selected Studies and Reviews of Empirical Support for Cognitive-Behavioral Stress Management and Anxiety Management Training

Deffenbacher, J. L., McNamara, K., Stark, R. S., & Sabadell, P. M. (1990). A combination of cognitive, relaxation, and behavioral coping skills in the reduction of general anger. *Journal of College Student Development, 31,* 351-358.

Deffenbacher, J. L., & Stark, R. (1992). Relaxation and cognitive relaxation treatments of general anger. *Journal of Counseling Psychology, 39,* 158-167.

Hart, K. E. (1984). Anxiety management training and anger control for type A individuals. *Journal of Behavior Therapy and Experimental Psychiatry, 15,* 133-139.

Jenkins, C. D., Zyzanski, S. J., & Rosenman, R. H. (1979) *Jenkins activity survey.* New York, NY: Psychological Corporation.

Meichenbaum, D. (1993). Stress inoculation training: A 20-year update. In P. M. Lehrer & R. L. Woolfolk (Eds.), *Principles and practice of stress management* (2nd ed.). New York, NY: Guilford Press.

Meichenbaum, D. (1996). Stress inoculation training for coping with stressors. *Clinical Psychologist, 49*(4), 4-7.

Roskies, E. (1983). Stress management for Type A individuals. In D. Meichenbaum & M. Jaremko (Eds.), *Stress prevention and reduction.* New York, NY: Plenum Press.

Roskies, E. (1987). *Stress management for the healthy Type A: A skills-training program.* New York, NY: Guilford Press.

Clinical Resources

Charlesworth, E. A., & Nathan, R. G. (2004). *Stress management: A comprehensive guide to wellness.* New York, NY: Ballantine Books.

Deffenbacher, J. L., & McKay, M. (2000). *Overcoming situational and general anger: Therapist protocol* (Best practices for therapy). Oakland, CA: New Harbinger.

Hayes, S. C., Strosahl, K. D., & Wilson, K. G. (2012). *Acceptance and commitment therapy* (2nd ed.). New York, NY: Guilford Press.

Kassinove, H., & Tafrate, R. C. (2002). *Anger management: The complete treatment guidebook for practitioners.* Atascadero, CA: Impact.

Lehrer, P. M., & Woolfolk, R. L. (1993). *Principles and practice of stress management* (2nd ed.). New York, NY: Guilford Press.

Luoma, J. B., Hayes, S. C., & Walser, R. D. (2007). *Learning ACT: An acceptance and commitment therapy skills-training manual for therapists.* New York, NY: New Harbinger.

Meichenbaum, D. (2007). Stress inoculation training: A preventative and treatment approach. In P. M. Lehrer, R. L. Woolfolk, & W. S. Sime (Eds.), *Principles and practice of stress management* (3rd ed.). New York, NY: Guilford Press.

Suinn, R. M. (1990). *Anxiety management training: A behavior therapy.* New York, NY: Plenum Press.

Zabat-Zinn, J. *Guided mindfulness meditation* [Audio CD]. Available at www.jonkabat-zinn.com

단극성 우울(Unipolar Depression)

Selected Studies and Reviews of Empirical Support for Behavior Therapy/Behavioral Activation

American Psychiatric Association. (2010). *Practice guideline for the treatment of patients with major depressive disorder* (3rd ed.). Arlington, VA: Author.

Cuijpers, P., van Straten, A., & Warmerdam, L. (2007). Behavioral activation treatments of depression: A meta-analysis. *Clinical Psychology Review, 27,* 318-326.

Dennis, C. L., & Hodnett, E. D. (2007). Psychosocial and psychological interventions for treating postpartum depression. *Cochrane Database of Systematic Reviews, 4.* Art. No.: CD006116.

Dimidjian, S., Hollon, S. D., Dobson, K. S., Schmaling, K. B., Kohlenberg, R. J., Addis, M. E., & Jacobson, N. S. (2006). Randomized trial of behavioral activation, cognitive therapy, and antidepressant medication in the acute treatment of adults with major depression. *Journal of Consulting and Clinical Psychology, 74,* 638-670.

Hayes, A., & Strunk, D. (n.d.). *Depression. American Psychological Association division 12 website on research-supported psychological treatments* [Online]. Accessed April 2012 at http://www.div12.org/PsychologicalTreatments/disorders/depression_main.php

Jacobson, N. S., Dobson, K. S., Traux, P. A., Addis, M. E., Koerner, K., Gollan, E., . . . Prince, S. E. (1996). A component analysis of cognitive-behavioral treatment for depression. *Journal of Consulting and Clinical Psychology, 64,* 293-304.

Kuehner, C. (2005). An evaluation of the "Coping with Depression Course" for relapse prevention with unipolar depressed patients. *Psychotherapy and Psychosomatics, 74,* 254-259.

Miranda, J., Bernal, G., Lau, A., Kohn, L., Hwang, W., & LaFromboise, T. (2005). State of the science on psychosocial interventions for ethnic minorities. *Annual Review of Clinical Psychology, 1,* 113-142.

National Institute for Health and Clinical Excellence (2009, October). *Depression in adults: Clinical guideline CG90* [Online]. Available from http://guidance.nice.org.uk/CG90

Clinical Resources

Jacobson, N. S., Martell, C. R., & Dimidjian, S. (2001). Behavioral Activation Treatment for Depression: Returning to contextual roots. *Clinical Psychology: Science & Practice, 8,* 225-270.

Martell, C. R., Addis, M. E., & Jacobson, N. S. (2001). *Depression in context: Strategies for guided action.* New York, NY: Norton.

Martell, C. R., Dimidjian, S. & Herman-Dunn, R. (2010). *Behavioral activation: A clinician's guide.* New York, NY: Guilford.

Zimmerman, M., Coryell, W., Corenthal, C., & Wilson, S. (1986). A self-report scale to diagnose major depressive disorder. *Archives of General Psychiatry, 43,* 1076-1081.

Selected Studies and Reviews of Empirical Support for Cognitive/Cognitive-Behavioral Therapies

American Psychiatric Association. (2010). *Practice guideline for the treatment of patients with major depressive disorder.* Arlington, VA: Author.

Dennis, C. L., & Hodnett, E. D. (2007). Psychosocial and psychological interventions for treating postpartum depression. *Cochrane Database of Systematic Reviews, 4.* Art. No.: CD006116.

DeRubeis, R. J., Gelfand, L. A., Tang, T. Z., & Simons, A. (1999). Medications versus cognitive behavioral therapy for severely depressed outpatients: Metaanalysis of four randomized comparisons. *American Journal of Psychiatry, 156,* 1007-1013.

DeRubeis, R. J., Hollon, S. D., Amsterdam, J. D., Shelton, R. C., Young, P. R., Saloman, R. M., . . .

Gallop, R. (2005). Cognitive therapy vs medications in the treatment of moderate to severe depression. *Archives of General Psychiatry, 62,* 409-416.

Elkin, I., Shea, M. T., Watkins, J. T., Imber, S. D., Sotsky, S. M., Collins, J. F., . . . Parloff, M. B. (1989). National Institute of Mental Health Treatment of Depression Collaborative Research Program: General effectiveness of treatments. *Archives of General Psychiatry, 46,* 971-982.

Gloagen, V., Cottraux, J., Cucherat, M., & Blackburn, I. (1998). A meta-analysis of the effects of cognitive therapy in depressed patients. *Journal of Affective Disorders, 49,* 59-72.

Gortner, E. T., Gollan, J. K., Dobson, K. S., & Jacobson, N. S. (1998). Cognitivebehavioral treatment for depression: Relapse prevention. *Journal of Consulting and Clinical Psychology, 66,* 377-384.

Hayes, A., & Strunk, D. (n.d.). *Depression. American Psychological Association division 12 website on research-supported psychological treatments* [Online]. Accessed April 2012 at http://www.div12.org/PsychologicalTreatments/disorders/depression_main.php

Hollon, S. D., DeRubeis, R. J., Shelton, R. C., Amsterdam, J. D., Saloman, R. M., O'Reardon, J. P., . . . Gallop, R. (2005). Prevention of relapse following cognitive therapy vs medications in moderate to severe depression. *Archives of General Psychiatry, 62,* 417-422.

Hollon, S. D., Thase, M. E., & Markowitz, J. C. (2002). Treatment and prevention of depression. *Psychological Science in the Public Interest, 3,* 39-77.

Miranda, J., Bernal, G., Lau, A., Kohn, L., Hwang, W., & LaFromboise, T. (2005). State of the science on psychosocial interventions for ethnic minorities.

Annual Review of Clinical Psychology, 1, 113-142.

National Institute for Health and Clinical Excellence (2009, October). *Depression in adults: Clinical guideline CG90* [Online]. Available from http://guidance.nice.org.uk/CG90

Vittengl, J. R., Clark, L. A., Dunn, T. W., & Jarrett, R. B. (2007). Reducing relapse and recurrence in unipolar depression: A comparative meta-analysis of cognitive-behavioral therapy's effects. *Journal of Consulting and Clinical Psychology, 75,* 475-488.

Clinical Resources

Beck, A. T., Rush, A. J., Shaw, B. F., & Emery, G. (1979). *Cognitive therapy of depression.* New York, NY: Guilford Press.

Beck, J. S. (2011a). *Cognitive behavior therapy: Basics and beyond* (2nd ed.). New York, NY: Guilford Press.

Beck, J. S. (2011b). *Cognitive therapy for challenging problems: What do I do when the basics don't work?* New York, NY: Guilford Press.

Hayes, S. C., Strosahl, K. D., & Wilson, K. G. (2012). *Acceptance and commitment therapy* (2nd ed.). New York, NY: Guilford Press.

Segal, Z. V., Williams, J. M. G., & Teasdale, J. D. (2001). *Mindfulness-based cognitive therapy for depression: A new approach to preventing relapse.* New York, NY: Guilford Press.

Selected Studies and Reviews of Empirical Support for Problem-Solving Therapy

Cuijpers, P., van Straten, A., & Warmerdam, L. (2007). Problem-solving therapies for depression: A meta-analysis. *European Psychiatry, 22,* 9-15.

Gellis, Z. D., & Kenaley, B. (2007). Problem-solving therapy for depression in adults: A systematic review. *Research on Social Work Practice, 18,* 117-131.

Hayes, A., & Strunk, D. (n.d.). *Depression. American Psychological Association division 12 website on research-supported psychological treatments* [Online]. Accessed April 2012 at http://www.div12.org/PsychologicalTreatments/disorders/depression_main.php

Malouff, J. M., Thorsteinsson, E. B., & Schutte, N. S. (2007). The efficacy of problem-solving therapy in reducing mental and physical health problems: A meta-analysis. *Clinical Psychology Review, 27*, 46-57.

Mynors-Wallis, L. M., Gath, D. H., Lloyd-Thomas, A. R., & Tomlinson, D. (1995). Randomised controlled trial comparing problem-solving treatment with amitriptyline and placebo for major depression in primary care. *British Medical Journal, 310*, 441-445.

National Institute for Health and Clinical Excellence (2009, October). *Depression in adults: Clinical guideline CG90* [Online]. Available from http://guidance.nice.org.uk/CG90

Nezu, A. M. (1986). Efficacy of a social problem-solving approach for unipolar depression. *Journal of Consulting and Clinical Psychology, 54*, 196-202.

Nezu, A. M. (2004). Problem-solving and behavior therapy revisited. *Behavior Therapy, 35*, 1-33.

Clinical Resources

D'Zurilla, T. J., & Nezu, A. M. (2001). Problem-solving therapies. In K. Dobson (Ed.), *Handbook of cognitive-behavioral therapies* (2nd ed., pp. 211-245). New York, NY: Guilford Press.

D'Zurilla, T. J., & Nezu, A. M. (2007). *Problem-solving therapy: A positive approach to clinical interventions* (3rd ed.). New York, NY: Springer.

Nezu, A. M., Nezu, C. M., & Perri, M. G. (1989). *Problem-solving therapy for depression: Theory, research, and clinical guidelines.* New York, NY: Wiley.

Selected Studies and Reviews of Empirical Support for Interpersonal Therapy

American Psychiatric Association. (2010). *Practice guideline for the treatment of patients with major depressive disorder.* Arlington, VA: Author.

Bolton, P., Bass, J., Neugebauer, R., Clougherty, K. F., Verdeli, H., Wickramaratne, P. J., & Weissman, M. M. (2003). Group interpersonal psychotherapy for depression in rural Uganda: A randomized controlled trial. *Journal of the American Medical Association, 289*(23), 3117-3124.

Cutler, J. L., Goldyne, A., Markowitz, J. C., Devlin, M. J., & Glick, R. A. (2004). Comparing cognitive behavioral therapy, interpersonal psychotherapy, and psychodynamic psychotherapy. *American Journal of Psychiatry, 161*, 1567-1573.

Dennis, C. L., & Hodnett, E. D. (2007). Psychosocial and psychological interventions for treating postpartum depression. *Cochrane Database of Systematic Reviews, 4.* Art. No.: CD006116.

Elkin, I., Shea, M. T., Watkins, J. T., Imber, S. D., Sotsky, S. M., Collins, J. F., . . . Parloff, M. B. (1989). National Institute of Mental Health Treatment of Depression Collaborative Research Program: General effectiveness of treatments. *Archives of General Psychiatry, 46*, 971-982.

Frank, E., Kupfer, D. J., Perel, J. M., Cornes, C., Jarrett, D. B., Mallinger, A. D., . . . Grochocinski, V. J. (1990). Three-year outcomes for maintenance therapies in recurrent depression. *Archives of General Psychiatry, 47*, 1093-1099.

Frank, E., Kupfer, D. J., Wagner, E. F., McEachran, A., & Cornes, C. (1991). Efficacy of interpersonal psychotherapy as a maintenance treatment for recurrent depression: Contributing factors. *Archives of General Psychiatry, 48*, 1053-1059.

Hayes, A., & Strunk, D. (n.d.). *Depression. American Psychological Association division 12 website on research-supported psychological treatments* [Online]. Accessed April 2012 at http://www.div12.org/PsychologicalTreatments/disorders/depression_main.php

Hollon, S. D., Thase, M. E., & Markowitz, J. C. (2002). Treatment and prevention of depression. *Psychological Science in the Public Interest, 3,* 39-77.

Klerman, G. L., DiMascio, A., Weissman, M. M., Prushoff, B. A., & Paykel, E. S. (1974). Treatment of depression by drugs and psychotherapy. *American Journal of Psychiatry, 131,* 186-191.

Kupfer, D. J., Frank, E., Perel, J. M., Cornes, C., Mallinger, A. G., Thase, M. E., McEachran, A. B., & Grochocinski, V. J. (1992). Five-year outcome for maintenance therapies in recurrent depression. *Archives of General Psychiatry, 49,* 769-773.

National Institute for Health and Clinical Excellence (2009). *Depression in adults: Clinical guideline CG90.* Available from http://guidance.nice.org.uk/CG90

Shea, M. T., Elkin, S. D., Imber, S. D., Sotsky, J. T., Watkins, J. F., Collins, P. A., . . . Parloff, M. B. (1992). Course of depressive symptoms over follow-up: Findings from the National Institute of Mental Health Treatment of Depression Collaborative Research Program. *Archives of General Psychiatry, 49,* 782-787.

Clinical Resources

Markowitz, J. C. (2003). Interpersonal psychotherapy for chronic depression. *Journal of Clinical Psychology: In Session, 59,* 847-858.

Weissman, M. M., Markowitz, J. C., & Klerman, G. L. (2000). *Comprehensive guide to interpersonal psychotherapy.* New York, NY: Basic Books.

Wilfley, D. E., Mackenzie K. R., Welch R. R., Ayres V. E., & Weissman M. M. (2000). *Interpersonal psychotherapy for group.* New York, NY: Basic Books.

Selected Studies and Reviews of Empirical Support for Self-Management/Self-Control Therapy

Dunn, N. J., Rehm, L. P., Schillaci, J., Souchek, J., Mehta, P., Ashton, C. M., Yanasak, E., & Hamilton, J. D. (2007). A randomized trial of self-management and psychoeducational group therapies for comorbid chronic posttraumatic stress disorder and depressive disorder. *Journal of Traumatic Stress, 20,* 221-237.

Fuchs, C. Z., & Rehm, L. P. (1977). A self-control behavior therapy program for depression. *Journal of Consulting and Clinical Psychology, 45,* 206-215.

Hayes, A., & Strunk, D. (n.d.). *Depression. American Psychological Association division 12 website on research-supported psychological treatments* [Online]. Accessed April 2012 at http://www.div12.org/PsychologicalTreatments/disorders/depression_main.php

Rehm, L. P., Fuchs, C. Z., Roth, D. M., Kornblith, S. J., & Romano, J. (1979). A comparison of self control and social skills treatments of depression. *Behavior Therapy, 10,* 429-442.

Reynolds, W. M., & Coats, K. I. (1986). A comparison of cognitive-behavioral therapy and relaxation training for the treatment of depression in adolescents. *Journal of Consulting and Clinical Psychology, 54,* 653-660.

Rokke, P. D., Tomhave, J. A., & Jocic, Z. (2000). Self-management therapy and educational group therapy for depressed elders. *Cognitive Therapy and Research, 24,* 99-119.

Roth, D., Bielski, R., Jones, M., Parker, W., & Osburn, G. (1982). A comparison of self-control therapy and combined self-control therapy and antidepressant medication in the treatment of depression. *Behavior Therapy, 13,* 133-144.

Thomas, J. R., Petry, N. M., & Goldman, J. (1987). Comparison of cognitive and behavioral self-control treatments of depression. *Psychological Reports, 60,* 975-982.

Van den Hout, J. H., Arntz, A., & Kunkels, F. H. (1995). Efficacy of a self-control therapy program in a psychiatric day-treatment center. *Acta Psychiatrika Scandinavia, 92*(1), 25-29.

Clinical Resources

Rehm, L. P. (2003). *Self-management therapy for depression. Personal Improvement Computer Systems (PICS), Inc.* [Online]. Available from www.therapyadvisor.com.

Rehm, L. P. (1984). Self-management therapy for depression. *Advances in Behaviour Therapy and Research, 6,* 83-98.

Selected Studies and Reviews of Empirical Support for Cognitive Behavioral Analysis System of Psychotherapy

Hayes, A., & Strunk, D. (n.d.). *Depression. American Psychological Association division 12 website on research-supported psychological treatments* [Online]. Accessed April 2012 at http://www.div12.org/PsychologicalTreatments/disorders/depression_main.php.

Keller, M. B., McCullough, J. P., Klein, D. N., Arnow, B., Dunner, D. L., Gelenberg, A. L., . . . Zajecka, J. (2000). A comparison of nefazodone, the cognitive behavioral analysis system of psychotherapy, and their combination for the treatment of chronic depression. *New England Journal of Medicine, 342,* 1462-1470.

Klein, D. N., Santiago, N. J., Vivian, D., Arnow, B. A., Blalock, J. A., Dunner, D. L., . . . Keller, M. B. (2004). Cognitive Behavioral Analysis System of Psychotherapy as a maintenance treatment for chronic depression. *Journal of Consulting and Clinical Psychology, 72,* 681-688.

Manber, R., Arnow, B. A., Blasey, C., Vivian, D., McCullough, J. P., Blalock, J. A., & Keller, M. B. (2003). Patient's therapeutic skill acquisition and response to psychotherapy, alone and in combination with medication. *Journal of Psychological Medicine, 33,* 693-702.

Nemeroff, C. B., Heim, C. M., Thase, M. E., Klein, D. N., Rush, A. J., Schatzberg, A. F., & Keller, M. B. (2003). Differential responses to psychotherapy versus pharmacotherapy in the treatment of patients with chronic forms of major depression and childhood trauma. *Proceedings of the National Academy of Sciences, USA, 100,* 14293-14296.

Schatzberg, A. F., Rush, A. J., Arnow, B. A., Banks, P. L. C., Blalock, J. A., Borian, F. A., & Keller, M. B. (2005). Chronic depression: Medication (nefazodone) or psychotherapy (CBASP) is effective when the other is not. *Archives of General Psychiatry, 62,* 513-520.

Clinical Resources

McCullough, J. P. (2006). *Treating chronic depression with disciplined personal involvement: CBASP.* New York, NY: Springer-Verlag.

McCullough, J. P. (2001). *Skills training manual for diagnosing and treating chronic depression: Cognitive behavioral analysis system of psychotherapy.* New York, NY: Guilford Press.

McCullough, J. P. (2000). *Treatment for chronic*

depression: Cognitive Behavioral Analysis System of Psychotherapy (CBASP). New York, NY: Guilford Press.

Other Clinical Resources

Greenberg, L. S., & Watson, J. C. (2005). *Emotion-focused therapy for depression.* Washington, DC: American Psychological Association.

Jacobson, N. S., & Christensen, A. (1996). *Integrative couples therapy: Promoting acceptance and change.* New York, NY: Norton.

Luborsky, L., Mark, D., Hole, A., Popp, C., Goldsmith, B., & Cacciola, J. (1995). Supportive-expressive dynamic psychotherapy of depression: A time-limited version. In J. Barber & P. Crits-Christoph (Eds.), *Dynamic therapies for the psychiatric disorders: Axis I.* New York, NY: Basic Books.

Zettle, R. D. (2007). *ACT for depression: A clinician's guide to using acceptance and commitment therapy in treating depression.* Oakland, CA: New Harbinger.

직업적 스트레스(Vocational Stress)

Selected Studies and Reviews of Empirical Support for Cognitive-Behavioral Stress Management

Caplan, R. D., Vinokur, A. D., Price, R. H., & van Ryan, M. (1989). Job seeking reemployment, and mental health: A randomized field trial in coping with job loss. *Journal of Applied Psychology, 74,* 10-20.

Forman, S. (1982). Stress management for teachers: A cognitive-behavioral program. *Journal of School Psychology, 20,* 180-187.

Hayes, S. C., Strosahl, K. D., & Wilson, K. G. (2012). *Acceptance and commitment therapy.* New York, NY: Guilford Press.

Kassinove, H., & Tafrate, R. C. (2002). *Anger*

management: The complete treatment guidebook for practitioners. Atascadero, CA: Impact.

Meichenbaum, D. (1993). Stress inoculation training: A twenty year update. In R. L. Woolfolk & P. M. Lehrer (Eds.), *Principles and practices of stress management.* New York, NY: Guilford Press.

Novaco, R. (1977b). A stress inoculation approach to anger management in the training of law enforcement officers. *American Journal of Community Psychology, 5,* 327-346.

Novaco, R. (1980). Training of probation officers for anger problems. *Journal of Consulting Psychology, 27,* 385-390.

Novaco, R., Cook, T., & Sarason, I. (1983). Military recruit training: An arena for stress coping skills. In D. Meichenbaum & M. Jaremko (Eds.), *Stress prevention and management: A cognitive-behavioral approach.* New York, NY: Plenum Press.

Saunders, T., Driskell, J. E., Johnston, J. H., & Salas, E. (1996). The effect of stress inoculation training on anxiety and performance. *Journal of Occupational Psychology, 1,* 170-186.

Clinical Resources

Bernstein, D. A., & Borkovec, T. D. (1973). *Progressive relaxation training.* Champaign, IL: Research Press.

Bernstein, D. A., Borkovec, T. D., & Hazlett-Stevens, H. (2000). *New directions in progressive muscle relaxation: A guidebook for helping professionals.* Westbury, CT: Praeger.

D'Zurilla, T. J., & Nezu, A. M. (2007). *Problem-solving therapy: A positive approach to clinical interventions* (3rd ed.). New York, NY: Springer.

Meichenbaum, D. (2007). Stress inoculation training: A preventative and treatment approach. In P. M. Lehrer, R. L. Woolfolk, & W. S. Sime (Eds.), *Principles and practice of stress management.* New

York, NY: Guilford Press.

Meichenbaum, D. (2003). Stress inoculation training. In W. O'Donohue, J. E. Fisher, & S. C. Hayes (Eds.), *Cognitive behavioral therapy: Applying empirically supported techniques in your practice.* Hoboken, NJ: Wiley.

Meichenbaum, D. (1985). *Stress inoculation training.* New York, NY: Pergamon Press.

Zinbarg, R. E., Craske, M. G., & Barlow, D. H. (2006). *Mastery of your anxiety and worry—Therapist guide.* New York, NY: Oxford University Press.

부록 C

회복 모델의 목표와 개입방안

다음의 목표와 개입방안들은 약물 남용과 정신건강 사업 본부(Substance Abuse and Mental Health Services Administration)에 의해 소집된 정신건강 회복과 정신건강 시스템 변화에 관한 2004년 국가적 합의 회의(2004 National Consensus Conference on Mental Health Recovery and Mental Health Systems Transformation)의 다학제적인 패널이 개발한 10개의 핵심 원리들을 기반으로 만들어졌다.

1. **자기 지시**: 내담자들은 스스로 결정하는 삶을 성취하기 위해 자율성과 독립성 그리고 자원에 대한 통제력을 최대한 활용함으로써 자신의 회복에 대한 계획을 이끌고 조절하고 선택하고 결정한다. 회복의 과정은 자신의 삶의 목표를 정하고 그 목표를 향한 독특한 계획을 디자인하는 개인에 의해 스스로 지시되어야 한다.

2. **개별성과 인간중심성**: 개인의 독특한 강점과 회복성뿐만 아니라 내담자의 요구, 선호, 경험(과거 트라우마를 포함) 그리고 다양한 표현으로 드러나는 문화적 배경에 따라 회복으로 향하는 다양한 길이 존재한다. 사람들은 또한 회복을 계속해서 진행 중인 과정, 최종 결과, 그리고 건강과 최적의 정신건강 상태를 성취하기 위한 종합적인 패러다임이라고 간주한다.

3. **임파워먼트(empowerment)**: 내담자는 여러 선택지 중에서 선택을 하고 자원의 배분을 포함해 그들의 삶에 영향을 미칠 모든 결정에 참여할 권한이 있다. 그리고 그렇게 하도록 교육과 지원받아야 한다. 그들은 다른 내담자들과 함께 집단적이고 효과적으로 스스로를 위해 그들의 요구, 바람, 욕구와 열망에 대해 말할 능력이 있다. 권한 이임을 통해 개인은 내담자의 자신의 운명에 통제력을 얻고 내담자의 삶 속의 구조적이고 사회적인 체계에 영향을 미친다.

4. **총체적 접근**: 회복은 정신, 신체, 영혼 그리고 공동체를 포함한 개인의 삶 전체를 포함한다. 회복은 내담자의 결정에 따라 주거, 고용, 교육, 정신건강, 그리고 건강관리 치료와 서비스, 상호보완적이고 자연주의적인 서비스, 중독 치료, 영성, 창의성, 사회적 네트워크, 지역사회 참여, 그리고 가족 지지를 포함한 모든 삶의 영역을 아우른다. 가족들, 제공 기관, 단체,

시스템, 지역 공동체와 사회는 이러한 지원에 내담자가 접근할 수 있는 기회를 만들고 유지하는 데 중요한 역할을 한다.

5. **비선형**: 회복은 단계적인 과정이 아니며, 연속적인 성장, 이따금씩의 좌절, 그리고 경험으로부터 배우는 과정을 기반으로 한다. 회복은 긍정적인 변화가 가능하다는 자각을 하는 초기 단계에서 시작한다. 이 자각이 내담자를 회복의 과정에 완전히 참여할 수 있도록 이끈다.

6. **강점 기반**: 회복은 다수의 능력, 회복력, 재능, 대처 능력, 그리고 개인의 고유한 가치를 개발하고 가치 있게 여기는 것에 중점을 둔다. 이와 같은 힘을 개발함으로써 내담자들은 좌절된 생애 역할을 뒤로 하고 새로운 생애 역할에 참여하게 된다(예를 들어, 파트너, 돌보는 사람, 친구, 학생, 고용인 등). 회복의 과정은 지지적이고 신뢰를 기반으로 한 관계를 맺고 있는 사람들과의 상호작용을 통해 앞으로 나아간다.

7. **동료지지**: 경험적인 지식, 기술 그리고 사회 학습을 공유하는 것을 포함하는 상호 지지는 회복에 매우 중요한 역할을 한다. 내담자들은 다른 내담자들을 격려하고 회복에 참여시킨다. 그리고 서로에게 소속감, 지지적인 관계, 가치 있는 역할, 그리고 공동체를 제공한다.

8. **존중**: 내담자의 권리를 보호하고 차별과 오명을 제거하는 것을 포함한 내담자에 대한 지역 공동체, 시스템 그리고 사회적 수용과 공감은 회복을 달성하는 데 중요하다. 자기수용과 자기 자신에 대한 믿음을 회복하는 것은 특히 필수적이다. 존중은 포함과 삶의 모든 측면에 있어 내담자의 완전한 참여를 보장한다.

9. **책임**: 내담자들은 회복의 과정과 자기를 스스로 돌보는 것에 대한 개인적인 책임이 있다. 그들이 목표를 향해 발을 내딛는 것에는 큰 용기가 필요할지도 모른다. 내담자들은 그들의 경험을 이해하고 그것에 의미를 부여하기 위해 노력해야 한다. 그리고 그들의 건강을 증진하기 위해 대처 전략과 회복 과정을 알아차려야 한다.

10. **기대**: 회복은 사람들이 그들을 맞서고 있는 장애물을 극복할 수 있다는 더 나은 미래에 대한 동기를 부여하는 중요한 메시지를 제공한다. 기대는 내면화된다. 그러나 기대는 동료, 가족, 친구, 제공 기관, 그리고 다른 이들에 의해 조성될 수 있다. 기대는 회복 과정의 촉진제 역할을 한다. 정신건강의 회복은 정신건강 장애를 갖고 있는 개인들이 살고, 일하고, 배우고, 사회에 온전히 참여하는 데 그들의 능력을 집중시키도록 도움으로써 각 개인에게만 유익한 것이 아니다. 정신건강의 회복은 또한 미국 공동체 생활의 조화를 풍요롭게 한다. 미국은 정신장애를 갖고 있는 사람들이 사회에 공헌할 수 있는 것으로부터 혜택을 누려 궁극적으로 더 강하고 건강한 나라가 될 수 있다.

이하의 치료 계획 속 목표에 사용된 번호들은 이상의 핵심 원리들에 사용된 번호들과 일치한다. 10개의 목표들은 같은 번호의 핵심 원리의 필수적인 주제를 담아낸다. 목표 뒤 괄호 속 숫자들은 각각의 목표들을 달성하는 데 내담자들을 도울 수 있는 개입방안들을 의미한다. 임상의는 내담자의 치료 계획에 모든 혹은 몇몇의 목표와 개입방안들을 골라 포함시킬 수 있다.

내담자의 치료 계획에 회복 모델 지향을 강조하고자 하는 임상의에겐 하나의 일반적인 장기적 목표가 제안된다.

장기 목표

1. 회복과 변화의 과정 동안 잠재력을 완전히 발휘하려고 노력하며 스스로 선택한 공동체 속에서 의미 있는 삶을 살기

⏱ 단기 목표	🗨 치료적 중재
1. 치료사, 가족 그리고 친구들에게 선호하는 회복 방법을 분명히 하기(1, 2, 3, 4)	1. (우울, 양극성 장애, PTSD 등)으로부터의 회복 방법에 대한 내담자의 생각, 요구 그리고 선호를 탐색하기
	2. 내담자와 함께 회복을 촉진할 수 있는 대안적인 치료 개입과 공동체 지지 자원에 대해 논의하기
	3. 내담자에게 치료의 방향성에 대한 선호를 밝히도록 요청하기; 이러한 선호가 가족 그리고 의미 있는 타인들에게 소통되게 하기
	4. 내담자의 결정으로 인해 초래될 수 있는 결과들에 대해 내담자와 함께 논의하기
2. 치료 과정에서 고려되어야 할 특별한 요구나 문화적 선호들을 구체화하기(5, 6)	5. 상호 동의한 치료 계획을 세우는 데 고려되어야 할 문화적인 고려사항, 경험 그리고 다른 요구들에 대해 내담자와 함께 탐색하기
	6. 내담자의 문화적, 경험적 배경과 선호를 수용할 수 있도록 치료 계획을 수정하기
3. 치료 과정에 관한 의사 결정이 자기 자신에 의해 통제되었다는 것을 이해하고 언어로 표현하기(7, 8)	7. 내담자에게 선택지들 사이에서 선택을 내리고, 치료 중에 자신에게 영향을 미칠 모든 결정에 참여할 권리가 있다는 사실을 분명히 하기

4. 치료 과정에 통합되어야 할 정신적, 육체적, 영적, 그리고 공동체적 요구와 욕구들에 대해 표현하기(9, 10)

8. 치료와 관련된 결정을 내리는 것에 대한 내담자의 참여를 격려하고 강화하며, 치료 과정이 내담자의 권리에 대한 인식을 지지하는 것과 같이 계속해서 내담자에게 선택지를 제공하고 설명하기

9. 내담자의 개인적, 대인관계적, 의학적, 영적, 그리고 공동체적 장점과 약점을 평가하기

10. 내담자 고유의 정신적, 신체적, 영적, 그리고 공동체적 요구와 자산을 계획에 통합함으로써 치료 계획에 대한 통합적인 접근을 유지하기; 내담자와 이러한 통합이 어떻게 이루어질 것인지에 대해 합의하기

5. 치료 과정 중에 성공, 실패, 진전, 그리고 좌절이 있을 것이라는 이해를 말로 표현하기(11, 12)

11. 내담자에게 긍정적인 변화가 가능은 하지만, 일련의 성공들로 이루어진 선형적인 과정으로 나타나지 않는다는 현실적인 기대와 희망을 촉진하기

12. 내담자에게 당신이 좌절과 실패의 어려운 시간 동안에도 내담자와 함께 그 과정에 있을 것임을 전달하기

6. 치료 과정으로 가져온 개인적 강점과 자산에 대한 평가에 협력하기(13, 14, 15)

13. Epstein의 행동적 그리고 정서적 평가 척도: 평가에 대한 강점 중심 접근[Behavioral and Emotional Rating Scale(BERS): A strength-Based Approach to Assessment]을 내담자에게 시행하기

14. 내담자 삶의 사회적, 인지적, 관계적 그리고 영적 측면을 포함한 철저한 평가를 통해 내담자의 강점을 확인하기; 내담자가 과거에 어떤 대처기술이 문제를 극복하는 데 도움이 되었고 내담자의 일상적인 생활에서 어떤 재능과 능력이 특징적으로 나타나는지 확인하는 과정을 돕기

15. 내담자에게 확인되는 강점과 이 강점들이 어떻게 단기 그리고 장기 회복 계획에 통합될 수 있는지에 대해 피드백 제공하기

7. 회복 과정 중 동료 지지의 이로움에 대한 이해를 말로 표현하기(16, 17, 18)

16. 동료 활동에 내담자가 참여하는 데 동의하도록 내담자와 함께 동료 지지의 이로움에 대해 이야기하기(예를 들어, 공통의 문제에 대해 공유하기, 성공적인 대처기술과 관련해 조언을 받기, 격려받기, 도움이 되는 지역 공동체 자원에 대해 알게 되기)

17. 내담자가 고른 지역 공동체 내 동료 지지 집단에 내담자를 의뢰하고 후속회기에서 경험을 다루기

18. 내담자의 사회 활동을 통한 소득과 여기서 마주하게 되는 장애물에 대한 문제를 해결함으로써 소속감, 지지적인 관계 형성 능력, 사회적 가치, 지역사회로의 통합을 개발하고 강화하기

8. 치료 직원, 가족, 자기 또는 지역사회로부터 존중이 느껴지지 않는 상황이 생긴다면 밝히기로 동의하기(19, 20, 21)

19. 미묘하거나 분명하게 무시가 내담자에게 보여지거나 경험되었던 방식들을 돌아보며 존중이 회복에 미치는 중요한 역할에 대해 내담자와 이야기하기

20. 과거에 내담자가 존중받지 못했다고 느꼈던 방식에 대해 돌아보며, 그 무시의 기원을 확인하기

21. 존중받을 만한 사람으로서 내담자의 자기 개념을 격려하고 강화하기; 지역사회 그리고/또는 가족 체계 내에서 존중받는 치료의 발생을 증가시키기 위해 내담자를 옹호하기

9. 자기를 스스로 돌보고 치료 과정 중의 결정에 참여하는 것에 대한 책임을 받아들인다고 말로 표현하기(22)

22. 치료를 관리하고, 일상적인 삶에서 그것을 적용하는 데 책임이 있는 사람으로서 내담자의 역할을 개발하고 격려하고 지지하고 강화하기; 회복 과정을 조력하는 책임자로서의 지지적인 역할을 취하기

10. 미래에 더 낫게 기능할 수 있을 것이라는 기대를 표현하기(23, 24)

23. 살고 일하고 배우고 사회에 온전히 참여하는 데에 개인적인 강점, 기술, 그리고 사회적 지지를 활용해 더 만족스러운 삶을 성취한 잠재적인 롤 모델에 대해 내담자와 함께 이야기하며 기대와 유인 동기를 확립하기

24. 장애물들을 극복하고 삶의 만족을 성취할 수 있
는 사람으로서 내담자의 자기 개념에 대해 논의
하고 강화하기; 과거와 현재의 예시들을 활용해
이와 같은 자기 개념을 계속해서 만들어 나가고
강화하기

부록 D

개입방안에 인용된 평가도구 및 임상 인터뷰 도구 목록

Title(제목)
>Authors(저자)
>>Publisher, Source or Citation(출판사)

Addiction Severity Index (ASI)

McLellan, Luborsky, O'Brien, and Woody

McLellan, A. T., Luborsky, L., O'Brien, C. P. & Woody, G. E. (1980). An improved diagnostic instrument for substance abuse patients: The Addiction Severity Index. *Journal of Nervous & Mental Diseases, 168,* 26-33. Available from http://adai.washington.edu/instruments/pdf/Addiction_Severity_Index_Baseline_Followup_4.pdf

Adolescent Psychopathology Scale-Short Form (APS-SF)

Reynolds

PAR

Alcohol Use Disorders Identification Test (AUDIT)

Babor, Higgins-Biddle, Saunders, and Monteiro

Babor, T. F., Biddle-Higgins, J. C., Saunders, J. B. & Monteiro, M. G. (2001). *AUDIT: The Alcohol Use Disorders Identification Test: Guidelines for Use in Primary Health Care.* Geneva, Switzerland: World Health Organization. Available from http://whqlibdoc.who.int/hq/2001/who_msd_msb_01.6a.pdf

Anger, Irritability, and Assault Questionnaire (AIAQ)

Coccaro, Harvey, Kupsaw-Lawrence, Herbert, and Bernstein

Coccaro, E. F., Harvey, P. D., Kupsaw-Lawrence, E., Herbert, J. L., & Bernstein, D. P. (1991). Development of neuropharmacologically based behavioral assessments of impulsive aggressive behavior. *The Journal of Neuropsychiatry and Clinical Neurosciences, 3*(2), 44-51.

Anxiety Disorders Interview Schedule-Adult Version (ADIS)

Brown, DiNardo, and Barlow

Oxford University Press

Anxiety Sensitivity Index (ASI)

Reiss, Peterson, Gursky, and McNally

IDS Publishing

Beck Anxiety Inventory (BDI)

Beck

Pearson

Beck Depression Inventory-II (BDI-II)

Beck, Steer, and Brown

Pearson

Beck Hopelessness Scale (BHS)

Beck

Pearson

Body Dysmorphic Disorder Examination (BDDE)

Rosen and Reiter

Rosen, J. C., & Reiter, J. (1996). Development of the body dysmorphic disorder examination. *Behaviour Research and Therapy, 34,* 755-766.

Brief Symptom Inventory-18 (BSI-18)

Derogatis

Pearson

Buss-Durkee Hostility Inventory (BDHI)

Buss and Durkee

Buss, A. H., & Durkee, A. (1957). An inventory for assessing different kinds of hostility. *Journal of Counseling Psychology, 21,* 343-349.

CAGE

Ewing

Ewing, J. A. (1984). Detecting alcoholism: The CAGE questionnaire. *Journal of the American medical Association, 252,* 1905-1907. Available from http://www.integration.samhsa.gov/clinical-practice/sbirt/CAGE_questionaire.pdf

Clinical Monitoring Form (CMF)

Sachs, Guille, and McMurrich

Sachs, G. S., Guille, C., & McMurrich, S. L. (2002). A clinical monitoring form for mood disorders. *Bipolar Disorders, 4*(5), 323-327.

Daily Hassles and Uplifts Scale (HSUP)

Lazarus and Folkman

Available from http://www.mindgarden.com/products/hsups.htm

Dementia Rating Scale-2 (DRS-2)

Juriea, Leitter, and Mattis

PAR

Derogatis Stress Profile (DSP)

Derogatis

Available from http://www.derogatis-tests.com/dsp_synopsis.asp

Detailed Assessment of Posttraumatic Stress (DAPS)

Briere

PAR

Dissociative Experiences Scale (DES)

Bernstein and Putnam

Bernstein, E. M., & Putnam, F. W. (1986). Development, reliability, and validity of a dissociation scale. *Journal of Nervous and Mental Disorders, 174*(12), 727-735. Available from http://www.sidran.org/store/index.cfm?fuseaction=product.display&Product_ID=62

Dyadic Adjustment Scale (DAS)

Spainer

MHS

Eating Disorders Inventory-3 (EDI-3)

Garner

PAR

Eating Inventory (EI)

Stunkard and Messick

Pearson

Fear Survey Schedule-III (FSS-III)

Wolpe and Lang

EDITS

Geriatric Depression Scale (GDS)

Sheikh and Yesavage

Yesavage, J. A., Brink, T. L., Rose, T. L., Lum, O., Huang, V., Adey, M., & Leirer, V. O. (1983). Development and validation of a geriatric depression screening scale: A preliminary report. *Journal of Psychiatric Research, 17,* 37-49.

Sheikh, J. I., & Yesavage, J. A. (1986). Geriatric Depression Scale (GDS): Recent evidence and development of a shorter version. *Clinical Gerontologist, 5,* 165-173. Available from http://www.stanford.edu/~yesavage/GDS.html

Illness Attitude Scale (IAS)

Kellner

Kellner, R. (1986). *Somatization and hypochondriasis.* New York: Praeger.

Kellner, R. (1987). Abridged manual of the Illness Attitudes Scale. Department of Psychiatry, School of Medicine, University of New Mexico. Available from http://www.karger.com/ProdukteDB/katalogteile/isbn3_8055/_98/_53/suppmat/p166-IAS.pdf

Impact of Events Scale-Revised (IES-R)

Weiss and Marmar

Weiss, D. S., & Marmar, C. R. (1996). The Impact of Event Scale-Revised. In J. Wilson & T. M. Keane (Eds.), *Assessing psychological trauma and PTSD* (pp. 399- 411). New York, NY: Guilford. Available in above chapter and from http://www.ptsd.va.gov/professional/pages/assessments/ies-r.asp

Inventory to Diagnose Depression/Diagnostic Inventory for Depression (IDD/DID)

Zimmerman and Coryell; Zimmerman, Sheeran, and Young

Zimmerman, M., & Coryell, W. (1987). The inventory to diagnose depression: A self-report scale to diagnose major depressive disorder. *Journal of Consulting and Clinical Psychology, 55*(1), 55-59.

Zimmerman, M., Sheeran, T., & Young, D. (2004). The Diagnostic Inventory for Depression: A self-report scale to diagnose DSM-IV major depressive disorder. *Journal of Clinical Psychology, 60*(1), 87-110. Available from http://online library.wiley.com/doi/10.1002/jclp.10207/pdf

Jenkins Activity Survey (JAS)

Jenkins, Zyzanski, and Rosenman

The Psychological Corporation

Liebowitz Social Anxiety Scale (LSAS)

Liebowitz

Available from http://asp.cumc.columbia.edu/SAD/

Marital Satisfaction Inventory-Revised (MSI-R)

Synder

MHS

Memory Impairment Screen (MIS)

Buschke, et al.

Buschke, H., Kuslansky, G., Katz, M., Stewart, W. F., Sliwinski, M. J., Eckholdt, H. M., & Lipton, R. B. (1999). Screening for dementia with the memory impairment screen. *Neurology, 52*(2), 231-238. Available from http://www.alz.org/documents_custom/mis.pdf

Michigan Alcohol Screening Test (MAST)

Selzer

Selzer, M. L. (1971). The Michigan Alcoholism Screening Test: The quest for a new diagnostic instrument. American Journal of Psychiatry, 127(12), 1653-1658. Available from http://www.projectcork.org/clinical_tools/html/MAST.html

Millon Adolescent Clinical Inventory (MACI)

Millon, Millon, David, and Grossman

Pearson

Mini Mental State Examination (MMSE)

Folstein and Folstein

PAR

Minnesota Multiphasic Personality Inventory-2 (MMPI-2)

Butcher et al.; Tellegen et al.; Ben-Porath et al.

Pearson

Mobility Inventory for Agoraphobia (MIA)

Chambless, Caputo, Jasin, Gracely, and Williams

Chambless, D. L., Caputo, G. C., Jasin, S. E., Gracely, E., & Williams, C. (1985). The Mobility Inventory for Agoraphobia. *Behaviour Research and Therapy, 23*, 35-44.

Available from http://www.psych.upenn.edu/~dchamb/questionnaires/index.html

Montgomery-Asberg Depression Rating Scale (MADRS)

Montgomery and Asberg

Montgomery, S. A., & Asberg, M. (1979). A new depression scale designed to be sensitive to change. *British Journal of Psychiatry, 134*, 382-389. Available from http://www.psy-world.com/madrs.htm

NEO Personality Inventory-Revised (NEO PI-R)

Costa and McCrae

PAR

Obsessive-Compulsive Inventory-Revised (OCI-R)

Foa, et al.

Foa, E. B., Huppert, J. D., Leiberg, S., Langner, R., Kichic, R., Hajcak, G., & Salkovskis, P. M. (2002). The obsessive-compulsive inventory: Development and validation of a short version. *Psychological Assessment, 14*(4), 485-496.

OQ-45.2

Lambert and Burlingame

OQ Measures

Parenting Stress Index (PSI)

Abidin

PAR

Parent-Child Relationship Inventory (PCRI)

Gerard

Western Psychological Services

Penn State Worry Questionnaire (PSWQ)

Meyer, Miller, Metzger, and Borkovec

Meyer, T. J., Miller, M. L., Metzger, R. L., & Borkovec, T. D. (1990). Development and validation of the Penn State Worry Questionnaire. *Behaviour Research and Therapy, 28,* 487-495. Available from https://outcometracker. org/library/PSWQ.pdf

Perceived Criticism Measure (PCM)

Hooley and Teasdale

Hooley, J. M., & Teasdale, J. D. (1989). Predictors of relapse in unipolar depressives: Expressed emotion, marital distress, and perceived criticism. *Journal of Abnormal Psychology, 98,* 229-235.

Pleasant Activities List (PAL)

Roozen, et al.

Roozen, H. G., Wiersema, H., Strietman, M., Feij, J. A., Lewinsohn, P. M., Meyers, R. J., Koks, M., & Vingerhoets, J. J. M. (2008). Development and psychometric evaluation of the Pleasant Activities List. *American Journal on Addictions, 17,* 422-435.

Posttraumatic Stress Diagnostic Scale

Foa

Pearson

PTSD Symptom Scale (PSS)

Foa, Riggs, Dansu, and Rothbaum

Foa, E., Riggs, D., Dancu, C., & Rothbaum, B.(1993). Reliability and validity of a brief instrument for assessing post-traumatic stress disorder. Journal of Traumatic Stress, 6, 459-474.

Available from http://www.ptsd.va.gov/professional/pages/assessments/pss-i.asp

Reasons for Living Scale (RFL)

Linehan, Goodstein, Nielson, and Chiles

Linehan, M. M, Goodstein, J. L., Nielsen, S. L., & Chiles, J. A. (1983). Reasons for staying alive when you are thinking of killing yourself: The reasons for living inventory. *Journal of Consulting and Clinical Psychology, 51*, 276-286. Available from http://blogs.uw.edu/brtc/publications-assessment-instruments/

Repeatable Battery for the Assessment of Neuropsychological Status (RBANS)

Randolph

www.rbans.com

Schedule for Nonadaptive and Adaptive Personality-2 (SNAP-2)

Clark

Available from http://www.upress.umn.edu/test-division/snap-2, and http://www.upress.umn.edu/test-division/to-order/to%20order

Social Interaction Anxiety Scale (SIAS)

Mattick and Clarke

Mattick, R. P., & Clarke, J. C. (1998). Development and validation of measures of social phobia, scrutiny fear, and social interaction anxiety. *Behaviour Research and Therapy, 36*, 455-470.

Social Phobia Inventory (SPI)

Connor, Davidson, Churchill, Sherwood, Foa, and Weisler

Connor, K. M., Davidson, J. R., Churchill, L. E., Sherwood, A., Foa, E., & Weisler, R. H. (2000). Psychometric properties of the Social Phobia Inventory (SPIN). New self-rating scale. *British Journal of Psychiatry, 176*, 379-386.

State-Trait Anger Expression Inventory (STAXI)

Spielberger

PAR

State-Trait Anxiety Inventory (STAI)

Spielberger

PAR

Stirling Eating Disorder Scales (SEDS)

Williams and Power

Pearson

Suicidal Thinking and Behaviors Questionnaire (STBQ)

Chiles and Strosahl

Chiles, J. A., & Strosahl, K. D. (2005). *Clinical manual for assessment and treatment of suicidal patients.* Washington, DC: American Psychiatric Publishing.

Symptom Checklist-90-R (SCL-90-R)

Derogatis

Pearson

Whiteley Index (WI)

Pilowsky

Pilowsky, I. (1967). Dimensions of hypochondriasis. *British Journal of Psychiatry, 113*, 89-93.

Yale-Brown Obsessive-Compulsive Scale (Y-BOCS)

Goodman, et al.

Goodman, W. K., Price, L. H., Rasmussen, S. A., Mazure, C., Fleischmann, R. L., Hill, C. L., Heninger, G. R., & Charney, D. S. (1989). The Yale-Brown Obsessive Compulsive Scale. I. Development, use, and reliability. *Archives of General Psychiatry, 46*, 1006-1011.

Young Mania Rating Scale (YMRS)

Young, Biggs, Ziegler, and Meyer

Young, R. C., Biggs, J. T., Ziegler, V. E., & Meyer, D. A. (1978). A rating scale for mania: Reliability, validity, and sensitivity. *British Journal of Psychiatry, 133*, 429-435.

Additional Sources of Commonly Used Scales and Measures

American Psychiatric Association. Online Assessment Measures. Available from www.psychiatry.org/practice/dsm/dsm5/online-assessment-measures

Baer, L., & Blais, M. A. (2010). *Handbook of clinical rating scales and assessment in psychiatry and mental health.* New York, NY: Humana Press.

Outcome Tracker. Available from Outcometracker.org.

Rush, A. J., First, M. B., & Blacker, D. (2008). *Handbook of psychiatric measures* (2nd ed.). Washington, DC: American Psychiatric Publishing.

저자 소개

Arthur E. Jongsma 박사는 노던일리노이대학교에서 임상심리학 박사학위를 취득하였고, 컨설턴트와 심리치료 플래너 및 전문서적 저작자로서 다양한 강연을 진행해 왔다. 그는 상담 및 심리치료 서비스 제공의 전문가로서 국제적 명성을 얻고 있다.

L. Mark Peterson 박사는 보스턴대학교에서 상담, 교육심리, 연구설계 전공으로 박사학위를 취득하였다. 현재는 은퇴하였지만 여전히 심리치료 플래너 및 전문서적의 저작자로서 미국뿐만 아니라 세계적으로 다양한 강연을 왕성하게 진행하고 있다.

Timothy J. Bruce 박사는 뉴욕주립대학교(SUNY, Albany) 심리학과에서 임상심리학 전공으로 박사학위를 취득하였다. 현재 일리노이주립대학교 의과대학(College of Medicine at Peoria) 정신 및 행동의학과 교수이다. 지금까지 심리치료 플래너를 비롯하여 다양한 전공서적을 집필하고 연구와 강연으로 국제적인 명성을 얻고 있는 임상심리학자이다.

역자 소개

김동일(Dongil Kim, Ph.D.) 교수는 서울대학교 사범대학 교육학과 교육상담전공 교수 및 대학원 특수교육전공 주임교수, 서울대학교 대학생활문화원 원장, 장애학생지원센터 상담교수, 서울대학교 특수교육연구소 소장으로 재직하고 있다. 서울대학교 교육학과를 졸업, 교육부 국비유학생으로 도미하여 미네소타대학교 교육심리학과에서 석사, 박사 학위를 취득하였다.

Developmental Studies Center, Research Associate, 한국청소년상담원 상담교수, 경인교육대학교 교육학과 교수, 한국학습장애학회 회장, 서울대학교 사범대학 기획실장, 국가 청소년보호위원회 위원, BK21 미래교육디자인연구사업단 단장 등을 역임하였다. 국가수준의 인터넷중독 척도와 개입연구를 진행하여 정보화역기능예방사업에 대한 공로로 행정안전부 장관 표창 및 연구논문/저서의 우수성으로 한국상담학회 학술상(2014/2016)과 (주)학지사 저술상(2012)을 수상하였다.

현재 (사)한국교육심리학회 회장, 한국아동청소년상담학회 회장, 여성가족부 학교밖청소년지원위원회(2기) 위원, 국무총리실 사행산업통합감독위원회(중독분과) 민간위원 등으로 봉직하고 있다.

『청소년상담학개론』(2판, 공저, 학지사, 2020), 『지능이란 무엇인가』(역, 사회평론, 2019), 『DSM-5에 기반한 학습장애아동의 이해와 교육』(3판, 공저, 학지사, 2016)을 비롯하여 50여 권의 저·역서가 있으며, 300여 편의 등재 전문학술논문(SSCI/KCI)과 30여 개 표준화 심리검사를 발표하였다.

DSM-5에 기반한
상담 및 심리치료 플래너
The Complete Adult Psychotherapy Treatment Planner:
Includes DSM-5 Update (5th ed.)

2020년 6월 30일 1판 1쇄 발행
2022년 9월 20일 1판 3쇄 발행

지은이 • Arthur E. Jongsma · L. Mark Peterson · Timothy J. Bruce
옮긴이 • 김 동 일
펴낸이 • 김 진 환
펴낸곳 • (주) **학지사**

        04031 서울특별시 마포구 양화로 15길 20 마인드월드빌딩 5층

대표전화 • 02) 330-5114   팩스 • 02) 324-2345

등록번호 • 제313-2006-000265호

홈페이지 • http://www.hakjisa.co.kr
페이스북 • https://www.facebook.com/hakjisabook

ISBN 978-89-997-2122-9 93180

정가 **32,000원**

이 도서의 국립중앙도서관 출판시도서목록(CIP)은 서지정보유통지원시스템
홈페이지(http://seoji.nl.go.kr)와 국가자료공동목록시스템(http://www.nl.go.kr/kolisnet)
에서 이용하실 수 있습니다.
(CIP제어번호: CIP2020022850)

출판미디어기업 학지사

간호보건의학출판 **학지사메디컬** www.hakjisamd.co.kr
심리검사연구소 **인싸이트** www.inpsyt.co.kr
학술논문서비스 **뉴논문** www.newnonmun.com
원격교육연수원 **카운피아** www.counpia.com